中国社会科学院中国边疆史地研究中心 **厉声 主编**

当代中国边疆·民族地区典型百村调查：**黑龙江卷（第一辑）**

分卷主编：**吕文利 刁丽伟**

建新村冬季景象

大岭下温室蔬菜小区

建新村新农村建设成果

改造前的村路

建新村2008年上任的第八届村两委班子成员（从左至右为：妇女主任李玉华、党支部书记姜义军、村委会主任逄发成、村会计于乐江）

冬季农闲时村民在筷子厂打工

杏花源矿泉水厂

建新村村民健身场地

中国社会科学院中国边疆史地研究中心　厉声　主编

当代中国边疆·民族地区典型百村调查：黑龙江卷（第一辑）

中俄边境新农村

——黑龙江绥芬河市阜宁镇建新村调查报告

刁丽伟　宋伟东◎著

社会科学文献出版社
SOCIAL SCIENCES ACADEMIC PRESS (CHINA)

“当代中国边疆·民族地区典型百村调查”

总 序

深入实际、开展国情调研，是中国社会科学院肩负的重要科研任务，也是中国社会科学院履行好党中央、国务院赋予的“思想库”、“智囊团”职能的重要方式。中国边疆省区占国土面积的60%以上，边疆区情及当地的民族社会调研（边疆调研）是中国国情调研的重要组成部分。正如一位边疆工作者所说：不了解少数民族，就不了解中华民族；不了解边疆，就不了解中国。1983年中国社会科学院中国边疆史地研究中心建立后，特别是1990年以来，一直将边疆调研作为学科研究的重点之一。

2004年，中国边疆史地研究中心承担国家哲学与社会科学基金特别项目“新疆历史与现状综合研究”（简称“新疆项目”）。2006年，中国边疆史地研究中心牵头，立项开展“当代中国边疆·民族地区典型百村调查”（简称“百村调查”），作为此特别项目的子课题。“百村调查”以新疆为重点，在全国新疆、西藏、内蒙古、宁夏、广西五个民族自治区和云南、吉林、黑龙江三省基层地区同时开展，共调查100个边疆基层村落。调查工作在“新疆项目”领导小组和专家委员会指导下，由“百村调

查”专家委员会暨编委会组织实施。在中国边疆史地研究中心主持拟定的调查大纲框架下，发挥每个省区的优势，体现各自的特色。

本项目的实施得到了边疆地区各级地方党政部门的支持。首先，调查工作注意与地方党政部门的相关工作衔接、听取意见，在实施调查之前，主动向各级党政部门汇报情况，听取指示和意见。其次，调查组主动让各级党政部门了解调研的全过程，在调研过程中出现问题时及时向相关党政部门请示。再次，调研阶段成果和最终成果的副本同时提供地方党政部门参考。

“百村调查”的调研主题是：改革开放30年来中国边疆基层村落的民族社会和经济发展的历史与现状。具体内容包括：乡村概况、基层组织、经济发展、社会生活、民族、宗教、文教卫生、民俗风情等。项目调研的时间是：2007~2008年（资料下限至2007年底或适当延长）。

“百村调查”的调研对象为：100个具有典型意义与特色的中国边疆基层村落。课题以基层乡、村两级为调查基点，大致每个省区选择2个地州，每个地州选择1~2个县，每个县选择2个乡，每个乡选择2个村。新疆共调查22个村，其他地区均为13个村（辽宁、吉林、黑龙江以东北边疆为单元，共调查13个村）。调查点的选择要求：

（1）本地区社会稳定与经济发展中具有典型意义的基层乡和村。

（2）存在边疆现实政治、社会或经济发展的热点、难点问题。

（3）与20世纪50年代全国边疆民族调查能有一定的衔接。

“百村调查”采取学术调查与现实政治相结合的方法，以社会人类学入村入户调研方法为主，同时关注现实政治、社会与经济发展中的热点、难点问题：一般共性调查与专题专访调查相结合，在一般综合性调查的基础上，选择好专访或专题调研的“切入点”——总结经验与完善不足相结合，在总结各项工作经验的同时，善于发现问题和提出解决问题的对策与建议。调研注重入户访谈和小范围座谈的专访调查。在一般性问卷和统计资料收集的基础上，注重对基层干部、群众典型、教师、宗教人士等特定人员的专题访谈，倾听和收集他们对基层社会稳定与经济发展的看法、意见和建议，形成能说明问题的专访或专题调研报告。

“百村调查”的成果形式分为调查综合报告与专题报告两大类。

（1）调查综合报告：依据大纲规定，撰写有关乡村经济社会等发展状况的综合报告，课题结项后分期公开出版。专题报告及调查资料可以公开发表的，在篇幅允许的情况下，作为附录附在综合报告末尾。

（2）专题报告：内容较敏感、不适宜公开出版的专题报告，集成《专题报告集》，内部刊印。

“百村调查”主编　厉声　谨识

2009年8月25日

目　录
CONTENTS

图目录
FIGURE CONTENTS

表目录
TABLE CONTENTS

序　言
FOREWORD

一

黑龙江省位于中国东北边疆，是中国位置最北、纬度最高的省份，北部和东部隔黑龙江、乌苏里江与俄罗斯相望，西部与内蒙古自治区毗邻，南部与吉林省接壤，东西长 930 公里，南北相距约 1120 公里，总面积 45.4 万平方公里，居全国第六位。黑龙江省山地和台地占 72%、平原占 28%，松嫩平原和三江平原是黑龙江省两大著名商品粮产区，耕地面积 11.78 万平方公里，约占全国耕地面积的 9%，居全国第一位，号称“北大仓”。

黑龙江省气候属于寒温带大陆性季风气候，四季分明，夏季雨热同季，冬季漫长，属半干旱地区。省内自然资源十分丰富，动植物种类繁多，其中珍稀动植物品种也很多；矿产资源已发现 131 种，位居全国第二位。黑龙江省下辖 12 个地级市和 1 个地区，是个多民族聚居的省份。

黑龙江省历史悠久，早在距今两三万年前的旧石器时代晚期就有人类居住，位于哈尔滨市阎家岗的“哈尔滨人”遗址，发现了旧石器时代古人类头骨化石和动物化石；牡丹江地区的杨林南山遗址出土的楔形石核和砍砸器等，其地质年代距今约 2.2 万年。唐至宋辽时期是黑龙江地区历史

上发展的重要时期。698年，靺鞨粟末部首领大祚荣建立靺鞨国。713年，大祚荣接受唐朝册封，为渤海郡王。8世纪中期，渤海国迁至上京龙泉府（今牡丹江宁安县城西南东京城镇），从此铸就了享有“海东盛国”美誉的渤海国的辉煌。五代时称女真，1115年，女真族完颜部首领阿骨打率部众击败辽国，建立金国，定都会宁（今哈尔滨市阿城区市区南2公里白城）。1125年，金朝统一了中国北方，从而形成中国历史上金、宋对峙的局面。清初，大批流人被流放宁古塔地区（今牡丹江宁安），为黑龙江历史增添了不平凡的一笔。1931年“九一八”事变后，英勇的黑龙江人民进行了长达14年的抗日斗争，在黑龙江历史上留下了可歌可泣的反抗外来侵略的壮丽篇章。

改革开放以后，伴随着中国经济的迅速发展，黑龙江人民的生活水平和生活质量有了很大提高，尤其是农民的生活发生了巨大变化。但我国的地区发展很不平衡，尤其是边疆民族地区与内地相比，在经济发展等很多方面还有差距。为如实反映和记录边疆民族地区民众的生活变化和精神面貌，以对国家相关部门制定正确的政策提供决策依据，中国社会科学院中国边疆史地研究中心主持的国家社科基金特别项目“当代中国边疆·民族地区典型百村调查”（简称“百村调查”），在广西、云南、西藏、新疆、内蒙古、黑龙江、宁夏、吉林等省区选择了具有典型性的100个村落进行调研，以点带面，希冀对我国的边疆民族地区的经济、民族、宗教、文化等有一个大体的了解。黑龙江省是农业大省，农业人口1978万，占全省人口的52%，因此关于黑龙江农村的调查，将为此项目的研究提供非常具有参考价值的资料和数据。通过对黑龙江省选点村落的调查

和研究，旨在达到以下几个方面的目的：一是相对全面地了解黑龙江省各地尤其是边疆地区农村经济社会发展的现状；二是对现阶段黑龙江省农村经济社会发展现状做一次直观的描述和记录；三是通过对现状的调查，找出当前黑龙江省农村地区存在的普遍的、突出的问题；四是针对存在的问题，提出解决黑龙江省边疆地区问题的办法和建议；五是以小见大，力争通过本项目调查，对全国边疆地区经济社会发展进行思考并提出可行性建议。

二

本次调查所选择的调查点，是根据总体课题的设计，重点考虑少数民族聚居较多的地区、边境地区，以及村落的典型性等特点而选择的。调查内容涉及所调查村的历史与现状、基层组织、经济建设、社会发展、村民社会生活、教育、医疗等情况，尽可能全面地反映所调查村的全貌和存在的问题。

本次调研主要是以社会学调查方法为主，同时结合人类学和历史学的分析、归纳和演绎等方法的运用，在对调查得来的第一手资料，以及相关资料和数据的收集和整理的基础上，进行全面深入的分析和研究，最终形成本系列研究成果。

本课题在调研中注重与地方政府有关部门和乡镇、村级干部的联系，广泛听取不同层面的意见；注重深入百姓家中，倾听来自基层群众的心声；注重各调研小组的互相学习与交流，取长补短。经过为期一年的努力，全体课题组成员基本上完成了项目所预设的目标。

必须一提的是，本课题在调研与写作过程中，始终得到

了中国社科院中国边疆史地研究中心于逢春研究员的大力帮助与亲切指导，没有于逢春先生的指导，本课题不但不能立项，即使立项也很难完成。我们三位主持人都因偶然的机会，有幸接触了这个研究课题。2009 年 10 月 9 ~ 15 日，于逢春研究员率领吕文利等一行 7 人先后到牡丹江市、大兴安岭地区调研，分别与牡丹江师范学院刁丽伟教授和大兴安岭职业学院王利文院长谈及边疆史地中心主任厉声先生正在主持国家社会科学基金特别项目——《当代中国边疆·民族地区典型百村调查》，他作为《百村调查》“东北项目组”的负责人打算在牡丹江市与大兴安岭地区选择数个有代表性的村庄作为调查对象，我们欣然地接受了这个任务。嗣后，于先生由于主持其他项目，鉴于边疆史地研究中心副研究员吕文利博士对东北调研很感兴趣且跟随于先生亲临现场，故特委托其专门负责本调查的联络、审稿与修改等事宜。

因为于逢春先生负责整个百村调研的东北部分，所以在村落的选择、大纲的设计、初稿的审读等方面都给予我们以详细指导，尤其是在 2010 年年初，还特地到哈尔滨对牡丹江、大兴安岭地区课题组进行了现场培训，使这两个地方的调研得以顺利完成，在此表示诚挚的感谢！

本课题得以完成，应该感谢相关地市、县及其所属乡镇各级有关政府的大力支持和有效帮助。同时，还应该感谢中国社科院中国边疆史地研究中心主任、百村调查总主持人、主编厉声研究员及副主编李方研究员提出的宝贵意见和建议，感谢社会科学文献出版社的编辑付出的辛勤劳动。

主持人：刁丽伟、王利文、吕文利

2010 年 12 月 16 日

第一章　概述

建新村是黑龙江省绥芬河市阜宁镇下辖的一个行政村。

第一节　建新村所在市、镇概况

一　绥芬河市概况[①]

（一）市域基本情况

绥芬河市是黑龙江省对俄边贸的一个县级市（省直属计划单列市），位于黑龙江省东南部，地处东经131°09′13″、北纬44°23′23″，东面与俄罗斯滨海边疆区接壤，国境线长27.5公里，南、西、北三面与东宁县毗邻，总面积460平方公里。距牡丹江市铁路193公里，公路153公里；距哈尔滨市铁路540公里，公路460公里。

绥芬，满语是锥子的意思，因为绥芬河里生长着一种尖锐如锥的钉螺，满族人因此称它为绥芬河，绥芬河市因

① 据《绥芬河市志》（1860年至1988年）、《绥芬河统计年鉴》（2005至2008年）和《绥芬河统计年鉴》（2009年编）整理。前者由绥芬河市地方志编纂委员会编写，黑龙江人民出版社2000年出版；后二者为绥芬河市统计局编写。关于综合保税区的内容，参照了绥芬河市政府网站信息和其他相关网络信息。

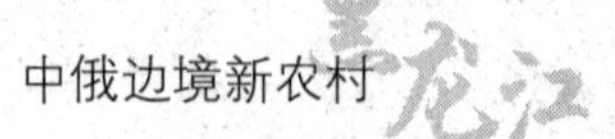

此得名。绥芬河市整体地貌是东、北高，西、南低，地处老爷岭东侧，有大小山峰140余座。山地占总面积的85%，平均海拔600米左右，最高海拔888.1米，最低海拔320米。境内河流属绥芬河水系，流域面积423.23平方公里。森林覆盖率为75.4%，具有较高经济价值的野生植物资源主要有山蕨菜、黄花菜、黄芪、五味子、龙胆草、刺五加、芍药等。

绥芬河市属大陆性季风气候，因距日本海较近，受海洋性气候影响，夏少酷暑。年平均气温为2.9℃，最冷的月份在1月，月平均气温为-16.6℃；最热的月份在7月，月平均气温19.6℃。年极端最低气温-37.5℃，年极端最高气温35.3℃。年平均降水量为562.5毫米，降水多集中于6~8月；平均无霜期为125天，年均10℃以上有效积温2123℃。

（二）历史沿革

“百年口岸”绥芬河有悠久的历史。唐代，绥芬河地区隶属渤海国率滨府华州。明代隶属奴尔干都指挥使司率滨江卫。1860年《中俄北京条约》的签订，使绥芬河地区成为边境地区。1897年，中东铁路开工，绥芬河地区一部分划为铁路附属地，由中东铁路执掌大权；另一部分隶属绥芬厅。1913年，设东宁县治后，隶属东宁县。1921年，东北当局收回中东铁路附属地行政权，原铁路附属地划归东省特别区属第三区。1926年设绥芬河市。1933年绥芬河地区沦陷后，现市辖区先后划归伪满特别区第三区、东宁县、绥阳县。1945年，绥芬河地区解放后，仍隶属绥阳县。1948年随绥阳县并入东宁县为乡镇建制。1968年绥芬河设区（县级），由牡丹江地区管辖。1973 年撤区设公社建制，归属东宁县。1975 年经国务院批准绥芬河为县级市，1985 年绥芬河为省辖市（由牡丹江市代管）。

绥芬河市的建制几经改变。1984 年，绥芬河市撤销公社建制改为乡建制，全市分为建设、绥北、北寒 3 个乡，15 个行政村。1989 年初，绥芬河市仍承袭 1984 年的市、乡两级建制，全市分为建设、绥北、北寒 3 个乡和 1 个街道办事处，下辖 15 个行政村，14 个居民委员会。1991 年 11 月 1 日，市委、市政府调整乡级行政区域，撤销建设、绥北、北寒 3 乡，成立郊区人民政府，将原来所辖区域及农业部门划归郊区政府，街道办事处管辖城区范围。1996 年 1 月，郊区属地改为阜宁镇和绥芬河镇，原街道办事处与绥芬河镇合署办公，对外挂绥芬河镇的牌子。2001 年阜宁镇村级区划进行调整并重新命名，红花岭村与永胜村合并为永胜村，大岭下村与建新村合并为建新村，双胜村与朝阳村合并为朝阳村。2002 年 3 月，居民委员会改称社区，经调整，全市共有 10 个社区。到目前，绥芬河市的建制仍保持市、2 个镇、1 个街道办事处、12 个社区、11 个行政村的体制。

（三）社会经济发展

绥芬河是省辖计划单列市，也是我国重要的享有多项优惠政策的沿边开放城市。1988 年，黑龙江省委、省政府批准绥芬河为通贸兴边试验区。1992 年，国务院批准绥芬河为国家首批沿边开放城市。1999 年，经中俄两国政府外交换文，批准设立中俄互市贸易区。2001 年，国家三部委批准绥芬河为进口原木加工锯材复出口指定口岸，享有沿边开放、边境贸易等多项优惠政策。“互市贸易区—贸易综合体—自由贸易区”（中俄跨国经济区）是绥芬河市制定的对俄罗斯开放“三步走”战略。1997 年 5 月经黑龙江省政府批准，1999 年 6 月经中俄两国政府外交换文确认，2002 年 2 月黑龙江省政府与俄罗斯滨海边疆区政府签署建设绥芬河—波格拉尼奇内贸易综合体（以下简称“绥—波贸易综合体”）协议，2004 年 3 月上海世茂集团与俄罗斯滨海公司达成合作开发“绥—波贸易综合体”框架协议，2004 年 8 月“绥—波贸易综合体”建设全面启动。中俄“绥—波贸易综合体”位于黑龙江省绥芬河市公路口岸与俄罗斯滨海边疆区波格拉尼奇内区边境线，中方 1.53 平方公里，俄方 3 平方公里，总面积 4.53 平方公里。“绥—波贸易综合体”的功能定位是以国际贸易为基础，以投资合作为主导，集贸易、旅游、商务、会展、金融、物流、加工等多功能于一体的中俄跨国经济区。

到 2009 年，绥芬河市对外贸易额近 60 亿美元，占整个黑龙江省对俄贸易额的 75% 和全国的约 7%，全国对俄木材贸易的 40% 通过绥芬河进行，绥芬河已经成为全国最大的木材贸易集散地，被誉为“木业之都”。2009 年，绥芬河经济发展受世界金融危机的冲击和俄罗斯政策调整等不利因素影响很大。据绥芬河市统计局于 2010 年 3 月 11 日发布的国民经济和社会发展统计公报显示，2009 年全市国内生产总值（GDP）实现 69.07 亿元，人均 GDP 达 108465 元（按户籍人口计算），按国家公布的 2009 年平均汇率计算，达到 15879 美元。全口径财政收入 6 亿元（不含基金），同比下降 40.6%。全年实现外贸进出口总额 35.09 亿美元，比上年下降 39.8%。旅游进出境总人数达 39.91 万人次，比上年下降 53.3%；旅游外汇收入 7036 万美元，比上年下降53.0%。全年城镇居民人均可支配收入达18049元，比上年增长10.4%。城镇居民家庭恩格尔系数（即居民家庭食品消费支出占家庭消费总支出的比重）为25.4%，比上年下降1.0个百分点；全年农民人均纯收入达8906元，比上年增长15.1%。

绥芬河市曾先后获得“全国文明城市建设先进城市”、“中国优秀旅游城市”、“全国绿化模范市”、“全国亿万农民健康教育促进行动示范市”、“全国科技先进县（市）”、“中国最具投资潜力百强中小城市”、“中国中小城市综合实力百强县（市）”、“中国木业之都”、“中国商贸名城”、“中国50家投资环境诚信安全区”、“跨国公司最佳投资城市”、“全国平安畅通县区”、“全省平安城市”、“全省双拥模范城”、“全省经济和社会发展十强县（市）”等数十项殊荣。

（四）综合保税区

绥芬河综合保税区是2009年4月21日经国务院国函批准设立的，是由国家批准并实行特殊保税政策的中国东北地区唯一的沿边陆路综合保税区，是中国第六个综合保税区。绥芬河综合保税区东起绥芬河市沿河路西端转盘道，南至301国道，西至自来水公司加压泵房，北至滨绥铁路，规划控制面积1.8平方公里。保税区享有免证、免税、保税政策，实行境内关外运作方式，由海关按照“一线放开、二线管住、区内自由、入区退税”的监管原则，实行全区封闭化、信息化、集约化监管，除具有国际中转、国际配送、国际采购、转口贸易、商品展销、进出口加工等功能外，还有集聚企业和政策示范功能，可为周边及腹地加工贸易企业营造一个良好的物流发展环境。其产业功能定位于国际贸易、现代物流和进出口加工业，将建成东北地区国际贸易中心，成为黑龙江省出海口和东北亚区域进出口商品集散地，形成区内外配套完整的加工制造链和产业体系。到2009年年末，绥芬河综合保税区建设初具规模，基础设施主要工程基本完成，已具备企业入区条件，《黑龙江绥芬河综合保税区管理办法》开始正式施行。2010年7月，保税区封关验收正式投入运营。

二 阜宁镇概况[①]

（一）辖区基本情况

阜宁镇辖区面积418平方公里，下辖建东、建西、建华、建新、朝阳、南寒、北寒、宽沟和永胜等9个行政村，4个居委会，人口1.8万，其中农业人口0.55万。地貌以山地和丘陵为主，平均海拔高度500米左右，俗称“八山半水分半田”。东邻俄罗斯滨海边区，有1条铁路、2条公路与俄罗斯相通，边境线长26公里，距俄罗斯对应口岸城市波格拉尼奇内26公里，距俄罗斯远东最大港口符拉迪沃斯托克（海参崴）市230公里，是中国哈尔滨——俄罗斯符拉迪沃斯托克（海参崴）——日本新潟的国际大通道上的要塞，是连接欧亚经贸大通道上的桥头堡。1995年4月，被国家体改委等11个部委确定为全国首批小城镇综合改革试点镇。

截至2009年，阜宁镇拥有耕地2.2万亩，粮食种植面积18235亩，蔬菜种植面积9000亩。阜宁镇各村以城市居

---

① 据绥芬河市阜宁镇政府提供资料和《绥芬河市志》（1860年至1988年）相关内容整理。

民生活需求和中俄边贸为导向，及时调整农业生产结构，逐步形成了以玉米、大豆和蔬菜种植、食用菌栽培和生猪养殖为主的农业产业结构。全镇共有工业企业321家，规模企业4家。各村通电、通水泥路、通客运班车均达到100%，安全饮水率达到98%，农民人均住房面积达到38平方米，家庭拥有彩电率达到100%，电话入户率达到88部/百户，移动电话达到99部/百户。农民合作医疗参合率达到98.67%，城镇居民基本医疗保险参保率达到85%。

（二）历史沿革

阜宁镇是绥芬河市下辖的两个乡镇中的一个镇。1910年，清政府农工商部批准成立以垦荒戍边为宗旨的富宁屯垦公司，“阜宁”一词就是由此逐步演变而成。1924年军阀张宗昌在阜宁镇成立商会，解除“烟赌禁令”，引来种植罂粟、经营鸦片的各色人员，边民频繁往来于边境进行贸易，英、美、法等国各类人员纷至沓来，在这里建立机构，有了当时的“旗镇”、“国境商业城市”。

改革开放以来，阜宁镇依托国家一类口岸绥芬河市，坚持“以贸兴业、富民强镇”的经济发展思路，不断加快经济发展步伐，成为黑龙江省经济发展最快的乡镇之一，相继获得全国小城镇建设先进镇、全国村镇建设先进镇等殊荣。党的十七大以来，阜宁镇坚持以“贸易立镇、工业强镇、三产富民”总体工作思路为主线，不断加快作为中国边境地区的国家综合改革试点镇的发展步伐，加快对俄经贸战略升级，广泛参与边境地区经济合作，镇域经济实现跨越性的发展。据统计，2009年全镇农业农村经济实现1.238亿元，人均纯收入实现8500元。

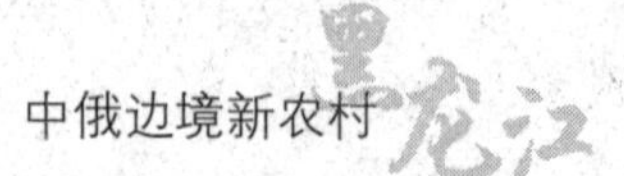

第二节　建新村概况[①]

一　自然条件

（一）村庄四至

建新村地处绥芬河市区西南 24 公里处，隶属绥芬河市阜宁镇管辖。行政区面积 21 平方公里，东起中国与俄罗斯边境，距离中俄边境线最近处仅 10 公里，西至阜宁镇北寒村，南接东宁县南天门乡马架子村，北到阜宁镇建东村和建西村，有耕地面积 7476 亩、林地面积 12000 亩、草原面积 260 亩。建新村由建新和大岭下两个自然屯组成，两村屯都处在绥芬河外环道上，大岭下在建新以西，公路距离 2 公里。

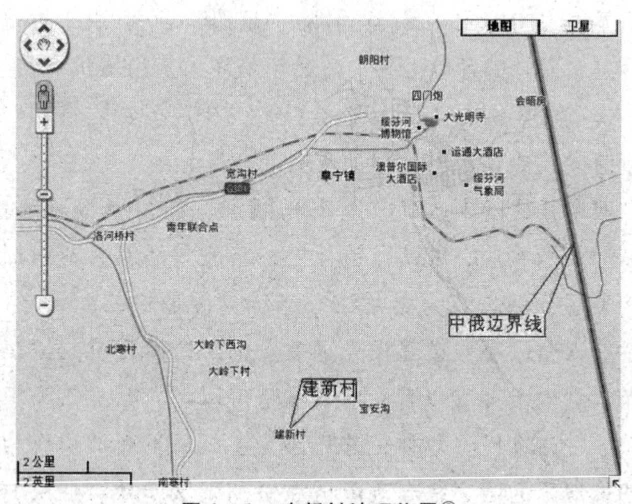

图 1－1　建新村地理位置[②]

---

① 据建新村提供材料整理，以下书中所涉及的村材料，注释省略。

② 图片资料来源：网址 http：//ditu. google. cn/。

（二）气候特点

建新村地处北纬 44°19′，东经 131°06′；海拔 431 米，属寒温带半干旱气候区。主要气候特点是：干旱少雨，蒸发强烈；日照时间长，太阳辐射强，昼夜温差大；冬寒无奇冷、夏季凉爽、春季多风沙、秋季雨集中，春迟、夏短、秋早、冬长；无霜期短而多变。年平均气温 2.9℃左右，年总日照时数 24132 小时，是中国太阳辐射和日照时数最多的地区之一。年总降水量 555 毫米左右，年平均蒸发量 1102 毫米，空气相对湿度 68%，无霜期 125 天左右。四季气温变化大：冬季（11 月至翌年 2 月），11 月平均气温 -5.5℃，12 月平均气温 -11.5℃，1 月是冬季的代表月份，气温最低 -33.4℃，月平均气温在 -16.6℃以下。春季（3~5 月），入春后，随着太阳辐射的迅速增强，气温回升很快，3 月平均气温 -4.8℃，4 月是春季的代表月份，月平均气温在 4.9℃。夏季（6~8 月），7 月是夏季的代表月份，也是全年气温最高的月份，月平均气温在 19.6℃，而 6 月平均气温在 15.9℃；8 月平均气温 18.8℃。秋季（9~10 月），从 9 月开始，气温迅速下降，9 月平均气温 12.3℃；10 月平均气温 4.5℃。秋季气温分布与春季十分相似。

2009 年气候特点：全年气温略高，年平均气温 3.3℃，较常年高 0.4℃；降水略多，年降水量为 590.8 毫米，较常年多 36.3 毫米；大风日数偏多，年内大风日数 43 天，较常年多 4 天；日照偏少，年日照总时数为 2137.8 小时，较常年少 275 小时；5~9 月整个农作物生长季气温正常略低，降水偏多，日照偏少；终霜略早，出现在 5 月 10 日；初霜偏晚，在 9 月 26 日；无霜期为 138 天，年有效积温 2020

度，接近上年值，初日为5月15日，终日为9月24日，属于正常状态。农业为平丰年。①

（三）交通条件

206省道和301国道是建新村与外界联系的主干道，绥芬河市外环公路东西向穿村而过。在建新村西南侧相毗邻的206省道，东南和西北走向，向东南45公里到达东宁县，向西北24公里到达绥芬河市，距牡丹江市155公里。

建新村道路规划呈方格状，道路大多数为南北向和东西向，有两条主干道，一条南北向，一条东西向，两干道在村中部交叉，其中一条东西向的街路是建新村中心路，同时也是绥芬河市外环路穿过建新村的一部分，这条路东西

图1-2　建新村中心路（2009年10月摄　建新村委会提供）

---

① 本节据绥芬河市气象局提供数据整理。

方向都通往绥芬河。另外一条南北向的道路一直向北越过北大岭[①]也通往绥芬河，有12公里长，均是3米半宽的水泥路面。建新村道路多为白色水泥路面，是2008年以来新农村建设的成果，但由于资金的限制，在村子的边缘地带还有几段路仍是沙土路面，据村委会测算约有1.5公里长。

由于村里交通条件的改善，如今村里的信件、邮单、包裹等邮寄物品都由绥芬河邮政局邮递员骑摩托车送达，建新村委会、建新供销超市和大岭下春荣商店为固定投递联络点。邮递员每周来三次，分别是周二、周四和周六。

二 行政区划和村庄布局

（一）行政区划

建新村1965年成立，始称建新大队，归属建设公社管辖。大岭下村1974年建村后隶属于北寒乡。1984年，绥芬河市撤销公社建制改为乡建制，全市分为建设、绥北、北寒三个乡，建新村和大岭下村都划归北寒乡管辖。1991年绥芬河市委、市政府调整乡级行政区域，撤销建设、北寒、绥北等三个乡，成立郊区人民政府，建新村和大岭下村直接归属郊区政府管辖。1996年郊区政府建制改为阜宁镇和绥芬河镇政府，建新村和大岭下村同时划归阜宁镇，直到现在。2001年，大岭下村和建新村合并为一个村，称为建新村。[②]

---

① 当地人称村北面一座山的名字。

② 本节据《绥芬河市志》（1860年至1988年）整理。

（二）村庄布局

从20世纪50年代开始，作为阜宁镇建东村的生产点，就有人在此地建设马架子房用于耕作季节临时居住，60年代开始建设永久性住房，1965年正式建村后，由现在的村中心路向四周逐步扩大建设规模。2006年，建新村作为全省新农村建设试点村，在国家补贴资金的扶助下，村民开始就地翻建自己的住宅，集中建设了一批新居，结合乡村道路建设，建新村重新进行了整体规划和建设。

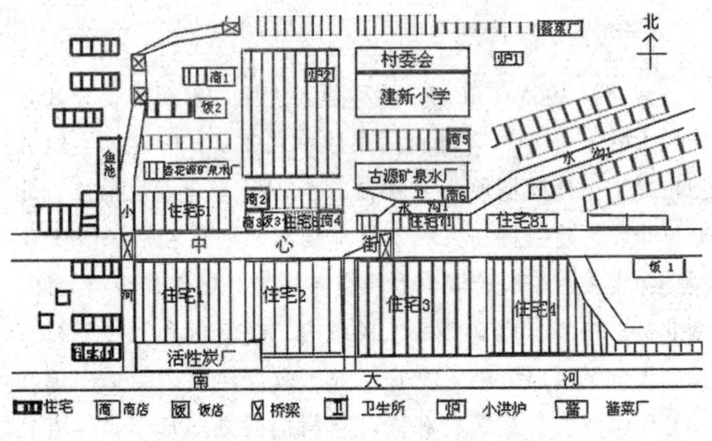

图1-3 建新村村庄布局示意图（自制）

三 商业布点

由于村子小，建新村内无大型集市、商店，目前只有6家小型商店，3家农资销售商店，此外还有一些流动商贩。由于建新村距离绥芬河市只有24公里，坐小客车30分钟左右就到，所以村民购物和遇有家庭中的大型活动，多直接驱车前往绥芬河市区商业网点和宾馆饭店。

（一）村内小商店

村民利用自家临街房屋开设小商店，全村共有6家，建新5家，大岭下1家。其中5家是由本地人经营，主要经营烟酒副食、日用百货等与村民生活息息相关的商品，以低档小商品为主。另外1家是来自穆棱市共和乡的村民马德树开办的。2005年，马德树举家搬迁到建新村，租临街房屋经营了一间“马家食杂店”，除售卖一般小商店的商品，还兼卖少量蔬菜、鲜活鱼；同时，马德树还兼营杀猪生意，生猪是从村内或村外收购来的，一般情况下，一星期能杀一头猪，农忙时和春节前，两三天就要杀一头猪，村里就此一家杀猪卖肉经营户。村里这6家商店，经营投入一般两三万到四五万不等，年利润3000元到10000元不等。规模最大的商店就是原村供销社转变而来的一家综合商店，面积有100多平方米。原村供销社在20世纪80年代初顺应改革开放形势，开始承包经营，经营者每年向供销社交纳一定量的承包费，到1994年完全卖给个人。笔者调查时，这个商店由村民刘含刚经营，除了出售日用商品外，还兼卖化肥、农药等农资及部分劳动保护用品，同时还是烟花爆竹指定专卖点。2006年，根据商务部“全国万村千乡示范店”工程计划，村供销社被指定为建新村示范店，补贴专项资金7000元进行升级改造，更新了货架、墙面、地面、标志等，同时更名为“建新供销超市”；超市内摆放两张桌子，提供麻将、扑克等娱乐工具，村民多在农闲时节才玩，以娱乐为主，带有彩头，大的5元，小的1元，输赢多在

100元以内，偶有超过200元或300元的，店主不收费，以吸引熟客、沟通关系、增加烟酒和饮料销售为目的。村内其他小商店规模一般都在20平方米左右，以卖油盐酱醋、小食品、小日用品为主。村民进货渠道多是牡丹江、绥芬河一些大的批发市场下乡送货。有的商店还出售三无商品，特别是小食品类。

（二）农资销售

建新村有三家销售农业生产资料的商店，一家是村里的供销超市（原为村供销社）兼营农业生产资料，经营范围主要是化肥农药，进货很方便，农药从牡丹江市农资商店进货，挑选质高价低的，化肥从绥芬河生产资料公司进货，实际相当于生产资料公司在建新村的零售点；一家是专门经营农药的，有单独的店面，从牡丹江市、东宁县进货，以自家住宅为供货地；还有一家专门经营农机配件和机油，以自家门户作为销售点，外挂简易牌匾，从绥芬河农机公司进货。村里这三家农资销售点实际销售量都不大，农民购买农资多数到绥芬河或牡丹江，临时急用或补缺才在本村购买。村里这三家农资经营户都持有绥芬河市农委颁发的许可证，每年一检，而且绥芬河市质检和工商管理部门经常下乡抽查，本村出售的农资没有出现严重的质量问题。

（三）流动商贩

建新村无固定经营场所的流动商贩分为两类，一类是进村贩卖日用品、冻货、水果、豆腐和一种叫“小烧”的散装白酒的商贩；另一类是上门收购黄豆、白瓜子和中药材的商贩。

进村贩卖日用品、水果、白酒的流动商贩开着小型三轮摩托车或微型面包车，沿街叫卖。这些流动商贩都来自绥芬河、阜宁镇和周边村屯，也有从牡丹江市、东宁县绥阳镇来此的流动商贩，专门走乡串镇，从事商品经销，卖的也都是日常生活用品和食品。有一些流动商贩是有组织的，几个人组成一个组织，有的是长期合作，有的则是临时搭伙。他们在建新村中心路边长期租用一间民房，半个月来村里一次，如遇到春节等重大节日，来村的次数更多一些。他们开着一台中型货车，在各个村落相对固定地点叫卖，一般在一个村只卖一天时间，最多的不超过两天，村民经常光顾。

进村收购当地产品的商贩，主要收购大豆、白瓜子和中药材。据村民介绍，来自穆棱市下城子镇的商贩主要收

图 1－4　来自外村的流动商贩（2010 年 1 月，宋伟东摄）

购大豆；来自密山的商贩主要收购白瓜子；说不清来源的个别商贩偶有来收购中药材的。建新村出产的中药材主要有白皮、穿地龙、芍药、五味子等。据村民讲，建新村周边的山上有中草药300余种，但村民只识得其中10余种。

（四）绥芬河市区商业网点

村民常去的绥芬河商业网点和宾馆饭店有龙须沟市场等。

龙须沟市场：现在称龙须沟步行街，位于绥芬河市通天路与三合林路之间，南起新荣街，北至新兴街，长326米，宽17米，原是绥芬河最大的大棚式市场——龙须沟菜市场。该市场建立之初，极大地方便了绥芬河百姓日常购物需求，但由于卫生条件很糟糕，又存在明显的安全隐患，2004年11月，绥芬河市委、市政府决定将该菜市场退市还路，改建为步行街，在步行街的两侧建商业网点。笔者调查时，步行街两侧共有业户169家，主要经营日杂商品、药品、餐饮、食品、化妆品、鲜花、玩具、服装、首饰等日常消费品，多为中低档商品。此外，步行街两侧还有三个较大的农贸市场，即龙须沟农贸市场、春龙农贸市场、哈得利农贸市场；两个小型的农贸市场，即春来菜市场和老张头肉铺；一个义乌小商品城，出售的全部是日常小商品。建新村村民进城购物，多数在龙须沟市场，因为村民所需要的商品在这里应有尽有，质量不错且价钱不贵。村里有的小商店也到这里进货。①

青云市场：绥芬河青云市场在中外旅游者中有很高的

---

① 根据龙须沟步行街城市执法分局提供资料整理。

知名度，到绥芬河旅游购物的俄罗斯游客首选青云市场，到绥芬河观光的国内游客也都来这里一睹中俄民贸的火暴场面。青云市场是一个现代化、规模大的中俄交易综合市场，是人流、物流、信息流的交会点和集散地。青云市场始建于1991年，建筑面积1.1万平方米，设1500多个摊位及20多个精品厅，经营商品有服装、家电、日用百货等12大类上万个品种。市场日平均顾客流量约3万人次，年成交额20亿元人民币。青云市场是国家级文明市场和全国20家精神文明建设示范单位之一，并被破格吸纳为全省轻工业品批发市场联合会会员单位。多年来，党和国家领导人乔石、吴学谦、李岚清、钱其琛、洪学智、李锡铭、叶选平等先后来市场视察，原俄罗斯联邦政府副总理邵欣、总统代表布托夫、远东军区司令戈尔巴赫上将及巴列宾中将也曾来市场参观。绥芬河青云市场是对外开放的成功典范，是绥芬河人的骄傲，它既是全市民贸发展的象征，又是全市民贸发展的龙头，同时它也扩大了绥芬河的对外影响。[①] 建新村一些村民子弟到绥芬河打工，有的就在这个市场里工作，也有的在这儿经过几年的锻炼后走出了国门，到俄罗斯创业、发展。

此外，建新村村民经常采购日用品、家电和建材的大型综合性或专业性商场、市场还有：绥芬河地下商场、国贸城、聚源商场，广汇、顺达、国美、国信、大商等家电商场，正邦、微波、鸿基、亿朋等电脑商店，迎泽建材和博发建材市场。

---

① 据《中国绥芬河青云市场》一文整理，http：//www. hlj. xinhuanet. com/ljbm/sf－06. htm。

宾馆及餐馆。经过近十几年的经济快速发展，绥芬河的宾馆饭店遍地开花，目前已有1000家宾馆饭店，高中低档都有，满足了不同层次的国内和国外顾客的需要。本地有句顺口溜这么说，“鹿角沟、巨无霸、马克西姆、小白桦”，这是绥芬河人气最旺的4家饭店，但消费比较高。建新村民以在家饮食为主，在外就餐较少。近些年随着收入提高、观念有所转变，在外就餐的也多了。尤其在冬季，由于取暖费用高的原因，村里的三家饭店都关门歇业，如遇红白喜事，多数村民会雇中巴车将亲戚朋友拉到绥芬河市的饭店就餐；少数人家在村里的饭店办红白喜事，至于在自家院里办这些活动，现在已非常少见了，每年也就有一两家。但是在日常交往中，村民在自家准备酒菜招待亲戚朋友的现象很普遍，这样既经济又实惠，而且饭前饭后，宾主还可以打牌娱乐一下。少数家庭条件优越的，还经常到绥芬河市里消费。

第三节　建新村村史①

建新村原名卢家大院，得名于民国时期，因当时绥芬河探防队长卢长顺在此种地，为防山沟里的土匪，卢长顺家用木棍围成一个大院墙（当地人又叫大院套），因此得名卢家大院。以后住户逐渐多起来。日伪时期，日本宪兵队在此设立了特务据点，主要以种地、打洋草、看护沟渠等作为掩护，搜集情报，逮捕抗日地下工作人员。解放后十余年时间里，这里都没有永久居住户，农民只在农忙时来

① 据《绥芬河市志》（1860年至1988年）记载的相关内容整理。

此暂住。1961 年，由建东大队分出部分社员到此建队。1965 年，正式成立行政村，始称建新大队，归属建设公社管辖，王志勤为首任大队（村）党支部书记。建村初期，有 180 户 760 人左右，土地 4991 亩，是绥芬河市农业生产条件最好的村，也是著名的蔬菜村。因土质适宜，当时村民还大量种植黄烟（世称晒烟）和向日葵等经济作物。

建新村中的大岭下屯原是独立的行政村，曾隶属于北寒乡，是建西大队一队的远耕点。1974 年冬，于学升（男，建新村大岭下屯村民，2010 年 76 岁）带领建西第一生产队部分村民来此建队，当时有 93 人，220 亩土地。1976 年，共产主义劳动大学在此办校，因此这个队又称“共大村”。1978 年“共大”撤销后，改称大岭下。1979 年后，陆续有居民搬来，逐渐形成规模。大岭下主要以种植玉米、黄豆、蔬菜等农作物为主。由于此地无霜期相对较长，地势低，积温高，因此农作物生长快、收成好。每到秋收季节，大岭下村种菜大户就在村头砌上羊汤馆大锅灶，招待前来买菜的顾客，成为秋色中的一道风景线。大岭下村从成立之初就有种植蔬菜的传统，发展到现在成了蔬菜种植专业小区。

2001 年，根据绥芬河市行政区划调整工作部署，大岭下村与建新村合并，统称建新村至今，但合村不合账，原大岭下村在经济上还是单独核算。

第二章　基层组织

近年来，建新村按照《中共中央关于推进农村改革发展若干重大问题的决定》的指示精神，通过贯彻《村民委员会组织法》，实现了村级管理民主化、村务财务公开化、民主选举制度化、村民自治规范化。

第一节　建新村基层组织建设

一　村民委员会

（一）村民委员会选举及运行

1990 年，建新村进行了第一次选举，三年一届。1998 年《中华人民共和国村民委员会组织法》和 1999 年《黑龙江省村民委员会选举办法》相继颁布后，村委会选举开始采取“公推直选”的方式。2001 年建新村与大岭下村合并，村“两委”需要调整，虽然届期没到，但也进行了第五届选举。2002 年进行了第六届选举。2008 年秋，第八届村委会上任至今。

根据《黑龙江省村民委员会选举办法》规定，按照省委、省政府下发的《关于做好全省第八届村民委员会换届选举工作的通知》（黑办发［2008］7 号）和《绥芬河市阜宁镇第八届村民委员会换届选举工作方案》要求，2008 年建新村进行换届选举，村委会进行了“公推直选”。首先由村民代表会议选举出了第八届村民选举委员会委员 5 人，制定了选举方案；选举前进行了选举工作人员的培训工作、宣传发动，进行选民登记，共登记选民 670 人；选民名单在选举日的 20 个工作日之前张榜公布，村民委员会候选人由有选举权的村民直接提名，正式候选人确定后，在选举的 5 个工作日之前张榜公布，村民选举委员会在选举的 10 个工作日之前张榜公布选举时间和地点。10 月 14 日，在村委会文体活动室里举行了预选，选出正式候选人两名，之后又补选一人（此人后被绥芬河市纪检委、民政局及阜宁镇选举领导小组查实，为贿选，被取消候选人资格，并在《今日绥芬河报》上公开处理决定）。10 月 26 日，举行了正式直选，选举结果是两个候选人得票都没有超过半数，按规定进入第二次直选。11 月 13 日，举行了第二次直选，票多者当选，逄发成连选连任村委会主任。整个选举过程有阜宁镇选举领导小组、绥芬河市民政局全程监督，选举结果当天向全体村民公示。

选举流程如下：

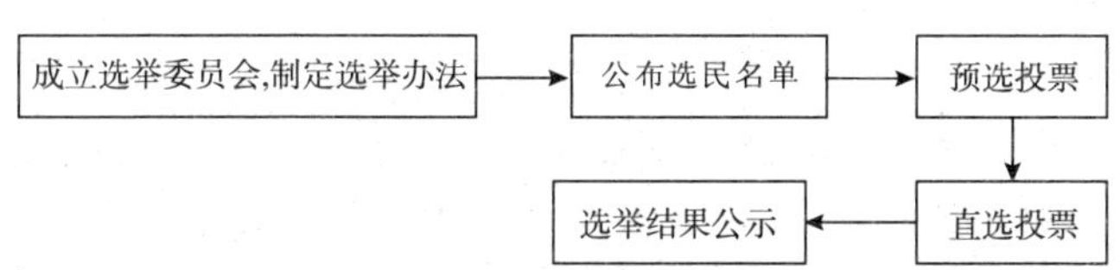

图 2－1　建新村 2008 年村委会选举流程（自制）

（二）村民委员会构成及驻地

建新村村民委员会成员包括主任、副主任各一人，委员一人。另设治安保卫主任、人民调解主任、妇女主任各一人，都为兼职。村民委员会下辖 13 个村民小组（包括大岭下三个小组），各组推选出一名小组长，具体是：第一组郭长河，第二组刘立军，第三组张守德，第四组秦思坤，第五组袁安金，第六组孙宝军，第七组宋文军，第八组李玉东，第九组张烈池，第十组张烈生，第十一组于乐清，第十二组王洪才，第十三组迟明章。

建新村村民委员会设在建新村东部第三村民小组，规划占地面积 5000 平方米，建筑面积 604 平方米，总投资 60 万元。其中市工商局支持资金 20 万元，财政局支持资金 30 万元，村委会自筹资金 10 万元。村委会是一座两层办公楼，建筑面积 504 平方米，靠近建新村主要道路，比较方便村民委员会人员办公及村民办事和联络。楼内二层设书记室、主任室、副主任室、妇联室、图书室、财务室、会议室、荣誉室；一层设有一间综合会议室，作为党员干部远程教育终端站点、人口学校、计划生育协会会员之家、老年学校综合活动场所。一层另有一间房屋 100 平方米，在 2006 年建楼之初，计划用于农民销售农产品和食品超市，但由于各种原因，这间房屋最后改作村民体育休闲室，摆放了两套乒乓球案子，村里乒乓球爱好者天天定点到这里打球。2008 年 4 月，村里土地整理项目开工后，绥芬河市国土资源局阜宁镇土地整理项目办公室设在这间房屋，乒乓球活动暂停。2009 年 9 月土地整理项目结束并通过省国土资源厅验收后，这间房里则存放了抗旱专用的喷灌机 9 台、发电机 6 台、深井泵 13 台等以及其他配套设施。办公楼左前方 5 米处建有南北向一栋平房，面积 100 平方米（长 25 米、宽 4 米），分别用作专为村委会供热的锅炉房、储煤室、杂物保管室等。

图 2－2　建新村村委会外景（2010 年 2 月　宋伟东摄）

（三）村务公开

村务公开就是村党支部、村委会，把各项涉及村民切身利益的事项和村民关心的事情，定期向村民公布，让村民了解实情，进行监督。村务公开的重点是财务公开——定期公布账目，一是为了使群众了解村里的收支情况和其他财务状况，在明了情况的基础上，进行有效监督；二是为了使每个村民了解自己与村集体的经济关系，如承包费的上缴、粮食补贴、建房补贴和“低保”等，做到心中有数。

根据2007年制定的《绥芬河市阜宁镇村级规范化管理工作实施细则（试行）》第五十五条规定：各村对村务、财务情况必须实行公开。公开内容如下：（1）财务收支情况，包括生产经营收入，发包及上交收入，投资收益，其他收入情况，生产经营支出、管理费用（干部工资、招待费）及其他支出情况，本年收益及收益分配情况，福利费的支出及结余情况。（2）农户应交的电费、水费，包括农户用电、用水数量、电价、水价。（3）农村土地、果园、工业、副业等项目的承包方案、承包结果及承包合同的兑现等。（4）专项工程集资及支出情况。（5）计划生育政策执行情况。（6）农村房屋翻建及宅基地批复情况。（7）村干部年度目标责任制完成情况。（8）其他涉及村民利益的重大事项。

第五十六条对村务和财务公开提出了具体要求：（1）村财务收支情况在接受村民主理财小组审查及镇经管站审计后，每季度在村务公开栏中张榜公布。其他须公开的事项，在议定、完成或审批后7日内张榜公布。（2）对涉及全体村民利益、群众普遍关注的重大事项，除张榜公布外，要利用各种会议、发放明白纸等形式予以公开。（3）镇党委在各村设立村务公开监督举报箱，每月对村务公开情况进行一次检查。

建新村村委会建立健全了财务管理规章制度，成立了村民主理财小组，按季度召开村民代表大会公开村务，村务公开栏定期更换内容，财务账目按季公开。经过多年来的建设和改革，建新村村级组织得到健全，两委领导核心作用突出，村民法治意识明显增强，村务管理规范有序，矛盾纠纷调处及时，村民和睦，社会稳定，民主选举、民主决策、民主管理、民主监督和村务、财务公开的“四民主、两公开”得到贯彻落实，村民自治水平不断提高。

结合《阜宁镇农村集体经济组织财务管理暂行办法》的规定，建新村在村务财务公开内容、公开方式和公开时间方面制定了明确的标准。

（1）公开内容：包括专项公开项目和随时公开项目，专项公开项目有：“三资”代理材料、各业承包、粮食直补、土地征用、宅基地审批、救济低保优抚、计划生育、发展党员、评选先优、“三人”群体建议、党员服务区、村民建房；随时公开项目包括临时发生的项目。

（2）公开形式：村务公开栏、广播、村民代表会议和村民大会等。

（3）公开时间：财务公开为每季度一次，涉及全村的其他重大事项及时公开，工程项目全过程公开。

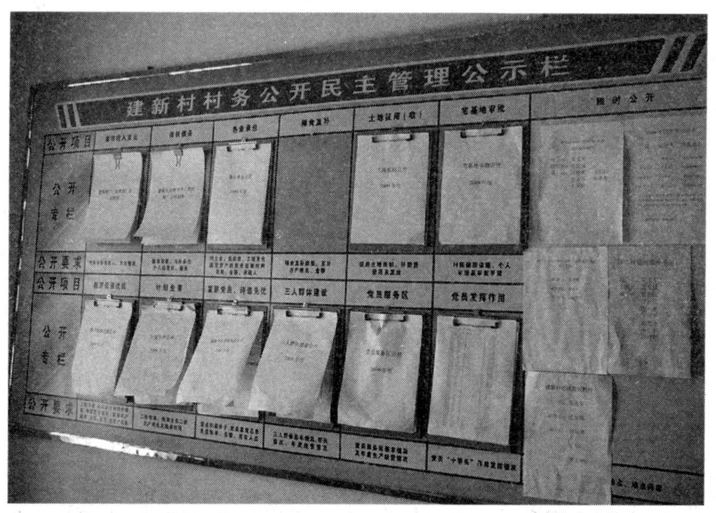

图 2－3　建新村村务公开栏（2010 年 2 月　宋伟东摄）

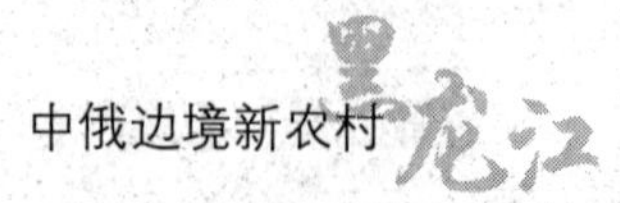

阜宁镇农村集体经济组织财务管理暂行办法

1. 为了加强村集体经济组织财务管理，规范财务活动，保障村集体经济健康发展，根据国家有关法律、法规的规定，结合我镇实际，制定本办法。

2. 村集体经济组织应当建立健全财务管理制度，正确处理国家、集体、个人三者利益关系，加强民主管理、民主监督，按照财务公开的原则，依法、合理筹集和使用资金，加强经济核算，为发展集体经济服务。

3. 村集体经济每年年初应当按照量入为出、留有余地、兼顾各方面利益的原则，编制年度财务计划。年度财务计划应当经村集体经济组织成员会议或者代表会议讨论通过，报镇经管站审核备案。年度计划有变的，需文字说明，并报经管站审核备案。

4. 严格执行账、权、钱分管制度，审批人不得管账、管钱，坚持以村为基本核算单位不变的原则，坚持村级资金的使用权、所有权、审批权不变的原则。

5. 实行限期交款报账制。村级“一事一议”筹集的资金，资源发包及上交收入，集体统一经营收入，土地补偿款，捐赠、救济、扶贫款，上级部门拨款，投资收入，已回收的欠款，固定资产、林木、产品物资出售等零散收入必须在五日内存入银行，现金收入超千元时，当日存入银行。如发现收入不及时存入银行，按私设小金库处理，并对责任人处以500~1000元的罚款。

村财会人员对各账簿的记录，应定期核对，做到账证、账实、账款、账账和账表五相符。要按月结账，并于下月10号前把全部账目上报镇经管站。违反此条，每次将对村财会人员处以100元罚款并责令其改正。

6. 村日常开支由村主任一支笔审批。审批权限：500元以内由村主任签字；500元以上的支出，由村主任签字、书记审核签字。

村集体经济组织资金收付必须由财会人员经办，并开具或者取得真实、合法凭证，做到经办人、验收人、审批人签章齐全，并注明用途，有清单的必须附清单。农业基本建设设施一万元以上的单体建筑、大型维修费、大型工程等需有预决算表（预算由建设单位或委托施工单位编制、决算报告由会计师事务所等中介组织出具）；村屯建设支出中，村民出工的可用工资表支付（一次性支出超5000元的除外），除此之外均需正式发票，且不得增加村级债务。由此造成的债务，由责任人个人承担。各项支出还须经民主理财小组同意，镇经管站审核。

有下列情况之一的，财务人员有权拒绝支付、入账：（1）经办人、证明人及审批人不全的；（2）票据字迹不清或涂改的；（3）申请资金与实际用途不符的；（4）应出具正式票据而用非正式票据的；（5）未盖民主理财章的；（6）其他违反财务制度的。

7. 严格执行村集体资产管理条例，对村级土地、林木等自然资源和固定资产、产品物资进行登记入账，需出售的固定资产、林木、产品物资必须经村民代表大会讨论通过，市镇经管站对需出售的资产进行评估后，镇长批准，方可竞价出售。

8. 禁止任何单位和个人侵占、平调、截留、挪用集体资产、村与村之间不得串用资金。违反此条，由镇政府责令其归还或者折价赔偿，并处以侵占、平调、截留、挪用

金额10%至30%的罚款。

9. 坚决禁止村级坐收坐支现金，设置账外账，违者按《现金管理条例》严肃处理，并取消年度创收奖励。

10. 加强合同的管理，承包合同必须兼顾国家、集体和个人三者利益，合同签订须经集体经济组织成员或成员代表大会通过，镇司法所审核、镇主要领导审批，由村主任签字并加盖公章，镇经管站备案，使合同具有合法性、真实性、可行性。未经村班子集体商量，任何人不得自作主张或假借集体名义对外签订经济合同。否则，造成的一切损失，谁办理，谁负责。

11. 加强档案的管理，财务档案由专人负责，专人管理，档案存入要规整，做到防火、防盗、防潮湿、防霉烂、防虫咬，并严格执行借阅及保密制度。

12. 严格执行财经纪律，村所需的各项资金的借入必须通过镇经管站出纳员进行办理，村不能擅自从金融部门借款。

13. 各村两委班子成员要切实提高学习、贯彻、遵守、执行农经法规的自觉性，继续坚持村务公开、民主理财、群众监督制度，同时抓好欠款回收、债务化解工作，根据村级经济情况合理规划村级经济发展目标，实现村级集体经济的不断壮大，良性发展。

14. 本办法自2006年1月1日起施行。

2009 年建新村现金盘点表

表 2－1　第一季度财务公开榜

核算单位：阜宁镇/建新村　　2009 年 3 月　　单位：元

项　目	行次	本季数	本　年 累计数	项　目	行次	本季数	本　年 累计数
资　产	1			负　债	1		
一、现金	2		55570.83	一、短期借款	2		
二、银行存款	3		4995.37	二、应付款项	3		248293.01
三、应收款项	4		345836.22	三、应付工资	4		
四、库存物资	5		9318.00	四、应付福利费	5		-55560.00
五、牲畜(禽)资产	6			五、长期借款及应付	6		
六、林木资产	7			六、一事一议资金	7		
七、固定资产	8		1149675.25	七、专项 应付款	8		
八、累计折旧	9			—	9		
收　入	10			支　出	10		
一、经营收入	11			一、经营支出	11		
1. 农产品销售收入	12			1. 销农产品成本费	12		
2. 物资销售收入	13			2. 销售物资成本费	13		
3. 租赁收入	14			3. 销售农业资产费	14		
4. 服务收入	15			4. 租赁成本及费用	15		
5. 劳务收入	16			5. 提供劳务成本	16		
6. 其他	17			6. 提供服务成本	17		
	18			7. 产役畜饲养费	18		
	19			8. 经济林木管护费	19		
	20			9. 固定资产维修费	20		
	21			10. 其他	21		
二、发包及上交	22			二、管理费用	22	105809.00	105809.00
1. 机动地发包	23			1. 办公经费	23	45649.00	45649.00
2. 资源发包	24			2. 工资及奖励	24	59160.00	59160.00
3. 财产生产项目	25			3. 维修费	25		
4. 企业上交收入	26			4. 折旧费	26		
5. 其他	27			5. 奖励化解债务经费	27		
三、补助收入	28	89160.00	89160.00	6. 其他	28	1000.00	1000.00

续表

项　目	行次	本季数	本　年 累计数	项　目	行次	本季数	本　年 累计数
四、其他收入	29	46.43	46.43	三、其他支出	29	9625.04	9625.04
1. 利息收入	30	46.43	46.43	1. 利息支出	30		
2. 盘盈收入	31			2. 罚没支出	31		
3. 奖励捐赠索赔	32			3. 盘亏损失	32		
五、投资收益	33			4. 坏账非常损失	33		
收入合计	34	89206.43	89206.43	费用合计	34	115434.04	115434.04
各项收入差额	35	-26227.61	-26227.61		35		
专项公开							

表 2-2　第一季度现金收支情况

核算单位：阜宁镇/建新村　　　　单位：元

2009 年		凭证号		摘　要	发生额		余　额
月	日	字	号		收入	支出	
				上月余额			13714.37
3	31	记	10002	提现金	180000.00		193714.37
3	31	记	10002	提现金	1080.00		194794.37
3	31	记	10003	村干部奖金		20000.00	174794.37
3	31	记	10004	鞭炮/对联		515.00	174279.37
3	31	记	10004	办公用品		708.00	173571.37
3	31	记	10004	投影仪安装材料		600.00	172971.37
3	31	记	10004	数码相机电池		80.00	172891.37
3	31	记	10004	手续费		5.50	172885.87
3	31	记	10005	煤		31800.00	141085.87
3	31	记	10005	锅炉工人工费		900.00	140185.87
3	31	记	10005	锅炉工人工费		500.00	139685.87
3	31	记	10005	锅炉工人工费		1600.00	138085.87
3	31	记	10005	锅炉工人工费		300.00	137785.87
3	31	记	10005	村委会电费		524.00	137261.87
3	31	记	10006	2009 年报刊费		1495.00	135766.87

续表

2009年		凭证号		摘　要	发生额		余　额
月	日	字	号		收入	支出	
3	31	记	10006	培训费		1000.00	134766.87
3	31	记	10006	电话费		200.00	134566.87
3	31	记	10006	电话费		200.00	134366.87
3	31	记	10006	车票		211.00	134155.87
3	31	记	10006	2008年村干部差旅费		6000.00	128155.87
3	31	记	10007	合作医疗		90.00	128065.87
3	31	记	10007	看望老干部面粉		2570.00	125495.87
3	31	记	10007	村民去世		300.00	125195.87
3	31	记	10007	张志成老干部工资		360.00	124835.87
3	31	记	10007	董广国老干部工资		360.00	124475.87
3	31	记	10007	秦玉生老干部工资		360.00	124115.87
3	31	记	10007	慰问老军人		570.00	123545.87
3	31	记	10007	慰问老军人		950.00	122595.87
3	31	记	10008	危房改造费		50000.00	72595.87
3	31	记	10009	大棚地租		1080.00	71515.87
3	31	记	10010	保洁员工资		3000.00	68515.87
3	31	记	10010	修下水道		1250.00	67265.87
3	31	记	10010	清理卫生		1950.00	65315.87
3	31	记	1001	清理卫生		120.00	65195.87
3	31	记	10011	于长德管理自来水人工费		1500.00	63695.87
3	31	记	10011	选举人工费		3120.00	60575.87
3	31	记	10011	选举人工费		240.00	60335.87
3	31	记	10011	三八联谊会		625.00	59710.87
3	31	记	10011	板锹		32.00	59678.87
3	31	记	10011	村委会门市电费		176.00	59502.87
3	31	记	10011	泵房电费		3932.04	55570.83
				本月合计	181080.00	139223.54	55570.83
				本年累计	181080.00	139223.54	55570.83

表 2-3　第二季度财务公开榜

核算单位：阜宁镇/建新村　　2009 年 6 月　　单位：元

项　目	行次	本季数	本年累计数	项　目	行次	本季数	本年累计数
资　产	1			负　债	1		
一、现金	2		50920.83	一、短期借款	2		
二、银行存款	3		4001.47	二、应付款项	3		248293.01
三、应收款项	4		345836.22	三、应付工资	4		
四、库存物资	5		9318.00	四、应付福利费	5		-80960.00
五、牲畜(禽)资产	6			五、长期借款及应付	6		
六、林木资产	7			六、一事一议资金	7		
七、固定资产	8		1418128.25	七、专项 应付款	8		
八、累计折旧	9			—	9		
收　入	10			支　出	10		
一、经营收入	11			一、经营支出	11		
1. 农产品销售收入	12			1. 销农产品成本费	12		
2. 物资销售收入	13			2. 销售物资成本费	13		
3. 租赁收入	14			3. 销售农业资产费	14		
4. 服务收入	15			4. 租赁成本及费用	15		
5. 劳务收入	16			5. 提供劳务成本	16		
6. 其他	17			6. 提供服务成本	17		
	18			7. 产役畜饲养费	18		
	19			8. 经济林木管护费	19		
	20			9. 固定资产维修费	20		
	21			10. 其他	21		
二、发包及上交	22	30000.00	30000.00	二、管理费用	22	3460.23	109269.23
1. 机动地发包	23			1. 办公经费	23	3460.23	49109.23
2. 资源发包	24			2. 工资及奖励	24		59160.00
3. 财产生产项目	25	30000.00	30000.00	3. 维修费	25		
4. 企业上交收入	26			4. 折旧费	26		
5. 其他	27			5. 奖励化解债务经费	27		
三、补助收入	28	318453.00	407613.00	6. 其他	28		1000.00
四、其他收入	29	6.10	52.53	三、其他支出	29	3281.77	12906.81

续表

项　目	行次	本季数	本年累计数	项　目	行次	本季数	本年累计数
1. 利息收入	30	6.10	52.53	1. 利息支出	30		
2. 盘盈收入	31			2. 罚没支出	31		
3. 奖励捐赠索赔	32			3. 盘亏损失	32		
五、投资收益	33			4. 坏账非常损失	33		
收入合计	34	348459.10	437665.53	费用合计	34	6742.00	122176.04
各项收入差额	35	341717.10	315489.49		35		
专项公开							

表 2-4　第二季度现金收支情况

核算单位：阜宁镇/建新村　　　　　　　　　　单位：元

2009 年		凭证号		摘　要	发生额		余　额
月	日	字	号		收入	支出	
				上月余额			55570.83
6	30	记	10001	提现金	36000.00		91570.83
6	30	记	10001	提现金	14000.00		105570.83
6	30	记	10001	提现金	7000.00		112570.83
6	30	记	10005	新农村建设果树苗 200 棵		400.00	112170.83
6	30	记	10005	树苗运费		1550.00	110620.83
6	30	记	10005	新农村建设果树苗 2015 棵		30000.00	80620.83
6	30	记	10005	杨树苗 1000 棵		1500.00	79120.83
6	30	记	10005	杨树用白灰等		178.00	78942.83
6	30	记	10005	栽丁香人工费		1900.00	77042.83
6	30	记	10005	杨树苗		1200.00	75842.83
6	30	记	10005	回填绿化带运费人工费		4000.00	71842.83
6	30	记	10006	新农村建设修路运费		50.00	71792.83
6	30	记	10006	杨树支杆 600 根		600.00	71192.83
6	30	记	10006	杨树支杆 700 根		350.00	70842.83

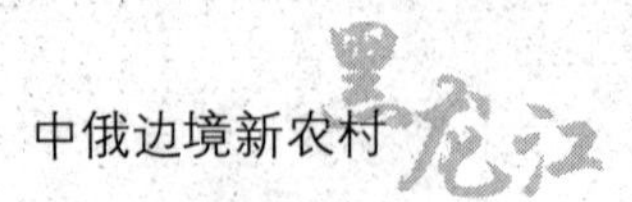

续表

2009 年		凭证号		摘　要	发生额		余　额
月	日	字	号		收入	支出	
6	30	记	10006	杨树支杆 260 根		130.00	70712.83
6	30	记	10006	杨树苗 200 棵		1000.00	69712.83
6	30	记	10006	树苗运费		150.00	69562.83
6	30	记	10006	栽树苗人工费		4800.00	64762.83
6	30	记	10007	账据表款		300.00	64462.83
6	30	记	10007	结算手续费		15.50	64447.33
6	30	记	10007	卷皮		81.00	64366.33
6	30	记	10007	墨盒		40.00	64326.33
6	30	记	10007	墨盒		85.00	64241.33
6	30	记	10008	村委会电费		63.18	64178.15
6	30	记	10008	村委会电费		44.55	64133.60
6	30	记	10008	村委会电费		98.82	64034.78
6	30	记	10008	村委会电费		1.18	64033.60
6	30	记	10009	村委会电话费		200.00	63833.60
6	30	记	10009	村委会电话费		200.00	63633.60
6	30	记	10009	村委会电话费		100.00	63533.60
6	30	记	10009	村委会电话费		770.00	62763.60
6	30	记	10010	差旅费		398.00	62365.60
6	30	记	10010	差旅费		466.00	61899.60
6	30	记	10010	差旅费		597.00	61302.60
6	30	记	10011	泵房电费		89.71	61212.89
6	30	记	10011	泵房电费		18.99	61193.90
6	30	记	10011	泵房电费		1738.17	59455.73
6	30	记	10011	泵房电费		41.65	59414.08
6	30	记	10011	泵房电费		8.70	59405.38
6	30	记	10011	泵房电费		279.55	59125.83
6	30	记	10011	电教室窗帘		650.00	58475.83
6	30	记	10011	修自来水配件		255.00	58220.83

续表

2009年		凭证号		摘　要	发生额		余　额
月	日	字	号		收入	支出	
6	30	记	10011	防火宣传条幅		200.00	58020.83
6	30	记	10012	秦平危房改造款		1000.00	57020.83
6	30	记	10012	老军人任联宏去世补助		400.00	56620.83
6	30	记	10013	保洁员工资		3000.00	53620.83
6	30	记	10013	防汛机械工时费		2700.00	50920.83
				本月合计	57000.00	61650.00	50920.83
				本年累计	238080.00	200873.54	50920.83

表 2-5　第三季度财务公开榜

核算单位：阜宁镇/建新村　　2009年9月　　单位：元

项　目	行次	本季数	本年累计数	项　目	行次	本季数	本年累计数
资　产	1			负　债	1		
一、现金	2		17632.28	一、短期借款	2		
二、银行存款	3		325926.79	二、应付款项	3		247293.01
三、应收款项	4		345836.22	三、应付工资	4		
四、库存物资	5		9318.00	四、应付福利费	5		-81960.00
五、牲畜(禽)资产	6			五、长期借款及应付	6		
六、林木资产	7			六、一事一议资金	7		
七、固定资产	8		1458128.25	七、专项应付款	8		
八、累计折旧	9				9		
收　入	10			支　出	10		
一、经营收入	11			一、经营支出	11		
1. 农产品销售收入	12			1. 销农产品成本费	12		
2. 物资销售收入	13			2. 销售物资成本费	13		
3. 租赁收入	14			3. 销售农业资产费	14		
4. 服务收入	15			4. 租赁成本及费用	15		
5. 劳务收入	16			5. 提供劳务成本	16		
6. 其他	17			6. 提供服务成本	17		

续表

项　目	行次	本季数	本年累计数	项　目	行次	本季数	本年累计数
	18			7. 产役畜饲养费	18		
	19			8. 经济林木管护费	19		
	20			9. 固定资产维修费	20		
	21			10. 其他	21		
二、发包及上交	22	7700.00	37700.00	二、管理费用	22	31437.04	140706.27
1. 机动地发包	23			1. 办公经费	23	31437.04	80546.27
2. 资源发包	24	7700.00	7700.00	2. 工资及奖励	24		59160.00
3. 财产生产项目	25		30000.00	3. 维修费	25		
4. 企业上交收入	26			4. 折旧费	26		
5. 其他	27			5. 奖励化解债务经费	27		
三、补助收入	28	569000.00	976613.00	6. 其他	28		1000.00
四、其他收入	29	225.32	277.85	三、其他支出	29	7951.51	20858.32
1. 利息收入	30	225.32	277.85	1. 利息支出	30		
2. 盘盈收入	31			2. 罚没支出	31		
3. 奖励捐赠索赔	32			3. 盘亏损失	32		
五、投资收益	33			4. 坏账非常损失	33		
收入合计：	34	576925.32	1014590.85	费用合计：	34	39388.55	161564.59
各项收入差额	35	537536.77	853026.26		35		
专项公开							

表 2－6　第三季度现金收支情况

核算单位：阜宁镇/建新村　　　　　　　　　　单位：元

2009年		凭证号		摘　要	发生额		余　额
月	日	字	号		收入	支出	
				上月余额			50920.83
9	30	记	10002	泥草房改造补助款	200000.00		250920.83
9	30	记	10002	提现金	55000.00		305920.83
9	30	记	10003	修建水井工程款		40000.00	265920.83
9	30	记	10004	支往来存款		1000.00	264920.83
9	30	记	10005	建新村村委会门市		3.63	264917.20
9	30	记	10005	建新村村委分电费		53.46	264863.74

续表

2009年		凭证号		摘　要	发生额		余　额
月	日	字	号		收入	支出	
9	30	记	10005	建新村村委会		69.66	264794.08
9	30	记	10005	建新村村委会电费		71.28	264722.80
9	30	记	10005	建新村村委会		57.04	264665.76
9	30	记	10005	建新村村委会电费		46.17	264619.59
9	30	记	10005	电话费		100.00	264519.59
9	30	记	10005	电话费		100.00	264419.59
9	30	记	10006	差旅费		962.50	263457.09
9	30	记	10006	住宿费		480.00	262977.09
9	30	记	10006	差旅费		7060.00	255917.09
9	30	记	10006	墨盒		70.00	255847.09
9	30	记	10007	村干部保险		1000.00	254847.09
9	30	记	10008	新农村建设考察培训		1200.00	253647.09
9	30	记	10008	新农村建设培训费		700.00	252947.09
9	30	记	10008	绿化管理人工费		900.00	252047.09
9	30	记	10008	保洁员工资		1500.00	250547.09
9	30	记	10008	栽丁香		1000.00	249547.09
9	30	记	10008	做荣誉牌匾、廉政牌		1600.00	247947.09
9	30	记	10008	泥草房改造补助		200000.00	47947.09
9	30	记	1000	水质检验费		300.00	47647.09
9	30	记	10009	育林基金		377.00	47270.09
9	30	记	10009	科学发展观装订费		220.00	47050.09
9	30	记	10009	建新村泵房电费		54.47	46995.62
9	30	记	10009	建新村泵房电费		161.00	46834.62
9	30	记	10009	建新村泵房电费		90.51	46744.11
9	30	记	10009	村村通入网		800.00	45944.11
9	30	记	10019	涂料、乳胶		3600.00	42344.11
9	30	记	10019	建新村泵房电费		2348.53	39995.58
9	30	记	10011	煤		21639.80	18355.78
				本月合计	255000.00	287565.05	18355.78
				本年累计	493080.00	488726.59	18355.78

表 2 –7　第四季度财务公开榜

核算单位：阜宁镇/建新村　　2009 年 12 月　　单位：元

项　目	行次	本季数	本年累计数	项　目	行次	本季数	本年累计数
资　产	1			负　债	1		
一、现金	2		1241.63	一、短期借款	2		
二、银行存款	3		69175.53	二、应付款项	3		247293.01
三、应收款项	4		264415.56	三、应付工资	4		
四、库存物资	5		8520.00	四、应付福利费	5		-81960.00
五、牲畜(禽)资产	6			五、长期借款及应付	6		
六、林木资产	7			六、一事一议资金	7		
七、固定资产	8		1526518.25	七、专项 应付款	8		
八、累计折旧	9			—	9		
收　入	10			支　出	10		
一、经营收入	11			一、经营支出	11		
1. 农产品销售收入	12			1. 销农产品成本费	12		
2. 物资销售收入	13			2. 销售物资成本费	13		
3. 租赁收入	14			3. 销售农业资产费	14		
4. 服务收入	15			4. 租赁成本及费用	15		
5. 劳务收入	16			5. 提供劳务成本	16		
6. 其他	17			6. 提供服务成本	17		
	18			7. 产役畜饲养费	18		
	19			8. 经济林木管护费	19		
	20			9. 固定资产维修费	20		
	21			10. 其他	21		
二、发包及上交	22	5000.00	42700.00	二、管理费用	22	1080.69	141786.96
1. 机动地发包	23			1. 办公经费	23	1080.69	81626.96
2. 资源发包	24	5000.00	12700.00	2. 工资及奖励	24		59160.00
3. 财产生产项目	25		30000.00	3. 维修费	25		
4. 企业上交收入	26			4. 折旧费	26		
5. 其他	27			5. 奖励化解债务经费	27		
三、补助收入	28	28000.00	1004613.00	6. 其他	28		1000.00
四、其他收入	29	248.74	526.59	三、其他支出	29	11640.96	32499.28

续表

项　目	行次	本季数	本年累计数	项　目	行次	本季数	本年累计数
1. 利息收入	30	248. 74	526. 59	1. 利息支出	30		
2. 盘盈收入	31			2. 罚没支出	31		
3. 奖励捐赠索赔	32			3. 盘亏损失	32		
五、投资收益	33			4. 坏账非常损失	33		
收入合计：	34	33248. 74	1047839. 59	费用合计：	34	12721. 65	174286. 24
各项收入差额	35	20527. 09	873553. 35		35		
专项公开							

表 2－8　第四季度现金收支情况

核算单位：阜宁镇/建新村　　　　　　　　单位：元

2009 年		凭证号		摘　要	发生额		余　额
月	日	字	号		收入	支出	
				上月余额			18355. 78
12	31	记	10001	更改错账	719. 00		19074. 78
12	31	记	10003	提现金	25000. 00		44074. 78
12	31	记	10003	提现金	300000. 00		344074. 78
12	31	记	10004	危房改造款		35000. 00	309074. 78
12	31	记	10005	SONY 相机		2650. 00	306424. 78
12	31	记	10006	饮水机		320. 00	306104. 78
12	31	记	10007	手续费、工本费		20. 00	306084. 78
12	31	记	10007	电线、墨盒		70. 00	306014. 78
12	31	记	10007	综合治理文件夹		40. 00	305974. 78
12	31	记	10007	手续费		10. 50	305964. 28
12	31	记	10007	报刊费		1490. 00	304474. 28
12	31	记	10008	电话费		100. 00	304374. 28
12	31	记	10008	电话费		200. 00	304174. 28
12	31	记	10008	村委会电费		68. 85	304105. 43
12	31	记	10008	村委会电费		0. 81	304104. 62
12	31	记	10008	村委会电费		51. 03	304053. 59

续表

2009年		凭证号		摘　要	发生额		余　额
月	日	字	号		收入	支出	
12	31	记	10008	差旅费		472.00	303581.59
12	31	记	10009	泥草房改造补助		265000.00	38581.59
12	31	记	10009	新农村建设买树苗		6000.00	32581.59
12	31	记	10009	新农村建设买水泥排水管		1690.00	30891.59
12	31	记	10009	材料款		18009.00	12882.59
12	31	记	10010	建新村泵房电费		1223.93	11658.66
12	31	记	10010	建新村泵房电费		619.97	11038.69
12	31	记	10010	建新村泵房电费		492.06	10546.63
12	31	记	10010	保洁员工资		1500.00	9046.63
12	31	记	10010	采伐费		980.00	8066.63
12	31	记	10010	树木管理员工资		1800.00	6266.63
12	31	记	10010	栽绿化树占大棚补助		400.00	5866.63
12	31	记	10010	栽绿化树占用卫生厕所补助		1000.00	4866.63
12	31	记	10011	冲洗照片		10.00	4856.63
12	31	记	10011	扫帚		22.00	4834.63
12	31	记	10011	门帘子		66.00	4768.63
12	31	记	10011	照相费		30.00	4738.63
12	31	记	10011	风轮		50.00	4688.63
12	31	记	10011	材料款		2447.00	2241.63
12	31	记	10011	三资图板		1000.00	1241.63
				本月合计	325719.00	342833.15	1241.63
				本年累计	818799.00	831995.24	1241.63

（四）“三资”委托代理服务制度

农村集体经济组织“三资”委托代理服务制，是指在坚持农村集体资金、资产和资源（简称“三资”）的所有权、使用权、审批权和收益权不变的前提下，各行政村与镇“三资”委托代理服务中心签订委托代理协议，在代理服务中心设立银行账户，由服务中心对农村集体经济组织“三资”实行统一管理。实行“三资”委托代理服务制的目的是为了进一步加强对农村集体经济组织“三资”的监督管理，维护农村集体经济组织和农民群众合法权益，深入推进农村党风廉政建设。2009 年 10 月，为贯彻落实省纪委、省农委和牡丹江市关于推进“三资”委托代理服务制的文件及会议精神，绥芬河市委、市政府制定实施了《绥芬河市推行农村集体经济组织“三资”委托代理服务制实施方案》，按照市里《实施方案》的要求，阜宁镇制定了《阜宁镇农村集体经济组织“三资”管理暂行办法》，与各行政村签订了委托协议书，并严格按照《暂行办法》具体实施。

绥芬河市农村集体经济组织“三资”代理服务委托协议书

委托方：绥芬河市阜宁镇建新村委员会

代理方：绥芬河市阜宁镇“三资”代理服务中心

根据上级有关政策、法规及《绥芬河市推行农村集体经济组织“三资”委托代理服务制实施方案》的规定，经村民代表大会讨论同意，现将本村资金、资产、资源管理工作委托给镇“三资”代理服务中心办理，现就有关事宜达成如下协议：

一、代理方保证委托方集体经济组织“三资”的性质、所有权、使用权、审批权和收益权不变。

二、代理方不得挤占、挪用、平调委托方的资金，不

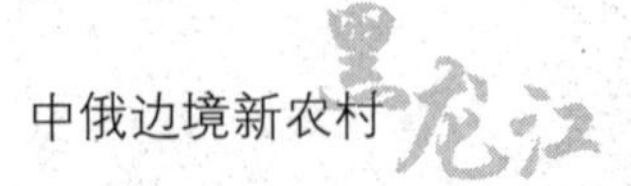

得用委托方的“三资”为该村以外的经济活动提供抵押、担保。

三、代理方保证及时办理审核手续及相关业务，不得妨碍委托方正常经济活动的进行。

四、委托方必须按照规定履行财务预决算及审核手续。

五、委托方应严格按照规定流程，加强“三资”管理。

六、委托方进行“三资”处置时必须按规定报经代理方监管，不得坐收坐支资金、滥用集体资产、擅自发包资源等。

七、以上协议双方共同遵守，对违反本协议的可向上级业务主管部门提出申诉。

委托方法定代表人：逄发成

代 理 方 负 责 人：刘文志

签订日期：2009 年 11 月

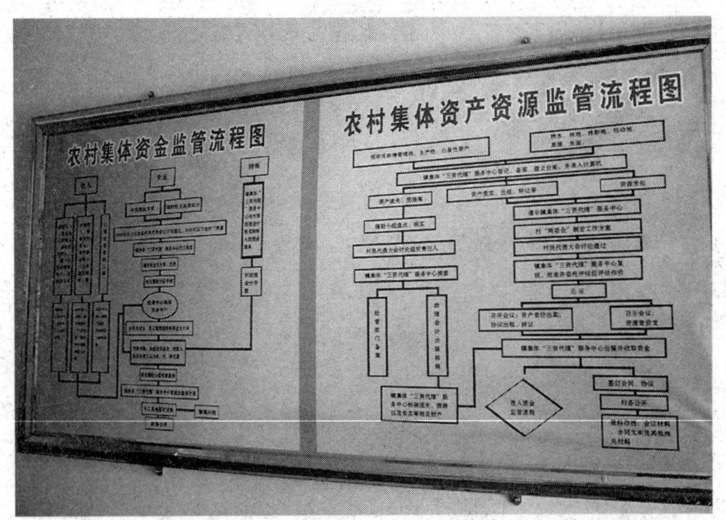

图 2－4　“三资”管理流程图（2010 年 2 月　刁丽伟摄）

（五）村委会主任

2005年10月，建新村第七届换届选举，逄发成被推选为村委会主任，三年一届，2008年10月连任。在任村委会主任四年半时间里，与村两委班子成员团结合作，为建新村发展出主意想办法，努力为村民办实事、办好事。通过开展共产党员先进性教育和学习实践科学发展观活动，尤其建新村被列为全省新农村建设试点村后，在市、镇党委政府的大力支持下，建新村发生了巨大变化。逄发成带领村委会一班人通过努力工作，不但获得了村民的认可，还在全市、全镇获得了多项奖励和荣誉。村集体先后荣获了绥芬河市先进党组织、先进集体、计划生育三星级村等光荣称号，他个人也先后荣获优秀党员和先进个人荣誉称号。2006年以前的建新村，可以说是“雨天一脚泥，晴天一身土”，危房和土坯房达到107栋。面对这种情况，逄发成很是着急。2006年，他参加了镇里组织的去齐齐哈尔市甘南县兴十四村考察学习团，回来后，适逢国家出台关于农村泥草房改造补贴新政策，市、镇政府也出台了相应的扶持政策，在逄发成的建议下，村里制定了相应的危房翻建扶持办法，对危房翻建完成的村里补贴1000元，加上镇里补贴1000元和市里补贴1000元，危房改造每户共补贴3000元。当年改造了10户危房，共发放补贴3万元。2007年，危房改造20户，补贴资金6万元。村民都说：“从古到今，没听说过个人建房国家还给补贴，农村政策真是越来越好了。”

对村民反映比较大的基础建设和环境卫生问题，逄发成积极争取国家政策和阜宁镇党委政府的支持。2007年，通过国家“村村通计划”，村里修建了16公里水泥路。同年，根据绥芬河市社会主义新农村建设规划，国家和市、镇三级政府对建新村环境设施改造投入了大批资金，铺设石砌边沟6000延长米，花瓶式栅栏4000延长米，沙石路平整3000延长米，安装路灯21盏；修建娱乐休闲场地1100平方米；筹资20万元修建了一座容量为100吨的蓄水池，铺设了300延长米管道，为居住地势比较高的村民解决吃水难的问题，得到村民的一致好评。2008年，阜宁镇投资35万元，为建新村修建了铁网式栅栏4000延长米。镇政府投资92万元修建了从206省道进村的6米宽的水泥路。为了进一步改善村里的道路状况，在村里没有一分钱投入的情况下，逄发成率领村委会一班人到市镇政府及各部门多方寻求支持，最后绥芬河市财政局农业开发办拨款为村里修建了1公里长、6米宽的水泥道。2008年，建新村新农村建设通过省级验收后，被确定为全省新农村建设示范村。

在全村环境治理过程中，村干部坚持节假日不休息，同时发动党员、积极分子和民兵的作用。几年来，绿化了8条街2条路（南北称街，东西称路）；栽植了护村林3行2000多棵杨树、1000棵柳树、3000株丁香；危房改造7户，每户补贴5000元，资金全部发放到农户手中；投资1万元安装了10套体育设施，大大方便了村民开展娱乐和健身活动。

逄发成上任村委会主任以来，加快推进产业结构多元化，充分利用村里现有资源、资产招商引资，发展适应本村实际的工业项目，经过几年努力，终于显现了良好效果。村委会以万头猪场为龙头，落实“一村一品”的发展导向，以生产温室大棚蔬菜为主体，成立了无公害蔬菜协会。根据建新村每年白菜产量高、品质好的实际条件，经村两委共同研究，认为发展无公害蔬菜深加工市场前景非常好，决定建设无公害蔬菜加工厂。但没钱怎么办，“井里无水四下淘”，逄发成通过与镇党委书记邢业民的协调和上门求援，市财政局终于答应和镇政府共同出资66万元帮助建新村发展蔬菜深加工项目，2008年建起500平方米生产厂房，当年就投产使用。这个蔬菜加工厂现每年加工本村产的无公害大白菜260吨，村里无公害蔬菜协会会员生产的大白菜一下找到了可靠的销路。为加快全村经济结构调整，实现多元化，逄发成还积极鼓励村民发展养猪养牛事业，为每户数量达到20头以上的养猪户争取到专项补贴1000元，补贴三户，共发放补贴3000元整。

2008年10月，村里举行了村委会第八届选举，逄发成又一次当选为村委会主任。他听说市国土资源局有一个土地整理项目对建新村长远发展很有好处，就主动到市国土资源局打听情况，希望争取项目能落在建新村。在镇党委政府的帮助下，2008年市国土资源局在建新村的土地整理项目终于开工了，总投资1000多万元，通过打机井、整理农田道、修桥建涵洞、建灌溉蓄水池，新整理出耕地138公顷，而且还配备了喷灌机、发电机、深井泵等农业灌溉设备。

2009年，按照绥芬河市开展学习实践科学发展观活动安排，本着“干部受教育、群众得实惠”的原则，逄发成和村两委成员想方设法，千方百计地改善村民生产生活条件，努力解决村民反映强烈的问题。2006年，看到村南大地种植户种地、秋收过河难的问题，逄发成先后找到驻村的建新种猪场、兴牧种猪场、吉利养牛场等5家企业，共出

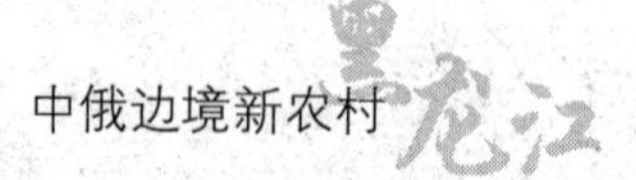

资 8 万元，建起一座桥，被村民称为连心桥，极大地便利了村民春种秋收和出行。从 2007 年开始，村委会每年为参加新型合作医疗的村民提供补贴 2.4 万元。2009 年，为解决大岭下村民吃水难的问题，逄发成和村委会副主任邱延彬找到市农业开发办、水务局，经一再争取，市农业开发办和水务局共同投资，在村北侧建了 60 吨蓄水池一座，铺设 500 延长米自来水管道，这项工程投资 15 万元，当年完工交付使用，大岭下的村民吃水问题就此解决。

看到冬天里村民们无所事事，打牌喝酒闲溜达，逄发成想怎样能让村民冬闲变冬忙呢？既能有事干，又能增加农民收入。2009 年夏天，他先后多次找“绥芬河木泰工贸公司”老板商谈，以老村委会场地给公司做精选筷子的厂房，而且第一年不收租金为条件，要求是该厂要雇佣村里冬闲的劳动力。现在，每到冬季农闲时，村里都有 40 多人在这家厂里打工，大约三个月冬闲时间，平均每人收入 2000 多元。

老村委会是一溜平房，建于 1997 年，由于年久老化，不适应村委会办公需要。2007 年，逄发成和村两委成员主动向帮扶单位市工商局、财政局请求支持。当年，市工商局先后投资 20 万元，建起了一栋 504 平方米两层小楼作为村委会新的办公场地，楼内二层设有妇检室、图书室及村两委办公室，一层设有综合活动室、人口学校、浴室等。从此，村民有了读书看报、信息交流、文娱体育、学习培训的专门场所。市财政局出资 20 万元修建了 1300 平方米的晾晒场，市体育局给村子安装了 10 套体育器械。每年秋天，村民便轮流使用晒场晾晒粮食，其他季节不晾晒粮食的时候，这个晒场就是村民的体育活动场所，打篮球、跑步、健身等活动随之开展起来。

新农村新气象，经过几年的新农村建设，建新村发生了所有村民都引以为豪的变化，逄发成作为村民致富的领头人，也感到心血没有白费，多年的辛劳终于换来了今天建新村村民的幸福生活。

图 2-5　建新村村委会主任逄发成（2010 年 10 月　宋伟东摄）

二　党团组织

（一）党组织

建新村从 1965 年建村就成立了党支部。村党支部实行“两推一选”，即党内推荐、群众推荐、党内选举。2008 年建新村党支部选举在 11 月 20 日举行，之前经过征求党员意见和群众意见，经党员大会提名村党支部 3 名成员，采取了等额选举，由选出的 3 名党支部委员召开第一次会议选出支部书记、副书记和委员。

选举流程如下所示：

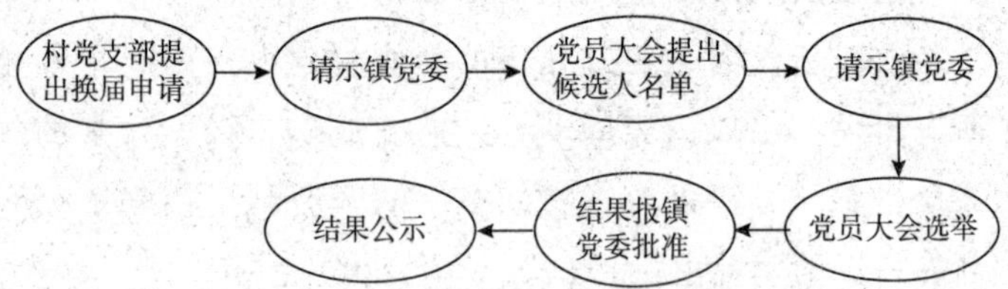

建新村现有党员 32 名，平均年龄 44 岁，年富力强，头脑灵活，在农业生产和村务管理等方面都起到了带头作用。2003 年，驻村的建新种猪场有 2 名党员在建新村党支部参加组织生活，2007 年其党员增至 5 名后，单独成立了党支部，隶属于阜宁镇党委。

在建新村的发展上，村党支部通过召开村民代表会议和村民大会，结合自身实际情况，明确了村集体经济发展思路，确定了以种植、养殖业为产业发展方向的经济发展思路。为了改变村民的观念，提高村民主动致富意识，村党支部采取党员干部带头干、致富能手带路干，来强化村民主动发展的信心，取得了很好的效果。同时，村党支部通过加强培训指导、加强示范推广，提高了村民主动发展的能力，近年来，多次带领干部和致富能手到外地参观、学习技术、开启思路。

村党支部带领全村干部群众，紧紧抓住营造安全、整洁、优美的生活环境和全面提高村民文明程度这一中心环节，深入扎实地开展了文明村创建活动。在村民中广泛开展了“十星户”评比和植树、修路等村容村貌建设活动。通过这些活动的开展，增强了村民的团结协作，奋斗进取精神和强烈的争先创优意识。经过全村上下多年的艰苦奋斗，昔日荒凉、落后、污水横流、道路泥泞的边陲山村已变成道路笔直平坦、绿树成荫、鸟语花香、环境整洁优美的新农村。

村党支部充分利用全镇开展“准备之冬”活动的契机，通过组织农民参加科技大集，举办科技培训班，集中观看科技知识电教片等形式，有针对性地组织全村有劳动能力的村民普遍掌握种植业、养殖业等方面的知识。2006 年以来，村党支部共举办各类科技培训班 24 期，培训村民达 800 余人次。在市有关部门的支持下，还建起了图书室，现在各类书籍达到 3000 余册，每天村民借阅达 20 余人次，丰富了农民的知识面，开拓了农民的视野，为建新村今后大发展快发展奠定了坚实的基础。

建新村党支部把党员带头致富、带头树立新风、带头美化环境、带头执行政策、带头参与活动的先锋模范作用作为重点工作，建立党员责任区制度，把全村划成 16 个责任区，推选优秀党员帮扶责任区村民发展，要求党员结合实际制定对联系户的具体帮扶措施。

建新村党员责任区制度

党员责任区是发挥党员先锋模范作用的一种工作模式，要求全村党员积极完成责任区所承担的任务，为建设社会主义新农村做出贡献。

1. 党员责任区按全村的行政区域和党员的分布状况，由村党支部研究后经过党员大会讨论通过，划分 16 个责任区，将全村党员全部落实到各个责任区中，并选举产生党员责任区负责人。

2. 责任区党员负责人的主要任务

(1) 党员在责任区内通过思想上关心、工作上联系、作用上带头、生活上帮助，切实起到党组织的核心作用。

(2)摸清责任区内村民的思想、工作、生活等各方面的情况，做深入细致的思想政治工作，确保责任区内各项工作的开展和任务的完成。

(3)带头执行基本国策，带头禁赌，及时了解本责任区的好人好事，村民中出现的思想问题，应及时向党支部汇报，并及时开展谈心活动，协助做好村民中问题较为突出的对象转化工作。

(4)带头搞好邻里团结，发生纠纷时，要主动上门调解，不使矛盾激化。

(5)负责本责任区内入党积极分子的培养、教育、考察工作，起好村党支部和群众间的桥梁纽带作用。

(6)带头完成所承担的义务，配合村民小组组长和村党支部搞好其他服务工作。

(7)带头崇尚科学，倡导文明，树立新风，本区内出现封建迷信活动，应及时劝止或报告。

(8)加强自身学习，做好本区内党的方针路线和政策的宣传解释工作。

3. 责任区工作要求

(1)责任区党员责任人和驻区党员要经常深入了解本区情况，并与村民组长共同配合完成各项任务。

(2)村党支部要详细掌握党员责任区情况，利用党日活动、支部会议等机会，加强交流，促进责任区工作。

(3)党员责任区工作与“建争带”活动结合起来，半年一考核，年终全面考。

(4)结合本村实际，制定百分制考核办法，对完成任务较好的党员进行适当的物质奖励和精神鼓励。

表 2－9　2009 年建新村第八届村两委成员情况

单位：元

姓　名	职　　务	居住地	性别	民族	出生年份	文化程度	任现职时间	年收入
姜义军	村 支 书	绥芬河市	男	汉	1966 年	大专	2008 年	50000[①]
逄发成	主　　任	建 新 村	男	汉	1964 年	中专	2005 年	16000
邱延彬	副 主 任	大岭下村	男	汉	1966 年	中专	2009 年	10000
李玉华	妇女主任	建 新 村	女	汉	1957 年	中专	1999 年	8000
于乐江	会　　计	大岭下村	男	汉	1970 年	中专	1995 年	9500

注：姜义军是阜宁镇干部、镇长助理，2008 年到建新村兼任村党支部书记，但村里不给他工资，他在镇里每月工资 4000 多元，年收入达到 50000 元。

（二）团组织

建新村 1972 年成立团支部。2007 年和 2008 年，团支部书记由王代军担任；从 2009 年起，团支部书记由于乐江担任。建新村现有团员 11 名，青年 79 名，团青比例为1∶7。村团支部从成立初就带领全村团员、青年为建新村各个时期的经济社会发展建功立业，勇当先锋。2006 年以来，在牡丹江团市委开展的“青春建功新农村行动”中，建新村建立了农村青年中心示范点，建立了组织机构，明确了“关心青年、服务青年和凝聚青年”的工作宗旨，成立了青年科技服务队，按照新农村建设的要求和标准，广泛开展了科技知识、实用技术、营销技能和职业技能培训，培养壮大了一支有文化、懂技术、善经营、会管理、具有市场开拓能力的新型农村青年队伍。2003 年和 2005 年，建新村团支部荣获绥芬河市“五四红旗团支部”称号，2007 年和

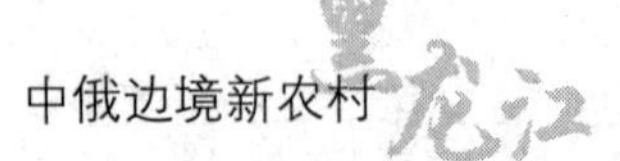

2008 年获得阜宁镇“先进团支部”称号。[①]

（三）社会组织

1. 无公害蔬菜协会

为改善无公害蔬菜生产条件，提高种植科技水平，组织协调产品流通，增加效益，实现无公害蔬菜产业快速发展，积极开展种植户间的合作交流，不断提高农民收入，壮大集体经济，2008 年 5 月，由建新村大岭下温室蔬菜种植户自发成立了建新无公害蔬菜协会。协会在绥芬河市民政局进行了登记注册，民政局发给了社会团体法人登记证书。法人证书中规定，此证有效期为 2008 年 5 月 5 日至 2011 年 5 月 4 日；业务范围是生产和经销优质无公害蔬菜，倡导严格按蔬菜安全控害技术规程生产，不断提高蔬菜质量。协会办公地点在建新村委会，法人为建新村大岭下温室蔬菜种植户任增源，活动范围为绥芬河市，注册资金 3 万元，业务主管单位是绥芬河市农业委员会。该协会共有 54 个会员，在温室育苗、积肥施肥、试验良种、蔬菜销售等方面做了一些协调工作，但由于缺少经费，协会还处在松散状态，没有正式挂牌。但该协会的成立，说明建新村农民的市场意识越来越强了，走专业合作化道路的意识觉醒了。然而，自然经济的小农意识还时常起作用，现得利思想仍然很重，眼光还比较短浅，协会作用没有充分发挥出来，专业合作化程度相当低，限制了建新村棚室蔬菜产业做大做强，村级两委组织以及阜宁镇党委政府都应该及时起到促进、帮助和引导作用。

---

① 根据阜宁镇团委提供资料整理。

2. 农机合作社

为适应农村土地流转日益活跃的新形势，转变生产方式，搞土地集约化经营，规模化种植，2007 年，由黑龙江省农业开发办公室投入价值 100 万元的成套农业机械（包括大中型拖拉机、整地机、收割机及配套设施），绥芬河市政府投入 30 万元征地建房，在建新村大岭下区域内建立了绥芬河市农机合作社，农民主要以土地作股入社，进行股份制经营。[①] 经过近三年的试验，由于大岭下区域地少面积小，又多是山坡地，大型机械很难适应，合作社效果不理想。在调查中农民反映，不了解这个农村合作社是怎么回事。

（四）优秀共产党员邱延彬

邱延彬是阜宁镇建新村大岭下村民，中专文化，1990 年加入党组织，曾担任过大岭下村主任和村支书十多年，2008 年村里换届选举时当选为建新村委会副主任，平时比较注重学习，尤其是科学种植知识。2000 年在阜宁镇党委和政府的号召下，他在大岭下带头建起两栋日光节能温室。由于当时村民对节能日光温室不认可，而且造价非常高，每栋造价在 4 万元左右，都不敢盖，而且还得承包别人家的土地盖温室。有土地的农户也不愿意盖，他就和镇领导一起做有土地农户的工作，以每年每亩 270 元的价格从农户手中承包土地盖温室。刚开始进行温室种植时，没有技术，就一边种植一边总结经验，经过精心管理，当年两栋温室创造效益 1.8 万多元。三年中，邱延彬和家人一起共建造日

① 据绥芬河市农业开发办提供资料整理。

光节能温室6栋，每年收入6万多元。在他的带动下，到2009年末建新村民共建日光节能温室58栋（其中包括阜宁镇政府建造的20栋），每年在春秋季节向绥芬河市场供应新鲜蔬菜达180余吨。

2002年以后，邱延彬自己家富裕了，但他没有忘记自己作为一名共产党员的责任。在建造温室大棚时，为了减少造价，他自己购买了电焊机，自己焊钢架子，自己家的干完了，就帮助其他村民干，只收点成本费，而且没有钱的村民就赊账，有的最后不了了之。在种植温室大棚时没有技术，他就到外地学习，有些优良品种别人不敢试，他就先花钱试种，新品种的种子非常贵，几年来光试种新品种就花了2万多元，成功的就向大家推广，风险和损失就由自己承担。多年来，他积累了不少种植经验，不管是谁找他请教，他都毫无保留地给人讲解。一到冬天，温室里就得取暖，几年来煤价已涨得非常高，2006年鸡西市的煤价已达每吨400元左右。温室经营户都是各自分散育苗，为节省冬季育苗成本，他就联系五六家到自家温室集中育苗，这样就节省了不少钱，同时对刚开始经营温室蔬菜的农户也便于集中指导。直到现在，温室蔬菜小区的业户们还是每年集中育苗。

经过多年的发展，温室蔬菜种植给邱延彬家带来了可观的经济收入。2005年他家盖起了400平方米的两层小楼，实现了小康生活。然而，邱延彬致富后也没有忘记帮助村里人。2006年农村开展第三批保持共产党员先进性教育活动以来，邱延彬对自己要求更高了，他时刻以优秀共产党员的标准要求自己，处处带头主动地帮助他人。种植户李增全家的儿子有病，要去哈尔滨治疗，需要一段时间，当时正赶上冬季育苗期，李增全犯了难，一边是儿子的病情在发展，一边是温室育苗在即，两头都不能耽误。邱延彬知道此事后，就主动找到李增全说，“你先去给你儿子治病，温室育苗的事就交给我吧，只要你把种子给我就行，我在我的棚里一起给你育苗。”等到李增全给儿子看病回来，看到自己的菜苗和别人的长势一样，他发自内心地说了一句话：“还是共产党员好啊！”

从2000年起，大岭下开始进行危房改造，由于邱延彬懂点木工活，很多村民都找他做房架子、上梁等活，虽然他自己家经营6栋温室大棚已经非常忙了，但不管谁家找他去帮工，他都没有推辞，全年下来，光帮工就得一个多月时间，耽误了家里不少活，家人也有怨言，但他觉得没有损失什么，看到危房户住进宽敞明亮的新房，心里感到十分舒畅。

图2-6　建新村优秀共产党员邱延彬

（2010年10月　宋伟东摄）

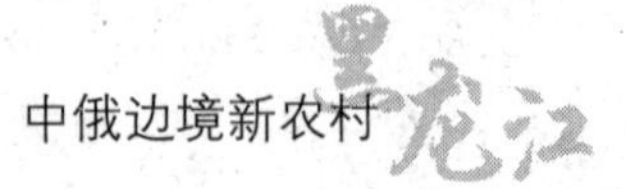

在调研中，笔者对邱延彬的一句话印象很深，他说："我还年轻，正是能干点事的时候，作为党员村干部，今后我要为建新村老百姓做更多的好事、实事。"

三 2009年建新村"两委"主要工作

建新村"两委"在阜宁镇党委、镇政府的领导下，在村路建设、旧房改选、招商引资、合作医疗、土地整理等工作方面，取得了良好成效。虽然由于2009年的气温低、粮食减产，但全村人均收入仍然达到7000元。结合深入学习和实践科学发展观的活动，建新村"两委"对2009年工作进行了全面总结。

（1）以学习实践科学发展观活动为契机，全面加强党的建设。为了更好地深入学习和实践科学发展观，建新村党支部成立了领导小组，制订了实施方案，严格按照方案规定执行，通过对十七届四中全会精神、科学发展观理论的深入学习和实践，全面提高了全村党员干部的政治理论素质；通过深入查找问题，明确了建新村亟待解决的问题和群众非常关心的问题。从而，为村级两委今后工作找到了目标。

（2）以解决民生问题为重点，全面加强社会主义新农村建设。以"抓住机遇，改善民生，加快发展"为目标，建新村"两委"制定了社会主义新农村建设年度计划，为村民实实在在地办了几件好事。一是大岭下生活用水改造，由绥芬河市水务局和农业开发办共修60吨蓄水池1座，铺500多延长米自来水管道，解决50%以上村民多年来吃水难的问题；二是对7户村民危房改造给予了补贴，每户补助5000元，由绥芬河市建设局出资，资金全部到位并发放到危房改造户手中；三是铺设村内水泥路面4000延长米，共9条街、1条路，从建新村到边检站修建了4公里大外环路；四是成立了卫生小组，规范了畜禽的饲养方式，清理边沟6000延长米、对全村范围内的白色垃圾进行了定期清理，共清理垃圾200多立方米；栽植美化绿化树9000棵，防风林木1000多棵，共计1万多棵，100多亩地，有专人管护。通过清理，彻底改变了建新村脏、乱、差的现状，使村内环境面貌得到了极大的改变；五是及时处理自然灾害，7月19日，由于暴雨突发山洪，村里部分街路和房屋遭到威胁，村委会雇用挖掘机清理河道和防洪沟30多小时，出人工100多人次，车辆20多台次，最后达到安全泄洪；六是给大岭下村的村民翻杨树地60多亩，50多小时，翻整出的耕地重新归还村民。

（3）以农产品深加工为龙头，因地制宜，发展优势经济。帮助村酸菜厂修建了420立方米蔬菜储存池、80平方米厂房、20平方米的警卫室，以及40延长米围墙和8米宽大门。当年，蔬菜加工厂就收购蔬菜协会会员的无公害蔬菜260吨，并在秋末开始加工出售，得到绥芬河市消费者的欢迎。

（4）以土地整理项目为依托，全面提高全村耕地抗风险能力。建新村土地整理项目，通过黑龙江省国土资源厅验收合格后，交付使用，同时村里获得了9台喷灌机、6台发电机和13台深井泵以及其他配套设施，这大大提高了建新村耕地抵御自然灾害的能力。

（5）以落实惠民政策为重点，全面加强社会保障能力。低保工作做细做实，全年共保障低保户62户，新型合作医疗参合率达到98%以上。继续为五保人员提供服务，村里有五保老人1人，在上级部门和社会各界的关怀和资助下，

图 2-7 建新酱菜厂生产的“绥彩”牌酸菜

（2010 年 2 月 宋伟东摄）

五保老人生活有了保障。市民政局、镇民政办和村委会慰问受灾农户和贫困户 12 户，春节时村委会慰问老党员、老干部和退役军人 40 户。

（6）加强党建工作推进民主管理。充分发挥村党支部的领导核心作用，积极引导广大党员深入学习和实践科学发展观，并将学习内容落到实处，解决好群众关心的热点、难点问题，促进干群关系，维护农村的发展和稳定。加强村委会领导班子内部团结，积极开展批评和自我批评，树立全心全意为村民服务的观念。定期召开领导班子内部会议和民主生活会，广集各方意见，力求把工作做细做好。增加村务工作的透明度，财务方面接受民主理财小组监督和上级主管部门检查，及时在村务公开栏上反映财务收支情况，重要决策必须召开村民代表会议或村民大会审议通过方可实施。

（7）加强社会治安综合治理，加强平安村建设。总的来看，建新村在2009年里社会治安状况非常好，没有违法行为。村民家庭琐事都在村调解委员会的努力下得到解决。

四　村两委班子的工作业绩

在村两委班子的带领下，建新村先后获得牡丹江市绿色村镇、十大魅力乡村、“五个好”建设先进村党组织、生猪一品村、计划生育星级服务村和绥芬河市平安家庭建设示范村等荣誉称号。

图2－8　建新村荣誉榜（2010年2月　宋伟东摄）

第二节　规章制度

一　规章制度的制定及执行

自1998年《村民委员会组织法》实施以来，建新村完成了八届村民委员会的换届选举工作，健全了村民自治体系。经村民代表议事会讨论，制定了《村委会工作职责》、

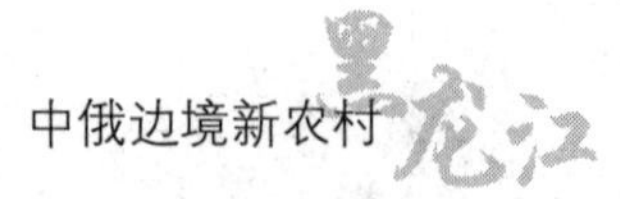

《村规民约》、《人民调解工作职责》、《村民议事会职责》、《民政福利工作职责》、《安全生产工作制度》、《消防工作制度》、《防火检查制度》、《民兵连工作制度》等制度，涉及党组织和党员管理的制度有《党员参政议政制度》、《党员联系户制度》、《民主生活会制度》、《党费收缴制度》、《三会一课制度》、《外出党员管理制度》、《民主评议党员制度》等。这些不断发展和完善的管理制度有效地保证了建新村经济社会发展，同时使村务管理逐步实现了民主化、科学化和规范化。为了让全体村民直观了解村里各项规章制度的具体内容，村“两委”制作了宣传板，将各种规章制度悬挂于村委会楼内楼外显眼的位置，让村民一目了然。比如：

建新村村民代表议事会职责

一、代表村民参政议政，为村党支部、村委会决策当参谋；

二、向村民宣传党支部、村委会的决定，并做好解释教育工作；

三、向党支部、村委会反映决策执行情况，反映村民意见和建议；

四、对党支部、村委会进行监督，对党支部、村委会决定并经议事会通过的事项，议事会成员要积极协助开展工作。

多年来，村委会结合本村现实情况，推行了 12 项专项公开项目，即各业承包、粮食直补、土地征用、宅基地审批、救济低保优抚、计划生育、发展党员、评选先优、“三人”群体建设、党员责任区、“三资”代理材料、村民建房；同时，还有随时公开项目（临时发生的项目）。对上述公开内容，首先召开村民代表议事会或村民大会审议通过，然后严格按照公开程序和时间公示在村委会楼下的公示栏里，这样便于群众真正参与村务和财务管理。

为加强财务管理和监督，让村民心里有“一本明白账”，建新村成立了民主理财小组，村上的各项财务开支都必须通过民主理财小组审核后，方能入账。实行了重大项目公开招投标，村民一年一次评议村干部等制度。

从建新村各项制度的内容规定来看，还比较笼统、宏观，缺少具体的奖惩条款和措施，虽然是按照国家和省市的各项法律法规和规章制度对村务进行管理，但可以看出，管理方面比较粗放，激励约束干部群众的制度和机制还不够合理管用。

图 2-9　建新村规章制度宣传板（2010 年 2 月　宋伟东摄）

二 工作规划

（一）建新村“十一五”发展规划

2006 年至 2010 年是我国进入 21 世纪的第二个“五年”，是加快社会主义新农村建设步伐，实现快速发展、跨越式发展的重要历史时期。为紧紧抓住这个难得的机遇，实现建新村的经济和社会各项工作的突破，根据建新村的实际情况，经村民议事会研究，制定了《建新村“十一五”发展规划》。

1. 指导思想

十一五时期是不平凡的五年，以邓小平理论和“三个代表”重要思想为指导，树立和实践科学发展观，认真贯彻落实党的十六大和十六届五中全会精神，按照绥芬河市委七届八次全委扩大会议确定的目标，坚持以解放思想、实事求是、与时俱进的思想，认真贯彻党要管党、从严治党的方针，适应新时期党员队伍现状和社会主义市场需要，始终保持共产党员先进性，围绕建设社会主义新农村的目标要求，为全市经济建设和党的基础建设提供坚强的保证。

2. 主要目标

加快劳动力转移步伐，实现农村“三变”、“三化”；建设一个生产发展、生活富裕、乡风文明、村容整洁、管理民主的社会主义新农村；到 2010 年，村集体全年创收 25 万元，人均收入 8000 元，年递增率 10%。

3. 主要任务

（1）工业：加快农业的工业化转化进程，创造良好的投资环境，吸引外资，以互利互补为前提，围绕农产品深加工为主要项目创建村办企业，充分发挥本村的地理资源优势，以股份制的形式进行多元化合作。

（2）农业：农民持续“三增目标”，培养有文化、懂技术、会经营的新型农民，促进科学种田。加强耕地质量建设，改良土壤理化性状，加强中低产田基础设施和质量建设，完善机械化作业及抗旱排涝基础设施。

（3）招商引资：积极为投资者提供优惠的政策，创造良好的投资环境，以股份的形式提供企业场地，规划企业用地，根据项目和规模进行合理分布，并对各投资企业实行保护措施。

（4）劳动力转移：加强村民就业指导。①外向转移，做好劳务输出和输入地的协调和管理，引导和促进本村劳动力向非农业和城镇及国外转移。②内部转移，在本村建立不同机制的工厂企业，对富余劳动力实行统一培训指导，积极引导他们向第二、三产业转移，建立农村劳务输出协调管理机构，加强对本村劳动力流动监测，做好用人单位的协调工作，保障村民务工工资的收入。

（5）村屯建设：制定村容村貌环境卫生管理制度，5年内每年有计划地投入相应资金，建设标准化的街道、石砌边沟，主要街道安装路灯，每条街道两侧种植花草树木，达到“四化”标准。制定永久性的维护措施，责任到人到户，坚持从“美化家庭、人人有责”做起。

（6）精神文明：改善村图书室的环境，提高利用率，创建老年和少年儿童娱乐活动场所，建立评比创优活动，宣扬美德，使村民自觉遵守村规民约，勤俭持家，尊老爱幼，文明诚信，崇尚科学，反对迷信，移风易俗，开展星级文明户的评比活动，建立奖惩制度，完善相关制度。

(7) 综合治理：宣传法律、法规、治安准则，进行防火、防盗、防邪教的长期教育，建立组织机构，制定相应措施和制度，形成社会的稳定与和谐，建立党员治安责任区，成立联防组织，并确定责任人。

(8) 计划生育：宣传教育，正确引导，努力开展好婚育新风进万家活动。做好育龄妇女的管理工作，形成人人遵守计生政策的良好氛围。

4. 保障措施

按照保持共产党员先进性要求，运用好机制的制约，以党员教育经常化，服务群众长期化，基层组织建制化，加强领导，狠抓落实，执行到位，注重实效，壮大集体经济，使建设社会主义新农村步入良性发展轨道，为“十一五”规划目标顺利实现提供有效保障。

（二）新农村建设规划

按照市、镇统一部署，为指导2008年新农村建设工作，建新村特制定新农村建设规划。

1. 新农村建设的指导思想

以邓小平理论、“三个代表”重要思想和党的十七大精神为指导，认真贯彻落实科学发展观，以全面推进农村小康建设为目标，以增加农民收入，提高农民素质和生活质量为根本，把新农村建设作为解决“三农”问题的新的突破口和加强村级组织建设新的载体，科学规划，整体推进，逐步把建新村建设成为经济繁荣、设施配套、环境优美、生态协调、治安良好、社会稳定、文明进步的社会主义新农村。

2. 新农村建设的发展目标

（1）新修6米宽水泥路面1450米，修4米宽水泥路面1945米。

（2）修理石砌边沟5780米。

（3）修理铁网杖子（东北平房民居的院墙）6780米。

（4）在4431米长的边沟旁绿化带上进行绿化美化工程。

（5）修村西小河堤1600米，修大岭下河段1000米。

（6）修小保安沟防洪沟一侧300米。

（7）完成土地整理项目工作。

（8）建年产100万斤酸菜厂。

（9）危房改造26栋。

（10）成立无公害蔬菜协会，办理产品注册、标志。

（11）制定文明村公共设施管理办法，村屯卫生管理制度和村规民约。

（12）民主法制建设和精神文明建设取得新的发展，村容村貌逐步改变，社会和谐稳定。

3. 新农村建设工作和完成时限

全村的新农村建设大体分为4个阶段进行。

第一阶段：制定2008年建新村新农村建设实施方案（2～3月）。

第二阶段：宣传动员（4月份）。通过召开“两委”会议、村民议事会、党员大会及入户走访等形式，宣传新农村建设的目的、意义和查找存在的实际困难，通过宣传发动，争取广大群众的支持和信任。

第三阶段：组织实施（5～11月）。村“两委”班子成员要在镇党委、政府的直接领导下，分工负责，全面启动，按时完成工作任务。具体工作分工负责：

（1）姜义军、王代军负责道路、铁网杖子、石砌边沟工程。

（2）逄发成、于乐江、刘和平负责村屯绿化美化工程。

（3）逄发成、任增福负责河堤、防洪沟工程建设。

（4）任增福、李玉华负责土地整理工程。

（5）姜义军、刘和平、王代军负责酸菜厂工程建设。

（6）逄发成、李玉华负责危房改造工程。

（7）姜义军、任增福负责无公害蔬菜协会办理产品注册、标志。

（8）姜义军、邓建民、王代军负责制定公共设施管理办法，村屯卫生管理制度和村规民约，经村民议事会通过后实施。

（9）姜义军、逄发成负责民主法制建设和精神文明建设。

第四阶段：全面总结（11～12 月）。

4. 新农村建设的保证措施

（1）要充分发挥村民自治组织的作用。强化村民自我管理、自我服务的功能，把阶段性集中整治与日常管理结合起来，建立健全村规民约、建立健全门前“三包”责任制，以及全体村民共同保护环境、爱护卫生的责任制和约束机制，建立巡查制度，加强督促，经常性地开展“卫生庭院”、“星级文明户”等群众性评比活动，激励先进、鞭策后进，促进新农村建设走上规范化、制度化轨道。

（2）培育典型群体。在新农村建设活动中，村党支部要及时发现和树立一批先进典型，做到以点带面、全面推广，特别是在家庭美德、社会公德、学法守法等活动中树立一些好的典型，大张旗鼓地进行宣传，以此保证新农村建设的顺畅开展。

（3）扎实工作。村两委班子成员分片包扶，指导新农村建设各项工作。具体工作职责是：①指导联系村民开展新农村工作。②牵头协调有关职能部门、包扶单位和镇、村关系，指导督促其发挥作用，支持服务新农村建设。

（4）加强领导。村党支部成立新农村建设领导小组，组长由支部书记和村委会主任担任，成员由“两委”成员、议事会成员组成，明确工作目标责任，各尽其职，各负其责，扎实推进各项工作的开展。

（三）规划实施具体指标

建新村两委班子经过调查、讨论，与村民代表和各村民小组组长沟通、协商，按照建新村规划要求，2008 年制定了 9 项 21 条社会主义新农村建设的具体指标，如表 2 - 10 所示。

表 2 - 10　建新村 2008 年新农村建设计划

单位：万元

<table>
<tr><th colspan="2">项目名称</th><th>建设内容</th><th>资　金</th><th>资金预算来源</th><th>工程进度、时限</th></tr>
<tr><td rowspan="3">道路</td><td>6 米宽水泥路面</td><td>2 条路，总长 950 米，总面积 5700m²</td><td>62.7</td><td>镇政府投入</td><td>2008 年 6 月上旬</td></tr>
<tr><td>6 米宽水泥路面</td><td>1 条路，总长 500 米，总面积 3000 m²</td><td>33</td><td>镇政府投入</td><td></td></tr>
<tr><td>4 米宽水泥路面</td><td>9 条路，总长 1945 米，总面积 7700 m²</td><td>84.7</td><td>镇政府投入</td><td></td></tr>
<tr><td rowspan="2">边沟</td><td>石砌边沟</td><td>总长 5780.6 米</td><td>150</td><td>镇政府投入</td><td></td></tr>
<tr><td>横道涵管</td><td>总长 180 米</td><td>5</td><td>镇政府投入</td><td></td></tr>
<tr><td>围墙</td><td>花瓶式柱子</td><td>6780.6 米</td><td>220</td><td>镇政府投入</td><td></td></tr>
</table>

续表

项目名称		建设内容	资金	资金预算来源	工程进度、时限
绿化美化	边沟旁绿化	在长4431米边沟旁的绿化带上种植榆树墙和花草	2	村委会	2008年6月份
	垃圾处理点	建3处垃圾处理点	2.5	村委会	2008年7月份
河道	村西小河修复	村西小河修堤长1600米，外侧带状绿化	27	镇政府投入	
	大岭下段修堤	修大岭下河堤长1000米	8	镇政府投入	
	新村防洪沟	沙石砌防洪沟长300米	30	镇政府投入	
土地整理	道路	修通往农田各条路主道宽6米		国家	2008年10月末
	桥、梁	桥长8米、宽7米1座，涵45处		国家	2008年10月末
	机井、泵房	打100米深机井31眼，泵房31处		国家	2008年10月末
	修水渠	修水渠，挖排水沟，挖截流沟		国家	2008年10月末
集体经济项目	酸菜加工厂	新建酸菜厂，年生产酸菜50万公斤	40	镇政府投入	2008年11月
	蔬菜储存库	新建一处蔬菜储存大库	20	镇政府投入	2008年11月
危房改造	危房改造26栋	贫困户12户，每户1万元	12	国家	2008年9月
		一般户14户，每户3000元	4.2	国家	2008年9月
农村经济协会组织	无公害蔬菜协会	成立协会		种植户自费	2008年5月末
	产地、产品认证	无公害蔬菜产地、产品认证		种植户自费	国家、省认证已完成
	注册商标、产品标志			种植户自费	2008年10月前

注：1. 农田整理项目由市国土资源局主抓，村委会配合，资金已全部到位；

2. 新农村建设其他项目所需资金共计640.9万元。

第三节　文明建设

一　农村精神文明创建活动

（一）平安和谐家庭建设

在绥芬河市妇联的部署下，建新村从2006年开始开展“平安家庭”建设活动，村“两委”把这项活动纳入平安建新乃至平安绥芬河的大局中去把握。按照市妇联下发的“创建平安和谐家庭”的文件精神要求，成立了以村党支部书记为组长的平安家庭创建活动领导小组，制定了简单易行的创建方案。一是组织妇女开展法律知识培训；二是利用各种纪念日组织群众学习法律法规知识；三是深入开展扶贫帮扶工作；四是加强普法维权工作。

在活动过程中，以平安家庭创建为平台，把创建“无家庭暴力村屯”、“不让毒品进我家”、“美德在农家”等活动融为一体。一是向村民宣传创建平安家庭的重要性，提高平安家庭的懂法守法意识、安全防范意识、健康文明意识、和谐相处意识、男女平等意识和依法维权意识，努力做好防拐卖、防盗窃、防抢劫、防隐患、防艾滋病的“五防”工作，努力实现每个家庭无毒品、无赌博、无黄色、无暴力、无邪教等“五无”标准，使每个家庭更加和谐美满幸福。二是利用广播对平安家庭知识进行了宣传。三是加强宣传力度。建新村于2009年5月10日在村人口学校发放宣传品100多份，并放映以“和谐家庭”为主题的电影，内容包括“远离毒品、珍爱生命”，让广大村民接受了一次平安家庭建设的再宣传教育。通过平安家庭创建活动的开展，广大村民充分认识到了创建“平安家庭”的意义，使家庭更加和谐美满，建新村更加和谐稳定。

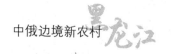

（二）十星级文明户建设

建新村十分注重精神文明建设，充分利用广播、宣传板等方式大力宣传好人好事、新风俗、新时尚，通过开展评选十星级文明户活动，使村民的道德意识不断增强，通过开展丰富多彩的业余文化活动，使村民的文化素养得到大幅度提高。目前，全村 7 星以上文明户达 63% 以上。

图 2－10　星级文明户标牌（2010 年 2 月　宋伟东摄）

建新村十星级文明户的内容及量化考核标准

1. 五爱星

爱党、爱国、爱家、爱社会主义、爱护集体，保护资源和生存环境。没有拒、欠交集体款项行为。

2. 致富星

家庭成员都能诚实劳动，合法经营。积极兴办加工副业、养殖业，调整产业结构，发展多种经营，致富门路广。掌握一门以上实用技术，勤劳致富，家庭人均收入超过本地人均纯收入水平。

3. 科教星

自觉学政治、学文化、学科技，积极参加集体组织的各种培训和学习。家庭订有报刊资料，积极参加健身运动。适龄儿童全部接受义务教育，成人无文盲。实行科学种田，选用优良品种，应用先进的科学技术。

4. 守法星

遵纪守法，遵守各项村规民约和各项规章制度。不打架斗殴，不酗酒闹事，无黄、赌、毒行为。合法生产经营，依法纳税，无掺杂使假、坑蒙拐骗行为。不发生违纪上访案件，不搞非法宗教活动，不拉帮结伙。

5. 新风星

不买卖、包办婚姻，喜事新办，丧事简办，严格遵守红白理事会制度。生活方式文明健康，语言行为文明礼貌。家庭中无人参与封建迷信活动。

6. 计生星

模范执行计划生育政策，无多胎现象发生。严格执行婚姻法，晚婚晚育，优生优育，提高人口素质。

7. 和睦星

尊老爱幼，履行赡养义务，保证老人生活安详愉快。家庭成员团结和睦，互敬互爱，男女平等。邻里关系融洽，互助互让，无纠纷，帮助贫困户共同致富，树立新型的人际关系。

8. 勤俭星

发扬艰苦朴素的优良传统，科学安排生活，勤俭持家，

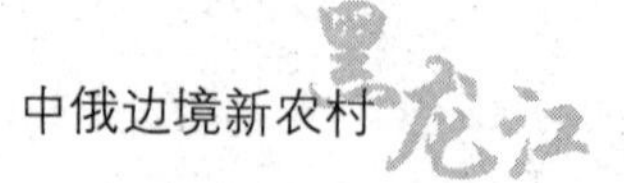

合理消费。无大吃大喝、大操大办、铺张浪费现象。

9. 义务星

主动参加集体组织的各项活动，爱护公物，节约水、电等资源，按时足额交纳费用。主动参加公益劳动和活动，按时按量完成任务。自觉维护妇女儿童的合法权益。

10. 卫生星

家庭成员仪表端庄，身体、服饰干净、整洁。责任田条理有序，无杂物、无垃圾死角。院内外无乱写、乱画、乱建、乱占、乱停、乱放、乱倒现象。室内外环境卫生经常保持干净、优美，门前有绿地、绿树。

十星级文明户一年一评，2009 年建新村共评出十星级文明户 86 户。评选由农户按照“自报公议、民主评定、结果公示”的原则分步进行。首先从宣传入手，提高村民对评选活动的认识。“两委”班子成员专门召开会议，认真学习了“十星级文明户”评选活动方案，具体研究了评选条件、评选办法和一些具体问题。其次是让村民充分讨论，自行申报，评比领导小组严格把关，然后把初选结果公开讨论，对有异议的地方再经过讨论确定。最后把最公正、最得民心的结果公布在公示栏上，鼓励村民向榜样学习，同时接受村民监督。

（三）“五个率先家庭”建设

2007 年，牡丹江人口与计划生育委员会启动了“新农家新农村”项目建设，简称“双新”项目，建设周期从 2007 年 5 月到 2010 年 12 月。其中包括 5 个子项目，即“KIC”计划促进子项目、生产生活促进子项目、生殖健康促进子项目、综合保障促进子项目、民主和谐促进子项目。配合实施“双新”计划，2007年，绥芬河市计生局向全市农村居民发出了“建设新农家新农村倡议书”，公布了计划生育新农家标准，即“婚育文明率先、勤劳致富率先、健康增进率先、权益保障率先、民主和谐率先”的农村“五个率先家庭”标准。2009年建新村评出“五个率先家庭”30户，绥芬河市计生局颁发了“五个率先家庭”奖牌。

（四）妇女“双学双比”活动

1989年年初，根据我国农业面临的严峻形势，遵照党中央关于全党动手，大办农业的指示，在各地妇联经验创造的基础上，全国妇联联合农业部、林业部、国家教委、国家科委、国务院扶贫开发领导小组等12个部委（后增加为14个部委），在全国各族农村妇女中开展了“学文化、学技术、比成绩、比贡献”竞赛活动（简称“双学双比”活动）。这一活动主要从三个方面展开：一是立足于科技兴农，对妇女进行文化科技培训；二是围绕提高农业的综合生产能力，发展高产、优质、高效农业，组织开展适合妇女特点的生产竞赛；三是面向市场，推动改革，为参赛妇女提供社会化服务。同时，“巾帼扶贫行动”和“三八绿色工程”活动作为“双学双比”活动的重要内容贯穿于始终，一年突出一个重点，不断赋予活动新的内容。

建新村在“双学双比”活动中制定了明确的评比条件和考核指标，对全村妇女进行了有针对性的致富技能培训，主要有农业种植、养殖、无公害蔬菜栽培技术、商业经营等方面的知识。在这项活动中，建新村涌现出女经济能手14人，女种植能手34人，女养殖能手14人和女致富能手

11人；还推荐村里优秀的妇女致富能手参加市妇联组建的妇女联谊会，扩大对外交往，开阔视野，增长技能，为支持妇女发展生产、开拓创业多方创造机会。

二　干部廉政建设

2009年6月，在绥芬河市学习实践科学发展观过程中，为进一步推动全市农村基层党风廉政建设，保障农村改革发展顺利进行，市纪检委把建新村列为绥芬河市党风廉政建设示范点。市委对建新村的党风廉政建设提出四点要求：一是加强村“两委”班子的教育，加强村书记、委员、党员的教育。村干部清清白白做官，才能得到村民的拥护和认可。二是完善制度建设。制度建设要紧跟时代的发展变化，符合时代的要求。通过制度建设规范村级党务、政务的管理。在村级管理上做到重要项目安排、重要决策、重要干部任免、大额资金使用实行集体决策。每年开展一次村干部述职述廉政民主评议活动，接受党员和群众的质询、评议和测评。把好村干部在党风廉政建设上的关口。三是实施监督机制。做到上级监督、党内监督、群众监督的结合，促进农村基层党员干部廉洁从政。四是实行村级党务、政务的公开，该上村民大会的要上大会，该上村民议事会的要上议事会，该上墙公开的要上墙公开。增强村级党务、政务的透明度。

针对上述四点要求，建新村2009年主要从以下三方面加强了干部廉政建设：

一是切实落实党风廉政建设责任制。阜宁镇党委、政府与各村、各办站中心签订了廉政建设责任书26份。建新村党支部又与各村民小组长签订了廉政责任书13份。

二是切实抓好党风廉政教育。重点学习了《党章》、“三个代表”重要思想、科学发展观理论及《阜宁镇党风廉政建设责任制实施办法》、《考核细则和考核奖励》等相关内容。

三是加强廉政监督，坚持经常性的自查自纠。6月份，村“两委”召开了村干部廉洁自律专题座谈会，扩大到全村党员参加，全村党员干部在会上针对村“两委”和村干部存在的不廉洁问题，摆现象，查原因，制定整改措施；12月末，召开了村“两委”班子民主生活会，村干部对个人身上存在的问题进行了自查自纠，虽然没有什么大事，但起到了警钟长鸣、防微杜渐的作用。

建新村廉政建设工作制度

为了更好地落实党风廉政建设责任书的各项要求，保持村干部清正廉洁，勤政为民，在党风和廉政建设中起表率作用，特制定村“两委”廉政建设制度。

一、全心全意为村民服务，尽职尽责为村民排忧解难，为村民办实事办好事。

二、村“两委”干部要讲实效、办实事，不搞形式主义。

三、村集体的“三资”管理，严格按照镇里的规定办理。

四、清正廉洁，秉公办事，不以权谋私，不优亲厚友，不贪污受贿，自觉接受群众监督。

五、勤俭节约，不铺张浪费；不用公款请客送礼；对上下级和来访客人，按标准接待，要积极热情。

六、不准利用本人及家庭成员婚丧嫁娶以及其他名目大操大办，挥霍浪费。

七、不准以各种名目搞公费旅游、外出考察，不准进入色情场所和参加赌博。

八、村干部要在反腐倡廉中起表率作用，不准用公款参与娱乐活动。

九、要严格考核制度。平时由镇纪委负责考核；作为评先选优的重要内容，每季度考核一次，年终总评。

第四节　民主法制

一　村民议政

村民议政是指村民通过村民大会和村民代表会议参与村务，凡村中大事经村民代表会议讨论决定是否召开村民大会，村民大会原则上每年召开两次，一般情况下召开村民代表会议即可。村民代表会议由村民推选的代表组成，是村民大会的补充形式，在村党支部的领导下，遵循民主、合法、代表民意的原则，由村委会主持，行使村民大会的部分权力。村民代表会议一般每季度举行一次。特殊情况时，经村两委或1/3以上代表提议，也可临时召开会议。每次会议参加人数必须超过代表总数的2/3以上。村民代表会议议题由村“两委”提出，也可由10名以上代表联名提出。村民代表会议议题一般应于会前两天通知村民代表，村民代表要主动征求村民对议题的意见和要求。村民代表会议讨论决定问题，必须坚持村民自治、依法办事、执行上级决策、少数服从多数、民主集中制和确保完成上级分配任务的原则。村民代表会议决定事项以代表总数的半数以上通过为有效。凡经村民代表会议通过的决定、决议要予以公开，任何人不得擅自改变或另作决定，村民委员会和全体村民必须执行，并由村民委员会负责落实。村民代表会议由专人记录，存档备查。村民代表会议的主要职责：一是听取和审议村委会的年度工作报告，并提出意见和建议；二是审议和通过全村的经济和社会事业发展的年度计划，并做出相应的决议；三是制定修改通过本村的自治章程和村规民约；四是讨论决定村集体经济所得收益的管理和使用办法；五是讨论决定村办公益事业经费的筹集、管理和使用办法；六是讨论决定集体重大经济项目的立项、承包方案及公益事业的建设承包方案；七是讨论决定村民的承包经营方案；八是讨论决定村庄规划、宅基地划分使用方案；九是研究讨论计划生育政策的执行情况。

从 2004 年免征农业税后，凡涉及筹资筹劳的工作任务，都按照“一事一议”的原则进行议决，牡丹江市出台了《“一事一议”筹资筹劳操作规程》。建新村涉及环境卫生治理、道路改造、公益事业、矿泉水厂发包、土地出租等问题，首先通过村民代表在各自的村民小组里征求意见和建议，汇集民意，集中民智，然后召开村民代表会议进行“一事一议”。村里现有 35 名村民代表，每次召开会议，都要求有 2/3 村民代表参加，采取举手表决，超过代表总数的一半为有效。

建新村村民代表议事会记录

时　间：2009 年 8 月 13 日

地　点：村委会会议室

主持人：村委会主任逄发成

参加人员：村民代表25人

列席人员：阜宁镇民政办主任王艳秋

会议内容：

一、对申请“低保”的农户进行评议，确定人选；

二、研究决定村综合治理具体措施；

三、研究确定给因暴雨遭受灾害的农户发米发面的名单。

1. 逄发成：今天把大家召集到一起，就是让大家对村民申请“低保”进行评议，比较一下，看谁家符合办理“低保”的条件，请大家认真讨论，最后要进行无记名投票，谁票多就给谁办；同时，对因前段时间两场暴雨而导致村民受损的问题，也请大家议一下。今年咱村栽的绿化树，虽然有专人管理，可是有被损坏的现象，希望广大村民代表都能负起责任来，把村里的各项事业管理好；再就是咱村的流动人口比较多，治安情况出现新问题，提醒村民管理好自家的财产，做好防范工作。现在采山货、刨药材的比较多，希望村民代表提醒村民千万不要越境采集。经过两年的土地整理，大部分的农用道都已修好，但少数农用道的修复，因为资金问题还修不了，请村民理解，村委会今后会继续想办法的。

2. 姜义军（镇长助理、村党支部书记）：在这里，我说一下危房改造的问题。2008年资金已到村，要求建新房的村民必须把旧房拆掉，关于泥草房改造问题，鼓励农民能改就改，现在的优惠政策很好，要抓住机会。

3. 李增年：“低保”政策是国家对生活水平较低的村民的关心，我们村要用好用足政策，采取公开公平的方式，我认为除了投票，大家应该议一下，在大家心里对谁家是真的贫困户是有数的，千万不能让真正的贫困户享受不到国家政策。

4. 张烈山：村委会的确应对全村加强管理，我们是新农村建设试点村，路也修好了，村里要想越来越好，村两委干部要起带头作用，否则说人嘴短。

5. 秦思坤：我同意大家的意见，让真正生活条件差的人享受国家优惠待遇，建设和谐社会就是让大家都有生活保障。

6. 尹世福：感谢村里和镇政府对受灾户的关怀，这些受灾户里有些是投了农业保险的，要努力合理地争取保险公司的补偿，村委会应起到积极协调作用。

村民代表议事会经过讨论和集体投票，确定上报低保户3户，即刘方俊、张树魁、陈聚堂；补偿受灾户8户，即田家顺、宋茂思、付景阳、李增民、范青春、陈聚堂、黄庆菊和秦思利。

二　依法行政

为了不断提高依法行政、依法治村的水平，把村级民主选举、民主管理、民主决策、民主监督为主要内容的制度建设作为重要工作，充分发挥村民委员会自治功能，建新村“两委”制定和完善了《村委会民主制度》、《村民代表会议制度》和《村规民约》等多项制度。

建新村以党员干部、青少年为重点对象，以淡化宗族观念，增强法制意识为重点，充分利用各种形式，如发放普法宣传单、举行村民法制讲座以及农村喜闻乐见的文体活动，对村民进行了法制教育，重点学习了《村民委员会组织法》、《行政处罚法》、《未成年人保护法》、《预防未成年人犯罪法》等，全村受教育者达1600多人次，村民的法制意识明显增强。

以开展“平安乡村”活动为载体，全面改善社会治安环境，建新村连续多年被评为牡丹江市级安全文明村。主要做法：一是充分发挥党员之治安责任区作用，按照党员居住地合理划分了8个党员治安责任区；二是成立了专职治安联防队和义务治安员队伍，对重点场所和地段进行巡逻和看护；三是采取“人防、物防、技防”三结合的方法，做好防盗、防火、防爆、防破坏的工作；四是加强了对流动人口的管理；五是积极化解矛盾纠纷，及时处理人民内部矛盾，维护全村的治安稳定、社会稳定。

为发挥村民参与村级事务管理的积极性，切实保障村民的民主权利，建新村对关系到村集体利益的事情和群众关心的热点问题，如集体资产的拍卖发包、土地流转、农村危房改造、低保户确定、困难户补助等进行公示，广泛吸取群众的意见。目前，在涉及用地、工程、村集体资产租赁等比较敏感、容易产生纠纷的重大问题处理上，都采用合同管理的方式。

糖化饲料厂、建新种猪场租地建厂合同

甲方：建新村委会

乙方：个体户 符彦君

为了繁荣农村经济，壮大集体财产，增加农民收入，甲乙双方本着公平、公正的原则，经友好协商，意见达成一致，签订合同如下：

一、双方责任

1. 甲方责任

（1）甲方同意乙方在建新村兴建糖化饲料厂、养猪场。

（2）甲方负责为乙方有偿提供建糖化饲料厂、养猪场1.8万平方米的废弃地。

（3）甲方协助乙方办理建厂的一切手续，所需资金由乙方承担。

（4）甲方不干涉乙方的正常生产和经营。

（5）厂房和猪舍建成后甲方必须协助乙方办理好用地手续和房照，所需资金由乙方承担，厂房和猪舍的房照只能作为征用补偿的依据。

（6）甲方为乙方在建厂、生产过程中提供一切方便条件。

2. 乙方责任

（1）乙方在建新村投资壹佰万元以上用于糖化饲料厂和养猪场。

（2）乙方投资兴建的厂房，购买的设备均归乙方自有。

（3）乙方独立自主经营，自负盈亏，自主用人，所用的一线工人在同等条件下必须优先用建新村村民。

（4）乙方自行缴纳办理工商注册、税务登记证等各个环节的费用。

（5）乙方建厂的水电均由乙方自行解决，村里协助办理。

（6）村民的交通便道，乙方在建厂时和甲方协商双方共同努力把道路修好，保证畅通。

（7）乙方建厂后必须处理好一切污水，否则后果自负。

（8）乙方在生产经营期间必须遵守本村的村规民约，

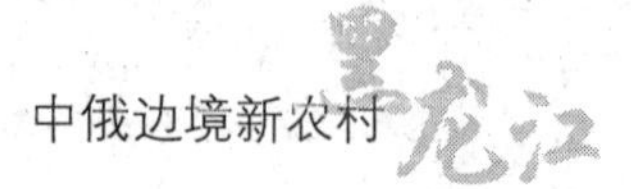

防火、防盗，安全生产，依法经营，否则一切后果由乙方自负。

二、合作期限，租金标准

合作期限为15年，自2003年11月1日至2018年11月1日止，租金总额为18万元人民币。

三、交款方式

此后15年内乙方每年向甲方缴纳租金1.2万元，每年的11月1日交齐，到期不交甲方有权停止乙方的生产并收回所承租的土地。

四、制约条款

签订合同后，甲乙双方均不得违约，如果一方违约，则应该负责赔偿对方因此而造成的经济损失。

五、本合同未尽事宜由甲乙双方共同协商解决。

六、此合同自签字之日起生效。

七、本合同一式三份，甲乙双方各持一份，阜宁镇政府存档一份。

甲方：张善顺　　　　乙方：符彦君

三　司法服务

建新村民风朴素，社会稳定，治安良好。为使村民法律意识不断增强，在镇司法所的帮助下，每年都举办3~4场法律讲座，在促进村民遵纪守法和保障农民权益方面起到了教育启发作用。建新村成立了治安联防队，村委会与村民代表和驻村工商业户都签订了社会治安和安全消防责任状，形成联防联治的局面，村委会副主任主抓此项工作，领导干部严于律己，没有违纪、违法行为。村里无恶性刑事案件、严重的经济案件和重大治安案件，无重大责任事故和其他非法行为。

镇上有司法所和法律服务所，为村委会和村民提供有偿和无偿的诉讼服务，体现司法支农护农爱农的现实作用。近年来，阜宁镇司法所经常开展送法下乡的活动，即有针对性地到村里开展普法咨询和培训，建新村村委会积极组织村民参与活动，每年有2~3次。

四　人民调解

建新村于2008年成立了人民调解组织机构，即建新村人民调解委员会，办公室在村委会，村委会主任逄发成兼任村调解委员会主任，委员有邱延彬、李玉华、于乐江、张群（绥芬河北寒派出所管村民警）等5人。人民调解委员会有明确的职责，并制定了工作制度。

建新村人民调解委员会职责

村人民调解委员会在村“两委”领导下，在镇司法所指导下开展工作。其职责是：

1. 认真执行《人民调解委员会组织条例》，坚持开展“标准化人民调解委员会”创建活动。

2. 积极宣传法律、法规、规章和政策，教育村民遵纪守法，遵守社会公德。

3. 积极预测、排查本村民间纠纷及其隐患，并及时就地调处，防止激化，杜绝民间纠纷不受理或受理不好而转化为重大治安事件和造成不正常死亡。

4. 依据法律、法规、规章和政策调解民间纠纷，法律没有明确规定的，依照社会公德进行调解，并就调解情况进行登记，根据需要或当事人的要求可以签订协议书。

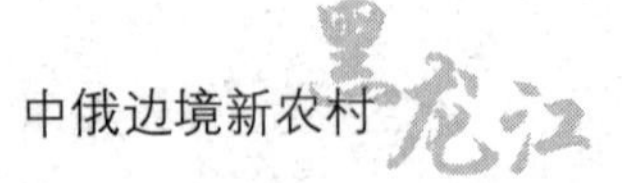

5. 认真做好“归正”人员的过渡性安置帮教工作，从工作、学习、生活上给予关心和鼓励，促使他们做遵纪守法的公民。

建新村人民调解委员会工作制度

1. 分片包干制度：为了熟悉情况和明确责任，调委会调解小组或调解员，分片包干抓民意纠纷处理，一般纠纷由调解人员处理，重大纠纷由调委会集体调解，做到小纠纷不出组、大纠纷不出村，矛盾不上报。

2. 学习、工作制度：调委会每年度集中学习一次，学习政治、法律及业务知识；积极参加上级业务主管部门的业务培训；根据情况，召开碰头会，汇报纠纷处理情况，研究疑难纠纷处理办法。

3. 文书档案制度：要求做到结案有登记，调解有材料，研究有记录，调解达成协议有调解书，案卷应归档，并有专人负责管理。

4. 请示汇报制度：调解委员会做到定期向本村村民委员会汇报工作情况，处理重大纠纷，要做到事前有请示，事后有汇报，注意加强与业务部门联系，随时将工作情况向司法所和人民法庭请示，以便上级及时了解掌握情况，加强业务指导。

5. 回访制度：对已办结纠纷，适时进行回访，掌握调解后的事态变化，检查协议执行情况，倾听当事人和群众的反映，及时了解问题，做好巩固工作。

根据村里村民纠纷调解记录情况分析，并通过与村调解委员会成员及村民座谈了解到，几年来，建新村村民之间发生最多的纠纷还是土地问题，主要是承包地界线、土地出租合同纠纷等，占到所有发生纠纷的90%以上；其次是遗产继承、赡养老人、邻里摩擦等纠纷。总的看，几年来建新村发生的纠纷并不多。据统计，2009年全村发生了需要调解的10起纠纷，都是土地纠纷。其中，2009年5月4日，村民李新伟和孙凤玉因承包地界线发生了争执，两家耕地相邻，李新伟认为孙凤玉多种了本属于李新伟的地，吵到村委会请求调解。村调解委员会经过详细询问，了解了情况，做出了调解结论，即李新伟把沟填平，两家各种各家的地，中间下一根寸半铁管，放入白石灰为界。两家对调解结果都口头表示同意，不再起纠纷。

建新村为了把依法治村工作不断引向深入，结合农村实际，选择了与农村和农民生活密切相关的法律、法规，注重针对性、时效性，使普法教育工作经常化。村综治委员会采取了送法入户、法律咨询等多种形式进行普法宣传，把普法工作与农民的生产、生活密切结合起来，切实提高农民的法律意识和法律素质。2009年开展了《土地法》、《婚姻法》、《老年人权益保障法》、《未成年人保护条例》、《继承法》等法律法规宣传活动，并印发了有关法律法规宣传单，同时还利用村广播喇叭，每天早晚时间定期播放法律法规宣传专题节目，全年共举办各种法律法规培训班4场次，培训村民500余人，使村民的法律意识和依法办事能力明显增强。

五　综合治理

综合治理是指在各级党委和政府的统一领导下，以政法机关为骨干，依靠人民群众和社会各方面的力量，分工合作，综合运用法律、政治、经济、行政、教育、文化等各种手段，惩罚犯罪，改造罪犯，教育挽救失足者，预防犯罪，达到维护社会治安，保障人民幸福生活，保障中国特色社会主义建设顺利进行的目的。几年来，建新村在综合治理方面采取多种有效措施。

建立健全工作制度。建新村陆续建立了《安全生产工作制度》、《消防工作制度》、《防火检查制度》、《民兵连工作制度》、《社会治安管理联席会议制度》；同时在安全、消防工作方面建立了会议检查培训记录及重大宣传日、重大事件的记录；专项建立了《党员治安责任区制度》，明确了党员治安责任区负责人条件，规定了工作内容，划分了8个党员治安责任区，每个责任区推选一名党员负责人，区内必保有2~3名党员，最大的责任区有农户56户，最小的也有34户。

建立健全联防机制。制定《建新村社会治安综合治理实施方案》、《平安村建设实施方案》；为保证综合治理工作具有广泛的约束力，村委会与阜宁镇政府、与村里治安承包人层层签订了《治安防范承包责任书》；村委会与村办企业和驻村企业分别签订了《建新村企业综合治理工作责任状》和《建新村企业消防安全工作责任状》，明确了村企职责，提高了村企联防水平。

建立健全组织机构。为保证村综合治理工作的顺利完成，建设平安、和谐、幸福的农村居民社区，建新村村委会先后建立了外来人口管理机构、党员治安责任区工作领导小组、“两放”人员帮教领导小组、防火组织机构、防汛组织机构、社会治安综合治理领导小组、创建平安村工作领导小组、治保领导小组、教育普法及宣传领导小组、“综治维稳”组织机构、帮教组织机构、村民矛盾纠纷排查调解小组、禁毒工作领导小组、反邪教工作小组等；建立了村治安员档案，同时还成立了专项工作队伍，如村治安巡逻队、专职或兼职治安员队伍等；对各项工作领导机构和工作队伍，都制定了相应的工作职责、工作内容和工作程序。

六　村民意见集中的事件

（一）村环境治理

2006年，建新村成为全省新农村建设试点村以来，全村道路逐步实现了水泥化，沿路修建了石砌边沟，村路全部进行了绿化美化，为村民院落夹起了花瓶式和铁网式的杖子，还安装了路灯。村子的面貌焕然一新，变化巨大。但是，由于村民落后的生活习惯和经济发展水平的制约，无论是村民居室内外卫生，还是整个村子的公共卫生，都存在着问题，群众反映强烈。一是缺少方便的固定的垃圾倾倒点，村民弃垃圾于边沟、排水沟或乱倒垃圾的现象严重，尤其在冬季；二是街路上常见牲畜粪便，有的村民家的牛就拴在街道上，牛粪遍地，既污染了环境，又影响了交通；三是狗患，村民养狗多是为了防盗，但有些村民养狗采取了散放的方式。在调查中发现，有的街道只要有人走过，就会有几条狗追咬过去，最多的时候同时出现六七条狗，严重影响了路人的安全；四是村民自家卫生状况不乐观，这几年，许多村民家都住上了宽敞明亮的新房子，但走进室内看，其卫生水平与新房子很不匹配。而且，有个别村民住的房子不但破旧，室内乱到几乎没有下脚的

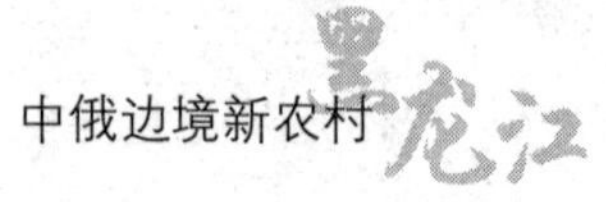

地方。

（二）水患

由于建新村建在沟塘中，四周地势比较高，每年进入夏秋季节，河道极易发水，冲毁农田、房屋、猪舍等现象时有发生，给农户造成了巨大的损失。2009 年 7 月 19 日，由于一场大雨，山洪下泄，耕地被冲毁 457.8 亩，全部绝产，涉及 73 家农户，村民叫苦不迭。建新村多年来水患频发，给村民造成的损失严重，治理效果不甚明显，村民意见很大。建新村闹水患主要有 4 个原因：一是地形原因，建新村建在低洼之处，坐落在小盆地底部，每逢下雨，四周山水成汇流之势，容易造成小雨小灾、大雨大灾的后果；二是改革开放土地承包到户之后，农民劳动积极性空前高涨，为多打粮，大量开荒，山坡的树木、草皮遭到严重破坏，导致山地蓄水性差，极易形成洪水；三是当地农民有烧木柴做饭取暖的习惯，烧柴都是来自周边的山上，树木砍伐严重；四是排洪不畅，旧河沟和人工排水沟有堵塞的情况，致使泄洪不畅，发生水灾。对于水患，这些年村集体也进行过治理，市检察院、财政局、信用联社、畜牧局、工商银行、农机总站等多家单位也给予过大量帮助，但仍停留在治标上，综合治理的意识不强烈，措施不到位，效果也就不明显。

（三）宅基地建房办照

自 2000 年以来，建新村村民建房或推倒重建住房的，都没有取得房照，村民不明白为什么办不了房照。据绥芬河国土资源局和阜宁镇国土资源管理所的工作人员介绍，现在绥芬河市农村居民宅基地普遍超标，农民扩大宅基地面积的情况很严重，建新村也不例外。另外，由于绥芬河城市化发展迅速和经济社会加快发展的需要，绥芬河市委、市政府把市郊农村地域全部纳入城市发展整体规划中，阜宁镇的建东、建西和建华村近几年都要进行拆迁改造，停办房照可以起到限制新建房屋规模，减少拆迁矛盾的作用。历史的和现实的矛盾交织在一起，一时无法彻底解决，同时还要保持农村社会的稳定，所以从 2000 年开始建新村农民的宅基地就没有审批过，房照也办不了。

（四）种猪场污染环境

建新种猪场是绥芬河市招商引资项目，这个项目落在建新村，为村集体经济积累和村民发展生产带来了一定的好处。但调查中发现，这个种猪场污染环境的问题村民反映强烈。有村民反映，种猪场向路边沟渠和田地露天排放猪粪，更为严重的是，种猪场的猪粪还渗漏到了村南的小河中，建新村空气中时不时充斥着浓烈的猪粪味。笔者曾经在 2010 年年初到建新村调研，那时还是天寒地冻，亲眼看到了种猪场清粪车在向路边和田地倾倒猪粪，味很大。就此问题，村委会曾多次向种猪场交涉，村委会主任逄发成利用他作为绥芬河市人大代表的身份向市人大会议提出过这个问题，种猪场答应进行整改，也采取了一定措施，但到 2010 年 6 月问题还没有得到彻底解决，村民和企业的矛盾依然存在。由此事件，笔者感到发展经济的同时一定要保护好环境，协调好与当地人民群众的关系，这样才能达到和谐发展。

第三章　经济发展

党的十七届三中全会以来，建新村在经济发展上逐步从单一的种植业向产业多元化过渡，农民收入逐年提高，生活条件不断改善。2009 年，建新村社会生产总值达 1970 万元，人均纯收入已达到 7000 元。

第一节　产业结构

一　农业

（一）种植业

1. 生产条件

耕地面积。20 世纪 80 年代初，建新村有 5 个生产小队，130 户 520 多人，人均耕地面积 5 亩。包产到户后鼓励开荒，各家开荒 5～20 亩不等。到 2009 年，全村占地面积 21 平方公里，有 13 个村民小组 288 户 1088 人；耕地面积 7476 亩，人均耕地面积 6.87 亩。

水利设施。2000 年，建新村开始大规模开展温室蔬菜生产，市水务局向省水利厅申请专项扶持资金 40 万元，其中投入到建新村大岭下屯 15.6 万元，打了一眼机井，为全部温室大棚安装了滴灌设施；2001 年和 2002 年市里为支持农业开发打了两眼井，同年，温室蔬菜种植户邱延彬自己出资在大棚外打了一眼井自用。在此基础上，建新村大岭下温室大棚蔬菜迅速发展起来，效益可观，成为建新村农民致富的一大主导产业。

2009 年以前，除温室蔬菜大棚外，建新村基本没有农田水利设施，耕地都是山坡地，靠天种地，靠天吃饭。农田灌溉春天靠雪水，夏天靠雨水，水大的时候农民自己挖排水沟。由于农民的土地比较多，且土质比较好，所以收成还可以。2009 年，通过国家土地整理项目，建新村打了 31 眼抗旱机井，配备了 7 台柴油发电机组、15 台（套）水泵和 10 台小型喷灌机。

作物品种。1965 ~ 1985 年，建新村的农业种植主要是大田作物，作物品种有大豆、小麦、玉米等，种植的蔬菜以自食为主。1986 ~ 1995 年，农业种植以大田为主、温棚为辅，种植的粮食作物主要有大豆、玉米、小麦，蔬菜主要是茄子、辣椒、西红柿等夏菜和大白菜、马铃薯、萝卜等秋菜；温室大棚主要是为大地蔬菜育苗。1996 ~ 2005 年，农业种植仍是以大田为主，主要种植大豆、玉米，只有几户人家种植小麦，且产量和品质都比较低。大地蔬菜和棚室蔬菜种植面积和产量都有大幅度增长，商品化率达到 90% 以上。2005 年至今，农业种植主要以玉米、大豆、马铃薯为主，蔬菜品种有茄子、辣椒、西红柿、豆角、大白菜等，以黄瓜和西红柿为主的棚室蔬菜产量已达到 180 多吨，食用菌生产小有规模，地栽木耳种植量达到 20 万袋，棚室产平菇达到 6 万袋。

2. 种植结构调整

从 2006 年开始，建新村在种植结构上由原来传统的大田粮食种植单一结构，逐渐转向大田粮食和大田蔬菜、棚室蔬菜种植并重，辅以地栽黑木耳和棚室菌类等经济作物的生产多元化结构。

农村土地承包到户后，建新村根据市场需求变化，不断调整农产品种植结构。1984 年包产到户后，建新村仍以大田种植为主，大豆、小麦和玉米是当时最主要的三大粮食作物，由于生产积极性被激发起来，粮食产量提高很快。但由于种子质量、种植技术等原因，粮食作物平均亩产仅 100 多公斤；所种植的蔬菜也以自己食用为主，年人均纯收入不足 300 元。改革开放以后，随着温饱问题的解决，农业种植开始试着引进高产高质的优良品种，但是当时种子还没有放开经营，所以农民就自己偷着试种，效果不错。村委会发现这个现象后，就向农业局请示公开试种优良品种，农业局经过研究以后表示同意，但要求少量引种，不能推广，后果自负。当时引种的优良品种有大豆合丰 25 号和玉米牡丹 9 号、龙丹 5 号。引种的粮食品种亩产明显提高，达到每亩（小亩，667 平方米）270～280 斤。小麦种植由于产量低、经济效益差，所以播种面积逐渐减少，到 2005 年前村民就不再种植小麦，粮食作物主要是玉米和大豆。80 年代末期，伴随中苏贸易的日渐繁荣，绥芬河市外来人口迅速增加，市区居民吃菜难的问题越来越明显，蔬菜价格愈加昂贵。1989 年绥芬河市委、市政府再度抓紧蔬菜生产，成立了“蔬菜办公室”，专抓“菜篮子”工程。当年深秋，市蔬菜办公室决定，在全市 15 个村每村搞好一个蔬菜品种。当时的大岭下村因为曾经搞过棚室蔬菜，便成为试点村。从此，建新温室大棚蔬菜生产在大岭下村的带动下逐步发展壮大起来。2000～2002 年，在绥芬河市委和阜宁镇的大力支持和市场的引导下，建新村温室蔬菜开始大规模地发展起来，共建58栋节能日光温室，2002年建新村蔬菜产量达到180余吨。

2006年，建新村被列为省级新农村建设试点村以后，村“两委”班子为进一步优化种植业生产结构，促进农民增收，经过认真研究，选择了蔬菜种植业为全村的主导产业。全村从事蔬菜种植户达到115户，占总户数的40%。各类蔬菜生产总量达到3500吨，其中秋白菜年种植规模达到1000亩，占全村耕地总数的13%，年销售收入达150万元。“建新秋白菜”由于绿色无污染，成为绥芬河知名品牌。大岭下高效节能日光温室蔬菜基地成为绥芬河市唯一生产反季节性蔬菜的基地。

图3－1　温室蔬菜大棚外景（2010年2月　刁丽伟摄）

受绥阳黑木耳大市场的拉动，北寒村、南寒村和建新村从2004年开始，在阜宁镇重点扶持下，大规模推广种植地栽黑木耳。2005～2006年，建新村黑木耳生产达到高潮，种植户有七八家，种植面积也逐渐扩大，由每户不到2亩地扩大到每户4亩地。2007年开始，由于生产成本上升较快，种植黑木耳收入减少，建新村地栽黑木耳种植面积出现了萎缩的趋势，到2009年黑木耳种植户也只剩下三四家。

（二）养殖业

1. 养殖习惯

建新村从20世纪60年代建村之初，村民就有养黄牛的习惯，也养马。因为建新村地处山沟之中，四周群山环绕，平坦的耕地极少，绝大多数耕地都是山坡地，坡度从几度到四十几度不等，有的耕地还在山顶上。用牛拉车耕地，虽然速度慢些，但却具有耐力、有劲、好养的特点，适合这种山区地形。20世纪80年代初，农村经济体制改革包产到户后，牛马等牲畜也分到各家各户，随着经济的发展，村民感到养牛的经济效益比养马要好。俗话说“马无夜草不肥”，而牛粗饲，易管理，役、食均可，所以农民多喜欢养牛。到2007年村里就没有养马的了。这些年建新村几乎家家养黄牛，主要作役牛使用，也有的靠繁殖牛犊出售增加收入。随着村民越来越富裕，陆续都购买了四轮拖拉机，但是当地村民仍然没有改变使用役牛的习惯，建新村黄牛的数量有增无减。

据在当地生活了40多年的村民介绍，在建新村养牛很省事儿，在夏秋季节，早上把牛放上山，自己觅食，吃青草，喝山泉，个个膘肥体壮，毛色发亮，到傍晚，牛群就原路返回，没有丢失的现象。有的人家甚至把牛放上山几天，或个把月不闻不问，牛不但长得好，也不会丢失。到

2009 年村里存栏黄牛达 630 头，村里饲养 10 头牛以上村民就有 10 户。

图 3－2　建新村黄牛饲养舍（2010 年 2 月　宋伟东摄）

2. 养殖结构发展变化

除了养牛外，从 20 世纪 80 年代中期开始，建新村村民开始养猪、养羊和养鱼。这种养殖结构的变化是与绥芬河市和阜宁镇的鼓励畜牧业政策息息相关的。

1984 年绥芬河市贷款给农户发展养猪，建新村一次性买了 500 只仔猪由村民个人饲养，但由于养猪技术不成熟和其他因素，结果 95% 的村民都赔了，村民养猪的积极性受到了打击。到了 90 年代，绥芬河市和阜宁镇出台给养猪大户贷款和补助的政策，于是又有部分村民时断时续地养猪。比如，村民崔运民家从 2001 年开始养猪，每年养 40 头左右，效益随行就市，不太稳定。为了鼓励农民继续养猪，2006 年阜宁镇政府给养猪户发放补贴，达到 20 头就补贴

1000 元，崔运民家得到补贴 2000 元。但此后镇里没再发放过养猪补贴。如今，全村存栏育肥猪 150 头，到 2010 年年初，建新村养猪专业户只有崔运民家了，存栏 25 头。此外，建新村民还养羊，但均为外来人口经营，本村坐地户没有养羊的，2009 年，建新村的羊有 370 只。

从 1985 年开始，当时的郊区政府鼓励发展水产养殖，建新村也出台鼓励措施，但由于养殖效益不高和其他因素等，建新村养鱼业断断续续持续了近 20 年。当时最大的鱼池是原建新村党支部书记尹士福挖建的，水面有 1000 多亩。到 21 世纪初，建新村水产养殖户已经大部分先后退出，仅有 3 户村民仍旧从事渔业养殖。其中，2003 年有一家来自绥芬河的养鱼户在建新村大万家沟建起两个鱼塘，属于承包村里的水面，每年向村里上交承包费。这两个鱼塘主要是用于夏季的垂钓。同年，村民顾兴奎通过“五荒”拍卖，购得石头房子沟下侧山地，修建两条水坝，蓄水成池，开始养鱼至今，同时也开展垂钓、旅游和绿色养殖。2004 年，绥芬河一养鱼户在村西马号后山下，使用推土机推出两个鱼池养鱼，开展养殖和垂钓。

（三）农业资源

1. 土地规模经营

绥芬河是靠边贸发展起来的城市，随着城市经济的快速发展，建新村村民走出村子谋发展的越来越多，他们有的在绥芬河经商打工，有的到南方省市谋生，有的则远赴俄罗斯发展。据统计，建新村外出发展的有 75 户 190 多人，这些人户口在村里，也都有耕地，这些耕地以多种形式流转到村里其他农户手里。有的农民看到自己的地太少，还不如一心一意地发展副业，就把地承包出去；还有年龄大的农民也把地包出去。这样，近 10 年来，建新村耕地出现了集中经营的趋势。现在，村里耕种地达 5 垧的农户有 60 多家，土地规模效益十分明显。

2. 土壤改良

建新村在土壤改良方面主要采取了施农家肥、测土配方和土地整理等手段。

建新村生产的大地蔬菜和棚室蔬菜经有关部门检测，属于无公害蔬菜，就因为农民在种菜时把农家肥和化肥一起施用，而且尽量少用化肥，不仅对地力起到了保护作用，而且还保证了蔬菜少受污染。

2006 年 3 月份，绥芬河市农委农业技术推广站在建新村开展了测土配方，选择了 19 个土样、1000 亩地，涉及农户 19 家。测试结果是：pH 值全部呈酸性，氮有效值偏高，磷含量中等，钾含量略低。农技专家针对测试结果，对这 19 户村民分别提出了具体建议，但由于按配方改良土壤操作起来比较麻烦费力，最终效果不甚理想。

2008 年 4 月到 2009 年 9 月，建新村开展了由国家投资的土地整理，集中建设了一批农田水利工程。开挖截流沟 3 条，排水沟 6 条，新修蓄水池 1 座，打井 31 眼，新建 8 米跨桥 4 座，修路 25.8 公里，还配备了柴油发电机组 7 台、水泵 15 台（套）、小型喷灌机 10 台。通过项目实施，整理出的耕地达到可耕地状态，田间路能保证农产品的运输。截流沟、排水沟能畅通无阻地进行田间排水。修建的蓄水池在项目验收合格后既可用于农田灌溉，也可用来发展渔业。

3. 作物新品种使用

到2009年，建新村温室蔬菜小区日光高效节能温室大棚58栋中有47栋专门生产蔬菜，3栋生产平菇。种植的棚室蔬菜主要有黄瓜和西红柿。2008年，建新村大岭下菜农王春岩、邱延彬，在绥芬河市农技推广中心技术人员的精心指导下，进行了新品种的筛选试验。王春岩在半亩棚室内试种的秋月水黄瓜，产量为1万斤，以每斤0.9元的价格销售，每棚的产值是9000元，如果是春天种植，生育期长，价格高，每棚能产1.2万~1.3万斤，以每斤1元的价格销售，每棚的产值是1.2万~1.3万元。他还种植了两棚共1亩地的西红柿，即“吉利2006”和“慧粉168”，每棚产5000斤，以每斤1元的价格出售，每棚产值5000元。经过试验可以看出，“吉利2006”西红柿果形好、耐贮运、抗病能力强；“慧粉168”西红柿果形大、品质好，比原来主栽品种每棚增产1000斤左右，此品种在俄罗斯很有市场，每斤能比国内多卖2角钱。

为保证推广的新品种适合当地生产，具有优良的商品性能，找出最佳的换代品种，以推动农业的快速发展和进步，绥芬河市农委与大岭下棚室蔬菜种植户结成了共建对子，受到菜农好评。现在建新村大岭下温室蔬菜小区每年向市场提供180吨反季节新鲜无公害蔬菜，对农业增效、农民增收起到了明显的带动作用。

4. 化肥农药使用情况

建新村在化肥农药的使用上，主要是根据不同农作物采取不同的肥料和施肥方法。以大豆为例，一般有两种施肥方法。一是基肥：一般播种时每亩（667平方米）用1000公斤农家肥、20公斤磷肥、10公斤钾肥、2.5公斤尿素，施入10厘米深土层，与土壤拌匀。二是根部追肥：大豆开花后，进入营养生长和生殖生长期有明显的半产效果。一般是在大豆花期，每亩施尿素4～5公斤或硝酸铵5～10公斤。对于缺钾的土壤采取适当补施钾肥的方法。

（四）农业政策及措施

1. 农业发展政策

2002年，黑龙江省作为试点省全面启动了农村税费改革，对农业发展起到了一定的推动作用。2004年年初，按照《中共中央国务院关于促进农民增加收入若干政策的意见》（中发［2004］1号文件）精神和国务院统一部署，黑龙江省启动了全部免征农业税改革试点工作，实施了“一免两补”的政策，给广大农民带来了实惠。

（1）农业补贴政策

农业补贴政策主要是指2004年开始的“一免两补”政策，即免除农业税、粮食补贴和良种补贴。根据测算，国家对黑龙江省免征农业税使农民减轻负担28.2亿元，粮食直补资金18.52亿元、良种补贴近5亿元，全省农民人均受益260元左右。与此同时，国家又出台了取消除烟叶以外的农业特产税和购置大型农机具补贴两项政策，“一免两补”变成了“两减免、三补贴”，农业补贴范围逐步扩大。为扶持农业发展，阜宁镇和建新村等地方组织也量力而行，对村民建温室大棚、养牛、养猪给予了适当补贴。

（2）农机补贴

这是一项旨在推进农业机械化生产、产业化发展的反哺“三农”的德政工程。黑龙江省制定了《农机补贴目录》，各地农机管理部门通过电视、广播、报纸、宣传单和制发文件等形式向农民进行深入宣传。享受补贴的农机以大型机械为主。以农用拖拉机为例，2004～2007年，黑龙江省规定要80马力以上而且是多缸的才能享受补贴；2008年，由于牡丹江农村多处于山区半山区，大型农机具用不上，享受补贴的农机具型号调整为45马力以上多缸的；2009年又降到30马力以上多缸的。其他农机具只有与30马力以上拖拉机配套的才能享受补贴，补贴标准都是30%。购机程序（以绥芬河市为例）：一是先到市农机推广站办理购机补贴申请；二是农民自己选择地点购机，以办好的购机补贴手续抵30%购机款，个人只支付70%价款；三是售机公司以农户的补贴手续到省财政兑现。2009年，绥芬河市共落实农机购置补贴资金141万元，补贴购置农机具63台（套），受益农户62户，带动农民购机投入272万元。据绥芬河市农机局农机推广站统计，建新村村民购买大型拖拉机10台、大型翻地犁4台、大型圆盘耙4台、大豆脱粒机2台，补贴金额达到448340元。随着一些村民到俄罗斯务农，一部分农机也直接开到了俄罗斯境内耕作点使用。

调查中，有些村民反映，他们在购买农机时所享受的农机补贴大打折扣，绥芬河市农民购买补贴性农机要到市农机局报名，到指定的农机商店提车。然而，农民到农机商店询问时了解到，原来享受补贴的农机要比不享受补贴的农机贵很多，农民感到国家给的农机补贴没有享受到或是打折享受，不明白为什么会是这样。笔者试着拨通了坐落在阜宁镇北寒村的旭日农机商店的电话，询问购买农机如何补贴的问题，销售人员以一款符合补贴标准的车型为例解释说，这款车享受补贴的价钱是 31000 元，不享受补贴的价钱是 29000 元，不知道为什么享受国家补贴的车反而比不享受国家补贴的车贵呢？可见，国家惠农政策在执行时，在某些地区可能打了折扣，让农民很不理解。

（3）鼓励设施农业发展政策

2000 年以来，为帮助建新村农民发展高效日光温室大棚为主的设施农业，绥芬河市农委、水务局等部门和阜宁镇政府在种植技术、小额贷款、建筑材料等方面及时解决农民生产中的问题和困难，极大地调动了农民发展反季设施农业的积极性。2000 年，阜宁镇政府对建设温室大棚的农户每户补贴 1 万元，免费安装电力设施；绥芬河市水务局向省水利厅争取到 15.6 万元，为大岭下温室蔬菜小区免费打了一口灌溉井，安装了滴灌设施。

图 3－3　大岭下温室大棚蔬菜苗长势正旺（2010 年 3 月　刁丽伟摄）

2. 贷款和保险政策

每年春种季节，为支持农业生产，满足村民种地资金的需要，阜宁镇农村信用合作社都准备好专项支农贷款，镇辖各村都设有专门的信贷员，村民不用出村就可以办理贷款。从 2005 年开始，村民贷款采取“五户联保”政策，每户最高额度 1 万元。2007 年取消了信贷员，村民贷款直接到阜宁镇农村信用社办理，同年开展针对专项种植养殖业包括生产地栽木耳的农户每户最高可贷 3 万元。2009 年，为应对全球金融危机，打破融资瓶颈，扶持因为边贸经济不景气而返乡务农的农民，开始执行“三户联保”，规定每户最高贷款额度为 5 万元。同时，为降低贷款风险，农村信用社通过向村委会征求意见，并根据贷还款实际情况，对全体村民划分不同信用等级，并根据信用等级的不同确定不同的信用贷款额度，“信用优良者多贷，信用一般者少贷，不讲信用者不贷”，但利率和服务相同。

从 2009 年开始，绥芬河市农委与阳光农业保险公司配合，在全市开展了农村种植业保险活动。据统计，2009 年全市共有 154 户农民参加了种植业保险，参保耕地面积 7675. 5 亩（其中：玉米地面积 849. 5 亩，大豆地面积 6826 亩），缴纳保险费 23026. 50 元。建新村参加种植业保险的共 83 户，参保耕地面积 3696. 5 亩，保费 10954. 50 元，由于受灾，2010 年年初共理赔 45818 元，农民们感到很满意，表示将继续参保。①

3. 配套措施

改造农村电网、改革农电管理体制、实现城乡同网同

① 根据绥芬河市农委提供的资料整理。

价（简称“两改一同”），是由国务院统一部署，旨在切实降低农村电价、减轻农民负担的重要举措。黑龙江省农网建设与改造工程于1998年6月启动，分两期实施，至2007年10月全部竣工，历时9年零4个月。工程总投资规模91.44亿元，其中，一期工程1998年批复农电系统48亿元，2000年又追加林、垦区15亿元；二期工程农网改造投资28.44亿元。工程涉及全省73个县（市）和市郊、955个乡（镇）、1.3万个村、500万个农户，以及5个农垦分局、41个国营农场、24个国营林场，还有地方林场、农场、种畜场、良种场、军区哨所、监狱等系统。这项德政工程、民心工程极大地减轻了农民的负担，直接拉动了相关产业的发展，为促进全省农村经济发展创造了条件。为促进农村经济发展和生活水平的普遍提高，国家电网公司制定“新农村、新电力、新服务”农电发展战略，以服务农村经济发展为宗旨，以实现新农村电气化为目标，在农村电网改造的基础上，进一步提高农村电气化水平。2001年进行了农村电网改造，实行同网同价。

“十一五”期间，黑龙江省计划完成农网投资86亿元，努力建设结构较为合理、设备较为先进、网络坚强、电能质量优良、供电可靠的农村电网。建新村温室蔬菜大棚内全部采用滴水灌溉，全部依托电力的保障。有了可靠的电力保障，近年来，来建新村落户的企业增多了，其中建新种猪场就是个典型，它是黑龙江省农业龙头企业，年存栏各类生猪1万头左右，是用电大户。

二　村内企业

20世纪90年代以来，建新村相继办起了矿泉水厂、养猪场、养牛场、酱菜厂、餐具厂等10余家村办企业，每年为村集体创收12万元。

表3-1 建新村部分企业概况一览表

分项＼厂名	古源矿泉水厂	杏花源矿泉水厂	建新种猪厂	木泰工贸有限公司
建厂时间	1996年	2001年	2002年	2004年
投产时间	1998年	2002年	2004年	2008年
占地面积（万平方米）	0.42	0.3	2.1	1
总投资（万元）	100	80	1200	170
年销售量	淡季4吨 旺季8吨	淡季2吨 旺季4吨	一般存栏>1万头 售种猪5000多头	不详
年产值（万元）	>30	>10	>1000	>38
年利润（万元）	>10	>3	>300	>13
上缴利税（万元）	2	1	不详	2
交付利润（万元）	6	1	1.2	2
现有职工人数（人）	20	10	30	50

（一）建新种猪场

现称绥芬河建新牧业有限公司，始建于2004年5月，占地4万多平方米，建筑面积1.2万平方米，总资产2600万元，是黑龙江省东部地区规模最大、最先进的现代化种猪繁育企业，黑龙江省农业标准化养殖示范小区，下设两家分公司：绥芬河市绥联食品开发有限公司和黑龙江洛东生物技术有限公司。绥芬河建新牧业有限公司于2006年被黑龙江省畜牧局指定为黑龙江省重点种畜禽场，是牡丹江市农业产业化重点龙头企业，中国农科院哈尔滨兽医研究所科研基地，黑龙江省级生猪活体储备基地，黑龙江省无公害生猪生产基地。2007 年又被共青团中央评为“全国服务新农村建设百佳乡镇（民营）企业”，黑龙江省肉类食品行业诚信企业，2009 年年初被农业部列入国家畜禽良种工程储备项目。

建新种猪场采用国内最先进的 BLUP 育种软件和 ACEMO－48 种猪测定设备进行种猪选育。同时应用 GPS 猪场生产管理信息系统对猪场实行全封闭式管理，完全按现代化万头猪场流水线生产，自动饮水，自动喂料，全部做到了“全进全出”。猪场位于建新村与大岭下屯之间，猪场四周高山环绕，绿树成荫，空气新鲜，形成了天然的防疫屏障，是理想的养猪育种基地。猪场技术力量雄厚，拥有大专学历以上技术人员 7 人，并聘请了我国著名种猪遗传育种专家管理猪场。

绥芬河建新牧业有限公司董事长符彦君，现任牡丹江市第十四届人大代表，黑龙江省畜牧业协会副会长，黑龙江省经济建设开发促进会常务理事，黑龙江建鑫牧业有限公司董事长兼总经理。2006 年，他本人被评为 2005～2006 年度“黑龙江省级农村青年星火带头人”称号。2007 年以来，被选为牡丹江市第十四届人大代表，黑龙江省质量检验监督协会理事，绥芬河市养猪协会会长。建新种猪场建立以来，符彦君经常帮扶当地贫困户、贫困党员养猪致富，几年来共计无偿提供仔猪 150 多头；猪场每年生产的有机粪肥 3000 多吨全部无偿提供本地农民，截止到 2009 年年末，共计免费提供有机粪肥 1.5 万吨，折合人民币 120 万元。从建场之初，还开展了场村共建活动，与村委会一起组织村民代表到先进村屯学习考察，并捐资出力帮助建新村解决一些生产生活问题。[①]

图 3－4　建新种猪场（2010 年 8 月　刁丽伟摄）

（二）矿泉水厂

为开发建新村矿泉水，地矿部九〇四水文地质工程地质大队受绥芬河市水利局委托，于 1996 年 1 月至 1997 年 4 月对建新村矿泉进行了饮用天然矿泉水调查评价工作［勘查许可证编号为：黑字（96）第 01230070 号］，编写了调查评价报告，于 1997 年 5 月提交审查鉴定。黑龙江省矿泉水技术评审委员会依据地矿部九〇四水文地质工程地质大队提交的《黑龙江省绥芬河市建新泉饮用天然矿泉水调查评价报告》，于 1997 年 7 月 4 日在哈尔滨市召开了评审会议，对建新矿泉水的水源进行评审鉴定。

① 据建新牧业有限公司董事长符彦君提供的资料整理。

经评审鉴定认为：

1. 调查评价报告符合国家标准《饮用天然矿泉水》（GB 8537—1995）有关水源评价的要求，可作为开发建新村矿泉水资源的科学依据。

2. 根据报告资料及水质检测结果，建新村矿泉水赋存于北东向断裂与北西向断裂交会处的中上侏罗统屯田营组中酸性火山岩的构造裂隙中，为构造裂隙水，系深循环溶滤形成，其水化学类型为 HCO_3-Ca · Mg 型。矿泉水 pH 值为 6.7 ~ 7.71，矿化度为 207.49 ~ 219.31mg/L，为中性低钠低矿化水。矿泉水中偏硅酸含量为 32.58 ~ 35.00mg/L，达到国家标准《饮用天然矿泉水》（GB 8537—1995）规定的矿泉水指标，其他微量元素限量指标、污染物指标、微生物指标、毒理学指标及放射性指标等均符合要求。其水质水量等动态基本稳定，认定建新村矿泉水为低钠低矿化的硅质饮用天然矿泉水。

3. 为确保矿泉水资源在开采过程中动态稳定，其取水量应限制在 $50m^3/d$ 以内。要继续进行矿泉水动态监测，每年枯、丰水期要进行水质全面检验，每季进行水质污染指标的检测，每三年进行一次鉴定评价。为使矿泉水资源免遭污染破坏，在矿泉周围要建立卫生防护带。①

1998 年经村“两委”会议研究决定开发矿泉水，项目报到阜宁镇。1999 年开工建设古源矿泉水厂，由于村里缺乏资金，该厂承包给市地税局经营，2000 年又发包给个体户直到现在，每年向村里上交 6 万元承包费；2001 年郎文

① 据绥芬河市水务局提供资料整理，《黑龙江省绥芬河市建新泉饮用天然矿泉水调查评价报告》为地矿部九〇四水文地质工程地质大队于 1997 年 4 月出具。

峰投资40余万元建设杏花源矿泉水厂（因四周山上每年5月上旬漫山开遍杏花，遂起此名），每年向村里上交2万元承包费。这两个矿泉水厂分别由绥芬河市古源矿泉水公司和杏花源矿泉水公司经营，生产桶装矿泉水。两个矿泉水厂每家每天生产200桶左右，每桶20公斤，每天共出矿泉水在7吨左右，一般是每天早上送到绥芬河市的经营公司，再由水站分送到市民家里和企事业单位。

（三）建新村筷子厂

建新村筷子厂，实为绥芬河木泰工贸有限责任公司。该公司2004年在绥芬河市注册，是一家专门从事木材加工的企业，主要生产木制卫生筷，本地人叫“方便筷子”，出口到韩国和日本。公司经理胡俊立，是黑龙江省尚志市人，经商赚钱后，在大连买房定居，但生意还在绥芬河。2008年全球金融危机爆发后，又赶上俄罗斯外贸政策调整，导致企业生产成本大幅上升，销路不畅，开始亏损。为求生存，谋发展，降低生产成本，提高产品竞争力，于是把企业从绥芬河市郊区搬迁至建新村大岭下屯东头一片厂房，每年向村里上交2万元租金，村里剩余劳动力基本满足企业用工需求，有近20人在这家企业打工，这样使该企业生产成本大大下降，企业效益开始回升。2009年，为解决挑选筷子的人力问题，经村委会协调，企业在建新设立了挑选车间，解决20多人就业。企业进村解决了村里剩余劳动力和农闲季节农民的就业增收问题，一举两得。在这个企业打工的当地村民主要在农闲时打工，而企业内的长期工则主要是外来流动人口。薪酬采取计件方式，普通工人一般每天收入20元左右，高的可达到40元左右。

该厂生产筷子所用木材都是从绥芬河口岸进来的俄罗斯白杨木和白桦木，生产工艺流程是：

（1）造段：把成根的原木截成20.3厘米的小段；

（2）蒸煮：把小木段置入水中蒸煮；

（3）扒皮：把木段外层的树皮扒掉；

（4）悬切：把蒸煮好的木段一圈一圈削成木片；

（5）刻切：把木片切成成品筷子规格的木条，进行初选；

（6）烘干：把合格品烘干，进行精选；

（7）倒角：把精选品四边的棱角用机器削平，再进行挑选；

（8）包装：把最终选出的成品打包装箱，准备出口。

（四）家庭小工厂

建新村村民先后建起了木板厂、木制门厂、打包扣厂，都属于家庭作坊式企业，设备相对简单，厂房和家庭住宅连在一起，生产生活都在一个院内，十分方便。这些小企业生产销售方式很灵活，经济效益随行就市，总体看经营状况还比较好。例如，建新村村民郝志福利用自家房屋开设了打包扣厂（生产包装带的连接扣，铁质），由夫妻俩经营。近些年打包扣的市场需求很旺，经济效益很可观，情况好的话，年收入可达5万元。调查中夫妻俩反映，由于受小工厂地处偏僻、原材料不足、雇工困难等因素的影响，打包扣厂的生产出现断断续续的现象，他们有把打包扣厂迁到绥芬河市的想法。

（五）小洪炉

小洪炉就是从前农村的铁匠铺，它的功能主要是为村民修改、修理、制作农具和生活用具，如趟地的犁以及斧头、镐、锹等。建新村有两家小洪炉，都是外乡人经营的。一位叫徐吉昌（78岁），当地人亲切地称他为“老徐头”，10年前为投奔儿子，他和老伴从穆棱市河西乡搬到建新村，租住在村民王代军家里，身体状况很好；另一位叫柏坤清（58岁），6年前他从穆棱市兴源镇红岩村搬到建新村，独自买房居住，人清瘦能干，手艺很好。柏坤清为上山刨药的村民生产制作的镐头和种地的镐头不一样，根据挖掘的药材不同，镐头的形状也不一样。如挖黄芪的镐头的头长且窄，挖白皮的镐头比较宽。小洪炉每年收入不高，在3000~5000元不等，只能维持简单生活，为村民生产生活解决不少问题。但可以说，小洪炉仍然是建新村现阶段不可缺少的行业。2010年6月，“老徐头”因年事已高，且在家乡穆棱市河西乡办理了“低保”，所以和老伴搬回河西乡去了。

第二节　农业科技

一　农业科技政策

建新村经过多年的探索和发展，已经确立了无公害蔬菜种植和种猪生猪养殖两大主导产业。2010年年初，绥芬河阜宁镇在规划今后几年的工作时明确提出，要大力发展休闲观光农业，加快完成建新村、南寒村休闲观光农业建设项目。因此，在农业科技政策上，一是鼓励农民扩大无公害蔬菜种植面积，加强种植技术指导和培训，特别是培养能留得住的“土专家”，引导农民外出参观学习先进的栽培技术，解放思想，大胆试验，眼光瞄准国内和国外两个市场，不断提高产量和质量；二是继续大力扶持建新种猪场的发展壮大，在如何带动农民致富上下工夫，探索“公司加农户”的生产经营方式，发挥农业产业龙头企业应有的作用；三是围绕发展休闲观光农业的目标，出台相应的政策，在发展农家乐、设施农业、保护建新村周边自然环境等方面，做到因地制宜，走特色路，开发与保护协调进行。

二　农业科技推广项目

绥芬河市无公害蔬菜以大白菜、马铃薯、黄瓜、番茄为主，到2009年年底，生产基地蔬菜种植面积达到200亩。建新村大岭下温室蔬菜小区是全市最大的无公害产品生产基地，温室面积3.8万平方米，有日光温室58栋。2003年年初，绥芬河市农业技术推广中心依据本市蔬菜种植生产情况，严格按照无公害生产要求，制定了严格的栽培技术规程，限制生产过程中农药、化肥的使用量，建立健全各项管理制度，以大岭下、北寒、建新、铁路沟（当地叫“别勒洼”）为主的4个蔬菜生产区为基地，进行无公害蔬菜基地的申报工作。经省环境监测中心对基地实地考察、取样化验和省产品检测中心对基地生产的主要产品如番茄、黄瓜、甘蓝、马铃薯、大白菜等进行各项指标的测定，均达到无公害食品的质量要求。当年10月初，绥芬河市农业技术推广中心申报的万亩无公害蔬菜生产基地领取了无公害蔬菜生产基地证书，填补了绥芬河市绿色食品发展中的空白，也保证了市民能够吃到真正放心的绿色食品。

三 科技下乡活动

（一）农民科技节

为支持“三农”发展，多年来，绥芬河市市直部门和中省直涉农部门，结合各自业务特点，积极开展送科技下乡活动，起到了支农爱农护农的作用。从1996年开始，由绥芬河市委宣传部牵头组织，每年农历正月十六举办一届农民科技节（科技大集），到2010年3月，已经举行了15届。每年各涉农服务部门都以悬挂宣传图板、设立咨询服务台、播放科技录像、赠送科技图书等形式进行丰富多彩的宣传服务活动，把农民所需要的科学知识、科技信息送到农民手中。2009年第十四届农民科技节上，市农机局、水产局在活动现场摆放图文并茂的宣传板，让农民直观地了解新型农用机具和水产科技信息。调查中建新村村民反映，他们去参加农民科技节的确能得到一些有用的信息、农业技术和医疗卫生服务，但实际作用没有想象中那么好，还是希望农技专家能走到农民的田间地头现场指导，既有针对性又管用。

（二）春雷行动

绥芬河市质量技术监督局每年春天都开展支农护农的“春雷行动”，成立了农业标准化服务队，经常聘请农委的农业专家到全市农业标准化基地了解情况、解决问题。2009年5月，绥芬河质监局在“春雷行动”中严厉打击涉农违法活动，为农民进行免费检验检测农资，受到农户的普遍赞扬。春雷行动有力地打击了坑农、害农行为，建新村村民普遍感到近几年农资质量比较可靠。

（三）校市共建

黑龙江省农业科技合作共建，始创于省农科院以“科技帮扶十弱县”为主要内容的“院县共建”。随着“院县共建”合作成果和作用不断显现，省委、省政府决定组织全省15家农业科研院所、涉农大专院校、农业技术推广部门与全省67个县（市、区）开展科技合作共建活动。在全省“院县共建”的大背景下，为借助高校的高端科研技术和理论水准，加快推进全市农业增效、农民增收，绥芬河市与八一农垦大学签订了校市共建计划，共建时限为2008年年初到2011年年初。2008年以来，每年八一农大选派5～10名专家教授到绥芬河市阜宁镇及其所辖各村进行农业技术培训和现场指导，培训内容包括：大豆等作物高产技术、大豆防治重茬危害栽培技术、棚室蔬菜无公害栽培技术、食用菌栽培技术和畜禽传染病防控知识，现场对农民提出的各种问题，细心给予解答和指导。建新村蔬菜种植户由村无公害蔬菜协会组织参加在镇里举办的专家培训讲座，经常请八一农大等高校和农技推广站专家以及外县市种植专业户，到村里蔬菜种植小区进行现场指导。

第三节　特色种植

一　温室蔬菜

建新村温室蔬菜小区建成高效节能日光温室大棚58栋。

其中2000年建了15栋，2001年建了10栋，2002年建了33栋。这些大棚共占耕地60亩（大亩，1000平方米），其中50%是北寒村的耕地，每年建新村大棚蔬菜种植户向北寒村上交租金，2009年每亩地180元。为了起到示范带头作用，阜宁镇政府于2002年出资建成了23栋温室大棚（包括在58栋之内）。在建设温室蔬菜小区时，镇政府统一配备了水电设施，对建设温室大棚的农户每户补贴1万元，温室大棚建设统一规划、分散管理、自建自用。近几年来，温室蔬菜小区每年生产反季节蔬菜180余吨，几乎全部销售到绥芬河市，偶尔也有少量出口到俄罗斯。

（一）温室大棚蔬菜生产流程

每年有两次育苗期，分冬季育苗和夏季育苗。

1. 冬季育苗（一般在12月下旬，2009年由于气温过低，元旦或元月2、3日开始）

（1）浸种：6~8小时，捞出后装袋（透气的纱布袋），放置在30℃的室内生芽，西红柿需要6~8小时，黄瓜需要12小时，在24小时内生芽都是正常的。与此同时，要整理大棚，支上炉子（育苗前期用1个，后期用2个）。

（2）播种：手工撒种到定制好的木槽中，然后马上增高棚温（晚上18℃以上，白天20℃以上），出苗10天左右移至营养盒里，继续增温（白天20℃~30℃，晚上10℃~18℃），育苗45天（苗龄）后定植。

2. 整地［每年2月10日前（腊月末、正月初），育苗后期］

从头一年的秋天就着手做整地准备。每座温室大棚要施一车沤好的农家肥（3立方米），这些农家肥包括鸡、猪、牛和羊的粪便，一般不混合使用；建新村温室大棚使用的农家肥主要是鸡粪和猪粪，猪粪50元一车2.5吨左右，在建新种猪场购买，鸡粪70元一车2.5吨左右，要到外村养鸡户处购买；有两种施肥法，其一是开大沟上底肥，其二是铺平耙匀；以第二种施肥法为例，把农家肥耙匀后，使用悬耕机（耕一棚租金40元，大岭下邱延刚有此机）把地耙平整耙松暄，然后刨小沟，撒化肥和煮熟的黄豆作底肥（每棚使用化肥40斤左右，黄豆30~40斤），之后以50厘米为一垅打起垅，垅上覆膜。

3. 定植（2月15日左右）

一般按照行距40厘米、株距30~35厘米定植秧苗，采取滴灌，可以减少病虫害。

4. 田间管理

由于冬季寒冷，所以棚室温度湿度必须要有保障，要细心观察秧苗长势情况，做到精细管理，喷施少量的叶面肥和杀菌剂，做好病害预防工作。

夏季育苗在6月15日左右，主要育西红柿苗，夏季气温高，采取室外育苗，育苗期一个月，到7月15日左右就入棚定植，秧苗生长期间不用打尖①，采取无限生长方式。大棚整地和田间管理与种黄瓜基本一样，两个月后到9月中旬西红柿就能成熟上市，这时大地蔬菜已经退市，新上市的棚室蔬菜能卖上好价钱。

---

① “打尖”也就是一般说的“摘心”，是为了控制植株的高度，避免植物的主枝顶端生长过高而影响侧芽的生长，也是为了造型的饱满或者提高植物产量的一种手段。具体做法是：在植物生长的一定高度里，将主枝或过高的侧枝最顶端的叶片和芯一起掐掉即可。

（二）无公害蔬菜质量认证

绥芬河市阜宁镇建新村无公害蔬菜种植基地，于 2005 年 12 月经黑龙江省出入境检验检疫局考核合格后，获得出境蔬菜基地备案资格。为扩大基地蔬菜产品出口，确保产品符合出口安全卫生要求，绥芬河出入境检验检疫局积极与地方农业部门进行合作，发挥各自人才、技术优势，共同加强对基地的技术指导和监督管理，他们对基地病虫害防治和农药使用情况进行指导。2008 年 4 月初，大岭下蔬菜基地生产的 50 多种蔬菜通过了农业部的无公害食品认证。[①]

（三）温室大棚蔬菜成本效益分析

由于各家所种蔬菜品种和技术水平不同，因此大棚蔬菜在生产成本和收益水平上差异较大。种植黄瓜、西红柿，每栋大棚年纯收入 1 万元左右，年毛收入在 1.5 万元左右，由于本地气温低，取暖费支出就将近 4000 元，其他种苗、农药、化肥、棚膜、农家肥等需要 1000 多元，包括：种子 100 元、农药 30 元、化肥及农家肥 120 元、棚膜 800 元，水免费，电的费用很少，主要用于照明。

（四）温室大棚蔬菜生产存在的问题与对策

2000 年以来，建新村温室蔬菜小区为村民创造了可观的经济效益。但是，建新村温室蔬菜小区要进一步扩大规

---

① 据《阜宁镇大岭下蔬菜基地获得出境蔬菜基地备案资格》一文整理，http：//www. sfhciq. com。

图3－5　大岭下无公害蔬菜示范区公告板（2010年2月　刁丽伟摄）

模、提高质量和效益，存在三个必须解决的问题：一是一直没有专业技术人员，试验新品种、预防和治理病虫害等都是依靠种植户的经验，难以应付重大问题；二是蔬菜品种更新慢，适合本地的品种少，往往一个品种好几年不变；三是整个温室蔬菜小区规模小、产量低，市场占有率和竞争力低。经温室蔬菜种植户商议，大家认为应全面发挥本村“无公害蔬菜协会”的作用，进一步扩大蔬菜小区规模，重视“无公害蔬菜”品牌效应。

二　棚室食用菌

建新村棚室食用菌生产是从2005年开始的。在大岭下温室蔬菜小区，主要是养植平菇，最多的时候有4间温室大棚养植平菇，且多为外乡人来经营。平菇在市场上很受欢迎，售价一般随着季节变化起伏，从生产效益上分析，每棚按1.3万袋计算，每袋的加工成本需要1.2元，使用期8～9个月；每栋大棚承包费2000元，燃煤取暖3000元，用水量比较大但是免费，每棚电费需要300～400元，加上其他费用，每棚平菇的物质成本达到近2.1万元。每袋平菇菌能产菇2斤，市场上最高售价4元/斤，最低售价0.8元/斤，平均能达到1.5元/斤，这样每棚平菇最终毛收入能达到3.9万元，除去成本，每棚平菇能赚1.8万元左右。生产平菇等食用菌生产成本高，一次性投入大，风险相对较高。到2009年，平菇生产成本快速上涨，市场售价却有限，生产效益越来越差，笔者到现场采访的时候，建新村只有两个大棚在生产平菇，而且生产者表示，由于平菇生产成本大幅度上涨，效益很小，打算转行。

三　地栽木耳

2009年，笔者调查了建新村地栽黑木耳种植户逄发礼和付佰银两家。逄发礼种植5.7万袋，付佰银种植近2万袋。地栽木耳都是专用塑料袋包装的，外观呈圆柱形，高18～20厘米，直径10～11厘米，每袋按照间距15厘米的标准摆放在木耳床（大地上规划成的宽2米左右长度不限的地块）上；2008年以前都是大孔，孔的直径达到3～5厘米，形状不一，整个菌袋有12个孔，长出的木耳都是一大朵，就像一大朵花一样，有很多瓣；从2009年开始，那种朵大瓣多的木耳因为有硬块儿而价低难销了，朵小瓣少的木耳却价高好卖，现在每个菌袋四周有120～130个直径为0.5厘米的小孔，从这些小孔中长出来的木耳虽小，但瓣少质高，受市场青睐；2009年，地栽木耳的价钱是每斤15～20元不等，优质优价。据逄发礼介绍，木耳菌每袋年出耳率在9钱至1两左右，他家5.7万袋出了大约4500斤木耳，卖了6.5万元，去掉成本4.5万元左右，纯收入达到2万元，现在看来，与当地其他种植作物比较，地栽木耳是个高投入、高风险而且利润不稳定的项目。

地栽木耳从制菌到大地养植要经过多道程序，从购买一级菌接种到二级菌再接种到三级菌，我们看到的出木耳的菌袋，当地人称为三级菌，如果说一级菌是母菌，那么只有到第三代菌才能大规模生产木耳。

地栽木耳主要种植工序：

1. 购买一级菌，在每年10月中旬。

本地一般到吉林敦化购买，以逢发礼为例，每年购买大约200支一级菌（试管装，果冻状），按一定比例扩制成二级菌和三级菌。临近建新村的东宁县、绥阳镇等地的木耳菌商店也有卖一级菌的，但质量无法保证，存在不贴商标、假冒伪劣的现象。

2. 一级菌扩制到二级菌并养菌（每年10月末到元旦）。

（1）配料。取白糖、玉米粉、大豆粉、白灰、石膏、麦麸、锯末，按1∶2∶2∶0.5∶0.5∶16∶78的比例配制，搅拌均匀。

（2）装袋。有专门的装袋机，属于半机械化操作，按每袋2斤装袋。

（3）高温灭菌。把装好的菌袋放入蒸汽锅，温度要达到100℃，至少要保持10个小时以上。

（4）接菌。按照1∶7或1∶8的比例，就是1支一级菌扩制成7或8袋二级菌，即把一级菌分成7或8份放入二级菌袋中，要求在无菌房操作。

（5）养菌。室温要在25℃～28℃之间，养45～60天，直到菌袋内部呈白色。

3. 二级菌扩制成三级菌并养菌（每年元旦后到4月末）。

（1）配料。取玉米粉、大豆粉、白灰、石膏、麦麸、锯末，按3∶3∶0.5∶0.5∶6∶87的比例配制，搅拌均匀。

（2）装袋。按每袋2.7斤左右标准分装。

（3）高温灭菌。与二级菌一样，但时间达到8小时即可。

（4）接菌。按种植规模，按照1∶50到1∶200不等的比例扩制成三级菌。就是把每袋二级菌分成50～200份不等，填充到三级菌袋中培养，要注意室内消毒。三级菌制作要在春节前完成。

（5）养菌。三级菌制成后，先在室内培养，室温也要在25℃～28℃为宜，每年的5月1日前后移植到大地木耳床上。

4. 后期管理。要有专人在现场管理，如果气温达到30℃就要浇水降温，采取喷灌方式，否则就会发生木耳溃烂、菌袋病变，严重的导致减产甚至绝产。同时，还要预防其他自然灾害。

从效益上看，每亩地栽木耳的成本1.1万元左右，其中包括每亩地木耳菌需要9000元，柴油机抽水耗油200元，人工采摘费1000元左右。每亩地的产量，正常年份1000斤（干的）上下，按每斤19元计算，一亩地木耳毛收入能达到1.9万元左右，纯收入能达到7000～8000元。2009年，受自然灾害和市场波动影响，地栽木耳产量少，售价低，每斤才卖到15元。受气温、环境、技术和管理水平的影响，不同农户种植地栽黑木耳的产量和质量差别较大，多的能产1000斤（干的），少的则只有500斤左右。建新村农民种植的地栽木耳全部销售到绥阳黑木耳交易市场，受市场价格波动大的影响，农民一般不敢囤积干木耳，风险太大。

建新村的地栽木耳生产户数越来越少，主要原因就是效益越来越差。笔者通过现场调查和与地栽木耳种植户逄发礼的交谈了解到，导致地栽木耳效益不好的因素有以下几点：一是近年来地栽木耳生产成本上涨很快；二是木耳收购标准也在不断提高；三是木耳采摘由于临时雇用村民，技术不规范，损失较大；四是地栽木耳原材料锯末品质暗藏风险，松木成分多了能导致木耳绝产，椴木和杨木成分多了能导致木耳减产，柞木和桦木最好。另外，木材的养分多在表皮，俄罗斯进口木材粗大，但由于长途搬运，木材表皮破损严重，有的成了没皮的裸木，养分自然少，所以购买锯末要十分小心，如果失误，后果很严重。交谈中，地栽木耳种植户向笔者透露，近两年他们有放弃种植地栽木耳的想法，准备搞灵芝等中药材种植。

第四节　土地整理

土地整理就是对农村“田、水、路、林、村”进行综合治理，通过国家投资，把中低产田升级为中高产田，增加农业后劲。农村土地要进行整理，必须符合4个条件：一是新增耕地要在10%以上；二是耕地与耕地必须有四大块儿连成片；三是投资规划不小于4平方公里；四是达到生态治理的目的。绥芬河市阜宁镇土地整理项目主要在建新村地界，耕地结构成体系，符合土地整理的4个条件，也不影响绥芬河市的整体开发。阜宁镇土地整理项目位于绥芬河南部阜宁镇内，距市区20公里，涉及建新、建东、北寒三个行政村。东至定安沟，西至鸡图公路（S206），南至南寒村，北至南大岭，项目区总面积788.8438公顷，主要在建新村地域内。这个土地整理项目于2005年5月被黑龙江省国土资源厅批准，2007年6月由财政部和国土资源部共同批准并下达预算资金1089.0141万元。绥芬河市国土资源局副局长陈开业为该项目法人，市国土资源局及土地整理中心负责项目的实施工作，2008年4月15日至2009年9月25日，该土地整理项目进行了施工建设。该项目经过招投标由黑龙江正业建设有限公司、牡丹江鸿源水利水电工程施工总承包有限公司、黑龙江省宝泉岭农垦江河水利工程有限责任公司、黑龙江省程达建筑安装有限公司、黑龙江寒区土木建筑工程公司等施工单位实施完成。主要工程一是土地平整工程，平整土地20.98公顷，完成土方104922立方米。二是农田水利工程，开挖截流沟3条，3.2公里，完成土方72634立方米；排水沟6条，长8.2公里；冲沟护砌2处；新修蓄水池1座；打井31眼；新建8米跨桥4座；新建涵洞59座，其中方涵5座，圆涵19座，简易涵35座。三是修路25.8812公里，其中：修田间路20.0615公里，修生产路5.8197公里。四是植树5.97万株，种草10.5公顷。设备购置柴油发电机组7台，水泵15台（套），小型喷灌机10台。通过项目实施，整理出的耕地达到可耕地状态，田间路能保证农产品的运输。截流沟、排水沟能畅通无阻地进行田间排水。修建的蓄水池在项目验收合格后既可用于农田灌溉，也可用于发展渔业。

历时一年半的施工，建新村788.84公顷土地得到了改造。通过地与地之间荒格、废弃地、撂荒地、水冲沙压地、改水改沟的整理，新增耕地 138.76 公顷，达到建新村原有土地的 17%。这些新增耕地除补偿村民因打机井、修农田路、挖截流沟、建蓄水池而占用的耕地外，其余留在村集体以壮大村集体经济实力。据统计，建新村集体获得机动地 10 余公顷。这次土地整理项目，受到了村民热烈欢迎，有的村还主动到土地管理部门要求参与土地整理。

图 3-6　建新村土地整理施工现场

（2009 年 8 月　绥芬河土地整理中心摄）

为保质保量完成土地整理项目施工建设，绥芬河土地整理中心采取了有效的保证措施。

1. 实行工程监理制。一是委托黑龙江省百佳建设监理公司按要求派工作人员监管工程质量；二是派人进行全程监控，发现问题及时解决。

2. 采取工程招投标制。为了保证工期，保证质量，一是通过媒体向社会公开发布工程招标公告。二是严格审查施工合同，尤其在工程质量上，严格按照土地整理有关标准执行，并明确相关法律责任。

3. 严格执行“公告制、合同制、法人责任制、招投标制、工程建设监理制”等制度。一是具有独立法人资格的绥芬河市土地整理中心作为项目承担单位。二是把工程项目基本情况、土地权属调查情况以及工程招标情况及时向当地村民公告。三是与施工单位签订了工程承包合同。

4. 层层落实责任制。一是按职责分工，把该项目施工各阶段的监管任务层层分解，落实责任制。二是派人员深入施工现场专门抓施工质量。三是落实奖惩措施。即把负责项目具体施工管理人员的工资奖金与所承担工作挂钩，进行严格考核。

5. 加强检查监督。一是进行经常性的巡回检查，重点检查工程施工质量，做到逐项检查，随时完善。二是定期组织抽查，在施工期间，每周组织一次现场抽查，争取把问题解决在初发期，尽量减少不必要的经济损失。三是认真组织好自检验收，切实做到完成一段，验收一段，总结一段，做好阶段性原始记载。

6. 强化资金使用管理。按照省国土资源厅要求，严把资金使用关。一是建立严格的财务管理制度，工程各项支出，均由承担单位申报，由局长办公会集体决策批准。二是严格控制资金流向，按工程进度和省厅要求拨付资金。三是加强资金审计管理，定期同局计财科组织内部审计，发现问题及时处理，做到专款专用，严禁挪作他用。四是按要求搞好工程决算。

7. 加强项目的组织领导，绥芬河市国土资源局副局长陈开业为该项目法人，市国土资源局及土地整理中心负责项目的实施工作。

表 3-2　阜宁镇土地整理项目基本情况

项目名称	绥芬河市阜宁镇土地整理项目		
项目承担单位	绥芬河市土地整理中心		
项目位置	绥芬河市阜宁镇建新村		
项目规模	788.84 公顷	新增耕地面积	138.76 公顷
批准立项部门	黑龙江省国土资源厅	批准时间	2005 年 5 月
下达投资计划预算部门	国土资源部 财政部	批准预算金额与下达时间	1089.0141 万元 2007 年 6 月
项目实施起止时间	2008 年 4 月 15 日至 2009 年 9 月 15 日		
自验时间	2009 年 9 月 25 日		
初检时间	2009 年 10 月 12 日		

2009 年 9 月 15 日至 25 日，绥芬河市国土资源局组织设计、施工、监理及有关部门人员组织验收组，下分内业、外业、资金三个小组，对“绥芬河市阜宁镇土地整理项目”开展了验收工作。9 月 16 日，市国土资源局局长许在臣和副局长陈开业组织设计、监理、施工、镇村领导及相关人员对阜宁镇土地整理项目进行自查自验和工程质量评审工作。10 月 12 日，牡丹江市国土资源局验收组对绥芬河市阜宁镇土地整理项目进行初验。验收组分为内业组、外业组和资金组，对项目的实施进行全面的检查验收。验收组对该项目的施工和管理给予高度评价，经过认真汇总和评审认为，施工质量完成较好，基本达到验收标准，同意报请省厅终验。验收组回去后，对该项目做出了初验报告并及时向省厅申请进行终验。2010 年 2 月 4 日，黑龙江省国土

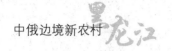

资源厅对阜宁镇土地整理项目进行了验收，顺利通过（黑国土资发［2010］12 号文件）。

图 3-7　建新村土地整理项目公告板（2010 年 1 月　刁丽伟摄）

第四章　社会发展

建新村共有人口 288 户 1088 人（建新 228 户，876 人；大岭下 60 户，212 人），其中劳动力 428 个。根据村委会统计结果，2009 年全村农民人均纯收入达到 7000 元。建新村人口的生活大致情况：建新村自来水入户率达到 100%，一些村民院内和房屋内有简易的地下水压水井，但其中大多数已经弃用。全村有手机 850 部，按人口计算普及率达到 78%，由于手机的普遍使用，固定电话安装率有所降低，但也在 90% 以上。全村有摩托车 20 多辆，个别家庭购置小型货车，农用拖拉机户普及率达到 80%。有两户村民从事长途客运，购置了 19 座中巴车，每辆价值 12 万元，线路固定，从建新村到阜宁镇再到绥芬河市里，2010 年年初每人单程车费是 5 元。随着经济快速发展，人员流动频繁，长途客运收入可观，中巴车“跑线”手续也水涨船高，2009 年年末达到 13 万～14 万元。

第一节　人口状况

一　人口构成

（一）人口分布

至 2009 年年底，建新村共有 13 个村民小组。其中，1

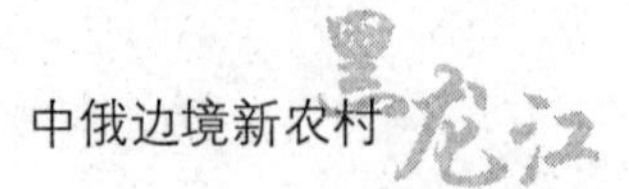

组到 11 组每组 22 户，12 组到 13 组每组 23 户。

（二）年龄与性别结构

建新村 18 周岁以下未成年人有 199 人，占全村人口 18.3%，男女比例大约是 1.2∶1；19 岁至 34 岁有 177 人，占全村人口 16.3%，男女比例大约是 1.3∶1；35 周岁至 59 周岁有 389 人，占全村人口 35.8%，男女比例大约是 0.9∶1；全村 60 周岁以上老年人有 111 人，占全村人口 10.2%，男女比例大约是 1.1∶1。

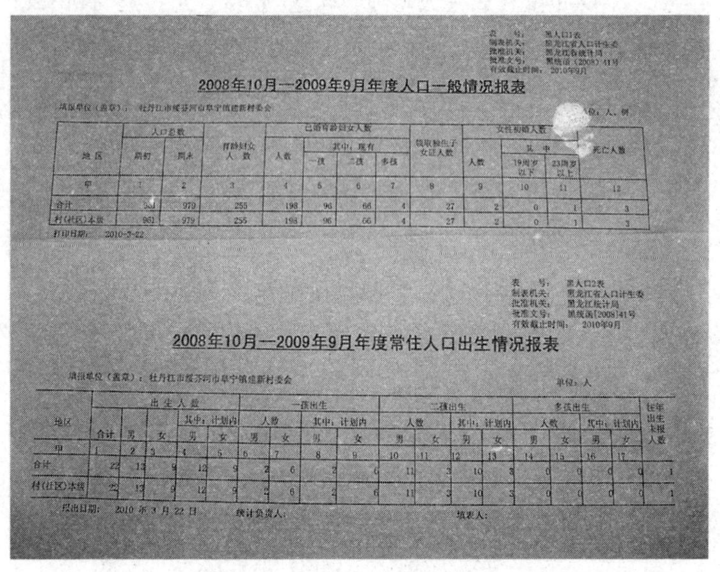

表号：黑人口1表
制表机关：黑龙江省人口计生委
批准机关：黑龙江省统计局
批准文号：黑统函（2008）41号
有效截止时间：2010年9月

2008年10月—2009年9月年度人口一般情况报表

填报单位（盖章）：牡丹江市绥芬河市阜宁镇建新村委会　　单位：人、例

地区	人口总数		育龄妇女人数	已婚育龄妇女人数				领取独生子女证人数	女性初婚人数			死亡人数
	期初	期末		人数	其中：现有				人数	其中		
					一孩	二孩	多孩			19周岁以下	23周岁以上	
甲	1	2	3	4	5	6	7	8	9	10	11	12
合计	961	979	255	198	96	66	4	27	2	0	1	3
村（社区）本级	961	979	255	198	96	66	4	27	2	0	1	3

打印日期：2010-3-22

表号：黑人口2表
制表机关：黑龙江省人口计生委
批准机关：黑龙江统计局
批准文号：黑统函[2008]41号
有效截止时间：2010年9月

2008年10月—2009年9月年度常住人口出生情况报表

填报单位（盖章）：牡丹江市绥芬河市阜宁镇建新村委会　　单位：人

地区	出生人数					一孩出生				二孩出生				多孩出生				往年出生未报人数
	合计	男	女	其中：计划内		人数		其中：计划内		人数		其中：计划内		人数		其中：计划内		
				男	女	男	女	男	女	男	女	男	女	男	女	男	女	
甲	1	2	3	4	5	6	7	8	9	10	11	12	13	14	15	16	17	
合计	22	13	9	12	9	2	6	2	6	11	3	10	3	0	0	0	0	1
村（社区）本级	22	13	9	12	9	2	6	2	6	11	3	10	3	0	0	0	0	1

报出日期：2010年3月22日　　统计负责人：　　填表人：

图 4－1　建新村 2009 年人口、计划生育情况汇总表

（2010 年 2 月　宋伟东摄）

（三）人口流动情况

截至 2009 年年末，全村户在人不在的有 75 户，190

人。这些人不是短暂在外打工，而是多年在外经商、打工，有的还赴俄出劳务，还有的迁回山东老家在工厂打工，他们都已定居在外，最长的已 17 年没有回来，但户口没有迁走，且多数在村里还有耕地，和村里仍有联系，每当办理农村合作医疗、粮食补贴、“低保”等政策时，大部分都回来办理，但远在山东的村民就放弃了这些惠农政策。

建新村还有一种情况，就是出现了空巢家庭，即年轻夫妻外出打工，每年定期回家探亲，将老人或老人孩子留守在家里。

（四）外来流动人口情况

建新村离市区不远，且人少地多、环境优良、好谋生，外来流动人口比较多。据村里统计，全村外来流动人口共 226 人，占全村人口的 20.8%。这些外来流动人口也有长期在建新村居住的，他们有的包地种，有的搞温室蔬菜大棚，有的在矿泉水厂、木材加工厂等企业打工，也有的在建新村开商店和小饭店。有些外来流动人员只作短暂停留，属于季节性打工。这样，有些村民将自家房屋出租给外来人员，赚些收入，但本村人没有租住房屋的。这些流动人口至今户口不在本村，最长的已有 30 多年，最短的也有 4～5 年了。经走访调查，他们多来自本省的海伦市、克山县、拜泉县、依安县和穆棱市，迁来建新村的主要方式是投亲靠友或打工包地。

（五）残疾人情况

截至 2009 年，建新村有残疾人 25 人。其中，18 岁以下的 4 人，无劳动能力的 14 人，享受最低生活保障的 15

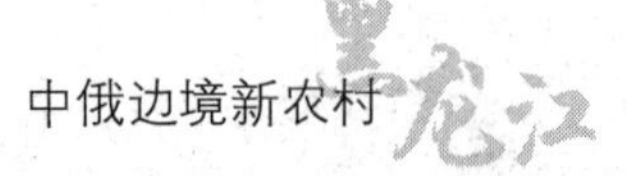

人。在做好残疾人工作、构建和谐社会方面，建新村主要做了以下几方面工作：一是办好残疾人人口学校。搞好系统化教育，开展残疾人的实用技术、现代农业新知识、新品种、新技术培训；村里的图书室每天从早上8点到下午5点对村民开放，为残疾人读书创造方便条件。二是搞好多种形式的普法宣传和教育活动。以残疾人的知情权、生育权、获得权、参与权、监督权和决策权等基本权益为目标，深入学习《残疾人保障法》，使残疾人知法、懂法，并能充分利用法律武器维护自己的合法权益。三是深入开展扶贫帮扶工作。建新村开展了“两牵手”扶贫帮困活动，让贫困残疾家庭尽快掌握致富技术，走上致富路。2008年，村委会出资1.4万元为残疾人张玉双家和付景阳家改造危房，村委会还帮助贫困户，特别是家有残疾人的贷款15万元。

二　社会结构

农村经济结构、阶级与阶层结构、人口结构、职业结构、群体结构、家庭结构等是构成农村社会结构的基本要素，家庭经营是主要的生产经营方式。经过30多年改革开放的发展，建新村社会结构也发生了重大变化，展现出新的特点。

（一）农户数量和家庭规模

总体看，建新村农户数量不断增加，但家庭规模缩小了。村常住户数除自然增长外，还有外来人口增加，省内县市迁来建新的居多。家庭规模明显缩小的根本原因：一是计划生育工作落实得好。二是传统观念和生活习惯的改变。由于受现代生活方式的影响，现在农村的年轻人已经习惯了那种脱离父母约束，喜欢自由自在、无拘无束的婚后生活，传统的三代、四代同堂居住的热闹场面已经很少，“三人小家庭”或“四人家庭”越来越多，由于担心一个孩子孤单和农村生产劳动力的现实需求，40 岁左右甚至 30 岁以下的年轻人家庭多有两个子女，但养儿防老的观念与以前相比却淡泊多了。人口文化素质普遍得到提升，没有青壮年文盲，外出打工人数明显增长。随着绥芬河市域经济和小城镇建设的快速发展，城市公共设施、交通运输、文化娱乐和服务产业条件得到极大改善，带动了城乡经济的整体发展和繁荣。尤其对俄边贸的快速发展，吸引了一大批农村富余劳动力离开山村、走出家门外出务工，其中的一部分人通过多年的打拼和积累，逐步将家人也从村里搬迁到了绥芬河市里。截至 2009 年，建新村户在人不在的家庭共有 75 户 190 人。人口老龄化趋势明显。近年来，随着农村劳动力转移和外出务工人员的不断增加，众多的青壮年劳动力离开家乡，有的青年人在打工地结婚生子（户口还在建新），从而使全村人口逐渐呈老龄化趋势。2009 年村里有留守儿童 5 人，最大的 15 岁，最小的才 2 岁。

（二）民族结构与宗教信仰

建新村属于纯汉族村落，没有什么特别的宗教信仰，村中有宗教信仰的人数很少。20 世纪 80 年代，有一姓谭的村民（女）组织了五六个人开始信仰基督教，2009 年姓谭的村民离村回山东老家定居后，其组织的几个信教村民继续宗教活动。1991 年开始，村民李增民、满春凤夫妇信仰基督教一直到现在，场所就在自家住宅，正房前一间厢房被作为专门的活动场所，到冬天，由于取暖问题，转到正

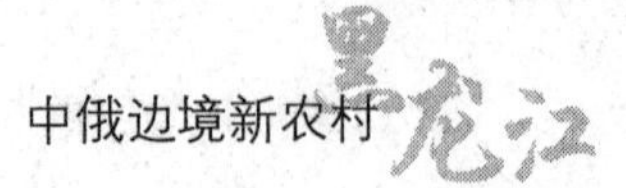

房活动；每年 12 月 25 日圣诞节，李增民夫妇俩在家中做些简单的拉花作装饰，也搞一些简单的宗教仪式。大岭下屯也有两户人家信仰基督教，都是在自家活动，偶尔有教友从村外来此聚会。基督教比较重大的节日，如圣诞节、复活节等，建新村的基督教信徒只要不是实在脱不开身，就一定会去绥芬河基督教会参加活动。从 1993 年开始，绥芬河基督教会派专人到建新村对信教人员进行指导，2007 年以来只来过一次，但有时会发给信教群众一些关于基督教教义的书籍。信教村民在村里与大家友好相处，为人和善，有利于建设和谐农村社区，村民对信仰宗教比较理解，评价都是积极的。

（三）文化与职业结构

九年义务教育制实施以来，建新村适龄儿童都进入学校学习，小学就读于建新小学，初中就读于绥芬河第二中学，高中就读于绥芬河市第一中学。15 周岁以上 40 周岁以下的村民 90% 达到初中以上学历，30% 左右读过高中、技校，但考上大学的没有一个回到农村工作。40 周岁至 50 周岁的村民多数是小学学历，能达到初中及以上学历的约占 10% 左右，没有青壮年文盲。50 周岁以上能达到小学学历的只占 10% 左右，个别年龄较大的村民是文盲。

全村劳动力 428 人，占人口总数的 39.3%，其中从事农业生产 183 人，占农村劳动力人数的 42.8%，外出务工经商的 176 人，占农村劳动力人数的 41.1%。村民主要从事种植业。25 岁以下青年有一些在牡丹江、绥芬河等城市打工，多是从事商业服务，还有的出国到俄罗斯打工，主要从事商品销售和蔬菜种植。少数人自己经商，个别村民经过多年奋斗，资产已达几百万元甚至上千万元。还有一些村民从事运输、经营、养殖等产业，但占全村人口比重较低。

三　计划生育

（一）计划生育组织

在稳定和严格执行现行生育政策的基础上，建新村建立健全了计划生育及优质服务领导小组，组长姜义军，副组长逄发成，成员有邱延彬、李玉华、于乐江，设有计划生育办公室，办公室主任由妇联主任李玉华（村里兼职的计生委员）兼任。按照《绥芬河市计生局聘用村级计生委员考核方案》，绥芬河市人口与计生局每年度给村计生委员1200 元的补助。

结合“双新”（新农家、新农村）建设项目，为进一步服务新农村建设，建新村成立了 5 个团队，即致富技术指导团（郭淑玲、郭长艳、陈聚芹、郑晓秋、魏俊华）、法律维权援助团（姜义军、逄发成、邱延彬、于乐江、王爱杰、李玉华）、计生保险开发团（李玉华、王爱杰、魏俊华、张蕾、高红、陈艳、王伟伟）、生殖健康服务团（李玉华、王爱杰、朱孝发、于乐清、刘亚娟）、婚育文明讲座团（王爱杰、郭淑玲、邱延刚、李洪军、于乐清、魏俊华）。

（二）计划生育管理

2002 年，黑龙江省计生委发起建设计划生育自治村工作，按照要求，计划生育自治村要满足 6 个要素：一是成立了民主选举的计划生育村民自治领导小组；二是制定了具有一定的约束力的计划生育村民自治章程；三是按照民主

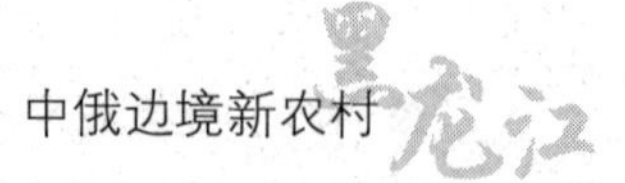

程序决定计划生育重大事项；四是村民计划生育民主权利得到有效保护；五是实行计划生育村务公开；六是近两年无违法违纪事件。

按照牡丹江市和绥芬河市等上级计生部门的部署，建新村成立了以党支部书记为组长的领导小组，经过村民代表会议研究讨论和村民大会讨论修改，制定了《建新村计划生育群众自我管理村民自治章程》。2002 年建新村开始创建计划生育自治村，2004 年建成一星级计划生育自治村。2004 年，中共中央政治局委员姜春云来绥芬河检查计划生育工作，当时建新村党支部书记陈同山当面向姜春云作了建新村计划生育工作汇报；2006 年建新村建成二星级村，由牡丹江市人口与计生委验收；2009 年建新村建成三星级村，由黑龙江省人口与计生委验收。

图 4－2　建新村计划生育宣传栏（2010 年 2 月　宋伟东摄）

（三）计划生育服务

1. 常规服务

按照《绥芬河市计生局聘用村级计生委员考核方案》，建新村计生员有责任向村民宣传国家、省市计划生育政策，比如不超生、不非法结婚以及计划生育优惠及奖励政策；为育龄妇女免费定期“三查”（查病、查孕、查环），为待产孕妇联系医院；配合镇计划生育办公室完成各项计划生育工作等。

2. 避孕药具知情选择服务

按照国家相关规定，15 周岁至 49 周岁的妇女为育龄妇女，建新村育龄妇女 344 人，有兼职药剂员 1 人，被省计生委评为村民自治“自我教育、自我服务和自我管理”三星级村。全村避孕药具使用情况：使用避孕套 65 人，没有人使用口服短效避孕药。为加快推进避孕药具知情选择优质服务工作的进程奠定坚实的基础，村计划生育办公室紧紧围绕国家避孕药具工作改革的重点，加大宣传力度和培训力度，使广大育龄群众充分了解避孕节育知识，掌握避孕药具使用方法，做到了知情选择，实现了宣传教育、综合服务、科学管理的目的。具体服务措施如下：

第一，送药上门，免费发放。村妇女主任坚持每个月月初对育龄群众开展送药上门和定期随访服务，指导育龄村民正确使用避孕药具，药具是由国家提供免费发放的。

第二，健全组织，自我服务。在镇计划生育协会的指导下，成立了建新村人口计划生育协会，建立健全了相关规章制度。建新村把流动人口和常住人口纳入同等的管理和服务系统，享受同等待遇，受到广大外来村民的欢迎。

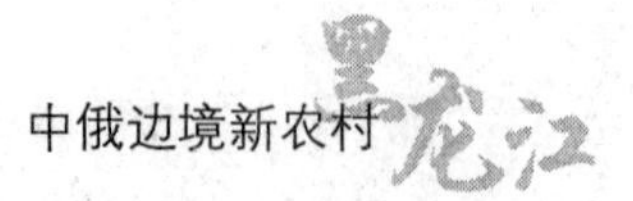

第三，加强宣传，优质服务。在村内显眼处悬挂或张贴计划生育宣传标语，在村文化大院设计悬挂了宣传图板；在村计划生育服务室设立了妇检室，开展男性生殖健康咨询服务，定期对育龄妇女免费开展“三查”。

3. 妇幼保健服务

2007年，绥芬河市卫生局下发《乡（镇）卫生院及村卫生室妇幼保健专干职责》文件，明确农村妇幼保健服务内容。建新村两个村卫生所分别承担全村两个屯的妇女和儿童保健工作，特别是孕妇管理和幼儿疫苗接种工作。从2009年6月开始，村里孕妇检查全部归到绥芬河市妇幼保健院，村卫生所主要起督促作用。如果有孕妇到期应去做例行检查，村医就有责任及时督促孕妇本人及时体检，孕产妇管理手册则由市妇幼保健院制发和管理。村医要建立全村妇儿保健档案，及时填写妇儿保健表。婴儿出生后，规定村医要定期对产妇访视4次，做好访视记录，建立幼儿保健手册，做好疫苗接种登记，进行零病例报告登记。

4. 中心护长制度

建新村设有一名中心护长（当地也有称计划生育协理员的），在大岭下屯，2009年由当地人王爱杰担任。这是由阜宁镇计生办专门为全镇三个自然屯设立（大岭下属于自然屯）的，工作职责是协助村妇联主任进行计划生育宣传和管理、发放药具、搞好妇检“三查”。其工资由村委会和镇政府各负担一部分，村里每年发给1500元，镇政府全年发给补贴800元，按4个季度平均发放。

（四）建新村妇联兼计划生育办公室主任李玉华

李玉华，女，2009年53岁，中共党员，现任绥芬河市阜宁镇建新村村委会委员、妇代会主任。作为一名奋战在农村工作第一线的妇女工作者，她始终以高度的责任心和满腔热情，带领全村妇女增收致富，积极维护妇女儿童合法权益，热心对待身边的每一个妇女姐妹，用实际行动赢得了广大群众的认可。她先后多次荣获牡丹江市人口与计划生育先进个人、绥芬河市优秀妇女干部荣誉称号。

多年来，李玉华始终坚持加强自身学习，努力提高自己的政治理论水平和业务工作能力。一方面结合工作实际，加强政治理论学习。她认真学习邓小平理论、“三个代表”重要思想和党的路线、方针、政策，努力践行科学发展观，提高了拥护党的路线、方针、政策的自觉性，做到在政治上、思想上、行动上与党保持高度一致。另一方面坚持学习文化知识，不断提高妇女工作水平。李玉华经常学习妇女工作的有关资料，学习《妇女基本权益保障法》、《婚姻法》、《未成年人保护法》等维护妇女儿童权益的法律书籍，增强自身法律意识，在工作中注重用法律的武器帮助妇女解决实际问题。

李玉华看到，一到农闲时候，很多闲散妇女姐妹无事可做，天天泡在麻将桌上，缺少施展才能的机会，更谈不上彻底脱贫致富。为改变这一状况，她多次与市、镇妇联、农委及相关部协调，争取上级部门的支持，把村里的闲散妇女组织起来，请有关方面的专家亲自到村里来培训，指导蔬菜、食用菌种植及生猪养殖技术，并组织她们到邻近县市参观学习。通过培训使她们掌握了一定的科技致富本领，尤其是通过到一些女致富能手家里现场取经，使她们受到很大触动，先后办起了养鸡场和养猪场，兴建了温室大棚，有的在餐具厂、酱菜厂上班。从此，她们告别了麻将桌和无所事事的日子，在属于自己的人生舞台上，充分展示自己的才能，走上了致富奔小康的道路。

在工作中，李玉华坚持以“党政所急、妇女所需、妇代会所能”为工作立足点，始终不忘以群众的利益为中心，时刻不忘自己是一名共产党员，要做妇女们的榜样，更要做她们的贴心人。无论是谁有什么难处，或是遇到什么困难，她总是尽最大的力量去帮助她们解决困难。有一家贫困户想养猪，但是由于没有资金，夫妻俩急得吃不下饭，她知道这件事后，立即和种猪场联系，为他们赊了 20 头小猪崽和 1000 斤饲料，解决了他们的燃眉之急。有的妇女想要发展食用菌种植，但苦于没有资金，李玉华多次跑信用社帮助联系贷款，为她们解决了资金问题。当看到她们带着忧愁而来，却带着笑脸回去时，李玉华的心里总是充满了无比的欣慰。为了切实抓好村民的宣传教育工作，李玉华主动承担起了村图书阅览室的创建及管理工作，利用业余时间，多次到市、镇有关部门联系沟通，得到了上级部门的大力支持，使建新村图书室各类书籍达到 3000 余册，村民不出村就能读到有用的书，学到新知识。

建新村是省级新农村建设试点村，“乡风文明”是新农村建设的重点、难点问题。李玉华同志提出宣传工作上从“三个一”入手，在全村宣传营造和谐文明新风尚。一是创建“一条和谐家庭街”。结合“十星级文明户”评比活动，深入开展一条“和谐家庭街”创建活动，并制作了宣传牌和宣传标语，使过往的村民都能看到，倡导新风尚，建设新环境，创造新生活。二是搞好“一个文化大院”。在村小广场创建了农村文化大院，利用这个文化大院宣传阵地，组织开展各类教育和文化活动，发挥新风文艺演出队、面对面宣讲队、妇女健康服务队三支队伍的作用，开展生殖健康、生产生活、民主和谐、权益保障宣传教育活动，使村民更新观念，树立健康、科学、文明的生活方式，形成了尊老爱幼、邻里和睦、夫妻和睦、家庭地位男女平等的新面貌。三是建立“一支文艺宣传队”。在村里选拔10余名妇女文艺骨干，排练一些村民喜闻乐见、形式多样、宣传文明风尚的寓教于乐的节目，农闲时为村民演出，在村里营造了积极、健康、文明、和谐氛围，进一步增进了村民的相互交流，和睦了邻里关系。

在李玉华多年的辛苦努力下，几年来，建新村先后荣获黑龙江省计划生育先进集体，牡丹江市平安家庭创建先进集体、计划生育工作先进集体、计划生育三星级村、巾帼示范村等多项荣誉称号。

图4-3　建新村妇女主任李玉华（2010年10月　宋伟东摄）

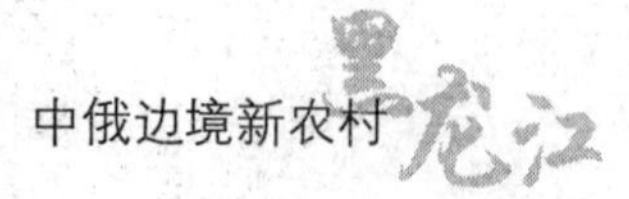

第二节 社会分层

一 家庭经济收入与支出

（一）收入结构

从农村经济收入来源分析，农民收入分为工资性、家庭经营性、财产性、转移性4个方面的收入。工资性收入主要是劳务收入，家庭经营收入主要包括农业生产如种粮、饲养畜禽等收入，财产性收入主要是对外投资和财产租赁等取得的收入，转移性收入与国家的支农政策等有关。从建新村的实际情况来看，在各种收入来源中，工资性收入和家庭经营性收入所占比例最大，增长势头也比较好。

建新村农民家庭生产经营方式主要以农业为主，农民家庭收入来源虽然逐渐显现出多元化的特点，但是非农收入比重还是很低，2009年农民人均纯收入达到7000元。家庭收入结构归结起来，有以下4种。

第一种是以经营农业为主的家庭收入结构。建新村以种植粮食作物、蔬菜和养猪养牛为主导产业，全村以经营农业为主的家庭占75%，粮食以种植大豆、玉米为主，经济作物以土豆、大白菜、角瓜和向日葵为主。已建成高效节能日光温室大棚58栋，其中5栋用于养猪，3栋用于栽培食用菌平菇，其余用于蔬菜种植。温室大棚蔬菜以种植黄瓜和西红柿为主，每栋大棚年纯收入1万元左右；平菇每棚纯收入近1.8万元左右。全村60%人家养本地黄牛，有10多家养猪户，另有个别家庭养羊。

第二种是以经营商业为主的家庭收入结构。这里说的

“商业”包括交通运输、餐饮、百货零售、加工企业等以家庭为单位的个体经营，从业劳动力人口占全村劳动力的5%左右。从经营方式角度划分有以下类型：经营商店、超市6户，以零售日用品、小食品和农资为主，年收入0.5万~3万元；经营长途客运2户，年收入2万元左右；经营小饭馆3户，年收入0.5万~2万元；三户小型家庭作坊式加工企业，一家生产包装用打包扣，另两家生产实木门等小型木制品，年收入在1万~4万元不等；另外还有部分家庭在绥芬河市甚至俄罗斯等地从事经营活动。

第三种是以务工为主的家庭收入结构。随着20世纪90年代中俄边贸的繁荣，越来越多的村民到绥芬河市打工，有的家庭经过几年打拼，在绥芬河站稳了脚，开始转向商业经营，个别家庭已积攒下几百万家产。每年有40多个农民远赴俄罗斯打工，主要从事蔬菜种植，包括温室大棚蔬菜和夏季大地蔬菜，每人打工的年收入能有1.5万~2万元左右。还有一些25岁以下的青年人到俄罗斯打工，主要从事商品零售服务，年收入在2万元左右。还有几户家庭举家回山东老家打工谋生。

第四种是以转移性收入为主的家庭收入结构。主要是因老因病因残疾而家庭生活困难的村民，占全村劳动力的2%左右，这类家庭享受国家提供的最低生活保障，家庭拥有的耕地一般出租给别人耕种，年收入可达到5000元。

（二）支出结构

1. 支出结构变化趋势

（1）生产费用支出总体增长

近几年，由于种子、化肥和农药等农业生产资料的价

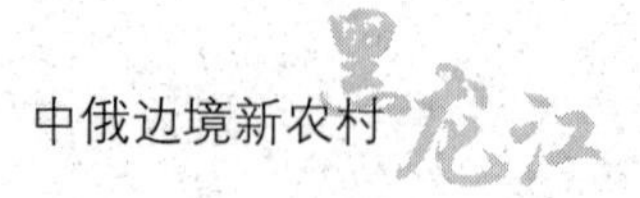

格持续快速增长，农民种地的生产费用支出增长较快。2009年，建新村包地每亩的价格超过200元，同比增长30%；有一些农民家庭年收入除去生活费用支出，需要向银行贷款才能维持第二年的农业生产。

（2）生活消费支出总体保持增长

2009年，建新村人均生活消费支出为5500元，九大类生活消费支出，都有不同程度的增长。随着农民收入水平的提高，农民生活消费水平同步增长，生活质量得到进一步改善和提高。在食品消费中，副食支出超过主食支出，在外饮食支出增加也较快。生活消费从总体上看受城市影响较大，移动电话家庭拥有率达到88%，青年人衣着消费时尚化，与城里人没什么差别。家里没有孩子上学的，教育文化支出增加较少。人情往来支出增长很快，普通家庭每年至少需要1000元，多的要几千元。

2. 生活消费

以三口之家计算，建新村有小孩上初中的家庭平均生活消费如下：

家庭饮食支出5000元左右。其中米面1300元，油盐酱等支出500元，烟酒等支出300元，肉食500元，蔬菜400元（多数家庭食用自家种植的蔬菜），在外就餐500元，零食（小孩）700元，其他食物300元。

生活杂费支出600元，包括水电、煤气、燃煤及其他生活日用品等。

服饰支出1800元。

交际应酬支出5100元。其中婚丧随礼3000元，信息通信900元，请客费用1200元。

医疗费用350元。

教育支出3000元。主要是孩子补课、伙食、练习材料和辅导书等。

交通支出400元。

文化支出320元，主要是有线电视费、买碟片等。

其他支出100元，主要是非经常性支出项目，如给孩子买玩具等。

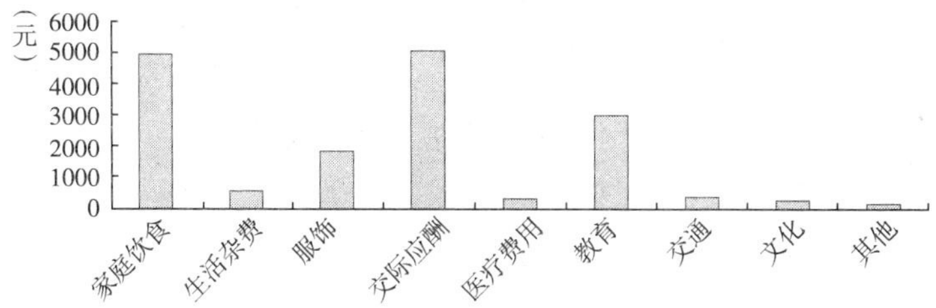

图4-4　建新村2009年家庭生活消费支出比例柱状图（自制）

从图4-4可以看出，建新村农民家庭生活消费超过2000元的三大支出从多到少依次是交际应酬、饮食和教育。在当下的建新村，人情往来的负担仍然比较重，约占一般家庭收入的1/4左右。“人情”社会在这里体现得很明显，移风易俗任重道远。建新村农民生活水平上升较快，半数人家达到小康水平。农村中小学九年义务教育，国家免费提供保障，中小学生的花销主要体现在饮食、买课外书、补习等方面，但占家庭收入比重较高。从调查情况看，当地村民比较重视教育，舍得投入，有上小学、初中孩子的家庭负担不重。孩子上了高中，家庭负担会马上加重。

二　财富分层

建新村农户总体生活水平在当地属于中等水平以下，

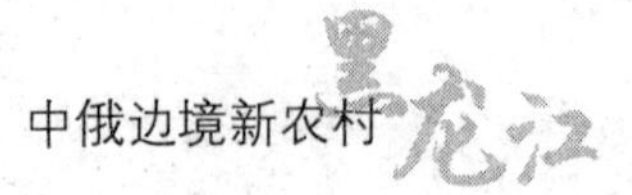

贫富差距现象虽不十分突出，但大致上也分出了层次。

（一）富裕家庭

是指年收入在 10 万元以上的家庭，全村只有四五户，约占全村的 2%。这部分家庭生活条件好，与城市居民无差异。主要以经营为主，如商品批发、承包工程、大型养殖场等。年收入在 5 万～10 万元的家庭约占 50%，家庭生活条件较好，接近城市居民。这部分家庭主要以粮食种植大户、温室大棚蔬菜种植户和部分养殖户为主，也有从事商业、餐饮或赴俄劳务输出的家庭。这部分家庭的共同特征是：思想观念比较解放，或从事非农产业或种植市场经济价值较高的农作物，生产始终以市场为导向；家里劳动力较充足，生产经验和社会阅历较多；消费观念转变较快，以城市为参照，选择适合自己的商品消费。

图 4－5　建新村富裕家庭客厅陈设（2010 年 2 月　刁丽伟摄）

从图 4－5 可以看出，这部分家庭陈设的一般特征是：地面铺设的是瓷砖，墙面是乳胶漆；家具是购买的，比较新潮而且高档；电脑已经普遍使用。从整体布局来看，与城市居民家庭布置几乎一样。但从图中梳妆镜中可以看出，当地民居建有火墙，一种典型的东北民居用于冬季取暖的设施。

（二）一般家庭

是指年收入在 1 万～5 万元的家庭，占全村的 40% 多。这部分家庭主要以粮食和经济作物种植为主，家中劳动力较少，也有在村里开小商店、小饭店的家庭。这部分家庭的共同特征是：思想观念相对保守，同时受政府政策影响较大；家里劳动力一般较少；保留传统生活方式，消费档次较低。

图 4－6　建新村一般家庭卧室陈设（2010 年 2 月　刁丽伟摄）

从图4-6可以看出，这部分家庭陈设一般特征是：地面是地瓷砖，墙面是乳胶漆；室内陈设比较简单，家具是定做的，相对低档、便宜；建有典型东北农村的土炕，被褥便宜实用。从整体布局来看，与城市居民家庭布置相差较大，符合人们观念上农村家庭陈设的格局。

（三）低收入家庭

是指年收入在1万元以下的家庭，约占全村的8%。这部分家庭生活比较贫困，主要是五保户、残疾人家庭、因疾病及意外事件造成返贫的家庭。他们的家庭收入主要以土地出租和各种社会救济为主。这部分家庭的共同特征是：家里缺少劳动力，而导致生产自救能力低；消费档次较低，以满足基本生存需要为原则。

图4-7　建新村贫困家庭卧室陈设（2010年2月　刁丽伟摄）

从图4-7可以看出，地面是水泥地，墙面已发黄，多年未重新粉刷。家具数量很少，20世纪七八十年代的家具还在使用。使用土炕，用品较简单、陈旧。

第三节　婚姻家庭

一　婚姻状况

建新村的青年人找对象多数是自由恋爱，尤其是那些出去打工的青年人；有 30% 左右的人是通过媒人介绍的。他们的择偶条件主要是注意健康、性格、品德和文化程度等方面，至于相貌、身材等对生活没有重大影响的因素较少考虑，但外出打工的青年人会更浪漫一些，条件好的家庭则对相貌、身材等外在的条件更关注一些。经过 30 多年的改革开放，村民的通婚范围不再限于本乡本土了，已经逐步扩大到了省内县、市，甚至省外，但省外的很少，还出现了跨国婚姻。青年人结婚还是到民政部门登记，调查中没有发现不登记而结婚的。

近些年，青年人初婚年龄多在 25 岁以上，主张自己单独居住，尤其那些在外打工的青年夫妻。务农的青年家庭独住和与父母共同居住的各占 50% 。

总体看，婚姻状态比较稳定，他们认为既然走到一起，无论遇到什么困难都要共同克服，80% 以上不赞成离婚，尤其 50 岁以上村民。50 岁以下的村民对离婚、再婚等婚姻问题都能看得开，比较理解，个别年轻人有无所谓的想法。村里离婚的人不多，多是 30 多岁的年轻人。经调查村民了解到，离婚原因主要有三点：一是经济条件不平等，一方好、一方差，由于经济条件差异产生诸多矛盾；二是夫妻一方外出打工或夫妻双方不在一处打工而导致长期分居，感情逐渐淡漠；三是家庭琐事纠纷。四五十岁以上的人可能因为考虑到孩子的因素而勉强维持婚姻，但现今的年轻人已不把孩子作为婚姻聚散的最主要的因素。

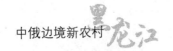

二　生育观念

如今的建新村，多子多福的观念已经很淡，计划生育观念深入人心。建新村四口之家比较普遍。按照国家政策，当地农村可以生二胎，因此多数家庭选择了生二胎。

根据《中华人民共和国人口与计划生育法》第十八条规定和《黑龙江省人口与计划生育条例》第十三条第三款规定，“夫妻双方均为农村居民，只有一个女孩或者夫妻双方均为边境地区农村居民只有一个子女的”，可以再生一胎。2004 年，绥芬河市依据省市有关政策，制定了《绥芬河市部分农村取消二孩证和二孩生育间隔试点实施方案》，建新村作为试点村，从 2004 年 6 月 1 日起，取消二孩生育证和生育间隔，实行村、镇、市三级备案制，即有再生育意愿的夫妻，到女方户籍所在村委会填写再生育登记表，计划生育村民自治领导小组审核，履行公示程序，逐级备案后，不再办理二孩生育证，不受生育

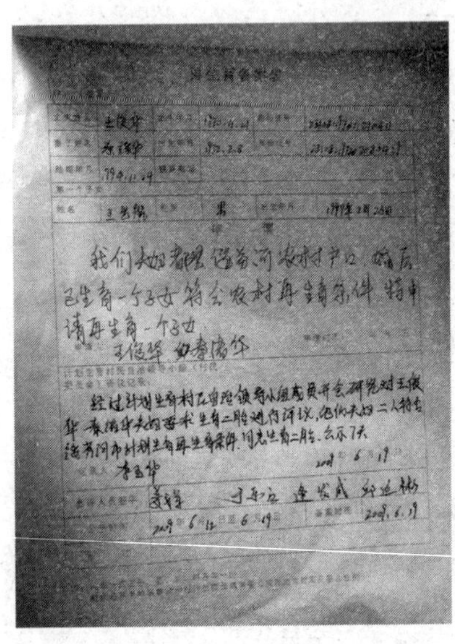

图 4-8　建新村再生育备案表

（2010 年 2 月　宋伟东摄）

间隔不少于4年的限制，自行安排生育时间。

在建新村，重男轻女的传统思想虽然仍占据上风，但传宗接代的观念已经弱化，生男生女都一样，生女也是传后人的观念逐步形成，一些两胎都是女孩的家庭没有超生现象，甚至一些30岁以下家庭只要一个孩子。到2009年年末，领取独生子女证的家庭有40户。城市生育和养育观念对村民影响较大，一些有条件的家庭在婴幼儿养育方面向城市看齐。

三　家庭结构

建新村三口之家、四口之家很普遍，三世同堂、四世同堂的家庭很少，家庭结构比较简单。家庭作为一个单独的经济体，是家庭成员生存发展的依靠，男主外、女主内的传统家政格局虽没有大的变化，但妇女也已走出家门打工创业，半边天的地位越来越巩固。在建新村，家庭暴力现象虽然时有发生，但不是很严重，没有造成重大伤害的现象，村里的村民调解委员会起到了有效的协调和解作用。

建新村在家庭结构上还存在一种现象，叫“拉帮套”。“拉帮套”是两个男人在一个家庭中生活，但又不同于一妻多夫制。“拉帮套”是一个形象的比喻，就是把家庭和生活比作一挂车，有驾辕的，有拉套的，又都是为这挂车能运行。这种现象在东北一般有三种情况：一是生活极其贫困需要帮助；二是户主软弱需要扶持；三是户主在经济活动中一再失败需要帮助和资助。建新村的情况基本属于第二种，由于家里缺少劳动力，户主劳动能力较低，需要劳动力帮助维持家庭生活。

第四节　社会习俗与规范

一　交往习俗

在中国社会，人与人之间交往都遵循一个原则，那就是礼尚往来。在建新村，村民家有个大事小情，亲戚朋友都去捧个场，不但要捧人场，还要捧钱场，本地称“随礼”（送礼金，以下同）或“上礼”。村里需要随礼的事情包括婚丧嫁娶、盖房上梁、生意开张、老人做寿、子女升学，从小孩出生到 1 岁，分为下奶、满月、百天和周岁 4 个阶段，都要庆贺。因此，村民需要随礼的事很多，最少的一次随 50 元，一般关系就要 100 元，关系好点的就要 200 元以上，而且这些礼钱还逐年上涨。办事的人家都用红纸找当地识文断字的人用毛笔记礼账，以便日后还礼。通过调查了解到，一般村民家每年的随礼钱达到 2000 元，占到总收入的1/5到 1/4，有的每年随礼钱多达 1 万多元，村民感到压力很大，但是不随也不行，总要照顾自己的面子。

二　婚姻生育习俗

结婚条件：房子是最大最基本的要求，建新村青年人结婚都要有房子，一般是男方家准备房子；同时，男方给女方彩礼（当地叫“过礼”）从 1 万元到五六万元不等，当地平均结婚费用不算房子也要 6 万元左右。

结婚形式：普遍是摆酒席，不办酒席的几乎没有，受条件和观念所限，建新村旅游结婚的很少。

男女双方定好日子后，举行结婚仪式，由男方主办结婚典礼。婚后第三天小两口回门（新婚夫妇回家看望新娘父母）时，新娘父母家举办酒宴来答谢亲朋好友和乡里乡亲。

村中结婚送礼风气很浓，现在没有送实物的了，都是现金，送 50 元的很少，绝大多数是 100 元，有的几百元甚至上千元。

建新村村民生小孩都要挂红布条，布条尺寸没有固定标准，都挂在房屋正门外门框上，生男孩挂左边，生女孩挂右边。这是当地向外界传递生育信息的一种习俗，主要是告之几种人（比如生病的人、男性及其他不宜接近产妇和婴儿的人）在孕妇坐月子期间不能随意串门。

三　丧葬习俗

建新村有老人去世，家人首先要向在外的亲人报丧，要求他们回家奔丧；同时，通知亲戚朋友和乡里乡亲。丧家会在大门上悬挂“烧纸”制作的“岁头纸”（一大串烧纸），纸数要比岁数多两张，比如故去之人是 60 岁，纸数为 62 张。在做“岁头纸”时，最上面用一张纸，最下边用一张纸，表示天上一张，地下一张之意，中间数量根据死者的年龄而定。亡男“岁头纸”挂在门左边，亡女“岁头纸”挂在门右边。

人死后不再放在床上，要临时移置到门板上，门板放置在地面上，用砖头垫头，头前点一盏长明灯，这盏灯一刻也不能灭。入殓俗称“入棺”，就是移尸棺内，以草纸、石灰、草木灰垫底，再以死者衣着充实棺内，以防尸体移动，再盖以红被。在庭院中搭建灵棚，死者灵柩停于其中，亲人晚辈要披麻戴孝在灵前行跪拜礼，然后亲友腰系白布

鞠躬祭拜，一般三日方可出殡，由直系血亲守灵直到出殡。村里有大三天和小三天之说，从死者去世的时间算起，如果是午夜12点前去世的就是大三天，午夜12点后去世的就是小三天，实际上停尸两天就出殡了。

在出殡的当天，很早就要请人到山上挖墓穴（当地叫挖圹子），如果是冬天就要提前一天开挖，因为天寒地冻很难挖。上山挖圹子时要带上一只鸡，这只鸡叫“破土鸡”，开工前将此鸡冠放血，并把血抹在挖圹子用的锹、镐等工具上，表明可以破土，这只鸡可以放生，但一般都由挖圹子的几个人带回去吃掉了。在建新村有老人去世，女儿要扎纸牛，儿子要扎纸马，也有的扎纸房、纸家电的，在出殡的时候一并烧给老人。出殡时，死者直系血亲要戴重孝，头戴白帽，身披白布；起灵时，由长子摔丧盆，摔得越碎越好，然后由长子执“幡”领路，众亲友哭送逝者上路。同时，还要准备一只“领魂鸡”，随灵车一起走，等棺椁下葬后填土前，放开“领魂鸡”，如果鸡跳到棺材上且打鸣，当地人认为死者后代能升官，鸡打鸣几声表示能升几级官。10年前送葬的灵车都用牛车，现在一般都用四轮拖拉机，也有用汽车的。

绥芬河市至今只建立了供骨灰存放的殡仪馆，没有火葬场。按要求，逝者尸体火化要到附近的东宁县火化场，但居住偏僻的农村居民仍是就地土葬，一般都葬在村周边的山上。有家族墓地，也有零散墓地。尽管国家法律规定要火葬，但这里一直沿袭土葬的习俗。经调查了解到，阜宁镇仍然有卖棺材的，村里也有请人制作棺材的。

四　节日礼俗

建新村村民多数是从山东迁移过来的，山东日照、五莲、昌邑的最多，其他村民主要是从依安、海伦、拜泉、穆棱等省内县市投新靠友过来的。因此，建新村村民的生活习俗和节日习俗既沿袭了山东的传统习俗，又有经本地化融合和改造的成分。

总结建新村的节日习俗，可以说有传统，但不系统，不规范，不严格。比如：过春节，一般从腊月二十三过小年开始准备过年（当地叫“忙年”），当地俗语这样说：二十三过小年，二十四扫房子，二十五做豆腐，二十六烀烀肉，二十七宰公鸡，二十八把面发，二十九蒸馒头，三十儿晚上熬一宿，大年初一扭一扭（建新村每年春节初一到十五都组织村民扭大秧歌）。正月初一到十五，村民还沿袭着走家串户互相拜年的习俗；按本地惯例，正月初三要给家庭中女主人的父母拜年，并吃团圆饭，路近的饭后返回自己家中。这些习俗既有传统的成分，也有被当地改造的成分。

春节时，建新村村民有祭祖的传统，一般腊月三十下午摆上供桌和祖先的牌位，意味着请已过世的父母和祖先回家过年。供品必不可少的是整只蒸熟的鸡、整条做好的鱼，以及馒头、糖果、水果等；另外，还可根据每家的不同想法，放一些祖先喜欢的食品等。拜祖时，由户主代表全家给祖先上香，并祈求祖先保佑一家诸事顺利，生活富裕，健康长寿。供品一般是在正月初一下午撤去。

清明节，建新村村民照例是扫墓、添土，祭拜已逝父母、祖父母和其他先辈。祭拜都要烧纸。

端午节，建新村村民有包粽子和吃鸡蛋的习惯。村民用自己买的糯米（当地叫“江米”）和粽叶包粽子，多数是包大枣的。其准备程序基本上是：先将糯米浸泡一天左右，然后将粽子叶放入开水中煮熟，也有不煮浸泡的，大枣用清水洗净即可。一般是在端午节的前一天晚上包好上锅煮，煮熟后放在锅里第二天早上食用。鸡蛋是在第二天早上直接煮熟即可。

五　迷信习俗

建新村迷信习俗仅限于为受惊吓的小孩“叫魂”，没有东北其他地区存在的“跳大神”、“顶仙看病”、“打卦算命”等迷信习俗。“叫魂”也叫“喊惊”或“喊魂”，是东北地区农村非常普遍的一种迷信习俗，就是儿童受惊吓后，产生惊厥、发抖、疲乏无力等症状，家人以为魂不附体，须“叫魂”收惊，使魂魄归来，消除症状。“叫魂”的方式有多种，各地不一。建新村村民刘方石老伴邱淑兰（2010年62岁）在“叫魂”上属当地较有名的。10多年来，建新村村民家小孩子受到惊吓后，一般都要找邱淑兰给看一看，叫一叫。有些村民们认为“叫魂”很管用，并说小孩受惊吓后打针吃药效果不好，但一经“叫魂”很快就好了，但说不清道理。笔者走访了邱淑兰，她不懂医术，也说不清其中的道理，但她认为这些办法很管用。经邱淑兰口述，笔者整理出建新村三种“叫魂”的方式，一是把水缸（东北农村盛饮用水的大口瓷制器皿）盛满水，手拎患病孩子的衣服，围绕缸沿左转三圈右转四圈，同时口里叫着孩子名，（如小宝），“回来啦”，连叫7遍，然后把衣服搭在孩子身上或穿上。二是用盛饭的勺子敲门框，同时口里叫着

“勺子敲着门框叫，远的近的都来到”，也是7遍，然后到水缸里舀点水让小孩子喝下去或把水抹在孩子的头顶上。三是口里念着“天门开，地门开，拘魂童子送魂来”，叫3遍，同时用一只手按住小孩头顶，另一只手拍这只手手背3遍即可。

六　方言俚语

由于特殊的地理位置和人口构成等因素，建新村在语言交流上，仍然保留了许多方言俚语，笔者在调查中经常会听到。在建新村民中经常使用的方言俚语大致整理如下：

1. 草鸡：蔫了、退缩了、害怕了、没种了的意思。

2. 老毛子：指俄罗斯人。

3. 牤牛水：山洪水，特指很突然、有力量、说来就来的山洪水，是由急暴雨形成的。

4. 哈：就是喝的意思，如哈水、哈酒等。

5. 前后眼：就是指先知先觉，有预见的眼光。

6. 胡子：指土匪。

7. 出梢：当地读“出梢（同绍音）”，指房屋山墙两侧出檐。

8. 倒骑驴：当地对人力脚踏车的称呼。

9. 忽悠：一种不切合实际的宣传、鼓动行为，即吹嘘行为，在东北很多地区使用。

10. 苞米棒子：指玉米。

11. 大爪子：指老虎。

12. 双身子：指孕妇。

13. 撮一顿：指吃一顿，一般指到饭店就餐。

14. 山跳儿：指兔子。

15. 黑瞎子：指黑熊。

16. 老洞狗子：当地俗称独居深山的人。

17. 免票车：当地老一辈人的用语，讲的是20世纪20年代，张作霖由山东向东北移民的事。当时移民乘坐火车是免费的（还免费供餐），免票车就成了移民的代名词。绥芬河（包括建新村）老一辈人，有很多是乘坐张作霖的免票车来的。当他们向子孙讲述这段历史时，免票车就成了关键词。[①]

七　村规民约

为了提高村民自我管理、自我教育、自我约束的能力，形成良好风尚，提高农村社区文明化程度和农村居民的文明素质，建新村根据法律、法规和国家有关政策，制定了村规民约。

建新村村规民约

为加快建新村社会主义精神文明建设，加快新农村建设步伐，加强村容村貌和环境卫生管理，确保全村各项事业的良好运行，根据上级有关的管理规定和办法，结合本村实际情况，于2007年9月1日经村民议事会研究，特制定本村规民约。

第一条，村民要响应村委会的决定、号召；村委会设立村容和环境卫生清洁机构，并设专职保洁员，维护街道和边沟的整洁；本村村民必须服从保洁员的管理。

① 对这些方言俚语的解释参照了《绥芬河市志》（1860年至1988年）的内容。

第二条，禁止在村内的建筑物、公共设施及树木上涂字、刻画和张贴各类宣传品，违者将处以50元罚款并责令恢复物体原貌。

第三条，辖区内所有单位、店铺、住户门前必须严格执行门前保洁、边沟清理、设施维护制度。院外、村屯道路不准堆放任何物品、杂物、垃圾，违者除责令改正、清理外，并处以50~100元罚款。对拒不执行者，村委会将派人清理，其费用由违反者全部承担，并处以100~500元罚款。

第四条，禁止在村内、辖区范围内散放畜禽，如违者，对散放的畜禽一经抓住，给予200~800元的罚款；如果散放畜禽给他人造成各种损失，养主必须给受害者5~10倍的赔偿；造成人员伤亡的，养主赔偿一切费用；如畜禽被打死打伤后果自负；如有死亡的畜禽，必须深埋，发现乱弃者，除责令纠正外，给予相应处罚。

第五条，搞好室内卫生、庭院卫生，室内物品、用具要摆放整齐，清洁卫生达到四净（门窗、地面、天棚、四壁）。庭院干净，不存垃圾，柴草垛和农具等用品摆放整齐；对畜禽实行圈养。

第六条，辖区内的所有居民要做好环境保护工作，要教育孩子不要将食品袋随意乱丢，如发现给予警告教育，对不听劝告者将视情节对其监护人做出相应处罚。

第七条，在辖区内的各种摊点、流动摊点，必须维护好环境卫生，不准新垃圾丢在地面，收市时要打扫好市场卫生，违者除责令改正外，并处5~50元罚款。

第八条，辖区内所有公共设施、绿化设施、围墙、边沟、路灯、涵管，人人有责任保护，任何人不准毁坏。违者按时价赔偿，并处以50～500元罚款。

第九条，任何单位和个人在本辖区设置各种设施，未经规划许可和村民委员会研究同意、未办理相关手续的（包括翻建），擅自施工的建筑物，属违章建筑，村委会将不予出具任何相关手续。

第十条，本村行政区域内，所有未经村委会批准的各种自用设施（菜窖、小开荒、荒地、水面、草原、林地），集体利用时，必须无偿交回本村委会；村屯建设当中，涉及村的临时用地时，村民应无条件交出。

第十一条，对于没有本村户口的居民或流动人口，实行统一登记造册管理，必须服从村委会的各项安排，履行各项公益事业义务，交纳相应的村屯建设、管理费用，如拒不服从者，村委会联系有关部门责令驱逐出本村。（水、电未经村委会同意不得擅自接用。）

第十二条，爱护公物和集体财产，讲礼貌，尊老爱幼，不虐待妇女儿童。讲科学，学文化，破除陈规陋习，反对封建迷信、邪教，树立现代道德观念，树立婚育新风尚。

第十三条，评选“十星级文明农户”、“五好家庭”，将以上规定作为主要依据。

第十四条，若有违反以上规定的村民，村委会将给予公示、曝光，同时取消违规村民享有当年村里优惠政策的资格。

第十五条，本规定自村民议事会通过之日起实施。本规定适用于村辖区内的所有居民、家庭和企业。

八　新风典型

在建新村开展“平安和谐家庭建设”、“妇女双学双比”等文明建设新风活动中，通过村民投票推荐和村两委按活动标准进行衡量，分别评出多名“好媳妇”、“致富能手”、“巾帼创业能手”，其中，郭淑玲是他们当中的典型代表。

郭淑玲，绥芬河市阜宁镇建新村村民，居住在大岭下屯，43 岁，中共党员。她是建新村大龄下屯的一名普通妇女，她的家庭是一个四世同堂的大家庭，多年来在她的努力下，她的家庭和睦夫妻和睦、尊老爱幼、邻里团结、热心公益，是远近闻名的“平安和谐家庭”典范。

郭淑玲和丈夫育有一男一女两个孩子，2000 年在阜宁镇党委、政府的号召下，她带头建起了温室大棚蔬菜种植，当年建起两栋温室大棚（规模为每栋 660 平方米），并投入种植生产。她一边精心管理，一边学习技术，在她的努力下，当年纯收入 2 万元。2001 年和 2002 年每年增建 2 栋，共经营 6 栋大棚，每栋大棚年经济效益在 1 万元左右。

几年来，郭淑玲富裕了，在 2004 年盖起了 390 平方米的两层楼，实现了自己的小康生活。但是，她始终没有忘记自己是一名共产党员，在经营蔬菜十几年来，她先自己试验新品种，承担着失败的风险，试验成功后，她才推广给周边的菜农。冬季育苗时，其他的菜农为了节省取暖费，要求在她家的棚室里育苗，她不仅答应下来，而且还负责帮助管理菜苗。她经常把菜农组织起来，实地讲解蔬菜的种植栽培技术，把自己这些年来积累的经验传授给菜农。为了引进新的蔬菜品种和新的种植管理技术，她还到外地聘请经验丰富的专家来村里，组织菜农一起听专家讲课。

作为一名共产党员，她做到了自己带头致富，然后带领群众致富。

俗话说远亲不如近邻，郭淑玲和邻居们也相处得十分和谐，受到了邻居们的尊敬和信任，在她的带领下邻居们也都盖起了温室大棚，有时候在种植过程中会遇到困难，郭淑玲就主动帮忙，把自己家的机器无偿借给他们使用，还给他们传授一些相关经验，让他们免遭不必要的损失，邻里们都非常感激她。

郭淑玲还十分热心村里的公益事业，每当村里组织开展活动，她都积极参加，主动参加义务劳动。对村里生活上有困难的家庭，她家也经常捐款、捐物。郭淑玲夫妇在教育孩子时有一个原则，就是无论孩子以后做什么，都要做一个对社会有用的人。虽然她只有初中文化，但她教育孩子时，能够注意用自己的言行去潜移默化地影响孩子，教育他们与同学相处时要互相谦让、互相宽容。

在争创“和谐平安家庭”的道路上，郭淑玲全家从生活中的一点一滴做起，十分充实、美满、幸福。

第五章　社会事业

第一节　文化建设

一　文化设施

2006 年村委会募集资金 70 余万元，在包村单位大力的帮助下建起 504 平方米的两层综合一体的办公楼，楼内设有图书室、阅览室、文体活动室以及乒乓球室等。文体活动室里有象棋、围棋、军旗、扑克、麻将等。室外建有 2000 平方米的休闲广场，安装了 10 套健身器材，配套建设了篮球场和羽毛球场地，为农民生产生活、文化学习和健身娱乐提供了一个环境优雅、设施齐备、服务便利的农村文化生活阵地。

按照国家相关计划，2010 年年底，全国将建立 20 万个“农家书屋”，到 2015 年基本覆盖全国 64 万个行政村。每一个“农家书屋”可供借阅的实用图书不少于 1000 册，报刊不少于 30 种，电子音像制品不少于 100 种（张）。据了解，农家书屋工程是由政府统一规划、组织实施的一项惠及广大农民、推动农村文化建设的重大工程。工程的建设对解决农民群众“买书难、借书难、看书难”的问题，保障农民基本

文化权益，推进社会主义新农村和小康社会建设具有重要意义。农家书屋的书刊，是由农民自己选出后再经专家科学评估后选定的，都是农民生产生活中需要的知识。

2004 年，建新村在村委会二楼建立了图书室（农家书屋），收藏各类图书 3000 余册，主要分为法律法规类、科技致富类、卫生保健类等，图书的来源主要是国家资金的投入以及绥芬河市委、市政府和有关部门的捐赠。村图书室从早 8 点到午后 5 点对村民开放，使广大村民不出村就能读到有用的书，学到新知识，逐步养成看书学习的好习惯。建新村图书室平时每天都有村民去借阅需要的书籍，尤其在冬闲时节，每天都有一些村民到图书室看书，遇到问题村民之间会互相交流和请教。通过学习和交流，建新村村民不仅发家致富的门路越来越多，而且还增进了村民的相互交流，和睦了邻里关系，逐渐形成了健康向上的新风气。

图 5－1　建新村图书室（农家书屋）（2010 年 2 月　刁丽伟摄）

二　文化活动

（一）组建“三支队伍”

为加强计划生育政策宣传和进一步提高计划生育服务水平，建新村把计划生育工作与文化娱乐活动有效地结合起来，搭建积极向上的活动载体，2007 年村委会挑选村里的文化人、文艺人和热心人成立了新风文艺演出队、面对面宣讲队和生殖健康服务队。三支队伍成立后，充分利用村里计生服务室、人口学校、远程教育终端站点、文化科技大院、农家书屋等现有资源，开展文艺演出，自编自导节目，作品多取材于村民自身生活，受到村民欢迎。每年“三八”节，村里都组织全村妇女在一起座谈和联欢，这时文艺演出队都会编排一些小品、歌曲、快板等节目给大家演出。面对面宣讲队和生殖健康服务队经常深入村民家里提供咨询和上门服务。

（二）电影放映和文艺演出

根据中央和省市文化下乡工作要求，从 2000 年开始，绥芬河电影公司定期到村里放映电影，每年要放映 8 ~ 10 部电影，同时还放映一些科技宣传片，尤其是关于农村实用技术的。2008 年，按照全国文化资源共享工程的推进计划，农村基层电影放映、文艺演出、图书信息等关注农民精神生活的农村文化大院活动火热地开展起来。2009 年，《长江一号》、《爱心伴孩子成长》、《我们村里的年轻人》、《家和万事兴》、《开天辟地》等 10 多部村民喜闻乐见的电影和种植、养殖知识及先进人物事迹专题片进入建新村，村民感

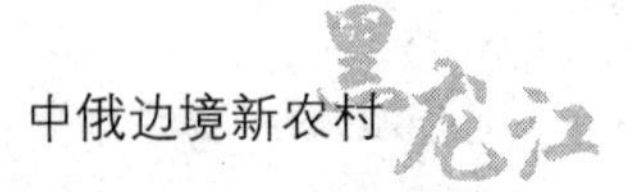

到不但受到启发，而且极大地丰富了业余生活。

2005年，阜宁镇计生办在建新村举办了宣传计划生育政策的演出，演员都是阜宁镇辖区各村妇联主任和居委会主任，演出歌曲、小品、诗朗诵、三句半等。2009年，绥芬河老年大学演出队来建新村义演，演员都是退休老干部。几年来，村两委、村妇联每年都在“三八”节前举行妇女联欢或演出。结合其他重大活动，也经常组织村民开展文艺活动，陶冶情操，丰富生活，同时也激发了村民的参与意识、民主意识、进取意识和创新意识。2008年，由建新村村民自己作词，请人作曲的一首歌曲《故乡之恋》可以充分表达村民对家乡的热爱，这首歌曲多次在村文艺演出中由村计生协理员（中心护长）王爱杰演唱。

故乡之恋

离别二十年，今回建新，新天新地新容颜，当年的小草房难忘记，校园书声入云端，民房明亮银光闪。

改革春风暖，开放谱新篇，听着那好故事，讲得咱心里甜，联产责任制圆了村民的美梦。辛勤耕耘，汗水浇灌，五谷丰登金灿灿。

我爱建新的水，我爱建新的山，山清水秀拥抱着故乡家园，喝一口家乡水赛蜜糖，黑土地像衣食父母，芳香沉醉我心田。

故乡的人最美，故乡的天更蓝，故乡扬起了进军的风帆，新世纪领路人，率领咱们奔小康。建新的未来，前程似锦，欢乐幸福，花好月圆。

第二节　村民教育

一　学校教育

建新村只有村级小学，中学以上教育都要到镇级以上地区完成。2010 年 3 月，村级小学也合并到北寒小学，如今，建新村已经没有学校了。

（一）小学教育

1. 基本情况

建新小学占地 5000 平方米，建筑面积 469 平方米，为一栋平房，分两次建成。20 世纪 70 年代下半期建筑教室 224 平方米，2009 年调查时这部分教室已经停用；1996 年，由阜宁镇投资近 30 万元盖了 4 间教室，一间教师办公室，一间锅炉房，建筑面积 245 平方米。其中教师办公室还间隔出两间小的寝室，因为教师偶尔要住校。

图 5-2　建新小学（2010 年 8 月　刁丽伟摄）

2. 学校管理

长期以来，由于建新小学生源少，条件差，师资严重不足，教学水平提高有限，与绥芬河市其他小学教育质量有较大差距，学生家长意见很大，都想把学生转到市里小学就读。在这种情况下，全校4名教师从教学管理入手，通过定期组织教师到其他村小学交流培训和参加课堂教学听评课活动等，努力提高课堂教学质量。比如，每次北寒小学组织课堂教学听评课活动，建新小学都指派教师参加。同时，每学期都邀请北寒小学或市里小学的教师送教下乡一次。调查中发现，多数村民对学校管理是比较认可的，就是学校条件太差；也有村民尤其家有小学生的村民认为，复式教学（一般在落后贫穷的偏远地区采取的一种多个年级在一个教室上课的教学方式）不可取，老师年龄太大了，进取心和学习能力、教学能力都不适应需要，学校管理就是看小孩玩儿。

3. 撤并搬迁

2005年以前，建新小学还是一所隶属阜宁镇中心校管理的具有独立建制的小学。2005年，经绥芬河市政府市长办公会议研究决定，撤销阜宁镇中心校，建新小学并入北寒小学，成为北寒小学的一个教学延伸点，原地办学，教师4人，原建新小学校长张兆清挂任北寒小学副校长，负责建新教学点全面工作。2007年2月28日，绥芬河市义务教育经费保障机制改革启动，市财政将116万元拨付到位，全市所有义务教育阶段的初中和小学学杂费全部免收，学生只需交纳课本费。全市享受这一政策的学生有1.4万人，建新小学生从这一年开始全部免除学杂费。到2009年，校舍老化严重，经过多次修缮，但解决不了根本问题，逐步演变成危房。2010 年 3 月新学期开学前，建新小学彻底停办，26 名在校学生全部转到北寒小学编入相应班级就读。

通过调查了解，撤并建新小学的背景和原因主要有：

一是 2000 年国家出台了关于农村小学并点的政策，目的在于整合有限的教育资源，提高教育质量，本着就近的原则，当年阜宁镇南寒村、大岭下村、永胜村、红花岭村小学都并入到北寒小学。

二是建新小学生源一直较少，教学质量偏低。2006 年到 2009 年，建新小学的学生数分别是 25 人、22 人、21 人和 26 人，采用复式教学。配备的 4 名教师，其中 3 人年龄在 50 岁以上，1 人 25 岁，总体看年龄偏大，接受能力不强，加之学科严重不健全，与全市小学横向比较，教学质量的差距很大，十分不利于学生全面和长期发展。

三是建新村学生家长有要求。建新村部分学生家长曾集体到市教育局请求把建新小学学生并到北寒小学就读，原因是看到建新小学破旧的校舍和落后的教学质量，为孩子成长着想而提出并校申请。也有一两个学生家长顾忌学生上学交通安全问题，而反对并校。

四是建新小学校舍因年久失修而成危房，无法正常使用。2009 年 8 月 16 日，按照市政府关于清查中小学校舍的安全隐患的工作部署，由绥芬河市建设局委托牡丹江建筑科学研究院专家组，按《全国中小学校舍安全工程技术指南》第二章相关要求，对建新小学平房进行了建筑安全及抗震安全性的技术鉴定。经详细分析，按《民用建筑可靠性鉴定标准》GB 50292 鉴定单元的结构安全评为“DSU”级，整体抗震能力严重不足，要求“必须立即采取措施”。鉴定报告最后建议，“立即停止使用”。

鉴于以上原因，在市政府的支持下，在征求建新村学生家长意见的前提下，市教育局果断采取并校措施。北寒小学位于北寒村，距建新村 7 公里，2010 年 3 月初并校后，市教育局租用两台中巴车，每天分上午和下午两次免费接送建新和大岭下小学生上下学，风雨不误，安全方便。北寒小学设有专为学生服务的食堂，学生中午就餐采取自愿原则，每周饭费要一次性交齐，5 天 5 餐 7 块钱，平均每餐才 1.4 元，由于收费较低，所以只能管饱但不管好。[①]

（二）中学教育

建新小学升初中的学生多在绥芬河第二中学就读，初中毕业后去向有升高中学习、读职业技术学校、打工就业和回家务农等。也有少数家庭条件较好的村民花高价在市内教学质量更好的中学就读。绥芬河二中位于阜宁镇内，离镇政府 200 多米远，直属绥芬河市教育局管理，近年来教学质量不断提高。

（三）高等教育

自 1998 年以来，建新村考上大专以上的有 20 多人，村委会对考上大学的学生给予每人 300 元奖励，鼓励村民重视教育。这些大学生没有返乡工作的，都在城市里定居工作了。

二　农技培训

（一）劳动力转移培训阳光工程

农村劳动力转移培训阳光工程是农业部、财政部等六

① 根据阜宁镇北寒小学校长王维国提供资料整理。

部委联合举办的在全国开展的非农职业技能示范性培训，以订单培训形式，保证受训农民转移就业。黑龙江省从2004年8月开始启动农村劳动力转移培训阳光工程，共获国家拨付资金1000万元，培训人数为10万人。在此基础上，黑龙江省为加大农村劳动力转移力度，又追加投入4000万元资金，专项用于开展农民工转移就业培训工作，使受益农民人数增至50万人。这次全国性大规模开展的培训工程，以提高农民工就业能力和就业率为目标，内容包括引导性培训和职业技能培训。为做好这项工作，黑龙江省对补贴资金管理、培训的组织实施和监管工作都做了部署，明确规定补贴资金只能用于农民转移就业培训，不得用于培训单位的基本建设、培训条件改造和技能鉴定开支。职业技能培训平均每人每期补贴培训资金100~300元；引导性培训平均每人每期补贴培训资金20~25元。

绥芬河市阳光工程从2004年开始，在全市选建了4个培训基地，广泛向全市农民发放招生简章，采取自愿原则，免费培训，各村村干部则由乡镇硬性要求参加培训。培训专业包括俄语、对俄劳务、计算机、物业管理、农业服务、信息管理、畜牧防疫、农机驾驶与维修、现代农业、园林园艺等。据绥芬河市农委下设的农广校提供资料，绥芬河阳光培训工程2004~2007年每年培训农民200人，2009年达到800人。根据建新村村委会统计，2004年以来建新村参加阳光工程培训的有80多人。①

① 据绥芬河市农委农广校提供资料整理。

（二）农民科技培训

对农民进行科技培训，绥芬河市农委主要是举办农民科技节和开展“校市共建”活动。

每年正月十六，在阜宁镇政府大院举办农民科技节，也称科技大集，同时还开展送文化、科技、卫生“三下乡”活动。在科技节上，采取“文艺搭台、科技唱戏”的形式，全市十几个涉农部门把农民所需要的各种科技知识、致富信息、医疗药品、农用物资送到了农民手中，把农民所喜闻乐见的文艺节目带给了农村的广大观众；同时，在科技节还设立了专家门诊和科技咨询台，为农民诊病治病，解答农业生产中遇到的技术问题，把党和政府的温暖送到全市农村的千家万户。

为给农民提供高端培训，绥芬河市农委还开展了“校市共建”活动，与八一农垦大学结成共建对子，期限为2008年至2011年。在深入了解农村实际需求的基础上，每年八一农大专家教授来绥芬河开展培训至少10期，年培训人数近800人，培训的内容有大豆、蔬菜、实用菌栽培技术和猪牛羊养殖技术。建新村每年参加培训的农民有140～150人。

（三）农广校专业技术和学历培训

农广校全称为中央农业广播电视学校，是农业部直属的覆盖全国农村的远距离教育学校，在全国县级以上地区均设有分校，以中等专业教育为主。绥芬河农广分校是绥芬河市农委的专门针对农民进行培训的一个部门，从2006年开始，结合农业部“百万中专生培训计划”，为全市农村培养种植、养殖、加工、经营管理、能工巧匠和乡村科技等方面的实用人才。由于农委有方便条件直接了解农民在培训方面的实际需求，再通过直接征求农民学员的意见和要求，4 年来，绥芬河农广校举办了种植、现代乡村综合管理、企业管理、会计统计、畜牧等 5 个专业培训班，共培训学员 33 名，都取得了中专毕业证书。建新村邱延刚、秦思坤和任佰洋参加了种植专业的学习，村委会主任逄发成参加了现代乡村综合管理专业学习，他们在 2008 年毕业并获得了中专文凭，经过 3 年的理论学习，他们感到培训很管用。村委会主任逄发成深有感触地说："经过 3 年的学习，心里有豁然开朗的感觉。"①

（四）"绿色证书"工程

"绿色证书"工程是 1994 年农业部门组织的依靠科技进步促进农业增效、农民增收、农村繁荣的育人工程。"绿色证书"是农民的技术资格证书，即农民在达到从事某项农业技术工作应具备的基本知识和技能要求后，经当地政府或行业认可的从业资格凭证，实际上就是农民从业的岗位合格证书。"绿色证书"制度是指通过法律、行政、经济等手段，制定出对农民从业的技术资格要求、培训、考核、发证、使用、检查评估等一系列管理规定及配套政策，作为农民从业和培训的规程，以确保从业农民的技术业务素质。

1996 年绥芬河市开始"绿证"培训，当年即把"绿证"培训经费列入了财政预算，保证了工作的顺利开展。

① 据绥芬河市农委农广校提供资料整理。

每年农闲时节，农广校从农口各局聘请专家下村开展农业知识技能培训，建新村每年参加培训的有80多人次。从1999年开始，绥芬河市农广校把“绿证”教育办进了农村中学，在绥芬河市二中的初一和初二学年的课程中加入“绿证”培训内容，每周四的下午上两节课，专业有农学、农机、畜牧。培训中，任课教师都是各专业技术过硬的专家，他们手把手地给学员传授技术，分别教会各专业学员各种作物的栽培和病虫草害防治技术、农机驾驶和维修技术、各种家畜的饲养和疾病防治技术。为了鼓励学生认真学习“绿证”课程，绥芬河市教育局还制定了优惠政策，凡取得“绿证”的学生，在中考时加20分，这更提高了学生参加学习的积极性，每年都有240余名学生通过考试考核，取得“绿色证书”。在农村中学开设“绿证”教育课程，能利用良好的教学环境、教学设施、教学手段，保证教学时数和教学质量，学员能很好掌握所学知识，毕业后很快就能适应生产需要，是开展“绿证”教育的良好方式。目前，绥芬河市“绿证”教育，已经成为该市二中教学必不可少的内容，学生从刚入学就参加“绿证”学习，毕业时获得“双证”。据统计，1999年以来绥芬河市参加“绿证”培训的初中生有2200多人，这样的培训对那些不能继续深造而回乡务农的学生来说十分难得，也十分必要。建新村村民子弟初中教育主要在绥芬河市二中完成，因此在“绿证”教育环节有得天独厚的优势。

三 农村信息化

（一）农村信息站

2003年，牡丹江市农业委员会开始建设农村信息站，全市各村配备了机顶盒，利用有线电视网络接收和传输农业信息，农民如有需要可到村委会收看。建新村在村委会会议室配备了专门的电视机和机顶盒，号召村民到村委会收看农业信息，但使用时间较短，农民感觉不方便，看的人逐渐减少，不到两年就停止了。2004 年，牡丹江农委成立了信息中心，配备了专门的人员和设备；2005 年，牡丹江市信息产业局争取到信息产业部专项资金，配备了 660 台电脑到全市大部分村；2006 年，商业部实施“信福工程”，投给牡丹江 300 台电脑，分配给部分村；同年，牡丹江信息产业局与联通公司签订合作协议，鼓励农村各类投资主体投入 3～5 台电脑成立农村信息站，免费让农民查阅信息，作为补偿条件，联通公司允许信息站建立者开办移动电话收费业务，以保证有稳定收入。建新村农民通过黑龙江农业信息网、牡丹江农业信息网、绥芬河市农村网、绥芬河便民信息网等网络渠道可以大量地及时地了解农业信息。对不会使用网络的农户，为了方便其了解农业生产信息，信息站在村委会楼下设立了专门的信息公告栏，用于张贴各种农业信息。建新村利用村委会办公电脑和组织部门配给的远程教育设备开办了信息站，村委会主任和会计是兼职信息员。村委会有 6 台办公电脑，分配在村支书、村主任、村副主任、会计、妇女主任的办公室里和村人口学校，随时向村民开放，提供信息服务。

牡丹江市农委开通了 12316“三农”热线，为全市农民提供专家咨询服务，建立了农技、气象、畜牧、农机、种子等 12 个信息服务站，为 23 名专家配备了移动电话（含小灵通），农民可以拨打 12316 或直接拨打专家电话进行咨询。开展了村级信息播报站建设试点，每天 3 次播报农业信息，累计播报2100多小时；与联通公司合作搭建了电话短信平台，主要用于应急通信，如灾害天气预警、农产品市场信息波动情况等，但也发送农业培训等短信，方式是通过短信网络群发，保持24小时信息畅通。绥芬河市开通了农业信息人工服务电话号码，但建新村很少有村民打过此热线电话。建新村村干部和全村种植和养殖大户有15人加入了手机短信平台，能及时地收到牡丹江农委编发的信息。①

（二）农村党员干部现代远程教育

2005年，本着“让干部经常受教育，使农民长期得实惠”的原则，党中央开始在全国农村地区建设农村党员干部现代远程教育系统，大规模开展农村党员干部的教育培训，努力提高农村党员干部的综合素质，不断增强农村基层党组织的创造力、凝聚力和战斗力，为农村实现全面建设小康社会的目标提供坚强的组织保证和人才支持。2007年，牡丹江市55个乡镇887个行政村建成农村党员干部现代远程教育网终端站点，普及率93%。建新村2007年建成这个终端站点，对农民党员、村干部和大部分村民进行了有针对性的培训，主要培训内容有：温室病虫害防治、大豆玉米栽培技术、养殖技术、科学发展观、国家法律法规、食用菌养殖技术、新型养猪技术、农作物植保技术、疫病防治技术、计划生育政策、土地承包法、粮食深加工技术等。2009年，建新村利用远程教育网培训党员、村民15次，主要内容有：党章、黑木耳袋料栽培技术、预防山洪

① 根据牡丹江市农委提供资料整理。

泥石流常识、高致病性蓝耳病防治技术、甜玉米品种选择及配套栽培技术、小尾寒羊饲养管理技术、奶牛饲养管理技术等。

（三）村民开设网吧

2008 年 4 月 18 日，宽带网线进村，村委会接通了互联网。2009 年村委会共配置了 6 台电脑。全村第一台电脑是 2003 年绥芬河科技局赠送给村里的办公电脑。村民个人购买电脑是从 2004 年开始的，当年阜宁镇财政每台电脑给予 1200 元补贴，目的是促进农民熟悉和掌握现代科技手段，提高科技素质，及时了解市场信息，促进农业生产。到 2009 年年末，全村村民个人电脑已达 20 多台。

2008 年以来，建新村村民自发开设了两个网吧，两家网吧共 22 台电脑。其中一家 14 台电脑，租赁村民临街空闲房屋开办；另一家 8 台电脑，在自家闲置房屋开设。网吧每小时收费 2 元钱。村里经常上网的村民主要是 30 岁左右的年轻人，每年过春节时人会多一些，原因是在外打工的青年人返乡过年，年后上网的人又少了。网吧的主要功能：一是玩游戏，都是青年人；二是上网查找资料学习种植、养殖等方面的知识；三是搜集农业信息，如大豆玉米价格、效益和销路好的农产品等；四是一些村民与在俄罗斯打工的亲人进行视频通话，了解亲人在国外工作和生活情况，沟通信息，表达亲情。

第三节 医疗卫生

一 医疗卫生设施

（一）村民就医医院

建新村有两个自然屯，有两名乡村医生，分别在两个屯住诊，没有个体医生和无照游医。这两名乡村医生都有《医疗机构执业许可证》和《药品经营许可证》。建新村两个卫生所虽然条件一般，但比较规范，村民有头疼脑热的，多到这里来就医。实行新农合以来，村民就医医院确定为定点医疗机构（医院），村卫生所就是设在村一级的新型合作定点医疗机构。为加强和规范对村级定点医疗机构的管理，2009 年 12 月末，绥芬河市新农合办公室与村卫生所签订了服务协议。

在绥芬河市域内，建新村村民就医医院主要在阜宁镇卫生院、绥芬河人民医院、绥芬河中医院、绥芬河妇幼保健院。

（二）村内新农合定点医疗机构

建新村驻村的新农村合作医疗定点医疗机构，也就是建新村的两个卫生所，是由绥芬河市卫生局指定的，分别在建新和大岭下，两个村医在业务上直接归市农村防保站管理，承担着村里的妇幼保健、卫生防疫、公共卫生等服务工作。

其中，建新村卫生所位于建新村东头，由村医朱孝发负责。卫生所由朱孝发个人住房改造而成，共有 60 多平方米，分成 3 个房间。进门一间是客厅兼厨房，东边一间是卧室，西边一间是治疗室，有 30 多平方米。治疗室内隔断成 3 个小间，包括药品室、配药室和观察室。药品室有 10 平方米，陈列 150 余种常备药；配药室有 3 平方米；另一个房间用作诊疗、点滴和患者病情观察，有 17 平方米，放置了 1 张病床、1 张办公桌。2008 年和 2009 年，建新卫生所共为 400 多人次的村民看病，小病花费 10～20 元，比较严重的病花费 200～300 元。

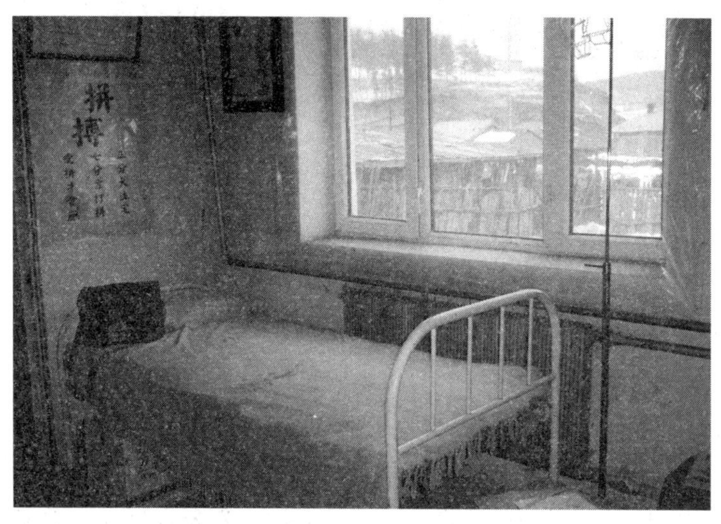

图 5－3　建新卫生所内病床（2010 年 2 月　宋伟东摄）

建新村大岭下卫生所由本屯村医于乐清负责，其性质、工作内容和职责与建新卫生所一样。其占地近 20 平方米，有 2 张病床，由于大岭下屯人口少，一年中看病的人也就 160 人次左右。

建新村村医收入主要靠药费、医疗服务和政府补贴。20 世纪 80 年代，国家每月发给村医的 12.6 元补贴，由于

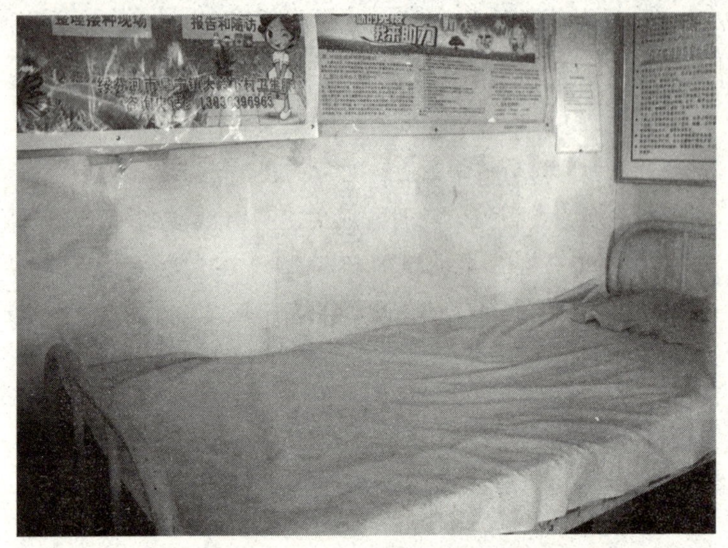

图 5－4　大岭下卫生所内病床（2010 年 2 月　宋伟东摄）

维持不了基本生活，所以村医还要依靠种地，这种情况一直延续到 90 年代初；90 年代中期，随着国家药品市场逐渐放开，村医收入开始大幅度增加，这时村医开始离开土地专门行医，当时的村医的年收入可达两三万元。由于国家对农村公共医疗投入仍然很少，在农村逐渐出现了“以药养医，以医养防保”的现象，在防疫保健工作上偏重于免疫工作。2003 年“非典”发生后，从政府到乡村的公共卫生观念发生重大变化，建新村每年拿出 300～400 元不等补贴给村医，提高村里公共卫生服务水平。从 2005 年阜宁镇开展合作医疗开始，受惠农政策影响，村民去镇里、市里看病的多了，村医的收入受到影响，但不是很大。2007 年按照国家政策，绥芬河市全面推进新型农村合作医疗后，由于镇里、市里医院补贴标准高，村民更愿意到镇里和市就医，村医的诊疗量大受影响，收入锐减，直接导致村医对村里公共卫生服务失去积极性。在这种情况下，绥芬河市农村防保站积极向市政府阐明利弊，反复争取，从2008年开始，每年给村医1800元的防保补贴，这样有利于形成一支稳定的村医队伍，吸引年轻人投身乡村医疗。市防保站每年对村卫生所进行考核，根据考核结果年底兑现防保补贴。2009年，村医收入能达到1.2万元左右，同时他们还有土地出租收入一块，估计总收入能达到1.5万元以上。

二　村民就医情况

（一）村民看病

建新村新型合作医疗站就是村里的卫生所，主要是以治疗感冒等常见病为主，村民输液、购买常用药都是在这里，其他情况才去绥芬河市里医院和阜宁镇医院，更严重的病就去牡丹江、哈尔滨甚至到省外著名大医院。由于农村合作医疗报销比例的区别，到阜宁镇医院看病报销比例要比到绥芬河市级以上医院高，达到70%，所以建新村村民多去阜宁镇医院看病。对特困户和特别重大疾病的医疗救助，则通过黑龙江省制定的有关政策解决。

（二）村民用药

村民购买的常用药品是由村医自行到合法的药品经销商处购进的。但为了保证药品的质量和安全，有关部门要求村医购药时要索取药品经销商的“三证”，即卫生许可证、产品合格证和经销资格证。绥芬河市药监局和市农村防保站经常进村对村民用药安全问题进行检查，一旦发现无“三证”或“三证”不全药品，立即没收，并对村医进行严肃处理。2002 年，牡丹江市在全市范围内开展农村药品监督网和供应网建设，建新村 2 名村医被绥芬河市药监局聘为药品监督信息员，职责是对流动卖药、卖假药、制药黑窝点等涉药的违法犯罪现象及时举报，年末药监局给村医 100 元的奖励，但不是每年都有。村医卖药，一般都有加价率，根据调查，建新村药品加价率在 30% 左右。在村卫生所，药品价格列成明细，上墙公布，但更新并不及时。

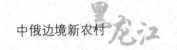

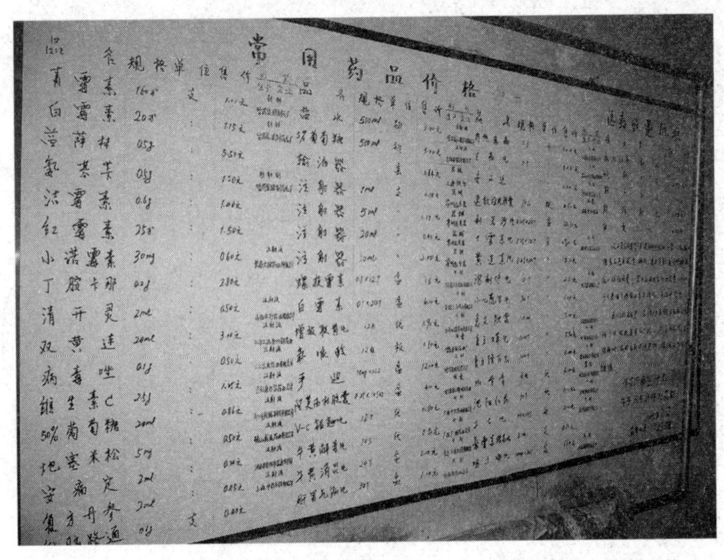

图 5－5　建新村卫生所药品价格清单（2010 年 2 月　宋伟东摄）

（三）新农合报销

建新村新农合报销主要是根据医院等级而定。一次看病标准为：阜宁镇卫生院报销 70%，绥芬河市人民医院、中医院、妇幼保健院、传染病医院报销 60%，到牡丹江红旗医院、第一医院、第二医院、肿瘤医院、心血管医院或哈尔滨医科大学附属一、二、三、四、五等医院就医的报销40%，这些均是住院才可以报销的标准。超过100元的门诊辅助检查，可以报销40%。到非定点医疗机构就医的，需要办理转诊手续，且另有报销标准，起付线500元，报销比例为15%，封顶1万元。

绥芬河市新农合工作自2007年1月启动，到2009年全市农民参合人数6874人，参合率达到96.46%。2008年和2009年参合农民共报销医疗费用257.77万元。

绥芬河市新型农村合作医疗报销制度

一、参加新型农村合作医疗的农民到本市定点医疗机构就诊，规定范围内的门诊、住院医疗费均由定点医疗机构直接垫付；市新农合办审核医疗费并核定报销金额；财政社保机构审核并通过开户银行拨付资金、进行结算。

二、参加合作医疗的患者凭借合作医疗证、专用处方到定点医疗机构就医，不得持有与本人身份不符的参合证，否则定点医疗机构不予垫付医疗费用。

三、到市外就医的转诊病人，由参合患者或其家属持合作医疗证、本人身份证、合作医疗专用处方、收据（费用清单）、转诊证明、出院诊断证明、门诊或住院病历复印件，若在指定医院外，因急诊住院的要有就诊医院的急诊证明和复印的住院病历到绥芬河市农村合作医疗管理办公室，经审核后，按规定比例予以报销。对不能提供统一规范报销凭证的，将不予报销。

四、患有特殊、慢性病患者（指冠心病、高血压、肺心病、恶性肿瘤、糖尿病）门诊医疗费用，先由参合农民本人现金支付，到每季末持合作医疗专用处方及有效票据、

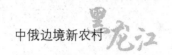

“特殊、慢性病门诊医疗证”到市合作医疗管理办公室结算。

五、门诊患者的家庭账户用完即止。若定点医疗机构超支使用或计算错误造成家庭账户透支的由定点医疗机构负责损失的赔偿。

六、在本市定点医疗机构就医必须使用合作医疗专用处方。

2007 年 9 月 6 日，建新村村民张守文在去卖农产品的途中因车祸摔伤头部，昏迷了 20 多天，经抢救，与死神擦肩而过，如今恢复如常，与一般人没有区别。看病半个月总共花了近 6 万元，经合作医疗报销了 2 万多元。为此，张守文总在人前念叨：“亏了政府给俺报了 2 万元，村里老少爷们又给俺捐了 5000 多元，要不，俺根本就没有今天了。”2008 年 11 月，村民陈聚堂因患出血热到绥芬河市人民医院住院，由于病情严重，后转到牡丹江第二人民医院，历经 8 天抢救，终于脱离危险，但高烧导致胃黏膜脱落，后又因肝转氨酶太高，怀疑肝部有问题，遂转到牡丹江传染病医院住院半个月，前前后后共花销 8 万多元，家里仅有的一点存款都拿出来了，也是杯水车薪，最后经新农合报销了 3.2 万元。当笔者采访他时，他满怀诚意地说：“合作医疗相当

图 5－6　绥芬河新型合作医疗处方本

（2010 年 2 月　宋伟东摄）

好，太好了，医院的医生很负责任，感谢共产党，感谢政府，如果没有合作医疗，我的这条命早就扔了。”

三　新型合作医疗机构考核

新型农村合作医疗定点机构村一级的设在村卫生所。为进一步规范管理，绥芬河市新农村合作医疗管理办公室协同市农村防保站共同对村卫生所（新农合定点机构）进行考核。村卫生所医生收入与考核挂钩，完成绩效考核才可以拿到全部财政补助。

绥芬河村级卫生所考核责任状

一、指导思想

以“三个代表”精神为指导，努力提高为人民服务水平，把农村初级卫生保健工作推上一个新台阶，为我市建设“社会主义新农村”提供健康保护，特立此状。

二、内容

表 5－1　绥芬河村级卫生所考核内容

指　标	内　容	应得分	实得分	名次
初保组织建设（3 分）	1. 有初保领导组织（包括其他领导组织）	1		
	2. 上级下发文件齐全	1		
	3. 年初计划、年末总结（加盖村委会公章）	1		
健康教育（5 分）	1. 有计划、有总结	1		
	2. 有健康教育记录（缺一项不给分）	1		
	3. 有宣专栏并有宣传内容（看现场）	1		
	4. 以农民应知应会 30 题验收 3 家卫生知识是否合格	2		

续表

指　标	内　容	应得分	实得分	名次
村卫生所建设（29分）	1. 是否有工作流程表	0.5		
	2. 是否集资医疗	0.5		
	3. 是否甲级卫生所（具有预防保健、诊察、治疗室、药房、药品120~150种以上、房屋面积60平方米、基本设备标准：诊查床、桌椅、听诊器、体温计、血压计、舌压板、手电筒、身高体重计、冷藏包、出诊箱有抢救包、常用各种规格注射器、处置台、药品柜、有盖方盘、消毒缸、紫外线灯、高压灭菌锅、污物桶、资料柜、健康宣传板）。缺一项扣0.2分	12		
	4. 合作医疗月报表齐全、处方齐全、有门诊医疗费报销登记表、领导小组、协议书（每缺一项或不全扣0.6分）	3		
	5. 村卫生所人员报酬与村干部比较表	1		
	6. 接受考核、市站培训有关资料（缺一项扣0.1分）	1		
	7. 无菌操作技术规范、无医疗纠纷、事故（有一项发生不得分）	3		
	8. 处方、日志书写齐全（有一项不合格扣0.1分）	2		
	9. 有规范的药品账，且记录齐全	1		
	10. 村卫生所人员名单，人员要具备乡村医生资格和职业助理医师以上资格（有证书）。缺一项扣0.2分	1		
	11. 村卫生所工作制度、安全注射制度、免疫接种异常反应报告制度、村卫生所消毒管理制度、医源性污水污物管理制度、医源地处理制度、疫情管理制度、传染病报告制度、传染病防治工作制度、计划免疫工作制度、体弱儿管理制度、新法接生制度、母子保健保偿制度、高危妊娠管理制度、高危妊娠筛查、监护、转诊制度、孕产妇系统管理制度、流动儿童计免管理制度等。缺一项扣0.1分	2		
	12. 是否参加例会12次以上。缺一次扣1分	1		
	13. 有死亡登记，报告及时	1		

续表

指 标	内 容	应得分	实得分	名次
慢病管理（2分）	有慢性病登记记录并有相应的干预措施	2		
传染病管理（14分）	1. 组织机构（含甲流防病组织、传染病防治组织）	1		
	2. 预防工作记录，有甲流零病例报告记录。缺一项扣1分	2		
	3. 传染病报告登记、反馈记录、疫区处理工作记录。缺一项扣1分	2		
	4. 污物焚烧、紫外线灯、消毒锅记录（记录不全或缺一项扣1分）	2		
	5. 污物桶、消毒桶是否有标志。缺一项扣1分	2		
	6. 一次性卫生用品是否有三证	2		
	7. 肺结核病人管理是否规范：对结核病人开展全程督导，并按时填写肺结核病人治疗记录卡。没有病人不得分	2		
	8. 对突发性卫生应急事件2小时内及时上报并记录完整	1		
卫生厕所（1分）	卫生厕所资料是否齐全	1		
安全饮用水（1分）	安全饮用水资料是否齐全	1		
孕产妇保健（10分）	1. 妇保儿保档案正确填写、不漏项，统计数字准确（每漏一项扣0.5分），数字不准确不得分	2		
	2. 孕产妇产后访视4次，各项记录完整	3		
	3. 有高危孕产妇登记、及时督导孕妇到妇幼院建卡建册	1		
	4. 妇保报表填写正确，上报及时（晚报一次扣0.5分，具体时间4月12日；10月12日）漏报一人扣3分	3		
	5. 系统管理率达90%以上（含流动）	1		

续表

指标	内容	应得分	实得分	名次
婴幼管理（10分）	1. 婴儿出生、死亡登记	1		
	2. 0～7岁儿童管理名册	2		
	3. 儿童系统管理记录、卡片，统计表是否齐全，报表正确及时，错一处扣0.5分，虚报不给分	3		
	4. 0～7岁体弱儿童管理登记并填写齐全	1		
	5. 儿童系统管理率达90%以上（抽查儿童发现有未按321体检并未说明原因的扣0.5分）	3		
免疫规划（23分）	1. 免疫规划档案填写是否齐全。缺一项扣0.5分	5		
	2. 有年初计划、半年总结、全年总结。缺一项扣0.5分	2		
	3. 有免疫组织机构、消灭“脊灰”组织机构	2		
	4. 是否及时建卡、证、簿。卡、证、簿符合率达100%，实地查7名儿童。有一人不合格不给分	3		
	5. 有关于“三八”、“四二五”、“六一”的宣传，有记录、有宣传稿、有总结。缺一项不给分。有宣传板报，没有不给分	3		
	6. 流动儿童报表齐全	1		
	7. 入托入学儿童管理：是否对所辖幼儿园开展督导；是否对免疫针次不全的儿童开展补种；是否对入托入学儿童的管理明细进行查验，并开展补卡补证。缺一项扣1分	4		
	8. 有计划免疫儿童管理明细，且记录齐全	2		
	9. 有脊灰、麻疹、小儿破伤风、疑似异常反应、零病例报告登记。缺一项扣1分	1		

续表

指　标	内　容	应得分	实得分	名次
行风评议（2分）	1. 站内工作人员对村卫生所工作质量和工作作风进行评议	1		
	2. 服务辖区内群众对村医服务满意度的评价	1		
增减分数	1. 因国家级检查增减分数为3分/次；因省级检查增减分数2分/次；因牡市检查增减分数1分/次			
合计分数100 +				

三、考评

年末站内成立临时评审小组进行考评，村卫生所日常工作和年末评审结果作为村医和村卫生所审评和兑现防保补贴的依据，若连续处罚三年的，视其自动放弃乡医资格，防保站将报请市卫生主管部门取消其执业医师资格。

立状人：绥芬河市农村预防保健站

受状人：村卫生所

第四节　农村社会保障

一　新型农村合作医疗制度

合作医疗在绥芬河历史上早有尝试，1969年，有5个大队成立了“社员合作医疗站”。1975年绥芬河建市后，合作医疗站改称大队卫生所，仍延续合作医疗制度并在全市普及。由于社员有病无病都到卫生所开药，导致合作医疗基金无法承受，到1983年农村经济体制改革时，农村合作医疗制度被取消。建新村参加了早期的合作医疗试点。2003

年，国家开始进行新农村合作医疗试点；2005年，阜宁镇在全市率先开展新农村合作医疗；2007年1月，按照国家统一部署，绥芬河全市开展新农村合作医疗。

2005年阜宁镇在没有争取到国家补贴、没有成为合作医疗试点的情况下，率先实行了由镇、村和个人出资的新型农村合作医疗，成为黑龙江省首家没有获得上级补贴、推行新型农村合作医疗的乡镇，制定了《阜宁镇农村新型合作医疗实施方案》，2005年参合人数共达4500余人，占阜宁镇农民的86.4%，参合率位居黑龙江省前列。阜宁镇农村合作医疗制度则是由镇、村财政给予补贴。即阜宁镇政府、村委会为每人每年补贴20元，农民个人出资20元，镇级合作医疗的补贴资金用于大病统筹。村级的补贴资金和农民参合资金以户为单位建立个人账户，主要用于在当地村卫生所或阜宁镇卫生院的门诊治疗。用药范围是按照“黑龙江省基本医疗药品目录”（即城镇职工医疗保险目录）制定的。凡是参合农民均可持《农村新型合作医疗证》到全市各医院进行辅助检查，并可享有20%的让利优惠。

2007年，按照国务院部署，绥芬河市全面推开了新型农村合作医疗，由市政府组织引导支持，农民自愿参加，个人、村委会、镇政府、市政府四方筹资，以大病统筹为主。总的原则和目标是：遵守自愿、互助、公开、服务的原则，坚持农民以家庭为单位自愿参加，不搞强迫命令；坚持合作医疗制度的互助共济性质，动员农民共同抵御疾病风险；坚持公开、公正，规范操作，加强管理；坚持便民利民，真正让农民受益。探讨新形势下与商业保险共同抵御大病的保障机制，实现基本上接近或达到全市公费医疗的保障标准，不断完善全市医疗保障机制，合理分配医疗资源，逐步缩小并消灭城乡差别。要随着农村社会经济的发展和农民收入的增加，逐步提高新型农村合作医疗制度的社会化程度和抵御风险能力。实行“预防为主”方针，让广大农民了解、掌握健康知识，做到有病早治，无病早防；实行“质量效益”方针，规范医疗机构行为。参加合作医疗的农民在全市范围内就医，有充分选择医院的权利，简化转诊手续，在同级医疗机构就医，补贴比例要相同；基金运行实行封闭制，确保资金安全；补贴资金实行垫付制，凡参加合作医疗的农民到定点医疗机构就诊，规定范围内的医疗费均由定点医院直接垫付；医疗服务实行公示制，定点医疗机构各项服务内容和价格一律公示；简化办事程序，取消各种不必要的审批手续，避免给参加合作医疗的农民增加麻烦。

基金筹集办法。建立由市政府、镇政府及村委会、农民四方筹资，以大病统筹为主的农民医疗互助共济制度，筹资比例为2∶2∶1∶1。市政府、镇政府的补贴资金按绥芬河市实有农民人数全口径补贴，补贴金额以每年每人60元用于统筹基金；参合农民缴费标准为每人每年30元，从2010年1月开始增加到40元，其中1/3进入统筹基金、2/3进入用于参合农民门诊费用的家庭账户；村委会对参合农民每人每年补贴30元，其中1/3进入统筹基金、2/3进入用于参合农民门诊费用的家庭账户。农民缴费收缴工作由市政府组织卫生行政部门、财政部门和镇政府、村委会组织实施，所收缴的新型农村合作医疗基金应由镇财税所转入财政局在国有商业银行开设的新型农村合作医疗基金专户之中，统筹管理和使用；镇补贴资金由财税所划拨至新型农村合作医疗基金专户，市补贴资金由市财政划拨至新型农村合作医疗基金专户。存储经办银行的基金利息收入要并入新型农村合作医疗统筹基金之中。收缴农民个人缴费资金时，必须开具省财政厅统一印制的专用票据，不得以其他“票据”代替。从 2010 年开始，以户为单位农民每人每年交 40 元合作医疗费；按参加人数，中央财政每人每年补助 60 元，省级财政每人每年补助 51 元，绥芬河市财政每人每年补助 60 元，镇政府每人每年补助 60 元，村委会每人每年补助 30 元，这样农民每人每年补助金额是 301 元。

统筹基金的支付标准。按 2009 年办法，主要根据现行《黑龙江省基本医疗保险药品目录》和现行《黑龙江省基本医疗保险医疗费用支付范围及标准》执行，超过或不足部分由个人承担。合作医疗办公室按标准在计算支付费用前，先要减去不予报销部分。报销起付线为 100 元。本市乡镇医疗机构报销比例为 70%，本市市级医疗机构报销比例为 60%，本市以外医疗机构报销比例为 40%，每人每年累计享受按比例报销封顶线标准为 2 万元，在本年度内就诊医药费已达到封顶金额者，不再享受本年度的报销待遇。个人账户，以户为单位，用完即止。

报销程序。参加新型农村合作医疗的农民到本市定点医疗机构就诊，规定范围内的门诊、住院医疗费均由定点医疗机构直接垫付；市合管办审核医疗费并核定报销金额；财政社保机构审核并通过开户银行拨付资金，进行结算。到市外就医的转诊病人，由参合患者或其家属持合作医疗证、本人身份证、合作医疗专用处方、收据（费用清单）、转诊证明、出院诊断证明、门诊或住院病历复印件，若在指定医院外，因急诊住院的要有就诊医院的急诊证明和复印的住院病历到绥芬河市农村合作医疗管理办公室，经审核后，按规定比例予以报销。对不能提供统一规范报销凭证的，将不予报销。[①]

二　农村最低生活保障制度

农村最低生活保障对象是家庭年人均纯收入低于当地最低生活保障标准的农村居民，主要是因病残、年老体弱、丧失劳动能力以及生存条件恶劣等原因造成生活常年困难的农村居民。农村最低生活保障标准由县级以上地方人民政府按照能够维持当地农村居民全年基本生活所必需的吃饭、穿衣、用水、用电等费用确定，并报上一级地方人民政府备案后公布执行。农村最低生活保障标准要随着当地生活必需品价格变化和人民生活水平提高适时进行调整。农村最低生活保障的管理包括 4 个环节：申请、审核和审批，民主公示，资金发放，动态管理。

绥芬河市从 1998 年 7 月开始实施“低保”政策，城市和农村同步进行，1999 年出台了《绥芬河市最低生活保障实施细则》规定，农村居民“低保”标准 1998 年为 1000 元/年人，2006 年 11 月提高到 2280 元/年人。由于城市化进程加快，农村产业结构调整，城乡生活必需品种类和价格趋同，2007 年 7 月城乡“低保”一体化，实行同一标准，提高到 280 元/月人。

从 2007 年开始，建新村“低保”户领取冬季取暖费，每户 200 元。2008 年，绥芬河市民政局给予特困村民危房改造每户 6000 元，建新村当年享受此待遇的有 9 户村民，

① 据绥芬河市新型农村合作医疗办公室提供材料整理。

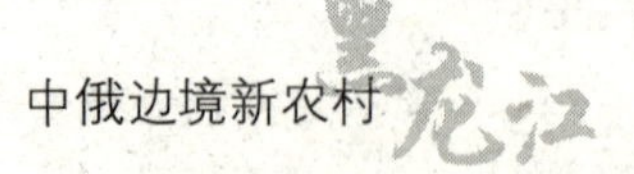

其中比较困难的村民付景阳家领到了8000元。到2009年年底，建新村共上报并享受农村“低保”待遇63户100人，同年，新型农村合作医疗返还“低保”户参保资金每户40元。

图5-7 建新村特困户居住状况（2010年2月 宋伟东摄）

三 五保供养制度

五保户供养制度是在20世纪50年代农业合作化时期建立的，当时采取的是由村级集体经济保障的供给方式，这是新中国第一项农村社会保障制度，也是我国农村一项传统的社会救济工作。五保就是保吃、保穿、保住、保医，年幼的保证受到教育（保教）和年老的保证死后安葬（保葬），简称“五保”。

2004年，黑龙江省全部免征农业税后，农村五保对象供养问题成为各级政府关注的大事之一，省农村税费改革领导小组办公室、省民政厅、省财政厅、省发展和改革委员会联合下发《关于进一步加强五保供养工作的意见》（试行），对五保供养对象、申请审批程序、供养形式、供养标准和内容、资金管理等进行了规定。

适应农村税费改革新形势的要求，2006 年 3 月 1 日，国务院实施了修订后的《农村五保供养工作条例》，将农村五保供养由以农村集体供养为主调整为以财政供养为主，把这部分农村最困难群众的生活纳入了公共财政保障范围，从制度上为切实解决五保对象的生活问题提供了根本保障，标志着与社会主义市场经济体制相适应的新型农村五保供养制度基本确立。根据《农村五保供养工作条例》规定，五保供养的对象是指村民中无法定扶养义务人，或者虽有法定扶养义务人，但是扶养义务人无扶养能力的；无劳动能力的；无生活来源的老年人、残疾人和未成年人。确定五保供养对象，应由村民本人申请或者由村民小组提名，经村民代表会议民主评议，村民委员会初审后予以公示，公示 7 日后，对无异议的由村民委员会上报乡（镇）人民政府。乡（镇）人民政府审核后，对符合条件的在 15 日内上报县（市）级民政部门审批，经财政部门复核后，由民政部门发给《五保户供养证书》。五保供养的具体项目和内容包括供给粮油和燃料；供给服装、被褥等用品和零用钱；提供符合基本条件的住房；及时治疗疾病，照料生活不能自理者；妥善办理丧葬事宜。如五保对象尚未成年，保障其依法接受义务教育。

五保供养的形式分为分散供养和集中供养。对于分散供养的五保对象，要由乡（镇）人民政府、受委托的供养人和五保对象签订五保供养协议，约定各自的权利和义务，

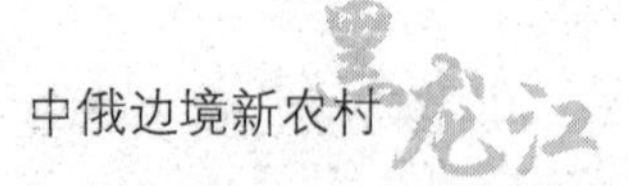

落实服务责任制和帮扶措施。对于在敬老院集中供养的五保对象，要签订入院协议，明确相关责任和义务。2003 年建新村有 3 名享受“低保”的残疾村民，被送到绥芬河市里的敬老院休养。五保供养的标准为集中供养每人每年不低于 1500 元，分散供养每人每年不低于 1200 元，主要用于五保对象日常消费的基本生活费用支出，不得挪作他用。

建新村五保户 1 人，名叫王照来，66 岁，完全是财政供养。他在 20 世纪 80 年代离婚，妻儿离他迁往山东，再无联系，由于患上比较严重的气管炎，加之年龄增大，逐步丧失劳动能力，2006 年确定为五保户，享受最低生活保障，每月领取 220 元的低保金。每逢春节等重大节日，市民政局等市直部门都送来大米、白面、豆油和水果等生活用品。

四　村干部养老待遇

阜宁镇规定，正职连任 10 年以上享受退休金。正职指村党支部书记和村委会主任，每年村里给 360 元，镇里给 360 元。从 2009 年开始，根据黑龙江省财政厅、民政厅、农委、人力资源和社会保障厅、卫生厅和省农村综合改革领导小组办公室联合下发的《关于建立健全村委会干部和误工补贴人员激励保障机制的意见》文件精神，村委会干部参加了人身意外保险，每年的保险费 260 元，村集体负担 200 元，个人承担 60 元，但每个村不能超过 5 个名额。

第五节　基础建设

一　村容村貌

建新村以村中心路（1965 年建村时修建）为中轴线，向两侧扩展并不断延伸，而且由于建新村建在沟塘中，所以村子建设也是沿着沟谷发展的。建新村规划比较整齐，街路纵横有致，只是过去很多年路况都不太好。从 2006 年开始，建新村作为全省新农村建设试点村后，国家和省市投入六七百万元的建设资金，使村容村貌焕然一新。

2006 年，村里盖了村委会办公楼，并修建了方便村民文体活动的附属设施，主要街道进行了修整。2007 年修建了石砌边沟，在两条主要街道两侧安装了花瓶式杖子和路灯；为解决人们生活、生产用电问题，投资 11 万元，完成了电力增容。2008 年和 2009 年全村铺设了水泥路。结合阜宁镇开展的“文明村”建设活动，建新村把环境建设作为重点工作，大力开展村容村貌整治。建新村每家每户 1 份的《村规民约》中就包括很多环境卫生建设的内容：聘任保洁员，签订合同，明确责任，加强对三个定点垃圾点的清理，清扫效果由村民共同监督；对 2004 年改厕时修建的 198 个卫生厕所检查维修，防止污染水源和环境；充分调动党员、团员、群众参与，清理中心路、村庄巷道两侧乱堆乱放、乱贴乱画行为，组织群众打扫房前屋后卫生等。2009 年建新村农民人均居住面积由 1983 年的 10 平方米增加到 30 平方米。农民住房基本上以砖瓦结构为主，占全部农民住房的 80% 以上，仍有 70 户还是瓦盖大坯房。住房结构由土木

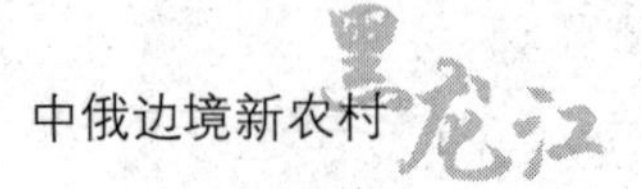

结构向砖木结构以及钢筋混凝土结构发展。房屋类型都是平房。

为创造良好的生活环境，建新村加强了宣传工作，在村街道两边的电线杆上、比较显眼的建筑物上、重点部位上都悬挂、张贴或书写了各类宣传标语。主要有“人民教育人民办、办好教育为人民”、“积极普及九年义务教育，贯彻教育法，大力扫除青壮年文盲”、“男女平等，生男生女顺其自然”、“壮大集体经济，减轻农民负担”、“提高全民人口素质，普及生殖保健知识”、“生男生女一样好，生女也是传后人”、“认真贯彻落实《流动人口计划生育管理办法》”、“搞好家庭室内卫生，营造良好生活环境”、“大风天烧火等于放火”、“火灾不防后患无穷”、“控制人口，保护环境，珍惜我们的家园”、“搞好庭院卫生，营造舒心生活环境”、“启动出生缺陷干预工程，实现优生优育”、“维护村容村貌，不伤害花草树木”、“加强流入人口管理”等。

二　路桥建设

2000 年开展文明村建设，由村里出钱，拉风化石料对全村各街道都进行了铺垫。水泥路是从 2008 年开始修建的，通过国家“村村通”工程，水泥路从 206 省道修到了村口。村内的路是借助新农村建设资金修建的，2008 年建设了两条主要街道，长 2 公里，2009 年建设了其他街道 4 公里，目前仍有 3 小段 1.5 公里的街路没修上。

中心路桥建设。建新村中心路桥年久老化破损，隐患极大。2003 年，经村民代表会议研究决定，建设一座新桥。当年 6 月至 8 月，兴牧种猪场老板刘文阁承建此桥，村里投入了 6 万元。施工过程中，工程由于质量问题出现过返工。

连心桥建设。建新村是绥芬河市典型的农业村，农业人员比较集中，以从事农业生产为主要经济来源，村西的过水桥是通往南河南部大田耕作和运输的主要通道，由于年久失修，加之2006年春天气温上升过快，在一场大雪后，周边山上冰雪迅速融化，汇成洪水，将桥冲毁。为此，村委会同附近几个养殖企业协商，最后由建新种猪场出资1万元，兴牧养猪场出资2万元，吉利牛场出资3万元，村委会出资2万元，共筹资8万元，修建了一座宽5米、长15米的钢筋水泥桥，2006年9月竣工通车。村民把该桥命名为连心桥，以此表达村民对企业的感激之情。这座连心桥已经成为绥芬河市新农村建设中村企共建的典范之作。

三　公共环境

（一）环保措施

建新村按照“庭院净化、路面硬化、周边绿化、巷道亮化、村庄美化”和“改水、改厕”的要求，配置一些垃圾清理和运输工具，对村内积存的垃圾进行专项清理，及时收集、清理新产生的垃圾废物，实现定点倾倒、定期收集、集中处理。村委会协同村医、村兽医指导农民合理使用农药、化肥、农膜等农用化学品，搞好作物秸秆、畜禽养殖废弃物的资源化利用，妥善处理生活垃圾和污水，综合防治农村水源污染。村里雇了保洁员，以承包方式把全村环境卫生工作发包给个人，每月费用1500元，与保洁员签订了雇用合同。

（二）厕所改造

建新村没有公共厕所，因为本村地处偏远，又不在风景区中，流动人口居有定所，不需要公共厕所。但为进一步搞好村内卫生环境，2004 年，由阜宁镇政府投资 18 万元，对建新村居民厕所进行了整体改造。共新建封闭厕所 198 间，每间 1.5 米 ×1.5 米大小，2 米高，每间厕所后都建有一个封闭化粪池，上插一根 2 寸粗的 PVC 管用来排放化粪池中产生的废气。化粪池中沤熟的粪便定期清掏，用作农家肥，做到循环利用。2006 年 1 月，建新村被牡丹江市爱国卫生运动委员会评为“改厕项目先进集体”。

四　宅基地管理

1999 年，根据《中华人民共和国土地管理法》及有关法律、行政法规的规定，结合黑龙江省实际情况，黑龙江省制定了《黑龙江省土地管理条例》（以下简称《条例》），并经黑龙江省第九届人民代表大会常务委员会第十三次会议通过，2000 年 1 月 1 日起施行。《条例》第三十八条规定，“农村村民建住宅，应当结合旧村改造，尽量使用原有宅基地和村内空闲地，凡村屯内超占宅基地可以安排村民建住宅的，不得向村外扩展。农村村民新建住宅的宅基地，每户不得超过三百五十平方米。原有宅基地超过标准的，应当根据村庄、集镇建设规划逐步进行调整。”建新村宅基地按照一户一宅的标准管理，但每户享有的实际面积多数超过《条例》规定的 350 平方米，村边缘地带有的村民宅基地甚至达到 1000 平方米，多占用的地都为废弃地和低洼地。

农民建设住宅用地要经过一定的审批程序，按照《条例》第三十九条规定办理，即“农村村民建住宅用地，应当持户口簿向村民委员会申领、填报《农村村民建住宅用地申请审批表》，经村民代表会议通过后，报送乡人民政府审核，由县人民政府批准”。近几年，建新村新建住宅包括新农村建设经国家补贴而就地翻建的住宅都办不了房证和土地使用证，笔者走访绥芬河市国土资源局和阜宁镇土地管理所，就此事向陈开业副局长和土地所负责人作了咨询，得到的答复是，“市政府根据全市规划建设的需要和城市化快速发展的实际情况，暂停办理全市农村土地证照。”

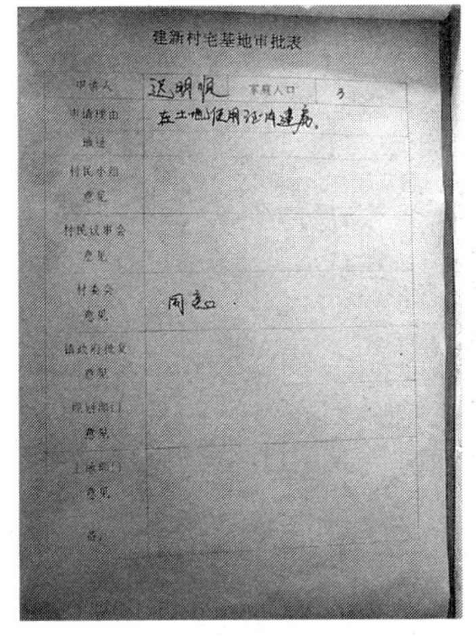

建新村宅基地审批表

申请人	[illegible]	家庭人口	3
申请理由描述	[illegible]		
村民小组意见			
村民议事会意见			
村委会意见	同意		
镇政府批复意见			
规划部门意见			
土地部门意见			
备注			

图 5－8　建新村宅基地审批表

（2010 年 2 月　宋伟东摄）

第六章　村庄特色

第一节　别称

建新村地处群山环抱之中，自然环境得天独厚，自然资源丰富而有特色，建新村又被称作矿泉村（百泉村）、北国杏花村。

一　矿泉村（百泉村）称号的由来①

建新村方圆不过几十里的山上，有大小百余口山泉。据老村长尹士福介绍，建新村的泉有乳浆泉、蓝浆泉和许多无色透明的泉，后者居多。仅村中就有三口大泉，一口位于村后约300米的山坡上，1986年村上就地建成蓄水池，利用地势落差而形成的自然压力，自来水（矿泉水）不用抽取而自然流淌，这样家家户户接上自来水，实际上是用上了矿泉水。另一口泉，1988年被古源矿泉水厂所利用，建成绥芬河市第一个矿泉水厂，从此绥芬河本地矿泉水流向市场，该泉也是不用水泵，泉水从山上经地下管道自然

① 本节多引自《北国杏花村》一文，并经村民验证，摘自国民网www.sfhphl.com，已征得作者郎文峰同意。

流入村中水厂。村西马号后山脚下还有一口泉，被杏花源水厂利用，该泉也是自然上升泉，而且是村内最大的泉。

由村中沿乡间路东行约 3 公里处，有一巨岩面南而立，似一卧虎，虎头砬子因此而得名。虎头砬子峭壁下淌出一泓清泉，当地人称为虎口泉。在这口泉下约 50 米处的大柳树下，又冒出一口大泉，流量比虎口泉要大，绥芬河市文联主席葛均义称之为柳公泉。从这口泉登上一小山坡，山路左侧淌出一口小泉，有人叫它虎乳泉。这三口泉，一在峭壁下，一在柳树下，一在山坡上，成鼎立之势，又各具特色。据村民踏勘考证，建新村四周山上有近百口山泉，全看一遍需要很多天，村民们都认为这里是风水宝地。

2002 年，黑龙江省地矿厅专家初步确认，建新村的水都是从地下几百米深岩石缝隙里流出来的矿泉水，系黑龙江省东部优质矿泉水。村民不仅饮用矿泉水，连洗衣服和牲畜喝的也全是矿泉水。1984 年生产队解体后，村民李增年家养了一头老牛，多年喝惯了村里的矿泉水，这牛到绥芬河市里就是不喝自来水，回到建新村就咕咚咕咚地喝。据传说，建新村的泉水，确有神奇之处。30 年前，村民刘玉海把姑姑从绥芬河市里接到建新村，姑姑刚来时两腿蹒跚不能走路，下马车是刘玉海背到屋里的，到建新村两年后，姑姑就能下地走路了。徐胜祥的大哥徐胜福 2001 年从林口县来到建新村，在一道山坡下种了几亩地，刚来时，55 岁的老徐头发几乎全白，在村里住了 4 年后，白发竟然变黑。

村域内富集的矿泉水给建新村村民的生活生产都带来了极大的益处。由于使用矿泉水灌溉，加之空气清新、土壤肥沃，建新村的蔬菜品质优良，建新村大白菜在绥芬河市场上十分抢手。由于饮用矿泉水，建新村的猪牛羊等牲畜肉质优良，村民的体质也普遍健康。这一点目前还没有科学证据，只是经过几十年的生活体验后，村民们的普遍感觉。

二　北国杏花村称号的由来

建新村不仅泉多，而且山杏树多，在朝阳的山坡上，几乎满山遍野。这儿的杏花每年大约 5 月 1 日前后开放，5 月 15 日左右花谢，蓓蕾时呈粉红色，初开的花朵为深粉色，以后渐渐变淡，最后变成白色。杏花初开时最为好看，后期有些像梨花，一片白色。从 206 省道往东一拐，大岭下一直到建新村，乡间公路北侧朝阳的条条山谷间，满山遍野的杏花盛开着，每一株杏花都那么美丽。临近建新村的一处几平方公里的山头，几乎一色的粉红色杏花开满山头，那是怎样一幅图画呀！更为奇特的是，有泉的山腰处杏树更多。当地一位文人在他的文章里就写道："那山泉与杏花一定是一对儿恋人，泉水流到哪儿，杏花便追随到哪儿，相互依偎，不即不离。不然，作何解释?"早春的北国，当其他树木小草还未来得及放绿时，鲜艳粉红的杏花抢先开放了。不仅有它的鲜艳，更有它早发的生机，那是谁看了都会越看越爱看的。[①] 2000 年，绥芬河市政府曾花每株百元的价格，从建新村买回几百株山杏树，移植到市政府后山坡和政府前面道路两旁。每年春季，在绥芬河市区，市民也可以看到杏花，只是这几百株远没有建新村成片的、整个山包、几个山腰相连的大片杏花好看。应该说，古有山西杏花村，今有北国杏花村。若是亲眼见了，你才会知道，

---

① 引自《北国杏花村》一文，文章来源于国民网 www. sfhphl. com，已征得作者郎文峰同意。

北国杏花村远比山西的神奇。

第二节　文化遗存

1989 年开始，绥芬河市电业局退休工人位罡在建新村域内进行考古调查，在建新村东北约 5 公里的保安沟一带陆续发现石臼、石器、陶片 200 余件。经黑龙江省和牡丹江市文物管理部门鉴定，该地是一处古代人类活动遗址，石臼为渤海国时期遗物，石器为新石器时代遗物，陶片为手制夹砂红褐色陶罐残片，有素面和划纹两种，划纹形状各异，其中有人字纹，大小不等。同时发现明清时代瓷器。1998 年，绥芬河市建立了博物馆①，配备了专职工作人员，参加了第三次全国文物普查。据绥芬河博物馆统计，到 2009 年年末，先后在建新村域内发现古人类活动遗址 18 处，据专家考证，这些遗址年代最早的可以追溯到商周时代，最晚的是民国时期。这些个人或文物部门考古发现的文物现都保存在绥芬河博物馆，为研究绥芬河地区的古代历史和文化渊源积累了丰富的文物信息。②

位罡，绥芬河市民，1941 年生人，1988 年从绥芬河电业局退休，1989 年开始个人考古调查，2002 年去世。他是在退休后开始考古研究的，那时，他整天背着帆布包在绥芬河的大山里转悠，他说这就是考古。1998 年，绥芬河市在牡丹江地区率先建立博物馆，位罡把自己 10 年来采集到的新石器时期的文物全部无偿捐献给博物馆，受到绥芬河

---

① 1997 年 9 月动工兴建，1998 年 10 月竣工，建筑面积 1200 平方米，分为历史、自然、艺术和现代 4 个部分，被誉为“黑土博苑的明珠”。

② 据绥芬河市博物馆提供材料整理。

市委、市政府的嘉奖。位罡收集的石器有石刀、石斧、石磨、石铲、石矛、箭头等近千件，价值极大，尤以黑曜石为最。当时，绥芬河人为之震惊，黑龙江省文物专家们更为震惊，一位退休工人，填补了黑龙江省远古人类考古空白，他将绥芬河的历史推到了四五千年以前。1999 年，位罡不幸患上白血病，但仍从未间断过考古工作，直到去世。[①]

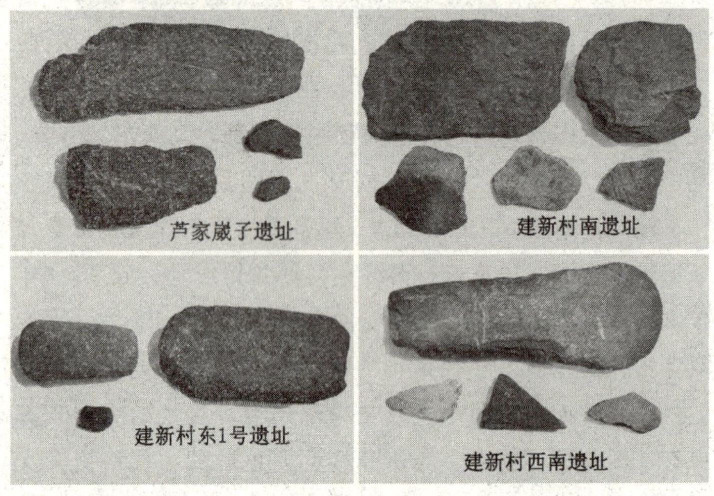

图 6－1 建新村出土的文物（绥芬河市博物馆提供）

第三节 生活用具

当地农民烧热水使用一种叫“水汆子”的器具，这种器具外形呈“∟”形，是用白铁皮（“镀锌铁皮”的俗称）

① 根据 http：//xz0.2000y.net/102652/index.asp？xAction = xReadNews&NewsID = 1534《悼位罡》和 2002 年 10 月 30 日《牡丹江日报》报道整理。

制成的，在竖筒的外侧安有提手，一次能烧一升半（约1.5公斤）水。烧水时，将此具长筒部分横插进灶膛，一般五六分钟时间水就可以烧开。这种器具在绥芬河日杂市场上单只售价为10元钱，据商家介绍都是从牡丹江批发市场进货来的。

图6-2　村民烧水使用的“水氽子”（2010年3月　宋伟东摄）

第四节　神话传说

建新村坐落在山沟中，在空中自西向东看，建新村整个形状似汉字中的“个”字，村落沿沟塘缓坡地带发展。在传说中，村中有龙头山、猴头山和虎头山。其中，龙头山位于村东北部，地势并不高，由于村民向上面倾倒垃圾和堆放柴草，已看不出龙头山的雄伟真容；猴头山位于村中心路东部尽头，原来由于山上有一块形似猴的岩石而得名，现在石猴已不存在，至于石猴为什么不见了，经向村民求证，有三个原因待考：一是有外地人来建新，盖房需要石头，所以把石猴掀掉分割成住宅地基石料；二是当年猴头山下有一个生产队（第二生产小队），经常发生大牲畜死亡的现象，迷信的人说是由于石猴坐视山头，导致牲畜死亡，因此就把石猴炸掉了；三是有年轻人淘气把石猴砸掉了。出村沿乡间路东行约3公里处，有一巨岩面南而立，它似一卧虎，虎头砬子因此而得名，这也就是村民所传说的虎头山。为什么猴头山在中间，而龙头山和虎头山分列两边呢？传说是，龙虎相争，猴在中间调和，以至于相安无事，因此才能有建新村平安无事、风调雨顺的盛世年景。①

第五节　“三火两大一石”

一　“三火”——火墙、火炕、烧火材

建新村房屋的结构是典型的东北农村民居建筑形式。村民住房年代久一点的，一般格局是进房门就是灶间，兼有取暖、做饭功能；灶间两边是两间卧室，兼做会客室；厕所在房外修建，现在都是砖砌的，位于离住房远一点自家院落的一角。近些年新修建的住房，其格局受城镇影响较大，设有专门的客厅和厨房，上下水齐全，不少人家还设有浴室一间，但真正能使用的很少，厕所也在室外另修。房顶用彩钢瓦覆盖，多是红色彩钢瓦，其次是白铁瓦的，也有几家是蓝色的彩钢瓦。院内空地很少用来种植、养殖等，村民建房都是自己居住，院内空间比较大。建新村宅基地基本上用于生活使用，与农业生产脱钩。

① 根据多位村民讲述整理。

无论新房旧房，统统都建有具有东北特色的火墙和火炕，火墙是专门用来取暖的，火坑是用作睡觉的，由于东北地区冬季十分寒冷和农村住宅保暖性较差的原因，火墙和火坑在东北农村民居建设上是不可或缺的。建新村只有极少数人家使用床。

建新村多数村民家都有两个以上锅灶，是典型的东北“锅台”和炉子，都是用红砖和水泥砌成的，上面抹一层水泥面，家里条件好的就贴上瓷砖，既干净又好收拾。冬季取暖主要使用热水炉，以木柴和煤炭为燃料，80%多的家庭都安装了简易暖气。少数村民冬季取暖使用节能炉，使用太阳能热水器的仅两三家。

图6－3　村民冬季取暖使用的节能炉

（2010年2月　刁丽伟摄）

建新村家家户户做饭取暖都直接烧木柴，尤其是在夏天。有的人家则是煤和木柴一起用，这些木柴直接取自周围的山上。秋天，村民上山砍回木柴，锯成统一规格的适合炉子用的木段，用斧子劈成小块，靠院落一侧码放成垛，以备使用，建新村基本上每户人家都有这样的柴垛。随着建新村人口的不断增加，取暖烧饭需要的能源越来越多，而且烧柴又是传统能源，就地取材成为村民日常生活习惯，这就产生了一个严重的后果，山林被伐后，导致水土流失并易形成洪水。由于建新村布局在山沟中，相对地势低洼，

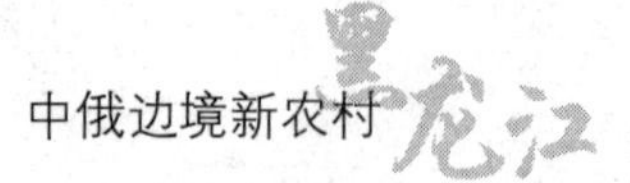

春夏秋三季，水患频发，且越来越严重。从前，由于对山林管理较松，村民每年只要向绥芬河市林业局交 20 元到 100 元不等，就可以随便砍伐直径不超过 5 厘米的树木。为保护山林，既要控制和杜绝乱砍滥伐行为，又要满足村民烧柴的实际需要，从 2009 年开始，绥芬河市林业局规定，只可捡些毛柴，如榛柴棵子等，活立木和站杆（枯死后未倒的树木）坚决不能砍伐，违者严格处理。而且在建新村入山口处设立了一个检查站，日夜看守，对违反规定的村民实施了处罚。到了冬季，有近半数农户采用烧煤做饭取暖，据村民介绍，他们烧的原煤都是从东宁县买回来的，东宁县产煤炭。

图 6-4　建新村码放整齐的农家柴垛（2010 年 3 月　刁丽伟摄）

二　“两大”——大馒头、大豆腐

建新村村民的祖籍 80% 是山东省，有的辗转从省内其他县市来此谋生、定居，建新村不种水稻，村民多爱吃面食，做熟的面食以馒头为主，而且家家都蒸大个馒头。大馒头的底部直径最大能达到18厘米，小的也超过10厘米，十印[①]左右的一口大锅只能蒸出七八个馒头，如果不是干活累，一个人吃不了一个馒头，外乡人见了都会很惊讶。调查中，一位农民大嫂正在蒸馒头，她介绍本地蒸馒头的普遍经验是“发、揉、醒、蒸”，发面的温度不能太高，否则会把面发成半熟品，且发面时间视温度而定，一般室温20℃的情况下有四五个小时就够了；面发好后，要放在干面上揉，面要揉到足够时间，让碱、面和水分充分融合；面揉好后，揪成馒头剂子[②]，再揉成馒头状，有如炮弹头形状，较尖较长（面在醒的时候形状还会有变化），扑上干面粉防止水蒸发，然后在其上面罩上潮湿屉布，再饧上半小时到一个小时，让面再一次发酵；蒸馒头时，要凉锅、凉水时摆上馒头，然后大火烧开，中火慢蒸，半小时后撤火，再焖10分钟后出锅。

建新村村民在饮食方面还有一个特点，就是喜食豆腐，而且很多是自己做。据村民介绍，由于本地产大豆，村民又有从山东延续来的吃豆腐的习惯，所以就自己做豆腐，冬夏都做，但还是在冬季做得多，冬天利于豆腐的存放，每年春节前更是多做一些，除送亲朋好友外，其余则留着过节期间食用，一般不卖。现在村里有四分之一人家自己做豆腐，这在别的村是很少见的。村里有一家豆腐加工点，每年从农历二月二生产到春节前，平均每天只做一板豆腐，

---

① 印：民间测量大铁锅直径大小使用的计量单位，一般指手掌的宽度，有的地方也叫“掌”，一“印”或“掌”约8～12厘米。

② 做馒头、饺子等的时候，从和好了的长条形的面上分出来的小块儿。

到夏天农忙时能多做些，总的看，量比较少。也常有外村人开着三轮车来卖豆腐，经询问，量也比较少。

村民自己做豆腐在吃法上也很有特点，伴随着做豆腐的工序，有三种吃法。首先要选豆、泡豆，选那些粒大饱满的大豆放在适当的容器里，先加凉水，再加温水，大约要泡 12 小时左右。其次是磨豆，用电磨把泡好的大豆磨成浆，把豆渣滤掉。第三道工序是上锅熬豆浆，用大火烧开锅，不停地搅动，要烧透，但不能煳锅，否则会有煳味，豆浆熬好后就可以喝了，这是第一种吃法。第四道工序是用卤水点豆腐，把熬好的豆浆舀到缸里，把适量的卤水[①]均匀地洒到缸中，这是很讲究技术的一个环节，10 分钟内，滚热的豆浆就逐渐凝结成了豆腐脑（南方称豆花），这时的豆腐脑还不像市场、饭店里卖的纯白色成固体状的豆腐脑，而是呈松散状，水含量比较多，吃的时候拌上配料，也有的人家会像吃面条一样打卤，这是第二种吃法；制作配料的材料一般有香菜、大葱、辣椒、盐、酱油、味精等。最后是把豆腐脑倒在豆腐床（一块用木板拼成的正方形大板，上置四块长方形木板做成的正方形木框）中，外面裹上豆腐包，上压一块与豆腐床底板一样大的木板，再往上置一25 公斤左右的重物，压至 20 分钟左右，豆腐就做成了。这时，放一块豆腐在盘中，上面泼上用大酱、肉丝、葱丝等炸成的酱汁，就可以吃了，这是第三种吃法。有时，有的村民做豆腐时，会把亲朋好友请到家中吃这样的豆腐宴，其乐融融；也有的村民在有客人来访时，特意做豆腐吃，

① 学名为盐卤，主要成分有氯化镁、硫酸钙、氯化钙及氯化钠等，味苦，有毒。是我国北方制豆腐常用的凝固剂，能使豆浆中的蛋白质凝结成凝胶，把水分析出来；有食用卤水和工业卤水之分。

让客人品尝“三吃豆腐”的感觉，很受欢迎。

图 6－5　村民做豆腐的工具（2010 年 2 月　宋伟东摄）

三　“一石”——金刚石

经勘探，建新村地域还埋藏着多种矿产资源，如金刚石、大理石等。2001 年黑龙江省地质勘探局对绥芬河市进行地质普查时发现，建新村有处石材矿，属于省内首次发现，其品种、块度、规模在理论上都具有开发价值，这就是定名为“绥芬河墨里红”的花岗石材矿。该石材色泽独特，颜色纯正，花纹和谐，判断储量为 47.5 万立方米。当年，为验证矿体是否存在，绥芬河市政府批了 20 万元探矿费，成立了由原副市长桑庆文为组长的勘探指挥部。经过物探钻取岩芯发现，两处矿体都不成规模，不具备开采价值，遂放弃。

2002 年，在建新村村南 1 公里处，初步发现金刚石矿，据估算此矿前期勘探费用将高达 1 亿元，探矿权几经转手，现由绥芬河市新金矿业开发有限责任公司拥有并在进行勘探，而且边勘探边开采，已取得金刚石样品，并经过鉴定钻石专门仪器——热导仪鉴定。从勘探结果估计，此矿可采矿石量大于5亿吨，金刚石储量是人类1870年在南非首次发现原生金刚石矿以来罕见的，预计金刚石含量能达到1亿克拉，可开发70年左右。因为金伯利岩几乎是产钻石的唯一母岩（钾镁煌斑岩实际是金伯利岩的变体产物），对矿区找到的特征矿物经吉林大学和中国地质大学电子探针鉴定，确定是来自金伯利岩。2007年，一家澳大利亚投资公司派来三人考察小组，对该矿进行了为期一周的实地考察，但因国内矿产开采政策是否允许外国人开发及合作的方式等问题，此事也搁浅了。[①]绥芬河新金矿业公司仍断断续续地在进行勘探工作。

第六节 走出国门

20世纪80年代末，随着中俄边境贸易的不断繁荣，绥芬河口岸的客流、货流和人流都急剧增加，绥芬河市的人口从2万快速增长到10万，外来人口超过本地人口，成为名副其实的移民城市。绥芬河人“思变、挑战和开放”的群体性格，激发了从城市到乡村的人们大胆走出国门，迎接挑战，创造美好幸福的新生活。在这样的大背景下，建新村农民特别是一些头脑灵活善于经营的人，开始到绥芬河口岸谋生，从给别人打工做起，寻找商机。随着农村经济社会的快速发展、农民收入的增加和对外交往的加强，建新村农民从思想、生活、生产等方面都逐渐表现出越来越强烈的开放性，他们纷纷走出村子，走向城市，寻找和

① 根据阜宁镇政府提供资料整理。

探索适合个人和家庭发展的方向。据统计，到2009年年末，建新村户在人不在的家庭有75户190人，这些人多年在外谋生；同时，建新村外来流动人口也达到226人，占全村人口的1/4强。人口的大规模流动对建新村经济社会方方面面都产生了持续的强烈的冲击和触动。近几年来，建新村农民思想解放速度在加快，保守、封闭的状况逐步被打破，开始走出国门，到俄罗斯去经商、打工、旅游，还出现了跨国婚姻。出国目的地主要是俄罗斯的莫斯科、符拉迪沃斯托克（海参崴）、格罗捷阔沃（当地人简称格城）、叶卡捷琳堡、萨哈林等城市，主要从事商品销售和蔬菜种植。村民魏希正（女，2009年80岁，住在建新村西南部中心路边）是村里的老户，正式建村前就在这里居住，其夫姓于去世较早，育有6个子女，有4个务农，最小的儿子于观春如今也已45岁，在绥芬河市文体局任副局长兼市博物馆馆长。从2000年开始，魏希正老人的孙子辈后代陆续有6人到莫斯科经商打工，他们在莫斯科的切尔基佐沃市场经销鞋类。其中，魏希正老人的外孙女（魏希正大女儿的女儿）和丈夫是家里最早到俄经商的，收获也最大，现在有二三百万元资产。2009年6月，俄罗斯突然关闭莫斯科的切尔基佐沃市场，于家后代6人损失也比较大，多的达30多万元，最少的也有几万元，他们于2009年年末返回绥芬河，不想再回村务农，都暂时在绥芬河做些小买卖或打工，笔者采访时他们表示，等待机会还要出去。

建新村有劳动力428人，外出务工经商的176人，占农村劳动力人数的41.1%。其中，出国经商的有35人，人均年收入都在3万元以上。25岁以下青年在家务农的极少，主要依靠绥芬河市的边境贸易优势和方便的出国条件，到

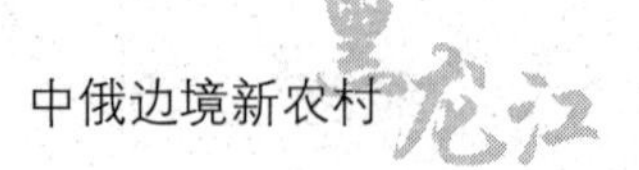

俄罗斯打工或从事农业生产。每年元旦前后和春节后，都有两三批农民由国内经营农业的公司组织赴俄从事农业生产，主要种植棚室蔬菜和大地蔬菜，以满足俄当地市场需求。这些年，村民任增宝和李业兴一直在组织村民进行出国劳务，主要到俄罗斯滨海边疆区种植蔬菜。任增宝是建新村大岭下人，给一家农业公司做技术指导，每年春节回来都招纳一些村民赴俄出劳务，种植温室大棚蔬菜；李业兴是建新村人，他是个人组织劳务到俄农庄种植夏季大地蔬菜；任增宝和李业兴每年从建新村带出去的村民有 20 多人，每人年收入达到 1.5 万～2 万元，他们二人年收入能达到 20 万～30 万元，很可观。

青年农民出国打工，与俄罗斯当地人交往频繁，在国家民族、风俗习惯、思想观念等方面的沟通日益深入，出现了跨国婚姻。原村委会副主任李增年的二儿子娶了一位俄罗斯亚美尼亚族姑娘，夫妻俩一起在俄罗斯堪察加地区打工，每年在春节等重大节日时能回到建新三四趟。

参考文献

1.《绥芬河市志》（1860年至1988年），绥芬河市地方志编纂委员会，黑龙江人民出版社，2000。

2.《牡丹江年鉴》（2009），牡丹江年鉴编审委员会，2009。

3.《北方文学》2007年第3期。

4. 绥芬河市统计局编《绥芬河统计年鉴》（2005～2008年）。

5. 中共牡丹江市委党史研究室编《中国新时期黑龙江农村的变革》（牡丹江卷），黑龙江朝鲜民族出版社，1998。

6.《社会学概论》，天津人民出版社，1984。

7.《村民自治：指向未来的计生国策之路》，2008年2月25日《人口导报》第5版。

附录　相关材料

附录一　雇用保洁员合同

建新村是建设社会主义新农村的试点村，为达到村容整洁、环境优美，村委会决定雇用保洁员，经协商，双方签订以下合同。

一　保洁范围和标准

（一）保洁范围

1. 206 省道到建新村的公路、山坡、边沟。

2. 大岭下屯、温室小区、建新村的所有街道、边沟。

（二）保洁标准

1. 达到路面清洁，边沟无杂物、畅通，山坡无白色垃圾，道路及两侧无占道物。

2. 所有垃圾必须倾倒到村委会指定地点，定期处理或焚烧。

二　工具及物品

1. 村委会提供两轮小推车一辆，在使用过程中如有损坏，保洁员自行修理。

2. 车辆及其他保洁工具、物品由保洁员自备。

三　保洁员责任

1. 保洁员在正常情况下，自动放弃保洁工作时（或连续一周时间对辖区不进行保洁），村委会有权拒付保洁员工资。

2. 在上级来村检查时，保洁员必须上道工作，如通知不出勤时，村委会将扣除按月计算工资的5个工作日工资。

3. 保洁员必须24小时开机，便于村委会随时能联系到。

4. 村委会对保洁员的辖区进行不定期检查、监督，对不符合标准的地段督促清理，如不清理，村委会将雇人清理，所产生的费用从保洁员的工资中扣除，并处以月工资10%的罚金。

四　村委会责任

1. 村委会负责安排三处处理垃圾的场所。

2. 在保洁员正常工作并检查合格时，按季度及时发放工资。

五　工资标准

保洁员工资按月计算，每月人民币1500元整。

六　本合同一式两份，双方各持一份。

甲方：阜宁镇建新村　　　　　　　乙方：

附录二　绥芬河市阜宁镇农村集体经济组织“三资”管理暂行办法

第一章　总则

第一条　为加强村集体经济组织资金、资产、资源

（以下称“三资”）规范化管理，促进农村基层党风廉政建设，推动村级经济健康、协调、可持续发展，根据《黑龙江省村集体经济组织资产管理条例》、《黑龙江省村集体经济组织财务管理条例》有关规定，特制定本办法。

第二条 村集体经济组织“三资”管理实行村级委托代理服务制，即村集体经济组织将集体所有的资金、资产、资源管理业务以书面形式委托给以镇农村经管中心为依托的“三资”代理服务中心，镇“三资”代理服务中心按一定的原则、方法和程序对村集体经济组织“三资”进行代理服务，指导、监督村级资金使用、资产处置和资源发包。

第三条 “三资”代理服务必须坚持村民自愿和农村集体经济组织“三资”所有权、使用权、审批权、收益权、资产处置和资源发包。

第四条 镇“三资”代理服务中心对农村集体经济组织“三资”实行“123”管理模式：镇成立一个“三资”代理服务中心，以镇农村经管中心为依托，成立由镇长为主任、农村经管中心主任为副主任，司法、财政、农业中心等相关人员5~7人参加的“三资”代理服务中心。将原来的资金代管服务拓展为资金、资产、资源代理服务，其性质为非经营性的服务组织。“三资”代理服务中心办公室设在镇农村经管中心，具体负责“三资”代理服务工作。

“三资”代理服务执行两套工作流程，即资金代管流程和资产资源监管流程。

资金代管流程：村集体经济组织的一切收入必须及时足额存入各村集体设在镇农村经管中心的银行账户，实行镇村两级印鉴管理。对村级支出实行预决算审核审批制度，根据年初预算或临时性支出，经村民主理财小组审核，村民大会或村民代表会议讨论决定，报镇“三资”代理服务中心审核，并严格按照财务会计制度有关规定执行，同时在村公开栏及时公示，接受群众监督，并入账归档。

资产、资源监管流程：村集体经济组织资产和资源出售、转让、承包租赁等，由村“两委”制订方案，向镇“三资”代理服务中心提出申请。镇“三资”代理服务中心接到村集体经济组织申请5个工作日内，对需要评估的资产，组织专家和村民代表评估作价，并对村级申请做出批复，交由村民大会或村民代表会议讨论通过并及时公示，公示期为7天。公示期满，按照相同条件村民优先的原则，村集体经济组织采取竞价方式进行公开招标。标的额1万元以上的，镇“三资”代理服务中心报市农村“三资”代理服务监管组织复核，市农村“三资”代理服务监管组织到招标现场指导、监督；标的额在1万元以下的，镇“三资”代理服务中心到招标现场指导、监督。镇“三资”代理服务中心具体指导村集体经济组织和承包方签订规范的经济合同，将相关资料及合同归档管理，同时在镇、村两级及时公示。

实行三种管理方式，即资金委托代管、资产统一监管和资源联合协管。

资金委托代管：村集体经济组织资金委托镇“三资”代理服务中心代管，以村为单位，由镇“三资”代理服务中心设置账户进行核算管理。

资产统一监管：村集体经济组织资产在镇“三资”代理服务中心设置台账，镇“三资”代理服务中心按照统一的标准、程序对其经营、处置、收益进行监督，规范管理。

资源联合协管：村集体经济组织资源承包、出售、租赁、转让等由村制订方案，报镇“三资”代理服务中心审核，市农村“三资”代理服务监管组织复核，经村民大会或村民代表会议讨论通过，实行市、镇、村三级别联合协管。

第五条 镇农村经管部门设置“三资”代理服务监管组织，配齐配强工作人员，具体负责本地“三资”代理服务的指导、协调和监督工作。

第二章 “三资”管理

第六条 资金管理

（一）村集体经济组织财务收支实行账、权、钱分管制度，即镇“三资”代理服务中心代管村级资金、代记账，资金使用由村审批，村民主理财小组负责审核和监督，村助理会计负责收入上报、现金支取、结算和报账。

（二）村集体经济组织所有资金全额纳入“三资”代理服务范围，严禁设账外账、小金库，严禁坐收坐支。

（三）重大项目立项投资实行报告制度，大额工程必须经村“两委”集体研究，经村民大会或村民代表会议讨论通过，按“三资”代理服务工作流程审核，实行公开招标。

（四）严格控制村集体经济组织抬款①，杜绝高利抬款，定期清理村集体经济组织债权、债务，及时结算，控制村集体经济组织发生新债。

（五）实行财务公开制度，坚持及时、定期公示，确保公示内容真实准确，随时受理村民查询。

第七条 资产管理

（一）镇“三资”代理服务中心统一设置村级资产管理

---

① 指民间高利借贷。

台账，防止村集体经济组织资产流失。

（二）村集体经济组织资产承包、租赁、出售、拍卖等，必须向镇“三资”代理服务中心提出申请，镇“三资”代理服务中心审核后，按照“三资”代理服务工作流程处理。

（三）定期盘点、清查村集体经济组织资产，发现问题及时处理，确保资产不受损失。

第八条　资源管理

（一）镇“三资”代理服务中心对村集体经济组织资源逐一建立台账，注明各种资源的数量、性质，实行动态管理。

（二）村集体经济组织资源发包必须按照“三资”代理服务工作流程，坚持公开、公平、公正的原则竞价发包，并签订规范的书面承包合同，归档管理。

（三）村集体经济组织资源发包期限以《中华人民共和国农村土地承包法》及有关规定为准。

第九条　“三资”会计核算必须坚持镇委托代理服务制，电算化记账。会计科目及会计账簿按财政部、农业部制定的会计制度和省农村经营管理总站的要求设置。

第十条　镇“三资”代理服务中心设置专职或兼职会计 1 名，负责监督和管理各村账目记载。设置专职或兼职出纳员 1 名，负责监督和办理各村现金收支业务。各村助理会计协助镇“三资”代理服务中心管理本村财务，承担村集体经济组织经营管理工作。

村助理会计必须取得《农村财会任用证》方能上岗。

第三章　监督

第十一条　村成立由村民民主选举产生的村民主理财小组，村民主理财小组对村集体经济组织“三资”实行民主监督：

（一）检查监督村集体经济组织财务计划制定及执行情况。

（二）检查监督村集体经济组织的各项收入和支出情况。

（三）监督村集体经济组织的各项资产、资源的出售和发包情况。

（四）审议村集体基建工程的立项、招标、验收以及土地流转等重大事项。

（五）协助村助理会计搞好财务公开工作。

第十二条　镇农村经管部门依据《黑龙江省农村集体经济审计条例》的规定，对集体经济组织“三资”进行审计监督。

（一）每年至少进行一次农村“三资”专项审计和村干部经济责任审计。

（二）对“三资”管理存在明显问题、村民反映强烈的村，进行重点审计。

（三）审计中发现的违规、违纪现象要及时纠正，避免村集体经济组织遭受损失。

第十三条　成立以镇人大、镇纪检工作室、司法等相关领导组成的“三资”代理服务监督委员会，监督“三资”委托代理服务中心履行职责情况，镇纪检工作室、镇纪检委员要认真履行职责，对“三资”代理服务实施全程监督，发现问题，严肃处理。

第四章　责任和处罚

第十四条　对村级在处置“三资”过程中，弄虚作假、欺上瞒下、偏亲向友，违反“三资”管理制度，使集体“三资”严重流失的，要追究相关人员责任，追回损失，并依照《黑龙江省村集体经济组织资产管理条例》相关条款进行处罚。

第十五条　对镇“三资”代理服务中心代理监管组织工作中敷衍塞责，不认真、不及时、不公正、不公平、不公开，使村集体“三资”遭受损失，加重村集体和农民负担的，要追究责任人的责任，并依照相关法律、法规进行处罚。

第十六条　任何单位和部门不得侵占、平调、挪用、截留村集体经济组织“三资”，严禁向村集体经济组织乱收费、乱罚款、乱集资、乱摊派，一经发现按有关规定严肃处理，触犯法律的，移交司法机关。

第五章　附则

第十七条　本办法如与国家政策、法律、法规相抵触，以国家政策、法律、法规为准。

第十八条　本办法自发布之日起实施。

附录三　建新村2009年目标管理责任状

一　常规工作（100分）

（一）组织工作（30分）

1. 完成支部日常性工作。(10分)

2. 两委班子、党员队伍、群团组织切实发挥作用。(5分)

3. “建争带”和党员对外服务承诺活动扎实有效，每年培养两名“三人群体”典型、两名党员服务承诺典型。(10分)

4. 认真做好党员发展和积极分子培养工作。(5分)

(二) 政治思想和宣传精神文明建设工作 (20分)

1. 积极开展思想政治工作，“两委班子”成员、党员每季度理论学习不少于1次。(2分)

2. 积极开展宣传贯彻“公民道德建设纲要”活动，开展民主法制教育活动，群众文体活动丰富多彩，营造积极、健康、向上的良好社会风气。(5分)

3. 建立通讯员队伍，通讯员年内完成宣传报道任务5篇。(5分)

4. 认真开展“十星级文明农户”评选活动，在全村范围内形成户户争当“十星户”的良好氛围。(3分)

5. 积极开展文明村创建活动，成效显著。(5分)

(三) 党风廉政建设工作 (10分)

1. 村务、财务公开及时、真实。(5分)

2. 全年无违法违纪党员。(5分)

(四) 群团工作 (10分)

1. 共青团工作。重视共青团工作，加大对团支部的领导力度，团支部工作管理规范；加强对优秀团员青年的培养教育力度，年内分别培养3名优秀青年后备干部和青年致富能手；向党组织推荐1名优秀入党积极分子；组织团员青年积极投身于文明村建设活动中。(2分)

2. 妇联工作。重视妇女工作，支持妇代会开展工作，组织妇女开展“家家争当十星文明农户”活动。(2 分)

3. 武装工作。支持民兵连开展工作，为民兵连辟建以劳养武基地，年创收 5000 元以上，全面完成征兵工作任务。(2 分)

4. 工会工作。辖区企业全部建立工会组织并认真开展工作。(2 分)

5. 关心下一代工作。积极开展为青少年办好事、办实事活动，有针对性地开展扶贫帮困助学活动。(2 分)

（五）其他工作（30 分）

1. 农经档案及合同管理规范。(5 分)

2. 民政工作。(5 分)

3. 普查统计报表及时、真实。(3 分)

4. 合作医疗参合率 96% 以上。(2 分)

5. 准时参加镇党委、政府的各种会议和活动。(5 分)

6. 及时完成镇党委、镇政府交办的其他各项工作。(10 分)

二　重点工作（100 分）

（一）经济发展（30 分）

1. 村集体经济创收达到 12 万元。(5 分)

2. 农民人均纯收入实现 6600 元。(5 分)

3. 特色产业发展。(5 分)

4. 村办企业发展。(5 分)

5. 农村劳动力转移占劳动力总数的 50% 以上，劳务收入占农民收入 50% 以上。(5 分)

6. 回收债权总额 10%，或偿还债务总额 10%。(5 分)

（二）和谐社会建设（45 分）

1. 不发生安全事故。(10 分)

2. 无越级上访事件发生。(2 分)

3. 社会治安综合治理达标。(15 分)

4. 无森林火灾发生。(3 分)

5. 做好防汛工作，无人员伤亡及财产损失。(3 分)

6. 计划生育工作达标。(8 分)

7. 完成村委会换届工作。(4 分)

(三) 环境卫生 (25 分)

1. 加大对村民环境卫生防疫等综合整治教育，开展教育检查要有记录，全年不少于 12 次，入户率达到 95% 以上。(2 分)

2. 维护好原有道路，确保道路平坦无坑洼，边沟通畅，垃圾、占道物、积雪及时清运，无积攒。(8 分)

3. 搞好村屯绿化、美化工作，主要绿化、美化一条街。(5 分)

4. 执行《城乡规划法》，制止违法建筑和私搭滥建发生。(10 分)

镇领导签字：宋之耀　　　　村负责人：逄发成

(阜宁镇镇长)　　　　(建新村委会主任)

2008 年 2 月 18 日

附录四　建新村计划生育群众自我管理村民自治章程

第一章　总则

第一条　为了进一步探索计划生育工作“两个转变”

的有效途径，加强村级计划生育法制建设，经市计划生育委员会批准，我村为村民自治村，依法管理计划生育，实现村民自我管理、自我教育、自我服务，真正实行村民自治，探索建立人口和计划生育管理新机制，促进村级三个文明建设，特制定本章程。

第二条　本章程依据《黑龙江省计划生育条例》（以下简称《条例》）以及《黑龙江省流动人口管理办法》、国家有关计划生育的法律、法规及《村民委员会组织法》，结合村级实际，经村民会议讨论修改，民主制定。

第三条　实行村民自治，是在党的现行计划生育政策和国家法律规定的范围内，在党支部的领导下，由村级计划生育自治指导组具体管理本村的计划生育各项事务。

第四条　本章程是全体村民实行计划生育的行为规范，无论干部、党员、群众，在章程面前人人平等，都必须严格遵守，自觉执行。

第五条　本章程在村党支部的领导下，由村级计划生育自治指导组组织实施，村民会议或村民代表会议监督执行。

第二章　村级计划生育自治指导组

第六条　村级计划生育自治指导组是在《条例》及国家法律规定的范围内，实行村级计划生育群众自我管理、自我教育、自我服务的群众性自治组织，受镇自治管理指导中心和村党支部的领导。

村级计划生育自治指导组由组长、副组长和成员 7 人组成，成员由村党支部、村委会、计划生育协会成员及群众代表组成。村级自治指导组下设 2 ~3 个自治小组。

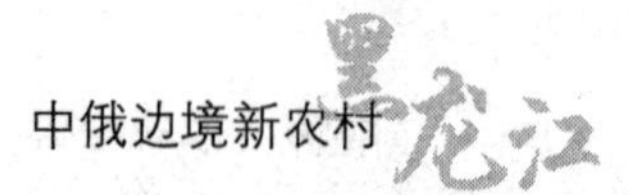

第七条　村级计划生育自治指导组的职责

（一）村级计划生育自治指导组要坚持国家政策，要坚持与群众自愿相结合的原则，以提高育龄夫妇生活质量为目的，承担起指导、帮助育龄夫妇实现家庭计划的责任。

（二）组织和引导村民认真学习《条例》和有关计划生育的法律法规，学习避孕节育、优生优育和生殖保健知识，不断提高自我保健意识和自治能力。

（三）积极开展对育龄群众的生产、生活、生育服务。

（四）负责计生各项奖励和处罚政策在村级的落实。

（五）认真听取群众的意见和建议，发现问题及时解决，及时将村里的计划生育情况及奖励和处罚政策落实情况向群众公开。

（六）定期向村民会议和村民代表会议及镇、市计划生育村级自治指导中心报告计生工作情况和变更信息。

（七）维护村民的合法权利，引导村民履行村规民约、计划生育自治章程，在村三个文明建设中发挥作用。

（八）村计划生育自治指导组每半年要组织育龄夫妇代表评议一次服务态度和工作结果，并虚心接受意见，不断改进和完善服务内容和方法，逐步提高群众的满意度。

第八条　村级计划生育指导组的工作制度

（一）利用人口学校和服务信息经常组织村民学习《条例》、《流动人口计划生育管理办法》、《婚姻法》等法律、法规知识；学习避孕节育、优生优育和生殖保健知识。

（二）定期召开计划生育自治指导组会议、村民代表会议、村民会议。计划生育日常工作由指导组集体讨论决定；重大问题要经过村民代表会议讨论决定或经村民会议讨论决定。

（三）定期向村民会议和村民代表会议及镇、市计生自治指导中心报告计生工作情况和变更信息。

（四）办事公开，将村民计划生育情况、奖励及限制处罚情况利用村民会议或村民代表会议向村民公开，并将公开事项张贴上栏，公布于众。

（五）清正廉洁，指导组成员要廉洁自律，勤政为民，全心全意为村民服务，做全体村民少生快富的带头人。

（六）指导组要以经济建设为中心，围绕改革、发展、稳定大局，创造性地开展计划生育工作。

第九条　村民自治小组是在村计生自治组领导下，村民开展群众性计划生育自治活动的基层组织，是村级自治指导组联系村民的桥梁和纽带。

第十条　本村划分为十三个村民自治小组，每个小组设组长一人，由本组村民选举产生。

第十一条　村民自治小组长必须由有责任心和事业感、办事公道、热心为村民服务、受群众信赖的村民担任。

第十二条　村民自治小组长职责

（一）宣传和贯彻党的路线、方针、政策和计划生育的法律法规。

（二）负责召集小组会议和组织全组村民开展计划生育的宣传和服务活动，并及时向村指导组汇报工作和变更信息。

（三）组织本组村民完成指导组交给的各项任务。

（四）组织本组村民积极推进物质文明和精神建设，并对计生村务进行监督，提出建议。

（五）及时向自治指导组反映本组村民的意见和要求。

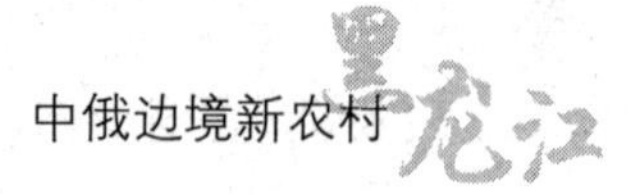

第三章　村民

第十三条　村民的权利

（一）依照《宪法》的规定，享有公民应享有的一切权利。

（二）参加村务活动，提出有关计划生育的意见和建议，对村级计划生育自治指导组的工作实行监督。

（三）有参加村民会议，讨论决定村务重大问题的权利。

第十四条　村民的义务

（一）遵守村规民约、村级计生自治章程。执行村民会议、村民代表会议和村民自治指导组的决定、决议，按时完成村委会分配的各项任务。

（二）认真学习贯彻《条例》，用《条例》规范生育行为，自觉实行计划生育。

（三）认真学习避孕节育知识和生殖保健知识，提高生殖保健服务水平。自觉移风易俗，积极参与争创计生合格村、文明户活动。

（四）认真参与村务活动，维护集体利益。

第四章　村干部

第十五条　村干部是村民的公仆，必须牢固树立全心全意为民服务的思想，立足本职工作，努力为村民造福。要求做到：

（一）认真贯彻执行党的路线、方针、政策，坚持四项基本原则，政治上同党中央保持一致；

（二）认真学习政策，学习科学文化知识和市场经济知识，不断提高政策水平和工作能力；

（三）坚持实事求是，讲究工作方法，发扬民主作风，尊重村民意见，关心群众疾苦，善于做耐心细致的思想政治工作；

（四）吃苦在前，享受在后，履行职责，勤奋工作，带领村民少生优生勤致富；

（五）不吃请、不受礼，廉洁奉公，不以权谋私，不偏亲向友，敢于同不良倾向作斗争；

（六）以身作则，在各项工作中发挥模范带头作用；

（七）坚持原则，主持正义，主动开展批评与自我批评，自觉接受群众监督。

（八）维护团结，执行村民委员会或村民会议及村民代表会议的决议、决定。

第五章　村级计划生育自治运作规范

第十六条　实行村级计划生育自治，取消人口计划和生育证。不和上级签订计划生育责任状。

第十七条　村民依法结婚后，由夫妇双方在怀孕前，向村民委员会提出申请，凡符合《条例》规定，经村级计划生育自治指导组讨论通过，并公布一个月，接受群众监督，如无异议即可生育，申请生育两个孩子的夫妇要到上级计划生育部门备案，并交纳社会抚养费。

第十八条　与镇计划生育管理系统运行程序同步，上报变更信息。参考计划生育管理信息系统提供的服务信息，开展避孕节育、优生优育、生殖保健服务。村民自治村全面实行避孕措施的知情选择，避免各种病症的发生。

第十九条　村民自治村流出的育龄人口（18～49 周

岁），依照《黑龙江省流动人口管理办法》规定及时办理《流动人口婚育证明》，加强对流出、流入育龄人口计划生育的管理。

第二十条 如出现违反政策规定生育的问题，对当事人要按《条例》规定进行处理，对村民委员会主要领导、村计划生育指导组主要负责人等有关人员，依据有关规定进行处理，上级政府和业务主管部门有权取消村民自治，同时有关待遇随之取消。

附录五 绥芬河市新型农村合作医疗村级定点医疗机构服务协议

甲方：绥芬河市新型农村合作医疗管理办公室

乙方：

根据《国务院办公厅转发卫生部等部门关于建立新型农村合作医疗制度意见的通知》（国办发［2003］3号文件）要求和《绥芬河市新型农村合作医疗实施方案》及管理办法的规定，甲方确定乙方为绥芬河市新型农村合作医疗（以下简称“新农合”）定点医疗机构，并签订协议。

一、甲乙双方必须认真执行国办发［2003］3号文件和绥芬河市政府、合管办相关文件及制度的规定，认真做好新型农村合作医疗的管理和医疗服务。

二、乙方要积极配合所在村合作医疗领导小组开展本村参合工作并提出合理化建议，做好合作医疗政策的宣传。参加村合作医疗领导小组每年对参合农民基金的收缴、建证、建档工作，并主动接受村合作医疗领导小组的领导。

三、乙方应按要求及时向甲方提供本村合作医疗有关的材料和数据，并接受合管办对参加农村合作医疗保障的农民在村卫生所就医过程中检查指导，对各种医疗文书进行查询、审核，实施医疗服务的监督；甲方如需查看参合人员病历及有关资料、询问当事人等，乙方应积极配合。

四、乙方要做好参合人员的健康档案的建档工作并做好记录。

五、乙方在诊疗过程中应严格执行首诊负责制和因病施治的原则。坚持以“病人为中心”，认真做好新型农村合作医疗的管理和医疗服务，不断提高服务水平和质量。

1. 乙方应按照医疗机构分级管理的各项要求和医疗技术操作流程，认真执行转诊（转院）审批等管理制度。

2. 按《黑龙江省基本医疗保险药品目录》和现行《黑龙江省基本医疗保险医疗费用支付范围及标准》向参合农民提供医疗服务，使用自费部分项目时，必须履行告知义务，征得本人或家属同意签字后方可实施，否则超出部分由乙方负责。

3. 乙方应使用甲方规定的合作医疗专用处方笺，并单独装订，每月按要求向市合作医疗管理办公室及时报送农村合作医疗的各项报表，保证数据真实可信，并承担相应责任。

4. 药品目录范围内同类药品有若干选择时，在质量标准相同的情况下，乙方应选择疗效好的、价格合理的品种。

5. 乙方为参合农民提供的药品中不能有假冒伪劣药品，一经发现，参合农民可拒付相关医疗费用，甲方有权向药品监督管理部门反映。情节严重的，甲方可单方面终止协议。

6. 乙方应在本村显要位置悬挂由绥芬河市新型农村合

作医疗管理办公室统一制作的定点医疗机构的标牌，设置“绥芬河市新型农村合作医疗宣传栏”、“绥芬河市新型农村合作医疗投诉箱”，将新型农村合作医疗政策办法和本协议的重点内容向参合农民公布。

7. 村卫生所要严格控制门诊医疗费用，日均药费不得超过40元。杜绝开大方、人情方，绝对让利于农民群众。

六、乙方在参合农民就诊时应认真进行身份和证件识别。

1. 乙方在参合农民就诊时应认真核查参合医疗证是否有效，凭无效参合证就诊发生的医疗费用甲方不予认可和支付。

2. 乙方在参合农民就诊时应进行身份识别，发现就诊者与所持参合医疗证身份不符时，有义务扣留参合医疗证件，并及时通知甲方。

七、甲方查实乙方违反本协议规定虚报费用或医护人员串通参合农民骗取合作医疗款项的，甲方有权向卫生主管部门举报处理；触犯法律的，甲方应向司法机关举报。

八、参合人员在乙方就诊发生医疗事故时，乙方应在自事故发生之日以最快速度通知甲方。所发生的医疗事故应按照医疗事故管理办法处理，由医疗事故及后遗症所增加的医疗费用甲方不予支付。

九、甲方的新型农村合作医疗稽查小组，对患者进行跟踪随访，定期对乙方开展农村合作医疗保障服务工作和管理情况进行检查和考核，对成绩突出的单位和个人进行奖励。

十、协议执行期间，国家法律、法规，省、绥市政府及卫生主管部门有新的政策调整的，甲乙双方应按新规定修改本协议。

十一、协议期满，甲乙双方可以续签本协议。

十二、此协议未尽事宜和在执行中出现异议时，甲乙双方协商解决，效力和本协议相同。

十三、此协议一式两份，由甲乙双方各持一份，有同等效力。

十四、本协议有效期自 2010 年 1 月 1 日至 2010 年 12 月 31 日。

甲方：绥芬河市新型农村　　　　　　　乙方：
合作医疗管理办公室

附录六　黑龙江省农村医疗救助实施方案（试行）

为全面贯彻落实民政部、卫生部、财政部《关于实施农村医疗救助的意见》（民发［2003］158 号）精神，在全省建立和实施农村医疗救助制度，结合我省实际，制定本方案。

一　指导思想和原则

以“三个代表”重要思想和党的十六大精神为指导，以提高农村贫困群众的健康水平为目的，以大病救助为重点，坚持因地制宜，量入为出，循序渐进和公开、公平、公正的原则，逐步建立起规范、完善的农村医疗救助制度，促进农村经济发展，维护农村社会稳定。

二　救助对象

（一）农村五保户；

（二）农村特困户家庭成员；

（三）各市（地）、县（市）人民政府规定的其他符合

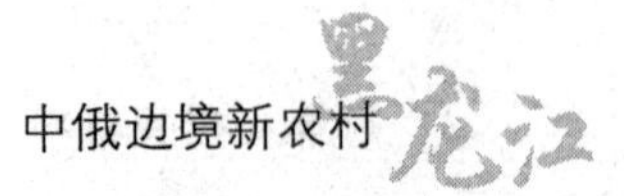

条件的农村贫困家庭成员。

三　救助标准

各地根据本地实际情况，制定医疗救助标准，确定起付线、封顶线及赔付比例。医疗救助对象全年享受医疗救助的补助金额，原则上不超过当地规定的标准，一般应掌握在4000元以内。对于存在特殊困难的家庭，可以适当提高医疗救助标准。

四　救助办法

（一）资助参加农村合作医疗。开展新型农村合作医疗的市（地）、县（市），资助医疗救助对象缴纳个人应负担的全部或部分资金，参加当地合作医疗，享受合作医疗待遇。对因患大病经合作医疗补助后个人负担医疗费用过高，影响家庭基本生活的，再给予适当的医疗救助。

（二）大病救助。尚未开展新型农村合作医疗的市（地）、县（市），对因患大病医疗费用难以承担，影响家庭基本生活的，给予适当的医疗救助。

（三）特种传染病救治。国家规定的特种传染病救治费用，按有关规定给予适当补助。

（四）下列情况不享受医疗补助：

1. 打架斗殴、交通肇事、酗酒伤害、吸毒、自杀、自残等；

2. 器官移植、镶牙、整容、矫形、配镜等；

3. 婚前检查、保健、康复等；

4. 未经允许在非定点医疗机构就医、购药或在非定点零售药店购药等；

5. 县级以上人民政府规定的其他不应当享受医疗救助的。

五　组织管理

（一）各市（地）、县（市）人民政府要成立由民政、财政、卫生、农业、审计部门组成的农村医疗救助管理委员会，负责有关组织、协调、管理和指导工作，并设立举报电话，倾听群众呼声，接受群众监督。民政部门负责具体业务工作。

（二）各市（地）、县（市）人民政府要成立农村有群众代表参加的医疗救助监督委员会，定期检查、监督农村医疗救助资金使用和管理情况。

（三）乡（镇）人民政府负责农村医疗救助的初步审批和相关管理工作。

六　申请审批程序

（一）申请人（户主）凭五保供养证或者特困救助证（农村低保证）向村民委员会提出书面申请，享受医疗救助待遇，并如实提供医疗诊断书、医疗费用收据、必要的病史材料、参加合作医疗的补助凭证、社会互助帮困情况证明等，经村民代表会议评议后予以公示，公示期限为 7 日，对无异议的，由村民委员会上报乡（镇）人民政府审核。

（二）乡（镇）人民政府应采取入户调查、邻里访问以及信函索证等方式，对申请人的医疗支出和家庭经济状况等有关材料进行调查核实，对符合医疗救助条件的在 15 日内上报县级民政部门，由民政部门会同财政部门审批。

（三）县（市）级民政部门、财政部门对乡（镇）上报的有关材料进行复审核实，并在 10 日内签署审批意见。经审核对符合医疗救助条件的，核准其享受医疗救助金额，并委托乡（镇）、村对救助金额等予以公示，公示期限为 7 日。对没有异议的，批准其享受医疗救助；对不符合条件的，应当书面通知申请人，并说明理由。

七　基金的筹集和管理

（一）基金筹集

1. 财政预算资金：资助农村贫困群众参加新型农村合作医疗和大病救助的财政预算资金，由国家、省财政各承担三分之一，县级财政不少于三分之一；

2. 省、市、县福利彩票公益金分别按 5% 的比例提取资金；

3. 社会各界自愿捐赠的资金；

4. 农村医疗救助基金所形成的利息收入；

5. 按规定可用于农村医疗救助的其他资金。

（二）基金管理

1. 基金以县（市）为单位进行统筹、核算和管理。县（市）级财政部门要在社会保障基金财政专户中建立农村医疗救助基金分户，将所有用于农村医疗救助的资金纳入专户，单独建账，单独管理，不得挤占、挪用。

2. 农村医疗救助基金年度预算由县级民政部门会同财政部门编制，报同级人民政府和人民代表大会批准后执行；县级民政部门定期向同级财政部门和上级民政部门报送收支计划执行情况。

3. 县（市）级财政预算安排资金按季或者按月划拨至本级财政部门农村医疗救助基金专户。经批准用于农村医疗救助的彩票公益金应及时由财政专户划拨至农村医疗救助基金专户。县级财政部门收到上级补助资金之后，及时全额划拨至农村医疗救助基金专户。社会各界的捐款及其他各项资金按属地化管理原则，及时缴存同级财政部门农村医疗救助基金专户。

4. 县（市）级财政部门按时将医疗救助资金从农村医疗救助基金专户核拨至乡（镇）财政所实行国库集中支付，应支付给定点医院的，要直接支付给定点医院；应支付给救助对象个人的，可直接发放或通过银行、邮局等方式支付给救助对象，确保在1个月内发放到救助对象手中。

5. 省级补助资金根据各地人均财力水平、农业人口数、当地农村医疗救助资金投入力度及工作努力程度等因素统一安排，重点用于困难地区补助。

八　医疗救助服务

（一）已开展新型农村合作医疗的市（地）、县（市），由定点卫生医疗机构提供医疗救助服务；未开展新型农村合作医疗的市（地）、县（市），由各级农村医疗救助管理委员会通过政府采购程序选择定点卫生医疗机构，提供医疗救助服务。

（二）提供医疗救助服务的医疗卫生部门应当在规定范围内，按照本地合作医疗或者医疗保险用药目录、诊疗项目目录及医疗服务设施目录，为医疗救助对象提供医疗服务。

（三）对于疑难重症需转到非指定医疗卫生部门就诊的，要按当地医疗救助的有关规定办理转院手续。

（四）承担医疗救助的医疗卫生机构要完善并落实各种诊疗规范和管理制度，保证服务质量，建立规范的救助对象医疗档案和病历，控制医疗费用。

九　实施步骤

为积极稳妥、扎实有效地开展农村医疗救助工作，分四个阶段进行。

（一）调查摸底阶段。各地利用一个月的时间进行摸底

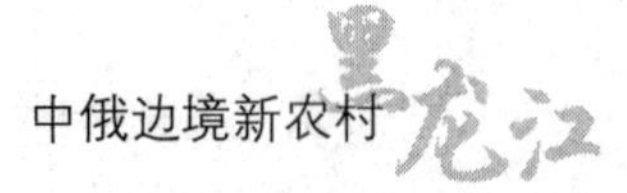

排查，了解和掌握特困家庭的基本情况，对需要医疗救助的农民登记造册，建立包括指纹、照片的信息档案。认真划分医疗救助对象类别、大病种类，测算救助标准和所需资金，制定医疗救助工作实施方案，成立农村医疗救助管理委员会、农村医疗救助监督委员会，积极做好救助的准备工作。

（二）试点运行阶段。各地根据工作需要，选择不同层面的试点单位进行试点。通过半年时间的组织实施，不断总结经验，在运行中及时检查救助对象是否准确无误、审核过程是否严格规范、制定标准是否科学合理、救助资金是否及时发放等情况，充分发挥示范作用，为建立农村医疗救助制度提供科学依据。

（三）总结推广阶段。对各试点运行情况进行总结，由省级相关部门组成专家组进行论证、评估，总结经验，解决运行中存在的问题，提出修改意见，为全省全面建立农村医疗救助制度打基础。

（四）建章立制阶段。2004 年年底前，在全省初步建立农村医疗救助制度，从贫困农民中最困难的人员和最急需的医疗支出中开始实施，力争 2005 年在我省基本建立起规范、完善的农村医疗救助制度。

十　保证措施

（一）开展农村医疗救助是国家加强农村弱势群体救助，提高农村贫困群众的健康水平，促进农村卫生改革和经济发展，完善农村社会保障体系，维护农村社会稳定的重要举措，政策性强，任务艰巨。各地要高度重视，加强领导，履行政策职责，督促有关部门落实政策措施，从实际出发，实事求是，积极稳妥地推进此项工作健康发展。

（二）各地要积极动员社会力量支持农村贫困家庭大病救助，做好政策宣传和解释工作，号召社会各界进行捐赠，支持农村贫困家庭大病救助工作。

（三）各级农村医疗救助管理委员会要通过政府采购程序确定农村医疗救助定点服务机构，并加强对定点机构的监管力度，实行动态管理。

（四）各级民政部门要认真调查研究，掌握情况，建章立制，完善程序，做好综合协调工作。

（五）各级财政部门要会同民政部门认真审核救助申请和救助资金使用计划，并根据审核确定的使用计划及时将医疗救助资金拨付到位。同时要安排所需工作经费，保证工作正常开展。

（六）各级卫生部门应加强对提供医疗救助服务的医疗卫生机构的监督管理，规范医疗服务行为，提高服务质量和效率。

（七）农村医疗救助管理委员会要向群众公布农村医疗救助的申请条件、标准等政策，并采取张榜公布等措施，每季度公布医疗救助资金的具体收支、使用情况，让农民直接进行监督，确保农村医疗救助制度公开、公平、公正。农村医疗救助管理委员会要定期向农村医疗救助监督委员会和同级人民代表大会汇报工作，主动接受监督，并对基金的使用情况进行检查，发现虚报冒领、挤占挪用、贪污浪费等违纪违法行为要严肃处理。对虚报数字骗取上级补助的，除责令立即纠正，按规定追究有关单位和人员的责任外，将根据情况减拨或停拨上级补助资金。

附录七　绥芬河市农村卫生所初级卫生保健考核方案

为评估年终各村卫生所全年保健工作的完成情况，充分履行新农合定点医疗机构的职能，奖优惩劣，充分调动乡村医生的积极性，为建设社会主义新农村夯实基础，特制定考核方案。

一　初级卫生保健开展情况

主要以年初责任状的目标管理为标准。(100 分)

二　日常工作

1. 一年内接受上级检查情况（接受牡市级检查合格的加 1 分/次；省检查合格加 3 分/次，国家检查合格加 5 分/次，不合格减相同分数）。

2. 服务辖区内群众对服务质量和行业作风的满意度（1 分）。

3. 站内工作人员对村医的工作的评价（1 分）。

三　其他内容

有无上访，有扣 3 分，无不扣分。

四　成立考评小组

五　考评办法和时间

采用集中和分散的形式，尽量使用随机的形式，以保证考核的真实性。此次考评历时 3 天。

1. 站内考评及群众评价（村委会成员和村民共 10 人）用画票形式，半数以上即为合格，满意度达 80% 为优秀，少于半数的为不合格。优秀的加 1 分；合格的给基础分数；不合格的不给分。考核时间方式：随机考核。

2. 业务目标考核分两次进行：a. 现场考核主要是查适龄儿童的免疫情况，随机抽查儿童10名，年龄分段；健康教育知识知晓率抽查3户，随机的方式。体检检查随机抽查5名儿童，孕产妇抽查1人以上。没有孕产妇的给一半分。b. 另择时间采用突击的方式抽查初保相关资料和村卫生所的管理。

六　汇总和奖惩

1. 此次考核的总成绩为105分，我站将结合村医防保补贴，根据工作完成情况给予兑现，充分体现多劳多得，工作质量优劣分开，不搞平均主义。把乡村医生报酬与工作付出体现出来，分数在90～95分之间，按原基数兑现防保补贴，90分（不含90分）以下，每降低一分，防保补贴减掉20元钱，直至减为零；在95分（不含95分）以上，每提高一分，防保补贴增加20元钱。

辖区人口总数超过2000人、0～7岁儿童数超过200人，年终考评在原分数的基础上加2分；辖区内人口超过1000人，0～7岁儿童数超过100人的，年终考评在原分数的基础上加1分（该加分不作为名次和评优的指标，只作为兑现防保补贴的依据）。

2. 该成绩作为年终评优的依据，奖励不能重复。

3. 该成绩记录在村医年终考核档案。

附录八　绥芬河市部分农村取消二孩生育证和二孩生育间隔试点实施方案

根据牡丹江市计划生育委员会的工作安排，结合我市的实际，我市决定在阜宁镇部分农村取消二孩生育证和二孩生育间隔。

一　适用范围

阜宁镇北寒村、南寒村、建新村、永胜村、宽沟村、朝阳村。

二　基本条件

（一）夫妻双方户籍均在上述6个村。

（二）依法结婚的夫妻双方，已生育一个子女。

本条“依法结婚的夫妻双方”系指双方均为初婚的夫妻双方。

（三）夫妻双方无违法生育，或有违法生育已处理结案。

三　具体程序

符合本方案的基本条件，有再生育意愿的夫妻，到女方户籍所在村委会填写再生育登记表，计划生育村民自治领导小组审核，履行公示程序，逐级备案后，不再办理二孩生育证，不受生育间隔不少于4年的限制，自行安排生育时间。

据此再生育的夫妻，在婴儿出生1个月内，到女方户籍所在地村委会登记并领取《出生婴儿证明》。

四　实施时间

2004年6月1日起实施。

五　有关解释

（一）取消二孩生育证和生育间隔是人口与计划生育工作方式方法的改革，而不是生育政策的改变、管理的放松。

（二）对于本方案基本条件以外的再生育申请，仍然由市计划生育局按照有关规定审批。

（三）2004年6月1日后生育的，虽然符合本方案基本条件，但未经市、镇、村备案的视为非符合政策生育。

（四）再生育夫妻备案后，不在绥芬河市生育子女的，如确实需要相关手续，由市计划生育局出具有关证明。

六　市计划生育局将监督指导此项工作，对于利用取消二孩证和生育间隔之机，采取不正当手段再生育的，对相关责任人将依法从严处理。

本方案由绥芬河市计划生育局负责解释。

图书在版编目(CIP)数据

中俄边境新农村：黑龙江绥芬河市阜宁镇建新村调查报告 / 刁丽伟，宋伟东著 . —北京：社会科学文献出版社，2011. 12
（当代中国边疆・民族地区典型百村调查. 黑龙江卷. 第 1 辑）
ISBN 978 - 7 - 5097 - 2731 - 7

Ⅰ. ①中… Ⅱ. ①刁… ②宋… Ⅲ. ①边疆地区—农村调查—调查报告—绥芬河市 Ⅳ. ①D668

中国版本图书馆 CIP 数据核字（2011）第 189117 号

当代中国边疆・民族地区典型百村调查：黑龙江卷（第一辑）

中俄边境新农村

——黑龙江绥芬河市阜宁镇建新村调查报告

著 者 / 刁丽伟 宋伟东

出 版 人 / 谢寿光
出 版 者 / 社会科学文献出版社
地 址 / 北京市西城区北三环中路甲 29 号院 3 号楼华龙大厦
邮政编码 / 100029

责任部门 / 人文科学图书事业部（010）59367215 责任编辑 / 孙以年
电子信箱 / renwen@ ssap. cn 责任校对 / 王福仓
项目统筹 / 宋月华 范 迎 责任印制 / 岳 阳
总 经 销 / 社会科学文献出版社发行部（010）59367081 59367089
读者服务 / 读者服务中心（010）59367028

印 装 / 北京季蜂印刷有限公司
开 本 / 889mm × 1194mm 1/32 印 张 / 8. 25
版 次 / 2011 年 12 月第 1 版 插图印张 / 0. 125
印 次 / 2011 年 12 月第 1 次印刷 字 数 / 183 千字
书 号 / ISBN 978 - 7 - 5097 - 2731 - 7
定 价 / 196. 00 元（共 4 册）

中国社会科学院中国边疆史地研究中心　**厉声　主编**

当代中国边疆·民族地区典型百村调查：**黑龙江卷（第一辑）**

分卷主编：**吕文利　刁丽伟**

东村三组

东村全景

伊林火车站

东村烟地

穆棱河

粮台山

安详的东村

建设中的东村新区

中国社会科学院中国边疆史地研究中心 厉声 主编

当代中国边疆·民族地区典型百村调查·黑龙江卷（第一辑）

悠悠穆棱河 青青粮台山

——黑龙江穆棱市兴源镇东村调查报告

韩磊 董鑫◎著

SSAP
社会科学文献出版社
SOCIAL SCIENCES ACADEMIC PRESS (CHINA)

“当代中国边疆·民族地区典型百村调查”

总序

深入实际、开展国情调研，是中国社会科学院肩负的重要科研任务，也是中国社会科学院履行好党中央、国务院赋予的“思想库”、“智囊团”职能的重要方式。中国边疆省区占国土面积的60%以上，边疆区情及当地的民族社会调研（边疆调研）是中国国情调研的重要组成部分。正如一位边疆工作者所说：不了解少数民族，就不了解中华民族；不了解边疆，就不了解中国。1983年中国社会科学院中国边疆史地研究中心建立后，特别是1990年以来，一直将边疆调研作为学科研究的重点之一。

2004年，中国边疆史地研究中心承担国家哲学与社会科学基金特别项目“新疆历史与现状综合研究”（简称“新疆项目”）。2006年，中国边疆史地研究中心牵头，立项开展“当代中国边疆·民族地区典型百村调查”（简称“百村调查”），作为此特别项目的子课题。“百村调查”以新疆为重点，在全国新疆、西藏、内蒙古、宁夏、广西五个民族自治区和云南、吉林、黑龙江三省基层地区同时开展，共调查100个边疆基层村落。调查工作在“新疆项目”领导小组和专家委员会指导下，由“百村调

查”专家委员会暨编委会组织实施。在中国边疆史地研究中心主持拟定的调查大纲框架下，发挥每个省区的优势，体现各自的特色。

本项目的实施得到了边疆地区各级地方党政部门的支持。首先，调查工作注意与地方党政部门的相关工作衔接、听取意见，在实施调查之前，主动向各级党政部门汇报情况，听取指示和意见。其次，调查组主动让各级党政部门了解调研的全过程，在调研过程中出现问题时及时向相关党政部门请示。再次，调研阶段成果和最终成果的副本同时提供地方党政部门参考。

“百村调查”的调研主题是：改革开放30年来中国边疆基层村落的民族社会和经济发展的历史与现状。具体内容包括：乡村概况、基层组织、经济发展、社会生活、民族、宗教、文教卫生、民俗风情等。项目调研的时间是：2007～2008年（资料下限至2007年底或适当延长）。

“百村调查”的调研对象为：100个具有典型意义与特色的中国边疆基层村落。课题以基层乡、村两级为调查基点，大致每个省区选择2个地州，每个地州选择1～2个县，每个县选择2个乡，每个乡选择2个村。新疆共调查22个村，其他地区均为13个村（辽宁、吉林、黑龙江以东北边疆为单元，共调查13个村）。调查点的选择要求：

（1）本地区社会稳定与经济发展中具有典型意义的基层乡和村。

（2）存在边疆现实政治、社会或经济发展的热点、难点问题。

（3）与20世纪50年代全国边疆民族调查能有一定的衔接。

“百村调查”采取学术调查与现实政治相结合的方法，以社会人类学入村入户调研方法为主，同时关注现实政治、社会与经济发展中的热点、难点问题：一般共性调查与专题专访调查相结合，在一般综合性调查的基础上，选择好专访或专题调研的“切入点”——总结经验与完善不足相结合，在总结各项工作经验的同时，善于发现问题和提出解决问题的对策与建议。调研注重入户访谈和小范围座谈的专访调查。在一般性问卷和统计资料收集的基础上，注重对基层干部、群众典型、教师、宗教人士等特定人员的专题访谈，倾听和收集他们对基层社会稳定与经济发展的看法、意见和建议，形成能说明问题的专访或专题调研报告。

“百村调查”的成果形式分为调查综合报告与专题报告两大类。

（1）调查综合报告：依据大纲规定，撰写有关乡村经济社会等发展状况的综合报告，课题结项后分期公开出版。专题报告及调查资料可以公开发表的，在篇幅允许的情况下，作为附录附在综合报告末尾。

（2）专题报告：内容较敏感、不适宜公开出版的专题报告，集成《专题报告集》，内部刊印。

“百村调查”主编　厉声　谨识

2009年8月25日

目　录
CONTENTS

图目录
FIGURE CONTENTS

表目录
TABLE CONTENTS

序言
FOREWORD

一

黑龙江省位于中国东北边疆，是中国位置最北、纬度最高的省份，北部和东部隔黑龙江、乌苏里江与俄罗斯相望，西部与内蒙古自治区毗邻，南部与吉林省接壤，东西长 930 公里，南北相距约 1120 公里，总面积 45.4 万平方公里，居全国第六位。黑龙江省山地和台地占 72%、平原占 28%，松嫩平原和三江平原是黑龙江省两大著名商品粮产区，耕地面积 11.78 万平方公里，约占全国耕地面积的 9%，居全国第一位，号称“北大仓”。

黑龙江省气候属于寒温带大陆性季风气候，四季分明，夏季雨热同季，冬季漫长，属半干旱地区。省内自然资源十分丰富，动植物种类繁多，其中珍稀动植物品种也很多；矿产资源已发现 131 种，位居全国第二位。黑龙江省下辖 12 个地级市和 1 个地区，是个多民族聚居的省份。

黑龙江省历史悠久，早在距今两三万年前的旧石器时代晚期就有人类居住，位于哈尔滨市阎家岗的“哈尔滨人”遗址，发现了旧石器时代古人类头骨化石和动物化石；牡丹江地区的杨林南山遗址出土的楔形石核和砍砸器等，其地质年代距今约 2.2 万年。唐至宋辽时期是黑龙江地区历史

上发展的重要时期。698年，靺鞨粟末部首领大祚荣建立靺鞨国。713年，大祚荣接受唐朝册封，为渤海郡王。8世纪中期，渤海国迁至上京龙泉府（今牡丹江宁安县城西南东京城镇），从此铸就了享有“海东盛国”美誉的渤海国的辉煌。五代时称女真，1115年，女真族完颜部首领阿骨打率部众击败辽国，建立金国，定都会宁（今哈尔滨市阿城区市区南2公里白城）。1125年，金朝统一了中国北方，从而形成中国历史上金、宋对峙的局面。清初，大批流人被流放宁古塔地区（今牡丹江宁安），为黑龙江历史增添了不平凡的一笔。1931年“九一八”事变后，英勇的黑龙江人民进行了长达14年的抗日斗争，在黑龙江历史上留下了可歌可泣的反抗外来侵略的壮丽篇章。

改革开放以后，伴随着中国经济的迅速发展，黑龙江人民的生活水平和生活质量有了很大提高，尤其是农民的生活发生了巨大变化。但我国的地区发展很不平衡，尤其是边疆民族地区与内地相比，在经济发展等很多方面还有差距。为如实反映和记录边疆民族地区民众的生活变化和精神面貌，以对国家相关部门制定正确的政策提供决策依据，中国社会科学院中国边疆史地研究中心主持的国家社科基金特别项目“当代中国边疆·民族地区典型百村调查”（简称“百村调查”），在广西、云南、西藏、新疆、内蒙古、黑龙江、宁夏、吉林等省区选择了具有典型性的100个村落进行调研，以点带面，希冀对我国的边疆民族地区的经济、民族、宗教、文化等有一个大体的了解。黑龙江省是农业大省，农业人口1978万，占全省人口的52%，因此关于黑龙江农村的调查，将为此项目的研究提供非常具有参考价值的资料和数据。通过对黑龙江省选点村落的调查

和研究，旨在达到以下几个方面的目的：一是相对全面地了解黑龙江省各地尤其是边疆地区农村经济社会发展的现状；二是对现阶段黑龙江省农村经济社会发展现状做一次直观的描述和记录；三是通过对现状的调查，找出当前黑龙江省农村地区存在的普遍的、突出的问题；四是针对存在的问题，提出解决黑龙江省边疆地区问题的办法和建议；五是以小见大，力争通过本项目调查，对全国边疆地区经济社会发展进行思考并提出可行性建议。

二

本次调查所选择的调查点，是根据总体课题的设计，重点考虑少数民族聚居较多的地区、边境地区，以及村落的典型性等特点而选择的。调查内容涉及所调查村的历史与现状、基层组织、经济建设、社会发展、村民社会生活、教育、医疗等情况，尽可能全面地反映所调查村的全貌和存在的问题。

本次调研主要是以社会学调查方法为主，同时结合人类学和历史学的分析、归纳和演绎等方法的运用，在对调查得来的第一手资料，以及相关资料和数据的收集和整理的基础上，进行全面深入的分析和研究，最终形成本系列研究成果。

本课题在调研中注重与地方政府有关部门和乡镇、村级干部的联系，广泛听取不同层面的意见；注重深入百姓家中，倾听来自基层群众的心声；注重各调研小组的互相学习与交流，取长补短。经过为期一年的努力，全体课题组成员基本上完成了项目所预设的目标。

必须一提的是，本课题在调研与写作过程中，始终得到

了中国社科院中国边疆史地研究中心于逢春研究员的大力帮助与亲切指导，没有于逢春先生的指导，本课题不但不能立项，即使立项也很难完成。我们三位主持人都因偶然的机会，有幸接触了这个研究课题。2009 年 10 月 9～15 日，于逢春研究员率领吕文利等一行 7 人先后到牡丹江市、大兴安岭地区调研，分别与牡丹江师范学院刁丽伟教授和大兴安岭职业学院王利文院长谈及边疆史地中心主任厉声先生正在主持国家社会科学基金特别项目——《当代中国边疆·民族地区典型百村调查》，他作为《百村调查》"东北项目组"的负责人打算在牡丹江市与大兴安岭地区选择数个有代表性的村庄作为调查对象，我们欣然地接受了这个任务。嗣后，于先生由于主持其他项目，鉴于边疆史地研究中心副研究员吕文利博士对东北调研很感兴趣且跟随于先生亲临现场，故特委托其专门负责本调查的联络、审稿与修改等事宜。

因为于逢春先生负责整个百村调研的东北部分，所以在村落的选择、大纲的设计、初稿的审读等方面都给予我们以详细指导，尤其是在 2010 年年初，还特地到哈尔滨对牡丹江、大兴安岭地区课题组进行了现场培训，使这两个地方的调研得以顺利完成，在此表示诚挚的感谢！

本课题得以完成，应该感谢相关地市、县及其所属乡镇各级有关政府的大力支持和有效帮助。同时，还应该感谢中国社科院中国边疆史地研究中心主任、百村调查总主持人、主编厉声研究员及副主编李方研究员提出的宝贵意见和建议，感谢社会科学文献出版社的编辑付出的辛勤劳动。

主持人：刁丽伟、王利文、吕文利

2010 年 12 月 16 日

第一章　基本概况

第一节　穆棱市概况

东村是黑龙江省穆棱市兴源镇所辖的一个行政村。

一　地理位置

穆棱市地处黑龙江省东南边陲，其地理坐标为：东经129°45′19″～131°08′31″，北纬43°49′55″～45°07′16″。穆棱市是推动牡丹江地区经济发展的重要城市，有着优越的地理位置，东与俄罗斯接壤，拥有44公里的边境线，是个典型的边境城市；南连绥芬河、东宁等国家一级口岸；西接闻名遐迩的牡丹江市、风光秀丽的镜泊湖；北靠煤城鸡西市。

二　历史沿革

穆棱市（1995年前称穆棱县）历史悠久。穆棱市所辖区域在远古时期是肃慎居地，东汉以后为肃慎的后裔挹娄，北朝的勿吉疆域。据专家考证，“穆棱”一词是满语，是“穆勒恩”、“木伦”的转音，翻译成汉语即马的意思。渤海国时这里是牧马场。穆棱市得名的另一种说法，据《穆棱县迁县碑》记载，是因穆棱河而得名。穆棱河源流自窝集岭的水系称穆棱水，山脉则称穆棱窝集岭。

穆棱市的建制沿革。19 世纪中叶，清政府解除了对东北的封禁，光绪七年（1881 年）宁古塔东山境内招募垦荒，移民戍边，现在的穆棱市所在地渐次得到开发；光绪八年（1882 年）清政府设穆棱河屯田局，翌年改屯田局为穆棱河招垦局，设治于上城子（现在的穆棱市兴源镇）；光绪二十四年（1898 年）清政府结束以垦代治，置穆棱河分防知事；宣统元年（1909 年）建置穆棱县；民国二年（1913 年）置穆棱县公署；1946 年 2 月 1 日成立穆棱县民主政府；1954 年 3 月 23 日成立穆棱县人民委员会；1967 年 4 月 21 日成立穆棱县革命委员会；1980 年 9 月 29 日恢复穆棱县人民政府建制；1995 年穆棱撤县设市，穆棱县改制为穆棱市。穆棱市委市政府设在八面通镇。

三　行政区划与人口状况

穆棱市下辖 6 镇 3 乡（八面通镇、穆棱镇、下城子镇、兴源镇、磨刀石镇、马桥河镇、福禄乡、河西乡、共和乡），41 个行政村，295 个自然屯，幅员 6094 平方公里。截至 2007 年年末，全市共有 110755 户，总人口 324656 人，其中非农业人口 135666 人，农业人口 188990 人；其中汉族人口占 90%、朝鲜族占 5%、其他民族占 5%。全市人口出生率 10.8‰，人口自然增长率 7.0‰。[①]

四　地貌

穆棱市地处低山丘陵地带，山区面积占全市总面积的

① 根据兴源镇政府提供材料整理。

85.7%，共有5718平方公里。穆棱市境内的山岭属于长白山脉向东北延伸的老爷岭山脉和太平岭山脉，其支脉以低山丘陵状分布在全县境内。穆棱市的山脉呈西南—东北走向，平均高度为海拔500～700米，同牡丹江市接壤的大架子山（牡丹峰），高度为1117米，是全市最高峰。

穆棱市的山脉基本以穆棱河为界，以西是老爷岭山脉，以北是肯特阿岭，属于老爷岭山脉的支脉，以南是老爷岭向东分支的穆棱窝集岭，以东是太平岭山脉。各条山脉在市境内被大小河流切割成相互交错的低山丘陵和台地漫岗，分布在全市各个乡镇村屯，所以穆棱市是“开门见山、行路过川、公路爬岭、火车钻山”的低山丘陵区。①

五　河流

全市境内长5公里以上的河流有125条。其中，穆棱河全长635公里，流经穆棱市4镇2乡，通过鸡西、鸡东、密山、虎林等4市注入乌苏里江。市境内河段223.6公里，流域面积6219平方公里；穆棱河水系占全县总面积的93.2%。

六　气候

穆棱市地处中纬度北温带，属大陆性季风气候。冬季漫长寒冷干燥，夏季较湿热多雨，春秋季风交替，气温变化急剧，秋季常见早霜。极端最低气温－44.1℃，最高气温35.7℃。年平均降水量530毫米，降雨集中在6～8月，无霜期在126天左右，日照2613小时。②

---

① 根据《穆棱县志》第85～89页整理。

② 根据《穆棱县志》第90～91页整理。

七　自然资源

穆棱市自然资源丰富。仅河西乡黄金储量就达 21 吨；煤炭、石墨储藏量都在几亿吨以上；珍珠岩、泥质页岩、蛇纹岩、沸石、石灰石、大理石、花岗岩、建筑沙石储量丰富，质量好，已大量开采。1985 年发现市内蕴藏红宝石、蓝宝石、镁铝榴石、月光石、透辉石、红锆石等矿物。穆棱地区被人们称为“九山半水半分田”，林地面积之多，立木蓄积量之大，为省内少有；木耳、蜂蜜、山野菜、松子、中草药等山货资源也很丰富。

穆棱地区在 19 世纪 80 年代为原始森林所覆盖。昔日，这里是“红松之乡”，虎狼麋鹿繁多。由于沙皇俄国和日本侵略者的残酷掠夺，解放前夕黄窝集岭、太平岭、肯特阿岭的原始森林已荡然无存，仅穆棱窝集岭尚存一部分，林相残破，水土流失，造成大面积荒山秃岭。解放以后，由于人口日繁，土地开发日增，加之过量采伐兼人为的乱砍滥伐和盲目狩猎，1982 年森林覆盖率下降到 55.1%，天然林只占有林地的 88.1%。稀有的东北虎已绝迹，黑熊、马鹿、獐子等野生动物大量减少，生态环境遭到严重破坏。

八　农业

农业是穆棱市的主导产业。农村经济总收入实现 31.9 亿元，增长 17.7%。粮食作物总产量达到 5.2 亿斤。肉牛主导产业发展较快，并向规模化养殖发展。全市肉牛存栏、出栏分别达到 16 万头、6.5 万头，存栏 20 头以上的牛场达到 100 个。发展绿色食品种植基地 111 万亩，新认证有机食品基地 6600 亩。多种经营快速发展，葵花、白瓜发展到 15

万亩，食用菌 9000 万袋。农业基础设施建设进一步加强。新增水土流失治理面积 10 万亩，新增退耕还林面积 1066 亩，完成保护“母亲河”造林工程 68 公里。

九　交通

穆棱市交通便利。宁古塔招募开垦初期，开通宁古塔至三岔口驿道，为境区开发提供通信和行旅方便。19 世纪末宁古塔至蜂蜜山驿道重修，20 世纪初东清铁路通车，1924 年穆棱铁路筑成营运，促进了经济的发展。经过半个多世纪的建设，如今穆棱市全境，哈绥、城鸡两条铁路，哈绥、鸡图两条公路纵横通过；县级公路成网，四通八达。东至绥芬河、东宁，南至吉林省汪清，西至林口，西南至牡丹江，每天都有班车运行。据当地人介绍，穆棱市委市政府所在地八面通镇的命名就与它的交通便利有关。

第二节　兴源镇概况

兴源镇位于穆棱市中部，东经 130°19′35″，北纬44°35′33″，地理位置适中，东距绥芬河市 92 公里，西至牡丹江市 62 公里，北到鸡西市 122 公里。兴源镇东临穆棱河铁路干线，国家二级公路 301 国道横贯全镇。

兴源镇原名“上城子”，是与北部的下城子镇相对应而得名，是整个穆棱市的发祥地。清朝统治者入关后，为保护“龙兴之地”，长期封禁东北广大地区，致使居民大量减少，耕地荒芜。清政府虽然在东北设有几处将军和副都统衙门，也无法控驭边境。特别是沙俄的入侵，严重威胁着清朝的“龙兴之地”。光绪六年（1880 年），清帝授吴大澂三品卿衔，随吉林将军铭安办理东北边防。在督办东北边务过程中，曾涉足穆棱县境，并选上城子为屯垦要地。在上城子东南靠穆棱河的小山丘（今兴源镇粮台山）上驻扎军队。所以，当地人视上城子为穆棱的龙兴之地，认为穆棱之兴发源于此。为了纪念这段历史，穆棱县政府于民国十九年（1930 年）农历二月二十八日迁至八面通时，全县工商、农会各界人士将旧称上城子更名兴源镇。

兴源镇还有一个名字——“伊林”，这一名称也有一番来历。20 世纪初俄国人在此地修建东清铁路，1900 年东清铁路由符拉迪沃斯托克（海参崴）铺轨到穆棱站，于上城子镇东的东山脚下，修建了一个火车站。1901 年，火车站建成，占地 7000 平方米。因后来俄国官员伊林斯基在一石砬子处不慎翻车被砸死，俄方将火车站命名为“伊林斯基”，后简称为“伊林”，以示纪念。一来二去，人们就把“上城子”称为“伊林”。有意思的是，直到今天，“伊林”这个名字在老百姓的日常生活中要比另外两个名称更为流行，“上城子”的称呼已经不再耳闻，“兴源”似乎仅仅出现在政府的官方文件与各类地图当中，当地人则更习惯称自己生活的这一方土地为“伊林”，而称“兴源”的人非常少。长途汽车的标志牌上写着“伊林”，甚至火车站月台上的站牌和火车票上也写着“伊林”。如果从牡丹江乘坐长途汽车去兴源镇，你要告诉司机去伊林，如果你说兴源，他会稍稍迟疑一下才会反应过来。

兴源镇较为明晰的历史可上溯至清末，属宁古塔副都统管辖。清光绪八年（1882 年），从山东招远和辽宁金县招来垦民 18 户，立屯垦荒。翌年，穆棱河招垦局（由屯田局改称）移驻上城子。清光绪十五年（1889 年），将穆棱河招垦局改为招垦分局，隶属三岔口招垦总局。清光绪二十九年（1903 年），于招垦局地方设置穆棱河分防知事，行使行政管辖权，隶属绥芬厅。清宣统元年（1909 年），设置穆棱县后，遂为县城。中华民国成立后，1913 年县城街市工商业发展到 35 家，成为县内较发达的市镇，时为第一警察区。1930 年 4 月，县城迁至八面通后，改为兴源镇，隶属第二警察区。东北沦陷后，1933 年为兴源镇保，1939 年改设兴源村。1946 年 4 月，设置兴源镇区，1949 年 2 月改为第四区。1956 年 3 月，撤区划乡，设置兴源乡。1958 年 9 月，成立伊林人民公社。1983 年改为兴源乡。1985 年 3 月，改为兴源镇。[①]

全镇总面积 579 平方公里，现有土地 62655 亩，其中水田 7700 亩，有林地 3.5 万亩，草原 5000 亩。共有人口 2 万人，其中农业人口 1.5 万人，4212 户。兴源镇实际上由 15 个行政村构成，这 15 个村放在一起如同一个大拼盘共同构成了兴源镇。这些村分别是东村、西村、北村、南村、兴源村、车站村、兴鲜村、康吉村、新丰村、东兴村、东胜村、红岩村、红盛村、岩松村和西崴子村。此外，还有 33 个自然屯，3 个居委会（镇北居委会、镇南居委会、车站居委会）。兴源镇政府大楼就位于东村、西村、北村、南村、兴鲜村等 5 个村子的交界处——兴福路上。这条兴福路商铺多、车辆往来频繁，形成了一条较为繁华的地带，真正意义上的镇区也就是这一条马路。镇区面积 1.7 平方公里，人口 10730 人。镇区人口主要是镇政府工作人员、中小学教师、原穆棱林业局职工等。

---

① 本节内容根据兴源镇政府提供材料整理。

全镇以农业为主，农业耕作水平较高。以种植业为主，主要栽种大豆、水稻、玉米，瓜类，烟叶，并有部分水果、蔬菜等，其中，优质高油大豆面积稳定在4万亩，绿色无公害彩稻种植面积已扩大到3000亩。此外，养殖业在兴源镇的农业结构中也占有很大的比重。其中肉牛养殖产业发展迅速，饲养量达到18840头，建成存栏百头牛场3个，存栏50头牛场7个，兴源肉牛交易市场龙头牵动作用逐步增强，年交易量已达2.8万头。

除了农业以外，兴源镇第三产业的发展方兴未艾。在穆棱地区人们流传着一种说法：兴源镇上的人喜吃、讲穿、爱玩。镇区的主干道（长600余米）上所有的门市房都被当地人利用起来做生意，其中仅大小饭店、串儿店加起来就有40余家，还有6家歌厅，兴源镇人的爱吃、爱玩可见一斑。

表1-1　兴源镇各类商铺一览表

商铺名称	数量	商铺名称	数量	商铺名称	数量
饭　店	44	果蔬店	6	网　吧	3
超　市	14	理发店	10	五金日杂	14
酒　吧	2	汽配修理	8	照相馆	3
服装店	18	茶　庄	1	熟食店	3
浴　池	2	农用饲料	10	太阳能安装	1
厨　具	1	建　材	3	家　电	2
电脑维护	4	彩票站	2	家　具	1
中国移动业务店	2	药　店	3	水洗店	3
粮油店	3	面食店	3	文教用品	2
农　机	3	农资购销	1	金　店	1
歌　厅	6	联通业务店	2	音像社	1
旅　店	8				

兴源镇之所以消费场所比较多，究其原因，主要是近些年来301国道和高速铁路的修建给兴源镇带来了大量的外来务工人员。大量流动人口的衣食住行及其闲暇时间的休闲娱乐都为当地人提供了商机，无形中带动了兴源镇的餐饮业等第三产业的发展，而第三产业的蓬勃发展反过来又促进了兴源镇人消费观念的变化。

第三节　东村概况

一　四至与布局

东村是兴源镇的镇内村之一。

东村共分为4个组，其中一组、二组、四组位于镇内，构成了东村的主体。东村主体东起穆棱河，与伊林火车站隔岸相对。穆棱河可谓东村人的母亲河，当地人对它有着特殊的感情。今天40岁以上的东村人都有孩提时代夏天在河中洗澡游泳的经历，至今仍有村民在河中洗衣刷鞋。不过由于私人采沙厂在河中任意地采沙，使得河床变得深浅不一，在河里游泳已经变得非常危险。前些年有村民溺水的事情发生，大人们也就不再让自己的孩子在河中玩耍，加之泥浆泛起，河水已经变得十分浑浊，在河中洗衣的人也不多了。

东村主体部分四至。以东2.5公里处有一座海拔479米高的小山，名为采石山，山体为火山岩构成，铁路采石厂就在此山进行开采；以西与西村相连，以兴福路为界；以北与北村相接，以一条东西走向的排水沟为界，沟上有一座小桥；以南与南村和兴鲜村为邻。

东村的另外一部分是东村三组。三组不在兴源镇内，而是位于镇东北方向地势较高的山区中。在20世纪50年代，这里就有来自山东的移民居住，后来逐渐发展成为一个山东移民聚居的自然村。曾经有人给它起名叫“北胜屯”，但这一称谓没有沿用下来，以后当地人便称之为“北岗”。1983年，在村民的要求下，仅有二百余人的“北胜屯”并入东村，成为现在的东村三组。三组距离兴源镇大约5公里，一条蜿蜒曲折的、经过平整的山路将它与镇区连接起来，使三组村民能够经常与外界保持联系，坐小汽车到镇里大概需要10分钟的路程。

图1－1 东村三组道路（2010年7月 作者摄）

东村的交通十分便利。沟通东村与外界联系的主要是铁路与公路。铁路方面，伊林站是绥滨铁路线上的四级小站，日通车数51次，年货运量543.59万吨，发送人数204.37万人次。公路方面，301国道与正在兴建中的东村示范区相接，它带动了东村住宿、餐饮等服务业和农副产品加工产业的发展，对东村经济发展起到了积极作用。通过这条国道，东村的产品可以走出去，外面的技术可以传进来。

东村主要街道有三条。一是与西村交界的兴福路，这条街道南北走向，由于地处两村交界处，平时往来人员多，因此这条街道两旁分布着各类店铺，东村村委会也位于这条街上；二是与兴福路垂直的两条东西走向的街道。这两条街大体平行，从镇区的繁华地带向东一直延伸至穆棱河，约 1000 余米长。

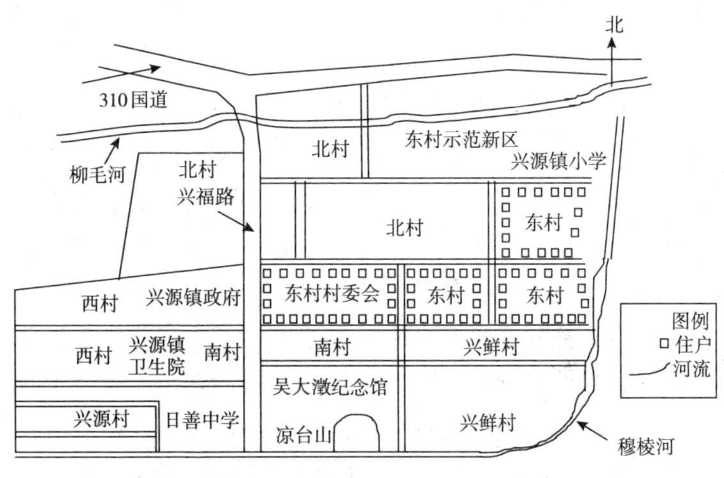

东村四至示意图

二　环境资源

（一）气候条件

东村地处老爷岭与完达山脉之间的群山之中，位于北温带，属寒温带大陆性季风气候。冬季漫长而寒冷，夏季短暂而炎热，回暖快，风大，有时遇干旱。该地气候变化复杂，年平均气温为18℃；7月温度高，平均为21℃；1月温度低，平均气温为-20℃。极端最高气温为35.7℃，极端最低气温为-39.5℃。年降水总量为400~650毫米，季节降水量很不均匀，变化大，强度也大，主要集中在7月和8月，占全年总降水量的64%~68%。[①]

（二）农田水利

近几年来由于村庄建设用地、退耕还林、招商引资建工厂以及筑建高速公路，村民人均耕地不断减少。截止到2007年，东村总人口1429人，耕地面积4975亩，人均耕地面积3.48亩。

东村土地灌溉主要是依靠穆棱河。在2008~2009年，为保护河道，东村村委会组织村民沿穆棱河修建了丁字坝和拦河坝，并且启动了“马家店渠首工程”，对穆棱河沿岸河坝进行了修建，总长度8公里左右（包括东村区域）。这项工程由黑龙江省财政拨款，农民以劳代资完成。这一工程完工后，东村每年只负责基础维护，省去了每年为修复穆棱河拦河坝的费用，减轻了村里的财政压力。这一工程保证了穆棱河两岸农田的安全，工程的修建为农业灌溉提供了方便，同时也在很大程度上减轻了农民的负担。

三　集市、商业网点

（一）集市

1.“周一集市”

东村处于兴源镇繁华地段，平时人来人往，商业发展

① 根据东村村委会提供材料整理。

程度较高。在东村村委会楼下与西村和南村相邻的两条主要干道上，每周一都会有一次自发的集市。不仅是东村，其他村的村民每周也会到这个集市上赶集，购买自己生活所需用品。这个集市的形成与东村的发展变化密切相关。今天的集市原是东村村小学所在地。当时在小学外经常有商贩叫卖，但没有形成大的商业规模。80年代初，东村小学搬到村北，即今天东村新区的位置。当时的村两委决定在村小学遗留下来的空地上建一个类似城里的室内农贸市场，将摊位出租给商贩，东村收取摊位费，这样能够增加村集体的收入。但市场建成后，效果并不太理想。村民们早已习惯了在室外进行买卖，这个农贸市场不久便被搁置弃用。可经过这一番变化，这一地段形成了一个规模较大的集市，成为兴源镇远近各村村民购买日常生活用品的主要去处。

在集市上摆摊的都是些小商小贩，有当地各村的，有下城子镇的，有八面通镇的，最远的有来自牡丹江市的。集市上商品种类繁多，床上用品、服装鞋帽、五金日杂、瓜果蔬菜、牛羊猪肉、鸡鸭鱼肉、农用机具、农药化肥、种子菜子、新款自行车，等等，一应俱全。周一集市上的货物大多来自穆棱市或牡丹江市。集市以卖副食品和日常用品为主。夏季的时候，卖的蔬菜很多都是农民自己家种的，拿到集市上出售就是为了赚点零用钱。冬季的时候，集市上的商户以卖“冻货”为主，速冻海鲜等在这里都能买到。除了周一，平日在这里也有卖肉的，由于价格合理，村民日常吃的猪牛羊肉大多在这里购买。集市上的经营业主大多没有营业执照，卖的商品也大多没有质检部门的检测。周一集市在村民生活中占有重要的位置，它基本满足了东村乃至兴源镇人民尤其是东村三组日常生活的需要。东村三组内只有一个小食杂店，除此之外没有任何店铺，村民购买生活用品的途径，除了依靠每周六来东村三组的流动商贩，再就是依靠每周一赶集。

图 1－2　周一集市（2010 年 7 月　作者摄）

2. 兴源肉牛交易市场

东村以北有一个占地 20400 平方米的肉牛交易市场，该市场创办于 2001 年年底，创始人是养牛大户于明臣，是穆棱市最早的肉牛交易市场。兴源肉牛交易市场不仅交易肉牛，耕牛同样也是主要交易对象，在市场上甚至可以见到少量马匹。

兴源肉牛交易市场每周只在周一上午开市，时间是 6～11 点。市场内交易牛的品种有：西门达尔、德国红、德国黄、夏路莱、比利时蓝等肉牛。有些淘汰的耕牛也被牵到肉牛交易市场上来出售。据有经验的养殖户讲，这种淘汰下来的耕牛由于平时吃的都是绿色的不含任何添加剂的饲料，所以比养殖场育肥的肉牛更好吃。一般的牛在这里能卖到4000～6000元不等，好的牛能卖到8000～10000元。同等条件下的母牛由于有繁殖能力，价格要比公牛昂贵。耕牛大多是当地的"笨牛"。一般冬季是肉牛交易市场的旺季，夏季由于是农忙时节为交易的淡季，全年交易量达到20000～30000头。

图1－3　兴源肉牛交易市场内景（2010年7月　作者摄）

东村中以三组的养牛业最为发达，其原因是北岗地区位于山地，有些农机具不适合在山地作业，耕牛的作用就突显出来。因此，三组几乎家家都有养牛的传统，少则3～5头，多则十余头。村民养牛除了用于干农活之外，主要用来育肥贩卖，三组的村民也就成了肉牛交易市场的常客。

（二）街道商业布点

1. 基本情况

兴福路是整个兴源镇最为繁华的地带，街道两边便是上文提到的各类服务行业的商铺。这些店铺多是当地人自建自营，但有的房子是自己的，经营负担较轻；有的则是租赁门市房屋开店，租金多为6000元/年，由于有数额不菲的租金，经营压力较大。

由于商铺众多，所以兴福路一带无论是白天还是夜晚都非常热闹。特别是6家歌厅，虽然都是农村平房装修而成，但是美国音响、“地震”、“地颤”等先进设备一应俱全，经常营业至后半夜一两点钟，隔着一条街都能听见里面声嘶力竭的“嘶吼”声。较大一点的饭庄主要承办村民们的婚丧嫁娶、考学、上房架子等红白喜事；小饭店、浴池、旅店的服务对象通常是修建公路、高速铁路的外来打工人员以及工程队的管理人员。

除了享有上述镇里的共有资源外，作为东村村民自己经营的商户类型和数量情况如下：食杂店3家、饭店2家、首饰店1家、旅店1家、摩托车修理铺1家、浴池2家、电脑办公耗材店2家。

2. 食杂店

东村共有食杂店3家。

一是名为“东方食品总汇”的小型超市。这家店位于东村村委会办公楼下，是兴福路旁的门市房，位置极佳，这一点常常为其他店主所羡慕。店主是村民李凤鸣的二儿子李伟民。李伟民今年36岁，女儿已经上小学，在经营食杂店之前曾经在镇里开过出租汽车，后来觉得开出租车不太挣钱，开始经营超市。2004 年，他花了 10 万元买下了这个面积约 60 平方米的门市房，开了这个超市，以经营各种食品、饮料、烟酒为主，同时也卖少量生活用品。李伟民的“东方食品总汇”不仅是东村，也是整个兴福路上生意最好的食杂店。究其原因，一是所处位置好，处在几个村子相接的十字路口处；二是和李伟民的人际关系好也有关系。他的父亲李凤鸣为人耿直，好打抱不平，前些年曾经为修路征地补偿金不合理一事去上访，在村民中享有非常高的威望。李伟民也继承了他父亲身上豪爽的性情，待人十分热情，所以大家都非常喜欢到他的店中来购物。每当夜幕降临，茶余饭后，都会有村民聚在他的小店聊天，谈论村里村外的大事小情，这甚至成了村里许多中年男子晚饭后的一种消遣方式。而这种情况无意间又增加了李伟民小店的人气，使他的店异常红火。特别是在夏季，其店外还有两家摆摊炸串儿、烤串儿的，当吃客们大快朵颐吃得正酣时，就会去李伟民的店里买啤酒和饮料，这自然又带动了他的生意。

二是“东村供销二商店”。从店名可以看出来，这家店的前身是当年东村供销社。店主冯悦是个 40 多岁的、从海伦市迁来的中年男子。该店在 2007 年加入由牡丹江市委发起的“万村千乡市场工程”。这一活动的宗旨是牡丹江市的一些大型超市为所辖农村的小店提供帮扶服务。如牡丹江市的东兴超市连锁店就负责为冯悦的店提供货源，而且免费上门服务。“东村供销二商店”的经营范围较大，除了油盐酱醋、小食品、日用品等，这家商店还经营一些农用物资，包括种子、化肥、农药、农用器具、五金日杂等商品。居住在村东的村民基本都在这里购买商品。尽管经营范围广泛，但是该店的生意明显要比“东方食品总汇”差得多。调研人员先后去该店两次，没有见到一位顾客。谈及经营困难的原因，冯悦认为一是店的位置太偏，导致顾客少；二是他是从外地迁来的，在当地熟人少，缺少人脉关系，没有人照顾他的生意。

图 1－4　东村供销二商店（2010 年 1 月　作者摄）

三是位于北岗的一家食杂店。该店消费群体是东村三组的村民。值得一提的是，这家没有挂牌的食杂店是北岗唯一的商铺，店面就是店主家的前屋。出乎调研人员的意料，这家食杂店的生意十分冷清，以至于店主通常是把店锁上，在他家后屋里闲待着，有顾客来的时候才从屋里出来。通过调研得知，北岗食杂店生意萧条的原因是：三组的村民已经习惯每周一去镇里赶集，在集上买回自己一周所需要的物品；周六镇里也会有商贩开小车来北岗卖各种日杂百货。这种消费方式在北岗已经根深蒂固，不是轻易能够改变的。店主似乎也意识到了这一点，在经营食杂店的同时，还开微型面包车拉脚挣钱，而且精力主要放在了后者上。

3. 饭店

东村人经营的饭店是现任村支书沈德军家开办的“千百合饭店”。饭店面积有300平方米左右，原是东村村办油坊。油坊歇业后，被沈家买下装修成饭店。饭店平时基本上不接待散客，主要以承办村民们的婚丧嫁娶、上学、当兵、盖房、孩子满月等红白喜事为主，当地俗语叫做“放大席”。“千百合饭店”最多时可以办45桌酒席，成为东村村民“放大席”的首选。

4. 农副产品购销站

兴源镇内有很多农副产品购销站，其中大多数是东村村民经营的。购销站主要经营白瓜子、角瓜子、葵花子、芸豆、五味子、蘑菇、红小豆、山芝麻、木耳、蕨菜和药材等。农副产品购销站在冬季的时候主要收购和加工瓜子，将其通过简单的加工制成半成品。国内知名的真心瓜子、恰恰瓜子等品牌企业都来这里收购瓜子。

购销站为农民在农闲时提供了很多的就业机会，每个购销站都会雇佣3～4名农民。冬闲时，这些农民平均一个月能赚2000元左右。调研人员通过与多名业主的交谈发现，购销站面临的共同问题是资金不足，想扩大经营却没有足够的资金支撑，缺少足够的资金引进设备，只能将收购上来的农副产品制成半成品，收益效果不是最佳。

5. 浴池

东村有两家浴池，即金水河洗浴和天兴浴池。这两家浴池均为平房。天兴浴池2003年开始营业，装修较为简

图 1－5　农副产品购销站（2010 年 1 月　作者摄）

陋。金水河洗浴 2006 年开始营业，店主为一位中年女性。其营业时间为早上 6 点半至晚上 11 点，因店主以前还经营过饭店与旅店，这为她建立了广泛的客源，因此来她家洗浴的人较多。店主认为在农村开办浴池有许多困难。一是客源有限，平时客流量小，用店主的话说就是“农村毕竟不如城里人多”。二是经营存在非常强的季节性，夏季绝大多数村民都会在家使用自制的简易淋浴冲凉，而不会去浴池洗澡，因此夏季是浴池经营的淡季。入秋之后，随着气温降低，浴池的生意才会相对地好起来。三是经营成本较高，水费、电费、燃料费用等等都是不小的开销，加之客流量小，经营对象基本上就是本村人，因此店主向调研人员表示利润有限。目前店主正在联系水暖方面的专业技术人员，帮助改造管道，以便省水省煤。

6. 无固定场所的商贩

东村的街头巷尾经常会有一些骑着三轮车、沿街叫卖的流动商贩，他们大多出售的是水果、蔬菜、豆腐、豆浆、大楂子粥。也有部分流动商贩专门从事收购瓜子、黄豆之类的农产品。这些流动商贩为村民的生活带来了很大的方便。

第四节　村史

一　村名来历与沿革

东村的形成与村名来历并没有明确的文字记载。20 世纪 50 年代，这一地区被当地人俗称黑瞎子村。据村民说，可能与距下城子镇西北 13.5 公里、海拔 688 米的黑瞎子山有关。由于位于兴源镇镇区东侧，后被人们称为东村。1953 年东村被称为东村第一管理区，1958 年成立伊林公社东村。在 1970 年后，这里改名为兴源镇东村。东村在 1975 年时分出东盛村，1977 年分出东兴村 9 个生产队，同时位于北岗地区的一个自然屯并入，最终形成现在的东村。①

二　旧闻逸事

（一）张秧子其人其事

张熙，字云笙，绰号张秧子，河北乐亭人。据闻他在清朝末年（光绪二十八九年）曾任过吉林省伊通县县丞（相当于今副县长），光绪末年辞官迁到穆棱地区兴源镇一带落户。当时正值吉林荒务局派员在穆棱放荒，张就以低微的价格领了十余方（每方 45 垧）荒地。张秧子的土地大

① 根据东村提供材料整理，以下书中涉及村材料，注释省略。

部在马桥河北大岗，领荒后逐年吸引佃农为之开垦，并雇有武焕章、丁方顺、彭静轩等人为其经理垦荒与经租事宜。嗣后又向八面通一带扩展，北至四合北山，四合屯只有28垧土地不是张秧子的。张秧子在境内有土地1200多垧，成为县内最大的地主。

张秧子为了便于垦荒，在北大岗修了一个大院套，盖了30余间草房，开了1个大车店，过往行人称之为“张秧子店”。由于当时穆棱县人烟稀少，穆棱煤矿尚未开发，下城子至梨树镇的铁路尚未修建，密山、勃利等地向外运输的粮食和土特产品，全部靠畜力大车运到马桥河站。张秧子店正处于这条道路的要冲，来往行旅和车辆，凡经由此处皆休息、打尖、住宿，商旅莫不称便。

张云笙自从迁到穆棱之后，基于他的清朝末年的旧官僚资格，地方上每有应兴应革的政事，莫不征求他的意见，历届新县长莅任之初，无不亲自谒见，地方群众亦多拥戴其权势。民国八年，他被公推为全县农会会长，翌年又被举为民林经理处主任。

张云笙处事刚愎自用，财务收支项目从不公开，因此遭到地方上其他权威人士的嫉恨。周佑西、曹万清、杨雍西、邢子祥等人，于民国十二年（1923年）6月组织一个小团体，名曰“急进会”，将张控告。当时县长尹永祯以其倨傲少礼，本来对张素怀不满，遂假借地方互相倾轧之机，将张拘留18天，然后勒令清查账目，结果查出不清款项700余元。尹永祯令张退赔款项并撤销其所有职务结案。张云笙认为此番打击是奇耻大辱，岂肯善罢甘休。为了报复，他千方百计搜集上述原告人的劣迹，得知县长尹永祯等人未经省长批准，擅自向农民征收保甲经费。他以县长贪污收受贿赂为理由，于民国十六年（1927 年）在吉林省城向省长投书控诉。经省派员查证属实，将有关诸人相继撤职，贿赂款项照数退赔。尹永祯也以失察受贿等罪被撤职，县长一职由穆长瑞接替。

张云笙也于是年冬病逝于吉林。张秧子生前宅第，坐落在兴源镇中街路南（今东村一带），屋檐悬有匾额三块，上书“齿德兼优”、“望重一邑”、“公而忘私”，可见当时地方对他如何推崇了。1946 年土改时，张秧子的九女儿家（姑爷汪洁荃）在马桥河被清算，在他家中搜出清朝五品官的朝服数件。[①]

（二）东北抗联老干部尹海庭

尹海庭（1913～1971），男，东北抗日联军老英雄。尹海庭的革命生涯极具传奇色彩，他的故事在东村广为流传，具有很好的革命教育意义。

尹海庭祖籍不详，自幼丧母，从小与父亲相依为命。在幼年的时候他随父亲到吉林省伊伯县，13 岁时又到珠河县（现黑龙江省尚志市）蜜蜂站谋生。他们来到蜜蜂站后，在山上搭起了一个简易窝棚，便在这里定居。父亲因为身体不好，有严重的哮喘病，只能在家中从事一些简单的劳动，尹海庭便外出给别人家扛活儿（打长工）以养家糊口，日子过得也算安稳。平静的生活没过多久，当地来了一个南方商人，在这一地区联系生意，热情的尹海庭见他孤身一人，在此地又没有亲戚，便邀请他来家里暂住。一来二去，这个南方商人便成了尹海庭家里的常客。经过几年的

① 根据《穆棱县志》第 785～791 页内容整理。

接触，南方商人和尹海庭一家的感情越来越深，他年长尹海庭几岁，二人便结拜成为干兄弟。一年冬天，南方商人回老家探亲。可是在他走之后一个月，尹海庭收到了南方商人的来信，信中声称他得了重病，目前正在哈尔滨，希望尹海庭去哈尔滨照顾他。出于对干兄弟的深情厚谊，尹海庭火速来到了哈尔滨。两人见面后，他发现“干哥”并没有生病，并且还得知了他的真实身份。原来，这个南方商人是中共地下党员，负责发展珠河地区的革命势力。尹海庭了解真相后非常兴奋，出于对“干哥”的信任，他渴望加入到革命队伍中。于是，经由“干哥”介绍，尹海庭于1933年正式加入了中国共产党，从此开始了他的革命生涯。

投身革命后，尹海庭主要负责松江省珠河地区的联络工作。他的家成了革命的联络站，他的机智勇敢获得了其他革命同志的一致称赞。这期间，赵一曼等人曾在尹海庭家住过很长时间，而且赵一曼还认尹海庭的父亲为干爹。在革命中逐渐成长起来的尹海庭开始担任珠河县反日青年同盟书记，与赵尚志、赵一曼等人一同发展珠河地区的革命势力，并与冯仲云等同志关系密切。

之后不久，珠河县委被叛徒出卖，党组织受到了极其严重的破坏，革命者被迫暂时撤离。很多同志接受上级指示暂时前往苏联进行休整。尹海庭为了照顾病重的老父亲，放弃了去苏联的机会。于是，上级组织便安排他去黑龙江东部，继续发展革命势力。1938年，尹海庭同他父亲来到了八面通四平村，与一个姓王的同志接头，这位同志与尹海庭单线联系，是尹海庭的上线。尹海庭在这儿暂时安顿下来，等待党组织的指示。他就是通过这种方式与党组织保持联系。1940年，这位姓王的同志在去梨树办事的途中不幸被捕，之后就再也没有任何音信。尹海庭与党组织的唯一联系被迫中断了。在之后很长一段时间里，无人知晓尹海庭的真实身份。

直到新中国成立后，尹海庭被政府派到了兴源镇东村经营兴源酒厂。一次，尹海庭去哈尔滨市给酒厂进原料，被当成可疑分子扣押，并被要求出示身份证明。在扣押期间，尹海庭提出要见已经担任松江省省长的冯仲云。两人相见之后，冯仲云同志立即认出了自己在抗联时的老战友尹海庭。他当时就为尹海庭开具了身份证明，并有意安排尹海庭在哈尔滨市任职。尹海庭拒绝了冯仲云同志的好意，回到兴源镇东村酒厂继续工作。随后，冯仲云给穆棱县委书记写信，证明尹海庭于 1933 年加入中国共产党，并证实他为抗联干部。“文革”时，尹海庭无端受到批斗。当时有人无中生有地指责尹海庭就是出卖珠河县委的叛徒，甚至还有人诬陷他是土匪。后来经过当时清查办的孙玉茂、艾和等同志调查核实，证明了尹海庭清白的革命历史。直到尹海庭去世，他一直享受抗联干部的待遇，并得到当地群众的尊敬与爱戴。

尹海庭的故事正是抗联战士英勇无畏、百折不屈精神的集中体现，对培养青少年的爱国主义情感具有积极作用。①

三　村庄古迹

（一）城隍庙

城隍庙俗称“关老爷”庙，始建于 1891 年 2 月，时任穆

---

①　根据尹海庭长子尹长春口述整理。

棱河招垦分局总理的蒋德英向垦民集资，在村西修建了此庙。目前城隍庙现已为一饭店租赁，庙宇已面目全非。

据村里人回忆，这是一座民间祭祀庙，占地面积1600平方米，建筑面积158平方米，共分三个殿堂。庙体是仿古宫殿建筑样式，形似“前出狼牙后起翘”，由青砖瓦木结构筑成，屋脊有一对泥塑的龙相对，房檐和房梢呈曲形向上伸出，口角屋脊两边都有泥塑人。此庙宇堪称雄伟壮阔、气势不凡。庙大门东西两侧竖有石砌旗杆，分别有鬼神守护。室内有关公、关平、周仓、王母娘娘、铁拐李等几座木泥胎塑像，左右两侧分列各路“小鬼”。殿中正上方横挂穆棱县第一任县长书写的“穆棱福地”长4米宽1米的涂金大匾。室内供桌、蜡台、香炉等器具齐全。

当时穆棱地区只有这一座庙，当地大多数百姓每逢四月十八庙会（道德会）时，到城隍庙上香祈祷、祭祀的人趋之若鹜，十分热闹。

镇志上有蒋德英因“敛钱修庙、实属不知自爱……”而被吉林将军撤职，崔令接任总理的记载。①

（二）粮台山遗址

村东南方向，紧傍穆棱河西岸的地方，陡然突起一座石山，形似龟头伸入穆棱河饮水，这座石山就是粮台山。粮台山位于镇区东西两侧大山的中部，在一条轴线上，各相距1500米，呈二龙戏珠之势，乡民谓之风水宝地。1920年，穆棱县第一任县长手书“穆棱福地”匾额，悬于城

① 资料来源于兴源镇志记载和离休干部刘华贵、土改时干部高广义口述。

隍庙。

关于粮台山名字的来历，有这样的说法。光绪年间，钦差大臣吴大澂在此设穆棱河招垦局，于此山上屯兵、建粮仓，故名“粮台山”。当地人夏日里多上山观景纳凉，又俗称“凉台山”。粮台山海拔368米，距地面相对高度30米。东、南、西三面险峻，北有缓坡与镇内相通；西、南两面怪石嶙峋，并与水相连，形势险要，颇难攀登。据说60年前，山下河水清澈透蓝，水含细沙，沾在身上，金光闪闪，河畔附近可挖出砂金。爱国侨民资助的斜拉大桥横跨河上，兴源镇日善中学位于山脚旁。

粮台山是穆棱河沿岸的旅游胜地，山清水秀，古迹颇多。粮台山的北坡有穆陵市电视转播台；山顶地势平缓，有两座红柱彩绘小亭点缀在苍松杂树花草丛中；西南坡有一“棋盘石”，传说是神仙下棋的地方，可围坐十余人。

村民们喜欢攀登粮台山，爬到山顶能看到兴源镇的全貌。临近夏季的傍晚时分，站在粮台山顶，能看见夕阳与远处的青山还有潺潺的河水组成的美丽景色。在粮台山上有环形的用小石子铺成的甬道，村民们会脱掉鞋子走在上面，据说有按摩的效果，因此来粮台山上散步的人络绎不绝。

1996年，山上重立《吴窓斋中丞筹边遗迹》碑，据乡人记忆和碑文记载：山上“抱江有楼”、“月明水曲、籁椒声林”，古木参天，百鸟争鸣。粮台山边缘有一土城墙，因历史久远，现在只能看到遗址，年代不详。距离粮台山以北200米处，有一座青砖瓦房，建筑面积160平方米，是吴大澂筹边时建造的粮仓，距今100多年，保存尚好。

重立吴公丰碑志

吴公大澂（1835～1902），江苏省吴县人。于光绪七年（1881 年）奉旨督办吉林边务，曾涉足到此，设穆棱河招垦局，屯兵、建粮仓。光绪八年（1882 年）从招远、金州招来垦民 18 户 61 人，设屯开荒。五十年后（1931 年）乡贤人承沅等二十余人为记述吴公之政绩和兴源历史，立碑于镇东二道桥，后被洪水冲断，移镇治院内。

百年后（1989 年）穆棱与吴县、扬中两县结为友好县，千户垦民后裔无不为此欢欣。时下，兴源古镇商贾云集，政通人和，百业兴旺。为昭示后人，饮水思源，修复原碑并重立于此。

中共兴源镇委员会

兴源镇人民政府

一九九六年八月廿三日

鉴于粮台山古迹较多，尤其是清人吴大澂在此筹边，对当地作出了突出贡献，因此，2008 年，时任兴源镇党委书记王剑英倡议修建吴大澂纪念馆，并得到了省委省政府的大力支持。如今，纪念馆已经落成。馆中除介绍吴大澂筹边的历史之外，还展示了穆棱市文物管理所收藏的粮台山出土的陶片、石器、骨器 90 多件，据当地文管人员介绍，它们基本属于唐代渤海国、辽、金、清代时期的文物。围绕吴大澂纪念馆，2009 年当地镇政府主办了首届全国性的吴大澂研究学术研讨会。

（三）古仓房

清光绪十七年（1891 年），清朝政府驻穆棱招垦局总理

图 1－6　粮台山遗址（2010 年 7 月　作者摄）

蒋德英向村民集资，于粮台山北 200 米处修筑义仓一座，储粮备荒，调剂丰歉。

该粮仓系砖木结构，占地 160 平方米，高 8 米。据说粮仓所用青砖均为垦民用牛车从宁安长途跋涉转运而来，胶

图 1－7　古仓房（2010 年 7 月　作者摄）

图 1-8　百年古榆（2010 年 7 月　作者摄）

泥使用当地黄泥，外部砖是用白灰掺加蒸熟的黏米并用木槌砸成糊状后涂抹而成。仓房建成至今有 110 多年，仍保持完好。由此可见当时高超的烧砖制瓦技术和建筑水平，充分体现了劳动人民的智慧和能力。

该粮仓每逢灾年时，开仓放粮，平借垦民，使垦民得以妥居，从事农耕。此后上城子（现兴源镇）人烟渐增，榛莽荒芜之地，初步得到开发。1990 年，古仓房被列为黑龙江省重点保护建筑。

（四）百年古榆

东村附近现存百年古榆有三株。三株古榆中，最粗的一株直径达 1.3 米，树围 2.6 米，约植于 350 年前。按民间习俗，人们为表示对它们的敬重，常在树下摆贡祭奠或在枝杆上拴挂红布条儿。三株古榆虽然历经了岁月沧桑和风霜洗礼，但依然根深叶茂，枝杈交错，绿荫蔽日，生机盎然。百年古榆树已成为东村一道亮丽的风景线，也是一部重视生态、保护环境的活教材，是东村人的无价财富。

（五）伊林站

清光绪二十六年（1900 年），东清铁路由海参崴铺轨到兴源镇，于东村以东穆陵河对岸的山脚下修建了一座火车站。1901 年，火车站建成，占地 7000 平方米。这便是今天的伊林站。

伊林站主要分为站房和货房。站房东西长约 33 米，宽约 10 米，凸出的门庭长约 2 米，宽约 3 米。站房属典型的欧式建筑风格，气势磅礴，宏伟壮观。站房举架高，房顶呈立式结构，门窗旁边有很多形式不一的装饰。站房后身偏西有一深近 3 米、宽约 2 米左右的地下锅炉房，为站房供暖之用。货房在站房东南八九米处，面积很小。

该站建立之初属于停靠站，日通行一个车次，乘火车者多为日伪当局、日本侵略军和有钱人，平民百姓几乎无缘乘坐。1949 年后，当地政府陆续建置了一些固定房屋，

图 1－9　伊林火车站（2010 年 7 月　作者摄）

西侧续接了约10米长的办公室，东侧、西侧及对面建有三处小型货仓。如今，随着哈绥高速铁路改线扩建伊林火车站功能渐渐弱化，并将慢慢退出历史舞台。

（六）东大营

东大营建于1939年11月，是日本帝国主义在兴源镇东山驻军所建筑的军营及辅助设施，因其位于兴源镇东村以东而得名。此外还有南大营、北大营。东大营设有日军司令部、军官宿舍、军医院、弹药库等。墙体、工事均由水泥砖修砌而成；供电没有明线，由地下电缆输送；供水由穆棱河粮台山处河南水塔引入，按照当时标准，设计比较先进。东大营北山（原军官宿舍）有一座“创立纪念碑”，由一块巨石刻制而成，为日军纪念死去的军士所立。如今四周已被开垦为耕地。

（七）伊林桥

伊林桥始建于1940年，1942年9月竣工，共9孔，长128米，宽6米，高8.3米，载重量30吨。此桥是日本侵略者在进驻兴源镇东大营后，为连接满洲与密山的交通，加大掠夺资源的力度，于穆棱河畔东村界内建造的一座永久性钢筋混凝土结构桥梁，取桥名为“伊林桥”。当时日伪军不允许中国人随便通过此桥，便在建桥的同时在桥上游80米处河段上重建木桥一座，专供木轮车通行。在日军与苏军作战期间，为阻止苏军进攻，日军曾炸毁此桥一个孔，据说是第三孔。

2004年，此桥一孔倒塌，为方便往来车辆，兴源镇政府协调刘家农具厂（现穆棱市福麟机械有限公司）义务修建一座长 50 余米宽 5 米的钢筋水泥桥。2007 年，兴源镇党委、政府多方式筹措资金 180 万元，自 4 月动工，8 月竣工。修复后的大桥增添了围栏、护手等设施。伊林桥将东村与伊林火车站连接起来，使村民出行更为便利。

第二章　基层组织

第一节　村民委员会

一　村部基本情况

最早的东村村委会位于今天东村“千百合饭店”（原村办油坊）的后身，是一座有着三间房的小平房。1996 年，村两委班子把位于村西侧的平房翻盖成了一栋主要用于办公的三层楼。这栋楼位于整个东村的西侧，紧邻兴福路，

图 2-1　东村村民委员会驻地（2010 年 2 月　作者摄）

与兴源镇政府隔街相望。其中一楼作为商品房向外出租，主要用作食杂店（即前文提到的“东方食品总汇”）、水果店、蔬菜店等商铺；二楼、三楼是村民委员会办公所在地，设有财会室、民兵团支部、普法办公室、综合服务室、科技图书阅览室、镇东警务室等。此外，剩余空间也向其他单位出租，一年可增加村集体收入 50 万元。

二 村民委员会沿革

东村的档案工作做得并不十分到位，因此东村村委会的沿革并无详细的文字资料记载。我们只能根据前任村委会主任尹福喜的口述回忆，粗略地归纳出 1949 年后东村村委会的变化。

东村的基层政权组织，始建于 1953 年，当时叫互助组。1954 年，互助组改称高级社。社领导为吕纯章，委员包括宋世友、刘德财、曹治举等人。1955 年秋，高级社改称人民公社的大队。支部书记是张增祥，大队长尹海庭，会计王子岐。1960 年，大队长改由曹治举担任。1966 年，支部书记是郭焕友，大队长改称民兵连长，由徐敬生担任。1967 年，支部书记是张增祥，由于“文化大革命”爆发，人民公社改称革命委员会，革委会主任是曹长顺。1969 年，支部书记为曹长顺，革委会主任由王玉财担任。1974 年，支部书记是曹长顺，张增祥任二把手，这一届领导班子没有革委会主任。1975 年，支部书记是曹长顺，革委会主任是尹福喜。1977 年，支部书记是曹长顺，由于“文化大革命”结束，革命委员会重新改称大队委员会。大队长由尹福喜担任。这一届领导班子一直任职到 1982 年。1983 年，支部书记由林志祥担任。伴随着农村改革的深入，大队委员会这时改称村民委员会，尹福喜担任第一届村主任。1999 年以后村委会人员构成见下列表格：

表 2－1　1999 年村民委员会人员构成

姓　名	职　务	姓　名	职　务	姓　名	职　务
林志祥	书　记	尹福喜	主　任	王子岐	会　计
郝春梅	妇女主任	高太平	调解委员	于荣珍	文教委员

表 2－2　2002 年村民委员会人员构成

姓　名	职　务	姓　名	职　务	姓　名	职　务
林志祥	书　记	孙　信	主　任	刘德发	会　计
伏长玲	妇女主任	高太平	调解委员	于荣珍	文教委员

表 2－3　2005 年村民委员会人员构成

姓　名	职　务	姓　名	职　务	姓　名	职　务
林志祥	书　记	孙　信	主　任	刘德发	会　计
伏长玲	妇女主任	高太平	调解委员	于荣珍	文教委员

表 2－4　2008 年至今村民委员会人员构成

姓　名	职　务	姓　名	职　务	姓　名	职　务
沈德军	书　记	孙　信	主　任	刘德发	会　计
伏长玲	妇女主任	高太平	调解委员	杨宝学	文教委员

三　村委会基本情况

（一）人员构成

东村的村委会构成人员非常简单，包括：村主任、财经委员（会计）、调解委员、文教委员、妇女委员各 1 人。其中男性 4 人，占 80%，女性 1 人，占 20%；40～49 岁 2 人，占 40%，50～59 岁 2 人，占 40%，60 岁以上 1 人，占

20%；高中文化程度1人，占20%，初中文化程度4人，占80%；群众2人，占40%，党员3人，占60%。村民委员会下辖4个组，各设组长1人。通过统计可以发现东村村委会存在的问题是人员年龄结构趋于老化，并且文化程度偏低，这是村委会办事效率较低的主要原因。具体表现是：一是缺乏进取心，工作慵懒，态度不积极，多数委员平时没有重要事情根本不来村部上班，即使上班也是上午9点多钟才到，这使村民来村部办事十分困难，村部门口经常聚集好多等待村干部的村民；二是对现代化办公方式接受较慢，村部虽然配有一台电脑，但村委委员中仅有一人会简单操作，委员们记事、记账不会把重要的信息输入电脑，仍然使用账本来记，不便查阅；三是重要的村委会议记录过于简单。东村村部开会时由会计刘德发做会议记录，由于年过六旬又文化水平有限，会议记录十分简略并且潦草，缺失了很多重要信息，这对记录东村的发展变化是个重大的损失。

（二）职责分工

村主任：

（1）带领村委会干部及居民拥护党的领导，响应党的号召，执行党的路线、方针政策和国家的法律、法令，把居民区建设成文明区。

（2）主持村民（代表）会议和村委会成员会议，讨论重大问题及制订年、季、月度工作计划和完成工作措施。

（3）组织村委会成员和各工作委员会实施村委会决议和村民公约。

（4）对村委会工作进行总结检查，并负责向村委会报告工作情况。

（5）安排并制定措施完成上级临时交办的任务。

（6）组织协调村委会内部各方面的关系，处理工作中的矛盾与摩擦，制定合理的工作程序和实施步骤。

（7）全面负责村委会的日常工作。

（8）检查各项制度的执行情况，总结村民自治活动经验。

（9）召集村民组长听取和认真研究村民的意见、要求和建议并及时向政府反映。

财经委员：

职责最为广泛，负责全村经济往来兼统计低保户、困难户。

调解委员：

负责调解村里的家庭矛盾（包括赡养老人问题、夫妻离婚、婆媳不和等）和邻里纠纷。

卫生委员：

负责村容村貌建设及卫生情况。

妇女委员：

主要负责计划生育等妇女工作。

（三）村委会经费及使用

据村会计刘德发介绍，村委会每年所需经费大概 10 万元左右，主要用于农业投资、办公经费、公共设施建设等方面。经费来源有两个：一是镇政府划拨，2009 年之前数额为每年 34000 元，由于东村开始进行示范新区建设，从 2009 年起镇政府划拨增至 80000 元；二是对承包村里机动地和开荒地的农户征收土地费用。东村有开荒地 40 垧，仅开荒地承包一项，就能给村里带来 8 万 ~ 10 万元的收入。但是调研人员并没有得到这笔收益的具体数字。

（四）村干部待遇

村委会成员的工资由镇政府的经管站统一拨付，工资待遇和本人的工作年限、职务密切相关。村支书、村主任、会计（即三职干部）的工资较村委会其他人员的工资要高，同时为了调动村干部工作的积极性，其他干部的工资要达到三职干部的 80%。另外，村干部退休后每人每年还享有补助 1000 元。

2008 年具体的年工资水平如下所示：

单位：元

姓　名	职　务	工　资	姓　名	职　务	工　资
沈德军	村支书	1334	孙　信	村主任	5304
刘德发	会　计	5304	伏长玲	妇女主任	1900
管延江	组　长	1500	于崇玲	组　长	1500
高太平	调解委员	2000	王占胜	组　长	1500

（五）组织机构

村委会下设组织机构分别是：计划生育小组、民主理财小组、村务公开监督小组、养牛协会、晒烟协会、蔬菜协会和农机协会。但这些协会存在的共同问题是规章制度还不十分完善，而且基本上处于一种有名无实的状态之中。村里组建养牛、晒烟、蔬菜、农机等协会的目的是通过交流为村民提供农技信息，如今家家都有电视，村中刚结婚的年轻人又都买了电脑，村民们通过以上途径就可获得所需的技术信息，这无形中也大大弱化了这些协会的作用。

（六）村主任

目前东村的村主任是孙信，今年49岁，担任东村村主任已有7年。在这7年里，东村由一个普普通通小乡村发展成为全市小康富裕村、省级新农村示范村，住房砖瓦化率、道路硬化率、自来水入户率、电话入户率、有线电视入户率五项指标均为100%。

2002年10月，孙信当选为东村村主任，当时他年仅42岁。面对这位刚上任的村主任，广大群众包括看着他长大的乡亲们心里都犯嘀咕：他能行吗？不过他接下来干的几件事很快让乡亲们知道了他的能力以及肯为乡亲们办事的责任心。

上任第二年他就主张将东村的一处农贸市场拆掉，在那里建了一幢占地4000平方米的五层住宅楼，可住72户。在农村建楼房可是新鲜事情，这一举措加大了楼房开发的力度，加快了农村城镇化的进程。

2006年至2008年他用了三年的时间把东村的全部街道进行了硬化、绿化、香化，从而解决了脏、乱、差的问题，并在东边村口建了垃圾场，村民都说这个村长干得好。

在上任以来的7年里，他重视水利建设，把村里河边的地都筑上了河坝，长达3200米，使河两岸的土地不再受水灾而减产。这些年东村大力发展养牛、烤烟、晒烟、地栽木耳等产业，从根本上提高了广大村民的经济水平。

2007年在原有的基础上，通过竞争的方式，东村以穆棱市第一名的成绩被评为省级示范村，开始进行新农村示范建设。2009年一开春，在东村的东北部，有一块6.5万平方米的非基本农田，征收后进行回填，建了一处包括别墅楼、广场、村办公楼、餐饮、洗浴、老年活动室、村民培训基地为一体的综合性活动基地。在孙信的带领下，东村加快了城镇化建设的步伐。

第二节　东村党团妇女组织

一　东村党支部

（一）构成

截至2010年7月，东村党支部有党员49人、预备党员3人，其中农民党员45人、在职教师1人、下岗失业职工6人；党员年龄35岁以下1人，36～45岁16人，46～55岁4人，56岁以上28人；文化程度大专1人，高中及中专10人，初中及以下文化38人；少数民族1人。支部班子成员5名，设支书1名、副支书1名、委员3名，平均年龄49岁。党员中包括村委会成员5人，“两委”交叉任职4人，村级后备干部1人，上挂干部1人，流动党员7人。

党支部委员会领导班子情况是：沈德军为东村党支部书记，其委员包括：高太平、伏长玲、王占胜和杨宝学四人。

（二）前任东村党支部书记——林志祥

林志祥现年64岁，1982年至2009年他担任东村党支部书记。在他担任东村党支部书记的28个年头里，工作认真负责，思路灵活。在他的带领下，东村连续7年被镇党委评为先进党支部，连续4年被评为市级先进党支部。

林志祥在任期间注重提高自己的素质，同时严格要求党支部成员。他要求两委成员每天都按时按点上班、下班。除了处理一些村务外，他就组织党员学习。他经常提醒其他两委成员：只有常学习，才能转变思路；只有转变思路，才能有进步。2002 年，自支部开展“建争带创”活动以来，他常说：“现在党的政策要求咱们党员带头带领农民致富，只有咱们党员富了，你才有说服力，我建议咱党员，哪怕你只雇一个人养鸡、养牛当老板，总比给别人打工强。”同时，他针对东村实际提出了“沟里（镇外）农户，户户养四头牛，净挣一万元，其他收入都是零花钱；镇里农户经商办厂，走企业自身发展壮大之路”的思路。他始终把这个发展思路作为工作的前进方向，认真贯彻执行。

林志祥在任期间，日复一日、年复一年地踏踏实实工作。虽然他年龄偏大，但在各项工作中依然能够冲锋在前，没有丝毫的松懈，无论是植树造林还是建筑工程，他都亲临现场，勇挑重担。1996 年，在整个兴源镇还没有几栋楼房时，他就率先领着两委班子把位于村西靠近镇政府的一座平房翻盖成了一栋主要用于办公的楼房（其中一楼作为商品房向外出租，二楼三楼除了留出足额的办公空间外，也向其他单位出租)，一年可增加集体收入 50 万元。为了切实增加村民收入，改善村民的生活，他主动帮助贫困户。如看到李昌海没钱买种子、化肥时，他就主动每年借给李昌海 2000 元，共借了 3 年，没有要一分钱的利息。为了更好地解决贫困户的困难，他每年都找本村大户如北山建材有限公司董事长张大勇和刘、杨两家农机具厂，帮助贫困户解决就业问题。此外，他还帮助有技术的村民联系打草绳、加工瓦板等业务。现在东村人均收入 7000 元左右，人均收入高于镇里其他村的平均收入。

林志祥在引导养殖业发展壮大上也下了很大工夫。兴源镇的养殖大户中有95%以上都是东村村民。早在2000年，村民殷士贵、殷士富就提出发展肉牛养殖，他就主动帮助他们解决资金，哥儿俩从最初的4头西门塔尔牛起家，现在已经有了一个存栏60多头，年出栏40多头的小型养殖场，过上了富足的日子。

村集体积累壮大了，村民富了，村民们都说这是林书记的功劳。现在虽然他退居二线，但是他在东村仍然德高望重，深受东村村民的爱戴。

（三）部分先进党员介绍

1. 致富能手王丽卉

王丽卉，女，东村村民，中共党员，初中文化。

她头脑灵活，擅长经商。经商以来，做过木材加工生意，开过饭店，现在又兴办了一个小型塑钢厂，有8名固定工人，年收入30万元左右，是村里有名的致富带头人。

她不仅带头致富，还带领更多的人致富。她所承包的责任区内有一个名叫刘建宇的青年，由于家里耕地少，无田可种，又没有一技之长，整天闲待在家里，再加上父亲生病，致使其温饱问题都难以解决。她看在眼里，急在心里，塑钢门窗厂一建立，她就安排刘建宇到厂里当工人，手把手教技术。不久刘建宇就掌握了基本技术，在厂里有声有色地工作起来，每月可以领到800元工资，使自己不再成为家庭的负担。第二年春耕之际，她主动借给刘家2000元钱购买种子、化肥，解决了刘家的燃眉之急。2006年春节前，王丽卉借给刘建宇500元购买年货，使刘家过了一个祥和的春节。

曲立峰家也特别困难，维修房子要用塑料门窗，但一时又拿不出钱来买，王丽卉得知情况后主动将自家厂里生产的门窗送上门，并表示不用着急付款，曲家的经济状况好转后再付款也不迟。

王丽卉的实际行动受到东村党员和广大村民的一致好评。

2. 养牛大户于崇玲

于崇玲，男，汉族，1947 年出生，1966 年 10 月入党，中专文化，兴源镇东村党支部委员。

自从东村党支部开展“建争带创”活动以来，于崇玲以争当“十星”级党员为目标，以实际行动践行了共产党员的誓言。

（1）率先致富。于崇玲善于学习，致富能力强，他通过考察对市场行情有了充分的了解并进行认真分析，感觉到发展养殖业很有潜力，前景看好。于是他依托“金牛富民工程”，带头养殖肉牛。他到外地购买优良品种肉牛 10 头，自建牛舍 140 平方米，当年存栏 30 头，出售育肥牛 15 头，纯利润 8000 余元。通过一段时间的实践和摸索，他感觉到市场竞争激烈，要想养好肉牛，增加效益，必须在科学饲养、科学管理上下工夫，同时必须引进优良品种。2008 年他购进西门塔尔肉牛 65 头，年底出售育肥牛 37 头，纯获利 2 万多元。

（2）带领村民致富。于崇玲在自己致富的同时，没有忘记那些还没有脱贫的群众。他积极响应市委、镇党委“建争带创”活动的号召，带头开展“建争带创”活动。东村三组村民刘立明、马日林、王会昌前几年生活比较困难，于崇玲便主动帮助他们脱贫致富。他帮助刘立明协调资金购买育肥牛 18 头，年获利 1 万元左右；马日林、王会昌虽然年纪较大一些，但有养牛经验，现在他们两家在于崇玲的帮助之下，年存栏育肥牛都在 15 头以上。遇到饲养和预防上的问题，于崇玲都能积极主动地给予讲解和帮助。现在刘立明、马昌林、王会昌三家已经脱贫，走上富裕之路。在他的带动下，东村三组养牛小区规模越来越大，平均每户养 7 头牛以上。此外，近几年村里引进了育牛的优质饲料——青贮玉米，于崇玲还主动种植青贮玉米示范田 30 亩。

（3）热爱公益。2000 年，东村退耕还林任务重、面积大，当时人们对造林的重要性认识上不去，没人造林。他主动到群众当中去做思想工作，讲解退耕还林的重要性。在他的带领下，全村造林农户达到 15 户，总造林面积达 3000 多亩地，圆满地完成了退耕还林的规划任务。2005 年春季造林，他带领党员，逐块查找，逐块补植，引进杨树苗 5 万棵，栽植于长达 10 公里河套地带，对河套两面的堤坝起到防护作用；还运进 100 立方米石头护好地头和河坡，保护耕地达 900 多亩。

（4）帮贫解困。于崇玲负责的责任区内共有农户 18 户。贫困户张学义家里年年种不上地，于崇玲知道以后，主动为他协调贷款帮助种地，还帮助他借钱买了一台手扶拖拉机，耙地挣钱。现在张学义已经摆脱了贫困。他还帮助养牛户孙凤之借款 1 万元，买了 4 头牛，使他在养牛上有了很大发展。另外，村民许天国的父亲长年有病，不能参加劳动，春天种不上地，他就主动开自己家胶轮拖拉机给他家种地，工钱、油钱一分没要。

由于于崇玲工作突出，责任区内农户帮扶工作效果好，

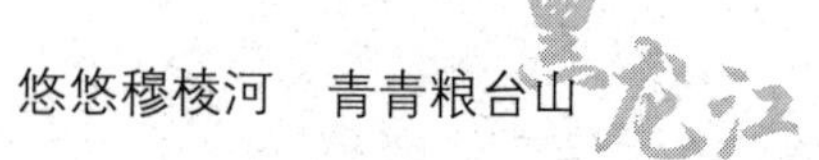

受到了党员和群众的一致好评，在 2005 年支部的“建争带创”活动季评比中连续两次被评为“十星级”党员。

二　团组织

东村设有团支部，团支书由民兵连长于殿臣担任。但是，村里的年轻人有的上中学忙于学业，有的下地干农活，有的打工挣钱，没有时间参加团活动，所以东村的团组织基本上成为虚设的组织，并没有发挥其应有的作用。

三　妇女工作

（一）妇代会

东村的妇女组织是妇代会。近几年，东村妇代会的主要工作介绍如下。

1. 带动全村妇女共同致富

东村妇代会以增加农村妇女收入为主线，帮助妇女解决实际问题。村民王华准备养猪，但手里的资金却不足，妇代会知道情况后，积极与信用社协商，解决了 2 万元贷款，使王华的养猪场顺利建成。如今的王华，已是远近闻名的养猪大户，科技致富带头人。

东村妇代会根据本村的实际情况，多次邀请畜牧站、农技站工作人员开展各种培训班，学习各种养殖技术。过去东村妇女在冬闲时经常聚在一起打麻将、打扑克，一玩就是一整天。如今东村妇代会利用妇联每年举办的“科普之冬”活动，组织东村妇女学科技知识、学种植技术、学养殖知识，有效地利用了冬闲时间。通过每年举办的各种活动，东村妇代会不断总结工作经验，工作成绩也不断提高。

2. 组织妇女开展娱乐活动

每年的妇女节和“元旦”等重要节日，村妇代会都会组织本村的妇女庆祝节日。全村妇女聚在一起，或唱卡拉OK，或跳舞，其乐融融，别有一番情趣。平时忙碌的农村妇女都很愿意参与这类活动，出门之前都要认真地梳洗打扮一番，把自己最漂亮的衣服拿出来穿上。活动的地点一般都是村主任沈德军家开的千百合饭店。当然妇代会组织活动也不只是图热闹，在娱乐的同时，还将有关男女平等、尊重女性、关爱女童、保护妇女儿童合法权益及婚姻法的相关政策宣传贯彻下去，并做好各种信息的反馈工作，得到了事半功倍的效果。

东村榨油厂请求建立妇女组织的申请

市妇联：

东村榨油厂建于2006年1月，共有20名从业人员，其中女性从业人员15人，固定资产25万。

随着社会的进步，女性参与社会经济、政治、文化生活的需要也变得越来越迫切。针对东村榨油厂主要以女性职工为主这一事实，厂长康志财于2006年6月召开全体职工大会，就东村榨油厂建立妇女组织一事进行了讨论和公开征求意见。会上，全体职工以20票的全票通过同意组建妇女组织，职工普遍认为：

一、妇联作为一级保障妇女权益和维护妇女合法权益的社会团体，是党和政府联系广大妇女群众的桥梁和纽带。从女性发展的自然属性和社会属性而言，她们的成长和发展都存在着一定的不利因素，她们是社会群体中的弱势人群，因此加入妇联组织是对其权益和利益实现的有效保证。

二、对于东村榨油厂这样一个具有一定规模的私营企业，各项制度和企业的内部机构都存在一个逐步完善、发展的过程，组织机构的建立健全对于一个企业而言有着至关重要的意义。在东村榨油厂这样一个女性职工占大多数的私营企业，新建妇女组织对整个企业的迅速发展、远景规划和科学管理都是极为必要的。

三、东村榨油厂的职工们普遍认为，妇联组织是女性的贴心人和娘家人，作为私企职工在工作中常常遇到一些与国企和机关工作人员不同的情况和问题，只有加入了妇联组织，才算是真正有了主心骨，才能最大限度地保障自己的合法权益。

基于以上几点原因，东村榨油厂特向穆棱市妇联提出申请，请求新建妇女组织，请妇联领导审议。

申请单位：东村榨油厂

2006 年 6 月 14 日

东村榨油厂妇代会活动记录

1. 2007 年 7 月 1 日

7 月 1 日，东村榨油厂为庆祝建党 86 周年，特举办了一次联欢会。大多数女职工都参加了演出。联欢会上，女职工们以优美的舞姿，嘹亮的歌声赞美党。通过举办联欢会，东村榨油厂的职工更加团结，同时也极大地宣传了新妇女组织。

2. 2007 年 9 月 4 日

举行建立妇代会的座谈会。市妇联部分领导参加了座谈，交流妇女工作的内容和经验，回顾东村榨油厂建厂以来的经历，展望未来。经过座谈，东村榨油厂的职工更清楚妇女组织的意义，更加紧密地团结在妇联周围。企业管理人也表示，愿意全力赞助我市的妇女工作，以实际行动回报社会。

（二）妇代会主任伏长玲

伏长玲，女，1968 年 2 月生，高中文化程度。1988 年夏天，高中毕业的伏长玲参加高考，但在那个“千军万马过独木桥”的残酷竞争时代，她遗憾地落榜了。从 19 岁到 35 岁任妇女主任之间，伏长玲一直在家务农。作为农村妇女，她很遗憾没有像城里人一样，拥有一份固定的工作，开创属于自己的事业，可她也有自己的追求。2003 年，原妇女主任姜珍年龄太大，不愿意再担任职务。在家人的支持下，她大胆参与，通过竞聘成功地走上村妇代会主任这个岗位。谈到自己的优势，她毫不迟疑地说，自己读过高中，和别的妇女相比有文化，这就是她最大的优势。

她倍加珍惜这一难得的机遇。在工作中，她严格要求自己，努力学习业务知识，提高工作能力。2006 年村里开展“五无家庭”（即无赌、毒、黄、邪教、家庭暴力）创建活动，可村里的妇女一到农闲就打麻将。于是她积极宣讲法律知识和致富信息，引导她们远离赌博与消遣，走致富路。东村妇女李红，非常喜欢打麻将，从早到晚都在麻将桌前度过，连孩子都不管，家中也没有人料理，丈夫对她满腹怨气，吵架更是家常便饭。她主动上门找李红讲解赌博对家庭造成的伤害，用事例说明对孩子成长的影响。经过不懈的努力，李红已摆脱麻将，走上了养殖生猪的致富之路，小日子也越过越红火。

这些年来，她积极热心、脚踏实地为村民服务，村里每家每户的基本状况，她都了如指掌。现在，村里的姐妹们都把她当做贴心人、娘家人。因为工作出色，她光荣地加入了党组织。2004 年，她被评为兴源镇“优秀妇女工作者”。2006 年，东村被市妇联评为“妇代会标兵”。特别是 2007 年 12 月，她光荣地当选中国共产党穆棱市第四次代表大会的代表，参加了全市的党代会。

作为妇代会主任，她的家庭生活也经营得十分幸福，为村里其他姐妹作出了榜样。她的丈夫叫康志财，他俩于 1991 年结婚。那时，家里生活非常困难，但她毫无怨言，任劳任怨，经过几年的努力，生活逐渐好转。1996 年，听说东村的油坊向外承包，他们夫妻俩筹集一部分钱把它承包下来。因为她丈夫从 19 岁就开始在油坊干零工，活计样样拿得起。开办油坊是一个起早贪黑的操心活，经过他们的辛勤劳动和合理经营，当年就还清了借款，还净收入 1 万多元。面对效益越来越好的油坊，他们没有停滞不前。现在都开始提倡科技致富了，他们从牡丹江请来了专家，改造机器，增加技术含量，一次性投入了 1 万余元。这让很多村民不理解，可是新机器使用后，控油时间缩短，产油量不断增加，工作效率也提高了。因为他们出产的豆油品质好，基本垄断了兴源镇的食用油市场。

家和万事兴。她承担村里的工作多，在家时间比较少，照顾家庭的精力相对也较少，但是她的丈夫总能理解、支持，一人应对繁忙的油坊工作，从无怨言。夫妻俩携手创业至今，凭着一颗恒心，创造出一份日新月异的新生活。都说婆媳之间的关系难处，但她和婆婆之间多沟通，多了解，关系亲如母女。2004 年秋天，婆婆突然患上脑中风，在医院一住就是一个月。这期间她的女儿又患上了重感冒，但她坚持医院、家庭、村里三处奔忙。在婆婆住院期间，她请医会诊、护理输液、喂水喂饭、擦背洗衣，周到细致。经过精心的照料，一个月后，婆婆出院了，女儿康复了，家里还是井井有条，但她却累得病倒了。

为了使女儿能够健康成长，他们夫妇尽可能创造一切条件，让女儿成材。女儿非常喜爱弹钢琴，他们就在穆棱市为她找了老师，每周坐一个小时公共汽车去学习，坚持了五年之久，这对于一个农村家庭是非常不容易的事情。为了方便练琴，他们给孩子买了一架钢琴放在家里。有人说：农村女孩学琴没用，有几个有出息的。但他们夫妻却不这样认为，伏长玲经常说，女儿生在好时候，他们想让她拥有和以往农村人不一样的生活。目前，女儿已经通过了钢琴九级考试，明年准备过十级。女儿学习成绩十分优秀，在当地日善中学读初中时，学年排大榜，始终名列前三名，不仅在东村，在兴源镇也都小有名气，成为其他家长教育孩子的榜样。她以优异的成绩被省重点中学——海林市高级中学录取。目前正在读高三，为明年的高考努力拼搏奋斗。

在享受自己的幸福生活时，他们也关心着身边的人。他们或出钱，或出力，热心帮助生活贫困的村民。魏福成一家土地少，孩子上学支出多，又刚借债买了房子，生活很艰难。他们把他请到油坊来工作，干黑白两个班，每月就有 1000 多元的收入。村里很多贫困户都在这里打过工，得以度过生活上的难关。

由于伏长玲的优秀表现，当地政府对她进行过多次表彰。2007和2009年兴源镇政府授予她农村工作先进个人光荣称号；2009年穆棱市政府授予她新农村建设女能手称号；2009年中共兴源镇委员会授予她优秀共产党员光荣称号。

第三节　规章制度

由于东村特殊的地理位置，属于镇中村，因此它的各种规章制度比较健全。根据调查，目前东村的规章制度有8项，主要体现在村民委员会、村民代表会议、党员代表大会、档案工作等领域。具体制度如下。

兴源镇东村2009年度目标管理责任状

一、农业生产

（一）目标内容：两烟生产。基础分：100分。评分标准：1. 完成烤烟面积得20分，没有不得分。2. 完成晒烟面积得60分，完不成按百分比扣分，每超额完成50亩加10分。3. 推广优良品种，标准化，实施专用肥得20分。

（二）目标内容：肉牛产业。基础分：50分。评分标准：1. 完成育肥牛任务得30分。2. 疫苗注射、检疫得10分。3. 青贮饲料种植得5分，不种植不得分。4. 村干部协助监督、清查草原得5分。

（三）目标内容：食用菌。基础分：20分。评分标准：完成食用菌任务20分，完不成按比例扣分。

（四）财源建设

1. 目标内容：外地清查。基础分：15分。评分标准：在清查外地账工作中，能够做到应收尽收的得50分。

2. 目标内容：集体经济积累。基础分：15分。评分标准：集体经济以2008年村级收入余额为基数，增长10%，得15分；以2008年村级收入余额为基数每增加1个百分点加0.5分，每降低1个百分点扣5分。

3. 目标内容：财务管理。基础分：20分。评分标准：严格执行相关规定得10分；按时报各种报表准确无误得6分，每迟报1次扣2分；严格按规范程序议事，及时上报“一事一议”项目“以奖代补”材料得4分。

（五）目标内容：生态建设。基础分：50分。评分标准：1. 完成新造任务并通过验收的得15分；2. 完成四旁绿化、护路林、通乡公路及护村林、探底沟渠防护林、母亲河主要河流护岸林的得10分；3. 完成补植任务的得10分；4. 造林管护5分，毁林复耕每亩扣1分，其他视管护情况扣分；5. 森林防火10分，健全组织机构2分，加强值班值宿3分，成立扑火队并有效运转2分，未发生火警、火情得3分，发生森林火灾情况时扣分。

二、水利工程

（一）目标内容：水费。基础分：20分。评分标准：按完成时间和比例给分。

（二）目标内容：防汛。基础分10分。评分标准：健全组织机构（2分），成立抢险队并有效运转（3分），实现汛情通报制度（3分），加强值班值宿（2分）。

三、党建工作

（一）目标管理：基层组织建设。基础分：85分。评分标准：1. 标准化支部建设（21分）：（1）办公硬件完备整洁4分（其中：党旗1分，图版3分）（2）档案软件齐全详实13分（其中：三会一课记录5分，集中学习不少于4次，发展党员等记录每少1次扣1分，每月不少于4次，每缺1次扣1分，积极分子台账3分，按1∶2配备，每缺1名扣一分；三人大户台账1分，退转军人台账0.5分；回乡初高中毕业生台账0.5分，党员台账2分；流动党员台账1分，联系不上、流失1名扣1分）。（3）后备干部培养4分（不少于2人）。2. 党员承诺制（20分）：其中承诺书科学合理、重点突出5分：户外公示板固定、标准3分；检查评比记录2分，每季1次，少1次扣1分；星级党员户挂牌定期调星、悬挂固定5分；党员责任区标志5分。（注：每名双带党员承诺事项不少于3项，年末兑现事项每少1项扣1分，复合型责任区达到60%以上）。3. 支部加协会等新机制（10分）：其中建2个以上专业协会5分；党群共富联合体2分，不少于3个；建特色党小组3分，不少于2个。4. 典型群体建设（5分）：其中兑现承诺优秀典型党员3分，不少于2个；党员科技致富示范户，有事迹2分，不少于3户。5. 党费收缴及时足额（2分），每漏缴1人或迟缴1次扣1分。6. 党刊征订2分，少1本扣1分。7. 发展党员（2分）。8. 材料报送及时准确（3分），每迟报1次扣1分，每漏报1次扣3分。9. 远程教育设备齐全、无损坏，使用率达100%，活动经常，效果明显（10分）。10. 村代会真正发挥作用，全面履行职能（10分），有台账、公章、代表名章、列会记录、村里大事审批件。

（二）目标管理：党风廉政建设。基础分：15分。评分标准：1. 无违法违纪案件（5分）。2. 村务财务及时准确公开（5分）。3. 党风廉政建设软件齐全（5分）。4. 年度发生违纪案件扣15分。

（三）目标管理：武装工作。基础分：10分。评分标准：1. 完成民兵整组、民兵训练和教育工作（5分）。2. 按时限和要求全面完成征兵任务（5分）。

（四）目标管理：宣传思想工作。基础分：10分。评分标准：1. 精神文明创建档案4分，其中包括长效规划0.5分，当年规划0.5分，半年自查0.5分，年度总结0.5分，创建报告1分，磁盘1分。2. 精神文明创建活动3分，包括十星级文明户评比记录1分，奖励办法和落实情况1分，该活动效果1分。保持原级别的分别加1~6分，提档升级的加10分，降级的扣10分。3. 新闻报道3分。

四、计划生育

（一）目标内容：计划生育100%。基础分：10分。评分标准：按统计报表及信访查实计分，查实一例不得分，查实一例三胎违法生育，支书和村主任工资下浮30%，并实行一票否决。

（二）目标内容：妇女参检率100%。基础分：10分。评分标准：以4个季度的妇检记录为准，每降低1个百分点扣0.5分。

（三）目标内容：流动人口管理。基础分：2分。评分标准：报表及时准确，每漏报1次扣1分；查验率、办证率达90%，每降低1个百分点扣0.5分。

（四）目标内容：统计准确率。基础分：3分。评分标准：按妇女主任平时报表打分，每漏报1次扣1分，按要求迟报1次扣1分。

（五）目标内容：创新工作。基础分：5分。评分标准：效能工作法；每次召集会议、报表、其它活动、学习等不来扣1分，迟到扣0.5分。

五、新农村建设

（一）目标内容：绿化。基础分：10分。评分标准：按街道两侧新绿化面积5分，存活率达到85%以上得5分。

（二）目标内容：香化。基础分：5分。评分标准：按任务分解表完成情况给分。

（三）目标内容：环境卫生。基础分：10分。评分标准：禽畜全部实现圈养，无占道物（5分），路面清洁，绿化带整洁（5分）。（打分方法按春秋两季检查为主。）

（四）目标内容：沼气池。基础分：5分。评分标准：按比例完成给分。

六、稳定工作

（一）目标内容：统计。基础分：10分。评分标准：完成全年统计任务、无疏漏得10分。统计报表通报1次扣5分，无明细表1次扣5分，台账不健全扣5分，承担临时调查任务1次加5分。

（二）目标内容：农村合作医疗。基础分：10分。评分标准：完成镇里下达指标得10分，完不成不得分。

（三）目标内容：信访。基础分：35分。评分标准：1. 书记、村长重视信访工作，每季度至少研究一次信访工作，有记录得5分，少1次扣2.5分。2. 村干部积极化解矛盾，责任到位，处理问题及时、得当得5分，不配合信访工作每次扣10分，上不封顶。3. 对上访案件有处理意见得5分。没有的1次扣10分。4. 无上访案件或有效避免越级上访、集体上访案件得20分。一般性上访案件扣5分，越级上访本市级扣7分，牡市级扣15分，省级扣20分，中央级扣30分。对于村里能解决的矛盾却拖着不办，造成较大影响的扣30分，并实行一票否决。5. 由于信访案件引发的费用由该村自行承担。

（四）目标内容：安全。基础分：15分。评分标准：

1. 全年无火灾、生产、交通事故得15分。每发生1起生产事故，扣5分；发生1起交通事故，扣5分；发生1起火情，扣5分；发生1起火灾，受灾应不超过安全责任状规定的损失，超过则一票否决，扣10分。因扑火发生的费用由发生火灾村负责。

（五）目标内容：社会治安。基础分：10分。评分标准：1. 创建“平安村”工作达标得2分。2. 刑事案件比上年下降得2分。每发生1起治安案件扣3分，每发生1起刑事案件扣3分。3. 综治（创平安）图板、表、簿、卡、册各种记录齐全得2分，每少1项扣1分。4. 护秋保收，日常联防巡逻队组建并能坚持巡逻得2分，没有扣2分。5. 设专职调解员，有调解记录得2分。6. 发生重大、恶性案件一票否决。

（六）受牡丹江市检一次加5分，受省检一次加7分，受国检一次加10分。

（七）目标内容：临时工作加分。评分标准：节水灌溉、秋季水保、大中棚育苗、秋翻整地、配方施肥、两路征地等工作视工作完成情况加5～20分。

（八）目标内容：招商引资。评分标准：为招商引资项目提供土地及场所得10分，每增加10000平方米加10分；对向上争取无偿资金做出特殊贡献的按争取资金额5%给予个人重奖。

（九）目标内容：汇报材料。评分标准：半年有总结材料，年终有汇报材料，加4分。

七、加分项目

（一）目标内容：新农村建设。评分标准：每新砌100米石砌边沟加5分，每新砌100米围墙加2分，新建一个农村活动场所加10分。新能源建设按完成情况加分。

（二）目标内容：地方道。评分标准：每修1公里水泥路面（村内水泥路面配齐沟边）奖励支书、村主任1000元。

（三）目标内容：计划生育。评分标准：村计生服务室按牡丹江星级村标准验收合格的，新上一星级村加10分，二星级村加20分，三星级村加30分。计划生育创新工作村在计生工作各个方面如有创新加5分。

（四）目标内容：评先进。评分标准：评为镇级加5分，评为本市级加7分，评为牡市级加10分，评为省级加15分。

东村村代会工作职责

东村村代会是村民会议授权的经常性的工作组织，对村民会议负责，在村民会议授权范围内，对村务实行授权和监督，授权的方式一般是将村民会议授权的事项写入《村民自治章程》或《村规民约》。主要职责是：

1. 讨论修改本村的《村民自治章程》或《村规民约》草案，提交村民会议讨论通过；

2. 讨论决定村民会议授权的涉及村民利益的重大事项；

3. 讨论决定本村的全年工作计划；

4. 听取和审议村委会工作情况；

5. 审查本村全年财务预决算和上年度财务收支决算；

6. 向群众宣传村代会决定；

7. 广泛收集村民意见，及时向村委会提出工作建议；

8. 对造成重大工作失误或不称职的村委会成员提出罢免建议，对不称职的村民代表提出罢免建议。

东村村代会工作制度

1. 村代会由村代会主席召集，一般每季度召开一次，村党支部、村委会向村代会通报前次会议决定事项的执行情况、“两委”班子近期工作完成情况以及下季度将要开展的工作。研究决定村内重大事项，1/5 以上的村代会组成人员提议或遇有重要事项等特殊情况可随时召开。

2. 会议由村“两委”成员、村代会主席，共同研究确定议题，由村代会主席主持。会议应有 2/3 以上村代会组成人员参加，所做决定经全体村代会的半数以上成员通过方为有效。

3. 召开村代会前，对涉及广大村民利益的事项应提前二至三天通知村民代表，村民代表要征求本选区村民的意见，向村代会反映的意见和建议不得违背本选区大多数村民的意愿。

4. 村代会组成人员要在会议形成的决议上加盖统一制作的名章。

5. 村代会的决议、决定必须符合国家法律、法规和政策。须经审批的事项，待批准后方能提交村代会讨论。

6. 村代会工作要做好文字记录，存档备案。

东村村务公开制度

一、公开内容

1. 镇政府、党委和上级有关部门的政策、规定及本村的公共事务。

2. 全村的经济收入和支出情况。

3. 各农户应承担的义务；农户用电、用水、教育集资费的收缴情况；上级分配的粮食定购任务、粮油推销、化肥预购定金、柴油和限度供应的生产资料物资分配情况、基建情况。

4. 计划生育管理和对超生的处理情况。

5. 各岗位上的用人情况。

6. 土地和公共事务的招标承包、建房标准和宅基地审批情况。

二、公开范围

公开到各农户和全体村民。

三、公开的方法

1. 设立村务公开栏，将公开事项粘贴上栏，公布于众。

2. 利用村民会议和村民代表大会，将主要事项进行公开。

东村财务公开制度

会计核算：

1. 按省经济合作组织会计制度规定，设置和使用账簿。

2. 账簿的登记、使用手续齐全，责任明确。

3. 原始凭证格式正规、项目齐全、审核手续完备。

4. 账目记载及时、摘要清楚、分录正确。

5. 会计核算达到五相符。

财产物资：

1. 财产物资设明细账，定期盘点，账实相符。

2. 集体发包大型财产，发包时要签订合同，登记造册，期满后要逐件盘点，发现盘点问题按合同处理。

3. 产品物资入库要验收，出库有手续，未经批准不准外借。

4. 财产物资年终要进行一次盘点，查明盘亏原因，及时处理好账目。

资金管理：

1. 村级收入的资金实行村有、村管、镇监督，实行预决算审批制度。

2. 农业税附加及财政转移支付资金村有镇管，实行预算拨付制度。

3. 库存资金不超过三百元，严禁白条子顶现金和出借账户或开空头支票。

4. 有价证券入账管理，不准个人管理。

5. 任何人不准乱支乱借现金、存款，绝不允许高利贷款，严禁计划外开支。

财务审批：

1. 严格审批权限，村级开支三百元以内的财务由主要领导审批；一千元以下由民主理财小组审批；一千元以上由镇主管部门审批。

2. 严格审批程序，村级经济业务发生后，由经办人持据找会计复核，领导签字后，交给出纳员审核付款。经村民理财小组审核后，报镇经管中心审计，加盖审计章后，方可入账。

3. 坚持“一支笔”审批制度。

4. 重大经济项目由支委会、村委会研究后，经村民大会或村民代表大会批准后，方可执行。

合同管理：

1. 按省农村承包管理规定，采用统一样式签订承包合同。

2. 合同管理实行一级签订，二级仲裁，三级管理。

3. 建立承包合同档案，搞好合同调解、仲裁有关资料的管理。

民主理财：

1. 村民主理财小组，对村级各项经济业务收支、各项资金、财产、物资等项目进行全面监督。

2. 每月或每季例会一次，对各项收支进行民主监督。

3. 村级财务要定期公布账目（形式不限）接受群众监督。

4. 民主理财小组每半年或一年召开一次群众代表大会，听取群众意见，改进和完善民主理财工作。

党员大会制度

（一）党员大会由党支部书记召集和主持，全体党员参加，每季度至少召开一次，必要时随时召开。

（二）传达、学习党的路线、方针、政策和上级党组织的决议、指示，制定本村贯彻落实的计划措施。

（三）听取、讨论支委会的年度述职报告，对支委会的报告和工作情况进行审查和监督。

（四）讨论发展新党员和预备党员转正事宜，并决定报请乡镇党委审批；讨论对党员的奖励和处分。

（五）选举支部委员，选举或推荐出席上级党代表大会的代表。

（六）讨论研究拟提请村民会议或村民代表会议表决的事宜。

（七）讨论决定支部提出的其他重要问题。

村委会工作制度

（一）村委会决定重要村务，采取少数服从多数原则，集体讨论决定。

（二）村委会每年至少向村民会议或村代会报告一次工作。

（三）村委会应认真执行村代会的合法决议，如认为村代会的决议不当，可向村党支部提出复议，仍然无法通过的，向所在乡镇党组织提出；对复议结果仍认为不当的，可提议召开村民会议表决。村委会必须执行村民会议的合法决议。

（四）村委会及成员实行任期目标和年度目标责任制，进行工作实绩考评和民主测评。

（五）村委会工作要做好文字记录，存档备案。

村民会议工作制度

（一）村民会议在村党组织领导下，村党组织、村代会和村委会负责人共同研究决定后，由村委会召集，村委会主任主持。

（二）应根据讨论决定事项的需要及时召开村民会议，如有 1/10 以上的村民联名提议或遇有特殊情况需要召开村民会议时，也应及时召开。

（三）村民会议应由本村 18 周岁以上村民的过半数参加，或者有本村 2/3 以上的户代表参加，所作决定应当经到会人员的过半数通过。

（四）村民会议必须在党的政策和国家法律范围内活动，所作决定不能与国家法律、法规相违背。

（五）应由村民会议讨论决定的有些事项，可授权村代会决定。

（六）村民会议要有文字记录，存档备案。

村级“两委”班子联席会议制度

村党支部和村委会联席会议是村级最主要的决策形式，具有广泛的决策职能。“两委”联席会议由村党支部、村委会全体成员参加，到会人员总数和支委委员到会人数均须超过应到会人员的半数。由村党支部书记召集和主持。也可由支书临时委托支部副书记或村委会主任召集并主持。通常每月召开一次，也可以根据工作需要随时召开。

“两委”联席会内容有：

（一）讨论决定贯彻落实上级党委、政府有关决议、指示的实施办法；

（二）讨论决定加强村“两委”干部思想政治建设和作风建设的决议或决定；

（三）讨论决定不必提交村民会议或村民代表会议决定的其他事宜。

（四）以下事项应当由“两委”联席会研究，提出方案后，按照有关规定和程序，提交党员大会、村民会议或村民代表会议研究决定：本村经济和社会发展五年规划和年度计划；村集体统一经营收入的使用；兴办村公益事业的筹资筹劳办法及使用情况；村集体经济项目的立项，承包方案及村公益事业的建设承包方案；村优抚救灾救济、扶贫助残等款物的接受、发放、使用情况；本村水电费的收缴情况；村集体土地及各业的承包经营方案；计划生育、宅基地指标分配报批情况；村委会认为应当由村民会议讨论决定的涉及村民利益的其他事项。

档案工作各项制度

档案保管制度

（一）各单位档案工作要有一名领导主抓并有专（兼）职人员负责档案具体工作。

（二）档案室必须牢固，设有防火、防水、防盗、放虫、防鼠、防光、防尘、防潮等设施。

（三）各单位的档案存放要有专室、专柜、专人管理，档案柜尽量做到规格统一，按顺序编号。

（四）档案存放按保管期限分别竖放，并编制档案存放目录。

（五）搞好档案库房温、湿度记录，做好记录分析。

（六）档案保管人员要定期检查与核对档案情况，做好检查记录，发现问题及时报告，及时处理。

（七）档案室应保持清洁卫生、长年达到无尘、无碎纸、无烟头、无有害气体等状态。

借阅档案制度

（一）凡因工作需要借阅本单位档案，需单位负责档案工作的领导批准方可到档案室借阅档案。

（二）档案内的文件、材料一般不许复印、不许全文抄写，如确实因工作需要，必须复制或抄写全文，经主管领导批准后方可复制或抄写。

（三）借阅、查阅档案者，要爱护档案，不得在档案上写、画，更不许撕页，保证档案的清洁、完整，一经发现有损坏档案的现象要赔偿损失，并根据情节给予处分。

（四）一般借查档案，只限在档案室查阅。

（五）外单位到村委会借阅档案，必须经当地经管站批准。

销毁档案制度

（一）销毁档案必须认真履行审批手续，由销毁单位向市、乡（镇）经管站提出书面申请，说明要销毁的档案年代、内容、卷数、期限，经批准后方可销毁。

（二）村委会没有保存价值的文件、材料，经过认真鉴定后进行销毁。

（三）要销毁的档案必须编制销毁清册，一式三份，一份村委会存档，另外两份分别上报市、乡（镇）经管站。

（四）乡（镇）经管站要责成专人在指定地点负责监销工作。

（五）领导和监销员要在销毁清单上签字盖章。

（六）列入销毁的文件材料和档案，绝对不允许当废纸出售或作为他用，一经发现严肃处理。

第四节　村民自治与法制建设

一　村民自治

村民自治是20世纪80年代末在中国广大农村社区兴起的一项亿万农民广泛自治和直接民主的实践，是在中国农村推行的一种社区制度，是农村经济体制深刻变革后带来的必然的历史进程，它一改过去农村政社合一，单一行政命令式的传统治理方式，建立了一种依法自治和直接民主的农村新型管理方式。[①]

① 肖唐镖、李昌金等著《中国乡村报告：政府行为与乡村建设研究》，学林出版社，2005，第204页。

村民自治的主要特点是由村民自己决定发展本村内部的事务，其他组织和政府无权干涉，即村民通过“实行民主选举、民主决策、民主管理、民主监督”，自我管理本村的公共事务和公益事业，调解民间纠纷，维护社会治安等。①

（一）村民代表会议

东村村代会由 7 名村干部和 20 名村民代表组成，共计 27 人。在 27 名村代会成员当中，女性 1 人（妇女主任伏长玲），男性 26 人；党员 8 人，群众 19 人；年龄最大的是会计刘德发，现年 63 岁，年龄最小的是 28 岁的王占武；汉族 25 人，少数民族 2 人（均为满族）。20 名村民代表的受教育程度均为初中。

表 2-5　2010 年东村村民代表名单

姓　名	性别	民族	出生年月	文化程度	政治面貌
吴占利	男	满族	19600405	初中	群众
张百胜	男	汉族	19660419	初中	群众
许守彬	男	汉族	19550617	初中	群众
郭学斌	男	汉族	19510803	初中	群众
刘建波	男	汉族	19590705	初中	群众
刘茂臣	男	汉族	19651025	初中	群众
许守江	男	汉族	19741115	初中	群众
许守连	男	汉族	19700901	初中	群众
于明才	男	汉族	19580714	初中	群众

① 肖唐镖、李昌金等著《中国乡村报告：政府行为与乡村建设研究》，学林出版社，2005，第 207 页。

续表

姓　名	性别	民族	出生年月	文化程度	政治面貌
于殿臣	男	汉族	19720715	初中	群众
王占武	男	汉族	19820407	初中	群众
管延江	男	汉族	19640518	初中	群众
鲁业亮	男	汉族	19510321	初中	群众
朱爱全	男	汉族	19780515	初中	群众
柳培金	男	汉族	19630714	初中	党员
张立柱	男	汉族	19601210	初中	群众
王占印	男	汉族	19580213	初中	群众
徐怀江	男	汉族	19590817	初中	党员
曲忠强	男	汉族	19570623	初中	党员
卢凤山	男	汉族	19510415	初中	群众

表 2-6　2009 年东村村民代表会议情况

届　次	召开时间	主题内容	结　果
第一次	2009 年 1 月 5 日	东村被定为省级文明村，建设东村示范新区，但是开工之前，需要征村一组稻田地，面积大约 7 万平方米。	通过讨论，大家认为这是件好事，一致通过这项决议。
第二次	2009 年 4 月 14 日	建设示范新村各项资金说明，村自筹 200 万元，镇投资 93 万元，市投资 100 万元，项目承载 296 万元，融资 73 万元。	村民代表发言表示支持示范新村建设项目。
第三次	2009 年 4 月 28 日	主要议题为种植晒烟的相关事项。为响应党委政府的号召，东村种植晒烟 600 多亩，安排种植任务，村里给烟农每亩地 100 根烟杆和 1 立方米烟架木，烟杆每根 3 元，烟架木每立方米 260 元，村承担一半。	经过村民代表讨论、研究一致通过，按照两委班子的安排，给予烟农优惠条件，支持烟农种植优质烟。

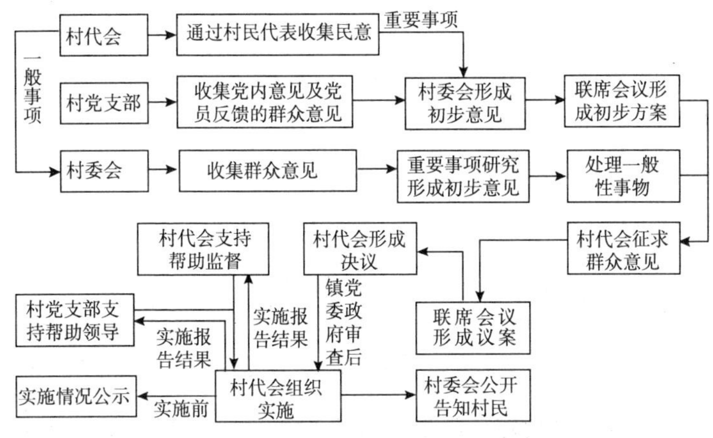

东村重要事务办理程序

（二）村民代表的选举

村民代表选举应在村党组织的组织领导下进行，由本届村代会选举产生的下届村民代表选举委员会，具体负责实施村民代表的选举工作。

1. 一般按居住区域，由 5 ~ 15 户村民民主直选一名村民代表。

2. 选举会议应有选区户数的 2/3 以上或选民的 2/3 以上参加，投票选举，得票多者当选。妇女、青年和人数较少的民族应当有适当的名额。选举结果要当场公布。

3. 村民代表在正式当选后，村代会应及时将代表名单报乡镇政府备案，由民政部门颁发村民代表当选证书，并及时向全体村民公告。

4. 提倡具备条件的党员积极参选村民代表。

（三）村民代表的任期、罢免和补选

村民代表的任期与村民委员会相同。村民代表因故不能履行代表职责，可以辞职、罢免和改选，村民代表无正当理由连续3次不参加村民代表会议的，其代表资格应自行终止。罢免和改选村民代表，由原选区内的1/3以上户或村代会提出，在原选区按照村民代表的产生办法进行。村民代表出现空缺应在原选区及时进行补选。

二　依法执政

（一）社会治安综合治理

东村社会稳定、治安状况良好。这首先得益于近几年来农村治安宣传教育活动开展得非常好。2009年全年，兴源镇派出所开展了“五进五讲”活动。1～3月为活动的第一阶段，活动形式为“公安大走访、爱民大实践”，主要为法律知识的普及与宣传；4、5月为第二阶段，有“警营开放日”；6、7月份主要进行国庆安保宣传教育；进入8月以后，着重开展了“护秋保收、安全防范”工作。在全年的“五进五讲”活动中，警员主动为村民上门服务，构建了较为和谐的警民关系，也加强了农村治安的宣传力度。群众能安心生产，有安全感。领导干部严于律己，没有违纪、违法行为。村里无恶性刑事案件、严重的经济案件和重大治安案件，无重大责任事故和其他非法行为。

兴源镇东村治安防范工作责任状承包合同书

甲方：兴源镇政府综治办

乙方：兴源镇东村治保主任

乙方工作任务：

1. 详细掌握本承包区内机动车及要害部位、主要财产和公共设施，如变压器、学校、高压线路等不受人为破坏。

2. 负责本承包区内人民内部矛盾纠纷的预防、调处、化解和信息报告工作，积极化解本承包区内村民间的一般性矛盾，落实违法人员帮教措施，确保社会稳定。

3. 协助驻地公安机关认真履行治安防范职责，预防本承包区内各种违法犯罪行为，发现违法犯罪嫌疑人员时，及时报告或者组织群众扭送当地公安机关处理，有效遏制刑事案件的发生。

4. 协助驻地公安机关开展防爆、防火、防盗、防破坏事故的“四防”安全教育和检查，及时预防和发现本承包区内治安案件、火灾等事故，对发生的各类刑事、治安案件和治安灾害事故，组织群众保护现场并及时向公安机关报告。

5. 及时发现和提供各种违法犯罪和邪教活动线索，及时清除本承包区内各种邪教非法宣传品，并报告上级相关部门。

乙方在年内达到治安防范责任承包合同规定工作目标，得工资 1200 元，给予奖励 200 元，发生问题的扣除奖金 200 元。

甲方：兴源镇政府综治办

乙方：兴源镇东村治保主任

2009 年 1 月 10 日

（二）“民主法治示范村”创建

自 2003 年以来，东村高度重视镇政府开展的“民主法治示范村”的创建活动，把创建活动列入了重要议事日程。东村充分认识到，开展“民主法治示范村”创建活动是切实提高东村民主法治管理水平的重要举措。

东村的指导思想是结合市、镇两级领导部门关于创建“民主法治示范村”精神要求，从抓村民代表会议等村民自治组织建设入手，依法健全各项制度，为更好地实施民主选举、民主决策、民主监督、保障农民当家作主的民主权利，调动广大群众积极性，促进农村经济和精神文明建设的协调发展。

东村村民自治组织健全、村民委员会及其下属委员会、村民小组能够有效发挥作用。民主选举方面做到了规范有序，村民委员会成员、村民小组长、村民代表都能依法选举或推选产生，选举程序规范，选举秩序良好，选举结果群众满意。民主决策切实落实，村民会议和村民代表会议制度健全，重大事项都能由村民讨论决定，农村税费改革的地方，“一事一议”制度能较好地发挥作用。民主管理做到了扎实细致，村干部依法实行民主管理，村民自治章程和村规民约健全，村委会公章、财务账目、集体财产、用人制度等管理有序。民主监督方面做到了推进有力，村干部依法接受村民监督，定期报告工作，接受群众评议，村务公开制度健全，群众满意率达90%以上，没有发生因村级账目不清、村务不公开而引起的群众上访案件。

目前，在涉及征地、工程、村集体资产租赁等比较敏感、容易产生纠纷的重大问题处理上，都采用合同管理的方式。

合同书

发包方（甲方）：穆棱市兴源镇东村

承包方：（乙方）：黑龙江广运建设工程有限公司

经双方协商，就穆棱市农村公路建设项目，B2 标段工程建设达成以下协议：

1. 项目名称：穆棱市农村公路建设项目兴源镇东村路段。

2. 项目规模及技术标准：该工程为四级公路标准，全长 1.1 千米，白色路面。路基宽 6.5 米，路面宽 3.5 米（长 306 米合计 1071 平方米）。路面宽 4.5 米（长 794 米合计 3573 平方米），采用两层结构，面层为 18 厘米厚水泥混凝土板，基层为 18 厘米厚 6% 水泥稳定砂砾。

3. 质量标准：优良。

4. 工程要求：2007 年 6 月 25 日开工，2007 年 9 月 25 日交工。

5. 合同金额：根据工程量清单所列的数量和单价计算东村每公里 25 万元，共计 4644 平方米，每平方米 71.43 元。合同总价约为人民币叁拾叁万壹仟柒佰贰拾圆，331720 元。

6. 工程造价：按实际发生的工程量计算。

7. 乙方按甲方要求配备工程设施所需的机械设备、试验设备、工程技术人员，严格按《公路工程施工技术规范》有关要求进行施工，整理好工程内业资料，保证在各方面按合同文件规定承担本合同的实施和完成及其缺陷的修复，工程合格率保证 100%。

8. 甲方负责提供的材料应按乙方要求的合理期限运至指定料场并保证材料质量。

9. 所有用于本工程的材料必须符合《规范》要求。

10. 如乙方未能按合同的约定期限完工，每迟延一日按工程总造价款的 1% 付给甲方违约金，该违约金在甲方支付工程款时，按日计算扣除。如工程验收不合格甲方不付给乙方工程款。

11. 甲方有权随时向乙方发出为使工程合理及正确施工的指令，乙方应认真执行。如因乙方原因造成质量事故，一切损失由乙方自行承担。如因甲方指令错误而引起的损失，由甲方负责。

12. 甲方保证根据本合同工程的实施和完成情况及资金到位情况，按比例拨付工程款。全部工程完工后经验收完成后，甲方将扣留工程总金额的5%作为保修金，剩余工程款一次性结清。本工程的保修期为两年。

13. 付款方式：村匹配资金在乙方开工时预付3万元，剩余部分在混凝土完工后验收合格，除留除5%保修金外一次性付给乙方。

14. 本合同书在承包人提供履约担保后，由双方法定代表人或其授权的代理人签署与加盖公章后生效；全部工程完工后经验收合格，以及缺陷责任期满，甲方将剩余保修金返还给乙方后失效。

15. 本合同书一式四份，合同双方各执一份，市交通局一份，相关村一份。

甲方单位：兴源镇东村　　　　乙方单位：黑龙江广运建设工程有限公司

甲方法人代表：孙信　　　　乙方法人代表：王利全

黑龙江省绥芬河至牡丹江高速公路工程
穆棱段征用土地补偿协议书

第一条　协议双方

实施征地方：穆棱市兴源镇人民政府（受市政府委托，

以下简称甲方）

被征地方：村民（以下简称乙方）

根据《中华人民共和国土地管理法》、《黑龙江省土地管理实施条例》、《黑龙江省人民政府关于印发<黑龙江省征地片区综合地价实施办法>的通知》等有关规定，双方就黑龙江省绥芬河至牡丹江高速路工程项目建设用地征地补偿问题达成如下协议。

第二条　甲方（受市委委托）承办拟征（拨）用乙方所有（或使用）的土地　　平方米。

第三条　甲方根据片区综合地价向乙方支付征（拨）用土地费总额　　元（人民币）。

第四条　征用土地的补偿费应当自征地补偿方案批准之日起尽快全额支付，乙方需按批复要求及时供地，不得阻碍或提出协议规定外的要求。

第五条　本协议若县以上政府审批土地时未提出异议，自双方签字盖章后生效。

甲方（盖章）：　　　　　　乙方（盖章）：

法人代表（盖章）：　　　　法人代表（盖章）：

2009 年 4 月 1 日

（三）法律普及

近几年，在镇司法所和法律服务所的帮助下，东村法律普及方面的工作得到了长足进步。

2006～2010 年为兴源镇实施法制教育的第五个五年规划期，即“五五普法”。这是继续广泛深入地开展法制教育，全面落实“十一五”发展规划，实现“两个率先”，构建和谐社会，推进法制建设具有重要意义的关键时期。

东村是“五五普法”期间普法依法治理的典型示范村。镇司法所为东村村委会拍卖、发包林地、荒地提供法律服务，先后为东村荒地对外承包、拍卖程序、合同签订、公证办理等提供法律服务和帮助。

“五五普法”期间，法制宣传教育深入人心。村民学法、懂法、守法、用法，法律素质不断增强；村干部遵纪守法，依法办事，农村法治化管理水平逐步提高。农民能够熟悉寻求法律服务的渠道，依法维护自身的合法权益。

普法工作的开展确实增强了村民们的法律意识。入户调研期间，当调研人员提出要给一张姓村民一家及他们新盖的房屋拍照时，张家首先想到了肖像权及照片的版权问题。

（四）民事调解

东村目前的民事调解工作主要由调解委员高太平负责，村主任、村支书等在村里职务高、有威信的人协助其工作。如果事态严重，镇司法所的调解人员也会介入其中。民事调解的主要内容包括家庭矛盾，如赡养老人问题（子女之间对赡养老人相互推诿）、遗产继承问题（兄弟之间争夺房产）、夫妻离婚、父子不和，等等；土地纠纷，比如邻居之间争夺头等地。通过法律宣传，教育村民遵守法律，遵守社会公德。

具体案例

1. 成功案例。2008 年 2 月的一个晚上，东村村民王振北和丁占武在玩扑克牌过程中，由于王振北言语有些过激，惹恼了丁占武，两人随即发生冲突。被在场的人劝开以后，丁占武很生气，气势汹汹地回到家中，取了一把菜刀将王振北头部砍伤。经兴源派出所调查处理，认定为轻微伤，后因赔偿数额争议过大未能达成协议。盛怒之下，王振北扬言不要丁占武赔偿了，他要使用暴力来解决问题，好好教训一下丁占武。本来即将平息的纠纷旋即充满了火药味，一场新的殴斗一触即发，气氛一下子紧张起来。

东村的村干部和兴源镇人民调解委员会得知情况后，立即介入，分头做双方的劝解工作，把双方的火气压了下来。待双方冷静下来后，工作人员通过走访调查，对纠纷过程有了较全面的了解。进入调解程序后，调解人员首先向双方宣传了《民法通则》和《最高人民法院关于审理人身损害赔偿案件适用法律若干问题的解释》中关于人身损害赔偿的相关法律知识，向他们讲清了采取过激行为的严重后果。教育双方本着互谅互让的原则，在划清责任的前提下，在赔偿项目和金额上作适当让步。经过一段时间的艰苦努力，双方终于在2009年2月3日促使双方达成调解协议，丁占武一次性赔偿王振北医药费、人身损害赔偿费2000元，并于2009年5月前付清。2009年5月，王振北高兴地从调解人员手中接过2000元赔偿金，他激动地说："太谢谢你们了，人民调解委员会真是帮了我的大忙啊！要不是你们调解，不知道要闹出多大的事，现在想起来都后怕。"这场历时15个月，一度要升级成刑事案件的纠纷以双方握手言和的方式圆满解决。

据镇司法所所长赵周永和东村调解委员高太平介绍，与以前相比，如今的调解工作要困难得多。赵周永认为，因为过去绝大多数村民不懂法，司法调解人员在群众中享有很高的威望；但现在随着法律的普及，许多村民认为自己也或多或少知道一些法律知识，司法调解人员在他们心目中的地位不像以前那样有权威，因此他们的话也就不太听了。东村调解委员高太平也提到如今民事调解的工作越来越难做，村民们出了事儿根本不听调解。他认为主要原因在于，以前是集体经济，村民们的衣食住行都要依靠村集体，村干部说话也就一言九鼎，村民为了自己的生活也不敢不听；但现在都是个体经济，每家每户都忙着自己的生产生活，和集体没有多大关系了，村干部说话也不像以前那样有效了。因此，近年来他们调解成功的案例并不多见，多数调解都是失败的。

2. 失败案例。村民刘某82岁，有三个儿子。但兄弟三人经常因为赡养老人问题相互推诿，打得不可开交。2008年，经村里调解，兄弟三人决定把老人送往穆棱市敬老院。但没有想到的是，在村里用蹦蹦车把老人送到敬老院后，兄弟三人又对敬老院费用的分摊问题发生矛盾，调解未果。村里无奈之下只能又将老人拉回东村，暂时住在二儿子家里。几日之后，悲愤之中的老人上吊自尽。高太平至今回忆起这件失败的案例仍唏嘘不已。

第五节　东村第八届村民委员会选举情况

2008年10月，东村村民委员会任期届满，按照《中共黑龙江省委办公厅、黑龙江省人民政府办公厅关于做好全省第八届村民委员会换届选举工作的通知》及《中共穆棱市委办公室、穆棱市人民政府办公室关于印发穆棱市第八届村民委员会换届选举工作方案的通知》的要求，东村第八届村民委员会换届选举工作将于2008年9月至11月进行。

东村于2008年10月进行了第八届村民委员会换届选举

工作。本次选举共分为以下几个阶段。

一　前期准备阶段，成立村民选举委员会

10 月 5 日，东村成立了村民选举委员会。由村民小组会议推选产生了由 7 人组成的村委会换届选举委员会，并推选林志祥主持工作，村委会换届选举委员会名单在村部张榜公开。村民选举委员会组织和主持本次选举工作，并制订出本村的选举方案。

二　选民登记

10 月 7 ~8 日，东村开始进行选民资格审查与登记。年满 18 周岁的村民，不分民族、种族、性别、职业、宗教信仰、居住期限，都有选举权和被选举权，但是依照法律被剥夺政治权利的村民除外。离开东村两年以上，并且在目前无法与之取得联系不能进行选民登记的村民，不计入本届选民基数；丧失行为能力的精神疾病患者不列入选民名单。根据以上条件，东村共登记 1062 人，并张榜公示。

三　依法提名候选人

东村村委会候选人条件：遵守宪法法律、法规和国家政策，身体健康，具有一定的组织领导能力和科学文化知识。办事公道、奉公守法、作风正派、热心为村民服务。违反计划生育政策法规的，三年内不得提名为候选人。

10 月 9 日开始进行候选人提名。这次选举实行一人一票海选提名候选人，每个职位必须有 2 名候选人。东村作为中型村，村委会由 5 人组成，设主任 1 人，财经委员、治安调解委员、妇女委员、文教卫生委员各 1 人。候选人必须具

有本村选民资格。遵纪守法、廉洁、公道，热心为人民服务，有知识、善管理，身体健康的人都可以参选。其中海选提名的财经委员应当具备一定的财会知识和能力；提名的妇女委员必须是妇女。村计划生育委员和村妇代会主任由村妇女主任兼职。文教卫生委员应当具有高中以上学历。年龄在30周岁以下，为拟推荐村民兵连长、团支部书记人选。提倡村委会成员和村党组织成员交叉任职，但必须依照法律程序进行。

经过提名，孙信、于崇玲、王占胜、柳培金、尹福喜、杨宝学、王玉才获村主任候选人提名；刘德发、于崇玲、高太平、管延江、杨宝学、曲忠强、王玉才、王占胜获得财经委员候选人提名；伏长玲、杨宝花、郝春梅获得妇女委员提名；高太平、王占胜、张佰胜、杨宝学获得文教卫生委员提名；王占胜、王玉才、许守彬、于崇玲、管延江、高太平、韩忠家、杨宝学、徐怀江、柳培金获得治安调解委员提名。以上提名张榜公示10天。

四　预选阶段

10月18日，东村所辖4个小组进行村委会的预选。预选得票前两名进行最后的终选。经过预选，村主任的最终候选人为孙信、柳培金；财经委员的候选人为刘德发、曲忠全；妇女委员的候选人为伏长玲和杨宝花；治安调解委员的候选人为高太平、王占胜；文教卫生委员的候选人为于崇玲、杨宝学。

五　终选阶段

10月28日7~12时，东村村委会召开选举大会，村办公室为中心会场并设立投票站和流动票箱。参加投票选举的选民有884人。经过选举，孙信以701票当选村主任，刘德发以778票当选财经委员，伏长玲以652票当选妇女委员，高太平以479票当选治安调解委员，杨宝学以420票当选文教卫生委员。其中高太平为满族。选举后，当选人员名单上报至镇民政部门审批。

第三章　经济发展

第一节　经济发展概况

东村位于兴源镇镇区东侧，属于典型的“镇中村”，因此它的经济发展自然要依托兴源镇的自然条件与资源。兴源镇的地理位置、自然环境与资源直接影响了东村的经济发展模式。

兴源镇位于黑龙江省穆棱市中部，地理特征为浅山区类型，全年无霜期 120 天左右，有效积温 2300 摄氏度，年降雨 550～600 毫米。穆棱河横贯全镇，并有薛家沟、砍椽沟、红岩哈河、枯河沟等十多条支流，水量丰足。

兴源镇内山多水阔，自然资源丰富。矿产资源种类多、储量大、品位高，开采条件好，已经发现和开采的有页岩、硅石、黄金、铜、烟煤、石灰石、砂石等多种矿产资源，其中页岩、硅石储量均在 1 亿立方米以上；盛产黑木耳、圆蘑、蕨菜、薇菜、金针菜等名贵山珍食品和黄芪、人参、刺五加等 200 多种中草药，有水曲柳、黄菠萝等十余种名贵木材，木材蓄积量约为 500 万立方米。

兴源镇地理环境十分优越。附近下城子镇正在兴建省级开发区，这一开发区也带动了兴源镇的经济发展。滨绥铁路和301国道横穿腹地，交通也十分便利。优越的地理环境和丰富的自然资源，给兴源镇经济的发展提供了良好的条件。种植业以大豆、水稻、白瓜为主。2007年种植大豆44660亩、水稻10000亩、白瓜3975亩，粮、经、饲比例为71∶13∶16。养殖业以牛、猪和鸡为主。有肉牛养殖园1个，占地面积6万平方米；有养殖大户7户，养殖协会1个，经纪人35人。2007年牛、猪、鸡饲养量分别达到10241头、12134头和48427只，养殖业收入实现1891万元，人均1200元。非国有经济发展迅速，镇内有北山建材、兴源建材、福麟农机制造、两江木业、德雷木业、华龙木业、鲁怡肉牛加工等7家公司；有华信木材加工厂、东兴木材加工厂、东村木材加工厂、李中木材加工厂、兴国农具加工厂、兴杨农具厂、大诚精制米厂等14户企业；87户个体工商业户；固定资产总值6600万元，2007年创产值47488万元，纯效益2912万元，安排劳动力3100人，人均收入9393.55元。依托页岩资源优势，积极发展建材业，2007年收入4300万元，人均收入13870.97元。外出务工1356人，劳务经济总收入1063.4万元，人均收入7842.18元。另外，建筑业收入120万元、运输业收入195万元、商业服务业收入382万元。①

第二节　产业结构及其发展

长期以来，东村村民以种植粮食作物大豆、玉米、水稻作为收入的主要来源，产业结构较为单一。20世纪90年

① 根据兴源镇政府提供材料整理。

代中期以来，东村的产业结构发生了一些新的变化。虽然仍以农业种植为主导产业，除深化粮食作业种植以外，在镇政府的扶持下，开始种植食用菌、烟叶等特色经济作物以增加收入。皓月集团入驻穆棱市后，又积极发展肉牛养殖业。东村经过产业结构的调整逐渐形成了以粮食种植为主，同时大力发展烟、菌、牛的产业结构模式。与此同时，东村正在利用自身的穆棱河文化资源优势来发展旅游业。

一　种植业

（一）农业种植业

根据东村村民委员会统计的资料，2009 年，东村拥有耕地 4975 亩，其中水田 1400 亩，人均占有耕地 3.55 亩。但是由于修建哈绥高速公路穆棱段、G301 国道以及北山建材有限公司的扩建，东村土地被征用了不少，仅 2009 年就占耕地 145 亩。目前全村耕地面积 3810 亩。东村农业生产条件较好，适宜生产大豆、玉米、水稻等粮食作物，以及白瓜、面瓜、角瓜、葵花子等经济作物。这些作物都是东村的传统农产品。

1. 水稻种植

水稻是东村主要的粮食作物。清朝末年，在高丽营子（今河西乡向阳村）始有 465 亩水田，开创了穆棱地区种植水稻的历史。20 世纪 30 年代初，兴源镇有 1950 亩水稻。水稻是高产作物，新中国成立前，由于栽培技术落后，亩产始终在 150 公斤上下徘徊。新中国成立后，随着科学种田技术的发展，平均亩产增到 250 公斤。中共十一届三中全会后，农村经济体制改革，家庭联产承包责任制实施后，平均亩产达到400公斤，有1/3的农户亩产超千斤。

2009年东村共有水稻田1400亩，种植的是绿色无公害"彩稻"——普优17。"彩稻"是当地特色品种，被人们称为"当家品种"。因每个米粒的尖儿上都有一个黄点儿，故被称为"彩稻"。彩稻的优点是口感好、米质佳，每亩比普通水稻增收500元。彩稻种植的缺点是由于目前还没有培育出新品种，存在着品种退化的危险。

2. 玉米种植

玉米是高产作物，是农村日常生活的主食之一。在改革开放之前物质匮乏的年代，玉米一直是东村村民的主食，那时玉米用来磨成苞米面熬粥喝。现在东村，玉米的用途更多了，除了食用以外，它还是一种优质饲料作物，养殖户就用改良后的青贮玉米来喂牛，还有的村民用玉米做酿酒的原料。2009年东村种植玉米500亩。玉米品种主要有：垦玉6、海玉6和五丰9。垦玉6的特点是秆粗壮，棒大，长得虽然不高，但抗倒伏；海玉6的优点是粒儿深长、棒细，研磨后出面多；五丰9的特点是适合山区，缺点是粒小，出糙子多。

3. 大豆种植

大豆是经济价值极高的作物。它既是村民不可缺少的油料作物，又是重要工业原料。在东村，几乎家家都种植大豆，既可以到市场上出售，又可以去村油坊换油。2009年东村种植大豆约1600亩。主要品种有：绥农4、绥农48、和丰35、新和丰25。绥农4的特点是颗粒饱满、秆壮、抗虫、抗倒伏，分叉率高，适合在平地种植；新和丰25的特点是秆高但分叉率低，适合在山地种植。

4. 食用菌

东村种植的食用菌主要是木耳，当地人称之为“黑菜”。东村将地栽木耳生产作为一项富民工程重点落实，村主任具体负责此项工作的运作。为促进本村地栽木耳产业的发展，村主任孙信将种菌能手许天义引回东村。许天义是东村村民，在绥阳种菌多年，有丰富的种菌经验。在许天义的带动下，东村共发展了 6 户菌农。2009 年共栽培木耳 20 万袋，实现收入 36 万元，净收入可达 15 万元。

2010 年东村地栽木耳的数量进一步扩大，将大坝外 15 公顷土地重点用于地栽木耳生产。该地块位于 301 国道边，为平坦的沙壤土，接近水源，具有优越的地理优势，形成规模后，可收到良好效益。该地块可栽培木耳 100 万～150 万袋，年可实现收入 200 万～300 万元，净收入 100 万～150 万元。村里的木耳种植户一般都是近两三年才开始种植木耳，在种植食用菌的同时，他们仍然种植粮食作物，大多参加过镇里冬天组织的技术培训班。地栽木耳现已成为东村村民发家致富的一项大产业。

栽培木耳是一项非常辛苦的工作，临近收获季节，种植户会在菌地旁搭一个小棚子，住在里面，日夜看护木耳。木耳长成时整片菌地远远望去都是黑色的，景象颇为壮观。如果不及时采摘，木耳会在短时间内全部烂在地里，所以木耳种植户在木耳收获时节都会雇用村里的妇女帮忙采摘，工钱为每人每天 50～70 元不等。收获时期种植户最害怕阴天，尤其是连雨天。因为在阴雨天气木耳很难晾干，潮湿的木耳是卖不上好价钱的。2010 年夏季，当地木耳收购价格是 18.5 元/斤，但种植户们普遍抱怨价格偏低，认为每斤木耳至少涨到 20 元，菌户才会挣钱。

案　例

46岁的柴某是东村木耳种植第一大户，2010年已经是他种植木耳的第三个年头。2010年他家共栽培木耳85000袋，占地近3亩，木耳成熟时他雇了8名妇女来采摘，可见种植面积之大，收获木耳之多。这几年他靠木耳栽培赚了钱，今年年初给刚结婚的儿子买了商品房。调研人员找到他时，他正和21岁的儿子在菌地里忙碌，烈日下父子都晒得黝黑。问及木耳栽培的困难，父子俩认为主要困难一是兴源地区水质不好，造成菌包经常变绿，他们认为这可能和以前当地办过造纸厂有关；二是政府扶持力度不够，按照相关政策，政府只扶持栽培50万袋以上的种植大户，但是像他这样刚刚起步的农户很难在短时间内达到这样的规模，所以很难享受到优惠政策；三是镇政府先前承诺为种植户打井、拉电线等事宜则一直没有兑现。

5. 两烟生产

黑龙江省种植烟草已有400多年历史。起初农民种烟，除自家吸用外，也作为商品出售。随着卷烟工业的兴起，烟草种植业呈现逐渐发展的趋势。烟叶种植的特点是投入劳动力少、成本低、收益高。烟架木一根8元，晒烟杆3元一根，种烟的成本并不高。

晒烟平均亩产800斤左右，平均每斤价2.40元～2.50元之间，每亩收入2000元左右，除去化肥和人工费用，每亩纯收入1400元，是大豆纯收入的3～4倍。

东村村民种烟大多是在亲友的带动下，看到亲戚种烟赚了钱，自己也想试一试，交流经验也比较方便，一来二去就走上了种烟之路，有的农户甚至是“被迫”种烟。村民李玉霞家承包用两旁的地都种了烟叶。如果她家种玉米，就会挡住别人地里作物的阳光；如果种大豆，自家的作物就被别人家的作物挡住了阳光。无奈之下，她家也开始种烟，并取得了不错的收益。这从一个侧面也反映出种烟在当地是很普遍的。

图 3－1　种烟培训（东村村委会提供照片）

2007 年镇党委和市政府为东村引来了红塔集团的合作项目。东村与红塔集团合作，进一步扩大了晒烟的规模。2008 年晒烟田为 150 亩，2009 年晒烟田为 500 亩，烤烟 50 亩。优质烟每斤能卖到 4. 8 元到 5 元，差的能卖到 3 元左右。每亩晒烟村民能够收入 3000 元。①

① 根据兴源镇政府两烟办提供资料整理。

（二）种植业的政策扶持

1. 农业发展政策

（1）农村税费改革

2001年5月，穆棱市制定出台了《农村税费改革实施方案》，加快了农村税费改革的推进步伐。在《方案》中，明确了“三个取消、一个逐步取消、两项调整、一项改革”等内容。三个取消即为“取消乡统筹、取消农村教育集资等专门面向农民征收的行政事业性收费和政府性基金、取消屠宰税”；一个逐步取消即为“逐步取消统一规定的义务工和劳动积累工”；两项调整即为“调整农业税政策和调整农业特产税政策”；一项改革即为“改革村提留征收和使用办法，村干部报酬、五保户供养、村办公经费，除原由集体经营收入开支的仍继续保留外，原由农民上缴村提留开支的部分采取新的农业税附加方式收取，其比例为改革后农业税（正税）的20%”。

（2）农业补贴政策

2004年兴源镇实行“大豆振兴计划”，对参与大豆振兴计划的东村农户实行补贴，每斤种子补贴1.25元，每亩需种子8斤，每亩补贴合10元。

为鼓励两烟的发展，东村制定了积极的农业补贴政策，以鼓励农业的多元化发展。烤烟项目的补贴政策是，在农户承包村里土地时，如果种烤烟，村里将不征收承包费用，免费为农户提供土地。晒烟项目的补贴政策是，对种晒烟的农户，村里免费为其趟地、打垄、提供烟苗，并承付烟架木款的一半。

福麟农用机械制造有限公司（以下简称福麟机械）生

产的部分产品于2009年成为国家农机具补贴产品，包括：5TD－230（200）型牵引式多功能脱粒机、5TGJ-200夹持式水稻脱粒机、5TD-230型风吹式多功能脱粒机、4YBW-2A型玉米收获机、5TDY-150型扒皮式玉米脱粒机、5TDY-120（100、130）牵引式玉米脱粒机、4YG-2A型玉米摘棒机、5TDY-100型双滚筒玉米脱粒机、5YB-100A（B）型玉米剥皮机。农民申报后，凡购买福麟机械生产的以上产品，福麟机械按成本价出售产品，国家直接对农户进行补贴，产品价格的30%由国家代交，其余70%由农户自交。该项补贴政策实行后，福麟机械的年效益翻了一番，2009年上缴国家税收也由以前的7万元上升至31万元。

（3）农业技术推广

2004年兴源镇实行大豆振兴计划和大豆良种化工程，许多东村农户的大豆生产无论从品种上，还是从增收效益上都有明显改进。东村特别组织了获得大豆高产的农户进行经验宣传介绍，以便于广大村民学习。

案　例

东村于崇玲种植大豆取得高效益的典型经验介绍如下：

第一，选择优良品种

2007年大豆良种展示品种中合丰44产量最高，于崇玲便从农技商店买了180斤良种进行种植。

第二，签订订单合同，按绿色食品标准生产

于崇玲2007年年初与永昌食品公司签订订单合同，大豆价格比市场价每斤高0.02元。他生产的大豆都按绿色食品标准生产。

第三，大豆“垄三”栽培技术的使用

于崇玲十分推崇科学种田，2008 年他种植的大豆取得高产的关键是采用了大豆“垄三”栽培技术，该技术是以深松、深施肥和精量播种三项技术为核心的大豆综合高产栽培技术。施肥深度达到种子以下 10～15cm 处；每公顷保苗 20 万～21 万株。机械播种做到开沟、下子、施肥、覆土连续作业，不但加快了播种进度，缩短了播期，同时还能保证播种质量。

第四，合理施肥，及时加强田间管理

绝大多数东村村民在大田种植时多使用化肥，而于崇玲种地年年使用农家肥。2008 年他又加大气力，增施农家肥，每亩基本达到 1 立方米左右，在此基础上他又施了牡丰牌大豆专用肥，每亩 20kg 做底肥。在大豆刚开花时，对苗弱地块，他每公顷用磷酸二氢钾 2.25～3.0kg，加水 750～900kg，进行叶面喷施，起到增花保荚作用。

以上是于崇玲在今年大豆生产上获得高效益的典型经验小结。

为进一步展示优质玉米高产栽培技术，引导农民采用科学耕作技术，达到增收快富目的，兴源镇党委政府在东村砍椽沟沟口的大片田地设立了百亩玉米高产示范园区，园区生产面积 105 亩，该地块地势平坦，位于 301 国道边，便于农民群众参观。为了充分展示玉米高产栽培技术，确保取得良好的展示效果，东村于 2008 年秋组织农机作业公司对园区土地进行了深松浅翻，深度达 35 厘米，并起垄达到待播状态。

（4）贷款政策

黑龙江省农业信用社实行的贷款政策是联保制，最低可三户联保，一般为五户联保（当地人称为三联保或五联保)。贷款额为每户3万元，农户须春借秋还，利息为7厘9。如果农户超期不还，信用社将对其采取相对措施，方法是将利息提高至1分3厘。其他贷款利息为9厘9，如果第二年继续贷款，利率下调0.3%。肉牛养殖贷款以前为长期贷款，但现在改为短期。从事农产品收购的贷款，利率可调低。

中国农业银行实行五户联保，贷款额为每户3万元，但利息相对于信用社要低，月息为6厘，年息为7厘，农户须春借秋还。

2. 农业资源利用

（1）土壤改良

土壤改良包括测土配方施肥和秋翻地。

测土配方施肥。测土配方施肥是国家补贴项目，兴源镇在2005～2007年连续三年为东村农户免费采集土样，进行化验，并将化验结果发放到农户手中，农户可以根据化验单自行配置化肥种类，也可以到镇农牧站订购有国家补贴的测土配方肥料。通过测土配方施肥，使施肥趋于合理，减少肥料浪费，改良土壤，保护生态环境。

秋翻地。每年秋收之后由兴源镇政府免费为东村农户进行翻地，当地人称之为“秋翻地”，每亩地每年还有镇政府发放的35元的补贴。通过对土地的深松浅翻，使土地松软，减轻土地板结程度。

（2）作物新品种使用

穆棱市在2008年被省政府确定为大豆“345”高产示范工程重点市。在这一工程的推动下，东村积极推广高蛋白大豆品种黑农48、高油大豆黑农44号、绥农4、合丰50、合丰45。这些品种是最近几年东村大豆的主栽品种。这些优质品种的收购价较普通大豆每斤高0.1元。

青贮玉米是肉牛养殖过程中的主要饲料。东村结合肉牛生产，大面积推广青贮玉米的种植，品种有中原单32、绿草1等，这不仅解决了肉牛生产的饲料问题，还促进了兴源地区的肉牛生产。此外，新品种玉米合玉19、垦玉6、牡丹9是玉米的主栽品种。以上这些作物新品种均为黑龙江省内培育。

兴源镇东村青贮玉米产贮服务合同

甲方：兴源镇东村

乙方：农户姓名

丙方：兴源镇农技推广站

为了更好地发展养牛事业，解决养牛大户的饲草短缺问题，以达到农民增收，经甲、乙、丙三方共同协商签订青贮玉米产购及技术服务合同。

一、甲方责任

1. 凡与兴源镇东村签订合同达到所要求质量标准的青贮玉米，甲方全部按期收购。

2. 每亩经济效益，按当年的大豆产量×当年大豆价格，甲方给予补差。

3. 保证在收购过程中不压价。

二、乙方责任

1. 保证在农产品基地内生产优质青贮玉米　　亩，品种是牡728，每亩按10000kg计算共计　　kg，所产青贮玉米全部卖给甲方。

2. 保证按丙方提供的青贮玉米栽培技术方案进行栽培管

理，详见丙方提供的《青贮玉米栽培技术规程实施方案》。

3. 乙方必须按甲方的收贮计划按时送交，过期无效。时间是：

4. 严禁使用剧毒、高毒、高残留或具有致癌、致畸、致突变的农药。

三、丙方责任

1. 农技站无偿向乙方提供农业科技服务，随时随地到田间地头指导。

2. 为乙方提供青贮玉米栽培技术方案。

3. 负责回收环节的质量验收。

四、违约责任

1. 甲方如不按当年种大豆的效益给乙方补差，乙方经济损失由甲方负责，但达不到质量标准除外。

2. 乙方不按丙方技术规程种植管理，造成损失由乙方自己承担，丙方不负责任，并有权作废合同，甲方有权拒收。

3. 自然灾害或人为造成减产或绝产，甲、丙方不负任何责任。

五、此合同一式三份，甲、乙、丙各持一份，自签订之日起生效。

甲方：　　（盖章）

乙方：　　（盖章）

丙方：　　（盖章）

年　　月　　日

3. 化肥农药使用情况

东村农户使用的肥主要有两种，一是用人粪尿、畜禽粪尿、河底淤泥、豆饼等做农家肥。据农户介绍说，农家肥含有农作物所需要的多种营养元素和丰富的有机质，是一种完全肥料。农家肥分解慢，肥效长，养分不易流失，施入土壤后能提供多种养分，改良土壤结构，促进微生物活动，有效地协调土壤中水、肥、气、热，提高土壤肥力。每个农家院的角落里都有用木板围钉成的简易厕所来积攒人粪尿。但调研人员发现，在东村，农家肥仅被用于农户自家的小菜园中，承包地是绝对不使用农家肥的。据村民解释，因为农家肥的肥力只有在两三年之后才能见效，所以农民自然会觉得使用农家肥，“用了也是白用”，获利的不是自己。

二是使用化肥。据村民介绍，化肥分为三种，即底肥、追肥和种肥。底肥一般使用二铵和钾肥，掺在一起用。追肥使用尿素。种肥使用种衣剂。目前东村多数农户在大田中都不使用农家肥，觉得使用化肥更省事省力。

二　养殖业

（一）“金牛富民”工程

1999 年，牡丹江市政府召开肉牛产业推进会议，时任市人大常委会主任王维峰主持会议。他在会议上指出，林口市在 201 国道旁建成了一个肉牛交易市场，在 301 国道旁也应该开办一个肉牛交易市场，以提高穆棱地区百姓对肉牛养殖的认识，激发农户肉牛养殖的积极性，并为肉牛交易提供方便条件。时任兴源镇党委书记王金贵参加了这次会议，他对这个提议高度重视，就把这个项目争取到了兴源镇。2000 年当地养牛大户于明臣引资 40 万元，仅用三个月的时间，就在 301 国道旁建成了一个占地面积达 20400 平方米的肉牛交易市场，并于2001年年底投入使用。2003～2006年，兴源肉牛交易市场的交易量达到顶点，年交易量达2万～3万头。

2003年，地处山区的穆棱市一改过去“粮食上山”的发展思路，把实现“牛羊漫山坡”作为发展目标，发挥本地优势大力发展畜牧业。

2005年，穆棱市委、市政府提出了“金牛富民”的口号，与吉林省长春市皓月清真肉业股份有限公司合作，共同发展养殖业，皓月集团正式落户穆棱市。

兴源镇广大农民养牛的热情空前高涨，主动申请养牛的农户剧增，大家都纷纷表示要抓住“皓月”落户穆棱市的难得契机，借助优惠政策，尽快把养牛发展成主业，尽快富起来。

在这个有利契机下，在时任东村村支书林志祥和村委会主任孙信等班子一干人的带领下，东村在当时也广泛开展了肉牛养殖。

但东村的养殖业发展存在很多问题。一是肉牛主导产业面临品种改良进度慢，资金扶持体系、防疫体系、饲草饲料体系不健全等问题，发展速度慢，规模优势不明显。二是牛产仔量低，造成了养牛投资多，且不易见成效的后果。很多村民认为养殖业是个长周期的产业，短期内很难见到成效。三是东村绝大多数的养殖户缺乏养牛的经验，而皓月集团在收购肉牛时标准又过高，使很多农户养殖的肉牛遭到淘汰，这给农户造成了损失。四是2007年皓月集团在301国道马桥河与八面通的三岔路口处也建成了一个肉牛交易市场，这给兴源肉牛交易市场带来了不小的冲击，特别是在肉牛交易的淡季，影响尤为明显。2007年后，很多养殖户养的牛逐渐减少。2009年的养殖规模远不如2007年。

目前在位于北岗的东村三组还能够看到当年“金牛富民”工程的影子。原三组组长杨宝学带头养了 17 头牛，他懂技术、会管理，成为养牛户标杆和主心骨。党员柳培金把自家的 300 多捆秸秆送给养牛户王永森，并帮王永森去吉林省购买了 4 头优质种牛。通过努力，带动了一大批育肥户（殷士贵、殷士富、韩忠家、薄振东等）。东村为了鼓励肉牛养殖，还制定了相关的政策：肉牛养殖农户每向皓月集团交一头肉牛，村里补贴 200 元。

目前三组的芦洪涛是东村最大肉牛养殖户。据了解，芦洪涛经营肉牛养殖的最大优势是芦家世代养牛，有着丰富的育牛经验。村民们都说，只要把一头小牛拉到他跟前，他就能判断出这头牛将来能养成多大。值得一提的是，芦洪涛家养了一头重达 2500 斤的肉牛，该牛号称黑龙江省最大的肉牛。目前他仍与皓月集团进行合作，签订有《育肥活牛订购合同》。芦洪涛目前每年养三茬牛，每茬牛在 50 ~ 60 头之间。他依靠肉牛养殖每年收入达 10 万元。

图 3－2　芦洪涛家饲养的肉牛（2010 年 2 月　作者摄）

三组所处地区地广人稀，每家农户的院子都很宽敞，适合建大的牛舍。因此，三组几乎家家都养至少两头牛，但大都是耕牛。三组地处山区，农用机械有时并不好用，村民们更习惯使用耕牛，而且上了年纪的村民因接受能力慢，对农用机械操作不熟练，这也是他们习惯使用耕牛的原因。

（二）生猪养殖

生猪养殖在东村还是比较普遍的，40%的东村农户都养猪，一般家庭养2~3头猪，猪圈就建在自家的小园子里。村里对养猪也有相关的补贴性政策：每养一头母猪，村里根据国家相关政策补贴农户50元。为了使生猪多出肉，村民们一般都会请兽医对公猪进行阉割，当地俗称“敲猪”。这项工作也成了当地兽医一项主要的收入来源。

东村的生猪养殖带有很强的附带性，除少数家庭外，多数养猪的家庭，并不以此作为其家庭生计的主要来源，没有进行产业化经营，而只是将其作为家庭生活资料的一种生产性补充，或者自家食用改善生活，或者养到年底卖掉贴补家用。在东村也有少数家庭进行上规模的生猪养殖。

案　例

王华是兴源镇东村村民。多年来她认真钻研养猪技术，自己创办了存栏百头的养猪场。她凭着勤奋好学，吃苦耐劳的干劲，瞄准市场灵活经营的策略，走出一条依靠科技发展饲养业的成功之路，成为青年人养猪致富奔小康的领头人。

经过长期的生产实践，王华认识到，对于东村来说，人口众多、土地稀缺是一个不可回避的客观现实，要想改变目前的生活状况，必须摆脱传统思想的束缚，走依靠科技致富的道路。王华经过半年多的市场调查，决定发展养猪业。2001 年，她自筹资金上万元，建起一座占地面积 400 多平方米的标准化养猪场。

现在回想起创业初期的情景，王华仍感到有说不出的辛酸和苦恼。在猪场刚刚建起的时候，她更多想到的是今后猪场的壮大和生活的日渐富裕。然而，事情并没有像她想象的那样顺利。有一次，她看到有头猪不愿吃食，起初这并没有引起她的注意，以为是天气太热造成的。可是过了两天，发现那头猪站不起来，浑身抽搐，同圈的猪也有相同情形。这时她感到事情的严重性，急忙请来兽医站的技术人员帮助检查，确诊该圈里的猪生了传染病，而且已经到了晚期。技术人员给其他圈内的猪打了疫苗，避免了疫情的扩散，可是最先发现病情的 3 头猪全部死亡，损失近千元。经过这次惨痛的教训，王华深深地认识到自己对饲养技术、防疫灭病的知识了解太少，依靠原来那种家庭饲养的旧方式，猪场是永远也不会发展壮大的。为此，她加大投入，种猪全部采用优良品种，在养殖过程中采取全价饲料、生拌喂、饮清水、程序防疫等综合技术措施，逐渐摆脱老式的养猪方法。由于采用了科学的养殖方法，减少了疫病带来的损失，王华实现了当年投入、当年见效益，年利润达 2 万多元。

2003 年，王华又从东宁县、牡丹江市购进杜洛克、比利时长白等品种的优良种猪，决定靠选用优良品种，走“自繁自养”之路。采用纯种的杜洛克公猪做父本，改变现有猪群，利用杂交优势，来获取高效益。所产仔猪全部自己育肥，这样既有利于防疫灭病，确保出栏率，又便于饲养管理，降低了生产成本。她采用科学的饲料配方，自配全价饲料，并根据猪每个阶段对营养需要的不同，配制相应的饲料，特别注意仔猪体内矿物质补充。科学的饲养管理使她饲养的生猪4个月体重即可达到80~90公斤。王华还注意进行严格的疫病防治，按照科学化的免疫程序做好防疫灭病工作，做到严格消毒，使猪的成活率在98.5%以上。王华通过科学的饲养管理，她的猪场已走向规模化、效益化，形成了自己的自繁自养体系。现有存栏130头，其中母猪16头、育肥猪86头，年效益在2万元左右。

经过王华的不懈努力和艰苦创业，她已走向小康之路。当村民们向她打听成功的秘诀时，她总结归纳为，一是要有硬件，就是猪的品种要好，环境（温度、湿度、通风）要好；二是要有软件，就是要有科技知识。王华已深深认识到：科学技术是第一生产力，良好的科学技术一旦被掌握，经济效益就会成番论倍地增长。她表示还要继续学习养殖技术，不断扩大圈舍，引进新品种，扩大养猪规模，提高经济效益。

她富了之后没有忘记有的村民还没有摆脱贫困，经常无偿为东村困难户提供养猪技术，定期为困难户做技术指导。在村民眼中，她是一个有求必帮，有困难必到的人。

（三）肉羊养殖

养羊在东村并不普遍，东村仅有张庆文家养羊。张家世代养羊，据张庆文回忆，在他8岁的时候就给家里放羊，并由此耽误了学业，使他成为名副其实的文盲。就在今年7月份，他给羊打疫苗时由于不识字打错了剂量，结果导致一只羊死亡，这让他十分心疼。如今养羊已经成为张家最主要的收入来源，最多时他家养了80余只羊。由于当地养羊户并不多见，所以张庆文在当地也是小有名气。冬季是张庆文一年中最忙的时候，特别是临近过年的那段时间，他一天至少能卖出两只羊。买主都要提前向他预订，由他直接负责屠宰、清洗，买主来时就直接把新鲜的羊肉拿走了，这比到肉摊上买要实惠得多。

图 3－3　张庆文家养殖的肉羊（2010 年 1 月　作者摄）

（四）家禽养殖

东村的家禽养殖主要是指养鸡，靠近穆棱河居住的家庭还会养十几只鸭子，但更普遍的是养鸡。在东村几乎每家的农院里都会饲养着少则五六只，多则十余只鸡，大多为母鸡。村里的鸡都是散养，很少有关在鸡舍里的，也很少有人用专门的鸡饲料去喂它们，所以经常会在东村靠近穆棱河一侧的村口的垃圾场、树林里、草丛中看见有许多鸡在那里找食吃。

三　个体私营企业

从 1975 年起，东村开始筹办村办企业。当时村办企业有木器加工厂、冰棍厂、榨油厂、砖厂等。1990 年东村还与穆棱供销社联营合建了一个商店，由后者提供商品。后因穆棱供销社撤走，商店不得不停办。由于经营管理方面出现问题，以上提到的村办企业先后在激烈的市场竞争中被淘汰，或被迫停产，或转产给个人，目前发展势头最为迅猛并且成为龙头的是个体私营企业。这些蓬勃发展的个体私营企业在农机具制造、农副产品购销、交通运输和餐饮服务方面都有涉足，极大地推动了东村的经济发展。

东村现有超市 2 家，金店 1 家，旅店 1 家，电脑耗材商店 2 家，汽车维修站 1 家，木材加工厂 5 家，米面加工厂 2 家，油坊 1 家，农副产品购销站 10 家，农机具厂 1 家，建材厂 1 家。产值超 500 万元的企业有 2 家，产值在百万元以下的个体商业户有 15 家，现已成为兴源镇内个体私营企业最多的行政村。据政府部门统计，东村经济社会总产值 8491 万元。其中民营工矿企业独占 74%。个体私营企业目前是创造东村社会生产总值的主力。随着这些个体商户和私营企业的出现，东村也涌现出一批村民企业家。这些村民企业家多为 20 世纪 60 年代出生，少数 70 年代出生；学历多为小学和初中。

（一）福麟农用机械制造有限公司

1. 福麟农用机械制造有限公司发展基本概况

福麟农用机械制造有限公司始建于 1985 年，其前身为东村村办企业——新盛红炉，后改名为兴源机械厂。2004

年企业改制，注册成立了黑龙江省穆棱市福麟农用机械制造有限公司，简称“福麟机械”。因为是刘家的家族企业，所以村民们仍然像以前一样称它为“刘家农具”。现有固定资产 803 万元，员工 84 人，年产值 496 万元，上缴税金 9 万余元，工人年工资共计 100 万元。公司主要生产牵引式机动玉米收割机、大豆脱粒机等产品，产品销往密山、虎林及省外部分农场，该厂占地面积 12000 平方米。

图 3-4　兴源福麟农用机械有限公司车间（2010 年 1 月　作者摄）

2006 年末，福麟机械公司与中国一拖（洛阳）收获机械有限公司达成合作协议，拟投资建设东北农业机械装备基地。2007 年由福麟机械公司先期投资 600 万元，征地 5 万平方米，6 月开始施工建厂，整个工程回填土方 10.2 万立方米，于 2007 年 8 月末完工。扩建后的福麟机械公司拥有 5400 平方米的原料库、1200 平方米的办公楼和 6000 平方米钢架结构的主厂房。2007 年年底有 100 台收割机械下线，实现了当年建设、当年投产、当年见效。

与一拖集团签订的协议还规定，福麟机械公司有义务为一拖集团的产品进行售后“三包”服务，一拖集团将对每名售后服务业务员每人每天补助100元。问题严重的产品将被一拖集团召回进行返修。2007年一拖集团在黑龙江市场销售的130台稻麦收割机的割台出现一些质量问题，这些问题产品全部返到福麟机械公司进行返修。

2008年上半年福麟机械公司投入20多万元对割台技术参数未达标情况进行研究，使技术参数达到技术要求。此外还为一拖集团垫付30多万元，将130台稻麦收割机的割台进行加固及改装。福麟机械公司也积极对产品不适应东北地区的环境、零配件不齐全、机械利用率低等问题加大研发力度，初步将轮式收割机改装成小型履带式收割机，增强了机械的适应性。

2008年初，福麟机械公司原本要再投入资金进行扩建，由于一拖集团将进行整体改制，有些事宜在改制后才能决定，由此耽误了合作事宜的洽谈。2008年9月28日改制后的一拖集团副总经理王伟率队来福麟机械公司洽谈，两家初步达成以下四点共识：

（1）增强玉米收割机、水稻收割机、大豆收割机三个机型对东北环境的适应性，称之为产品本地化；

（2）实行零配整装的方案，即由一拖集团提供零配件，在东村进行组装、销售，扣除一拖集团提供的零配件利润后，组装销售的利润双方均分；

（3）税率问题，零配件税率按17%计算，而机械销售税率为13%，差额税率由一拖集团承担；

（4）产品实行本地化后要纳入黑龙江省农业机械补贴

范围内。

除与一拖集团合作以外，近两年来福麟机械公司也积极外出考察联系客商，扩大合作范围，目前已有意向的有两户。

一是广东科利亚有限公司。该公司的前身是1992年搬迁到江苏苏州的日本久保田株式会社。该公司拥有国际先进的半喂入式收获机的技术。科利亚公司总经理2006年曾来过福麟机械公司进行考察，并于2007、2008年先后和福麟机械公司洽谈过三次。科利亚公司提出将零部件由福麟机械公司组装，由此打开东北市场，条件是将其纳入省农业机械补贴范围内。

二是江苏风羚机械公司。该公司是专用插秧机、大豆精播机的生产厂家，在黑龙江寻找合作伙伴。两家已经进行多次联系，下一阶段将进一步沟通。

虽然公司目前发展势头良好，但是福麟机械公司目前仍然存在一些问题，如果这些问题解决不好，福麟机械公司做强做大将会受到困扰：

（1）资金问题。由于2009年投入大，研发费用多等情况，福麟机构公司资金出现短缺；

（2）技术合作问题。福麟机构公司主要需要考虑在与国内其他企业合作过程中，产品适应东北市场的问题。

2. 福麟机械公司的企业文化

福麟机械公司从无到有，由弱到强，其发展过程充满了艰辛。公司董事长刘茂喜戏称，他们刘家的创业史可以拍成一部电视剧。刘茂喜1961年8月出生于东村，仅有初中文化，在原村办企业“新盛红炉”挂马掌。1984年“新盛红炉”倒闭时，在他的带领下，刘家花了3000元钱买下了其中的两间平房，作为自己的厂房，又花了600元钱购买制造工具。就这样，他几乎是白手起家开始了自己的创业生涯，当然在那个年代，“创业”这个词远没有现在这样流行。从1984年至1987年，用刘茂喜的话来说，“是给林业局干活”，当时主要给林业局做空气锤。1989年对于刘家事业的发展来说是个转折点。从这一年开始，林业部门由于自身的发展问题与他们的合作逐渐减少，为了自身的生存，刘家被迫转行。他们开始把主要精力投入到农机具的生产上，也正是从这一年开始，“刘家农具厂”的名字开始越叫越响。直到今天，东村人可能对“福麟机械”这个名字感到陌生，但提到“刘家农具”却都津津乐道。刘家从脱粒机开始做起，一直到今天，已经可以自主研发大豆玉米联合收割机。谈及自身在农机具生产领域的优势，刘茂喜不无自豪地认为，他们家本身就是农民，因此他们比任何人都清楚农民真正需要什么。

刘茂喜清楚地认识到，企业要在激烈的市场竞争中生存发展，产品要抢占市场份额，这一切都离不开科学技术的支撑。从2001年起，福麟机械公司开始雇用技术人员，到2010年已经拥有高级工程师7名，各类技术人员20余名，他们已经有能力自主研发农机具。

建厂20年来，在刘茂喜的带领下，公司始终把农机的质量放在第一位。刘茂喜把职业操守融入于企业管理之中，把农机质量与敬业爱民相结合，形成了独特的福麟机械企业文化氛围。在生产过程中，刘茂喜经常对工人说：“产品等于人品，把好农机质量关就是关心农民、关爱农民。”为强化产品质量，刘茂喜建立了严格的管理制度，提出“谁造不合格产品，谁自己出钱买回去”。他经常对职工们说：

“一台农机具少则几千元，多则几万元，这对农民来说是一笔极大的开销。如果因为质量问题伤害了老百姓，我们于心不忍。我们大多是农家后代，身上流着农民的血，关爱农民，就是关爱我们自己。”

刘茂喜恪守三个100%原则，即质检不足100%合格不出厂；用户不是100%满意不出厂；售后在保修期间的配件100%送货上门。刘茂喜真心对待每一位用户，产品投入市场后，包修包换是公司对用户在诚信方面的一贯承诺。在他的努力下，2002年公司获得了国家产品推荐奖，并获穆棱市十大光彩企业称号。

刘茂喜富了不忘众乡亲，多年来他一直热心为村民办好事。2003年12月中旬，当了解到自己所在的东村党支部因年龄大的党员较多，订阅《党的生活》有困难这一情况后，便主动找到支部书记，自掏腰包为18名党员每人订阅一份《党的生活》。当支部和党员表示谢意的时候，他却说：“作为一个大户党员能够为经济有困难的党员在学习上花费点儿，实在是我应该做的。”

兽医站位于福麟机械公司对过，由于经常有牲畜往来，卫生环境极差。为了治理兽医站的环境卫生，刘茂喜投资1万余元，在兽医站周边栽上了绿化树，使垃圾满地的兽医站变得绿树成荫，受到周围群众的一致好评。为了活跃兴源镇文化生活，刘茂喜为老干部乐团赞助2000元，买了笛子等乐器。刘茂喜还经常帮助贫困户，近两年他借给本厂职工及各村贫困户的钱就达8万多元，解决了贫困村民的生活难题。他还无偿赞助东村贫困户冯宝贵1000元钱，并长年帮扶兴源小学原行、高艳等同学，解决了他们的上学问题。他还出资2万元，亲自组织职工，在穆棱河上架起了一座便民钢架铁索吊桥，解决东村与车站村、康吉村之间的交通往来问题。

（二）北山建材有限公司

北山建材有限公司始建于1980年，属于个体私营企业，位于兴源镇301国道北侧，占地面积62万平方米。现有固定资产1500万元，流动资金300万元。现拥有职工500余，其中管理人员27人、技术人员14人。年产值近千万元，是全省50强企业之一。该公司主要产品有页岩内燃砖、“兴缘福”牌页岩缸瓦、耐火砖、蓄热砖、脊瓦等。这些产品除了在牡丹江地区的建材市场上占有非常大的比重外，还远销至内蒙古、辽宁、吉林、黑龙江等8省区600个市（县、区）并出口俄罗斯。“兴缘福”牌页岩缸瓦被评为“中国国际专利技术与产品交易会金奖”，页岩制品制作方法被国家授予专利。公司多次被国家、省、市有关部门授予“全国砖瓦行业节能先进单位”、“产品质量信得过单位”、“牡丹江市五十强”、“穆棱市五十强”、“牡丹江市重合同守信用单位”的光荣称号。

北山建材有限公司的飞速发展和董事长张大勇的努力是分不开的，这个勤劳朴实的汉子谱写了一曲当代版的“闯关东”的故事。

张大勇其实并不是一个东北人，而是一个典型的山东汉子。1975年，初中刚刚毕业，面对全家五六口人守着几亩薄田艰难度日的困难生活，年纪小小的他陷入了深深的迷茫：这样的日子，什么时候是个头啊？为了减轻家庭的生活压力，为了有一个美好的将来，年仅16岁的张大勇毅然做出了一个让所有人感到惊讶的重大决定：投奔老乡，到东北黑龙江，到素有“龙兴之地”的地方去闯一闯！

1975年对于张大勇而言，是一个值得永远记住的年份。这一年他投奔老乡来到了黑龙江省穆棱市兴源镇东村，在随后的几年中，不满20岁的张大勇凭借自己的智慧、勤奋、善良和朴实很快赢得了村长和村民们的喜爱，在兴源镇东村站稳了脚跟。从此与这方富饶的土地结下了不解之缘，开始了他富有挑战性的创业人生。

1979年，已经在东村安家落户的张大勇，面临了一次重大的人生机遇。由于张大勇干活认真有窍门，深得林业局领导的信任，在几十个干活的人当中，他的威信最高。因此，当林业局准备自己烧砖盖房时，领导毅然决定将烧砖盖房的工程，承包给仅有20岁的张大勇。聪明的他很快就掌握了烧砖的技术和工艺，经过三年的努力，淘到了创业的第一桶金。

1983年，砖厂对外转让，张大勇以绝对竞争优势获得购买权。此时，山东人天生的果敢与坚毅，聪明与智慧，创业激情与创新理念，又一次帮了他的大忙。他果断地对砖厂的原有设备进行更新和改造，同时，对原有厂房进行扩建，使原有生产能力翻了十几番。一个十几人的小砖厂，发展到今天拥有职工500多人，占地面积62万平方米，拥有一亿多立方米矿产资源储备；拥有红砖生产线，页岩瓦生产线、页岩蓄热砖生产线、耐火砖生产线，以及各种耐火材料、礁柱料等8大系列，数十个产品，年创产值千万元的公司。其产品辐射内蒙古、辽宁、吉林、黑龙江等8省区市，远销俄罗斯等周边国家，成为东北地区最大的建材生产基地之一。尤其是耐火砖系列产品，由于质量上乘，深得广大消费者的厚爱，产品供不应求。

20多年的风雨兼程创业路，不仅磨砺了张大勇的顽强毅力、拼搏精神，更锻炼了他的管理水平，提高了他的前瞻能力。他在建材生产企业推行车间分组承包制，使工人管理自觉化，产品生产扩大化，产品质量规范化，规模效益最大化，从而在东北地区最早实现了砖瓦生产企业节能减排的环保目标。

张大勇十分重视新产品的开发、科研、环保和知识产权的保护工作。为了保护自己的科研成果、知识产权不被非法侵犯，他亲自带领律师多次赴北京申诉，官司终于胜诉，正义得到彰显，权利得到保护。他亲自参与领导的蓄热砖产品研制工作，经过上千次的反复试验，终于获得成功，已获得国家专利局颁发的外观设计等多项专利。该产品经有关部门认定，具有节能、环保、提温快、保温性能好、蓄热时间长等特点，一次供热可蓄热24小时，可大量节约能源，减小用户冬季供热开支，从而实现节能目标。经测算北方8省区全部用户普及后，每年可为国家节煤3600万吨，按现在可比价格计算可节约资金120亿元。①

作为一个农民企业家，张大勇的突出成就也引起了媒体的广泛关注。2008年以来，《黑龙江人风采》、《影响力人物》等多家刊物对他进行了专访，这进一步扩大了他和企业的知名度。现如今，无论在中国砖瓦工业协会，还是在东北三省建材行业里，提起兴源镇东村的张大勇，提起兴源北山建材有限公司，几乎是无人不晓。他的企业已经达到年产页岩内燃砖1500万块、耐火砖系列产品1万吨、

---

① 赵洪军：《现代版的闯关东》，《影响力人物》，2009年7月号，总第27期。

蓄热砖（炕面砖）2000 万块、页岩缸瓦 4000 万块的超大型规模，同时还有生产大量的陶粒制品的能力。

图 3-5　北山建材有限公司厂房（2010 年 1 月　作者摄）

四　旅游业

东村的旅游业近几年刚刚起步，目前正处在规划发展阶段。现阶段主要开发的景点介绍如下。

（一）粮台山旅游区

东村主要以粮台山为依托，突出穆棱市发源地的特色，打造历史人文景观旅游。重点项目包括吴大澂纪念馆、古粮仓、穆棱河招垦局遗址、穆棱河文化公园以及攀岩和水上娱乐项目。其中的穆棱河文化公园集休闲广场、穆棱河带状公园和粮台湖为一体，兼具游乐、健身、观光旅游等功能。

图 3－6　粮台山一景（2010 年 7 月　作者摄）

（二）生态农业观光一品村——东村新区项目[①]

经过激烈的竞争，东村 2009 年被列为省级建设社会主义新农村建设试点村，目前正在大力兴建东村新区，截至 2010 年夏季，二期工程已经结束。建成之后的东村新区将拥有无公害有机蔬菜示范基地、沼气太阳能综合利用示范区、青少年绿色文明教育基地、儿童娱乐中心、农具展馆、生态庄园、庄园酒楼、中老年活动中心、大中小会议室及餐厅，成为集种植、养殖、旅游、度假、商务休闲、农业观光为一体的高科技生态旅游度假村。在此基础上大力发展周边的观光农业，形成生态农业、观光旅游一体化。

① 有关东村新区的内容将在第五章详细介绍。

（三）依托邻近村的旅游资源

东村作为兴源镇内村，要发展旅游业，除利用好自身资源以外，还要依托整个兴源镇，发掘镇内其他村的旅游资源，以拓展自身旅游业的发展。除东村自身的旅游景点之外，在兴源镇内还有“穆兴渠首”、“侵华日军医院和兵营遗址”、“宇林”、“新丰朝鲜特色餐饮村”和“兴鲜朝鲜民俗风情村”等5个不同主题的旅游景观。这些景点都在东村附近，最远的乘车只需半个小时，因此借助其余景点也可以带动东村自身的旅游业发展。如果把重点放在发展乡村旅游，打造融乡土文化与人文景观于一体，集观光、餐饮、民俗、采摘、垂钓多元产业共同发展的休闲旅游胜地，对发展当地旅游业是一个非常恰当的选择。

便利的交通是东村发展旅游业最为有利的条件。东村所在的兴源镇东邻东宁县、南接穆棱镇、西连林口县、磨刀石镇、河西乡，北与下城子镇、马桥河镇毗邻。通过301国道可直达鸡西、绥芬河、东宁、牡丹江等市县，与六峰湖自然生态旅游区连成一线。在建的绥牡高速公路、滨绥高速铁路使得东村与外界的联系更加便利。

但东村发展旅游业的劣势也很突出。一是环境破坏十分严重，穆棱河两岸的采石山开采过度，几成秃山，极大地破坏了自然景观的美感与整体性；个别私人采沙厂在穆棱河中大量挖沙，致使河水混浊。二是村民对发展旅游业的重要性缺少必要的认识。三是当地人在追求经济效益的同时，忽视了对村庄古迹等文化遗产的保护。例如始建于19世纪末的城隍庙如今租赁给一家饭店，早已经变得面目全非，若非村干部介绍，调研人员无论如何也不会想到这是一处古迹。东村的历史并不久远，如果不对有限的文化资源进行妥善保护，后果将不堪设想。

五　关于东村经济发展的思索

（一）优势条件

一是优越的区位优势。东村位于 G301 国道和哈绥电气化铁路中间位置，距 G301 国道 1 公里，距哈绥电气化铁路 1 公里，地理位置十分优越，交通非常便利。同时，地处镇内，适宜进行农村城镇化的探索。二是独特的产业优势。东村目前正在大力发展晒烟、食用菌两项产业，经过近几年的种植，村民已经积累了丰富的生产经验，种植水平较高。

（二）主要问题

（1）村民的文化水平较低，多数村民只有小学或初中文化。受文化程度的限制，他们的思想意识、科技意识、市场意识较为落后，接受新知识、新技术的能力偏低，这极大地制约了现代农业集约化经营理念的推广和先进农业科学技术的普及。因此，普遍提高劳动者素质是东村面临的重大而又严峻的课题。

（2）产业发展水平较低。这主要体现在：目前东村致富带头人、科技示范户比重小，牵动力弱；民间合作组织、专业协会短缺，现存的各组织与协会并没有发挥应有的作用；村内的粮食、晒烟、蔬菜、木耳等主导产业没有形成规模化生产，和邻村相比，晒烟不如邻近的红岩村规模大，木耳种植不如红盛村规模大，养殖业除个别大户以外，绝大多数村民仍旧在低水平上徘徊；人均耕地较少且分散耕种，没有实现专业化、集约化经营；农业生产依然是靠天吃饭，缺少农田灌溉设施，抗御自然灾害的能力非常低。

（3）经济结构不合理。这主要体现在种植业比重过大，养殖业和加工业严重滞后。在种植业方面，村民以大豆生产为主，品种陈旧、栽培技术落后，导致产量低、价格低、品质差。在养殖业方面，肉牛养殖业存在品种单一，改良进度慢，养殖科技含量低，存栏数量少，缺乏产业协作组织等问题。另外，资金扶持体系、防疫体系、饲草饲料体系仍不健全。在加工业方面，从事农副产品加工业和木制品加工业的个体企业普遍缺乏资金，无法扩大经营规模。

（4）镇村两级干部在发展经济问题上眼界不宽、思路不活、办法不多。对激烈的市场竞争带来的机遇和挑战缺乏应有的思想准备和能力素质准备。多数村干部带头致富、带领农民致富的本领不强，示范带动作用较弱。

（5）地方财源匮乏。绝大部分村集体经济严重亏空，致使对基础设施建设和各项公共事业的投入十分有限，进而导致镇村两级经济发展总体思路难以实现，阻碍了城镇化进程。

（6）招商引资面临诸多困难。部分镇村干部和群众对招商引资的认识不高，有的为了眼前利益和个人利益而不顾大局。宣传力度不够，资源优势、地缘优势没有充分发挥。另外，在用地、税收等方面还存在许多政策的束缚和限制。

第四章　社会变迁

第一节　人口

一　人口结构

（一）男女比例

截止到2010年，东村4个组，总户数422户，总人口1429人。一组人口308人，97户；二组人口305人，75户；三组人口432人，130户；四组人口384人，120户。全村共有男性737人，女性692人，全村男女比例1.1∶1。①

（二）年龄结构

东村18周岁以下未成年人有246人，占全村人口17%；18岁至40岁有561人，占全村人口39%；40周岁至65周岁有542人，占全村人口38%；65周岁以上老年人有80人，占全村人口5.6%。最年长者是三组89岁的村民殷王氏。根据统计不难发现，东村的青壮年人口与40岁至65

① 根据兴源镇派出所提供资料整理。

岁之间的中老年人口均接近四成，加在一起接近总人口的80%，这两部分人构成了东村人口的主体。

以上一组数字说明了三个问题，一是40～65岁之间的人口比例很大，这一年龄段的人都是20世纪50年代至60年代出生的，适逢我国的生育高峰期，因此人口偏多。再过十余年，这部分人进入老年，东村未来的老龄化问题将非常严重；二是1990年以后出生的人口大幅度减少，这与1990年至2000年之间我国计划生育政策执行严格有关；三是东村的实际劳动力非常充裕，因为接近80%的人口都拥有劳动能力。此外，通过调研发现，很多65岁以上的老年人虽然不再下田进行重体力劳动，但仍在家庭中从事自己力所能及的劳动，比如做饭、洗衣、喂猪、打理自家的菜园，甚至在早市上卖菜贴补家用等等。18岁以下的未成年人也经常帮父母承担生活的重担。调研人员就接触到三个刚读初一的13岁小男孩利用暑假在村口穆棱河边的垃圾场捡废铁卖钱。以养羊为生的张庆文的二女儿今年刚读初二就辍学回家帮助父母照看羊舍，而张庆文给出的理由是“女儿太倔，与老师同学合不来”，在与老师大吵一架之后自己放弃学业不念了。

二　人口来源

东村村民60%都是当地出生的，此外也有少数村民来自省内其他地区。但在调研的过程中，笔者还发现一个奇怪的现象：东村中很多40岁以上的人说话时都操浓重的山东口音。特别是在北岗，整个三组的人几乎都说山东话。经过深入调查，原来东村是一个山东省移民占很大比重的村子。据调研初步统计，来自山东的移民共计530余人，

130余户，约占东村总人口的37%，是一个非常庞大的群体。

在东村目前的人口中，除了本地以及来自黑龙江省内其他地区外，还有来自山东、河北、河南、吉林、安徽、江苏、内蒙古等省份的外来移民。其中人口最多并且对东村的发展带来影响的当属山东移民。包括山东移民在内的各省移民并不是在某一个时间段内集中来到东村的，而是经历了一个漫长的过程。山东移民潮最早始于20世纪50年代，并在70年代形成高潮。其中主要是由山东省沂蒙山区各县流入的人口较多，包括临沂、沂水、胶南、胶县、高密、即墨、莒县等地。当年他们“闯关东”的主要原因是山东人多地少，在家里没有地种，无法解决温饱问题。他们从上一批前往东北谋生的亲友寄回家中的信上得知，在东北有大面积的土地，便来到东北投奔亲戚谋生存。这一时期的山东移民来到兴源镇后，主要被安置在北岗，后来形成了今天的东村三组。因此，三组除了极少数当地人和华北其他省份移民外，都是山东人。在聚居的过程中，他们的方言、生活习惯都被较为完整地保留下来，甚至影响到1990年之后出生的一代。[①] 大多数山东移民自从来到东村后就在这片陌生的土地上开始定居，再也没有回山东老家探亲。因为在那里，田早已没有了，亲人们也都相继故去，下一代人都不认识，再回去探亲意义不大。

① 生活习俗将在第五章详细介绍。

三　人口素质

（一）身体素质

据观察，东村成年人口中男性身高较矮，普遍不足1.75米。1.75米以上的村民在人群中就已经显得很高了，平均身高大概在1.70米左右。女性大概在1.60米左右。由于长年在农田里劳作，风吹日晒雨淋，村民们的肤色普遍较黑，皮肤较为粗糙，特别是稍微上点儿年纪的村民，皱纹尤其深，刀刻一般，因此看上去比实际年龄要老。但由于生活质量普遍提高，东村村民的身体素质普遍良好，尤其是男性，虽然身高不高，看上去却都很壮实。

（二）文化素质

东村村民的整体文化素质良好。在东村中，20世纪90年代出生的村民，只要处在适学年龄，都在接受学前教育和学校教育。20世纪80年代之后出生的村民，都接受了九年义务教育。但应该指出的是，在东村有高中学历的人是非常少的。

四　残疾人情况

东村共有9名残疾人，均为后天肢体残疾。调研人员见到了其中的两位。

许守利，男，59岁，育有一子一女。许守利年轻时身体健壮，勤劳能干，30年前他还是一个年轻小伙子时在东村车队负责开运输车，这在当时村里是一件很风光的事情。然而天有不测风云，1982年，正当他风华正茂之时，命运和他开了一个玩笑。一次出车，他不幸遇到车祸，车翻之后他的腿被压在车下，导致整个左腿被砸烂。无奈之下，医生只能把他的左腿全部截下，这使得他正值壮年便完全丧失了劳动能力。近 30 年的卧床使他肥胖臃肿，身体健康状况很差。2008 年他又患上了肾结石、高血压等病，每年仅服药就是一笔不小的开销。身体的残疾使他丧失了劳动能力，他只能在家里帮助照看小孙子，有时也能拄着双拐到院口和邻居聊天。

曲秀荣，女，56 岁，育有两子，已与丈夫离异。曲秀荣右臂严重萎缩，不能抬起，干活做家务全凭左手。她在 8 岁那年从床上跌落，将右臂摔伤。由于父母疏忽大意，当时没有当回事，一直也没有去医院诊治，结果耽误了最佳治疗时机。她的右臂再也无法抬起来，后来肌肉也就慢慢萎缩了。但很多村民误认为由秀荣属先无残疾。右臂的残疾不仅给她的生活带来不便，甚至影响了她一生的命运。上小学时她只能用左手写字，不知道内情的老师没少训斥她，因为她年龄小、胆子小，又不敢对老师解释，于是在学校便不敢写字，只能把作业带回家里写。更严重的问题是，身体的残疾也给她择偶带来了严重的困难，没有哪个小伙子肯找一个残疾的姑娘。后来她与家在外地的一个家境困难的青年结婚。婚后一段时间两人还很幸福，但日子一长，矛盾随之而来。由于只有一只手臂能够活动，曲秀荣无法像其他妇女那样到田里干重活，只能在家里做一些简单的家务。调研人员曾经见到她在河边洗衣服。但她丈夫还是嫌弃她不如别人的媳妇能干，责骂她是个“吃闲饭的”。家庭矛盾愈积愈烈，10 年前两人终于离婚。她丈夫后来不知所踪，据说去外地打工了。只留下她和儿子一起生活。如今曲秀荣把自己家的一点儿地承包给别人耕种，靠低保和做大碴子粥到镇里和各村叫卖谋生。她到现在也没有自己的房子，靠租邻居的一间小屋栖身。虽然生活很艰辛，但调研人员从她幽默的谈吐和时常挂着微笑的面庞中仍然可以感知到她乐观的生活态度。

五　计划生育制度

（一）生育政策

据现任村妇女主任伏长玲介绍，1987～2000年的计划生育政策执行得最为严格。当时婚姻法规定结婚年龄男性为22周岁，女性为20周岁，未到结婚年龄，民政部门禁发准生证；育龄妇女在49岁之前必须做节育手术。在这一时期，实行“办证生育”，出现了村民们所说的“一孩儿证”（即有此证才允许生育第一胎，仅有结婚证不允许生育）、“二孩儿证”（允许生二胎的证件）。而且两胎之间要有生育间隔，即幼儿年满4周岁、母亲年满28周岁才可以生育下一胎。

如果违反计划生育政策，村计划生育领导小组可到违反政策的村民家中没收包括牲畜在内的任何财产以示惩罚。

当时计划生育方面的处罚经常引起村干部与村民之间的冲突。据说当村干部来到一户违反计划生育政策的村民家中要强行拉走他家的生猪时，男主人手持斧头站在猪圈里护住生猪。

从2000年起国家的生育政策开始趋向以人为本。穆棱市属于边境市，为了增加边境地区的人口，国家放宽政策允许生二胎。2000年时取消了“一孩儿证”，2004年“二孩儿证”也成为历史，2006年又取消了生育间隔。

（二）生育观念

直到 20 世纪 80 年代，许多东村人仍崇尚“多子多福”的观念。“多子多福”是人们对传统生育观念的主要概括，主要是指儿子数量多而不是子女数量多，因为儿子长大后是家庭的主要劳动力，是家庭财富的主要创造者。家庭富有是“福”的来源和保证。父母在年老没有能力劳动之后，可以享受儿子创造的劳动成果，衣食无忧，颐养天年。[①] 比如东村三组的殷士贵家一连生了 5 个女儿，直到 1985 年他的妻子生了儿子，夫妻俩才停止生育。

而如今，生育观念已大多转变为“生儿生女不重要，关键在培养”。年轻父母们认为现在培养子女的费用太高，如果生养过多子女的话，每个都培养不好；如果生一个的话，可以把所有精力花在这个孩子身上，使其成才，穆棱地区属于边疆地区，国家自 2000 年以来逐渐放宽了生育政策，允许村民生二胎，但近年来许多符合条件的东村育龄夫妇自愿放弃二胎生育指标。

（三）生育费用

直到 90 年代中期，东村妇女仍在家中分娩，请镇上卫生所的医生来接生，所花费用大概为 60 ~ 70 元。2000 年之后，村中妇女生育都去穆棱市二院、铁路医院和林业医院，也有去八面通中医院、妇幼保健医院的。生育所花费用大概为 1200 元。

---

① 引自黄宗智主编《中国乡村研究》（第三辑），社会科学文献出版社，2005 年，第 146 ~ 147 页。

（四）东村计划生育的相关组织与制度

计划生育村民自治是我国农村社区计划生育的管理方式。穆棱市早在 1999 年就进行了计划生育村民自治试点工作。穆棱市在具体推行过程中以人为本，将维护群众的合法权益作为第一要义，尊重和保护群众的生育权、知情权、计划生育技术服务的获得权以及民主参与权。

东村成立了计划生育村民自治领导小组，村委会干部基本上都加入了这一小组。

组长：林志祥；副组长：孙信；成员：伏长玲、于崇玲、刘德发、高太平、沈德军。

东村计划生育村规民约（实录）

一、为依法实行计划生育，控制人口数量，提高人口素质，根据《中华人民共和国村民委员会组织法》、《中华人民共和国人口与计划生育法》以及《黑龙江省人口与计划生育条例》，结合我村实际，制定本村规民约。

二、本村规民约适合本村范围内暂住人员。村民委员会负责本村规民约的实施，村民代表大会监督执行。

三、村民有权了解掌握计划生育方针政策和有关法律、法规，有权监督村干部依法办事。

四，提倡晚婚、晚育。夫妻双方均属农村居民，生育第一个孩子后，自愿生育第二个子女，由本人申请，经计划生育村民领导小组开会审议通过，张榜公布 10 天无异议的，报乡镇计生办核查，通知本人领取回执单后，方可生育第二个子女。

五、村民生育或依法收养子女后，应在十天内报告村委会，并在一个月内申报入户手续。

六、村民意外怀孕的均要自己落实终止妊娠措施。

七、暂住本村范围的人员，须持常住户口所在地的乡镇计生办出具的《流动人口婚育证明》，服从本村计划生育小组的管理检查。村民向没有《流动人口婚育证明》或没有验证登记的流动人员租赁房屋、签订承包合同、招聘用工的，村委会应给予批评、教育，责令限期办理登记验证手续。

八、违反计划生育法律、法规的育龄夫妻，其家庭五年内不能评为"文明户"。对举报违反计划生育政策者，经查实给予检举人适当奖励，并为其保密。

九、终身只生育一个子女并办理《独生子女父母光荣证》或双女结扎的夫妻，在招工、医疗、宅基地分配等方面给予优先安排。终身只生育一个孩子的，在宅基地分配时可按两个子女的人口数量分配。

十、村委会应按上级规定要求，定期公布计划生育情况，并接受群众监督。

十一、本村规民约未规定事项或与上级法规相抵触的，按上级法规执行。

十二、本公约自村民代表大会通过之日起执行。

东村 2008 年计划生育目标管理责任书考核细则

实行计划生育目标管理责任制，是落实计划生育各项任务的重要保证。经党委、政府研究决定，2008 年继续对各村人口和计划生育工作管理实行目标管理责任制。要求妇女主任要全心全意地为育龄群众提供优质服务，按时完成各项工作指标，确保全村计划生育工作任务的顺利完成。

一　责任单位和责任人

责任单位：

责任人：

二　责任周期

2008 年 1 月 1 日至 2008 年 12 月 31 日

三　考核评估内容

（一）必须保证本村全年无计划外生育、无瞒报计划外生育情况。

（二）对计划外怀孕的要及时发现及早处理，经妇女主任一再劝说无效的，要及时上报计生办处理。怀孕七个月以上再上报计生办的按计划外生育论处。

（三）对无故不参加县、镇计划生育培训或会议的一次分别扣 5 分、3 分。

（四）统计工作（25 分）

1. 每月 3 日将上月发生的出生、新婚、迁入、迁出、死亡、妊娠、落实措施、育龄妇女需求信息等情况正确填写入信息报告单并及时上报。出生统计必须做到无错、漏、瞒报（每漏报一例扣 2 分，错报一例扣 2 分，瞒报一例计划外生育经计生委查实此项不得分）。

2. 每月按工作单提供的服务内容按时开展服务，并将工作单存档（每少一份工作单扣 1 分，少一个月未按工作单开展服务的扣 1 分）。

3. 家庭档案须按要求规范填写；月录与档案要相符，档案要及时准确地变更，家庭档案的建档准确率达 98% 以上；家庭档案装订规范，并设专柜存放（填写不规范扣 2 分，不准确的每发现一例扣 1 分；每漏建一户扣 2 分，家庭档案装订不规范扣2分）。

4. 奖励扶助人员调查准确、无误、上报及时（如出现一例骗取奖扶资金的扣5分，漏报一个扣2分）。

5. 报表及时（无故一次不交报表的扣1分）。

（五）宣传教育工作（25分）

1. 表、簿、卡、册齐全，填写规范（不齐全，填写不规范扣2分）。

2. 要充分利用教育人口学校开展教育（全年开课不少于4次，看活动记录，每少一次扣1分）。

3. 计生政策和计生知识的接受率达85%以上，宣传品入户率达95%以上（接受率每降低一个百分点扣0.2分，宣传品入户率每降低一个百分点扣0.2分，按入户抽查折算）。

（六）技术服务（25分）

1. 普遍开展“生殖健康幸福千万家”活动，已婚育龄妇女的健康检查率要达到98%以上。生殖健康手册发放率达到100%。对无故不参加健康检查的，妇女主任要说明情况，对连续两次不参加检查的扣1分（以计生办妇检记录为准）。

2. 避孕药具发放及时到位，药具报表要及时（每发现一例发放不及时扣1分，无故不交报表一次扣2分）。

3. 男性生殖保健知识的接受率要达80%以上（每降低一个百分点扣0.5分）。

（七）行政执法（15分）

1. 实行计划生育村务公开制，村务公开板要及时、准确填写（如不及时填写扣2分）。

2. 流动人口登记准确，档案规范（流动人口登记不准确扣 1 分，档案不规范扣 1 分，每发现一例不准确的扣 1 分）。

3. 本村无计划生育越级上访或集体上访（每发生一例扣 2 分）。

4. 流动人口报表及时、准确（不及时一次扣 1 分，不准确一次扣 1 分，一次不交报表扣 3 分）。

（八）协会工作（10 分）

1. 组织健全、制度规范（每缺一项扣 1 分）。

2. 开展好会员帮扶活动，每村至少有一个项目典型（没有扣 2 分）。

（九）村级计生委员大比武活动

各村计生委员要认真对待大比武活动。考核标准得分按照《牡丹江市村级计生委员大比武活动考核标准》执行。无故不参加大比武县级一次扣 3 分，镇级一次扣 2 分。在县级大比武得名次的加 5 分。

四　加分项

本村代表兴源镇，在黑龙江省、牡丹江市、穆棱市检查验收并合格的按政府农村工作责任状中加分标准执行，否则相应倒扣。

五　考核评估办法

2008 年村计生委员的工资按各村上报工资为准，拿出 30% 作为目标工资。由镇计生办采取平时考核与年末考核相结合的办法打分。本责任状为 100 分。每单项工作扣分超过本项总分时，从本责任状总分中扣除。年末考核完成工作目标的按实际上报工资审批核发，所扣发工资留作村集体资金纳入其它收入账户，超出部分每分按 10 元奖励本人，此款由镇计生办支付。

六　村民人寿及老年人情况

全村 65 周岁以上老年人有 80 人，占全村人口 5.6%。最年长者是三组 89 岁的村民殷王氏，其次为高广河。

高广河，男，1924 年出生，育有两儿七女。9 岁时从辽宁省岫岩县来到东村定居。土改时当过民兵连长。1958 年入党，1968 年起任东村党支部书记。1980 年采石时右眼被碎石崩伤并失明。老伴去世后又续弦，现在的妻子比他小 15 岁。因与继母不和，9 个子女现在都不与他来往，老人的晚境很凄凉。前两年他曾给村里看过垃圾场，后来垃圾场撤了，他的这份工作也没有了。老人认为自己身体硬朗，还能干活，不想在家里闲待着，但是村里认为他年纪太大不给他安排工作，老人感觉很失落。

第二节　社会

一　社会分层

社会分层是以一定的标准区分出来的社会集团及其成员在社会体系中的地位层次结构、社会等级秩序现象。除北岗地区以外，东村大体上属于人多地少的一个村落，再加上近几年农村农业机械化程度越来越高，这使东村大量的劳动力得以释放，去从事非农业生产。尽管东村以农业为主，耕作水平较高，农业基础地位牢固，但是肉牛养殖、建材业、木制品加工、农机具制造、农副产品加工五大产业发展得也是有声有色，并形成了以商业、饮食业、运输业、服务业等第三产业为补充，贸工农、种养加、产供销一体化的经济格局。

由于东村农村经济发展迅速，在农业产值连年增加、村民家庭经济收入逐年增加的同时，一些当地村民也开始外出务工，劳务输出成为推动当地经济发展的新增长点。在这种形势下，东村村民突破了传统的依靠种植业、养殖业的生存模式，也开始有很大一部分人从事其他职业。

（一）传统农业劳动者阶层

东村存在一部分以农业收入作为主要生活来源的村民群体，这个群体主要的谋生方式是从事传统的种植业和养殖业。根据东村当地的土质条件与传统，村民主要栽种大豆、玉米、水稻；根据近几年市场的发展变化和其他人致富的经验，村民也会少量种植一些烟叶、食用菌、白瓜、角瓜等经济作物。从事家庭养殖业的主要饲养肉牛、生猪。这一群体年龄集中在45岁以上，他们大多数只有初中学历，有的甚至只读过小学，文化程度整体偏低，只熟悉和种田有关的技能，留恋以“日出而作，日落而息”、“男耕女织”为特点的质朴的农业社会生活。他们普遍认为自己缺乏经营生意的头脑，对做生意存在本能的疑虑和排斥。

但应该看到，作为一个东北边境村落，东村土地肥沃，农作物一年一熟，每年都有大量的农闲时间，对于那些劳动已经成为习惯的人们自然也不愿意浪费大好时光。而且正像前文已经提到的那样，东村除了三组之外，其余镇内的三个组地少人多，在土地不够耕种、传统农业收入不足以支撑一个家庭一年开销的情况下，一部分村民虽然没有完全脱离土地，可也开始纷纷寻求其他的收入来源。于是在东村就形成了一个独特的现象：没有完全脱离土地的人，人人都依附着土地，离不开土地；但在经营传统农业的同时，却又都纷纷另辟蹊径，寻求属于自己的致富之路。笔者称这个阶层为“兼职的农业劳动者”。

（二）兼职的农业劳动者

这个群体仍然依靠土地作为自己主要的生活来源，但他们凭借自己充沛的精力在耕作之余依靠打零工以获取其他经济收入。

一是依靠国家在当地的基础设施建设。近几年由于G301国道和哈绥高速铁路的修建，工地上需要大量的劳动力，一些家庭成员多、地不够种的家庭就会有男性劳动力去建筑工地打工。但建筑工地上的工作是非常艰苦的，甚至一般的年轻劳动力都承受不住。比如村民王清林的二儿子王朋，今年去建筑工地打工，由于劳动量太大，致使在工作时累得鼻子流血。他父母害怕他干活累出内伤，便不让他再去了。目前他身体状况不错，只是在家里干点活儿。

二是村里的一些工程，比如正在兴建的东村新区（截至2010年8月二期工程已近完工，2011年三期工程完工后将交工）。由于工程量大，交工时间又很紧迫，同样也需要大量的劳务人员，这也吸纳了大量村中的剩余劳动力。东村新区建筑工地的工作同样是劳累而又危险的，就有不幸的村民在付出自己的劳动获取额外收入的同时也付出了惨重的代价。比如60岁的村民王家喜是个木匠，今年在东村新区的工地上干活时右眼被崩起的木刺扎伤，后因治疗无效而摘除。

三是有些村民熟悉木工、瓦工等技术活，他们的一技之长在其他村民盖房子的时候就会派上大用场。按照当地的习惯，木匠和瓦匠的工钱都是按天来折算的。2010年，木匠和瓦匠的工钱均为 150 ~ 180 元/天；2011 年，随着物价的上涨，工钱为 200 元/天。2010 年夏天东村共有 5 家农户盖新房，这也使村里的木匠、瓦匠们忙碌了起来。

四是有驾驶技能的村民在镇里或开出租车拉乘客，或是开货车跑运输。兴源镇内的各村中除了东、西、南、北、兴鲜等村距离较近外，其余各村相距都比较远，因此从镇里到各村都要乘坐客运站的大客车。村民如果遇有急事的话，就需要坐出租汽车了。特别是有些地方还没有通汽车（比如北岗），出租汽车就成为首选的交通工具。一些 40 岁左右的有驾驶技术的男性村民在农闲时都选择开出租汽车。这一年龄段的村民大都有在地里开拖拉机、四轮农用车的经验，因此学习开车也并非难事。他们开的车大多是从穆棱市或是牡丹江市淘汰下来的二手黑色小轿车。有的车很新，坐上去很舒服；有的则从外表上看去就非常破旧，车体表面凹凸不平，车内四处透风，冬季时坐上去感觉非常寒冷。但这并不影响车主们的生意。和城里人不同，当地人并不关心车是否美观。只要价格公道合理，能快捷地把乘客送到目的地，就会受到大家的欢迎。

五是适合妇女们做的一些零活儿，比如采摘木耳。从 2007 年开始东村和邻近几个村种植木耳的农户越来越多，而且面积越来越大。木耳在生长期间不需要太多的管理，但是在成熟期间则需要大量的劳动力进行采摘，因为如果不及时采摘，木耳会全部烂在地里，将会给农户造成巨大经济损失。木耳种植户一般都会在这个时候雇用采摘木耳的临时工。而由于木耳采摘对体能要求不大却需要耐心，因此村里的妇女承担了这项工作。每年到 7 月初的时候，菌地里随处可见头裹纱巾（防晒），手提小桶，半蹲在菌地里摘木耳妇女的身影。妇女们经常会在这个时节相互招呼着去菌地打工赚钱。2010 年夏天劳动力价格和往年相比格外昂贵，以木耳采摘为例，每人每天最少 50 元，最多能给到 75 元，而 2009 年只有 45 元。另外，在夏季时有的妇女们每天早上也摘下自家菜园里的新鲜时令蔬菜到镇上兴福路去卖。

笔者通过调研认为，在东村“传统的农业劳动者”和“兼职的农业劳动者”这两个群体并非泾渭分明，而是你中有我，我中有你，交织在一起，随着季节的变化，村民的职业角色也在不断地发生变化。这在东村村民王喜明的实例中可以看出。王喜明今年 36 岁，家里兄弟两人，仅有一垧地。春耕农忙时，帮助家里下地干活，夏天时去福麟机械公司打工，冬天农闲时开出租汽车。这样一来除了传统的农业收入，全年都有其他的收入来源。

（三）个体工商劳动者阶层

相比兴源镇的其他村子，东村村民思想比较活跃，明显更善于经商，很多村民都自己创业，经商的比较多。东村个体工商户现有食杂店 3 家，金店 1 家，旅店 1 家，电脑耗材店 2 家，汽车维修站 1 家，木材加工厂 5 家，米面加工厂 2 家，油坊 1 家、建材公司 1 家、农用机具公司 1 家。现已成为兴源镇内个体私营企业最多的行政村。随着这些个体商户和私营企业的出现，东村也出现了一批个体工商劳动者。这些农民企业家多为 20 世纪 60 年代出生，少数 70 年代出生；学历多为小学和初中。这个群体目前正值壮年，年富力强，相对于老一辈东村人，他们有知识、有技能，市场意识强，思想相对开放，敢于在市场经济的大潮中打拼。他们基本上已经脱离了农业生产，在村中属于收入较高的阶层。

东村村民邵春就是这样一个自主创业的成功范例。邵春家中一共姐妹两个人，在邵春姐妹上初中的时候，两个人的学习成绩都十分优异。但由于家中条件有限，在邵春初二的时候，家中决定只供一个孩子上学，邵春便将这个机会让给了妹妹（妹妹没有辜负家人的期望，现在学业有成，正在中山大学读研究生）。邵春放弃求学机会之后并没有放弃学习，她利用在福麟机械公司工作的机会，学习了计算机知识。经过多年不懈努力，现在邵春已经在东村村委会附近的门市房开了一家名叫馨声电脑科技的小店，主要经营打字复印、组装电脑以及办公耗材等，年利润在2万~3万元左右。邵春的丈夫高国庆也在东村开了一家电气焊维修店铺，以从事农机具维修为主，经营状况很好。在东村还有很多像他们这样自主创业的年轻人。

（四）外出打工阶层

据抽样调查的15位外出打工人员情况显示，在15位打工人员当中，男性11位、女性4位，其中20~30岁的8人，31~40岁的3人，41~50岁3人，50岁以上的1人，年龄最小的21岁，年龄最大的52岁。文化程度除一人小学外，其余均为初中文化。从事就业的城市包括牡丹江市、绥芬河市、七台河市、哈尔滨市、大连市、北京市、山东省沿海各市等地，职业工种涉及保安、服务员、力工、销售等。

但总体看来，东村外出打工人员较少。因为东村内有一些企业，比如北山建材公司，福麟机械公司，还有一些农副产品加工厂等都需要很多劳动力。再者，镇内也有很多服务业的工作岗位需要打工人员。这些企业吸纳了村中的剩余劳动力。村民农忙时务农，农闲时打工，所以东村人外出务工人员不是很多。此外，三组的情况和镇内三个组的情况有很大不同。北岗地区地广人稀，人均占有耕地面积比镇内三个组要大，耕地不足的问题不那么突出，因此三组的居民当中打工的很少，基本上均以种植业和家庭养殖业为主。

（五）公职人员阶层

这一阶层指政府工作人员、教师等有正式编制的人员。东村中典型的是王敬民，任兴源镇政府民兵队长；原村支书林志祥之子林坤任兴源镇政府畜牧站站长。

第三节　家庭

家庭是以婚姻和血缘为纽带的基本社会单位，包括父母、子女及生活在一起的其他亲属。家庭按照规模的大小可以分为不同的家庭结构，主要包括核心家庭、主干家庭、联合家庭、单身家庭、单亲家庭、重组家庭、空巢家庭等。在随机调查的193户家庭中，各类家庭分布如下。

1. 核心家庭，即由父母和未成年子女或未婚子女组成的家庭。在抽样调查中，东村的核心家庭共87户，占总数的45.1%。

2. 主干家庭，即由父母和一对已婚子女（或者再加其他亲属）组成的家庭。在抽样调查中，东村的主干家庭共有75户，占总数的38.9%。

3. 联合家庭，也称“扩大家庭”，由父母和多对已婚子女（或者再加其他亲属）组成的家庭。在抽样调查中，东村的联合家庭有15户，占调查总数的7.8%。按照当地习惯，女儿结婚后要到夫家生活，所以父母是与儿子生活在一起的。而当地人又有分家的习惯，所以调研中看到的扩大家庭规模并不算大，多数是老年父母和一个已婚的儿子再加上未婚女子生活在一起，在东村并没有看到人们观念中理想的“子孙满堂”的景象。而且随着未婚子女逐渐到了适婚年龄，他们也将分离出去单独成立自己的小家庭，因此，扩大家庭存在着向主干家庭过渡的可能性。

4. 单身家庭，即到了适婚年龄而不结婚或离婚后不再婚，一个人生活的家庭。在抽样调查中，这样的家庭有两户，且均为男性，占总数的1%。他们一直未婚的主要原因是身体有严重的疾病。

5. 空巢家庭，就是只有老两口生活的家庭。在抽样调查中，这类家庭共有14户，占总数的7.2%。在这类家庭中，老人的生活状况是难以令人满意的。虽然温饱早已经不是问题，但是老年人的生活并不算幸福。东村村民有分家的习惯，很多老年人即使年轻时生养再多的孩子，子女在结婚成家之后，都要单独生活。另立门户之后，子女只是逢年过节或是农闲时候来看望老人，所以老年人觉得十分孤单寂寞。这种精神上的孤寂不是物质生活的丰裕能够弥补的。其次，很多老人在基本丧失劳动能力后没有收入来源，平时生活全依靠子女的贴补，而这种贴补是多是少就全凭子女的孝心了。在一个普通农村家庭，每年的收入也刚好抵消开支，所以贴补父母的费用也就十分有限了。

第四节　婚姻与亲属关系

一　婚姻

（一）婚姻缔结方式

解放前，当地的村民都是由父母包办婚姻，这部分人现在都70岁以上，一些年龄大的村民已经丧偶（多数是丈夫去世），随儿女居住。由于老人名下有土地，所以通常都是子女们经协商，由某一子女负责照顾老人生活，其他子女定期给一些钱或实物（不强制）。老人去世以后，由照顾老人的子女继承土地。

50年代初至60年代末结婚的村民多数是托媒人提亲，父母征求本人意见后做主结婚。这部分人现在都五六十岁，大部分夫妻与某一儿女共同生活，但在经济上与儿女之间相互独立。

70年代初至80年代中期结婚的村民多数是托媒人提亲，恋爱结婚。这部分人现在四五十岁，大部分夫妻共同与未结婚的儿女生活，有的也与父母共同生活。

80年代中期以后结婚的村民多数是自由恋爱。结婚后都经济独立，或与父母住同一院落，或者自己分户（另分宅基地）居住。特别是1980年之后出生的年轻人，父母对他们的婚姻几乎不插手，由于他们挑选自己合适的对象，只要是自己的孩子相中了，父母大多都会支持，即使不满意，也都会默认。

（二）择偶条件

正如前文所述，60 年代时，山东省经济困难，人多地少，于是很多山东人都像当年“闯关东”一样来到黑龙江省谋生，其中一部分人就落户兴源地区。正是这个原因，在 60 年代结婚的东村人，很多都娶了山东姑娘。“门当户对”自然是最重要的择偶条件，不过因为当时很多刚来到东村的山东人都没有户口，处于被当成“黑户”驱逐的境地，于是女方便将解决户口问题作为结婚的一个条件。这也体现了当时的时代特色。

在调查中发现，从 70 年代一直到现在，“门当户对”这个词一直深深影响村民们的择偶观念。但在这几十年当中，也出现了一些细微的变化。例如 70 年代结婚的村民介绍说，他们结婚时父母不给什么东西，完全凭夫妻两人白手起家过日子。到了 90 年代，房子就成了女方择偶的条件之一了，但仅仅是其中的一个条件，并不是最重要的，在那个时代，绝大多数村民仍然认为人品非常重要。2000 年之后结婚的都是 20 世纪 80 年代出生的年轻人，也就是人们常说的“80 后”和“85 后”。这一代人的择偶条件就显得更为现实，女方往往把男方的家庭经济条件放在首位来考虑，没有新房根本谈不上结婚。随着越来越多的女孩到城市里打工，造成了农村男青年结婚难的现状，男方的父母不管花上多少钱也要为儿子娶上媳妇，只要女方条件不是特别差，一般都能接纳。这样女方便在择偶时掌握了很大的主动权。而父母们虽然一方面在嘴上说不参与儿女的婚姻大事，“选择什么样的对象由他们自己说了算”，但实际上在心中还是有自己的一套标准的，娶媳妇要娶能干的，会过日子的。

（三）通婚范围

20 世纪 50 年代至 60 年代，大量山东人口移民到兴源镇地区。这个时期东村人的通婚范围呈现出的特点是，或者是两个山东籍的青年男女结合，或者是东村当地人娶或嫁给山东移民。这个时期的通婚范围可以说是东村历史上最广泛的。

70 年代时，村民在择偶时跨镇选择对象的情况比较多。当时很多八面通镇和下城子镇的姑娘都嫁到了兴源镇东村。

到了 80 ~ 90 年代，村民跨镇择偶的情况仍然存在，但相对于以往有所下降。由于人口增多，这一时期大多数村民都在镇内或村内选择对象。

现在东村的很多年轻人都到城里打工，特别是考上大学的年轻人，很少有返回农村的。这样一来，这一代人的通婚范围变得更大，已经突破镇、区限制，城乡之间、跨区市之间结婚已经很普遍，有的甚至在互联网上寻找心仪的伴侣。

（四）结婚费用

结婚费用在不同期会有不同的变化。80 年代结婚的礼金一般在 300 ~ 600 元，当时被称作“奶金钱”。必备的大件有一套家具（包括炕柜）和黑白电视机、单卡录音机等家用电器，条件好一点的还会有高低柜或是组合柜、写字台等。亲戚们的随礼钱也就是 5 元钱到 10 元钱不等。90 年代的礼金为 2000 ~ 3000 元，需要添置一套家具以及彩色电视机、双卡录音机、洗衣机等家用电器。进入新世纪后，结婚费用突飞猛涨，这对许多家庭来说都是沉重的负担，儿子娶媳妇实在是一件“痛并快乐”的事。许多村民甚至笑言：以后再也不敢生儿子了。据估算，目前东村村民结婚，男方家庭需要花费15万元左右。这其中包括盖一间新房，建材费用加上人工费用需要6万元，礼金5万~12万元不等，买家电及装修费用3万元左右。如果男方给的礼金相对较多的话，比如8万元以上，那么可以不买家电；如果给的礼金较少，比如5万元，那么就需要男方家长买家电。过礼钱的多少实际上和有无新房也有很大的关系。如果男方事先已经准备好新房，那么礼金一般在6万元左右；但如果男方家没有新房，则需要一次纳过礼钱十余万元，最多可达12万元。如此高昂的结婚费用常常可以让一对农民夫妻倾其毕生积蓄。经济条件一般的家庭父母甚至要借钱给儿子操办婚事，以致陷入欠债的困境中。和城里不一样的是，除去个别家庭，东村人在结婚时，结婚费用完全由男方承担，女方甚至可以一分钱都不拿。高昂的结婚费用让很多有多个儿子的家庭头疼不已。东村人甚至不无讽刺地总结道，负担最重的家庭有两类，一是家里有考上大学的，二是有两个儿子的。无奈之下，一些有机会外出打工的男青年，便会和外地姑娘结合，这样所花的费用就会很少。

为了缓解一次性拿出十余万“巨款”的压力，父母一般都会提前几年给即将娶媳妇的儿子盖新房。调研人员遇到较为突出的一个例子是张庆文。他的小儿子今年刚刚上初二，但是在他家房后，一幢有着四间屋的青砖瓦房已经初具规模，他说这是留给他儿子将来结婚用的。亲戚们结婚的随礼钱也上涨到200元到500元不等。

现今结婚必备的家电除了洗衣机、电冰箱等传统生活必需品外，还必须包括超薄液晶电视、DVD、电脑。这也相当于在农村普及了电脑，但笔者发现电脑在东村很多家庭中并没有得到很好的利用，不是成为摆设，便是用来给青年人打游戏玩，没有发挥实现农村信息化的真正用途。

图 4－1　现今东村婚房客厅（2010 年 1 月　作者摄）

（五）初婚年龄

直到现在，东村人仍然沿袭了传统农村早婚的习惯，初婚年龄要比城市人小很多。一般男子在 22 岁，女子在 20 岁——也就是刚够《婚姻法》的规定就结婚了。而城里的年轻人在这个年龄要么在谈恋爱，要么还在上大学。而在东村，男子如果过了 25 岁就基本上属于“大龄青年”了，如果还没有结婚，就很难再找到对象了，父母就会非常犯愁。

第五节　社会礼俗

一　婚俗

东村人的婚俗在不同的历史时期有不同的特色。

40 年代，婚嫁习俗一般是先订婚后结婚，媒人到男女双方家介绍情况，征得双方家长同意，再请算命先生根据生辰八字占卜合婚。合婚后双方商定彩礼，然后彼此相看，以先男后女为序，俗称“相门户”，女方看姑爷，男方看姑娘，本人一般无权见面相看，甚至有的夫妻入洞房后才第一次见面。女嫁男聘，择吉日男方拿聘礼到女家“过小礼”，当地也叫订婚。“过小礼”除了要拿钱之外，还拿“双猪双酒”四合礼，猪、酒可折合成现款，穷人无钱过礼只好“打光棍”。订婚后，双方根据生辰八字选择吉日结婚。结婚前还要“过大礼”，即男方同媒人一起将衣物、首饰等彩礼送至女方家，确定结婚日期，女方设宴款待。

结婚当天，新郎披红戴花，由数人陪同骑着马，鼓乐相随，到女方家中迎娶。不管新郎家有多么困难，在结婚这一天也要弄来一匹马骑。新娘则坐轿回新郎家。那时也没有什么仪式，新郎戴状元帽，新娘戴凤帔，由司仪（当时称作“代东”）主持拜天地，即为成婚，然后共入洞房。结婚当日男方收礼金，设酒席宴请宾朋。宴席散后，厨师要在傍晚，分别用粉条、豆腐、肥肉、鸡蛋为主料做六样小菜，装在小碗中，请新娘来吃，看新娘先吃哪一碗。据说这与“抓周”类似，可以判断出新娘所生子女未来的命运，比如吃了肥肉，预示新娘生的孩子将来会大富大贵。

50年代，迎娶新娘改用马车，这一习惯在东村一直延续到80年代中期。1985年村民王清林结婚时，借了当时村集体的大卡车来接新娘，王大妈现在回忆起这件事还是一脸的自豪与幸福，说当时结婚能有一台汽车是极其风光的事情，因为在当时多数新人仍然使用马车，用汽车是很新鲜的事情。

现如今，东村青年结婚的礼俗已经和城里人相差无几，但是其中也还有一些细节体现出当地人的特点。大体情况如下：

结婚的日子是经过精心挑选的，要根据新人的年龄差距、生辰、属相来最终确定。但一定要遵循一个原则，即单月结婚选单日，双月结婚选双日。比如，村民王清林的大儿子王刚在2009年结婚时定的日子就是农历八月初八。

接亲队伍清晨就要准备就绪。新娘家离新郎家越远，就越要早早起来准备。比如王刚的新娘陈宏芝家在马桥河，自东村驱车前往要2个小时左右，所以王家的接亲队伍早上4点半就从东村出发了。

接亲队伍要拿4根猪肋条（意为"离娘肉"），2把粉条、4棵大葱、2把挂面、4个鸡蛋。接亲队伍里，1人捧着红被，1人捧着洗脸盆，盆里放着化妆品、蜡烛、镜子。接亲队伍的人数一定为单数，这样回来时加上新娘正好是双数。

接亲时村民们效仿城里人多租用轿车，一般都是雇用镇里等出租汽车组成车队，少则3~4辆，多则5~6辆。

接亲车队到达后，娘家人要在新娘家门口放鞭炮，这时新娘的房门紧闭，任凭新郎苦苦央求，也不打开。这时，会有调皮、机灵、幽默的人（一般都是新娘家亲戚）在一旁调侃新郎，同时新娘家的人索要“开门钱”。一番玩笑过后，新郎才能进屋。

进屋后，新郎向新娘行礼，然后这对新人并排坐在床上，面前铺好新郎带来的红被，红被前点燃红烛，象征将来的日子红红火火。这时，在司仪的指引下，新郎将一朵红花戴在新娘的右胸，称为“新娘花”；新娘将一朵红花戴在新郎的左胸，这象征二人永结同心。随后新郎新娘互为对方扎红腰带，意味着将永远拴住对方。新郎新娘一同在盆里洗手，并用红手绢擦手。这时娘家亲戚会为两位新人端上一碗面条，面上放一荷包蛋，称为“喜面”。新郎在吃面时不能把面咬断，以示子嗣绵延，吃鸡蛋时要一口咬出蛋黄，含义为将来所生子女会有出息。吃过面后，新郎为新娘穿上鞋，盖上红盖头，抱新娘上轿车，或是由新娘的哥哥背新娘上车。新娘这时手持一面镜子（新郎来时带的那面镜子），出门前镜面对着自己，出门后将镜面翻转对着外面，据说为辟邪之意。在轿车启动之时娘家人中的一人（通常是妇女）会将一盆水泼在车轮上，意为“嫁出去的女儿泼出去的水”。

接亲队伍返回后，按照习惯，新郎家会在饭店摆酒席宴请宾客，摆席时饭店门口都会插彩旗以示喜庆。由于“千百合饭庄”是东村最大的饭店，所以一般婚礼庆典基本上都在这家饭店举行。按照东村当地习惯，宴席的前四桌为娘家客人。在宴席上，证婚人要宣读结婚证书，以表示两位新人正式结合。新郎的父亲要代表婆家讲话，以感谢各位来宾的到来。然后新娘给婆婆戴花，婆婆要给新娘红包，称为“改口钱”。

关于结婚庆典，如今村民们多数都会请专门的婚庆公司来打理，由专业的摄影师摄录整个庆典过程，刻成碟片，以供新人们保存纪念。

二 丧葬习俗

（一）停灵报丧

按东村的习俗，老人弥留之际，守护的亲友要给老人穿好寿衣（当地人称为“装老衣裳”），赶在老人咽气之前把老人放在事先准备好的一条作为放遗体之用的长板凳上，人不可以在床上离世。如果死者是年轻的晚辈，要将长板凳放倒，再将遗体放上去，以示其辈分低。如果是长辈去世，三天后出殡；年轻晚辈去世两天后、没有子女的当天就要出殡。子女要将死讯尽快通知亲友，以便商议葬礼事宜。这时死者的家门口要挂上“岁头纸”，所谓“岁头纸”即是将“马粪纸”折成一定的形状，插在一根草绳的缝隙中，插的纸数是死者实际年龄再加上2（即表示天上一岁，地上一岁）。死者是男性，“岁头纸”挂在门口左侧，死者是女性，“岁头纸”挂在门口右侧，其意为“男左女右”。这样外人便可以根据“岁头纸”的长短和悬挂位置来判断出死者的年龄与性别。

停灵期间，死者亲属要在家中摆放供桌，上面放上馒头、鸡、鱼、肉、蛋、豆腐、油炸过的粉条、水果等食品。其中，馒头要放三摞（五个为一摞），水果放三种即可。供桌上的馒头都要留给小孩吃，据说可以压惊。还要摆上“长命灯”，即一种用豆油做燃料、棉花做灯芯的灯。停灵期间“长命灯”不可熄灭，豆油燃尽要随时添加。

（二）送盘缠

所谓“送盘缠”，即是指在送殡的前一天晚上，子女要给死者烧冥品，意指让死者在阴间仍然能够享受人间的一切富贵。“送盘缠”时要烧一些纸牛、纸马、纸质童男童女。近些年，流行烧纸质电冰箱、汽车、别墅模型等。这些冥品都要由儿子扛着，其余亲属拿着纸钱。有一种说法是拿的越多，将来就越容易发财。首先儿子要“指冥路”。即在丧仪司仪的指引下，儿子拿一根扁担，指向西南方向，口中念到“西南大路，越走越宽”。而这时，死者的女儿要把自己买来的三斤六两纸烧掉，把燃尽的纸灰包起来，放在死者的身下，意为希望死者能把这些纸钱带走。然后人们把先前带来的那些冥品放在一起，亲属们围着这些东西沿顺时针方向、逆时针方向各走三圈，然后烧掉。烧完后，司仪通常会说一句“儿媳妇、姑娘往回转，谁先到家谁有福”。这时大家就会尽力往家里跑，意为“抢福”，据称谁先到家，谁就会有福。

（三）出殡

出殡前要“开光”，也称“净面”，即用秫秸棒缠棉团沾净水或酒精擦洗死者五官。这一天儿女们都要戴白孝带、白孝帽、黑纱，孙子辈儿的黑纱上有一小块红布，孝帽上有一块黑布。出殡后要留着孝带，据说可以辟邪。在灵车启动时，儿女都要在灵车前跪下，儿子摔“丧盆”。在过去实行土葬时，儿子手持“灵头幡”，把灵柩抬到或拉到墓地安葬，灵柩一般由八人来抬。灵柩前挂一红布，死者年纪越大，这块红布就越受欢迎，葬礼结束后，亲属们都会抢着要这块红布。如今按照有关部门规定，位于镇内的东村必须实行火葬，遗体要送至穆棱市火化。亲属们会把骨灰装进骨灰盒，进行深埋，上面立一块碑，以示入土为安，墓中会放一个小鱼缸，里面装有三条金鱼，其含义是年年有余。下葬后，要将五谷杂粮，通常是谷子、大米、玉米、大豆、高粱撒在坟上。近几年随着丧葬形式的变化，有些条件好的家庭会把骨灰埋在公墓。

葬后三日要圆坟培土，所有亲属要到坟地烧纸，为死者“建屯园”。也就是由儿女亲属拓坟面积，在坟周围左三圈、右三圈地踩，踩出一个大圈，但这个圈一定要留出一个空儿，以供逝者的灵魂出入。最后要在坟头上撒上葱子儿、生菜子儿。葱子儿意味着子孙聪明，生菜子儿则和“生财”谐音。死者安葬后要烧头七、三七、五七、七七、百日、周年，连续烧三个周年。烧五七时女儿买五盘纸花，到坟地去烧，意即阎王喜欢花，献花给阎王。如果死者没有女儿，则由侄女或外甥女代劳。

此外，当地丧葬还有一些禁忌，比如：死者去世头一年，死者子女不能给别人拜年，过年不贴对联、福字，端午节也不挂任何东西；长辈去世，忌说“死”，而说“老了”；父母去世当年不能娶嫁。

三　人生礼俗

（一）生育

旧时，当地民间妇女生育的风俗较多。孕妇被称为“双身板”、“四眼人”，一般不出院，不能担水，以免冲着“井神”；不能推米磨面，以免冲着碾磨神；年三十不能下地，以免冲着“财神”；不许外出看望病人，参加婚礼、葬礼。

接生。旧时当地产妇在自己家的炕上，揭开炕席在土炕上或谷草上生产，产婆也不消毒，出生婴儿有的“三天风、七天扔”。产妇产后一个月称“坐月子”，均备鸡蛋、小米、挂面、红糖之类食品，产妇一日要吃四五顿饭。

月房。按当地习俗，生男要在房檐上插用红布缠的弓箭，生女要插小棍绑红布条，以示“月房”。外人进月房不准带钥匙，出月房不准拿东西。

贺喜。亲友及邻里到产妇家“贺喜”，礼品有鸡蛋、挂面、小鸡、鲜鱼、红糖等，谓之“下奶”。婴儿出生3天时，招待亲朋吃喜面，并请长辈起“奶（乳）名”。满月时，产妇抱婴儿回娘家住几日谓之“躲尿窝”。

百日（称百岁）。婴儿出生100天时，给婴儿洗澡剃头，穿戴“麒麟锁”，亲友前来祝贺，俗称过“百岁”。富者以酒席招待亲朋。这期间如抱婴儿到家串门，长辈妇女要将一支白线挂在婴儿脖上，并在线上绑以现金，俗称“挂线”。

周岁。婴儿出生一周岁时，给婴儿换上新衣新鞋，佩戴亲朋好友送的“长命百岁”锁。婴儿父母要置办酒席宴请亲朋，俗称“过头生日”。

（二）寿诞

20世纪80年代以后，由于城乡经济迅速发展，村民生活逐年提高，子女为对长辈表示孝敬，一些家庭经济条件好的子女都有在家里给老人过生日的习俗，但规模不大，仅子女和至亲好友，携带寿糕、罐头、水果、寿酒等表示祝贺，大家欢宴一顿。如今，东村人给老年人过生日，多在村里饭店摆酒席，邀请亲朋好友参加。

80 年代以后出生的青年人过生日，也开始仿效城里人的模式，邀集男女好友会餐，吹蜡烛吃蛋糕。

（三）上房架

盖新房上房架是农村很重要的一件事，也是很繁重的体力活，一个家庭中的劳动力根本无法承担，所以就要请邻居及亲朋好友来帮忙。说是“帮忙”，其实来“帮忙”的人都是来随礼的，礼金一般为 100 元。2010 年夏天，村民高明海盖新房时共来了 40 余人帮忙，但真正干活的也就是十余人，其他人无非是搭把手，很多人都在一旁抽烟聊天。

笔者调研时正赶上村民高明海家上房架，目睹了整个过程。上房架时也要请司仪，司仪的主要任务是在劳动的过程中负责指挥，喊号子。上房架赶早不赶晚，从凌晨 3 点半开始，在司仪的指挥下，众人一起动手，齐心协力把 18 个房柁吊至房顶，称之“上柁”。在上柁的过程中，不断有人把喜联贴在毛坯房的门框和窗框两边。比如“近水楼台先得月，向阳之居早逢春”，横批“新喜大吉”；“吉祥之居青春永驻，百年大计今朝建成”，横批“金屋铸成”；“喜到家门祥瑞安康，福临宅地积玉堆金”；“吐紫迎春，财如喜水”。在大梁上悬挂一块小红布，贴一幅红字，上书“上梁大吉”。主人在房内 4 个角落以及大梁下面悬挂五挂鞭炮。上梁结束的时间是 6 点 08 分，这是事先选好的吉时，司仪大声宣布“上梁大吉时辰到，大吉大利鸣礼炮”，主人亲自点燃鞭炮，这时有人站到房顶上向下抛撒喜糖。

放过鞭炮之后，女主人在其他妇女的帮助下已经做好早点，请前来帮忙的村民吃早饭。早点一般是豆浆、油条、米粥、馒头，还有小葱拌豆腐等小菜。中午，房主人在本村的饭店请客，宴请随过礼金和来帮忙干活的好友近邻。

四　节日礼俗

（一）小年儿

即为农历十二月（腊月）二十三日，民间传为“灶王爷”上天之日。按当地习俗，这天晚上要以灶糖（麦芽糖）为供品祭灶，送灶王爷回天“述职”，祈求“灶王”“上天言好事，下界保平安”。过小年这天早晨要吃饺子，并从这天起打扫卫生，扫房除尘。

东村三组由于是山东籍移民聚居区，因此保留了一些关内的过年习俗。比如过小年，有“民三官四”的说法，即当官的大户人家在腊月二十四这天过小年，平民百姓在腊月二十三这天过小年。小年这天一定要吃饺子。饺子煮好后，在锅台前面放三个碗，每个碗里放三个饺子，再摆放三双筷子，意为祭天、祭地、祭灶神。此外，蒸馒头、蒸“枣山”（馒头做的，捏出山的形状）是必不可少的，还有用精美的鱼状模具做小鱼儿形状的

图 4－2　源自山东的面食模具

（2010 年 7 月　作者摄）

豆包。从这一天起一直到腊月二十九是过大年的准备阶段。腊月二十五、二十六主要是采购年货，买过年用的鸡、鸭、猪肉等；腊月二十七做豆腐（三组的人家家都会做豆腐）；腊月二十八烀猪头；腊月二十九炸大馃子、炸鱼、炸豆腐泡等。

（二）春节

俗称“过年”。“年三十”上午，家家都要贴春联、福字和吉祥的字幅等。比如，门口贴有“出门见喜”或“抬头见喜”，农用车上贴“车行千里路，人马保平安”，牛马圈里贴“槽头兴旺”，猪圈里贴“肥猪满圈”，鸡架上贴“金鸡满架”等等。福字要倒着贴，意为“福到了”。贴好春联后，家人要去给已故的老人上坟，意为把老人请回来一起过年。北岗的习惯是必须赶在中午之前给老人上坟。有的村民家中有家谱的，中午时就要开始祭祖。家谱是非常神圣的物品，只有过年时才能请出来，平时是绝对不能随便拿出来给其他人看的。例如，村民王新民家就有家谱，当调研人员提出阅览的请求时，遭到了拒绝。祭祖时在堂屋悬挂家谱，摆上香案，供桌上摆上鸡、鱼、豆腐、方肉、摊鸡蛋等五样菜，三摞馒头、三碗米饭、三种水果、三双筷子等供品，中午和晚上还要各上三炷香，以表示对祖先的敬重。

大年三十这天下午要包饺子，包得越多越好，吃不了就冻起来留到正月里吃。包饺子时，会在若干饺子里放上硬币，如果吃到了则象征幸运，将来会发财。在北岗，饺子馅也是有讲究的，三十这天晚上最好要吃豆腐菠菜馅的，豆腐和“福”谐音，菠菜象征清静，有肃清一切烦恼之意。

当然也可以吃肉馅的饺子，但是绝对不能包韭菜鸡蛋馅饺子，因为鸡蛋暗含“滚蛋”的意思。当然，过了除夕，这些禁忌就都取消了，可以随意包任何馅的饺子。自山东临沂地区迁徙过来的村民还有在除夕子时祭天的习俗。届时，在院子中间放三盘饺子、三双筷子，全家都跪在院中磕三个头，祈求上苍保佑全家人在新年里平平安安，敬天之后才可以吃饺子。按北岗的习俗，应由家里的男人下厨房煮饺子，因为女人们忙碌了一整年，这时理应休息；另外，叫小孩吃饭时，不能唤小孩的名字，否则会被认为冲犯了祖宗，小孩就会被祖宗带走。

正月初一早晨，男女老少要穿新衣，左邻右舍要登门拜年，互相问候。电话在东村普及后，村里开始流行起电话拜年，村民们普遍感到现在过年没有以前那样有“年味儿”，有亲情了。

（三）元宵节

农历正月十五日，又称灯节。这一天各家院子里高竖灯笼杆，悬挂红灯，门前挂彩灯。当地村民也会在粮台山下的兴源文化广场扭秧歌，在广场上载歌载舞庆祝元宵佳节。这时男女老少涌上村头，尽情欢闹。在这一天还要给祖坟送灯、送蜡烛，名为“长明灯”，意为“给老祖宗抓虱子”，仓库、茅房、车顶也都要摆上蜡烛。元宵节更是小孩子的节日，按照东村的习俗，孩子们提着灯笼去穆棱河“滚冰”。在20世纪五六十年代困难时期，孩子们都会自制“土灯笼”，即在萝卜或土豆中间挖一个坑，把蜡烛放于其中，再放到罐头瓶中，用一个小棍挑着。如今生活条件好了，孩子们都买现成的灯笼。过节这天，孩子们打着灯笼来到穆棱河，然后在冰封的河面上打几个滚儿，意思是扫除掉过去一年的晦气与不吉利。

（四）二月二

农历二月初二日，俗称“龙抬头”。这一天家家户户都要吃猪头肉。此外，按照东村习俗，村民们还要吃豆子，其含义是咀嚼豆子的时候可以祛除正月以来的慵懒之气；另外一种说法是“二月二吃炒豆儿，大人孩子一大溜儿”，吃豆象征着子孙多多。东村村民主要吃炒黄豆，做法是将豆子稍微浸泡一下，爆炒时放糖挂浆。也有村民炒玉米或者制作爆米花儿，经济条件好的还会炒花生。村民们也有把地瓜切成丁炒的。在北岗还有一个习俗，就是把过年蒸的馒头留到二月二吃掉，如果吃了，在这一年中不会遇见蛇。北岗由于地处山区，蛇比较多，村民通过这种方式表达自己心里的良好愿望。据47岁的组长管延江讲，第一代山东移民来的时候，山路上全都是蛇（北岗村民把蛇称为“溜子”），汽车开过或马车碾过时发出可怕的“咯吱咯吱”的声音，有时候“溜子”甚至会爬到屋内的炕头上，给村民的日常生活带来极大的不便。但是村民也都懂得蛇吃老鼠，属于“益类”，所以不随便打蛇。近些年来随着北岗地区居民日益增多，蛇也不像以前那样多了。村民们分析是饲养的牛羊身上的气味熏走了蛇。

（五）端午节

在农历五月初五这一天，在太阳还未出来时村民们就上山踏青，要采集五种植物，即艾蒿、松枝、针材、柞木、柳条。在踏青回来的路上，男女老少都要在穆棱河里洗脸、漱口。如果家中有老人身体不好不便行走，儿女们也会给老人拎一桶水回去，让老人用穆棱河水洗脸，人们认为这样可以祛邪除病。回家后，村民将艾蒿插在自家房檐门首，用买来的五样彩纸叠成葫芦，拴在松枝之上，在儿童胸前挂上香荷包，手腕缠上五彩线，荷包中的香料用以驱虫，五彩线象征“寿长多彩”。

（六）鬼节

农历七月十五这一天，家家上坟奠纸。旧时当地村民有晚上在穆棱河中放河灯的习俗。河灯也叫鬼灯，是用三四寸见方的红绿油纸，折叠成船形，内放少许豆油、灯草，点燃后放入水面，数百盏河灯顺河而下，远望如繁星一片，十分壮观。据当地村民介绍，放河灯，请道士诵经能够超度游魂。

（七）中秋节

农历八月十五日，俗称八月节，民间视为团圆佳节，同时也是农民庆祝丰收的节日。节日当晚，全家团聚赏月，并在庭院设香案供桌，献上月饼瓜果“供月”。节日期间，亲朋好友以月饼作为礼品互相馈赠。

（八）腊八

农历十二月初八。当地主要习俗是喝腊八粥，原料为黑豆、红小豆、黄豆、花生、绿豆、饭豆、大枣、高粱米。现在生活条件好，腊八粥的原料也趋于多样化，村民也随自己口味放大碴子、黑米、葡萄干、冰糖等。

五 东村村规民约

目前东村村规民约有两个版本，现实录如下。

版本一：

为提高全体村民自我管理、自我教育、自我服务和自我约束的能力，促进全村的安定团结和三个文明建设，根据法律、法规和国家的有关政策规定，制定本村规民约。

1. 全体村民均有保护耕地的义务。村内任何组织和个人使用土地都应服从村的统一规划和调整，不得侵占、买卖或者以其他形式非法转让土地。

2. 村民建房必须服从本村相关规定，并按照规定程序申报，按批准的地点和面积施工建房。

3. 实行计划生育、提倡晚婚，对非法同居、非法怀孕和计划外生育者，对有谩骂、侮辱、殴打计划生育工作人员等行为者，按有关法律、法规和政策严肃处理。

4. 学龄儿童和青少年有依法接受教育的权利和义务，其法定监护人应保证子女接受九年制义务教育。

5. 搞好公共卫生，保持村容整洁，实行门前三包。不随地倒垃圾、秽物，修盖房屋余下的残土及时清理，柴草、粪土按指定地点堆积存放。

6. 凡符合服兵役条件的本村村民，都有服兵役的义务，应积极主动参加兵役登记、体检和应征，对逃避服兵役的村民，按照有关法律和政策规定予以处理，情节严重的由有关部门依法追究法律责任。

7. 要尊老爱幼，保护老人、妇女、儿童在社会和家庭生活中的合法权益，禁止虐待、遗弃行为。村民发生抚（赡）养纠纷时，由村调解委员会进行调解，调解不成的，村民委员会支持抚（被赡）养人依法向人民法院提起诉讼。

8. 严禁任何单位和个人非法制造、经销、买卖、私藏枪支弹药、管制刀具和其它危险物品。任何人不得以任何理由煽动群众到机关、学校、企业、村民委员会办公地、他人住宅起哄、捣乱、闹事、制造事端；不得寻衅滋事，扰乱社会治安秩序。

9. 不得非法搜身、侵入他人住宅和限制他人人身自由；不准诽谤他人和侮辱妇女；邻里之间发生纠纷不得采用威胁和要挟的方法。对殴打他人造成伤害的，应赔偿医药费、误工费等；情节严重的，提请司法机关依法处理。

10. 不偷窃、哄抢、非法侵占国家、集体、他人财物；不损毁、移动指示标志；不损毁机耕道路、排灌渠道、耕作机械等集体公共设施；不乱砍滥伐树木。

11. 严禁传播淫秽物品，严禁赌博和贩毒吸毒行为，反对迷信活动，严禁利用迷信活动造谣惑众、骗取财物。

12. 积极推进殡葬改革，服从殡葬管理。提倡勤俭节约，反对婚嫁、丧葬大操大办。

13. 按照《中华人民共和国村民委员会组织法》及《黑龙江省村民委员会选举办法》依法行使选举权和被选举权，不得破坏选举。

14. 村民享有参政议政的权利和义务，按时参加村民大会，对重大事项进行表决。

15. 村代会是村民会议授权的经常性工作组织，由村民民主推选的村民代表和村“两委”班子成员组成，对村民会议负责，在村民会议授权范围内，对村务实行决策和监督。村代会决定的事项村民应遵照执行。

16. 违反本村规民约的，除触犯法律由有关部门依法处理外，村民委员会可提请村代会会议讨论通过，作出如下处理：

（1）予以批评教育；（2）写出悔过书，用村广播进行通报；（3）责令其恢复原状或以个人财产作为赔偿；（4）视情况提请执法部门按程序给予经济处罚；（5）取消享受或者暂缓享受村里的优惠待遇。

17. 凡被依法处罚或违反本村规民约的农户，在本年度不评先进户、文明户、五好家庭户、遵纪守法户。外来人员在本村居住的参照执行本村规民约。

18. 本村规民约有与国家法律、法规、政策相抵触的，按国家规定执行。

19. 本村规民约自村代会通过之日起实行。

版本二：

为了加强我村精神文明和物质文明建设，保持稳定，加快经济发展，结合我村实际情况，经村民委员会和村民代表大会研究，决定制定村规民约如下：

1. 大牲畜散放期规定为秋季打完场至次年大田播种前。

2. 各户的禽畜不在散放期内，一律不得散放，如违反规定，则按照其情节轻重进行罚款处理。如进田地或林地，毁坏庄稼或树木，按以下规定罚款，牛马每头（匹）500元，猪每头200元，羊每只50元，鹅、鸭每只20元。

3. 散放期以外，未看管好的牲畜要罚款，罚款的30%

归村集体用于公益事业，另外抓获的牲畜如在两日内无人认领，则按无主处理。

4. 各户门前街道卫生由居民本人负责，要保持街道、边沟的清洁，不允许在道边堆放杂物和拴牲畜。

5. 各户的退耕造林地不准复耕，如发现有复耕者，村委会劝阻不听的，则交由上级主管部门处理。

东村村民委员会

2009 年 8 月 3 日

说明：版本一为兴源镇政府协助制定，版本二为东村村民委员会自行制定。

第五章　村民生活

第一节　基本生活状况

一　村容村貌

村庄是农民生产生活的聚集地，人居环境是人类生存和发展的基础条件。加强村庄规划和整治，改善农村人居环境，改变村容村貌，是新农村建设的重要任务之一。[①]

东村始终把村庄建设作为中心任务来抓，因此东村的村容村貌建设是兴源镇内各村中最好的，这是东村人的骄傲，同时也是其他各村村民的共识。村内共有大小街道 12 条，总长 3.5 公里。至 2008 年年末，东村辖区内的道路已经全部实现硬化，水泥路面延伸至每户村民的家门口。2009 年，东村又在主街道两侧修建了长 4000 米的石砌边沟，以供排水之用，道路两侧栽种柳树、地肤（又称“扫帚草”）和各种鲜花以美化村容。

自 2007 年起，东村开始实施系统的村庄建设，即“穿衣戴帽”工程。这一工程重点包括搞好道路两侧住房和杖

---

① 中共中央宣传部 舆情信息局编《建设社会主义新农村》，学习出版社，2007 年，第 109 页。

子、院墙的美化，统一杖子、院墙的样式，对住房和杖子、院墙统一进行粉刷。工程实施以来，农户住房整齐、院墙统一，全部建成了砖砌围墙和水泥板墙，新建水泥板围墙1600延长米。2008年，东村又对院墙进行了统一粉刷，村内街道两侧统一粉刷围墙12000平方米，书写永久性宣传标语11条；新砌路牙石2500延长米；栽种丁香4500株6000延长米；香化街道10条2000平方米；新建沼气池15个；村内的主要街道安装路灯70盏。东村村委会专门成立了由3人组成的卫生队，常年负责村内街道及两侧边沟的环境卫生、督促各户自清门前卫生，并负责绿化树木及花坛的浇水和管护工作。为确保村内环境干净整洁，正在兴建中的新区东侧设立一处占地5000平方米的场院，和一处占地5000平方米的垃圾处理场。经过努力，村内街道平整、排水畅通、庭院整洁、环境优美。

图5－1　东村村容（2010年7月　作者摄）

二　居住

东村居民的住房大体上可以分为两类：一类是东北农村传统的砖瓦房；一类是2005年于东村以南新建的楼房。

（一）平房

东村解放前村民居住条件简陋，直到20世纪50年代绝大多数村民仍然居住土坯房，60年代以后盖的新房逐渐使用黏土瓦。从80年代开始，村里的砖瓦房逐渐增多。现在，东村的大多数房屋都是80年代建的砖瓦房。笔者2010年1月到东村调研时，全村只有三户住的还是土坯房，其中一户表示夏天准备盖新房。这是一户低收入家庭，在盖新房时东村村委会还将给予一定的补助。2010年7月，笔者再去东村时，三户中已经有两户将老房子拆掉，正在兴建新房。

东村的房屋类型主要是以平房为主，平房的格局基本是两个居室、一条走廊和一个厨房。家中有男孩的村民，房屋都是两间连在一起，老两口住一间，孩子结婚后住一间。这样也就把孩子的住房问题解决了。

2010年夏天，东村许多家庭都在盖新房。东村有专门的工程队，是村内的几个有手艺的砖瓦匠自发组织的，农闲时给村里的村民修盖房屋，以天为单位收取一定的费用。盖一户新房所需开销大致如下：

所雇工匠工钱按天折算，瓦匠为150元/天至180元/天，木匠的工钱大体相同。坑面砖2元/块，普通砖0.5元/块，一般买木材需要4000元，水泥400元/吨，钢筋加上铁皮需要2000元，黄土100元/车。这样，一幢普通的农户房屋（不计室内装修）大概需要 7 万 ~ 10 万元，这对一个普通家庭来说是很大的开销。

东村的住宅一般都由两米半高的围墙围起。由于重视村容村貌建设，东村村委会于 2007 年统一对全村的围墙进行粉刷，所以看上去非常整洁。而三组居民则全部用从山中采集的石块垒成院墙，各色石块堆垒在一起极具质朴的艺术美感。

绝大多数农户都安装灰色的铁质院门，看上去非常气派，院门上多开一小门，平时出入都走这个小门。村民自家院落一般都打扫得非常整洁，而且空间利用得也非常合理。厕所修在院子的角落，一般都是在猪圈或牛舍旁，用木板围成。勤快的主人还会在房前支起葡萄架，每到夏天来临，可以在架下纳凉，十分惬意。村民利用院内空地种些蔬菜或者饲养家畜。冬季的时候，村民的院子便被用来储存农作物，种植的黄豆或者玉米在当年没有卖出的，都储存在院子中。

图 5 - 2　东村民居（2010 年 1 月　作者摄）

（二）商品楼开发

80年代初，东村曾经在村南“周一集市”一带建过室内农贸市场，后因效果不好而拆除。2004年，在原农贸市场的位置上，村主任孙信开发了5000平方米的商品楼。这幢楼一层为门市房，全部出租用作商铺，共23家。2、3、4、5层全部是居民住户，共72户。楼房格局基本上是以两个卧室、一个客厅、一个厨房和一个卫生间为主，平均面积在80平方米左右。当时房价为1100元/平方米。购买商品楼的大多是镇政府工作人员、中小学教师和以经商、打工为主要收入来源的村民。调查中发现，以种植业为主的村民很少有买商品楼的。主要原因一是农民的收入偏低，买房和物业管理费都是一笔巨大的开销；二是农民已经住惯了平房，感觉上下楼非常不方便，而且楼房内缺少足够的空间储存粮食，这对农民来说是一个大问题。

（三）内部装修与家居生活

东村大多数平房内部装修比较简单，内墙只是简单地刷成白色；地面有的是水泥的，有的是用砖铺的，个别收入较低的家庭则还是土地面；棚顶简单地粉刷白灰；室内用灯基本都是节能灯。特别贫困的家庭中，使用纸糊棚和钨丝灯的情况依然存在。

近几年，东村新盖的房屋，尤其为子女结婚而新建的婚房装修越来越现代化，这也体现了农民生活水平的提高。新修建的房屋中，地面基本都铺地板，墙体也都使用了乳胶漆，棚顶也不再是以往简单的“刮大白”（粉刷白灰），而是使用了扣板，看起来十分精致；家中悬挂十分美观的吊灯；家具中也有高档沙发和茶几。

东村村民的家用电器变化很大。新婚的年轻人更青睐宽屏液晶电视，在选购洗衣机时也更喜欢多功能型的，用起来更方便省事。然而，笔者在调研中发现，农户家中的洗衣机大多被闲置起来，使用率并不高，传统的村民还是更习惯于手洗衣物。富裕的农户家里不仅有冰箱，还买了冰柜，以便在夏季储存更多的东西。

近两年来，东村居民家中普遍添置了电脑。刚结婚的家庭中，电脑也已经成了必不可少的“大件儿”之一。村民利用电脑上互联网查阅与农业生产与销售有关的信息，同时还可以利用电脑从事一些娱乐活动，上网聊天、玩游戏已成为村民农闲时的一种休闲方式，电脑在东村的普及大大丰富了村民的生活。

东村村民室内取暖仍使用传统方式，如火炕、火墙、炉子等。现在也有越来越多的家庭安装了暖气设备，家中都有小型的土制锅炉，安装在灶膛里，操作简单，取暖很方便。大部分东村村民做饭仍然使用炉灶，条件稍好的家庭会把炉灶上贴上瓷砖，看上去十分整洁美观。但一些低收入家庭就没有这样讲究，灶台黑乎乎的，显得很不卫生。现在村民日常生活燃料，包括煤、液化天然气和秸秆，村民收割玉米后积攒下来的秸秆是很好的燃料，减少了村民日常生活中用于燃料的开支。此外，农户到了冬天还要烧少量的煤，村民平均每户过冬都会购买 2 吨左右的煤。少数村民夏季时做饭还会使用液化天然气。

东村从 2007 年秋季开始引进沼气池，现在共有 9 座。修建时全部费用由村里提供，村民只出劳力。沼气池主要用动物粪便发酵出沼气，村民利用沼气做燃料，使用沼气灯照明。但是，由于东村地处亚寒带地区，冬季温度过低，沼气池在每年11月至第二年5月期间基本无法使用。因此虽然东村村委会响应上级号召，在村民中大力提倡使用沼气，但实际上沼气在东村并没有普及，只是少数家庭在使用。

东村自来水入户率达到100%，有些老房中还有水井，但都已经停止使用。东村有线电视入户率也已达到100%。东村拥有摩托车近300辆，小型轿车30余辆，村民出行非常方便。

东村的楼房屋顶上配有很多台太阳能热水器，住楼房的村民使用热水非常方便。楼房内都是地热取暖，做饭基本上都是用液化天然气。

东村村民基本上已经普及固定电话，成年人基本上也都有手机，使用的大多是国产的500元以下手机，功能较全，且价格便宜。

图5-3　家居布置（2010年1月　作者摄）

（四）东村新区建设

2008 年，穆棱市实施《新农村基础建设规划》，典型示范村建设启动是现代化程度的重要标志，城镇化是我国农村现代化的重要发展战略。[①]

建设示范新村的目标是利用先进的规划理念、成熟的实践经验，最新的科学技术，综合统筹能源、交通、电力、电信、环保、生态等多方面的需求，打造人与自然和谐的宜居环境；转变农民的生活习惯，培养高品位情趣，创建良好的生活氛围；为农民向城镇集中转移，逐步实现农业产业化、集约化经营探索出路。

率先建立示范新区的穆棱市钟山、柳毛两个村经过一年的建设，发生了翻天覆地的变化，极大地激发了各村争先创优的热情。在今年的新农村建设中，穆棱市通过竞标的方式，确定在兴源镇东村建设示范新村。

东村能被确定为建设示范新村，有着得天独厚的条件。首先从地理位置上来看，该村地处兴源镇镇内，距离正在修建的 301 国道 1 公里，距离滨绥铁路兴源站新址不足 1 公里。该村所辖自然村北岗位于距镇区 5 公里山区中，130 户农民搬迁进村里的意愿强烈。最重要的是，东村村集体有一块 7 万平方米的非基本农田，背靠兴源镇，适宜集中建设新村。其次，近几年来东村基础设施建设水平较高。目前东村农民住房砖瓦房比率、自来水入户率、电话安装率、有线电视入户率都达到 100%。

---

① 参见刘伯龙、竺乾威、程惕洁等著《当代中国农村公共政策研究》，复旦大学出版社，2005，第 1 ~ 6 页。

2009年，东村凭借基础条件优越，成功入选重点建设村，提出了全面建设示范新村的目标。从3月起，穆棱市新农办聘请设计单位对新东村进行了整体规划，并作出了预算。新东村建设整体投入将达到2000万元左右，其中各级政府财政投入占40%。经4月27日省新农村建设第二批试点启动会议的部署，省人民检察院负责帮建穆棱市新农村建设省级示范村——兴源镇东村。5月14日，征地工作顺利结束。5月15日，省检察院副检察长王军、计财处处长董金山在牡丹江市检察院检察长闫世斌、穆棱市检察院检察长马进群的陪同下，深入到兴源镇东村开展帮建对接工作。市领导李晓光、曲树成全程参加了帮建对接活动。

2009年6月，随着7万平方米建设用地回填准备就绪，穆棱市兴源镇东村示范新村建设进入实质性阶段。按照穆棱市最高标准建设的示范新村将增强兴源镇的承载能力，引领穆棱农村城镇化方向。

2009年东村根据《东村示范新村总体规划》的要求，建设了部分项目，依据现已建设的情况，初步拟定2010年东村新区建设要点及整改规划意见。

建成后的新东村将彻底颠覆多数人对传统农村环境的概念。新东村建设着力解决能源问题。为使农民告别柴草当道、烟尘凌空的生活，新东村将应用地源热新技术，即利用深层地下水与外界温差取暖。东村还将修筑大型地下沼气池，以使居民在冬天也可使用沼气做饭。此外，供电电缆、通信光缆、给水排水管道全部埋于地下；面积为2880平方米的广场全部硬化；500平方米的浴池将给村民生活带来便利。

民居方面，将建造16栋54户平房样板房，8栋23户楼房样板房，每户最小面积116平方米，均配有停放农机的车库或仓房。这些使用空心砖、彩钢瓦建起的节能房将按照成本价10万至20万元的价格销售给农民。

新东村还将建设一座“邻里中心”，健身房、电影放映室、中型超市一应俱全，以达到建设农村社区的目的。而这一切将位于2万平方米绿地之间，90盏太阳能路灯则会照亮新东村的夜晚。

目前，东村村民正积极踊跃认购新房，特别是很多三组村民已经预付了房款。三组组长管延江谈及在新区购房的原因时，说他的孙女很快就要上小学了，新区距离小学近，在北岗上小学不太方便。

但是在调研过程中笔者也发现，对于兴建东村示范新区，村民们的看法也不一致。绝大多数村民持赞成态度，他们认为，示范新村的建设将彻底改变东村的面貌和村民生活质量，使农村人也能过上“城里人一样的生活”。但也

图5－4　建设中的东村新区（2010年7月，作者摄）

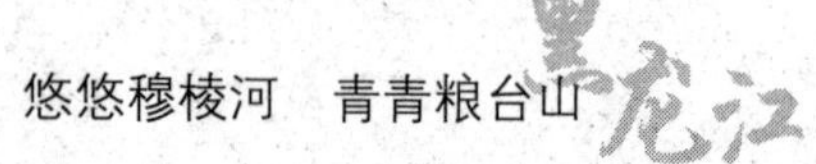

有部分村民认为征用土地建设示范新村属于浪费资源。

三 出行

20 世纪 80 年代，自行车是东村最为流行、最为时髦的交通工具，当时结婚必不可少的“三大件”中就有自行车。当地有句俗语“丑妻近地家中宝”，但东村许多村民的耕地离家都不近，有的要穿过整个村庄，趟过穆棱河，才能到达自己的地里，因此青年农民下地干活都要骑自行车。但是近五年来，摩托车逐渐取代了自行车，成为村民的主要交通工具。中等以上收入的家庭均有摩托车，有的家庭甚至有两辆，年轻人出门办事一般都骑摩托车。但是，如果出远门的话，村民们首选长途汽车，其次是火车。

兴源镇长途汽车客运站位于镇北，距离东村有大约 10 分钟的路程。兴源客运站的长途汽车均为中巴，无论是去牡丹江市还是去穆棱市，车上的人总是满满的，因为镇内各村子的人都要到这里来乘车。有一班车是从穆棱市驶往牡丹江市的，途中经过东村所处的兴源镇，全程票价 22 元。如果从东村去牡丹江市，票价为 11 元，即为全程票价的一半；但如果从牡丹江市回东村，票价则是 22 元，按全程价格售票。原因是牡丹江客运站位于牡丹江火车站前，所收管理费折算到了票价之中。大多数村民对此表示理解并无异议。

距离东村最近的火车站就是伊林站。村民步行大约 15 分钟即可到达伊林站。但是，途经伊林站的列车很少，开往牡丹江市的列车一天只有两列。一列是早上 8 点 45 分，另一列是 18 点 50 分。乘火车去牡丹江市的票价是 5.5 元。

调研问卷显示，村里人并不经常出远门，只有生病、探亲、办事或买一些大件物品时（比如结婚时买家电）才会去牡丹江市，如果没事，村民们很少离开村子。

出行问题对于生活在北岗的三组村民们来说显得更为特殊，因为这里是远离镇区的山区，交通极为不便。六七十年代，北岗地区村民们下山去镇里来回都是靠步行。三组村民一般无事也不下山，只有到了周一赶集才去镇里。每逢周一，客运站会有一辆车去北岗拉客，票价为4元/人，来回8元的价格对于村民来说是不菲的。为了方便村民们出行，也为了增加自己的收入，一些村民便开起了以“拉脚儿”为目的的面包车。这种车的票价是20元/趟，由乘客平摊，一般都是坐满乘客才开车，价格要比坐客运站的车便宜。现在生活水平提高了，摩托车成为北岗村民出行的重要选择。但是一些上了年纪的人骑不惯摩托车，特别是到了冬季，坡陡路滑，骑摩托车是很危险的，所以去镇里还是选择乘坐汽车。

四　饮食

（一）主食

改革开放前，东村村民的主食以粗粮为主，玉米一直是东村的主要粮食作物，因此玉米也就成为东村人的主食。玉米可以磨面做成玉米面粥、玉米面饼，还可以做成大糙子饭。除玉米外，还有小米，不过经历过困难年代的村民说，小米饭非常难吃，做成粥要好一些。至于细粮，只有到过年时才可以吃到一点。

1982年以来，粮食大幅度增产，农民膳食逐年改善，主食逐渐由过去以粗粮为主转变为以细粮为主。现在村民餐桌上的主食基本上是米饭和馒头，偶尔也会擀面条或煮挂面吃。

（二）副食

改革开放前的困难时期，由于物资匮乏，村里人便开动脑筋，调制出很多至今仍受当地人喜爱的佐餐小菜。比如当地有名的几道小菜有：

雪花菜。做法是把萝卜秧子晒干，然后和小豆腐拌在一起，东村饭馆里的菜单上就有这道小菜。

豆饼炒韭菜。做法是把豆饼（黄豆榨出油之后剩余的饼状物，如今大多当成喂牲口的饲料，人也可以食用）用水泡过，切碎，和韭菜放在一起炒。

萝卜条咸菜。做法是秋季人们把萝卜切成条腌好晒干，食用时加上一点豆油、葱花、花椒面、味精等作料，然后放在锅里蒸。

小葱拌豆腐和酱泼豆腐。东村人很喜欢吃豆腐，饭桌上每天必有一盘豆腐。在北岗，家家都有一手自制豆腐的好手艺。当地人很喜欢吃“小葱拌豆腐”和“酱泼豆腐”。前者做法非常简单，把豆腐切成小块，放上葱花、盐、味精，再滴上几滴香油或是豆油，稍微一拌，就是一盘爽口的小葱拌豆腐了。后者做法是，整块豆腐加入少许葱末、辣椒末，再将家里自制的大酱经油炒过后浇在豆腐上即可。

韭菜花。做法是将韭菜的花粒及嫩叶碾成糊状，加入适量的盐即可。它既可当咸菜吃，也可以作为调味品。

蒜茄子。做法是将茄子从中间剖开，放入蒜泥，然后再加入盐腌渍起来。这是一道非常美味的佐餐小菜。

（三）蔬菜水果

东村村民有90%的家庭都会在院子里种蔬菜，而且品种很多。普遍种植的蔬菜有豆角、茄子、黄瓜、辣椒等。还有的农户在院子里栽植樱桃、李子等果树。因此村民在夏季时能吃上最新鲜，而且不施化肥的绿色时令蔬菜和水果。村民夏季所食蔬菜全部都是自己种植的，根本不用到市场上去购买。春天是一年中最缺少蔬菜的时节，村民这时想吃蔬菜的话，主要去镇上的蔬菜水果店，或是集市上去购买。

东村村民冬季吃的蔬菜比较单一，主要是土豆、白菜、酸菜、萝卜。入冬以后，东村家家户户都会腌渍酸菜。即将白菜腌渍入缸，待其发酵变酸后即可食用。在东村，冬季里人们最常吃的有两道菜：一是白肉汆酸菜，即将五花肉切成薄片，和酸菜一起下锅炖食，还可以放入一些粉丝。

图5－5　东村三组村民自家菜园（2010年7月　作者摄）

二是萝卜汤，即将萝卜切成块下锅炖，开锅前放些香菜和粉丝，味道十分鲜美。

五　洗浴

20 世纪 80 年代以前，东村还没有浴池，大人小孩都去穆棱河里洗澡，穆棱河便成为一个天然浴场。但是到了冬季，天气寒冷，室内取暖又不好，村民们便整个冬天不洗澡，个人卫生情况可想而知。一个 40 多岁的村民回忆：他上小学时，可以清楚看到坐在他前排的女同学的辫子里面爬出的虱子。村民们最盼望的就是严冬过去，天气转暖，因为这样可以在家中用热水擦一擦身子。到了 5 月末 6 月初的时候，冰封的河面早已解冻，河水也不再刺骨，人们就会像过节一样去河里洗澡。80 年代初期，村里办起了油坊，里面设有浴室，以供满身油渍的工人们下班后清洗。有些村民便通过熟人去油坊浴池洗澡。但这当然不能满足全村人的需求。90 年代初期，村子里出现了第一家浴池，村民都觉得很新鲜，蜂拥而至。因为人太多，洗澡需要排队，当时两人用一个单间，洗澡 20 分钟左右，外面等不及的人们就会敲门，示意里面的人快出来。如今，东村有两家浴池，就是金水河洗浴和天兴浴池。这两家浴池均为平房。天兴浴池是 2003 年开始营业的，装修较为简陋。金水河洗浴是 2006 年开业的，营业时间为早上 6 点半至晚上 11 点，来这家洗浴的人较多。

夏天的时候，村民会在自家的院子中间用木板围一个遮蔽得严严实实的小棚子，棚子上面放上一个灌满水的水袋，利用阳光将水晒热，袋子的下面安装一个淋浴喷头，人站在小棚子里，打开喷头就可以洗澡了。也有经济条件好的家庭买来太阳能热水器安在房顶，在自家安装简易淋浴。

第二节　经济生活

一　家庭收入

（一）家庭收入结构

由于东村在经济发展过程中逐步从单一的种植业向产业多元化过渡，因此村民的收入类型也从单一的农业收入向多元化发展。村民的收入类型可分为以下几类：

一是农产品收入。东村村民靠出售自己种植的大豆、水稻、玉米、木耳、烟叶作为主要收入来源。近几年，随着农业产业结构的调整，东村大力推广烟、菌、牛等产业的发展，农业收入也开始趋向多元化。烤晒烟、木耳、肉牛养殖、白瓜、角瓜等也给农民带来了新收入。

二是个体经营收入。部分有经营理念的村民经营木材加工、工程运输、农产品收购、餐饮、批发零售等非农产业。其中经营批发零售业 3 家，金店 1 家，旅店 1 家，电脑耗材店 2 家，汽车维修站 1 家，木材加工厂 5 家，米面加工厂 2 家，油坊 1 家，年净收入共计 200 多万元；工程运输车 40 台，每年收入合计 160 万元；农副产品收购 10 户，每年纯利润合计 150 万元。另外出租房屋每年创收达 22 万元，土地承包每年获得 50 万元。兴源镇人对东村的评价是：东村人善于经商。这个评价十分贴切。

三是打工收入。农闲时，东村青年会选择进工厂打工、搞运输、开出租车，以增加家庭收入。

四是无收入来源。个别丧失劳动能力的家庭，如五保户、残疾人家庭，主要以政府救济为主。

（二）财富分层

财富分层在东村是比较普遍的一种现象，大体分为三种类型。一是经营非农产业的家庭，总体生活水平在当地较高，属于富裕家庭；二是经营传统农业的家庭，其收入大体上刚好抵消生活消费，属于一般家庭；三是基本上靠政府救济为生的家庭，属于贫困家庭。

1. 富裕家庭

有两种情况：一种是家庭年收入在10万元以上。东村村民中的个体经营者属于这一类阶层，家庭生活条件高，与城市居民不相上下。这部分家庭把自己的土地承包出去，主要经营个体私人企业、农副产品收购加工、餐饮业、房屋租赁等。另一种是家庭年收入在5万～10万元之间。这部分家庭以晒烟、烤烟、汽车运输、商品经营或劳动力输出为主要收入来源。这部分家庭的共同特征是：思想观念比较开放，或从事非农产业，或种植经济价值较高的农作物，生产始终以市场为导向；家里劳动力比较充足，生产经验和社会阅历较丰富；消费观念转变较快，以城市居民的生活标准来确定自己的消费取向，积极效仿城市居民的生活方式。

这部分家庭大多购买了2004年东村建的楼房，住宅面积达80平方米左右，家中装修与陈设，与城市已经没有差别，客厅、卧室装修都到牡丹江市的大商场购买成套的家具和家用电器，厨具与卫浴设施均为品牌商品。这类家庭也都计划购买正在兴建的东村新区的住房。这类家庭中也有住在平房中的，但室内装修都很高档、时尚。

图 5-6　东村富裕家庭（2010 年 2 月　作者摄）

2. 一般家庭

这类家庭年收入一般都在 1 万~5 万元之间，约占东村农户的 70%。这部分家庭主要以务农为主，主要种植水稻、大豆、玉米、木耳、烟草等，也有的家庭在村里从事商品经营。这部分家庭的共同特征是：思想观念比较保守，以村里富裕户为参照进行生产，同时受政府政策影响较大；保留传统生活方式，消费档次较低。由于近几年来农村结婚的费用越来越高，所以如果赶上儿子结婚，或是孩子上大学，日常这类家庭的生活立即就会陷入窘境。

这部分家庭的住房一般都是已经盖了十年的砖瓦房，如果有儿子结婚则盖新房。室内装修和陈设，一般都是水泥地面，白粉刷墙；家具多为 20 世纪八九十年代购买或制作的，相对低档、便宜，并且不配套；家中有热炕，炕上多摆放一个炕柜，里面装有被褥、枕头等，农村人称之为

“炕琴”；墙上多挂有浓郁乡村风格的年画。从整体布局来看，与城市居民家庭布置相差较大，较符合传统观念中农村家庭陈设的格局。

图 5－7　东村一般家庭（2010 年 2 月　作者摄）

3. 贫困家庭

这类家庭年收入一般在 5000 元以下，家庭生活条件贫困。这部分家庭主要是五保户、低保、残疾人、子女不孝敬父母的家庭、因疾病及意外事故造成返贫的家庭，也有的因供子女上大学而生活拮据的家庭，其收入主要以各种社会救济为主。这部分家庭的共同特征是：家里或是缺少劳动力，或是多病而导致生产自救能力低；消费档次很低，以满足基本生活需要为原则。

这部分家庭有的住砖瓦房，有的甚至还住在只能在影视作品中才能见到的土坯房。房屋举架低，窗户窄小，光线昏暗；地面是水泥地，有的甚至是土地；墙面多年未粉刷，盖着一层黑灰；室内卫生条件极差，气味难闻，苍蝇乱飞，家具数量很少；使用土炕；床上用品较简单、陈旧；家庭成员衣着也过时、破旧了。

图 5－8　东村贫困家庭外景（2010 年 3 月　作者摄）

图 5－9　东村贫困家庭内景（2010 年 3 月　作者摄）

二　支出

（一）主要食物支出

由于东村以种植大豆、玉米、水稻为主，所以这三种粮食村民们可以自给自足。另外，可以用自家的黄豆去油坊换豆油。如果家中饲养几只母鸡的话，也基本上能够保证鸡蛋自给，夏季时自家菜园也能保证自己随时吃到时令蔬菜。所以食物方面的开销主要包括：面粉、肉类和春季时需要购买的蔬菜。

（二）日常生活支出

通信费用和有线电视费用是日常生活支出的大宗。电脑已经成为年轻人结婚必备的“大件”之一。在东村，电脑上网费用是和固定电话费用捆绑在一起的。另外，村民几乎人手一部手机，每月的手机通信费用也是一笔不小的开销。自 2007 年，村里通上了有线电视，每户每年 192 元的有线电视费也成为固定支出。但也有村民反映，安装有线电视之后，能够收看的频道确实多了，但却并不实用，因为经常看的频道也就几个。

购买服饰方面，除了年轻人之外，村民基本上不买衣服，买一件衣服能穿好多年。

燃料方面，村民们一般都烧秸秆、脱完粒儿的玉米棒子和附近山上捡来的干树枝，只有到冬天时才买少量的煤，而且只是临近过年时才烧。因此日常生活主要支出并不包括以上两项。

（三）农业支出

在村民们眼中，分的土地根本就不够耕种。为了增加收入，90%的家庭都选择了额外承包土地。这样土地承包费用就成了一项固定支出。在东村，土地承包费用是：水田350元/亩，旱田300元/亩。东村人很少使用农家肥，因此购买化肥、农药也需要不少开销。

农业水费支出。兴源镇对农用水价的规定是水田每亩收取20元，旱田每亩收取10元。东村村委会从农民的实际利益出发，从2005年开始，便承担了东村全部农用水费，村委会每年出资14000元缴付农用水费，减轻了农民农用水费的负担。

（四）教育支出

如果一个家庭供子女读大学的话，负担是非常重的，学杂费加上生活费一年至少需要1万元钱，这对一个普通农民家庭来说是很大的一笔支出。但毕竟上大学是“跳出农门”的唯一途径，所以只要孩子愿意读书，能够考上大学，家长还是不遗余力地供孩子上学。随着大学生就业难的问题日益凸显出来，很多家长在子女考学时也开始关注专业以及就业去向等问题。

如果子女不读高中，只完成九年义务教育的话，那么负担会减轻很多。由于有穆棱市委的大力扶持，兴源镇小学的书本、通勤是免费的。但一些家长认为兴源镇小学教学质量不高，师资条件差。为了让孩子受到更好的教育，会把孩子送到穆棱市、海林市、牡丹江市去读小学、中学，这也无形中增加了教育开支。

（五）礼俗性支出

礼俗性支出主要是指亲朋好友、同学邻里之间人情往来的花销，俗称“随礼”。90年代之前，东村村民一般都是在婚丧嫁娶等红白喜事上才相互随礼，而且那时由于物价水平低，礼金也相应较少。比如80年代中期，结婚时礼金最高的是10元钱，一般都是5元钱。但是2000年以后，随着农民收入的增加，消费水平的提高，礼金也随之水涨船高，100元钱是底限。如果是亲戚，礼金可能会更高。而且现在需要随礼的“名目”也越来越多：婚丧嫁娶、生育、满月、生日、升学、入伍、盖房、开业，等等，无不随礼。一个家庭一年礼俗性支出大约为5000～8000元，已经成为最大的一笔开支，让村民苦不堪言。随礼本应是亲朋邻里之间维系亲情友情的重要方式，但如今也逐渐变成了村民的负担。比如升学，以前村民只有在子女考上名牌大学的情况下才会请客，但现在哪怕考上专科学校也会发请柬摆酒席。笔者调研期间正值高考、中考录取，东村和镇上的饭店天天都在办酒席，几乎都是学子宴。对此，很多村民表示不屑，用一位村民的话说就是“找个名目收钱”。

总的来看，村民日常生活开支受城镇化的影响越来越大，如电视家庭拥有率达到100%，特别是即将结婚的年轻人都买超薄液晶电视和电脑；固定电话入户率达100%；移动电话家庭拥有率达到70%，衣着消费成衣化、时尚化等。近年来一些东村村民也开始重视对子女教育，在调查中发现，有三户居民主动送子女到穆棱市里学习钢琴或电子琴。但是应当指出的是，绝大多数家庭并不重视文化学习，除了子女上学用书外，家中没有任何书籍，只有个别家庭订阅农业技术方面的报纸。

三　家庭收支明细个案

张立柱，东村村民会议代表，男，现年51岁，初中文化程度，在家务农，以前在农闲时打工。妻子，现年47岁，初中文化程度，在家务农。有一儿一女，均为初中文化程度，儿子于2010年年初结婚。现在张家共有5口人，有旱田23亩，水田5亩。这是一个普通的农户，家庭收入在东村属于一般家庭。张立柱为人憨厚淳朴，人缘好。他的特点是心细，习惯于每天都把家庭的日常收支记录下来，积年累月形成了一个家庭收支明细账。这个账目虽然记录得并不专业系统，甚至还有错别字，但却成为我们研究东村普通村民日常生活收支的最原始的材料。经过整理，形成以下的明细表。

（一）2008年家庭收支明细表

1. 家庭支出情况

（1）食物支出：大米是自己种的，不用到市场上购买；面207元，蔬菜1046元，鸡蛋357元，用家中黄豆去本村油坊换食用油，602斤黄豆换140斤豆油，村油坊卖的油是每斤8元。猪、牛、羊等肉类1696元，水果396元；共计3702元。

（2）油盐酱醋等调味品支出238元。

（3）衣物支出，包括全家人衣服、鞋袜1049元。

（4）燃料支出，买煤1513元。

（5）电费支出，400元。

（6）通信支出，包括固定电话、移动电话、上网费用共 475 元。

（7）日用品消费支出，包括洗漱用品、洗衣粉等共 120 元。

（8）人情往来支出，包括红白喜事、开业庆典、朋友生日、盖新房上架、子女升学、春节压岁钱等共 5450 元。

（9）家用电器维修：242 元。

（10）家庭教育医疗费用支出，家中现在无人上学，教育支出空白；医疗支出为 807 元。

家庭生活支出共计：13996 元

2. 家庭农业经营成本与收益情况

（1）水田（水稻）的农用成本与收益

农用成本：

A. 包地费用：8 亩水稻，每亩 350 元，共计 2800 元。

B. 肥料费用：

水稻专用肥 2 袋，每袋 165 元，计 330 元；

尿素 6 袋，每袋 78 元，计 468 元；

杀菌用营养土 16 袋，每袋 4 元，计 64 元；

肥料费用共计 862 元。

C. 种子费用：买了 4 床半的种子，其中包括彩稻 50 斤，每斤 1.7 元，计 85 元；黏稻 67 斤，每斤 1.5 元，计 100.5 元。其余 3 床用自己家的种子。共计 185.5 元。

D. 农药费用：

丁草安 3 瓶，每瓶 10 元，计 30 元；

1 瓶叶面肥、10 包丰登、3 瓶甲氢新、2 袋神除、2 袋稻洁、2 袋尿兴，共 190 元；

农药费共计 220 元。

E. 塑料布 16 米，商店按斤卖，每斤 7 元，买了 6 斤 6

两，计 46.2 元。

F. 翻地、耙地费用：翻地 8 亩，每亩 60 元，计 480 元；耙地 8 亩，每亩 60 元，计 480 元；插秧 8 亩，每亩 110 元，计 880 元。三项合计共 1840 元。

G. 收割费用：租用日本产联合收割机花费及雇用人力吃喝费用共计 560 元。

农用成本共计：6513.7 元

收益：亩产 1000 斤，收获彩稻 8000 斤，每斤卖价 1.5 元，毛收入 12000 元。

纯收入：5486.3 元

（2）旱地的农用成本与收益

农用成本：

A. 包地费用：大豆 2 垧 3（23 亩），每亩 300 元，计 6900 元；玉米 6 亩，每亩 300 元，计 1800 元。共计 8700 元。

B. 肥料费用：2 袋二铵，每袋 225 元，计 450 元

玉米专用肥 2 袋，每袋 170 元，计 340 元；

大豆专用肥（施美瑞）3 袋，每袋 165 元，计 495 元；

年盛大豆专用肥 3 袋，每袋 195 元，计 585 元；

肥料费用共计：1870 元

C. 种子费用：和玉 20 玉米子，12 斤，每斤 8 元，计 96 元；龙丹 13 玉米子，12 斤，每斤 3 元，计 36 元。

黑农 48 豆子，150 斤，每斤 3.5 元，计 525 元；绥农 4，100 斤，每斤 3.5 元，计 350 元。

种子费用共计 1007 元。

D. 农药费用：移草安 13 瓶，每瓶 10 元，计 130 元；

豆功 26 袋，每袋 1.5 元，计 39 元；

R4T 丁籽 4 瓶，每瓶 13 元，计 52 元；

叶面肥 1 瓶和打虫肥 3 瓶共 65 元；

农药费用共计 286 元。

E. 收割：租用机器和雇用人力吃喝共用 685 元。

农用成本共计：12548 元

收益：2008 年收获大豆 82 袋，每袋 180 斤，每斤 1.7 元，计毛收入 25092 元；收获玉米 46 袋，每袋 190 斤，每斤 0.58 元，计毛收入 5069.2 元。旱田毛收入共计 30161.2 元。

纯收入：17613.2 元

水田、旱田纯收入共计：23099.5 元

除去生活支出，2008 年张立柱家纯收入为 9103.5 元

（二）2009 年家庭收支明细表

1. 家庭支出情况

（1）食物支出：面 230 元，蔬菜 782 元，鸡蛋 242 元，猪、牛、羊等肉类 1042 元，水果 198 元；共计 2494 元。

（2）油盐酱醋等调味品支出 121 元。

（3）衣物支出，包括全家人衣服、鞋袜 559 元。

（4）燃料支出，买煤 1890 元。

（5）电费支出，350 元。

（6）通信支出，包括固定电话、移动电话、上网费用共 920 元。

（7）日用品消费支出，包括洗漱用品、洗衣粉等共 128 元。

（8）人情往来支出，包括红白喜事、开业庆典、朋友生日、盖新房上架、子女升学、春节压岁钱等共 7500 元。

（9）家用电器维修：292 元。

（10）家庭教育医疗费用支出，家中现在无人上学，教育支出空白。医疗支出为 922 元。

生活支出共计：15176 元

2. 家庭农业经营成本与收益情况

（1）水田（水稻）的农用成本与收益

农用成本：

A. 包地费用：5 亩水稻，每亩 350 元，共计 1750 元。

B. 肥料费用：5 亩水稻消耗了 1 袋二铵 138 元；

半袋钾肥 80 元；

4 袋尿素，每袋 80 元，计 320 元；

沃必达 1 袋 40 元；

杀菌用营养土 9 袋，每袋 4 元，计 36 元；

肥料费用共计 614 元。

C. 种子费用：一部分用的是自己留的种子，另一部分买的彩稻种子。买了 6 床农户个人培育的种子，每床 20 斤，每斤 1.3 元。共计 156 元。

D. 农药费用：

稻洁 25 元；

莎阔净、农利，50 元；

稻瘟灵 2 瓶、马大晒 2 瓶，共 48 元；

敌瘟林 6 瓶、丰登 8 小袋、绿龙肥 1 瓶、数科闭 1 瓶，共 50 元；

共计 173 元。

E. 农用机械耗油费用：4 壶柴油计 600 元。

F. 翻地、耙地费用：翻地 400 元、耙地 315 元、抛秋牌 700 个 280 元。共计 1415 元。

G. 收割费用：租用日本产联合收割机花费及雇用人力吃喝费用共计 750 元。

农用成本共计 5458 元

收益：2009 年亩产收获彩稻 1005 斤，共 5 亩，每斤卖价 2 元，毛收入 10050 元。

水田纯收入 4592 元

（2）旱地的农用成本与收益

农用成本：

A. 包地费用：大豆 1 垧 8（18 亩），每亩 300 元，计 5400 元；玉米 5 亩，每亩 300 元，计 1500 元。共计 6900 元。

B. 肥料费用：5 袋二铵、1 袋半钾肥，共计 930 元。

C. 种子费用：大豆用绥农 4 种子，100 斤，每斤 2.3 元，计 230 元；黑农 48，50 斤，每斤 2.3 元，计 230 元。

玉米子为垦玉 6，10 斤，每斤 2.5 元，计 25 元；龙丹 13，20 斤，每斤 2.5 元，计 50 元。种子费用共计 535 元。

D. 农药费用：移草安 12 瓶，每瓶 11 元，计 132 元。

E. 收割：租用机器和雇用人力吃喝共用 500 元。

旱田农用成本共计：8997 元

收益：2009 年收获大豆 40 袋，每袋 200 斤，每斤 1.82 元，计毛收入 14760 元；收获玉米 44 袋，每袋 180 斤，每斤 0.78 元，计毛收入 6177.6 元。旱田毛收入共计 20937.6 元。

旱田纯收入：11940.6 元

水田、旱田纯收入共计：16532.6 元

除去生活支出，2009 年张立柱家纯收入为 1356.6 元

综上所述，从张立柱家的收入明细上不难看出，2009

年张立柱家的水、旱田总收入为16532.2元，比2008年下降了6566.9元，这在东村并不是偶然现象。在调查过程中，绝大多数以务农为主的农户反映：2009年的收入比往年要低。原因是农业生产靠天吃饭，而2009年天气较冷，影响了农作物的生长，因此收入大幅度下降，张立柱的情况只是一个缩影。从张立柱家的支出情况看，2009年张家生活消费支出为15176元，比上年同期增加1180元，增长8.4%。各项生活消费支出中，均有不同程度的降低。但用于人际交往的开销却激增了近2100元。总收入降低了，而生活支出却增加了，这在东村是比较普遍的现象，而张立柱家的情况只是一个代表。

第三节　休闲娱乐

一　广场娱乐

在粮台山脚下，吴大澂纪念馆门前，有一片占地约2万平方米的广场——兴源文化广场。该广场于2010年7月正式建成投入使用，是东村村民也是附近各村居民夏日里茶余饭后休闲娱乐的好去处。每天晚饭后，村民们便会结伴来到广场上消夏乘凉。晚上7点左右是广场上最热闹的时候。老年人多聚在广场四周的环廊下聊天；年轻人多结伴骑摩托车来，所以每到傍晚，广场四周停满了摩托车，他们或是打羽毛球、或是很多人围成一个大圈踢毽子，毽子踢到谁那里没接到，那他就要做十个左右的俯卧撑，以表示惩罚。小孩喜爱滑旱冰、蹬滑板，这在东村以及在整个兴源镇是两项非常时尚的体育项目，不仅孩子们，就连大人们也时常练习。广场周围还有出租旱冰鞋的，5 元钱可以玩一个晚上。整个广场最引人注目的场景就是妇女们，她们排好队伍，伴随着音响播出的流行音乐跳集体舞。这也是广场上参与人数最多的一项活动。有些爱好文艺的村民，会自己编排或者通过电视等方式学习一些舞蹈，过来教这些村民跳舞，不仅参与到跳舞中的村民多，围观的人也不少，这些围观的人总是看着看着不由自主地就跟着学了起来，参与到跳集体舞的队伍之中了。每个周六、周日是广场人最多的时候，因为镇文化站会提供点唱机、投影仪、音响等设备，让大家一展歌喉，这就是广大村民说的“激情广场”，歌声总是能引来群众的阵阵掌声。

图 5－10　一展歌喉（2010 年 7 月　作者摄）

二　家庭娱乐

看电视是目前东村居民主要的休闲娱乐方式。特别是对于一些50岁以上的不愿意到户外活动的中老年人，看电视是他们农闲时消磨时间的主要方式。村民们最常看的是新闻类节目，除此之外是农村题材的电视剧。在笔者入户调研期间，几乎家家都在看这类电视剧。妇女们农闲时经常做一些针线活儿以消遣时间。在山东移民聚居的东村三组，妇女们沿袭山东民俗利用平时积攒起来的碎布头缝制非常精美的老虎枕头，放在炕头，不像是床上用品，倒更像是一件民俗艺术品。还有巧手的大妈们利用空闲时间编制盛食物用的小筐，十分结实耐用。

图5－11　老虎枕头（2010年7月　作者摄）

随着互联网的普及，拥有电脑的村民们上网或打牌、或聊天以排遣农闲时光，近来城市里流行的“快乐农场”的游戏，在东村的年轻人中也风靡一时。

打麻将在东村十分盛行。无论农闲还是农忙，一年四季中的任何时候，只要走在东村的路上，两旁房屋中总会传来阵阵洗牌声，打麻将已经成为东村人一种主要的娱乐方式。特别是一些60多岁的老年人，吃过早饭之后便聚在一起打麻将，到了中午回家吃饭，饭后下午接着玩。但遗憾的是，麻将不仅是一种娱乐方式，也已经成为一种赌博方式。当地人把赌博称为“耍钱”。在东村，不挂牌的麻将厅至少有5家，耍钱的人一般都聚在这里，店主根据彩头的大小按“圈儿”收费。所以，有人总结说，来这里耍钱的人没有赢家，开麻将厅的人才是最大赢家。赌博给东村的一些家庭带来了无法挽回的伤害。一位大娘的二儿媳妇就是因为打麻将，从来不照顾家，导致夫妻二人感情破裂，最终离婚。一位村民刚从银行取了各项农业补贴2000元，经不住牌友劝说，一头扎进麻将厅，结果把钱全部输光。他回家后因为后悔便喝了农药，幸亏抢救及时，得以脱离生命危险。

第六章 宗教

一 东村基督教概况

据笔者调查，临近东村的兴鲜村人（该村主要居民为朝鲜族），大多信仰基督教。该村有一座由现居住在韩国的企业家白圣鹤先生捐资修筑的教堂，兴鲜村的基督教信徒每周末都到这座小教堂做礼拜。这座教堂的牧师是一位姓金的朝鲜族人，现在还经常去哈尔滨的神学校进修。在兴鲜村的影响下，目前东村也开始有人信仰基督教，当地信徒称之为耶稣教。东村大约有信徒 50 余人，均未受洗礼。目前东村没有教堂、神甫和牧师，仅有 3 处做礼拜活动的家庭聚会场所。在中国大陆，基督教可以分为政府承认，并且大力扶持的号称“自治、自养、自传”的“三自教会”和民间“家庭教会”。东村的教会属于“家庭教会”。

二 信仰形式

东村的基督教大体上可分为两派，一派即是村民所说的“蒙头教”，信徒自称“耶稣教”。这一派大约有信徒 20 余人，平时经常参加聚会的有十余人。聚会地点在村东穆棱河边一位农户家。因为白天大家都要下地干活，只有到了晚间信徒们才都有时间，所以聚会时间安排在每周五的晚上8点至9点。由于屋子空间狭小，而参加聚会的人又多，所以聚会场所显得非常拥挤，有几个人甚至坐到了炕上。墙上挂着镶在镜框中的十字架。聚会内容是：（1）唱赞歌。该派的赞歌非常有趣，由人们耳熟能详的歌曲曲调再配之以自编的歌词，简单易学，让信徒拿到歌词就能唱颂。内容多为弘扬邻里友爱、子女孝顺、家庭和睦。（2）祷告。这一派的祷告仪式十分特殊，有鲜明的本土化特色。祷告时必须熄灯，信徒在黑暗中跪在炕上或地上进行祷告，女子头上顶着一方白色手绢，男子则无须蒙头。理由是“女子祷告时必须蒙头，否则是羞辱”。村民们也因此把这一派称为“蒙头教”。祷告时称上帝为“阿巴父”。其他教派也因此认为该信仰不是真正的基督教，而是邪教。（3）讲经。由一年长妇女负责讲经。但由于对《圣经》的了解程度有限，她更多时候脱离了《圣经》内容，讲一些病重之人因信教而康复的“见证”和“神迹”。（4）最后再一次祷告，祈求“阿巴父”赐福。整个过程约为一个小时，从整体上看，聚会氛围非常宽松、愉快，给人的感觉不像宗教聚会，而更像是邻居们聚在一起唠家常。

另一派也自称为耶稣教，信徒大约30余人，有两处聚会场所。一处在粮台山下一农户家，另一处在村北，靠近兴源小学。这一派在牡丹江市有其上级组织，组织较为严密，陌生人只有在能够证明其信仰，在上级组织认可的前提下才可以参加他们的聚会。该派聚会频繁，每周星期三、五、六、日均有聚会。时间多为晚上8点至9点，也有时在下午1点至3点。聚会内容为：（1）进屋后面向墙壁跪下独自祷告。（2）唱赞歌。歌词为《旧约圣经》中的《诗篇》。（3）讲经。由“被圣灵充满的人”阐述自己对《圣经》中某章、某节的理解。在调研人员参加的一次聚会上，信徒们分别谈了对《马太福音》第七章第七节，《以弗所书》第六章第十二节，《帖撒罗尼迦前书》第五章第十八节，《提摩太前书》第二章第二、三节，《约书亚记》第一章第八节的感受。（4）再一次进行祷告。总体上说，这一教派信徒的文化素质要比“蒙头教”高，其中有一位还是中学老师，对《圣经》的理解也更深入。

三 东村基督教信仰的特点

（一）信仰虔诚但有偏执的倾向

村民的信仰是纯洁与朴实、坚定而虔诚的，信徒们都能够遵照《圣经》中最基本的要求，不搞任何形式的偶像崇拜。据信教群众介绍说，以前家中供的塑像已经全部捣毁，墙上不挂照片，尤其不挂去世的人的照片，不穿有龙形图案的衣服。

但虔敬信仰的背后也有偏执的因素。两个教派相互攻击，都认为对方信仰的不是真正的基督教，而是邪教。双方存在芥蒂，彼此敌视，互不往来，从不交流。其中一个教会的负责人甚至认为，除了他的信仰之外，世界上的其他宗教都是邪教。他在确信调研人员从未参加其他的教会，尤其是没有参加村中另一教会之后，方允许笔者参加他们的聚会。

（二）信教群众以弱势群体为主

东村信教人群可以用“三多一低”来概括，即妇女多、老人多、病人多、文化层次低，是一个不折不扣的弱势群体。信徒中70%为妇女，而妇女中绝大多数是55岁以上的中老年妇女，男性少，年轻人更少。由于老年人受到的教育又极为有限，文化程度相对较低，很多信徒根本看不懂《圣经》。经过调查发现，东村的信众要么是因为自己或亲戚生病，要么是因为家庭生活较为困难才信教的。对于这些村民来讲，信仰并不是纯粹的精神领域活动，而是他们祈求平安、祈求衣食、消灾祛病的方式之一，更是改善自身处境的希望。在许多信徒的眼中，上帝不过是自己原来信仰的神仙菩萨而已，因此认为上帝是有求必应的，尤其希望上帝能够解除病魔缠身的痛苦。由此可见，村民们信仰基督教带有非常强烈的功利色彩。

（三）信教产生了积极影响

信教后，教友们普遍感觉心里踏实，有安全感。如上所述，村民入教的动机主要是为了祈求平安，因此那些认为信教后自己及家人身体有好转，或做生意顺利的教徒信仰最为虔诚。有的教徒认为，信教后心里感觉充实了，有安全感，出门走夜路也不怕了，也不再为一些鸡毛蒜皮、争风吃醋这类事生闷气，精神有所寄托，身体健康，心胸也变得开阔了。笔者看到东村信众性情都比较平和，精神也比较乐观，不知这种精神面貌的养成是否与信教有一定关系。一位女性教友告诉调研人员，她以前非常怕黑，从不敢走夜路。自从信教之后，经常和志同道合的教友在一起，心情舒畅，每天都很开心，走夜路时就哼唱着刚学会的圣歌，或者默念“哈利路亚，邪灵退去”，不知不觉就走到家，也不再害怕了。

定期的聚会，稳定的人员构成，共同的价值理念，这一切使得东村的基督教组织更像一个小规模的社团。不可否认的是，这些准“社团”正在发挥着镇政府各部门和村委会所起不到的作用。正如前文所述，东村的绝大多数教友属于弱势群体，当生活遇到困难或不如意时，其他教友或精神慰藉，或物资援助，能够及时地给困难的教友带来温暖。这种教友、邻里之间相互帮助的即时性是任何形式的社会救助无法做到的。

四　东村信教村民所唱圣歌歌词实录

全家与主同在（公社是棵长青藤）

当父母的应当爱儿女，万不可教唆他、带他行不义，只要你按主道精心教养他，讲道理，做表率，人人夸奖你；

当儿女的应当孝双亲，爹操劳娘受苦，才把你养成人，羊跪乳，鸟敬母，还报养育恩，人比它们要高贵，更当孝双亲；

当公婆应当爱儿媳，万不可说她是用钱买来的，只要你对她好，当成亲闺女，你就是说她错，她也心欢喜；

当儿媳应当孝公婆，万不可说公婆没有生下我，要知道你丈夫是他们亲生的，为了他受委屈，权当为自己；

当丈夫的应当爱妻子，万不可胡打骂闹情绪，要知道你家里也有姐和妹，婆家人打她你可依不依；

当妻子的应当爱丈夫，大小事要商量，彼此要顺服，谦卑又忍耐，蒙神的祝福，听主话，蒙保守，以后见天福。

路边走，路边行

早晨起来先祷告，啥事也没有这事重要，一天的工作交托给神，赐福平安又顺利，真奇妙。

祷告完了去做饭，耶稣赐咱米和面，赐的米面吃不尽，全家老少吃了得平安。

路边走啊，路边行，路边祷告有圣灵，我的主啊，我的神，昼夜不离我的身。

羊啊羊

羊啊羊，遍地的群羊，谁能把羊抱怀中，牵挂在心上。羊啊羊，遍地的群羊，谁要把羊带到青草地引到溪水旁。不愿听到牧羊人石沉大海的消息，不愿看到牧羊人有雇工的心肠啊。提比里亚海边的嘱托谁也不会忘，主今天两次对我们讲，时刻把羊放在心上。

应当彼此相爱（求光明）

弟兄姊妹应当彼此相爱，全家的榜样，你要做出来。孝敬你的父母，姐妹也要爱，不惹儿女生气，教育他悔改。夫妻二人同心，彼此相爱。爱上你的亲人，仇敌也要爱。爱上你的仇敌，天父更喜爱。做到了，才能进天国。

病人难（铁窗泪）

弟兄姊妹你听信，听我说说病人难，整天病得心里烦，可恨病魔把我缠。

浑身疼痛无可奈，想要医治没有钱，投靠亲友把钱借，亲朋怕你无时还。

省吃俭用买点药，只好暂时解心宽，病多钱少不解事，只为活活受苦难。

走投无路心发烦，不能睡觉不能吃饭，失去指望在人间，整天病得我度日如年。

只好抬头问苍天，谁能救我出苦难，谁能把穷人来可怜，何时才能得平安。

奉劝兄弟别为难，真神差我把福音传，只要你们能相信，治你疲病在今天。

定叫你得救出黑暗，一不花钱二不作难，这是真神的大恩典。

救苦救难的主耶稣，全身流血为我们，全家平安得团圆，全家平安得团圆。

信心祷告

信心祷告，实在有功效，移山倒海给我们成全了，信和靠就得到主的应许，实在可靠。哈利路亚，奇妙，奇妙。

携手并肩展望未来（走进新时代）

让我对你表白，我对灵程是多么热爱，让我告诉世人，宇宙命运是真神主宰。道成肉身的救世主啊，风风雨雨几十载。啊，为我们树立标杆，带领我们向前迈。我们紧跟主的脚步，福音传遍全世界。我们弘扬主的真理，神的儿女多起来，朝气蓬勃复活灵程，携手并肩展望未来。

教会恩典多（小城故事）

教会恩典多，充满喜和乐，要是你到教会来，收获特别多。真似一家人，彼此都不分，教会里面真善美，见证数不尽。赞美神，唱诗歌，神的恩典实在多，把你的朋友劝进来，让他们也得着。

教会恩典多，充满喜和乐，若是您到教会来，请你把道学。虽不是亲兄妹，但比兄妹还要亲，人间哪有真善美，这里数不尽。说道理，作见证，主的恩典实在多。劝你的朋友一起来，同进神的国。

生命粮

随时来做饭，耶稣赐米面。又赐油来又赐蛋，锅碗瓢勺都装满。赐的米面吃不完，白送恩典不要钱。信心提起来，祷告耶和华，神的儿女不要怕，耶稣有办法，赐的饭菜吃不完，全家老少吃了得平安。

在那天路的灵程上（妈妈的吻）

在那天路灵程上，天路的灵程，我那慈爱的主耶稣，在前引领。回顾过去红尘世，痛苦万分。今天主爱吸引了我，归向羊群。擦干我那脸上的泪花，医治我那创伤的心。真神的爱，基督的爱，让我永远难忘怀。

耶稣基督救苦难

耶稣基督救苦难，治病驱鬼，他有权，他是天国大医生，救死扶伤的大医院。

只要你们能相信，治你疾病，不作难，有人病了好多年，病魔折磨把人缠。

世人的医生也不少，到处医生都找到，也没看出什么病，不如耶稣有恩典。

我才信了几礼拜，浑身上下病好转，有人说我是迷信，我的康复是证见。

大家都看一看，我的病好把活干，别说我信几礼拜，十年八年说不完。

高声歌唱荣耀主，神的恩典说不完，我也没花一分钱，真是神的大恩典。

说明：按照括号内所注歌曲曲调演唱。

第七章　公共事业

第一节　村民教育

一　学生教育

（一）小学教育

1. 基本情况

东村一组、二组、四组位于兴源镇内，这三个组的学龄儿童一直以来都就读于兴源小学。东村三组位于北岗地区，曾经有自己的小学。后来由于国家出台对乡村小学整合的政策，东村三组小学便合并到了兴源小学。从那以后，东村三组的学龄儿童也都开始就读于兴源小学，大多数学生都在小学内住宿，周末和寒暑假的时候才回家。

兴源小学创建于1904年，已经有百余年的历史。兴源小学位于东村以北，紧临东村示范新村。学校现有17个教学班，截至2010年春季，共有学生739人。校园占地面积31000平方米。2008年，为改善教学条件，穆棱市政府投入450万元建成一栋四层教学楼，建筑面积3656平方米。学校对运动场地进行了整体规划，硬化了学生活动场地，并添置了新的体育设施。学校现有多功能活动室、音乐室、美术室、舞蹈室、少先大队活动室、电子图书阅览室、语音室、计算机教室，充实了课堂教学的硬件设施。

图 7－1　兴源小学语音室（2010 年 1 月　作者摄）

兴源镇仅此一所小学，镇内及周边村屯的小学生基本都在兴源小学就读。外村的学生基本都在学校住宿。学校有食堂和宿舍。食堂和宿舍由原来旧校舍改建，总面积 1500 平方米，总造价 70 余万元。其中食堂餐厅 270 平方米，可容纳 400 人同时就餐。寝室设有学生房间 22 间，可容纳 350 人左右，寝室内设有韩国电炕，冬季的时候取暖效果明显，室内设卫生间 2 个。[①]

兴源小学办学始终坚持“以师生发展为本，挖掘人的心理潜能，尝试成功，树立‘我能行’信念”的办学理念和“教孩子一天，想孩子一生”的教育理念，以及“抓管

① 根据兴源镇小学提供资料整理，以后村中涉及小学资料，注释省略。

理、创‘和谐校园’，抓德育、‘创文明校园’，抓课改、创‘快乐校园’，抓安全、创‘平安校园’”的办学思路，提升校园品味，构建文明和谐校园。兴源小学成为穆棱市首批农村窗口学校，牡丹江市级规范化合格小学，国家超前教育实验基地，督导评估一类学校，并且连续五年获得牡丹江市、穆棱市教育工作先进单位，牡丹江市文明单位标兵称号。

2. 师资力量

兴源小学现有 55 名在职教师，50 岁以上教师 17 人，30 岁以上教师 11 人。职工学历达标率为 100%，其中本科学历 15 人，占教师的 27%，大学专科学历 35 人，占教师的 64%，小学高级以上职称教师占 51%。现有地市级骨干教师、教学能手 16 名，县级以上模范教师 20 余人。穆棱市级一等课 16 节、牡丹江市级一等课 6 节。近三年获得省、市级奖励的论文 45 篇。

3. 学校管理

（1）学生管理

兴源小学通过开展“我能行”系列读书活动，启迪学生智慧，丰富学生阅历。举办“多彩晨会”、“好书推荐会”、“名家名篇我知道”、“名人名言书签设计”、“师生同台诵读展示”、“评选读书小博士”等活动，鼓励学生多看书，培养学生爱看书的兴趣。学校通过“乡情教育”、“礼仪教育”、“少年英雄”、“科学家”、“和谐”、“成功者的足迹”、“将军的摇篮”几个板块，达到“在学习中明理，在辨析中导行，在思想上净化，在行为上文明，在人生道路上奋进”的目标，为学生今后的健康发展奠基，为学生的大发展加油充电。发掘校园环境的育人因素，构建赏心悦目校园环境和浓厚的艺术氛围。“穆棱河之星”艺术节活动中，兴源小学学生参与率达到100%，获奖率达到60%。兴源小学每学期都组织举办篮球赛、乒乓球赛、足球赛、跳绳比赛、踢毽子比赛和综合性运动会，并按照“阳光体育运动”和《国家体育锻炼标准》，给予学生充足的体育活动时间，确保学生每天的活动时间在1个小时以上，学生的体质得到了增强。

图7-2　学生作品（2010年1月　作者摄）

学校积极招收适龄儿童按时入学。学生实行免试入学，不组织任何考试。小学净入学率达到100%，辍学率为0；小学生六年保留率达到90%以上，升学率达到100%。学校全面落实素质教育要求，面向全镇招生，义务教育阶段对外学区流入学生，不收取任何费用。实行常态编班，不分设重点班。加强学籍管理工作，建立健全学生转学、休学、复学、升级制度和学生流动情况报告制度，实行学籍信息化管理。

在对学生的评价体系上，通过建立学生综合、动态的成长档案，全面反映学生的成长历程，包括自我评价、最佳作品、社会实践和社会公益活动记录、教师和同学的观察评价、考试等信息。学期、学年总结性评价的结果以“成长评价手册”的形式向学生和家长反馈。内容包括基础性发展评定、学业成绩评定、兴趣和特长，还有学生的自评、同伴的互评，更有“爸爸妈妈的话”和“老师的话”，每个人都参与到评价中。学生关注自己的成长，教师和学生家长关注学生的成长，让学生在肯定与鼓励中成长。

（2）学校管理

在组织管理方面，兴源小学实行校长负责制，坚持行政议事制度和校务公开制度。教师管理上，学校制定了《兴源小学教师考勤奖惩制度》，加强对老师的管理；财务管理上，账目健全，依法收费；设施设备的管理上，学校在添加大量教学设备的同时，为了使设备的损耗、维修降到最低限度，学校除了规范管理以外，还钻研技术，自己动手维修保养，保证设备齐全、完好、安全；在图书资料管理方面，重视藏书量和报刊的订阅量，目前兴源小学图书室藏书 8000 多册，电子图书 10700 册，订阅各种报刊 30 种。阅览室全天向学生开放。

学校实行农村义务教育“两免一补”政策，免除学生的杂费和教材费，并对住宿生给予困难补助。不仅如此，穆棱市政府还制定了一项政策，多添加了一项补助：对小学生实行通勤补助。穆棱市为了整合教育资源，提高教学质量，一直在进行农村小学布局调整，鼓励农村小学生到所在乡（镇）直属小学就读。由于调整后的学生通勤费用给学生家庭带来一定的负担，因此穆棱市财政部门制定了一项对农村小学生到所在乡（镇）直属小学上学所需的通勤费用进行补贴的政策。2009 年第一次实行，补助时间为 2009 年春季学期开始至 2010 年秋季学期结束为止，以后每学期期末统计一次，补助标准为通勤票价的 50%。这种补助有两种方法，一是实行周补，每学期按 18 周计算；二是实行日通勤补助，每学期按 90 天计算。穆棱市 19 所市、乡（镇）直属小学涉及 224 个村屯的 2426 名小学生可享受补助，全市共需发放通勤补助资金 348，397 元。

4. 远程教育

兴源小学非常重视现代远程教育的开展，共投入 44 万元进行多媒体的建设。学校从 2007 年秋季开始配备远程教育，2009 年正式使用。现在学校的多媒体电教室和电子阅览室有 80 台电脑、1 台交换机、1 台卫星接收器、1 台投影仪、1 套中控设备。兴源小学是穆棱市唯一的省级标准化合格学校。

图 7-3　电子阅览室（2010 年 1 月　作者摄）

5. 存在问题

兴源小学的教育事业有很大的发展，但是也存在一些不容忽视的问题。调查了解到，学校没有实行公开招聘教师的办法，很多教师都是通过关系进入学校的。因此，教师整体素质不高。教师之间相互攀比，教学不认真，在办公室内打麻将、玩扑克的现象时有发生。在入户调查中，很多学生家长都向调研人员反映，学校的老师很“势利”，家里条件好，父母有“本事”的学生，会得到老师格外的关照；而家庭条件一般的学生则会受到冷遇。另外，虽然学校硬件条件很好，但是对于先进设备能够熟练操作的教师不多。学校开办学前班，只有参加了学前班的学生才可以上小学。对于这一点，有些家长非常不满，认为学校是以这种方式强制收费。

（二）中学教育

1. 基本情况

兴源镇内拥有一所初级中学，名为日善中学。这所中学始建于20世纪50年代，原名为兴源镇中学。1992年，韩国商人白圣鹤先生向兴源镇投资120万元兴建新的中学，校址选择兴源镇南侧。新校址在1993年时投入使用，此后新中学便以白圣鹤的祖父白日善先生的名字命名为“日善中学”。

日善中学占地24500平方米、建筑面积3041平方米，拥有一座四层的教学楼。全校共有教师52人，学生470人。兴源镇镇内及周边村屯的学生大部分都在日善中学就读。教师队伍年轻化程度比较高，学历都在本科以上。学校拥有多媒体教学设备，设施齐全。学校实行两免一补政策，

图 7－4　日善中学（2010 年 1 月　兴源镇镇政府提供）

对由班主任推荐贫困的住宿生，给予补助，一年一次，可补助 300 多元。对于中途辍学的学生，学校会安排家访，给予贫困家庭一定救助，给孩子继续上学的机会。日善中学的升学率只有 30% 左右。有些学生因为家庭条件不好，或家长意识跟不上，初中毕业后回家务农。还有些学生因成绩不好没考上高中，选择了上职业学校。从日善中学毕业上高中的学生都是在穆棱市高中就读。

2. 日善助学基金

日善助学基金的创始人是白圣鹤先生，该基金是以他的祖父白日善的名字命名的。白圣鹤于 1942 年 4 月出生于穆棱县兴源镇，他一直将兴源镇视为自己的家乡，为家乡的发展作出了很多的贡献。

白日善于 20 世纪 20 年代，从朝鲜来到现在的兴源镇，在这里开垦农业、发展畜牧业，1946 年，白日善带着年幼的白圣鹤回到了朝鲜。白圣鹤现居住在韩国首尔特别市城北区城北洞，任韩国 OBS 京仁 TV 理事会议长。白圣鹤先生是国际知名企业家，旗下拥有电子厂、叉车厂、大宇客车厂、OBS电视台、宾馆、学校等30余家企业，遍布世界19个国家和地区，员工总数超过1.5万人，年创产值20余亿美元。白圣鹤先生始终致力于慈善事业，先后担任韩国少年团支援财团理事、社会福利法人理事、希望福利广播台常务理事等公益职务。

自从幼年时离开兴源镇到现在，白圣鹤一直非常怀念他出生的这片土地，始终希望能为家乡的发展作出点贡献。1992年，白圣鹤在兴源镇投资120万元，用于建设日善中学。2008年，成立日善助学基金和圣鹤助学基金，用来无偿资助应届优秀贫困高中生、大学生，每年10个名额，每人奖励500美元。东村学生张婷婷在2008年考取大庆石油学院，获得了日善助学基金的资助。

（三）高等教育

随着时代的发展，东村村民对于教育的看法也发生了很大的变化。改革开放之前，村民认为“上学没啥用处”，认为读再多的书不如在家务农好，认为“上学花钱，种地赚钱”。那个时候，村民们最多也就是读完小学就辍学在家种地了。在他们的观念中，认识几个字，会算账就够用了。但是，现在这种情况发生了变化，有这些旧思想观念的村民越来越少。村民们逐渐认识到教育的重要性，他们之中越来越多的人已经明白了“知识改变命运”的道理。

对于东村的绝大多数普通家庭来说，上大学是子女“跳出农门”的唯一途径。为了子女以及整个家庭有更好的前途，只要家里条件允许，孩子又有学习上进的意愿与能力，家长都会不遗余力地供子女上大学。每年高考东村都会传来喜报。诸如，邵丽考上中山大学研究生、王新和考上哈尔滨理工大学等等，在东村都被传为佳话。特别是东村三组的孩子在每年的中考和高考中都会取得优异的成绩，所以东村三组也被村民们称赞为“状元之地”。

（四）私人经营的幼儿园与课外辅导班

东村中有一家私人经营的幼儿园，名为春莺幼儿园，园长是一位中年女性。除去房屋租金1600元/月，每月收入1000余元。该园收费情况是每个孩子180元/月，还包管两顿饭。据园长介绍，幼儿园有28个孩子，多来自农村中收入中上等家庭，纯粹务农的家庭很少有条件把孩子送到幼儿园。农村开办幼儿园带有很强的季节性特点。一般农闲的时候家长都有时间自己照顾孩子，所以这个时候来幼儿园的孩子极少。但到了农忙的时候，村民们都忙着到地里干活，没有闲暇时间照看小孩，就会把孩子送到幼儿园，这个时候幼儿园的孩子就会多。幼儿园存在的问题是孩子多，活动空间小。由于睡觉床铺不够，所以孩子们在午睡时都是一个一个紧紧地挨在一起。

东村还有一家“萤火虫辅导班”。开办辅导班的是一位毕业于哈尔滨商业大学的年轻女性，今年25岁，专科学历，丈夫在外地经商。她家的房子是自建的两层小楼，二楼用于自家居住，一楼为上课的教室。目前辅导班有21个学生，辅导对象为中小学生。学生中除少部分想进一步提高成绩的优等生和中等生外，大部分均为差生。辅导科目有数学、语文、外语、物理、化学。辅导班收费为小学每个学生100元/月，初中生按学科收费，每科60元。辅导老师认为自己有学历，要求严格，辅导耐心，所以收费要比其他辅导班高。她还提到，其他村开办的辅导班上课不认真，有的课间休息时间长，而且不给学生讲题。另外，她也认为农村家长平时并不关注孩子的学习情况，只有在学生学习很差时才送孩子到辅导班。据这位老师介绍，参加辅导班的未必都是家庭条件好的孩子，也有一些学生家庭条件并不好，渴望提高成绩，也参加辅导班。她往往允许这样的学生暂缓缴辅导班的费用。但有的家长却过后不认账，拖欠费用不缴。

据调研人员的走访观察，由于各村及镇里都有许多私人经营的课外辅导班，再加上各村相距较近，因此各辅导班之间存在着激烈的竞争。由于经济利益纠缠其间，这种竞争已经演化为恶性竞争。有的辅导班以各种奖品吸引学生参加，甚至让学生当“托儿”拉其他的学生参加。有的辅导班甚至开出这样的条件：如果学生拉来5名学生，免缴费用。一些在校教师（兴源小学、日善中学）也办辅导班，强制学生参加辅导班，否则不让学生上课，甚至把课堂上的内容放在辅导班上讲。辅导班本来是学生在课外补习功课的地方，但因涉及老师的经济利益，也变了味道。

二　村民教育

（一）普法教育

从2009年12月开始，东村开展了“普法之冬”活动。这是对“五五普法”工作的进一步深化。活动主要是在冬闲季节进行，利用农村普法夜校、家庭普法课堂，加强涉农法律知识的培训教育。以“普”、“宣”、“查”为手段，认真组织开展形式多样的宣传教育活动。首先是针对安全生产问题，对农民进行安全生产法律法规的学习宣传；其次是针对冬季甲型 H1N1 流感疫情的控制和应对突发事件的处理，进行防控知识的学习宣传和应对突发事件的预警演练；最后是针对交通事故频发的问题，进行遏制机动车超速、客车超员、酒后驾驶、疲劳驾驶等严重交通违法行为的教育和相关交通法规的学习。

（二）卫生教育

东村村委为了提高村民的卫生知识水平，以及推进社会主义新农村的建设，多次组织村民学习卫生健康知识。在学习中，向村民们宣传党和国家农村卫生工作方针政策，普及卫生法律法规知识，宣传国家免费治疗，如肺结核等病的优惠政策；宣传新型农村合作医疗制度，提高农民的“参合”率和对卫生资源的享用率；针对妇女儿童的保健，进行了知识普及，使农村妇女了解住院分娩、计划生育、常见病防治等基本知识，主动接受儿童计划免疫，掌握儿童常见病，如风疹、流感、腮腺炎、细菌性痢疾、肺炎等疾病的防治知识。

同时还注重培养农民养成“讲卫生、保健康”的良好生活习惯，倡导健康文明的生活方式，杜绝不良卫生行为，讲究室内外环境卫生，积极参与农村环境卫生整治。但是应该看到这些宣传教育措施并没有制止村内乱倒垃圾、乱堆（粪堆、柴草堆、建材堆）及乱放等不良行为。例如，靠近穆棱河的村口处有一片小树林，本来是一片极为幽静的地方，可林中却堆满了垃圾。每当夏季天气炎热时，气味十分难闻，不仅甚煞风景，还易滋生病菌，为传染性疾病的传播提供了机会。

第二节　农业科技

一　农业生产技术推广

东村的农业生产技术推广，主要是指测土配方施肥。穆棱市是国家测土配方施肥补贴项目市，辐射面积达 80 万亩。自开展该项目以来，化验土样 12000 多个，初步掌握了全市不同土壤类型养分丰缺状况，为全市测土配方施肥奠定了科学的基础。东村响应上级号召，积极向村民推广测土配方施肥。

东村的土壤主要是山地暗棕壤和水稻土。不同土壤类型的氮、磷、钾及微量元素丰缺程度和供给水平都有很大差异。测土配方施肥可以根据不同的土壤配出符合这一土壤需要的肥料，以使农民达到增产增收的效益，可以减少农民在化肥投入上的支出；同时，也有利于土壤的保护。测土配方施肥是一项具有深远意义的惠农项目。

二　农业科技推广项目

（一）五百亩晒烟示范田

兴源镇在东村砍椽沟口建立了一个 500 亩晒烟示范园区。这个项目是与中国红塔集团合作的，在种植过程中，红塔集团不定期地委派技术员来到田间地头进行科技指导，教授农民种植晒烟的技术。镇里以及村里不仅经常组织村民学习，而且村委会还会在初春的时候，组织村民收看有关晒烟技术的影像资料。镇里为了支持村民种植晒烟，还选调多名有多年种植经验的老烟农成立技术服务队，对晒烟生产进行全程指导。

很早以前，东村就有村民从事晒烟，但一直也没有收到很好的效益，因此烟草种植也没有得到发展。2007 年，镇政府与中国红塔集团合作后，东村村委专门划出了一片地种植烟草。由于是第一年开展这个项目，很多村民都持观望的态度。政府为了鼓励农民经营晒烟，在设备、技术以及土地上，都给予烟民很多补助和政策上的支持。经过一年的试验，经营晒烟的村民都增加了收益，每亩晒烟能卖到 2000 多元的好价钱。2010 年开春，越来越多的村民都准备经营晒烟，村里也开始对经营晒烟的村民进行新的技术培训。

（二）农业科技示范农场

兴源镇农业科技示范农场始建于 2005 年，总生产面积 150 亩。其中 20 亩归黑龙江省穆棱农业有害生物预警与观测站所属，其余 130 亩耕地是由镇农技站“反租倒包”兴鲜村的机动地，由农技站自负盈亏，承担每年的农业科技实验示范项目。截止到 2009 年，示范农场已经形成一定规模，共示范大豆优良品种四十多个、示范玉米品种三十多个、示范水稻优良品种 13 个，还示范农业生产技术十多项、示范新肥料如大豆根瘤菌肥等近十种。

示范农场结合国家测土施肥补贴项目的大豆 3414 试验，共设有 38 个试验小区，研究内容包括解决关于玉米通风透光差问题的通透栽培技术、大豆田三年轮施农家肥技术、有机质提升技术、根瘤菌肥不同施用剂量试验、水稻壮秧剂试验。这些试验示范内容贯穿着作物栽培上的良种选择、肥料应用、栽培技术的使用等几个环节，都有很强的实用性，对农业生产有很强的指导作用。

示范农场在作物成长后期，召开了几次田间博览会，根据各个品种的田间表现，着重推介优良品种，如大豆合丰50、黑农48等。通过博览会，农民们能选到优良的种子，同时学到很多技术。示范农场对各个作物的田间管理过程进行了详细的录像，这些录像在对农民的科普培训中播放宣传，取得了很好的效果。

图7－5　示范农场（2010年7月　作者摄）

三　科技下乡

穆棱市和兴源镇政府，经常组织科技下乡活动，活动形式多样。镇科技站每年冬季农闲时都会组织村民参加“科普之冬农业技术培训”，兴源镇农技站会从穆棱市里请来专业的农业技术人员给农民上课；春节前还会将一些农业科技知识印在挂历上，免费发给村民；夏季的时候，镇里会组织科技宣传队，在镇中心向农民免费发放一些科技宣传单，还会组织技术人员义务答复农民关于农业科技方面的咨询。

东村村委会也非常重视农业科技的宣传。在东村农家书屋里，有很多关于农业技术方面的书籍和20余种影像资料，其中最受农民欢迎的是《黑龙江省农村适用技术参考教材》VCD版。冬季农闲时，东村村民会经常来此看书和观看影像资料。我们通过调查了解到，村民们越来越重视科技在农业生产中的作用，他们喜欢接受科技培训。有些村民不仅参加村里或镇里举办的科技培训，而且自己还会订阅一些农业科技报纸，农闲时在家学习。有的时候，还会有一些关系较好的农民自发组织起来，坐在一起讨论一些有关农业技术方面的问题。

第三节　医疗卫生

一　医疗卫生设施

（一）兴源镇卫生院

兴源镇卫生院位于兴源镇西南，距离东村不到5分钟的路程，东村村民一般都到这里就医。这里的医疗水平相对镇里的其他卫生所要好，村民们在这里看病心里也踏实。而且这是兴源镇唯一一家新农合定点医院。村民在这里看病住院可以享受到新农合的优惠政策。

兴源镇卫生院有一座独立的二层小楼，全部设施都在楼内。卫生院设有内科、外科、妇科、儿科、中医科、放射科、B超室、心电室、化验室、手术室、防保科、中西药局。现有医护人员20人，其中副主任医师1名、主治医师

6名，中级职称11名。在岗人员均具有国家职业医师资格和中专以上学历。最新引进设备有300MAX光机、多功能数字B超、心电图机、半自动化分析仪、血球仪等，承担着全镇人口的预防保健工作、公共卫生服务和基本医疗工作。该卫生院是新型农村合作医疗、城镇职工医保、城镇居民医保、公安创伤、保险等定点医院。兴源镇卫生院与穆棱市医院、红旗医院、牡丹江市第一人民医院、牡丹江市第二人民医院等建立友好协作关系，上述医院很多专家定期、不定期地到兴源镇卫生院开展会诊、手术等医疗活动。[①]

图7－6　兴源镇卫生院药房（2010年2月　作者摄）

兴源镇卫生院已经做到：辖区内12月龄儿童“五苗”合格接种率≥90%，乙肝疫苗全程合格接种率≥90%；免费

① 本节内容根据兴源镇卫生院提供资料整理。

为35~59岁农村妇女进行乳腺癌、宫颈癌筛查；为贫困白内障病人安排到上级医院免费做复明手术；对15岁以下人群免费接种乙肝疫苗，降低该人群乙肝疫苗感染率和乙肝表面抗原携带率；为全部孕前3个月和早孕期3个月的妇女免费增补叶酸，以预防新生儿神经管缺陷性疾病；为全镇65岁以上老人免费体检并建立健康档案。

部分村民对兴源镇卫生院有些意见：一是认为在兴源镇卫生院看病比较贵，而且如不住院就不能享受到新农合的报销，这一点不够合理；二是村民们反映兴源镇卫生院的医疗水平不够高，医疗设施不齐全，小病在兴源镇卫生院可以看，但是遇到稍微严重些的病，就要去穆棱市的大医院就医。

（二）村卫生所

东村卫生所设在东村村委会楼下，由于地理原因解决了一部分其他村村民的就医用药问题。村民中有很多人由于看病或购药便宜等原因，会选择到村卫生所就医。

穆棱市地处山区，农村人口占全市人口的80%以上，农村人口的就医问题绝大部分落在基层农村卫生所上，农民小病基本上都是在村卫生所治疗，广大农民的用药也主要集中在村卫生所。针对这样的情况，从2006年开始，穆棱市卫生局就对村级卫生所进行了严格的规划和管理。

对于村卫生所基本建设的管理严格按照《医疗机构管理条例实施细则》第26条、第27条规定注册登记村卫生所。每个卫生所的医疗用房应该是门市房，不与居民走同一通道。卫生所规模：人口1000及以上的村，房屋面积达到60平方米以上，所里至少有预防保健室、诊疗室、治疗室、药房四室，其中药房面积不少于15平方米；1000人口以下的村，房屋面积达到50平方米以上，所里至少有诊疗室、治疗室、药房四室，其中药房面积不少于10平方米。在达到基本执业标准的基础上，根据村民医疗需要，增加必要设备满足卫生所开展相关业务需要。同时加强了对乡村医生的培训，乡村医生都要达到中专及以上学历，并取得执业助理医师及以上资格。

穆棱市药品监督局按照牡丹江市食品药品监督局和牡丹江市卫生局共同出台的《医疗机构药品质量管理办法》的要求，从2006年开始在全市范围内开展了农村卫生所规范药房建设工作。此项工作共分三步进行：

一是举办培训班。从2006年开始，分六批对全市的农村卫生所进行《医疗机构药品质量管理办法》培训，使农村卫生所有一个规范药房建设的初步认识，同时按照《办法》的要求进行药房改造，并确定了改造期限。

二是亲临现场进行指导。培训结束后，穆棱市药品监督局按照划区域监管的方式分组下到各农村卫生所亲临现场进行指导，对农村卫生所理解上的偏差进行现场讲解、指正。

三是统一软件要求。按照《办法》的要求，穆棱市药品监督局分别从药品的购进、储存、养护及使用等环节统一印制了规范药房建设的各项记录，并利用每月15日的农村卫生所例会对其进行了软件填写知识培训。

到目前为止，兴源镇内的村卫生所都达到了穆棱市卫生局的要求，对于加快新农村建设以及对于乡村公共卫生事业的发展起到推进作用。

二　村民就医情况

（一）医疗救助

东村村民如患感冒发烧等常见病，基本上都集中在乡村诊所和兴源镇卫生院就医。如遇大病、重病则会去穆棱市或牡丹江市的大医院就医。对农村特困户以及重特大疾病的医疗救助则是根据《穆棱市城乡医疗救助实施办法（试行）》解决。村民普遍认为该办法是一个好政策，它减轻了贫困村民看病的压力，得到村民的欢迎。[①]

（二）村民用药

兴源镇卫生院对村民提供的药品还没有实现“零利润”。现在卫生院对药品的利润采取顺价 15% 的政策。按照穆棱市新农合政策，参加新农合的村民在卫生院购买药品能得到 65% 的报销。还有一部分村民购买药品会选择村内的私人药店。私人药店里的药品由于进药渠道等原因，价格相对较低，但其质量很难保证。对待药品价格贵这一问题，兴源镇卫生院院长的解释是：有些药品名称一样，价格不一样的原因是药品成分的含量不同，同时进货渠道不同也造成了药品价格的差异。调查中发现，村民们购药时只看药品的名称，并不看药品的成分和生产厂家。

① 相关内容见附录一。

三　新型农村合作医疗制度

东村村民在这几年里对新型农村合作医疗的认识不断提高，参加人数逐年增加。东村村民现在一提到新农合制度，都会竖起大拇指，称赞新农合是个好制度，为农民带来了很大的好处。东村村民参加新农合都会与政府签订《穆棱市2010年新型农村合作医疗农户参合协议书》，该协议书说明了农民享受的一系列权利。①

新型农村合作医疗制度是由政府组织、引导、支持，农民自愿参加，个人、政府、国家多方筹资，以大病统筹为主的农民医疗互助共济制度。所有在穆棱市辖区内居住的具有穆棱市农业户口的农村居民（含在国内务工的穆棱市辖区内农业户口的农村居民）均可参加农村合作医疗。其原则是由市政府、各乡镇人民政府负责领导、组织与宣传；各乡镇人民政府负责组织收缴参合人员应缴纳的资金；财政部门负责资金的管理与划拨；审计部门负责资金的监督与审计；卫生行政部门负责管理、操作与实施；村民委员会参与配合，农民自愿参加。新医疗基金根据大额医药费用和小额医药费用相结合的原则，按规定比例用于参合农民门诊和住院医药费用的报销。

为了促进新型农村合作医疗可持续发展，激励农民连续参合，自参合第二年起，补偿比例逐年增加1%，五年为一周期，第二周期重新计算补偿比例，在每个周期内，中断参加的农民重新计算。

新型农村合作医疗基金分为大病统筹基金、门诊统筹

① 相关协议见附录二，东村新农合具体实施情况见附表7-2。

基金、风险基金结余。新型农村合作医疗基金（包括2009年结余基金）的15%作为风险基金结余，结余基金的75%和25%作为住院统筹基金和门诊统筹基金。

新型农村合作医疗实行政府补助为主、参合农民个人缴费为辅相结合的筹资机制，由乡镇人民政府负责收缴应由参合农民个人缴纳的新型农村合作医疗资金，并按时汇到市新型农村合作医疗基金财政专户进行专项管理，参合农户以家庭为单位每人每年缴纳30元。参合农民以家庭为单位自愿参加新型农村合作，家庭成员以户口簿为准，根据筹资标准缴纳合作医疗费用，履行缴费义务。五保和低保对象、重点优抚对象的参合基金由市民政部门负责缴纳。同时，市政府根据国家法律法规，开展新型农村合作医疗募捐，鼓励社会团体和个人资助新型农村合作医疗的开展。

2010年的人口如有变动，从下一年度中调整。按期缴纳参合费用。以家庭为单位，每人缴费30元钱，全部纳入统筹资金中。2010年缴费时间定为2009年12月1日至2010年1月31日。缴费地点：各村村委会。住院补偿继续采用补偿比例逐年递增的办法，即：自参合的第二年起补偿比例逐年增加1%，5年为一周期，第二周期重新计算补偿比例。在每周期内中断参加的农民重新计算。

如果患病：（1）急诊7天内向市合管办及乡镇卫生院合管站报告并询问报销所需准备的资料，出院后经确认为急诊的，可到所在乡镇卫生院合管站报销。（2）参合农民患病需到辖区外就诊的，必须到定点医疗机构（市医院、市中医院、穆棱镇卫生院、市妇幼保健院、穆棱林区医院）办理转诊手续，然后到市卫生局合管办审批盖章后方可生效。出院后到该转诊的定点医疗机构报销（转到牡丹江市

附表 7-1　2009 年东村新农合报支公示

单位：元

穆棱市新农合 2009 年 10 月 26 日至 11 月 25 日报支公示							
镇名称	村名称	医疗证号	住院人姓名	医院名称	事　由	住院金额	实报金额
兴源镇	东村	2. 31085E +15	董玉梅	牡丹江市第一人民医院	脑梗死	4843. 2	1622. 7
兴源镇	东村	2. 31085E +15	周凤文	牡丹江市红旗医院	椎管狭窄	25333. 8	4389. 2
兴源镇	东村	2. 31085E +15	王顶全	牡丹江市红旗医院	紫癜	2902. 9	645. 6
兴源镇	东村	2. 31085E +15	郝春梅	牡丹江市红旗医院	甲状腺肿	4966. 8	973. 1
兴源镇	东村	2. 31085E +15	王丽卉	穆棱市中医院	急性化脓性阑尾炎	3827. 9	1783. 4
兴源镇	东村	2. 31085E +15	许　思	兴源镇卫生院	上呼吸道感染	452. 5	298. 7
兴源镇	东村	2. 31085E +15	郝腊梅	兴源镇卫生院	脑供血不足	802. 8	537. 9
兴源镇	东村	2. 31085E +15	孙景友	兴源镇卫生院	急性阑尾炎	440. 0	294. 8
兴源镇	东村	2. 31085E +15	孙明臣	兴源镇卫生院	前列腺炎、冠心病、慢性心功能不全、脑供血不足	2001. 1	1340. 7
兴源镇	东村	2. 31085E +15	孙　旭	兴源镇卫生院	上呼吸道感染	694. 5	465. 3
兴源镇	东村	2. 31085E +15	许恩泽	兴源镇卫生院	肺炎	1556. 7	1043. 0
兴源镇	东村	2. 31085E +15	许天龙	兴源镇卫生院	上呼吸道感染	399. 2	267. 5
兴源镇	东村	2. 31085E +15	孙淑玲	兴源镇卫生院	肺内感染	786. 4	526. 9
兴源镇	东村	2. 31085E +15	史远英	兴源镇卫生院	尿路感染	223. 2	149. 5

续表

兴源镇	东村	2.31085E+15	王世凯	兴源镇卫生院	支气管炎	516.0	345.7
兴源镇	东村	2.31085E+15	计长发	兴源镇卫生院	上呼吸道感染	1188.0	796.0
兴源镇	东村	2.31085E+15	殷凤娟	兴源镇卫生院	盆腔积液	1873.9	1255.5
兴源镇	东村	2.31085E+15	陈德艳	兴源镇卫生院	急性化脓性阑尾炎	1287.4	862.6
兴源镇	东村	2.31085E+15	郑湘裕	兴源镇卫生院	肺炎	466.4	312.5
兴源镇	东村	2.31085E+15	程仁堂	兴源镇卫生院	冠心病、上呼吸道感染	1357.0	909.2
兴源镇	东村	2.31085E+15	刘茂林	兴源镇卫生院	高血压、脑卒中后遗症	1375.3	921.5
兴源镇	东村	2.31085E+15	陈桂荣	兴源镇卫生院	右手外伤	1790.5	1199.6
穆棱市新农合 2009 年 9 月 26 日至 10 月 25 日报支公示							
兴源镇	东村	2.31085E+15	鲁邦生	牡丹江市第二人民医院	冠心病、急性下壁心肌梗死	5468.4	1030.0
兴源镇	东村	2.31085E+15	盛慧慧	穆棱市妇幼保健院	剖腹产	1587.8	747.9
兴源镇	东村	2.31085E+15	孙忠娟	穆棱市妇幼保健院	剖腹产	1154.6	553.3
兴源镇	东村	2.31085E+15	魏宏宇	兴源镇卫生院	发热待查	462.5	309.9
穆棱市新农合 2009 年 8 月 26 日至 9 月 25 日报支公示							
兴源镇	东村	2.31085E+15	王佳梅	八面通镇预防保健院	剖宫产	988.0	613.1
兴源镇	东村	2.31085E+15	许敬坤	牡丹江市第一人民医院	小脑出血	20968.7	5187.4

续表

兴源镇	东村	2.31085E+15	杨宝健	牡丹江市第一人民医院	右胸膜肿物	12435	2977
兴源镇	东村	2.31085E+15	薄国丽	穆棱市妇幼保健院	剖腹产手术	1687.29	669.6
兴源镇	东村	2.31085E+15	李宝丽	穆棱市妇幼保健院	剖腹产手术	1480.77	674.7
兴源镇	东村	2.31085E+15	臧宏伟	兴源镇卫生院	腹痛待查	546	354.9
兴源镇	东村	2.31085E+15	曲　艳	兴源镇卫生院	肺内感染	546.5	366.2
兴源镇	东村	2.31085E+15	曹金荣	兴源镇卫生院	支气管炎	2517.7	1686.9
兴源镇	东村	2.31085E+15	杨洪艳	兴源镇卫生院	急性阑尾炎	1162.8	779.1
兴源镇	东村	2.31085E+15	殷凤娟	兴源镇卫生院	盆腔积液	854.9	572.8
兴源镇	东村	2.31085E+15	由国金	兴源镇卫生院	肾囊肿、肾积水、高血压	569	381.2
兴源镇	东村	2.31085E+15	杨金玲	兴源镇卫生院	急性阑尾炎	1079.4	701.6

穆棱市新农合 2009 年 7 月 26 日至 8 月 25 日报支公示

兴源镇	东村	2.31085E+15	刘德财	牡丹江市第一人民医院	高血压病、高血压脑病	1156.2	125.9
兴源镇	东村	2.31085E+15	许晓欣	牡丹江市第一人民医院	急性阑尾炎、子宫内膜炎	2712.8	388.8
兴源镇	东村	2.31085E+15	徐福红	穆棱市妇幼保健院	保胎	371.28	169.4
兴源镇	东村	2.31085E+15	徐福红	穆棱市妇幼保健院	正常分娩	576.24	273.1
兴源镇	东村	2.31085E+15	李锡章	穆棱市人民医院	心脏病	2469.7	1068.5

续表

兴源镇	东村	2. 31085E + 15	曲臣生	兴源镇卫生院	前列腺增生	1232. 9	826. 0
兴源镇	东村	2. 31085E + 15	陈维燕	兴源镇卫生院	肺炎、支原体肺炎	478. 0	320. 3
兴源镇	东村	2. 31085E + 15	李长河	兴源镇卫生院	左手中指锐器伤	335. 5	224. 8
兴源镇	东村	2. 31085E + 15	王丽霞	兴源镇卫生院	左肩部纤维瘤术	652. 6	437. 2
穆棱市新农合 2009 年 6 月 26 日至 7 月 25 日报支公示							
兴源镇	东村	2. 31085E + 15	何玉杰	兴源镇卫生院	冠心病、高血脂症	1008. 8	675. 9
兴源镇	东村	2. 31085E + 15	刘德财	兴源镇卫生院	高血压病、冠心病	429. 6	287. 8
兴源镇	东村	2. 31085E + 15	刘秀平	兴源镇卫生院	附件炎、宫颈糜烂	893. 9	598. 9
穆棱市新农合 2009 年 5 月 26 日至 6 月 25 日报支公示							
兴源镇	东村	2. 31085E + 15	梁克传	哈尔滨医科大学附属第二医院	垂体瘤	18394. 6	5622. 9
兴源镇	东村	2. 31085E + 15	王有刚	牡丹江市二〇九医院	左踝骨折、左前臂骨折	13009. 52	4930. 8
兴源镇	东村	2. 31085E + 15	梁克传	牡丹江市红旗医院	视网膜萎缩	1545. 3	313
兴源镇	东村	2. 31085E + 15	许守杰	牡丹江医学院第二附属医院	腔隙性脑梗塞	3105. 38	805. 8
兴源镇	东村	2. 31085E + 15	魏洪艳	穆棱市妇幼保健院	剖腹产手术	1770. 54	895. 8
兴源镇	东村	2. 31085E + 15	谷　香	穆棱市妇幼保健院	剖腹产	1387. 32	708. 9
兴源镇	东村	2. 31085E + 15	鲁业健	兴源镇卫生院	肺内感	721. 1	476. 8

续表

兴源镇	东村	2.31085E+15	张德财	兴源镇卫生院	肺内感染、心功能不全	1356.8	909.1
兴源镇	东村	2.31085E+15	沈德军	兴源镇卫生院	急性乙型肝炎	1322.1	885.8
兴源镇	东村	2.31085E+15	许守杰	兴源镇卫生院	脑梗死、冠心病	1752.1	1173.9

2009年4月26日至5月25日新农合报支情况

镇名称	村名称	医疗证号	住院人名	医院名称	事由	住院金额	实报金额
兴源镇	东村	2.31085E+15	康志成	牡丹江市第二人民医院	脑梗死	6267.9	1632.6
兴源镇	东村	2.31085E+15	许敬坤	牡丹江市第一人民医院	脑梗死	3111.5	953.2
兴源镇	东村	2.31085E+15	鲁光艳	穆棱市妇幼保健院	剖腹产	1281.1	651.6
兴源镇	东村	2.31085E+15	于殿臣	兴源镇卫生院	急性阑尾炎	1058.0	698.3
兴源镇	东村	2.31085E+15	石英平	兴源镇卫生院	急性阑尾	1176.5	764.7
兴源镇	东村	2.31085E+15	曹瑞英	兴源镇卫生院	冠心病	461.1	308.9
兴源镇	东村	2.31085E+15	李天芝	兴源镇卫生院	冠心病、高血脂病	1408.9	944.0
兴源镇	东村	2.31085E+15	朱淑琴	兴源镇卫生院	脑卒中后遗症、高黏血症	1837.5	1231.1
兴源镇	东村	2.31085E+15	郝秀娟	兴源镇卫生院	糜烂性胃炎、附件炎	725.2	475.8
兴源镇	东村	2.31085E+15	张玉芝	兴源镇卫生院	肺内感染	387.6	259.7
兴源镇	东村	2.31085E+15	刘秀平	兴源镇卫生院	盆腔炎	776.0	519.9
兴源镇	东村	2.31085E+15	何丽娟	兴源镇卫生院	冠心病、高血压病	1024.7	686.6

续表

兴源镇	东村	2.31085E+15	许守梅	兴源镇卫生院	淋巴结炎	642.2	430.3
兴源镇	东村	2.31085E+15	刘　佳	兴源镇卫生院	左脚底上感染	473.5	317.3
兴源镇	东村	2.31085E+15	耿淑清	兴源镇卫生院	附件炎、宫颈糜烂	534.1	357.9
兴源镇	东村	2.31085E+15	霍春风	兴源镇卫生院	脑供血不足、高血压	971.7	651.0
兴源镇	东村	2.31085E+15	许艺严	兴源镇卫生院	双侧支气管炎	531.4	356.0
兴源镇	东村	2.31085E+15	张玉芝	兴源镇卫生院	支气管炎	795.8	533.2
兴源镇	东村	2.31085E+15	孙凤珍	兴源镇卫生院	脑梗	1470.1	985.0

2009 年 1～4 月新农合报支情况

镇名称	村名称	医疗证号	住院人名	医院名称	事由	住院金额	实报金额
兴源镇	东村	2.31085E+15	王新平	八面通镇预防保健院	右下肢大隐静脉曲张	1568.5	1046.9
兴源镇	东村	2.31085E+15	王喜文	牡丹江市第二人民医院	急性胰腺炎	8272.26	2630.4
兴源镇	东村	2.31085E+15	刘茂林	牡丹江市第二人民医院	脑梗死	2117.82	549.7
兴源镇	东村	2.31085E+15	杨　敏	牡丹江市第一人民医院	扁桃体肥大	5001.5	1695.8
兴源镇	东村	2.31085E+15	魏嘉辰	牡丹江市红旗医院	肺炎	3858.7	1071.2
兴源镇	东村	2.31085E+15	聂德胜	牡丹江医学院第二附属医院	肠梗阻	3505.88	421.5
兴源镇	东村	2.31085E+15	张亚楠	穆棱林区医院	剖宫产	1491.84	721.9
兴源镇	东村	2.31085E+15	宋成军	穆棱市二院	左股骨骨干术后	2534.22	1617.5

续表

兴源镇	东村	2. 31085E + 15	刘　芳	穆棱市人民医院	剖腹产	2548. 8	1280. 3
兴源镇	东村	2. 31085E + 15	周兴兰	穆棱市人民医院	子宫肌瘤	3085. 6	1562. 2
兴源镇	东村	2. 31085E + 15	任叙斌	宁安市人民医院	慢性肾功能不全	5105. 0	1241. 9
兴源镇	东村	2. 31085E + 15	王忠衣	兴源镇卫生院	脑梗死	1925. 0	1289. 8
兴源镇	东村	2. 31085E + 15	宋　丹	兴源镇卫生院	肺内感染	440. 0	294. 8
兴源镇	东村	2. 31085E + 15	刘茂林	兴源镇卫生院	脑腔梗、右上额窦炎	1023. 6	685. 8
兴源镇	东村	2. 31085E + 15	许恩泽	兴源镇卫生院	急性上呼吸道感染	416. 5	279. 1
兴源镇	东村	2. 31085E + 15	刘德发	兴源镇卫生院	高血脂症	848. 2	568. 3
兴源镇	东村	2. 31085E + 15	许天国	兴源镇卫生院	睾丸炎	577. 4	386. 9
兴源镇	东村	2. 31085E + 15	李宝荣	兴源镇卫生院	肺内感染	1453. 8	974. 1
兴源镇	东村	2. 31085E + 15	许　可	兴源镇卫生院	肺炎	348. 4	233. 4
兴源镇	东村	2. 31085E + 15	王秀香	兴源镇卫生院	消化性溃疡	1607. 3	1076. 9
兴源镇	东村	2. 31085E + 15	李　玲	兴源镇卫生院	急性阑尾炎	1074. 4	719. 9
兴源镇	东村	2. 31085E + 15	曹金荣	兴源镇卫生院	肺内感染	4759. 4	3098. 3
兴源镇	东村	2. 31085E + 15	杨宝会	兴源镇卫生院	冠脉支架术后	989. 3	633. 7
兴源镇	东村	2. 31085E + 15	王丽霞	兴源镇卫生院	左肩部皮脂腺囊肿	814. 0	545. 4
兴源镇	东村	2. 31085E + 15	尹明霞	兴源镇卫生院	高血脂症	745. 8	499. 7

一院、牡丹江市二院、牡丹江市红旗医院、牡丹江市医学院附属第二医院的出院即可报销)。(3) 外出务工人员需住院治疗的，7天内向市合管办及乡镇卫生院合管站报告，并询问报销所需准备的资料。

第四节　文化建设

东村是黑龙江省社会主义新农村建设省级示范村，在文化建设方面成绩突出。位于镇内是东村巨大的优势，除自身的文化建设之外，东村可以充分利用兴源镇的文化建设以及文化活动。

一　文化设施

(一) 农家书屋

根据新农村建设的需要，为解决农民看书难、买书难的问题，提高农民的文化知识水平，东村根据黑龙江省农家书屋工程的要求，于2008年10月，在东村建起了“农家书屋”。书屋占地50平方米，位于村委办公楼二楼，拥有图书160多种、190多册。东村村民可以随时去图书室免费阅览以及借阅图书。除了图书，这里还拥有30余种涉及卫生以及农业科技方面的影像资料。

书屋内有两台电脑、一台40吋彩电、一台DVD和一台投影仪，这些设备得到了很好的利用。东村村民在这里可以通过网络找到自己需要的农业知识，还可以了解最新的农业信息。东村村民的农业技术培训也基本都是在农家书屋进行。

图 7－7　东村农家书屋（2010 年 1 月　作者摄）

（二）吴大澂纪念馆

吴大澂纪念馆坐落在东村以南，粮台山下。纪念馆建成于 2009 年 6 月，占地面积 2 万多平方米，建筑面积 700 平方米，庭院建筑面积 2 万平方米。馆内展示吴大澂一生功绩的图片及金石碑帖、篆刻等作品，供游人观览，既具有重要的历史意义，又可产生明显的旅游收益。在吴大澂纪念馆两侧分别是兴源历史馆和兴源名人馆。在名人馆内主要展示了一些从兴源地区走出去的名人，包括三位将军、全国知名画家以及白圣鹤。在历史馆内，主要展示了兴源地区的历史文物等。

吴大澂（1835～1902）是清末金石学家、文学家。字清卿，号恒轩，又号愙斋。江苏吴县人。同治六年（1867 年）中进士，曾任翰林院编修，曾出任陕甘学政，官至湖

图 7－8　吴大澂纪念馆（2010 年 1 月　作者摄）

南巡抚。中日甲午战争时，督湘军出关御敌，兵败革职。精于金石学和古文字学，曾搜集钟鼎、玺印、陶器、货币等古玩。吴大澂善篆籀，著有《说文古籀补》、《古玉图考》、《权衡度量考》、《恒轩古金录》、《窸斋诗文集》等，又著《字说》考释文字，颇有创见。

光绪三年（1877 年），山西、陕西受灾，吴大澂奉命襄办赈务。光绪六年（1880 年）清政府授予吴大澂三品卿衔，随吉林将军铭安办理东北边防。到吉林后，吴大澂遍查边境要隘，协助吉林将军建立靖边军。光绪八年吴大澂亲临三岔口视察，沿途勘清地势，确定屯兵位置，任命副将吴永熬为管带，建立屯兵驻防于开垦之地，维持治安，平息边患，保护垦民。

1881 年，吴大澂在督办吉林边务时，来到兴源古镇，驻扎军队，设立穆棱河招垦局，办理垦荒事宜。

光绪十八年（1892年），吴大澂升任湖南巡抚。因朝鲜东学党之乱，日本与中国开战，吴大澂自请率湘军出战。光绪二十一年（1895年）吴大澂率湘军出关，会诸军欲复海城，连续两次派军出战，湘军全部溃散。吴大澂拔剑欲自裁，值随军王同愈在侧，急救得免。部将魏光涛以战败请按军法，吴大澂说："余实不能军，当自请严议。"乃退回关内。清廷以吴大澂战败，革职留任，仍回湖南，不久再恢复原职。

光绪二十四年，（1898年）奉旨"革职永不叙用"。吴大澂罢官后，甚贫，售书画、古铜器以维持生活。光绪二十八年（1902年）卒，终年68岁。

吴大澂在督办吉林边务时，曾涉足穆棱县境，并选上城子（今穆棱市兴源镇）为屯垦要地。在上城子东南靠穆棱河的小山丘（今兴源镇粮台山）上驻扎军队，设立穆棱河招垦局，办理垦荒事宜。首先从招远、金州招来垦民18户，61口人。5年后垦民增加到1000多户。先后在穆棱县境内的抬马沟、擀面石、穆棱河、马桥河、细鳞河等处分别设立屯兵，戍守宁古塔至三岔口之要道。垦民初来，没房居住，派人帮助修建；没有耕牛，则凭据贷给。为调剂丰歉，在上城子设立招垦局的山丘下建了粮仓，储粮备荒，每逢灾年时，平借垦民，使垦民得以安居，从事农耕，此后上城子人烟渐增，榛莽荒芜之地，初步得到开发。

宣统元年（1909年）清政府设穆棱县治于上城子。民国二十年（1931年）兴源村民任承沅、顾次英等20余人，为怀念吴大澂筹边之功绩，在吴大澂督办吉林边务50年后的1931年联名立下"吴愙斋中丞筹边遗迹"碑，并以记述兴源的开发。1996年，兴源镇人民政府重立石碑子粮台山上。

吴大澂纪念馆是一个非常具有教育意义的地方，每年纪念馆都会组织学校的学生和村民到馆内参观。通过参观纪念馆，学生们受到了爱国主义教育，同时也了解了穆棱河地区的历史，有助于他们更加深刻地了解自己的家乡。

二　文化活动

东村村委会近年来一直以壮大文化艺术人才队伍、扩展各种民间文化艺术领域为文化活动的目标，每年都积极参加镇里举办的书法、绘画、剪纸、手工艺品展等活动。同时，兴源镇政府也非常重视兴源地区文化活动的开展，即使在政府财政资金紧张的情况下，也要从财政预算中拿出一定资金用于开展群众文化活动，丰富了兴源镇群众业余文化生活。兴源镇的“文化下乡”、“激情广场”、“兴源之夜”、“金秋文艺汇演”等文化活动非常受广大群众的欢迎，在穆棱市内有较高的影响力。兴源镇在 2006 年获得穆棱市第五届农民文艺汇演优秀代表队奖。2008 年 11 月，被文化部命名为“中国民间文化艺术（玉米叶画和豆画）之乡”。

（一）老干部乐团

兴源镇内拥有一支老干部乐团，有很多东村村民参与其中。老干部乐团成立于 2007 年，参加者大多数是退休老干部，也有民间艺人，人数最多时达到二十多人。兴源镇政府出资 2 万多元为乐团购置乐器十余种。该乐团经常举办演出。夏天，镇里的激情广场是老干部乐团演出的地方，每周六老干部乐团的歌手都会在这里为村民演唱，现场伴奏。周日激情广场有秧歌表演，各村喜爱扭秧歌的村民都会参加进来，乐团会为秧歌队打鼓伴奏。周一至周五老干部乐团送文化下乡，几乎天天有演出，演出地点基本都在东村村委会楼下。村民们在农闲时，经常观看老干部乐团的演出。这无疑丰富了村民的业余文化生活。

乐团在激情广场的演出内容丰富，雅俗共赏。2009 年新修建的兴源文化广场以及东村即将完工的文化广场，成为老干部乐团演出的主要场地。老干部乐团在活跃了村民文化生活的同时，还减少了村民酗酒、赌博等许多不良现象，提高了村民的文化品位，为创建和谐社会营造了一个良好的文化氛围，同时也切实体现了建设社会主义新农村的精神风貌。

（二）东村秧歌队

在兴源镇内始终活跃着一支文艺演出队伍，这支队伍就是东村秧歌队。兴源镇于 2009 年在吴大澂纪念馆前修建的兴源文化广场就是他们的活动地点。东村秧歌队的组织者是东村前任妇女主任姜珍。她非常热爱文艺事业，在任时经常组织各种文娱活动。秧歌队在她的带领下，参加的人数越来越多，舞蹈动作新颖，道具齐全，形式多样，是兴源镇最有名的一支秧歌队伍。每年春节期间，兴源镇都会组织新年秧歌汇演，镇内的每个村子都会参加，东村秧歌队在每年的汇演中，都能取得最好的成绩。

（三）艺术品展览

在镇政府办公楼内有一个小剧场，镇政府经常在这里

图 7－9　扭秧歌（2010 年 7 月　作者摄）

举办富有当地特色的民间文化艺术展览，有根雕展览、剪纸展览，还有独具特色的玉米叶画展览和豆画展览。东村党支部书记沈德军还参加过镇里举办的绘画展览。沈德军少年时曾就读于三江美术学院，如今在工作之余仍然会进行书画创作，绘画功底深厚。他的素描和油画都获得了穆棱市最佳作品的荣誉。

（四）文艺下乡

穆棱市政府以及黑龙江省政府都曾经来兴源镇开展过文艺下乡活动。黑龙江省文化团曾在 2004 年和 2007 年在兴源镇举办过文艺慰问演出，穆棱市文化团也经常派专业演员下乡演出，节目很精彩，演出时村民们都放下了手头的农活，一大早就来占座，来晚的村民，只能站在后排看演出，站多久也不觉得累。这样的文艺演出很受东村村民的欢迎。

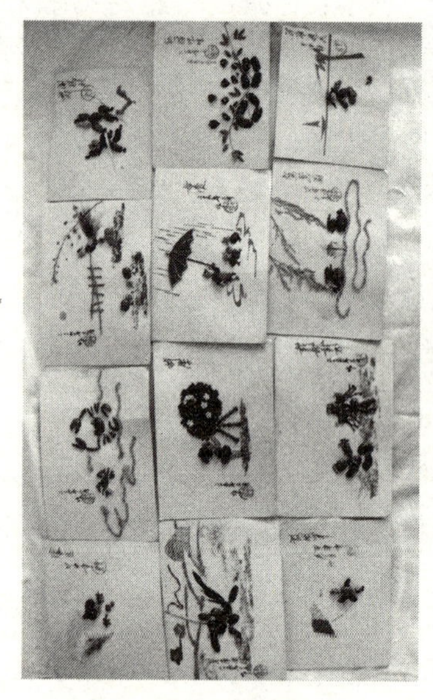

图 7－10　豆画艺术
（2010 年 1 月　作者摄）

图 7－11　剪纸艺术
（2010 年 1 月　作者摄）

兴源镇以“企业搭台、文化唱戏”为原则，到镇里的大企业里拉赞助，举办“金秋文艺汇演”。农民自己出任演员，镇内的各村组织节目参加汇演。这样的演出实是村民们为自己献上了一场丰富的文化大餐。

附录一　穆棱市城乡医疗救助实施办法（试行）（摘录）

第二条　本办法以重大疾病救助为重点结合医前救助和常见病救助等多种形式救助，坚持量入为出，因地制宜，循序渐进和公开、公平、公正的原则。

第三条　本市的城乡低保对象、农村五保户和市人民政府认定的其他符合条件的城乡特殊贫困人员适用于本办法。

第四条　城乡医疗救助工作在市政府的领导下，由市民政部门负责管理审批、组织实施，市财政部门负责医疗救助资金的筹集、分配和监管，市卫生、审计部门在各自的职责范围内负责城乡医疗救助的有关工作。

街道办事处（乡镇人民政府）负责城乡医疗救助的具体管理和初步审批工作，居委会（村委会）根据审批机关的委托，承担城乡医疗救助的日常管理和服务工作。

第五条　医疗救助形式：

（二）资助农村低保对象、五保户参加新型农村合作医疗；

（三）因患重大疾病医疗费用难以承担，影响家庭基本生活的，给予适当医疗补助；

（四）国家规定的特种传染病救治费用，按有关规定给予适当补助。

第六条　重大疾病包括：

（一）急性脑出血、脑梗死、脑血栓；

（二）慢性肾衰竭（尿毒症）并进行定期血液透析、腹膜透析的；

（三）恶性肿瘤；

（四）再生障碍性贫血；

（五）重度精神分裂症；

（六）严重烧伤；

（七）心肌梗死；

（八）肺结核；

（九）颅内肿瘤手术；

（十）四肢瘫痪；

（十一）主动脉、冠状动脉外科手术；

（十二）高危孕妇住院分娩的；

（十三）肝硬化（重度）；

（十四）市人民政府确定的其他疾病。

第七条　医疗救助标准和方式：

（一）因患重大疾病个人所承担的医疗费用一般按以下的比例给予医疗救助：医疗费用在2000元以内的，按20%救助；2001～6000元，按25%救助；6001～8000元，按30%救助；8001元以上，按35%救助，取消起付线。符合上述条件的每人每年累计最高救助金额不超过6000元。在定点药店购药的，每人每年累计最高救助金额不超过500元。五保人员可视具体情况适当提高救助比例。当年医疗救助资金结余较多时，可视情况适当提高救助比例和封顶金额。

（二）城乡低保对象和农村五保户经市级医院诊断为重

大疾病，需住院治疗而又无资金支付住院首付资金的，可申请医前救助资金，每人每年申请医前救助金额不超过1000元，五保人员及特殊情况可适当提高医前救助资金额度，待出院结算后，在实际医疗救助资金中清算。

第八条　下列情况之一的不享受城乡医疗救助：

（一）打架斗殴、交通事故、酗酒伤害、吸毒、自杀、自残等；

（二）器官移植、镶牙、整容、矫形、配镜等；

（三）婚前检查、保健、康复等；

（四）市人民政府认定的其他不应当享受医疗救助的。

第九条　申请、批复程序：

享受医疗救助需本人（没有行为能力的人员由家庭成员或委托相关人员）向户口所在地居委会（村委会）提出书面申请，同时分别提供相关有效证件和材料。

（一）户口、身份证；城乡低保证、五保供养证或市民政部门出具的其他特殊困难人员证明；参加各类医疗保险的报销凭证；社会互助帮困情况证明等；未住院治疗的要提供定点医疗机构的医疗诊断或有关病史材料、医疗费用原始凭据；在定点药店购药的原始凭据。

（二）居委会（村委会）要进行入户调查核实，经居民（村民）代表会议评议，居委会（村委会）再次审核后予以公示7日（法定工作日，以下同）。无异议的，填写《穆棱市城乡医疗救助审批表》，10日内由居委会（村委会）上报街道办事处（乡镇人民政府）；对不符合条件的在10日内通知申请人。

（三）街道办事处（乡镇人民政府）应采取入户调查、邻里访问以及信函索证等方式对上报情况进行核实，对申请人的医疗费用支出和家庭经济状况等有关情况进行调查核实。对符合医疗救助条件的，7日内上报市民政部门审批，不符合条件的7日内通知申请人。

（四）市民政部门对街道办事处（乡镇人民政府）上报的有关材料进行入户抽查和审批。对符合医疗救助条件的，核准其救助金额，在10日内签署批准意见，委托街道办事处、居委会（乡镇人民政府、村委会）公示7日；对不符合救助条件的，应当在10日内通知申请人，并说明理由。

第十条　基金的筹集和管理：

（二）基金管理

1. 城乡医疗救助基金应全部纳入财政部门的社会保障基金财政专户，分别设立“城镇医疗救助基金转账”和“农村医疗救助基金转账”，用于办理基金的汇集、核拨、支付等业务。社会捐赠及其他各项资金，及时缴存财政部门城乡医疗救助基金转账。城乡医疗救助基金应全部用于城乡医疗救助对象的医疗救助补助，任何单位和个人不得截留、挤占、挪用。

2. 城乡医疗救助资金年度预算由市民政部门会同财政部门编制，报市人民政府批准和人民代表大会批准后执行。民政部门要定期向财政部门和上级民政部门报送收支计划执行情况。

3. 市民政局应设置台账，详细记录审批批准享受医疗救助人员、救助金额情况，报财政部门复核后，将所需医疗救助资金从城乡医疗救助财政专户划入定点银行，直接支付到定点医院或救助对象存折中。

4. 审核发放城乡救助资金时，应扣除下列费用：医疗单位按规定减免的费用；患大病的救助对象单位或相关部门补助的费用；相关单位为其报销的医疗费用；社会各界互助帮扶给予救助的资金；参加基本医疗保险、新型农村合作医疗、大病医保、补充医疗保险、商业保险等各种医疗保险赔付的医疗保险金；医前救助垫付资金；按规定应扣除的其他费用。

城乡医疗救助基金必须全部用于城乡医疗救助对象的费用补助，不得在基金中提取管理费或列支其他费用，任何单位和个人不得挤占、截留、挪用。发现虚报冒领、挤占挪用、贪污浪费等违法违纪行为，要求按照法律法规严肃处理。对虚报情况骗取补助的，市民政、财政部门根据情况减拨或停拨补助资金。

第十一条　救助对象应当在定点医疗机构就医。对于疑难重症转到非定点医疗机构就诊的，须经定点医疗机构按有关规定办理转院手续。否则，发生的医疗费用一律不予救助。在异地住院治疗的原则上不予救助。

第十二条　提供医疗救助服务的医疗卫生机构应在规定范围内，按照本市医疗保障制度、用药目录、诊疗项目目录及医疗服务设施，为医疗救助对象提供医疗服务。

第十三条　承担医疗救助的医疗卫生机构要完善并落实各种诊疗规范和管理制度，保证服务质量，建立规范的救助对象医疗档案和病历，控制医疗费用。

第十四条　加强对城乡医疗救助管理的监督。市纪检、监察和财政、审计部门要对城乡医疗救助的制度建设、操作运行、资金的筹集、拨付、发放、使用情况进行全面监督，保证城乡医疗救助规范运作。

第十五条　享受城乡医疗救助人员采取虚报、隐瞒、伪造手段，骗取享受医疗救助待遇的，由市民政部门给予批评教育或警告，并追回全部所得金额；情节严重的，按有关规定处理。与其相关的工作人员，视情节轻重，予以处罚。

承办城乡医疗救助工作的人员有弄虚作假、虚报冒领、挤占、挪用、贪污浪费救助资金等违法违规行为的，由市民政部门负责追回，对当事人予以批评教育；情节严重构成犯罪的，要依法严肃处理，并追究有关人员的责任。

本办法自 2009 年 6 月 28 日起执行。

附录二 《穆棱市2010年新型农村合作医疗农户参合协议书》（摘录）

甲方：穆棱市新型农村合作医疗管理委员会办公室

乙方：（农户）

根据《黑龙江省关于做好2010年新农合有关工作的通知》（黑合颁发〔2009〕1号）精神及《穆棱市2010年新型农村合作医疗制度管理办法》的规定，为维护甲乙双方权利，经协商一致，达成以下协议：

一 甲方的权利和义务

1. 2010年参加新农合的农民个人缴费标准为30元，中央财政的补助资金标准为每人每年60元，省市级财政补助资金标准为每人每年60元。

2. 2010年实行的补偿政策：（1）一级定点医疗卫生机构住院费用支付标准：100元起付线，100元以下医药费用不予报销，100元以上可报销医疗费用（药品目录外药品以及一些不报销项目除外）的65%，封顶线为3万元。（2）二级定点医疗卫生机构住院费用支付标准：200元起付线，200元以下不予报销，200元以上可报销医疗费用的50%，封顶线为3万元。（3）穆棱市辖区外公立医疗机构住院费用支付标准：即县域外省市级定点医疗机构起付线500元，报销比例为可报销医疗费用的30%，封顶线为3万元。农民到县域外县级以上没有定点的医疗机构就医或认定不是急诊、未经过转诊的按15%予以报销，起付线500元，30%比例报销，封顶线3万元。（4）门诊就医支付标准：1）参合患者门诊就诊限定在户籍辖区内所有开展门诊统筹的定点医疗机构。2）不再设立家庭门诊账户，门诊患者费用按20%的比例予以补偿，不设起付线。每户门诊补偿封顶线为家庭参合人数×32元。实行整户封顶，家庭内通用。

3. 可就医的定点医疗机构：（1）一级定点医疗机构包括各乡镇卫生院、市结核防治所、市口腔医院。（2）二级定点医疗机构：市人民医院、市中医院、市妇幼保健院、穆棱市红十字骨伤医院、穆棱林区医院。（3）穆棱市辖区外定点医疗机构：牡丹江市第一人民医院、牡丹江市第二人民医院、牡丹江市红旗医院、牡丹江市中医院、牡丹江市肿瘤医院、牡丹江市心血管医院、牡丹江市妇产儿童医院、牡丹江市传染病医院、牡丹江市博爱医院（神经内科专业）、牡丹江市神经精神病医院、牡丹江市二零九医院、牡丹江市林业中心医院、牡丹江市医学院附属第二医院、牡丹江市肛肠医院、牡丹江市华林中医正骨医院及牡丹江市辖区外（省级以上）公立医院。

二　乙方的权利和义务

3. 乙方患下列疾病，将实行单病种限额补偿：正常产报销金额为300元；剖宫产报销金额为500元；单纯性阑尾炎切除术报销金额为850元；卵巢囊肿手术报销金额为850元。

4. 如果患慢性疾病：一类：糖尿病、冠心病、脑卒中、肺心病、慢性心力衰竭、牙病、乙型肝炎、精神分裂症及情感性精神病、癫痫、造血系统疾病、系统性红斑狼疮、哮喘的门诊费用凭处方、收据、慢病卡等手续经市合管办审批后，可给予补偿，全年扣除一次起付线200元，补偿比例40%，封顶线为1万元，与住院补偿金额累计计算，即与住院补偿费用之和不超过3万元。二类：尿毒症透析治疗、肝硬化恶性肿瘤（含肝癌、胃癌、食道癌、大肠癌、肺癌、宫颈癌、乳腺癌、白血病、脑癌等）的门诊费用凭处方、收据、慢病卡等手续经市合管办审批后，可给予补偿，全年扣除一次起付线200元，补偿比例40%，封顶线2万元，与住院补偿金额累计计算，即与住院补偿费用之和不超过3万元。

5. 以下费用不予报销：因打仗斗殴、交通事故、服毒、酗酒所造成的医药费用；器官移植、镶牙、配镜、装配假肢、义眼、《穆棱市新型农村合作医疗药品目录》以外的药品。预防性用药及非疾病所必需的各种免疫制剂、婚前检查、美容、整容、矫形、康复医疗以及参加城镇职工居民医疗保险的参合农民费用，一律不予报销。

四 新型农村合作医疗定点医院职责与监督管理

对于新型农村医疗定点医院的监督管理，穆棱市政府在2007年年初下发的《通知》中有明确的规定。

《穆棱市人民政府关于印发穆棱市新型农村合作医疗制度管理办法（试行）通知》（摘录）

第七章 定点医院医疗机构职责

第二十八条 农村合作医疗大病住院实行定点医疗，定点医疗机构由市合管办在取得《医疗机构执业许可证》的医疗机构中考核审定。市合管办需与定点医疗机构签订包括服务内容、服务质量与医疗费用控制等内容的协议，明确双方的权利与义务。

第二十九条　合作医疗定点机构要保证服务质量、提高服务效率、信守合同、因病施治、控制医疗费用，让利于农民群众。市、乡（镇）两级合作医疗办公室要加大对定点医院监管力度，实行动态管理，规范各种诊疗和管理制度，努力提高服务水平。合作医疗管理部门有权到定点医疗机构查询医疗过程和费用，按照《黑龙江省关于设立新型农村合作医疗定点医疗机构的指导意见》进行监督、指导、处罚。

第八章　监督管理

第三十条　按照监督、管理分设、分管的原则，成立市新型农村合作医疗监督委员会。

第三十一条　市新型农村合作医疗管理委员会每年要向市新型农村合作医疗监督委员会汇报新型农村合作医疗工作开展及资金使用情况，主动接受监督。

第三十二条　由审计部门牵头、财政部门配合，每年定期对新型农村合作医疗资金使用情况进行专项监督、审计。

第三十三条　市合管办、市、乡（镇）、村三级定点医疗机构每月要公示参合农民患者报销情况，保证农民群众的知情权和参与权。

第三十四条　市合管办有权审验定点医疗机构的处方、病历、健康档案、诊疗报告单、双向转诊单、医疗机构专用收费票据和新型农村合作医疗报销凭证等有关资料，对超出规定的治疗、服务发生的医药费用，有权不予支付。

附录三　穆棱市兴源镇东村公益事业建设发展规划（2009～2011年）

为全面推进我村公益事业建设，结合我村实际，本着统筹安排，突出重点，量力而行，分步实施的原则，在广泛征求群众意见的基础上，经村两委扩大会议研究，现制定东村公益事业建设三年工作规划。

一　指导思想、实施原则和发展目标

（一）指导思想

按照“生产发展、生活宽裕、乡风文明、村容整洁、管理民主”的新农村建设目标，以科学发展观为统领，以发展现代农业为重点，着力提高农村经济实力和综合实力，努力使农村基础设施建设不断完善，村容村貌全面改观，公共事业有较大改善，农村社会保障体系逐步建立，农民生活水平和文明程度有较大提高，全面培育新型农民，树立新风尚，进一步改善农村生产生活条件，提高村民生活质量，促进全村各项事业健康、持续、和谐发展。

（二）实施原则

1. 量力而行的原则。在充分尊重农民意愿的基础上，依据东村自然条件、区位优势和经济状况，因村制宜，量力而行，分步推进。

2. 规划先行的原则。遵循“统一规划、统一设计、统一用地、统一施工、统一配套”的要求，按照智谋超前、符合实际的原则，全面做好整体规划实施。

3. 同步推进的原则。坚持发展生产与基础建设同步推进，建设与管理同步完善，逐步建立健全村级各项管理制度，全面提高农民的思想道德水平，倡导健康、文明、科学的生活方式。

（三）发展目标

引入城市建设理念，充分利用本地的地理优越性及周边的自然资源，注意人文和环境的可持续发展。综合统筹多方面的需求，建设宜居新区，发展城边经济和农产品加工业，提高产业化经营水平。促进偏远村屯农民向城镇集中，加快城乡一体化进程，把东村建设成为观光旅游型、绿色生态型的现代化、工业化的综合新农村，着力打造生态、环保、节能、方便、健康、富裕的人与自然和谐相处的宜居示范新村，探索农村城镇化、农业产业化、农民市民化的新路子。

二　规划内容

（一）基础设施建设

1. 建设示范新村。在东村老区北侧建设示范新村，小区建成后，将成为牡丹江市一流的示范新村，引领新农村发展方向。重点开展十项基础建设。一是广场建设。建成中心文化广场一处 9215 平方米，村委会办公楼楼前广场一处2880平方米。二是办公楼建设。建设办公楼两栋，其中村委会办公楼建筑面积800平方米，农民图书馆办公楼建筑面积600平方米。三是别墅群建设。建设别墅6组、19户，单户建筑面积166.38平方米。四是民居建设。建设样板房16栋、54户，单户建筑面积117.2平方米。五是道路建设。新村内街道全部实现硬化，总长度3050延长米，新建车行道面积18132平方米，路缘石长度5929米，安装路灯71盏，铺草坪15000平方米，植绿化树6500株，栽花15万株。六是地下工程建设。示范新区排水全部设计为地下工程，需要建设D800管道303延长米、D700管道165延长米、D500管道96延长米、D400管道866延长米，总长度1430延长米。通信光缆、电力电缆全部埋入地下，各铺设3000延长米。建设1座大型沼气池，为示范新村居民提供生活用气，供气管道全在地下。七是自来水工程。引用镇水源地自来水，铺设主管道800延长米、支管道1800延长米。八是邻里中心建设项目。建筑面积2880平方米，具有宾馆、酒店、洗浴、健身、娱乐、商服等功能。

2. 加强农业基础生态建设。依法对退耕还林地、现有林地加大管护力度，全面建设生态效益型和质量效益型农业。实施生态综合治理，治理面积2000亩，建成具有较强的抵御自然灾害能力的水利设施。积极争取项目投入，加强农田水利设施建设，逐步改善农业基础建设，提高农业综合生产能力。

（二）经济建设

1. 推动畜牧业发展。依托皓月集团，加快主辅换位进程，大力发展畜牧业，重点抓好肉牛育肥大户的示范与推广。同时加大对养牛政策扶持力度，力争到2011年肉牛饲养量达到1000头，每年向皓月交售育肥牛200头，并逐年以15%速度递增，规模养殖户达到150户。同时积极鼓励和支持村民发展笨猪、笨鸡、笨鸭、笨兔、笨鸽等绿色家禽养殖，到2011年使全村的畜牧业总收入达到全村经济总收入的70%以上。

2. 调整农业产业结构。依托城郊地缘区位优势，努力发展城边经济，大力调整农业产业结构，在壮大粮食、蔬菜、晒烟、食用菌、肉牛等产业的同时，推广种植早土豆、早玉米、甜菜、小黄瓜、白瓜等特色经济作物，提高农业生产效益。到2011年力争使蔬菜发展到800亩、晒烟发展到1000亩、食用菌发展到30万袋。以国家级绿色食品标准化生产基地建设项目为契机，大力发展绿色和有机农业，实现种植业过腹增值和养殖业过腹还田，构建绿色、有机食品种植业与养殖业的有机结合、相互促进、可持续发展的大农业发展框架。实施启动沃土工程，引导农户多施农家肥，三年内全面推广施用农家肥技术，不断提高耕地质量，到2011年前力争使全村4975亩耕地全部达到绿色食品和有机食品基地标准。切实加快农业新品种、新技术的引进和推广，增加农业科技含量。聘请科技专家和本村的土专家为村民讲课，传授蔬菜、晒烟、西香瓜、白瓜、高油大豆、食用菌等特色作物种植技术，引进优良品种。到2011年使全村农业新品种、新技术应用率达到90%，科学种田普及率达到95%以上。全面提高农业机械化生产水平，提高农业机械化普及率，到2011年全村机械化生产普及率达到95%以上。积极走“公司+协会+基地+农户”的产业发展模式，推进村主导产业快速发展。进一步加强村养牛协会、晒烟协会、蔬菜协会和农机协会各项规章制度的建立和完善，真正发挥协会作用，使村民在专业合作经济组织的指导下，逐步形成统一的利益共同体，不断增强抵御市场风险的能力，实现农户的自我选择、自我组合、自我发展、自我经营。力争到 2011 年，使全村各种专业合作经济组织对农户的带动面达到 85% 以上，每年新增协会农户 40 户。

3. 发展劳务经济。引导农民转变择业观念，重点向市域内劳动力密集型企业转移。组织农民参加劳动对接会，有组织地做好向国内大中城市及国外的劳务输出工作。同时，充分协调有关部门，建立劳动力技能培训合同关系，不断培育新型农民，使 45 周岁以下的农民具有非农产业技能，逐步增强全村农民转岗就业能力。到 2011 年使全村农民接受高中教育和职业教育率达到 80% 以上，每年培训 50 人以上，转移劳动力 20 人以上。逐步使这些农民向第二、三产业发展，从土地中解放出来，按照依法、自愿、有偿的原则，鼓励耕地向种田大户、种田能手转移，推进土地经营性流转，实现土地规模性经营，增加农民收入，争取到 2011 年实现农民人均收入 12000 元。

4. 搞好项目开发。一是搞好蔬菜、晒烟、食用菌等特色经济作物的深度开发。通过招商，在蔬菜和食用菌保鲜、包装、深加工上做文章（如加工成速冻蔬菜、腌渍成酱菜和辣菜、制成菜干、压缩食用菌块等食品）。通过统一标志、统一包装，逐步实现生产、储藏、保鲜、批发一条龙，形成产业链条。在食用菌深加工上，继续加大资金投入，在本地进行食用菌的精深加工，加快农民转岗就业，增加农民收入。二是利用靠近镇区的优势，搞好农家院旅游项目开发。注重环境保护，植树、种草、栽花，围绕村内休闲景点、休闲广场、品尝农家特色风味小吃、休闲娱乐等项目进行观光旅游深开发。

（三）公共事业建设

1. 文化教育卫生事业。建设图书阅览室，购买涉及农业技术期刊、报纸、新农村建设期刊、致富信息等内容的图书，实行图书无偿借阅登记制度。村休闲文化广场新上20套体育健身器材，以广场文化为载体，组织和带动群众自发开展丰富多彩的文化体育活动，不断满足村民的精神文化需求。借助重大节日、假日以及“科普之冬”、“科技大集”、“文化卫生农技三下乡”等活动，积极组织健康向上的文化及体育活动，使其逐步经常化、制度化，不断丰富群众文化体育生活。积极组织和鼓励村民参加各类职业技术技能的学习和培训，形成人人“学科学、用科学”的良好社会氛围。100%普及九年义务教育，无学生辍学。积极引导村民参与新型农村合作医疗，在2010年使全村新型农村合作医疗参合率达到100%。进一步完善计划生育服务站建设，逐步提高计划生育服务水平。建立健全相应机制，不断提高农村各类疾病预防控制和应对突发公共卫生事件的能力。

2. 公益福利事业。逐步推进农村居民最低生活保障制度，搞好基础调查，到2010年100%的农户做到应保尽保。积极引导农民参加农村社会养老保险，到2011年90%的农户参加社会养老保险。逐步壮大村集体经济，适当增加对贫困户、特困户的补助资金。

（四）民主政治建设

1. 加强村级“两委”班子建设。切实发挥党支部的战斗堡垒作用，努力带领村民快速致富奔小康，达到“五好”标准。在村党支部的领导下，村委会积极按照自我管理、自我教育、自我约束、自我服务的运作方式进行自治，主动担负起发展经济的职能，努力建设社会主义新农村。

2. 依法建设和谐新农村。积极组织农民深入开展农村普法教育，切实增强农民依法维护权益的能力，提高义务的自觉性。妥善处理农村各种矛盾，坚决扫除“黄、赌、毒”等社会丑恶现象，反对封建迷信和非法宗教活动，努力创造安定、祥和的社会环境，全面保持农村社会稳定。

3. 推进民主制度建设。根据实际，进一步健全全新农村建设自主筹资筹劳的机制和办法，全面推进“一事一议”制度建设。进一步健全完善村规民约，提高村民自我管理、自我教育、自我服务水平，努力完善村民自治，健全村党组织领导下的充满活力的村民自治机制。要使95%以上的村民代表和村民积极参加村民代表大会和村民大会，群众民主管理参与率达到90%。

4. 加强精神文明建设。采取多种形式深入开展社会公德和家庭美德教育，逐步增强诚实守信意识，全面提高农民的思想道德水平，普及科学文化知识，弘扬科学精神，宣传科学思想，倡导健康、文明、科学的生活方式。同时，广泛深入地开展爱国主义、集体主义和社会主义教育，倡导乡风文明，培育新型农民。

三　（略）

四　实施步骤

示范新村建设分3年实施。

（一）2009年完成宜居示范新村建设的主体工程

1. 完成规划设计。聘请牡丹江市民用建筑勘察设计院对建筑外立面、户型设计、楼宇间距、办公场所、中心广场、公共设施等进行合理规划，精心设计。光缆、电缆、给水、排水管道全部埋入地下，小区内全部使用新型能源，采暖采用地源热，生活能源采用沼气。征地6.5万平方米，回填土方8.9万立方米。

2. 道路建设。新村内街道全部实现硬化，总长度3050延长米，新建车行道面积18132平方米，路缘石长度5929米，安装路灯71盏，铺草坪15000平方米，植绿化树6500株，栽花15万株。

3. 广场建设。完成中心文化广场一处9215平方米，村委会办公楼楼前广场一处2880平方米。

4. 建设办公楼。建成办公楼两栋，其中村委会办公楼建筑面积800平方米，农民图书馆办公楼建筑面积600平方米。

5. 建设别墅群。建成别墅6组、19户，单户建筑面积166.38平方米。建成样板房16栋、54户，单户建筑面积117.2平方米。

6. 完成1座邻里中心建设。邻里中心建筑面积2880平方米，内设宾馆、酒店、洗浴、健身房、娱乐、商场等。

7. 建设地下工程。示范新区排水全部设为地下工程，需要建设 D800 管道 303 延长米、D700 管道 165 延长米、D500 管道 96 延长米、D400 管道 866 延长米，总长度 1430 延长米，通信光缆、电力电缆全部在地下，各铺设 3000 延长米。建设 1 座大型沼气池，为示范新村居民提供生活用气，供气管道全在地下。完成自来水工程，引用镇水源地自来水，完成主管道 800 延长米、支管道 1800 延长米的铺设工作。

（二）2010 年

1. 将示范新村未完成的基础建设项目进行完善，同时推进香化绿化补植和提档升级，抓好物业管理。

2. 组织实施村旱田水利设备和水田灌渠工程建设工作，做好蔬菜、食用菌等特色经济作物的深度开发立项工作。

3. 使全村新型农村合作医疗参与率达到 95% 以上，100% 的农民参加农村社会养老保险。

4. 积极组织和鼓励村民参加各类职业技术技能的学习和培训，使全村农业新品种、新技术应用率达到 85%，科学种田普及率达到 95% 以上，机械化生产普及率达到 80% 以上。

5. 100% 的农户实现“三改”工程（改水、改灶、改厕）。

（三）2011 年

1. 进一步健全完善村规民约，提高村民自我管理、自我教育、自我服务水平，努力完善村民自治，健全村党组织领导下的充满活力的村民自治机制。

2. 完善“4个民主”，全面做到村务财务两公开。

3. 以建设“平安东村”为载体，全面保持农村社会稳定。采取多种形式，加强精神文明建设，不断满足人们日益增长的精神文化需要。

五　（略）

六　组织领导

兴源镇东村新农村建设工作领导小组

组　长：沈德军

副组长：孙　信

成　员：刘德发　高太平　伏长玲　杨宝学　王占胜

图书在版编目(CIP)数据

悠悠穆棱河　青青粮台山：黑龙江穆棱市兴源镇东村调查报告／韩磊，董鑫著．—北京：社会科学文献出版社，2011.12

（当代中国边疆·民族地区典型百村调查．黑龙江卷．第1辑）

ISBN 978-7-5097-2731-7

Ⅰ．①悠…　Ⅱ．①韩…　②董…　Ⅲ．①农村调查—调查报告—穆棱市　Ⅳ．①D668

中国版本图书馆CIP数据核字（2011）第189113号

当代中国边疆·民族地区典型百村调查：黑龙江卷（第一辑）

悠悠穆棱河　青青粮台山

——黑龙江穆棱市兴源镇东村调查报告

著　　者／韩　磊　董　鑫

出 版 人／谢寿光
出 版 者／社会科学文献出版社
地　　址／北京市西城区北三环中路甲29号院3号楼华龙大厦
邮政编码／100029

责任部门／人文科学图书事业部（010）59367215　　责任编辑／孙以年
电子信箱／renwen@ssap.cn　　责任校对／王福仓
项目统筹／宋月华　范　迎　　责任印制／岳　阳
总 经 销／社会科学文献出版社发行部（010）59367081　59367089
读者服务／读者服务中心（010）59367028

印　　装／北京季蜂印刷有限公司
开　　本／889mm×1194mm　1/32　　印　　张／8.625
版　　次／2011年12月第1版　　插图印张／0.125
印　　次／2011年12月第1次印刷　　字　　数／190千字
书　　号／ISBN 978-7-5097-2731-7
定　　价／196.00元（共4册）

主　编　厉　声

副主编　李　方（常务）　李国强

编委会成员（按姓氏笔画排列）

于　永　于逢春　马品彦　方　铁　王利文　厉　声　冯建勇
毕奥男　许建英　孙宏年　孙振玉　李　方　李国强　张永攀
周建新　孟　楠　段光达　倪邦贵　高　月　崔振东　翟国强

中国社会科学院中国边疆史地研究中心　**厉声　主编**

当代中国边疆·民族地区典型百村调查：**黑龙江卷（第一辑）**

分卷主编：**吕文利　刁丽伟**

典型的江西村民居

民俗文化活动

村委会活动室

村委会走廊

江西村优质稻种展示

江西村水稻种植区

村民洗流头浴

江西村流头雕塑

中国社会科学院中国边疆史地研究中心 厉声 主编

当代中国边疆·民族地区典型百村调查：黑龙江卷（第一辑）

打造民俗特色综合发展的新农村

——黑龙江宁安市渤海镇江西村调查报告

阚德刚 马树森◎著

社会科学文献出版社
SOCIAL SCIENCES ACADEMIC PRESS (CHINA)

“当代中国边疆·民族地区典型百村调查”

总　序

深入实际、开展国情调研，是中国社会科学院肩负的重要科研任务，也是中国社会科学院履行好党中央、国务院赋予的“思想库”、“智囊团”职能的重要方式。中国边疆省区占国土面积的60%以上，边疆区情及当地的民族社会调研（边疆调研）是中国国情调研的重要组成部分。正如一位边疆工作者所说：不了解少数民族，就不了解中华民族；不了解边疆，就不了解中国。1983年中国社会科学院中国边疆史地研究中心建立后，特别是1990年以来，一直将边疆调研作为学科研究的重点之一。

2004年，中国边疆史地研究中心承担国家哲学与社会科学基金特别项目“新疆历史与现状综合研究”（简称“新疆项目”）。2006年，中国边疆史地研究中心牵头，立项开展“当代中国边疆·民族地区典型百村调查”（简称“百村调查”），作为此特别项目的子课题。“百村调查”以新疆为重点，在全国新疆、西藏、内蒙古、宁夏、广西五个民族自治区和云南、吉林、黑龙江三省基层地区同时开展，共调查100个边疆基层村落。调查工作在“新疆项目”领导小组和专家委员会指导下，由“百村调

查”专家委员会暨编委会组织实施。在中国边疆史地研究中心主持拟定的调查大纲框架下，发挥每个省区的优势，体现各自的特色。

本项目的实施得到了边疆地区各级地方党政部门的支持。首先，调查工作注意与地方党政部门的相关工作衔接、听取意见，在实施调查之前，主动向各级党政部门汇报情况，听取指示和意见。其次，调查组主动让各级党政部门了解调研的全过程，在调研过程中出现问题时及时向相关党政部门请示。再次，调研阶段成果和最终成果的副本同时提供地方党政部门参考。

“百村调查”的调研主题是：改革开放30年来中国边疆基层村落的民族社会和经济发展的历史与现状。具体内容包括：乡村概况、基层组织、经济发展、社会生活、民族、宗教、文教卫生、民俗风情等。项目调研的时间是：2007～2008年（资料下限至2007年底或适当延长）。

“百村调查”的调研对象为：100个具有典型意义与特色的中国边疆基层村落。课题以基层乡、村两级为调查基点，大致每个省区选择2个地州，每个地州选择1～2个县，每个县选择2个乡，每个乡选择2个村。新疆共调查22个村，其他地区均为13个村（辽宁、吉林、黑龙江以东北边疆为单元，共调查13个村）。调查点的选择要求：

（1）本地区社会稳定与经济发展中具有典型意义的基层乡和村。

（2）存在边疆现实政治、社会或经济发展的热点、难点问题。

（3）与20世纪50年代全国边疆民族调查能有一定的衔接。

“百村调查”采取学术调查与现实政治相结合的方法，以社会人类学入村入户调研方法为主，同时关注现实政治、社会与经济发展中的热点、难点问题：一般共性调查与专题专访调查相结合，在一般综合性调查的基础上，选择好专访或专题调研的“切入点”——总结经验与完善不足相结合，在总结各项工作经验的同时，善于发现问题和提出解决问题的对策与建议。调研注重入户访谈和小范围座谈的专访调查。在一般性问卷和统计资料收集的基础上，注重对基层干部、群众典型、教师、宗教人士等特定人员的专题访谈，倾听和收集他们对基层社会稳定与经济发展的看法、意见和建议，形成能说明问题的专访或专题调研报告。

“百村调查”的成果形式分为调查综合报告与专题报告两大类。

（1）调查综合报告：依据大纲规定，撰写有关乡村经济社会等发展状况的综合报告，课题结项后分期公开出版。专题报告及调查资料可以公开发表的，在篇幅允许的情况下，作为附录附在综合报告末尾。

（2）专题报告：内容较敏感、不适宜公开出版的专题报告，集成《专题报告集》，内部刊印。

“百村调查”主编　厉声　谨识

2009年8月25日

目 录
CONTENTS

图目录
FIGURE CONTENTS

表目录
TABLE CONTENTS

序　言
FOREWORD

一

黑龙江省位于中国东北边疆，是中国位置最北、纬度最高的省份，北部和东部隔黑龙江、乌苏里江与俄罗斯相望，西部与内蒙古自治区毗邻，南部与吉林省接壤，东西长930公里，南北相距约1120公里，总面积45.4万平方公里，居全国第六位。黑龙江省山地和台地占72%、平原占28%，松嫩平原和三江平原是黑龙江省两大著名商品粮产区，耕地面积11.78万平方公里，约占全国耕地面积的9%，居全国第一位，号称“北大仓”。

黑龙江省气候属于寒温带大陆性季风气候，四季分明，夏季雨热同季，冬季漫长，属半干旱地区。省内自然资源十分丰富，动植物种类繁多，其中珍稀动植物品种也很多；矿产资源已发现131种，位居全国第二位。黑龙江省下辖12个地级市和1个地区，是个多民族聚居的省份。

黑龙江省历史悠久，早在距今两三万年前的旧石器时代晚期就有人类居住，位于哈尔滨市阎家岗的“哈尔滨人”遗址，发现了旧石器时代古人类头骨化石和动物化石；牡丹江地区的杨林南山遗址出土的楔形石核和砍砸器等，其地质年代距今约2.2万年。唐至宋辽时期是黑龙江地区历史上发展的重要时期。698年，靺鞨粟末部首领大祚荣建立靺鞨国。713年，大祚荣接受唐朝册封，为渤海郡王。8世纪中期，渤海国迁至上京龙泉府（今牡丹江宁安县城西南东京城镇），从此铸就了享有“海东盛国”美誉的渤海国的辉煌。五代时称女真，1115年，女真族完颜部首领阿骨打率部众击败辽国，建立金国，定都会宁（今哈尔滨市阿城区市区南2公里白城）。1125年，金朝统一了中国北方，从而形成中国历史上金、宋对峙的局面。清初，大批流人被流放宁古塔地区（今牡丹江宁安），为黑龙江历史增添了不平凡的一笔。1931年“九一八”事变后，英勇的黑龙江人民进行了长达14年的抗日斗争，在黑龙江历史上留下了可歌可泣的反抗外来侵略的壮丽篇章。

改革开放以后，伴随着中国经济的迅速发展，黑龙江人民的生活水平和生活质量有了很大提高，尤其是农民的生活发生了巨大变化。但我国的地区发展很不平衡，尤其是边疆民族地区与内地相比，在经济发展等很多方面还有差距。为如实反映和记录边疆民族地区民众的生活变化和精神面貌，以对国家相关部门制定正确的政策提供决策依据，中国社会科学院中国边疆史地研究中心主持的国家社科基金特别项目“当代中国边疆·民族地区典型百村调查”（简称“百村调查”），在广西、云南、西藏、新疆、内蒙古、黑龙江、宁夏、吉林等省区选择了具有典型性的100个村落进行调研，以点带面，希冀对我国的边疆民族地区的经济、民族、宗教、文化等有一个大体的了解。黑龙江省是农业大省，农业人口1978万，占全省人口的52%，因此关于黑龙江农村的调查，将为此项目的研究提供非常具有参考价值的资料和数据。通过对黑龙江省选点村落的调查

和研究，旨在达到以下几个方面的目的：一是相对全面地了解黑龙江省各地尤其是边疆地区农村经济社会发展的现状；二是对现阶段黑龙江省农村经济社会发展现状做一次直观的描述和记录；三是通过对现状的调查，找出当前黑龙江省农村地区存在的普遍的、突出的问题；四是针对存在的问题，提出解决黑龙江省边疆地区问题的办法和建议；五是以小见大，力争通过本项目调查，对全国边疆地区经济社会发展进行思考并提出可行性建议。

二

本次调查所选择的调查点，是根据总体课题的设计，重点考虑少数民族聚居较多的地区、边境地区，以及村落的典型性等特点而选择的。调查内容涉及所调查村的历史与现状、基层组织、经济建设、社会发展、村民社会生活、教育、医疗等情况，尽可能全面地反映所调查村的全貌和存在的问题。

本次调研主要是以社会学调查方法为主，同时结合人类学和历史学的分析、归纳和演绎等方法的运用，在对调查得来的第一手资料，以及相关资料和数据的收集和整理的基础上，进行全面深入的分析和研究，最终形成本系列研究成果。

本课题在调研中注重与地方政府有关部门和乡镇、村级干部的联系，广泛听取不同层面的意见；注重深入百姓家中，倾听来自基层群众的心声；注重各调研小组的互相学习与交流，取长补短。经过为期一年的努力，全体课题组成员基本上完成了项目所预设的目标。

必须一提的是，本课题在调研与写作过程中，始终得到

了中国社科院中国边疆史地研究中心于逢春研究员的大力帮助与亲切指导，没有于逢春先生的指导，本课题不但不能立项，即使立项也很难完成。我们三位主持人都因偶然的机会，有幸接触了这个研究课题。2009 年 10 月 9～15 日，于逢春研究员率领吕文利等一行 7 人先后到牡丹江市、大兴安岭地区调研，分别与牡丹江师范学院刁丽伟教授和大兴安岭职业学院王利文院长谈及边疆史地中心主任厉声先生正在主持国家社会科学基金特别项目——《当代中国边疆·民族地区典型百村调查》，他作为《百村调查》“东北项目组”的负责人打算在牡丹江市与大兴安岭地区选择数个有代表性的村庄作为调查对象，我们欣然地接受了这个任务。嗣后，于先生由于主持其他项目，鉴于边疆史地研究中心副研究员吕文利博士对东北调研很感兴趣且跟随于先生亲临现场，故特委托其专门负责本调查的联络、审稿与修改等事宜。

因为于逢春先生负责整个百村调研的东北部分，所以在村落的选择、大纲的设计、初稿的审读等方面都给予我们以详细指导，尤其是在 2010 年年初，还特地到哈尔滨对牡丹江、大兴安岭地区课题组进行了现场培训，使这两个地方的调研得以顺利完成，在此表示诚挚的感谢！

本课题得以完成，应该感谢相关地市、县及其所属乡镇各级有关政府的大力支持和有效帮助。同时，还应该感谢中国社科院中国边疆史地研究中心主任、百村调查总主持人、主编厉声研究员及副主编李方研究员提出的宝贵意见和建议，感谢社会科学文献出版社的编辑付出的辛勤劳动。

主持人：刁丽伟、王利文、吕文利

2010 年 12 月 16 日

第一章　基本情况

江西村是黑龙江省牡丹江市宁安市渤海镇所辖的一个行政村。

第一节　宁安市概况

一　区域概况

宁安市，位于黑龙江省东南部，是隶属于牡丹江市的县级市。地处东经129°46′，北纬44°34′，东与穆棱市毗邻，西与海林市交界，南与吉林省的汪清县和敦化市接壤，北与牡丹江市相连，距牡丹江市23公里，面积7870平方公里。宁安市地处绥芬河和珲春两个国家级开放口岸的中心地带，鹤大公路、牡图铁路纵贯宁安市全境，是东北亚经济技术交流、商贸往来、物资集散和信息传递的重要区域。宁安市政府设在宁安镇。宁安市下辖1个街道、7个镇、5个乡（其中包括3个民族乡），境内设有东京城林业局。截至2005年年底，全市总人口达44万。其中，非农业人口14.7万人，占总人口的33.4%；满、朝、回、蒙等少数民族人口约8.36万人，占总人口数的19%。

二 历史沿革

宁安，原名“宁古塔”。早在商周时期属于肃慎故地；汉为真番郡，后归玄菟郡；魏晋为挹娄居地；南北朝时属勿吉之拂涅部；唐初属忽汗州，后为渤海国上京龙泉府；辽初属东丹国，后为生女真居住地；金属上京会宁府；元为水达达路地域内的谷（古）州军民千户治所；明朝万历年间改为窝集部之宁古塔，境内设48个卫所。1653年（清顺治十年），设昂帮章京衙署，在旧宁古塔城（今海林县旧街）治事；1666年（康熙五年），宁古塔将军衙门迁至今宁安县城址；1727年（雍正五年），置泰宁县；1903年6月（光绪二十九年），设绥芬厅，厅署设在三岔口（今东宁县）；翌年，迁至宁古塔城，与宁古塔副都统同城治事；1907年（光绪三十三年）升绥芬厅为绥芬府；1910年（宣统二年），改绥芬府为宁安府，始有宁安之称，隶属东南路延吉道；1913年（民国二年）3月，改为宁安县公署；1929年（民国十八年）3月，改为宁安县政府。1932年5月，日本帝国主义侵占后称宁安县公署。1934年，划属滨江省。1937年，划属牡丹江省。1945年11月15日，成立宁安县民主政府。1947年10月，划属牡丹江省。1949年10月1日，改为宁安县人民政府，划属松江省。1954年8月，划属黑龙江省。1955年4月3日，宁安县人民政府改为县人民委员会。1956年3月，划属牡丹江专员公署。1960年4月5日，改由牡丹江市人民委员会管辖。1962年9月22日，又划归牡丹江专署领导。1980年11月17日，改为宁安县人民政府。1983年10

月，划为牡丹江市辖县。①

1985 年，宁安县辖宁安、渤海、东京城、石岩、海浪、沙兰等6个镇，范家、江东、江南、宁西、兰岗、平安、卧龙、城东、马河、杏山、兴华、三陵、镜泊等13个乡，332个村委会，8个街道办事处，48个居民委员会。

1986 年 7 月 1 日，国务院批准（国函［1986］85 号）设立镜泊湖市（县级），市政府驻渤海镇，以原宁安县的镜泊、杏山等 2 个乡，沙兰镇山区（小北湖林场、尔站林场），以及渤海镇的 8 个村和 1 个街道办事处为镜泊湖市的行政区域。1987 年 11 月 27 日，国务院批准（国函［1987］183 号）撤销镜泊湖市，将其行政区域并入宁安县。

1993 年 5 月，经国务院批准，撤销宁安县，建立宁安市（县级市），一直延续至今。2001 年 1 月，根据国务院和黑龙江省政府指示精神，进行了乡、镇合并，将原来的宁安镇和范家乡合并为宁安镇；将原来的江南满族朝鲜族乡和江东乡合并为江南满族朝鲜族自治乡；将海浪镇和宁西乡合并为海浪镇；将东京城镇和城东朝鲜族、满族乡合并为东京城镇；将石岩镇和平安乡合并为石岩镇；将三陵乡和兴华乡合并为三陵乡；将渤海镇和杏山乡合并为渤海镇；保留兰岗镇、卧龙朝鲜族乡、马河乡、镜泊乡。

截止到2010 年，宁安市辖区下设 1 个街道办事处、7个镇、5 个乡（其中包括 2 个民族乡）及 1 个林业局（东京城林业局）。分别为：市辖城区街道办事处、宁安镇、东京城镇、渤海镇、石岩镇、沙兰镇、海浪镇、兰岗镇、江南

① 《黑龙江省志·地名录》及宁安县志编纂委员会编《宁安县志》，黑龙江人民出版社，1989 年 9 月。

满族朝鲜族自治乡、卧龙朝鲜族乡、马河乡、镜泊乡、三陵乡、东京城林业局。

三　社会经济发展

据宁安市政府提供的资料，2008 年的总体经济状况为：宁安市生产总值为 66.6 亿元，按可比价格计算，同比增长 16.3%。其中，第一产业增加值达到 21.1 亿元，同比增长 14.1%；第二产业增加值达到 20.8 亿元，同比增长 25.8%；第三产业增加值达到 24.7 亿元，同比增长 11.3%。同时，人均地区生产总值（现价）15736 元，比上年增加 23.6%。从产业结构上看，在全市地区生产总值中，第一、二、三产业增加值所占比重分别由去年的 31.8∶28.7∶39.5 调整为 31.7∶31.3∶37.0。工业增加值达到 18.0 亿元，可比价增长 15.3%；全市农村经济总收入达到 39.4 亿元，农民年人均纯收入达到 6510 元，比上年增长 17.5%；全市社会消费品零售总额实现 19.6 亿元，比上年增长 25.7%。城镇居民人均可支配收入 10600 元，比上年实际增长 23.0%。城镇人均居住面积 11.19 平方米，比上年增加 0.36 平方米；农村人均居住面积 26.14 平方米，比上年增加 0.58 平方米。

第二节　渤海镇概况

渤海镇被中央文明委首批命名为国家级文明镇。1998 年，被命名为省级文明镇；2000 年被国家计委确定为“国家级生态环境建设试点镇”；2002 年，被评为全国创建文明村镇工作先进镇；2005 年步入了国家级文明镇的行列；

2006年被评为黑龙江省环境优美小城镇。镇党委也先后被黑龙江省委、牡丹江市委命名为“五个好”建设先进乡镇党委。

一　历史沿革

中华民国初期，渤海镇属宁安县镇抚乡管辖，1928年改称东京城镇。东北沦陷后，始设东京城保，后改为东京城街。1945年抗日战争胜利后，隶属宁安县第三区。1946年8月，为纪念牡丹江军区四团政委邹世环烈士，改名为世环镇。1947年5月，划归新设置的镜泊县，为镜泊县政府驻地。1948年10月，将镜泊县并入宁安县，隶属宁安县第七区，成为区政府驻地。

中华人民共和国成立后，1955年4月，改为世环镇区。1956年5月，撤区划乡，设置世环镇。同年11月，改为东京城镇。1961年1月，将东京城镇公社东部地区划出，成立东京城公社和马河公社，原东京城镇公社西部地区改为渤海人民公社。1965年秋，将南部地区划出，成立杏山公社。1970年9月，将渤海公社改为渤海镇公社。1984年4月，将渤海镇公社改为渤海镇。[①] 2001年，渤海镇与杏山乡合并，仍称渤海镇。

二　区域面积、人口

渤海镇位于宁安市东南部36公里，属于牡丹江上游地区。201国道、杏镜公路横穿渤海镇。全镇总面积506平方公里，总人口为4.1万（其中农业人口3.1万）。下辖28个

① 部分资料来源于百度百科。

行政村，41 个自然村，9571 户人口。

三　经济发展

（一）农业

渤海镇素有“北国鱼米之乡”的美誉。2002 年 2 月，渤海镇被确定为国家优质米生产基地。镇、村两级有响水米业、江西米业、岩盘米业、雨萌米业、龙泉府米业等优质大米加工厂 30 余家。近年来，渤海镇坚持以发展现代农业，增加农民收入为主线，进一步优化产业结构，突出 4 个产业协会的拉动作用。

1. 渤海镇水稻协会

该协会创立于 2002 年，是依托响水集团发展起来的农民专业合作组织。协会重点在基地规模和水稻质量上下工夫，推广“一段超早播”栽培和“两段式”育苗新技术，两项技术应用面积分别达到 4.3 万亩和 2.2 万亩，水稻订单面积 4.5 万亩。

2. 渤海镇玉米产业协会

该协会成立于 2002 年 3 月，以玉米、大豆为主要品种的旱作农业也已形成产业规模。同年，镜泊湖农业股份有限公司和玉米协会合作，与 1300 多个农户签订玉米订单 4.6 万亩，部分农业产品就地转化为淀粉、葡萄糖、食用油和转移因子等高附加值的工业产品，人均增收 200 余元。

3. 渤海镇新农韭菜协会

该协会成立于 2008 年，推行以农户为基础、产业为依托、专业合作社为载体、富民增收为目的的经营模式，有效拓宽了农民增收渠道，实现了农民生产发展长期得实惠的目标。其中，新农韭菜专业合作社已覆盖渤海镇5个韭菜生产专业村，农户800多户，绿色韭菜种植面积达4500多亩，是全省最大的韭菜生产基地，年产值3000多万元，户均收入3.2万元。

4. 大三家子村烤烟协会

该协会成立于2008年，是在原烟农自发组建的烤烟生产联合体基地的基础上成立的。2009年落实烟草面积1000多亩，新建标准化烤房50余栋，极大改善了烘烤水平。2009年，烟农整体收益与上年相比提高10%以上。

（二）种植业

全镇现有耕地面积13.6万亩，其中水田6.5万亩，旱田7.1万亩。水田中有5万亩为石板田，种植优质水稻，其余1.5万亩种植普通水稻。旱田主要以种植玉米、大豆和烟草为主，并有韭菜种植面积4500亩。

（三）养殖业

渤海镇的养殖业主要以饲养猪、黄牛、山绵羊、肉鸡为主。现建有建鑫牧业生态化养猪园区1个；标准化生猪养殖场5个；标准化肉鸡养殖场2个。全镇生猪饲养量达4.6万头，黄牛饲养量1.6万头，山绵羊饲养量1.3万只，家禽饲养量21.5万只。2009年牧业产值达5260万元。渤海镇虽然渔业资源非常丰富，但由于水产养殖业较为分散，目前还没有形成生产规模。

（四）镇集体、个体经济

渤海镇下属集体企业有江西水力发电厂，这也是该镇唯一的集团企业。江西水力发电厂坐落于江西村东南方的牡丹江上，是一座依靠天然地理优势修建而成的发电厂。该厂年创收达400余万元，是渤海镇主要支柱性企业。全镇个体民营企业432个。其中，具有代表性的民营企业主要有：镜泊湖农业股份有限公司、昌裕食品有限责任公司、镜泊湖玄武岩纤维厂、丰达石材厂等。这些企业在活跃地方经济、增加地方政府财政收入方面具有重要作用。

（五）旅游业

自1997年以来，渤海镇成功地开发了渤海风情园、镜泊湖老河谷朝鲜民俗村、响江西邨和小龙山度假村等多个景区景点，全年旅游收入突破2000万元。2004年，渤海镇为进一步打造旅游业，以镜泊湖瀑布朝鲜族民俗村为主体，招商引进了黑龙江广播电视塔（龙塔）经营管理公司、北京金佰年科技发展有限公司，三方参股组建镜泊湖峡谷旅游服务有限公司。镜泊湖老河谷朝鲜族民俗村更名为镜泊峡谷，推出峡谷漂流、河谷观光、山城遗址和朝鲜族民俗餐饮、住宿、歌舞演出、篝火晚会、体育表演等综合性旅游项目。现在，镜泊峡谷项目已经成为牡丹江环镜泊湖旅游带的新亮点。2005年，镜泊峡谷接待游客总数3万人次，旅游总收入210万元。同年，渤海镇依托资源优势，以牡丹江流域小朱家村至江西村8公里江段沿岸为开发主体，以满族渔猎文化为依托，以高端休闲旅游度假项目为主要内容，开发并建设了“镜泊湾国际休闲度假区”。但由于各种因素，该项目没有完成。目前，渤海镇正在围绕三陵坟、水渔汀、生态农庄、七孔桥等历史文化资源开发系列旅游项目。

（六）农民年均纯收入

渤海镇农民的收入来源主要是种植水稻、玉米、韭菜、烤烟（烟草）和发展牲畜养殖。据不完全调查统计，近三年来渤海镇农民年人均收入为：2007 年 5845 元；2008 年 7461 元；2009 年 10486 元。

四　社会发展

（一）农民自治

渤海镇在 1998 年开始实行村务公开、民主管理及村民代表大会制度，农民依法实行民主选举、民主决策、民主管理、民主监督。2008 年全镇开展了以“农村四权管理”和农村“三资”管理为主要内容的治村模式试点工作，取得了显著成效。

（二）新农村建设

2009 年，渤海镇被列为省级新农村建设试点镇。截至 2010 年 5 月，镇内主干道已完成 5000 延长米硬质路面的指标，道路两侧的排水和供电设施业已基本配套。镇内基础设施比较完备，共设有路灯 128 盏、步行街 1 条、中心花园 2 处、住宅小区 4 处（建筑面积 27700 平方米）、封闭式农贸市场 2000 平方米。自来水主管道长度 6000 延长米，日供水量 1200 吨，自来水进户率 77%。全镇各村通村公路硬质化率达 100%，安全引水率达到 93%，农民人均住房面积达到 56.2 平方米，电话入户率为 94%。

（三）文化建设

2007年10月，渤海镇投资70余万元，建设了占地面积达600平方米的文化中心活动阵地，成立了综合文化中心。文化中心包括一个可容纳260人的演出大厅，以及乒乓球室、图书室、棋牌室、信息共享室、爱心超市等。文化中心还先后组建了社区阳光志愿者服务队、夕阳红小乐队、秧歌队等文艺团队，极大地丰富了渤海镇人民的文化生活。

（四）计划生育工作

渤海镇计划生育工作一直以来稳步发展，分别在2008年、2009年被授予牡丹江市计生工作先进集体、牡丹江市“婚育新风进万家”活动先进乡镇等殊荣。

（五）农村劳动力培训和转移

2009年，在镇党委、政府的关心和支持下，该镇共举办劳动力转移培训班3场次，全镇实现劳动力转移5896人，其中新增劳动力转移860人，劳务收入达9338万元。

（六）新型农村合作医疗工作

截至2009年，全镇参加新农村合作医疗人数为8469户31000人，参保率达74.4%，投保金额692370元。

五　文化遗存

渤海镇文化遗存丰富。其中，最具有代表性的就是渤海国都城上京龙泉府遗址。渤海国是唐王朝北方的一个附属国，是满族先民靺鞨族的一支粟末靺鞨所建立的国家，始建于公元689年，公元927年为契丹族所灭。渤海国鼎盛时期，其疆域包括今吉林省绝大部分、黑龙江省大部分、辽宁省一部分、朝鲜半岛北部近5个道、俄罗斯沿海州等广大地区。设有5京、15府、62个州、130余个县，历经229年，传世15代，人口达300万左右，号称“海东盛国”。都城上京龙泉府是渤海国政治、经济、文化中心，也是中世纪时期亚洲第四大城市。

上京龙泉府遗址总面积16.4平方公里，平面略呈长方形，整个都城由外城、内城、宫城三部分组成，至今三道城垣和宫城内主体建筑遗址保存基本完整，是迄今为止我国保存最完好的唐代都城遗址，也是世界上保存最完整的中世纪时期都城之一。

1961年，渤海国上京龙泉府遗址被列为全国第一批重点文物保护单位。现存都城遗址为国家一级文物保护单位。城址内的石灯幢、大石佛、八宝琉璃井、御花园等遗址至今尚存。除上京龙泉府遗址外，渤海镇还有三陵坟、虹鳟渔场古墓群、七孔桥等一批唐代渤海国时期遗迹，被黑龙江省人民政府列为省级重点文物保护单位。

第三节 江西村概况

一 村史概况

江西村自古以来就是满族居民繁衍生息的地方，根据江西村厉氏家谱可知，厉氏家族在清康熙四十四年（1705年），奉旨由吉林小绥芬移民至宁古塔，又于康熙五十年（1711年）迁入现在的江西村，开始从事农业生产以及渔猎活动。19世纪70～80年代，因朝鲜北部遭受大灾难，农民生活难以为继，于是有大量朝鲜国农民越过鸭绿江和图们江来到中国东北，因受其环境良好、气候温和、水系丰富、土壤肥沃、种植水稻条件优厚等因素影响，而决定留居于此，开始圩田种植水稻。20世纪初，因战乱又从朝鲜半岛移入我国东北一大批朝鲜农民，江西村也是在那时因朝鲜居民大量迁入使得村庄迅速扩大起来的。20世纪60年代，我国三年自然灾害时期，从山东半岛、河南等地移入江西村少许汉人。多年来，三个民族的居民在江西村这片土地上共同居住、生产、生活，最终形成江西村现在的规模。时至今日，江西村已发展成为拥有1580人，429户的大村庄。

二　行政区划及村庄布局

（一）行政区划

江西村自建村以来村名及所属几经转变。如表1－1所示。

表1－1　江西村行政区划变迁表

年　代	名　　称
20世纪30年代	滨江省下村
解放前	牡丹江省镜泊乡江西屯
解放后	三江省宁安县世环镇江西村
新中国成立后	松江省宁安县第一区江西村
合作化时期	黑龙江省宁安县渤海公社江西大队
1954～1956年	黑龙江省宁安县渤海朝鲜族自治乡江西村
公社化时期	黑龙江省宁安县东京城公社江西村
“文革”时期	黑龙江省宁安县新曙光大队
1978～1990年	黑龙江省宁安县渤海镇公社江西村
1991年至今	黑龙江省宁安市渤海镇江西村

图 1－1　江西村街道（作者摄）

（二）村庄布局

江西村现有 12 条路和 10 条街。12 条路中有路标牌的有 11 条，由东至西依次是：电站路、东一条路、东二条路、东三条路、东四条路、东五条路、中心路、西一条路、西二条路、西三条路、西四条路，剩下的一条没有标牌的路在西四条路西侧，村民习惯称之为西五条路。10 条街中有名字标牌的有 8 条，由北至南依次为：江西老街、香江街、春江街、广场街、稻花街、流头街、江西大街、满族街，剩下的没有标牌的两条街道在江西老街以北，村民习惯上称之为北一街和北二街。这 12 条路和 10 条街共同组成了江西村目前的新格局。

（三）村庄四至

江西村位于宁安市西南 45 公里处，距离东京城镇 10 公里，渤海镇 5 公里。江西村东起江西大桥，与响水村以江为界。响水村形成于清代末年，因村南侧牡丹江流经石岗地段，落差较大，水流湍急，响声大，故名“响水”。“响水”，满语“发哈”，意为“发河沿”。响水村以盛产响水大米而闻名。响水大米以其粒大、油润、味香而驰名全国，在 1992 年全国评出的 28 种优质大米中，名列榜首，获得中国首届农民博览会金牌奖，以无有害物质残留、无公害、无污染的优越条件成为人民大会堂选定用米和国宴用米。江西村西至渤海镇莲花村。莲花村是宁安县最早种植水稻的地区，现在也是响水大米产区。南与渤海镇阿堡村接壤。“阿堡”为满语，“阿布阿”的转音，汉译为运货船。现在由于阿堡村居住的多数为朝鲜族居民，加之优越的水资源，所以村民以种植水稻为主。北接宁安市三陵乡，三陵乡主产优质烤烟，销往全国各地。

江西村通往外界的主要通道是江西大桥，原来是座铁索桥，人、车、畜行走极为不便，而且危险。1968 年渤海镇自筹资金改建为长 131 米、宽 6 米、高 9.8 米，可荷载 13 吨的钢筋混凝土构造的双曲石拱桥，① 历年来大桥状况良好。2007 年江西村对大桥进行了桥体和桥面美化，与江西村融为一体。

图 1－2　江西大桥（作者摄）

① 宁安县志编纂委员会编《宁安县志》，黑龙江人民出版社，1989。

三　自然环境

（一）气候条件

江西村位于黑龙江省东南部，属温带大陆性季风气候，春季短促，冬夏分明，气候和降水量的年际变幅较大。常年多刮西南风，冬季多西北风，年平均风速3.2米/秒。全年日照时数为2600～2700小时，占可照时数的60%，以5月日照时数最长，平均在250～260小时。年太阳总辐射量为129.1千卡/平方厘米/年，以5～9月最多，平均日照时数在1100～1200小时。正常年份，初霜在9月下旬，终霜在5月上旬，平均无霜期为130天左右。正常年份，初雪在11月上旬，终雪在3月末，降雪期在150天左右。冻土一般在11月下旬开始稳定冻结，冻土日期平均为199天，冻土平均深度为1.5米。

2009年，江西村无旱灾、涝灾、冰雹灾等自然灾害，全年风调雨顺。宁安市渤海镇区域2009年气候特征具体如下：

春季（3月下旬至5月），多受衰退的西伯利亚大陆气团控制，副热带气团向北扩展，气温开始回升，季平均气温6.1℃，但温度变化激烈，温差较大，差值最高可达28℃。3月初，地面积雪开始融化，3月末至4月初江河解冻。春季风力较大，大风次数多，一般为4～6级并且降水量较少，空气干燥，相对湿度常小于10%。

夏季（6月至9月上旬），受黄河上游、内蒙古和长江流域来的气旋影响，因而多雨，有时受北上台风或静止风影响，常形成大雨或暴雨。8月的降水量一般在270毫米以上，占全年降水量的一半。夏季日照时间较长，在13～14个小时，平均气温可在21.9℃左右。适宜水稻种植。

秋季（10中旬至11月上旬），多受西伯利亚大陆气团南侵的影响，由于高压加强，不断有寒潮南下，气温急剧下降，致使雨量显著减少。这时的日照时数逐渐缩短，天气渐寒，日平均气温在10.1℃左右。早霜多在9月下旬出现，温差明显增大，有“早穿皮袄午穿纱”之感。同时，大风次数开始增多，风力也逐渐加大。

冬季（11月中旬至翌年3月中旬），受西伯利亚大陆气团控制，天气多晴朗，寒冷而干燥。降雪日数少，雪量也不大，但降雪期有150天左右，积雪期也有120天左右。整个冬季平均气温在－12℃左右，年极端低温一般出现在12月末或1月初，达到－35℃左右。江河多在11月底封冻，翌年3月开始解冻。江西村因多是平坦地区，积雪量多在20～30厘米。①

（二）物产

江西村拥有得天独厚的种植优质水稻的自然条件。由于江西村的土地主要是数亿年前火山爆发时，由岩浆形成的熔岩台地，又经镜泊湖水历经万年冲刷下来的大量腐殖土淤积在熔岩台地上。土层中的矿物质、有机质、微量元素含量极为丰富，又有来自世界第二大高山堰塞湖——镜泊湖所流出的牡丹江上游优质水源，其水质纯净、清澈、无任何工业污染，加之石板地的石板在白天吸收了大量的热量，在夜晚又将吸收的热量散发出来，使石板地的地温、

---

① 资料来源于宁安市气象局。

水温比一般的稻田地高出了2℃～3℃，在昼夜温差大的北方，形成了有利于水稻生长的自然环境，致使水稻吸收营养充分，成熟度极高。正是由于以上条件所致，江西村的物产主要以大米为主。

除大米以外，还因受益于牡丹江和镜泊湖两大水系，致使江西村水域辽阔，渔业资源丰富，主要出产鲤鱼、鲫鱼、青鱼、狗鱼、红尾、鳌花等鱼类。但由于前些年人为过度捕捞，天然鱼类产量逐年下降，村里已经开始着手保护，禁止捕捞。江西村周围野生经济植物也非常丰富，既有常用中草药，也有各种山野菜、菌类和山野果。常用中草药有当归、刺五加、桔梗等；可食山野菜有小根蒜、婆婆丁、蕨菜、黄花菜、山葱、荠荠菜、老山芹、山白菜等10余种；可食菌类主要有榛蘑、元蘑、松茸、猴头、木耳等；可食山野果有山里红、山葡萄、山核桃、榛子、山杏、山梨等。

四　集市、商业网点

（一）周二集市

江西村集市位于村里的中心大街两侧，是江西村的中心地带，也是整个江西村最繁华的地段。集市成立于1990年，经过20多年的发展，已从最初的仅有十几个摊位的小型集市发展成为现在的上百个摊位的大集市。

江西村的集市日为每周的星期二，每年仅在大年初一至正月十五不出市，其余时间风雨无阻。集市经营的时间，夏季为早上6：00到中午12：00；冬季从早上7：30到中午11：30。集市的商贩大多来自东京城镇和渤海镇。每逢年节，宁安、牡丹江等地的个别商贩也来这里销售自己的商品；村内的日杂商店也会在集市上摆摊贩卖。集市上经营的品种主要有蔬菜水果、各种肉类、各种调料、日杂小五金、衣服鞋帽、生活日用品等；冬季还有各类冻货，如：冻柿子、冻梨、冻鱼、冻海鲜等；临近春节还有各种对联、福字、年画、鞭炮等。村民来集市购买各类生活所需，基本能维持一周使用，每个家庭消费一般在 10 ~ 150 元不等。集市客流量每周都在 800 人次左右（包括附近村庄前来消费的村民），摊贩收入一般在 70 ~ 1000 元不等。集市结束后，村里有专人负责打扫集市卫生。负责集市卫生的人员，会根据商家摊位的大小收取卫生费2 ~ 5元钱不等，作为工资。固定集市的出现，便利了江西村民的生活，也促进了当地的商货流通。

（二）商业网点

1. 基本情况

江西村中心大街是全村最繁华的地带，村里的主要商铺就分布在街道两侧。商铺种类包括：饭店、食杂店、旅店、豆腐房、水果蔬菜店、五金日杂百货店、理发店、照相馆、服装店、诊所、农药化肥种子店、药店、粮油店、摩托车及自行车修理铺、电焊铺等。这些店铺多半是当地村民利用自家的区位优势所开办的商铺，也有部分外地或本地人租房开设的店铺，如：照相馆、摩托车修理铺、电焊铺等。租金一般为每年度 2000 ~ 5000 元不等。

2. 食杂店

截至 2009 年，江西村共有 7 家食杂商店，都是村民自主经营的小商店，多数都依街而设。这些小商店都是村民将自家的房屋改造而成，商铺的面积大都在30平方米左右，规模较小，一般在店内设一个大的展台和一些小的展柜来摆放商品。商店的进货渠道主要是东京城镇和渤海镇的农贸市场，一般为电话订货，由商家开车送货上门。主要经营商品种类以油盐酱醋、烟酒、饮料和各种小食品为主，有的商店也经营时令新鲜蔬菜、水果和肉蛋奶品等。每天的营业额一般在200元左右。渤海镇质监部门每月都定期到各食杂店对商品进行检查，但有些过期商品，店家仍在摆放，没有及时撤柜。冬季农闲时，多数店主为吸引顾客，一般会在店内摆放两三张桌子，提供麻将、扑克、花图（花图是朝鲜族一种传统游戏，类似扑克）等娱乐工具，村民以娱乐为主，店主也不收取附加费用，主要目的是增加烟和饮料等消费品的销售量，从而增加小店盈利额。

3. 饭店

在调查走访过程中，江西村人给笔者留下的第一印象是他们的好食、好酒与好客。无论是红白喜事、同学朋友聚会、生日宴会还是招待亲友等都会去饭店就餐，这就为江西村饭店的发展提供了契机。近几年来，随着村内旅游业的不断发展壮大，外来旅游人员在村中就餐的也越来越多。截止到2009年年底，村内常年营业的饭店有11家，除此之外，季节性饭店还有10余家。常年营业的饭店只有在春节期间才停业半个月，而季节性饭店只在每年的7、8、9月的旅游旺季时才开业。目前，村内饭店全部是朝鲜族人开办的，主要经营朝鲜族特色餐饮，如：打糕、辣白菜、冷面、大酱汤、狗肉、牛头锅、紫菜包饭以及20余种朝鲜族拌菜等。江西村的饭店所做菜肴味道鲜美，具有浓郁的民族风味，因而有很多外地人慕名而来。江西村大的饭店建筑面积在150~200平方米，一次性投入在40万~50万元。店内设有3~5间带有朝鲜土炕的单间，大厅则摆放十几张餐桌，供客人就餐。个别店内还设有独立的室内卫生间。室内多数采取地暖的方式取暖。小的饭店建筑面积也有50~150平方米，一次性投资在8万元左右。多数饭店从3月开始营业至12月停业，6、7、8、9月的生意最为红火，几乎家家爆满，本地或外地游客如需就餐都要提前一天预订。经笔者走访调查得知，这些饭店每年收入在3万~20万元不等。近几年，村中这些以朝鲜族特色风味为主的饭店，有力地支撑了江西村旅游业的发展，同时也是吸引游客到江西村旅游的一个重要因素。

4. 江西豆腐

江西豆腐以其块儿大、口感嫩滑、味道鲜美著称，在宁安市一带颇具盛名，以致出现了许多其他生产豆腐的商贩打着江西豆腐的牌子生产和销售豆腐的情况。江西豆腐的畅销程度由此可见一斑。实际上真正的江西豆腐产地就在江西村。江西豆腐的真正传人是姜氏两姊妹，如今这两个姊妹业已成家多年，但她们仍然继续着父辈留下的事业。江西豆腐之所以与众不同，让众多游客慕名而来，这是与其独特的传统工艺分不开的。据笔者调查，江西豆腐已经有30年的历史了，其在制作过程中用的是深达50米的井水，选用上等优质大豆，运用独家传统工艺，经过深加工而成。江西豆腐除供应本地村民的日常消费外，也销往宁安市以及牡丹江市的其他地区。

5. 其他营业网点

村里除了有商店和饭店以外，还有一些村民开办或代理的其他店铺。

（1）理发店。其店主人在哈尔滨学成后归来，在自家开办理发店，店主人现已有近十年理发经验，主要经营剪发、烫发、染发等，该理发店占地25平方米，店内各种理、烫、染发设施齐全，当地村民90%在此理发，附近响水村村民也来此理发。

（2）农资供销社。该农资供销社是东京城镇农资公司在江西村的零售店，专营水稻种植所需的农药、化肥及农具配件等。

（3）中国移动通信江西村特约代理点。该店是由村民个人代理经营，占地约20平方米，主要办理手机入户开网、代缴话费、空中充值、销售手机充值卡、代卖手机等业务，这里还兼营打印、复印、接发传真等业务，但价格较城市中同等业务略高。

五　村民居住

（一）村庄布局

江西村的村庄布局在该村解放前后发生了一些变化。

解放前江西村村民居住比较分散，解放后集中到牡丹江西侧一带。

20世纪80年代初为便于管理和农田耕种方便，村里把居民划分为9个小组并把各民族统一到一定区域，东起电站路西侧、中心路南侧区域为满族、汉族居民，为第八、第九小组，其余是朝鲜族居民居住区域，由东一条路开始自东向西依次是第一、第二、第三、第四、第五、第六、第七小组。

2000年由于村庄人口的变化，开始把第七小组合并到第六小组，把第九小组合并到第八小组成为第七小组。组成新的7个小组，至今仍是如此，暂无变化。

（二）宅基地管理

在不违背国家各项法律法规的前提下，江西村在宅基地管理方面出台了一些独特的措施。

黑龙江省《土地管理暂行条例》规定，每家每户宅基地面积不得超过350平方米，每村有一定面积的自留土地。但是因为江西村全是水田区域，村民在规定的宅基地面积上建造好房子后就没有种植自给自足的蔬菜土地了，所以当时村两委班子开会讨论决定从长远考虑为村民子孙后代做一件好事、大事，即在原有350平方米的基础上扩至600平方米。之后，把扩建情况上报给宁安县政府。经过多方努力，最终达成协议，政府同意江西村村民宅基地可为600平方米，但要减少自留土地。达成协议后，江西村村内进行了一些调整，把村里的街道从7米拓宽至9米，这也是江西村现在房屋整齐划一、街道宽阔笔直的主要原因。村民的宅基地是增加了，但也出现了一些问题，那就是导致了江西村现在自留地减少。当时村里生活水平低下，建筑的房屋全是小草房，一排一排地连在一起，村里人形象地称之为“火车头”，随着经济的发展和村内新增人口的增多，逐渐出现了房屋不够住、新婚人口与老人一同居住的问题。为了解决这一问题，从1990年开始，村里决定建设新村，把原先一部分洼地、荒地改造开发用于新增人口居住，规定：村里新增人口多的家庭可以在新村建造房屋，但是必须实行拆一建一的方式。即原有600平方米宅基地收归公有，在新村分配600平方米作为新的宅基地。新增立户家庭，可分配350平方米宅基地。这一政策得到了村民的理解和支持，基本解决了问题。随着村内新生人口的增多和迁出人员的增多，村民互相之间买卖土地使用权也缓解了这一问题。

总体来说，江西村是始终按照国家法律法规和当地法律法规严格管理土地的。如：村民一户只能拥有一处宅基地；违法多占的宅基地应当交回集体调整使用，或者及时复垦；禁止在承包土地中擅自建设住宅；新批准的宅基地必须在两年内使用，否则逾期收回等。同时，根据本村特殊情况在处理宅基地管理方面因地制宜，长远效果凸显。然而，近年来，江西村大量人口常年在外地务工，有一些村民已经在外地安家，因此现在村里出现很多闲置房屋，这恐怕就不是江西前辈们在考虑增加宅基地时所能预料到的因素和结果了。

（三）房屋结构与用途

随着人口的增加和生活水平的提高，江西村村民人均居住面积和房屋结构等方面也发生了一些变化。

1980年村民人均居住面积40平方米左右，1990年人均居住面积缩小至22.8平方米，2000年情况有所改变，人均居住面积达到30.1平方米，2009年人均居住面积41平方米。

80年代至90年代初，江西村村民居住的房屋全部都是用土坯或高粱秆编起来的泥草结构房，1995年开始建筑砖瓦结构的房屋，截止到2009年，全村砖瓦结构住户达到90%以上。如今，村里的房屋结构类型仍以平房为主，有少数村民修建了2层或3层的简易楼房。房屋格局一般是2

室、1厅、1厨、1浴室，厕所、仓库和车库皆在室外另建。院内空地一般用栅栏围成，一部分为蔬菜用地，一部分为水稻育苗大棚用地。

（四）内部装饰

随着村民收入的不断提高和消费意识的转变，江西村的村民也渐渐地开始注重起自己房屋的装饰来，内部装修也越来越时尚，尤其是年轻人家庭，室内装修几乎与城里楼房装饰所差无几。

室内的棚顶已由原来纸裱顶棚发展到现在的PVC顶棚、乳胶漆棚顶，客厅和卧室内墙面一般贴有壁纸，厨房的墙面一般贴有瓷砖，地面一般铺设瓷砖或地板，多数家庭在卧室摆放有大衣柜，客厅摆放有电视柜、沙发、茶几等家具。厨房设有操作台、燃气炉具以及盛装锅碗瓢盆的橱柜等。但是，少数低收入家庭内部装饰仍然比较简单，室内的墙面和屋顶主要是使用涂料进行粉刷，地面依然是水泥地面。

（五）生活设施

江西村村民在收入提高的同时，生活设施也有了很大的改善，根据笔者的入户调查，主要体现在以下方面：

太阳能设备和热水器的使用率。江西村有10%的家庭安装有太阳能设备，由于东北地区冬季日照时间短，所以大部分家庭选择安装热水器，江西村热水器占有比例达到70%，主要用于冬季洗澡、洗衣服、洗涮生活用具等用水。

液化气比的使用率。江西村村民普遍使用液化气做饭，据初步调查，江西村农户使用液化气比例达90%以上。渤海镇有两家液化气站，只需打个电话即可送气到户，十分方便。

饮水方面。村民在1993年之前一直饮用自家挖的井水，1993年村里开始使用自来水，2002年自来水入户率达到100%，一部分家庭也保留着浅水井，一并使用。

通信、网络方面。截至2009年，全村移动电话拥有率达75%，固定电话入户率已达到80%，有14%的家庭购买电脑并安装网络，网速达到2M。

彩电和有线电视。截至2009年，江西村家庭彩色电视拥有率达到100%，有20余户家庭拥有液晶平板电视。有线电视率达到100%，能接收包括本地电视台在内的47个频道。

交通工具。摩托车是江西村村民的主要交通工具。由于摩托车经济实惠，使用起来又简单方便，加之江西村以种植水稻为主，夏季每天都需要去田地里放两到三次水，所以多数村民家中都有一台摩托车用以代步。除摩托车外，村民的另一个主要交通工具是手扶拖拉机。手扶拖拉机不仅可以为农户运输各种农资物品，还可从事各种农业生产。以户为单位，手扶拖拉机在江西村占有率已达到85%。近几年，随着经济的发展，村内个别富裕户也开始购买小型轿车。据统计，江西村现有私人小轿车17台，预计在未来几年拥有小轿车的家庭仍会增多。

第二章　基层组织

近些年，江西村基层组织通过开展“党建品牌活动”，把村基层组织建设与科学发展紧密结合，已成为带动农民致富、维护农村稳定、建设和谐新农村的坚强领导核心，加快了江西村新农村建设发展的步伐。2006 年江西村被评为省级文明村标兵、2009 年被评为全国创建文明村镇先进工作村。2009 年江西村人均收入已达 5 万元，位居全省前列。时任中共中央政治局常委李瑞环、香港特别行政区行政长官曾荫权、黑龙江省委书记吉炳轩等领导先后视察过江西村。

第一节　基层组织建设

江西村的基层组织主要由村党支部、村民委员会和老年人协会等组织构成。

一　党支部

据笔者调查走访，江西村党支部在当地经济与社会发展过程中起着举足轻重的作用。尤其是近十多年来，在渤海镇党委、镇政府的正确领导下，江西村党支部的工作成绩显著，并获得多项荣誉。

（一）党支部基本情况

新中国成立前，江西村还没有成立党支部，但当时已有几个村民秘密加入了党组织，进行地下活动。新中国成立后，1953 年金仲革、康明照等 8 名共产党员在江西村成立了党支部，成为引领江西村进行社会主义现代化建设的领导核心。

如今，江西村已有共产党员 51 名。村党支部下设一个老年人协会党支部和 7 个党小组。51 名党员中，男性 42 人，占总人数的 82%；女性 9 人，占总人数的 18%。就学历而言，专科学历 5 人，占总人数的 9.8%；高中学历 7 人，占总人数的 13.7%；初中学历 12 人，占总人数的 23.5%；小学学历 23 人，占总人数的 45%。就年龄而言，平均年龄 43 岁，其中 35 岁以下 3 人；36～45 岁 12 人；46～55 岁的 15 人；56～59 岁的 16 人；60 岁以上的 5 人。

党支部是江西村各种组织、各项工作的领导核心，其主要职责是：

（1）宣传贯彻党的路线、方针、政策和国家的法律法规，执行上级党组织的决议，团结和组织党员群众，完成本村范围内的各项工作任务。

（2）讨论决定本村经济建设和社会发展中的重要问题。

（3）领导和推进村级民主选举、民主决策、民主管理、民主监督，支持和保证村委会依法履行职责。

（4）加强党支部自身建设，搞好对党员的教育、管理和监督，做好发展党员工作，发挥党员在农村工作中的先锋模范作用，按照乡镇党委的要求，做好本村干部的教育、培养、考核和监督。

(5) 密切联系群众，反映群众的意见和要求，做好群众工作，为群众搞好服务。

(6) 搞好精神文明建设，教育村民遵纪守法，保证和促进本村的经济发展和社会稳定。

江西村党支部在切实履行自身职责的同时，也成为带领农民致富的领导核心。近年来，江西村民众在党组织的带领下，已完全实现脱贫致富奔小康的目标，生活水平不断提高。江西村的各项事业也发展迅速，党支部始终坚持把发展作为第一要务，把新农村建设、民俗旅游事业、民族事业作为发展的主旋律，把基层组织建设和干部队伍建设作为全村发展的有力保障，逐步形成了“抓住一条主线，增强两种意识，开展三项活动，做强四个产业，夯实五个基础”的发展思路，明确了打造“全省民族第一村”的奋斗目标。村党支部一班人，从本村实际出发，抓住新农村建设的有利契机，选准“优质稻米，民俗旅游，外出劳务”三个发展方向，实现兴业、强村、富民齐头并进。立足优质稻米产业，筹建了江西米业有限责任公司，注册了“镜江石”品牌商标，并采取“公司 + 支部 + 农户”的管理模式，使江西村米业年产值达到1340 万元；并在党总支的带领下，以“民办、民管、民受益”的原则，注册资金 152 万元，成立了宁安市江西水稻专业合作社。以打造民俗特色餐饮村为目标，以农户为基础，发展了几十户专门从事民俗餐饮接待的饭店及餐饮接待点，并结合每年举办一届的流头节、民族运动会、朝鲜族花甲节等民族特色节日，进一步促进了江西村的民俗旅游业的发展。2009 年，全村接待游客达 2 万多人次，旅游收入达400余万元。为了解决剩余劳动力问题，村党支部积极推动劳动力向外转移，引导村民有序外出务工。截至2009年，全村已有780人在外务工，劳务人口占全村人口的49.4%。其中出国务工人员就有580人，平均年人均收入在15万元左右。余下的200人经过村党支部的多方联系协调，在上海、北京、天津、大连等城市的一些中韩企业中务工，村党支部积极与用人企业协商，并签订了务工协议，人均月工资在3000~5000元，更好地发挥了民族优势。

近几年，村党组织大力开展新农村建设，组织修建了12公里的水泥路，400座统一规格的厕所，4000平方米的文化广场，18000平方米的休闲广场，17000平方米的流头广场以及396平方米的老年人协会活动室等公共基础设施。在新农村建设中，党员真正起到了模范带头作用。2007年村里开始修路，在党员的带领下，村民自愿出资，村支部书记吴哲洙、会计金太松、治保主任李升华各出资10000元，江西村村民自主筹资达40万元，使江西村20多条街道实现了硬板路改造。从此，村民们告别了多年来雨天一身泥，风天一身灰的窘况。目前，全村道路全部实现硬质化，其他基础设施建设也比较完备，包括硬质边沟和标准化围墙改造，全面落实绿化任务，实现种植绿化树木花草3.5万株（棵），使江西村的人居环境有了很大的改善。新农村建设速度不断加快，党组织成员在建设中做出了许多利民的实事。2009年中至2010年中，渤海镇江西社区党支部利民实事完成情况如表2-1所示。

表 2-1 江西村利民实事完成情况表

序号	利民实事	负责人	完成日期
1	修农田道 5 公里	吴哲洙	2009 年 10 月上旬
2	拓宽村农田路 2000 延长米	李升华	2009 年 10 月上旬
3	维修村沙石路 1300 平方米	闵峰男	2009 年 10 月上旬
4	建设老年人活动中心	吴哲洙	2009 年 11 月末
5	建优质米示范基地	闵峰男	2010 年 3 月
6	扩建 30 栋育秧大棚	吴哲洙	2010 年 3 月底
7	修建水田拦水坝	李升华	2010 年 4 月中旬
8	安装流头广场体育器材	闵峰男	2010 年 5 月
9	1200 延长米景观围栏建设	吴哲洙	2010 年 6 月
10	拓宽门球场地	李升华	2010 年 6 月底
11	6000 平方米路肩建设	李升华	2010 年 7 月底

学习实践活动是建设一支好的党员队伍的必要手段。江西村村党支部精心谋划，确定了“抓一条主线，实现两个转变，打造三个品牌，建设四个园区”的村屯发展思路。即突出党支部坚强的领导核心，实现党员干部思想观念和科学发展思路的转变，打造优质绿色稻米品牌、民俗观光旅游品牌、特色农产品品牌，建设现代农业展主区、生态园林生活区、旅游休闲度假区、文化功能服务区，将学习实践活动作为率先打造全省文明示范村、加快村域经济发展的有利契机和强大动力。

为了提高党员个人素质和整体水平，积极营造学习型党支部，在学习时间上，党支部针对农忙时节难组织、难学习等实际情况，充分利用午间地头休息和晚饭后时间，组织党员开展理论学习；并针对年老多病党员的实际情况，采取上门送学；对无读写能力的党员，采取由表述能力强的党员进行一对一的帮讲学；对外出流动党员，采取邮寄学习资料的方式，确保学习实效和学习质量。由于江西村外出务工人员较多，对于流动党员，实行“四定管理法”，即定期联系、定期汇报思想、定期交纳党费、定期参加党员大会，做到“流动有序、异地有家、管理有章、教育有方”。村党支部通过加强对党员的教育和管理，保持党员和党小组的先进性。党支部在学习形式上也有创新，采取“走出去、请进来”的方式开展学习，邀请专家学者到村里授课，更好地把科学发展观理论知识和先进地区的经验运用到全村社会经济建设各项工作中，重点在优质米的提质、增收、增产、增效上下工夫，确保江西优质米基地在全市范围内的示范带头作用。

（二）党组织换届选举

2008 年 8 月 12 日至 8 月 31 日，渤海镇进行了全镇村级党组织换届选举工作。镇委决定把江西村作为“公推直选”村级党组织换届选举的试点村。在市、镇委级党组织换届工作领导小组的领导下，江西村整个“公推直选”过程中始终坚持公开、平等、竞争、择优的原则，公开推荐、公开演讲、公开选举，自觉接受党员群众的监督，真正选出了思想品德好、综合素质高、立足于基层党内民主、尊重党员主体、服务意识强、能带领群众致富的领导班子。此次试点选举出江西村新一届党支部书记 1 人、委员 2 人，其中具有高中文化程度 2 人、初中文化程度 1 人，有 2 人连任。此届领导班子比上届平均年龄小 2 周岁。

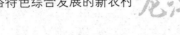

传统党内选举流程图：

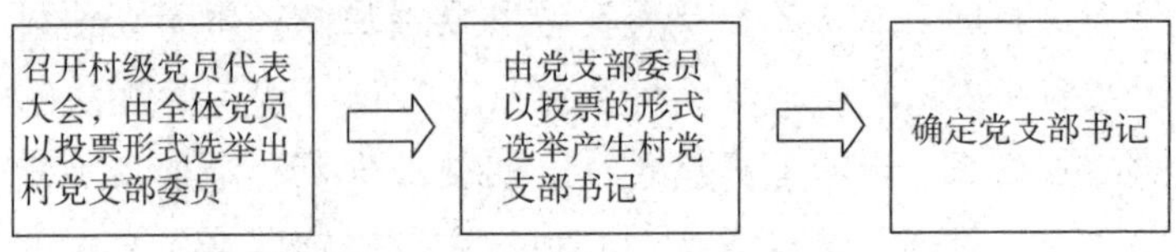

公推直选选举流程图：

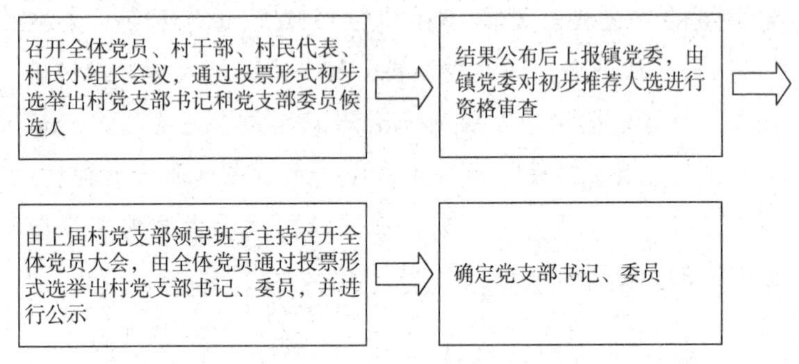

1. 党组织工作委任状

根据《渤海镇农村党组织换届选举实施方案》的要求，当选的村党支部班子成员，要在换届选举结束后一个月内，召开村党支部成员会议，研究讨论，拟定任期工作目标，上报镇党委审批后，召开党员大会进行表决，形成决议，由村党支部书记与镇党委签订书面任期目标责任书。镇党委将按照《牡丹江市村级“两委”班子成员任期责任制实施意见》和《宁安市村级“两委”班子及主要领导工作实绩考评和民主测评考核评价办法》的相关要求，统一考核和管理，确保新一届村级党支部在任期内完成已定的各项工作目标。

渤海镇江西村党支部书记任期责任目标

按照市委组织部对村级党组织换届工作的总体部署，

为建立体现科学发展观，正确政绩观的村党支部书记考评体系，根据渤海镇干部绩效考核办法，特制定村级党支部书记任期目标。

基层组织建设（20分）

（1）两委班子团结有战斗力，能认真落实任期目标责任制。

（2）认真坚持“三会一课”及党内各项制度，每月组织有针对性的活动，各种活动记录齐全。

（3）深入开展“建争带”活动，给有领导能力的党员全部落实责任区，建立特色服务区2个以上。

（4）扎实推进“先锋工程”工作，加大各类典型的培养力度，充分发挥党员的先锋模范作用。

（5）强化党员干部的教育和管理，组织党员干部参加远程教育，使用并维护好电教设备。

（6）加强后备干部及积极分子的培养，年内至少发展1～2名新党员。

农村产业发展（15分）

根据本村地域特点，引导农户从事绿色水稻种植，修建水稻育苗大棚20栋，发展养猪专业户2户，实现农民增收目的。

农民人均收入（5分）

2009年人均收入实现50000元，2010年人均收入实现51000元，2011年人均收入实现52000元。

新农村建设（20分）

结合本村实际，认真制定三年新农村规划，2009～2011年重点做好以下几项工作：

（1）3公里通村路实现硬质化。

（2）发展民俗特色旅游，新发展家庭旅馆10户。

（3）田间道路铺修3公里。

（4）洁净工程常年开展，村内环境整洁。

（5）建育花苗大棚一处。

公益事业建设（5分）

全村100%实现接收城网有线电视节目；农村新型合作医疗参保率达到98%以上；加大技能培训，劳动力转移600人；农村砖结构住房比重，2009年达到97%，2010年达到98%，2011年达到99%；电话普及率达到80%以上；农民五保户、低保户和贫困户补助做到应保尽保；农村人均住房面积达到17平方米。

稳定安全工作（10分）

（1）清楚掌握不稳定因素情况，性质明确。

（2）化解不稳定因素的矛盾，措施得力，不向上推诿处理。

（3）不出现越级上访事件。

（4）安全工作组织健全，宣传及时到位，杜绝安全隐患，确保不出现人身伤亡事故。

生态环境（5分）

进一步加大文明村建设，按“四化”（绿化、美化、净化、香化）标准建设村屯，全村生态环境逐渐好转。

防火防汛工作（10分）

（1）认真制定防火防汛工作方案、预案，建立预警机制。

（2）落实好值班、值宿人员，保证通信畅通。

（3）做好防火防汛物资储备工作，确保防火防汛物资足额配置。

（4）防火戒严期要合理调配车辆人员，遇有紧急情况能及时到位。

计划生育工作（10分）

（1）计划生育工作要严格兑现责任状要求，实行一票否决，计划生育符合政策率达100%。

（2）坚持计划生育员实行月报告制度，流动人口管理及时。

（3）孕检、三查、知情选择、协会等工作达标完成考核要求。

组织考核评定

（1）全部责任目标分值合计为100分。

（2）每年年末由镇任期目标责任制考评小组对各村支部书记进行综合考评，打出实际得分。

（3）支部书记年度工资实际领取额为综合考评分数的60%。

（4）第一年完成责任目标达不到60%的支部书记，给予黄牌警告；连续两年完成责任目标达不到60%的支部书记，自行引咎辞职。

渤海镇党委书记：王涛

江西村党支部书记：吴哲洙

2. 江西村党支部书记——吴哲洙

吴哲洙，男，朝鲜族，1956年2月出生，吉林省延吉人，高中文化程度。现任渤海镇江西村党支部书记，牡丹江市优秀共产党员和优秀党务工作者。

1975年高中毕业后，吴哲洙由于家境贫寒，只好放弃学业回到家中。高中毕业后的34年里，他务过农、打过零工，先后担任过大队出纳、村民办教师、大队保管员。1990年村委会换届选举，被群众推选为江西村会计，一干就是9年。1999年开始担任江西村党支部书记，几届连任，一干又是10年。

吴哲洙书记上任伊始，首先解决的是干群关系。老吴与其他村干部说："只有群众信任我们村干部，才会跟着我们干事业。"老吴带领村党支部几个人，根据江西村的实际情况，重新建立并完善了各项规章制度及目标规划。对涉及比较敏感的财务收支、承包合同、集资、提留、救济补助、低保、村屯规划等矛盾多发点问题，召开群众代表大会，广泛征求村民意见，组织村干部、党员、村民代表开会决策，并在村务公开栏中张榜公示，接受群众监督。就这样，老吴很快理顺了干群关系，得到了群众的信任。之后，吴哲洙书记干的第一件事就是修路。自从实行家庭联产承包责任制以后，村民都忙于自家生计，集体的事情比较难办。由于多年来江西村的道路工作做得不好，加之1998～1999年连续两年的雨水冲击，江西村唯一的一条通往外界的沙石路也变成了名副其实的烂泥路，更不要说其他道路了，这给村民的出行以及生产生活、农产品的外运带来极大的麻烦，村民们对此怨声载道。由于江西村大小街道20余条，拓宽取直、砌边沟、铺沙石，用工量大，花钱多，绝非一日之功。为此，老吴在修路之前，召开了党员干部大会和群众动员大会，确定了江西村长远建设规划。在道路的拓宽取直、村屯规划中，部分村民的小棚子或围墙需要拆除，有些家庭会有一定的经济损失，工程进度受到阻碍。这其中就包括吴哲洙的大哥吴仁洙。怎么办？正人先正己，要想说服村民，必须先做通自家大哥的工作。于是，老吴来到大哥家，与大哥说清各种利害关系，仅用了半天的时间就做通了吴仁洙的思想。老吴和他大哥的家人，把近30米长的砖砌围墙全部清除。其他村民看到此情此景，都自愿按照规划，清除了占道物，使得此项工作得以顺利开展。老吴抓住各种机会，利用各种关系筹措资金，自己为修路捐款10000元，带头出“良心工”，带领全村干部群众经过几年的艰苦奋战，使村内20多条道路全部实现路面硬质化。

吴书记办的第二件事是把江西村水稻种植这一产业做大做强，创出属于江西村自己的品牌。在老吴的带领下，2000年成立了江西村自己的大米加工销售企业——江西米业公司，成立了自己的水稻合作社，并注册了属于自己的“镜江石”商标品牌，使原来村民单打独斗分散化发展转化为集约化经营，在水稻种植上要求村民实行“五统一管理”的产业化模式，增强了市场的抗挫折能力和竞争能力，使产量稳步增加、米价稳中有升，农民得到了巨大实惠。

吴哲洙书记干的第三件事是依托江西村地处镜泊湖、玄武湖、牡丹江、渤海国遗址等旅游黄金地带的优势，结合本村朝鲜族独特的民俗、饮食文化特点，发展民俗旅游业。开始，村民都不理解老吴的这个想法，认为没有人会到农村来旅游。老吴思来想去，要想把这个事业做大必须让村民看得见、摸得着，自己必须给村民打个样儿。2005年老吴在自己家改建了江西村第一家饭店。独特的朝鲜族风俗和朝鲜族风味饮食，使得来江西村游玩和就餐的游客络绎不绝。一年下来，不但收回了投资，还盈利10多万元。

榜样的力量是无穷的，在吴书记的带领下，几十个家庭式餐饮旅游接待点成立了。利用朝鲜族特有的餐饮和文化特点，短短几年时间硬是把江西村的民俗旅游业搞得红红火火，年接待游客达2万余人次，全村每年增收400多万元，成为江西村又一主导产业。为了把江西村的民俗旅游业办得更好，2005年老吴聘请有关专家，把失传了近200多年的朝鲜族重要节日——流头节，重新挖掘，再现于世，并被收录到黑龙江省非物质文化遗产名录中。江西村现已成功举办了四届“流头节”，2005年通过融资形式在江西村西侧建设了一座占地7000平方米的多功能休闲旅游度假村——响江西郡。

江西村在国外长期务工人员较多，占全村总人口的40%以上，每年为村里增收三四千万元。为解决外出务工人员的后顾之忧，吴哲洙书记经常走家串户、访贫问苦，解决村民的困难。为解决留守老人问题，2009年江西村投资58万多元在文化广场南侧建起了一座占地418平方米的老年人综合活动室，为老年人提供了活动场所。

为了加强民族团结，吴哲洙书记每年都号召全村老少举行民族运动会，按民族不同分成三支代表队，开展丰富多彩的民族活动，加强了民族团结。

近些年，在吴哲洙书记的带领下，江西村各方面工作都取得了巨大发展。现在的江西村街道整齐清洁，环境优美怡人，各民族和谐共处，百姓安康幸福，村民生活水平大大提高。

在百姓的赞美之声与江西村的巨大变化面前，吴哲洙书记老了、瘦了，但他却依旧精神头十足、雄心不减，正筹划着江西村发展的下一个更高目标。

这就是吴哲洙书记，一个中国农村最基层的党支部书记。

二　村民委员会

（一）村民委员会驻地及成员

1. 驻地

江西村村民委员会位于江西村西四条路江西大街与江西老街之间的流头广场院内，占地面积880平方米，由江西小学部分校舍改造而成，设有党支部、村委会、计划生育服务室、财会室、科技室、警务室、图书室、远程教育播放室等和一个170平方米的综合活动室。综合活动室是一个集活动、会议、农业知识培训于一身的综合性活动室，每年村里都会请来宁安市农业技术推广中心的科技人员对江西村村民进行农业知识培训。另外，活动室内还设有乒乓球、台球、象棋、围棋等健身娱乐设施，每天8：00～16：00向村民开放。

2. 成员

江西村村民委员会现有成员5人，分别由李升华任村委会主任、郑玉子任妇女主任、闵峰男任村会计、郑石九任治保主任、金太忠任调解主任。村委会成员平均年龄39岁，其中女性1人，占村委会总人数的20%；高中文化程度2人，初中文化程度3人；成员全是朝鲜族。

（二）村民委员会选举及运行

1998年以前，江西村先后成立过“高级社”、“人民公社”、“生产大队”等村级行政组织，其领导集体的主要成

图 2-1 江西村村委会（作者摄）

员虽然主要由本村人担任，但在更多的时候是由上级政府部门任命的，当地村民还没有真正实行过选举权。直到1998年《中华人民共和国村民委员会组织法》颁布实施后，江西村村民委员会才开始在镇党委、村党支部领导组织下，由村民通过无记名投票的方式选举产生。

1. 江西村第八届村委会换届选举

江西村第八届村民委员会换届选举从2008年8月12日成立江西村村民选举委员会，到10月5日选举结束，从形成书面选举报告到上报镇人民政府，历时一个多月。在整个换届选举过程中江西村党支部贯彻执行《村委会组织法》、《省实施办法》、《省选举方法》、《渤海镇第八届村民委员会换届选举工作方案》等有关法律、法规，顺利地完成了江西村第八届村民委员会换届选举工作。江西村第八届村民委员会换届选举总共分为三个阶段：

第一阶段：选举前准备工作（8月12日至9月3日）

第一步：成立村民选举委员会。成员由7人单数组成，村民选举委员会成员由村民会议选举产生。

具体方法：由党支部确定选举委员会成员名单，入户征求群众意见（有不同意见可以另推他人），入户率达到100%，选举委员会成员按得票的多少推选产生。因成为正式候选人或其他原因退出选举委员会的，其缺额可按推选时得票数多少依次替补。

第二步：选民登记。按照“四登”、“四不登”的原则进行。

“四登”，即指同时具备以下4个条件的村民，方可登记为选民。一是本村户口或符合法定本村村民条件（在非户籍所在地连续居住一年以上的，经户籍所在地村民委员会出具选民资格证明）；二是年满18周岁，计算日期以选举日期为准（1990年8月20日前出生的村民都应登记造册）；三是享有政治权利，即未被剥夺政治权利，以法院判决文书为准；四是具有表达自己意志、行使选举权利的行为能力。

“四不登”，即指具有下列4种情况之一，由村民选举委员会确认后，不予登记。一是精神病患者，经其监护人和医院证明确认不能行使选举权利的人；二是驻在农村的机关、团体、部队、全民所有制企事业单位的人员；三是村办企业和其他经济组织等临时雇佣来的非本村的人员；四是被依法剥夺政治权利的人员。

选民登记的程序：一是公布选举日期和选民登记日期；二是对符合条件的选民进行登记；三是造册登记，选民登记花名册要按顺序进行登记；四是审核和确定选民名单（防止漏登、错登、误登）；五是公布选民名单、村民选举委员名单后，在选举日前20天内在本村显要位置公布选民名单；六是受理村民申诉，村民对公布的选民名单有不同意见的，可向村民选举委会员提出申诉。

第二阶段：确定候选人工作（9月4日～20日）

第一步：推荐候选人。

首先确定村委会人数，由3～5人单数组成，按照《渤海镇第八届村民委员会换届选举工作方案》中要求确定村委会人数，要经村民会议或村民代表会议表决同意。

候选人条件：遵守宪法、法律、法规和国家政策，身体健康，具有一定的组织领导能力和科学文化知识，办事公道、奉公守法、作风正派、热心为村民服务。违反计划生育政策法规的，3年内不得被提名为村民委员会成员候选人。

推荐方式：有选举权的村民推荐、本人自荐、支部推荐、选举委员会成员推荐，推荐候选人要等额推荐。

推荐时间：3～5天，要提前公布推荐候选人的时间、地点、截止日期。在推荐期间选举委员会要有3人在场轮流坐班。

第二步：公布候选人名单。

初步候选人确定后如果过多，如村委会主任候选人在4人以上，委员候选人在8人以上，应进行预选，确定候选人。之后张贴初步候选人名单。

第三步：介绍候选人情况。

候选人可以在村民选举委员会的组织下，发表竞选演说，回答选民的提问，但其内容不得违背国家的法律、法规和政策，不得诋毁他人，违反上述规定的，村民选举委员会有权加以制止或取消其候选人资格。

第三阶段：正式选举工作（10 月 4 日 ~5 日）

第一步：会场准备。

（1）印制选票、准备票箱、封条、剪刀、胶带、笔、黑板、粉笔、板擦等选举用具。

（2）确定总监票人、监票人、唱票人、计票人、流动票箱人员（以上人员要避免是候选人的配偶及其直系亲属）。

（3）发放选民证。

（4）布置会场，设立发票处、秘密画票处、代笔处、票箱摆放处。

第二步：选举开始。

（1）工作人员按时到场，组织选民进行投票选举。

（2）选举结束后，中心会场票箱、分会场票箱、流动票箱三箱放到一起。

（3）召开选举委员会人员、工作人员、候选人会议，确定选票的认定方法。

（4）开箱计票，确定选举有效后开始唱票。

（5）公布选举结果。

在渤海镇党委正确领导和江西村党支部精心组织下，严格按照有关选举的法律法规规定的程序规范操作，历时一个多月的时间，选举出党支部满意村民信得过的江西村第八届村民委员会，并将结果及时公示。

江西村第八届村民委员会选举结果报告单

渤海镇江西村，共有选民 1360 名，选民基数为 760 名，于 2008 年 10 月 5 日 7 时至 11 时召开选举大会，进行投票选举。参加投票选举的选民 1110 名，共发出主任选票 1110

江西村第八届
村民选举委员会公告

依据村民委员会组织法的有关规定，经本村有选举权的村民投票选举，下列同志当选为本村第八届村民委员会主任、委员

主任：李升华

委员：闵峰男、郑玉子、郑石九、金太忠

特此公告

江西村第八届村民选举委员会

2008年10月5日

图2-2　选举结果公示（江西村提供）

张，收回选票1110张（含弃权票5张、废票3张）。共发出委员选票1110张，收回选票1110张（含弃权票7张、废票2张），本次选举应选主任1名、委员4名。

候选人得票情况如下（依得票多少排序）：

候选人姓名	参选职务	得票数	候选人姓名	参选职务	得票数
李升华	主　　任	756	郑石九	治保委员	986
韩龙国	主　　任	219	金太忠	调解委员	879
金仁浩	主　　任	127	郑玉子	妇女主任	872
			闵峰男	会　　计	858
			厉忠营	治保委员	808

选举结果如下：

主　任：李升华（票数756张）

委　员：郑石九（票数986张）金太忠（票数879张）

　　　　郑玉子（票数872张）闵峰男（票数858张）

总监票人：王宇（签字）

监票人：李丽萍（签字）

唱票人：申家和（签字）

计票人：袁培春（签字）

江西村委八届村民选举委员会

填报时间：2008年10月5日

笔者通过逐户走访江西村村民，对江西村此次换届选举的情况感到很欣慰，也切身感受到江西村村民对此次选举很重视。村民们说，此次两委班子换届选举是在公平公正的基础上进行的，对选举出的两委班子成员都很认可，这与近些年江西村村干部扎实的工作是分不开的。之所以感到欣慰，是由于多年来笔者生活、工作在农村，并多次作为村级选举大会的工作人员，亲身参与过村委会换届选举工作，对某些地方的村级两委班子换届选举工作有着比较深刻的了解。在极个别村屯中村民对村委会换届选举漠不关心，并且不愿参加投票，他们常爱说“谁干都一样”。在这种情况下，为特殊选民准备的流动票箱常会多做一些，由工作人员抱着票箱挨家挨户敲老百姓家的门，请求他们投上一票。笔者认为，导致村民对村干部换届选举不关心的主要原因是，以往选举出的村干部常常是那些既没能力又无敬业精神的人，老百姓称他们为“家族村官”、“会说村官”、“关系村官”，久而久之，老百姓对选村官也就失去信心了。在老百姓眼里，所谓的“关系村官”就是依靠关系当上了村官，这种村官老百姓称他们为只交上不管下的村官；“家族村官”是依靠本家族人数多的优势当上了村官，只关心本家族的事，而不关心其他村民的事；“会说村官”就是在选举讲演时说得头头是道，等当上了村官后，工作却干得不怎么样或干脆不干。而那些真正有思想、有能力的人，由于有以上这些“官”的存在，根本无法上任。

（三）村民委员会集体财产的管理

江西村村委会多年以来，在集体财产承包和使用集体资产用于村内建设时，都要召开村民代表大会，采用“一事一议”的形式与村民共同决策。为了使村集体财产所有权的使用程序更加民主、合理、严谨，江西村村委会成立了集体财务管理小组，由村民推举最信得过的人组成民主理财小组，起到了管理监督作用。为了更好地管理集体财产，村委会制定了《渤海镇江西社区集体经济财务管理制度》，包括《财务预决算制度》、《财务审核批准制度》、《“一事一议”筹资筹劳管理制度》、《财务公开民主理财制度》、《民主理财小组职责制度》、《财产物资管理制度》、《会计岗位责任制度》等，进一步完善了江西村集体财产的管理和使用。

（四）村务财务公开

在20世纪90年代初，江西村两委班子为了改变以前财务透明度不够、村务财务公开不细、不全的情况，以村务、财务公开为突破口，把民主决策、民主管理、民主监督贯穿于整个村务中，始终以“给群众一个明白，还干部一个清白”为宗旨，先后成立了村财务管理领导小组、村民主理财小组，

图 2－3　江西村资金、资产、资源管理揭示板（作者摄）

制定了江西社区集体经济组织财务管理制度，在江西村社区设置了资金、财产、资源管理揭示板，并在文化广场建有江西社区村务财务定期公示栏，公示栏上分别设有“重大事项”和“集体经济”两项内容，按季度定期公开。

图 2－4　村务财务公示栏（作者摄）

江西村各项收支情况明细见表2-2。

表2-2　2008年江西村财务公开表

单位：元

收入来源			金额
孙忠文果树场房屋租金			500
孙永阳回收土地发包款			2400
加工厂承包费			10000
村自留地承包费			6384
村试验田管理费			4000
开荒地上交			16500
范允松迁入金			5000
政府补助及友好单位资助共计（包括村三职干部工资、流头节费用）			84250
收入共计			129034
支　出	金额	支　出	金额
电费	3600	学校三年用煤运费	3100
教师节奖励	1000	流头节用费	34250
三职干部工资	25975	新建房投入	36000
电话费	300	修水壕购机械款	1400
朝报刊补助	3600	选举用品费用	3300
邮递员工资	1200	复印账票款	400
修建村大门	23600	劳动饮餐费	1100
接待款	4100	村里其他用款	1600
差旅费	5000	自来水管理费	8000
支出共计	157525		

表 2-3 2009 年江西村财务公开表

单位：元

收入来源	金额
果树场 5 年（2009 年至 2013 年）承包费	50000
果树场南侧 1.8 垧地 4 年承包费	10000
金光洙 6.4 亩水田地承包费	3840
崔雄权承包村北空地（2004 年至 2013 年）10 年费	4000
自留地收入	3440
开荒地收入	11221
“旱改水”收入	3725
转移支付收入	16735
收入共计	102961

支　出	金额	支　出	金额
修水壕用工款	500	村试验田管理费	5000
差旅费	187	2007 年修路时拆两栋草房补助款	5000
电话费	100	三职干部工资及奖励	31695
报刊费	5506	28 型拖拉机油费和维修费	4253
办公用品费	8129	专业合作社人员清理村广场款	1000
水利站水利费	185424	五保户及考上大学的补助款	3060
清理广场用工款	600	老年协会分会补助款	4000
水井房电费	52632	在建工程用沙子款	3900
其他用款	1459	“流头节”活动支出	6715
支出共计	319160		

（五）村两委班子成员待遇

2006 年以前，江西村两委班子成员的工资待遇与宁安市其他农村一样，工资的多少由所在乡镇政府决定，而工资来源由本村解决。据吴支书介绍说，那时他的工资是每年3000元，村长每年是2000元，其他村干部一般为1800元、1500元、1200元不等。因为干部每年的工资多少都是固定的，干多干少、干好干坏都一样，所以出现了有些村干部工作比较懈怠的现象。针对这种情况，2006年渤海镇镇政府为了切实发挥村两委的服务职能，转变工作作风，提高村两委班子工作的积极性。渤海镇把村两委班子工作成绩与工资待遇相挂钩，制定了相关工作管理考核方案，主要考核内容有村党群工作、村屯重点工作、村计划生育工作、农村稳定、农村安全、农村经济管理等6项重点内容，全面完成得工资5000元。临时性安排的重点工作单独奖励，常规工作工资与临时性工作奖励之和为村支部书记年终工资。村主任和会计，按85%比例依次递减。

采取平时检查和年终集中检查相结合的办法，镇党委成立检查小组，负责综合协调和指导工作，各组按各自分管的内容检查工作完成情况，年终进行全面准确的统计和单项计分汇总报镇党委、政府审定。

1. 常规工作

党委工作（100分，600元）

组织工作（50分）

（1）村“两委”班子团结，“两委”任期目标任务明确，“三力”作用强，“四权”作用发挥好，不出现党委干部违纪犯法现象，能形成1～2个强村富民的主导产业。（10分）

（2）认真开展党员“先锋工程”、“建争带”、“三查两建一增收”、“三比三看”、“融入型”党组织、“精品党日”、“三高一六一创”、党员“承诺制”等活动，有行动，

活动效果明显。(10 分)

(3) 远程教育方面：设备不丢失、不损失，各项制度、组织结构上墙，标示醒目，宣传到位，远程教育管理员操作熟练、责任心强、记录齐全，各站点全年登陆远教网时间不少于 100 小时。(15 分)

(4) 村级“六位一体”活动场所利用率高、管理规范，做到基础档案齐全，支部活动记录详实准确。(5 分)

(5) 强化流动党员队伍和入党积极分子队伍管理，建立流动党员联系制度和流动信息库，严格执行发展党员“一会双卡、五制一书”管理制度，3 年内支部发展党员数不少于 2 名。(10 分)

宣传工作 (30 分)

(1) 深入发展洁净工程，做到村路、过境路两侧无垃圾、粪（土、灰、草、石）堆，达到“三有六不准”的要求。《村规民约》规范，村屯环境整洁，绿化美化达标。(20 分)

(2) 扎实推进文明村常规整体上档次。(5 分)

(3) 积极参与党委、政府统一组织的各种宣传文化活动。(5 分)

妇联工作 (10 分)

(1) 建立健全村妇代会组织，配备专职妇联工作人员。(2.5 分)

(2) 配合镇妇联和村妇代会的各项工作，支持妇联开展的各项活动。(5 分)

(3) 妇代会组织年内向党组织推荐 3 名入党积极分子。(2.5 分)

共青团工作 (10 分)

（1）各支部要进行整章建制活动，着力健全完善各项工作制度、表、簿、册，包括农村基层团组织规范化建设制度，抓好规范化建设的长效工作制度。（2.5分）

（2）每个支部要建立一条共青团员路并做好道路养护工作。（2.5分）

（3）扎实做好“推优”工作，进一步加大“推优”力度，不断扩大“推优”规模，提高“推优”质量。（2.5分）

（4）完成2009年团费收缴、团刊征订工作。（2.5分）

2. 农村重点工作（100分，2000元）

（1）新农村建设。具备标准化办公室、文化广场、完成绿化和美化任务及路灯等配套设施建设。（40分）

（2）洁净工程。全面做到常年保持村貌整洁，不扣罚工资；完不成任务指标的视情节轻重扣罚500～2000元。（20分）

（3）养殖小区建设，年内新建畜牧养殖小区，奖500元。（10分）

（4）杜绝育秧小棚，积极开展标准化育秧大棚建设，出现一个小棚罚款500元。（10分）

（5）完成烤烟、甜菜种植任务，每亩奖1元。（10分）

（6）绿色食品基地建设，全年实现村屯连片种植百亩以上，奖1000元。（10分）

3. 计划生育工作（100分，600元）

（1）积极开展星级村创建活动，并获成功。（10分）

（2）经常性开展协会、宣传活动，年度开展三次以上大型宣传活动。（10分）

（3）落实新农村新家庭项目，每项要求50%户参与双

新创建活动。(10 分)

(4) 村级必须配备高中以上文化水平，并具备高素质的计生委员，并按政府业务部门年度考核标准及时兑现工资。如因计生委员工作不到位，而工资过高，可依据政府业务部门年度考核标准工资为基数，由村自行下调工资。(10 分)

(5) 每村每季至少组织一次高龄妇女进行三查，每次参检人数不低于全村高龄妇女的 30%。(10 分)

(6) 无计划外生育。(50 分)

计划外一孩，扣罚 500 元；

计划外二孩，扣罚 1000 元；

计划外三孩，扣罚 1500 元。

要求符合政策生育率达 100%，出现计划外生育的，实行一票否决，如发生计划外一孩分别扣罚村支书、村主任、计生委员各 500 元，计划外二孩，分别扣罚 1000 元，出现计划外三孩，分别扣罚 1500 元。

4. 农村稳定工作 (100 分，600 元)

(1) 密切联系群众，搞好干群关系。(10 分)

(2) 加强科普教育，提高群众素质。(10 分)

(3) 发挥基层组织作用，把矛盾化解在基层。(15 分)

(4) 健全信息网络，畅通信访渠道。为信访人查询信访事项办理情况提供便利条件。(40 分)

(5) 社会治安综合治理措施严格，创建活动达标。遏制非法宗教活动，对“法轮功”等邪教人员监控防范得力。(15 分)

(6)“低保”对象确定规范、公开、透明，动态管理接受群众监督，无上访事件发生。(10 分)

5. 农村安全工作（100分，600元）

（1）建立健全组织机构。安全工作预案、会议记录、档案齐全（5分）。其中：

组织机构是否健全，档案是否齐全。（1分）

安全工作预案是否具有可操作性。（2分）

安全工作会议是否按要求召开，记录是否齐全。（2分）

（2）消防措施（25分）。其中：

各单位是否配备消防栓、灭火器、消防井。（15分）

各村安全工程设备“四个一”是否齐全、到位。（5分）

各单位是否设立安全员、联防队。（要有名单，联防检查要有记录）。（5分）

（3）柴草不进村（20分）。其中：

各村柴草不进村要有具体办法和措施。（5分）

各村要有春秋防火、水上安全、防一氧化碳、柴草不进村等专题会议，有决定、有记录、有结果。（10分）

村委会委员要与村民签订柴草不进村的协议。（5分）

（4）消防损失、生产损失和人员伤亡（30分）。其中：

各村办公室、民宅、仓房、大棚、草帘子、草垛是否有消防损失、生产损失和人员伤亡。（20分）

各单位发生一般事故情况。（10分）

（5）水上安全、一氧化碳中毒，其他安全事故发生率为零。（20分）

6. 农村经济管理工作（100分，600元）

村务、财务管理（30分）。其中：

（1）村务、财务账目登记规范。（5分）

（2）村务、财务管理制度化，未出现违纪问题。（10分）

（3）定期进行村务、财务公开，群众满意。（10分）

（4）统计工作。（5分）

资产、资源管理（15分）：其中：

（1）资产、资源管理制度化、规范化。（5分）

（2）资产资源发包、转让程序化，确保资产保值增值。（10分）

承包合同管理（15分）：其中：

（1）建立规范的土地流转合同。（10分）

（2）专项发包合同合法、规范。（5分）

档案管理（10分）：其中：

（1）建立健全档案管理制度。（3分）

（2）有专用、规范的档案室及档案柜，档案齐全、整洁。（5分）

（3）档案的立卷归档、安全防护规范化。（2分）

“一事一议”工作（30分）：其中：

（1）严格按照政策规定和程序标准筹集资金，用于村级公益事业的建设。（10分）

（2）上报资料要完整、及时、规范。（10分）

（3）接受上级部门验收合格，取得“以奖代补”或专项奖励基金。（10分）

7. 考核措施

（1）量化考核：改进打分考核方式，实行重点任务同工资挂钩，单项计酬，上不封顶。

（2）组织考核：镇党委、镇政府成立农村工作考核领导小组，实行平时抽查与年终检查相结合。

（3）督办考核：坚持经常性督办检查制度，年终把督办结果作为考核评定的重点依据。

（4）出勤考核：无故不参加镇党委、镇政府各种会议的，每出现一次扣罚工资30元；不请假擅自外出的，每外出一天扣罚工资30元；因擅自外出造成后果的，一并追究相关责任。

8. 奖励及处罚办法

奖励办法：

（1）党委、政府交办的土地流转、旅游开发、村容村貌、绿化美化等专项工作任务，组织周密、措施得力，完成圆满，视工作强度奖励500～1000元。

（2）统筹村屯发展规划，独立完成招商引资项目或寻求上级部门扶持，全面推进新农村建设提档升级，奖励500～1000元。

（3）全年无一起安全事故，无一例越级上访事件，奖励300～500元。

（4）按照党委、政府要求，创新工作机制，先进经验为全镇学习推广的，奖励300～500元。

处罚办法：

（1）社会稳定工作（一票否决项）。全年出现一起越级上访事件，取消一切评优资格。

（2）安全工作（一票否决项）。全年出现重、特大安全事故，视情节罚款500～1000元外，取消一切评优资格，如由于措施不得力或工作失职造成人员伤亡和重大损失的，要提交有关机构追究相关人员刑事责任。

（3）无故不参加镇党委、政府召开的各类工作会议的，3次以上将取消全年评优资格。

9. 组织领导

为确保2009年农村工作任务的顺利完成，镇党委、镇政府成立农村工作管理考核领导小组。

组　长：王　涛

副组长：王川河　周　健

成　员：袁培春　李彦国　翟仲刚　袁凤贵

　　　　赵国峰　李　坤　宋朝政　郭祥峰

表 2-4　2009 年江西村干部工资表

单位：元

职务	村支书	村委主任	会　计	妇　联 主　任	治　保 主　任	调解员	1~7 组 组　长
姓名	吴哲洙	李升华	闵峰男	郑玉子	郑石九	金太忠	
工资	7300	6570	6205	2100	1800	500	各 700

（六）村干部廉政建设

国廉则安，村廉则宁。村干部好的工作作风是推进农村改革发展的重要保证。江西村这些年来之所以发展如此迅速，除了村民的勤奋踏实能干之外，更离不开村干部的廉洁勤政和表率作用。村民在两委班子领导下，心甘情愿为村子的发展献策献力，江西村也真正做到了党群一心。

江西村两委深知廉洁对于干部和村民的重要性，除了加强群众的监督，村两委班子也特别重视干部廉政建设工作。“作为江西村领导班子的每一位成员都应该树立正确的价值观，不断加强道德教育，为家庭和睦幸福、为社会风气的清廉，自觉同腐败行为作斗争，筑起反腐倡廉的第一道牢固防线。”这是江西村两委班子的反腐宣言，从 1998 年起一字一句都牢记于江西村每届两委班子人员的心中，并且制定了《江西社区党员干部廉洁自律制度》，他们将其挂在了村民会议室最醒目的位置上。

江西社区党员干部廉洁自律制度

1. 不准违反规定买卖、转让、占用集体土地等资源，或者违章搭建建筑物。

2. 不准在集体土地征用、承包，集体资产租赁、经营，集体工程项目发包，集体物品采购等过程中暗箱操作、优厚亲友，为本人或者他人牟取不正当利益。

3. 不准违反规定使用或者处置集体资金、资产、资源。

4. 不准克扣、截留、拖欠、侵占、贪污强农支农、扶贫、救灾、移民、征地补偿等款物。

5. 不准以各种非法手段拉票"贿选"或者在选举中侵犯农民的合法权益。

6. 不准侵占集体财物，应是个人支付的各种费用不得公款报销。

7. 不准以村务或其它公务为借口，用公款吃喝或者用公款相互宴请。

8. 不准以个人名义存储公款或者借用公款逾期不还。

9. 不准借婚丧喜庆事宜聚敛钱财。

10. 不准参与各种非法组织和非法活动，编造政治谣言，丑化党和国家形象的言论；不得参与任何形式的赌博或者为赌博提供便利条件。

举报监督电话：7951716

近年来，江西村加大决策、管理、监督、考核等四方面的制度落实，在党风、干部廉政建设的工作中，坚持以制度管理人、管理事、管理财，最大限度地避免人为的随意性。党风和干部廉政建设取得了较好的成效。

一是认真落实和严格执行决策方面的制度。坚持民主集中制，涉及党务方面的工作，由村支委会集体研究决定；涉及行政事务方面的工作，由村委会集体研究决定；村内重大事务，由村两委联席会议集体研究决定；根据《村民自治法》和《村民委员会组织法》的相关规定，应该提交村民代表大会讨论表决的事项，必须提交村民代表大会讨论表决，绝不允许个别村领导搞“一言堂”、搞“个人就是组织”、搞突击研究缺席定板。

二是认真落实和严格执行管理方面的制度。继续认真执行党务公开、政务公开和财务公开等管理制度。尤其是“两务公开”，给广大群众知情权，必须深入扎实开展，凡涉及群众利益和农村发展的重大事项，如新农村基础设施建设，各类专项资金、财政转移支付资金使用情况，农村集体资产和资源处置情况，以及其他涉及农民切身利益的事项，都必须公开。“两务公开”必须做到真公开、全公开、深公开、常公开，坚决防止和纠正搞形式、走过场、假公开、不公开的现象。

三是认真落实和严格执行监督方面的制度。继续坚持定期审计、专项审计、村干部述职述廉、党员和群众代表民主测评。针对农民群众反映强烈、矛盾突出的问题，认真监督，开展纠风专项治理。着重解决在扶贫、救灾、救助等款物管理使用中出现的损害农民群众利益的问题。加强农村集体资金、资产、资源管理使用情况的监督检查，重点检查对农业和农民直接补贴政策、农村土地政策、农村基础设施建设投入政策、农村社会事业支持政策等落实情况和支农惠农资金管理使用情况，严肃查处贪污、私分、截留、挪用等问题。

四是认真落实和严格执行考核方面的制度。充分发挥考核的指挥棒作用，抓好年度责任目标考核和专项工作考核，坚持以实绩论英雄，以成效定等次，真正做到奖勤罚懒、奖优罚劣。村两委积极支持干事者，大胆鼓励创新者，善于宽容失误者，大力惩治违纪者，积极为江西村经济社会的又好又快发展营造良好环境。

四　老年人协会

江西村老年人协会，是江西村的老年人组织，受江西村党支部和村民委员会的领导，在江西村经济和社会发展中，起到了重要作用。

（一）基本情况

江西村老年人协会成立于1957年，它是由江西村最早的扫盲班、读报协会一步步随着时代的需求演变而成的。江西村现有村民1580人，其中60岁以上老人294人，加之江西村大多数青壮年人员都在外地务工，老年人多留守家里，是一个留守老人比较严重的村子，近年来，江西村村委会非常重视老年人的生活问题，并根据老人的年龄把老年人协会分设为：第一老年人协会（男72岁以上，女70岁以上）和第二老年人协会（男60～71岁，女55～69岁）。每年村两委班子分别支付第一老年人协会8000元，第二老年人协会10000元的活动经费。2009年随着物价上涨，活动经费也分别上调至9000元和11000元。第一老年人协会现有会员72名，其中男31名、女41名。会长和副会长分别由余德镐和金今淑担任，下设学习委员、文体委员、组织委员、会计，分别由金昌男、李顺哲、文炳华、金龙云担任。第二老年人协会现有会员 65 名，其中男 26 名、女 39 名，由会长李石奎、学习委员李春子、会计朴顺爱、组织委员姜员臣组成第二老年人协会组织机构。

（二）老年人协会主要活动

江西村两委始终尽心尽责地为全村的老年人事业做好各项工作，踏踏实实地为老年人办实事。以前江西村老年人协会活动地点分别设在面积 70 平方米左右的两户村民家中，2009 年江西村投资 58 万多元，在文化广场南侧建起了一座占地 418 平方米的崭新的老年人综合活动室，活动室内备有电视机、DVD 机、音箱、扑克、麻将、象棋等多种娱乐设备，还订阅了多种报刊。老人们可以在这里跳舞、唱歌、打牌、下棋、看电视、看书报；也可以喝茶聊天、休息等。天气晴朗时，老人们经常到安装有健身器材、设有 4 个门球场的流头广场打门球、健身，村两委每月召开一次老年人协会会议，组织他们学习，让他们了解一些国家大事，向他们传授老年人健康知识。每年妇女节、端午节、流头节、重阳节等节日时，老年人协会都会组织集体性演出活动，活动经费、场所由村两委班子解决。江西村老年人协会还经常参加国家以及地市级组织的各类活动，曾多次获奖。近些年来，随着江西村经济迅速发展，江西村村委会积累了一些资金，每两年都会拿出一定资金安排协会的老人集中到外地旅游观光。他们曾先后到长白山、镜泊湖、兴凯湖、北京等地旅游。

老有所养，老有所用。老年人协会作为江西村社区下设组织，在新农村建设中起到了一定的模范带头作用，作出了自己应有的贡献。由于第一老年人协会平均年龄比较大，只能做一些力所能及的事。在村里搞建设时，老年人主动为村献计献策，并主动为村里当起了义务监工。第二老年人协会的老年人们，自觉组建了保洁小队，义务负责流头广场、休闲广场和文化广场的环境卫生工作。他们也为江西村的绿化建设尽了自己的一份力量，春天为村里街道两侧的果树剪枝、修形，夏天为广场的花草浇水、拔草，美化了江西村的环境。个别参加过解放战争的老党员还义务当起了校外辅导员，为孩子们讲革命故事，使孩子们从小树立了爱国主义思想。

图 2－5　老年人协会中心（作者摄）

第二节　规章制度

近些年江西村完善了各项规章制度，在江西村经济与社会发展中起到了良好的作用，同时完备科学的各项工作规划，也为江西村的发展确立了宏伟目标。

一　规章制度制定

江西村两委班子多年来为了进一步推进农村社区建设，

大力发展农村社会事业，提升农村社区管理和服务功能，也为把江西村建设成为环境优美、治安良好、生活便利、人际关系和谐的文明村庄；更为了农村社区能够保障村民实行自治，由社区村民依法办理自己的事情，发挥农村基层民主，推进社会主义新农村建设，让广大村民通过民主选举、民主决策、民主管理和民主监督，实现村民自治，做到自我管理、自我教育、自我服务。村两委班子先后与村民代表共同制定了江西村村规民约和《江西社区集体经济组织财务管理制度》、《江西村资金、资产、资源管理制度》、《江西社区党员干部廉洁自律规定》、《农村居民最低生活保障工作政务公开制度》、《江西社区党建工作制度》、《民情恳谈制度》、《民主生活会制度》、《民主评议党员制度》、《党员服务承诺制度》、《村规民约》、《农村工作管理考核制度》、《防火安全制度》、《村干部考勤制度》等20多项规章制度。这些村规民约和规章制度的制定，健全了江西村村民自治体系，多年来对村规民约以及各项制度的认真执行使江西村各项工作得以顺利开展、各项事业得以蓬勃发展。

2009年全国开展深入学习实践科学发展观活动，江西村党支部紧跟形势，认真深入学习。从4月起，依据《中共渤海镇开展深入学习实践科学发展观活动的实施方案》、《渤海镇深入学习实践科学发展观活动调研工作方案》、《渤海镇深入学习实践科学发展观活动指导检查工作方案》等方案及指导方针，江西社区两委班子开展了深入学习科学发展观活动，提出了“以深入学习实践科学发展观为动力，全力打造学习型社会主义新农村”的活动主题。通过深入调查研究，广泛征求村民意见，认真总结江西村贯彻落实科学发展观的成绩和经验，实事求是查找影响和制约江西村科学发展的突出问题和主要根源，因地制宜找准科学发展的思路与对策，制定了《渤海镇江西村学习实践科学发展观党员干部学习培训方案》、《学习实践活动学习制度》、《学习实践活动考勤制度》、《学习实践活动通报制度》、《学习实践活动办公室档案管理制度》等一系列规章制度，并积极推进落实，取得了较好的效果。

村规民约

为了建设社会主义新农村，特制定2008~2009年度村规民约：

一 村屯建设

1. 经常开展卫生活动，清理边沟，爱护花草树木。

2. 村内的公共场所和空地，没有村委会的批准不得占用。

3. 家家户户备齐50个编织袋，用以盛装柴草灰，如乱扔弃柴草灰者罚款100元。

4. 有机水稻生产，应听从村委的统一安排。

5. 为了建设新农村，家家都有义务出资出劳。

二 治安、调解工作

1. 盗窃、赌博、纵火等扰乱秩序者移交司法部门处理。

2. 严禁用自来水浇菜园，违者罚款100元。

3. 破坏水利设施，轻者罚，重者交主管部门处理。

4. 家禽、畜必须圈养，如散养给他人造成损失，后果自负。

5. 严禁乱砍树木，违者移交林业部门处理。

三 妇联工作

1. 积极开展计划生育工作，如超生，按计生条例处理。

2. 管理好村里的绿化和环境卫生。

3. 积极开展“流头节”活动（农历6月15日）。

四　住宅、外来户

1. 卖砖房者不得申请新房号。

2. 分到新房号，两年内必须盖完，新房号不得转让给他人（土地不是个人的）。

3. 安装自来水的用户，必须上缴500元。

4. 外来户每年每户交100元（村建设费+卫生费+治安费+一事一议）。

以上约定，望村民必须遵守。

2008年2月江西村村委会

江西村的村规民约基本涵盖了村民生活的各个方面，大到村屯建设、环境保护，小到居民卫生。这一村规民约很好地约束了村民，对于村民规范、村容整洁、村庄建设等起到了很好的作用。

图2-6　江西村规章制度宣传板（作者摄）

二 工作规划

（一）综合规划

村两委班子为了使江西村更好更快地发展，进一步转变思想观念和工作方式，立足自身实际情况，坚持科学统筹规划，结合十六届五中全会提出的新农村标准的战略方针，即“生产发展、生活宽裕、乡风文明、村容整洁、管理民主”等5个方面切实制定了2008～2010年江西村的总体规划。

1. 生产发展

生产发展是农村各项事业发展的基础和前提。村里有耕地5400亩，全部为水田，是响水大米的主要产区。近几年，外出务工人员和经营民俗旅游业的村民逐年增加，这些农户把自家的耕地以3至5年的期限承包给种植农户，增加了种植户的耕地面积。村里把水稻种植作为江西村近三年内的主导产业。力争两年内使农户在水稻种植方面100%实行“六个统一”的种植模式，运用“两段式”的育苗新技术，在生产技术和品种上要达到优中选优，保持水稻“一品村”的称号。把劳务输出和民俗旅游作为村里的二、三产业。近三年继续大力发展民俗旅游业，通过本村的新农村建设发展和村里每年举办的民俗活动提升江西村的知名度，促进民俗旅游事业的发展。鼓励本村外出经商者在民俗旅游业和田地改造上积极投资，力争三年内把江西村西北的400亩“荒石岗”地通过填土造田的方式转变为可耕地。

2. 生活宽裕

一是村庄建设，江西村分为老村和新村，在老村中还有一部分无人居住的茅草房，2009 年下半年对老村中的部分茅草房进行了拆除。对民俗民居保护区内的二十多栋民俗茅草屋进行全部整修、粉刷。

二是争取在江西村村头外再打一口深水机井，解决全村安全用水问题。

三是继续做大做强江西村的三大经济支柱，到 2010 年争取农民人均收入达到 52000 元。

四是争取在 2010 年内 80% 的农户安装和购买太阳能设备、冰箱、电脑。

3. 乡村文明

乡村文明是建设社会主义新农村的灵魂。村里现有一个农家书屋，藏书 800 余册；一个综合性的活动室，但由于面积较小，实际利用率较低。村委会决定，争取在 2010 年之前对农家书屋、综合文化活动室进行整改扩建，进一步增加藏书量和增添活动器材，配备专人进行管理以提高其使用率。通过多种办法筹划资金，争取 2010 年之前把村史馆迁至文化广场北面。改善休闲广场内人工湖的水质，在休闲广场东面增建一座公共厕所。老年人协会活动中心争取于 2010 年 5 月竣工使用。每年继续在流头广场开展流头节、花甲宴、民族体育运动会等民俗文化体育活动。继续实行大学生奖励制度，奖金从原来的 200 元提高至 600 元。继续鼓励支持老年人协会的乐器队和村文艺表演队的各项活动，加大资金投入。

成立餐饮卫生队，对村里的餐饮店进行卫生管理，至 2010 年年底，在现有 8 家“百树百户、山里人家”乡村旅游示范店的基础上争取增至20家。认真开展“五五”普法工作，要广泛开展“十大道德模范”、“孝敬父母”、“模范夫妻”、“文明信用户”、“五好家庭户”、“十星级文明户”等先进典型评选活动。

4. 村容整洁

以环境建设为突破口，全力打造整洁家园。近几年江西村累计投入近400万元，按照“净化、美化、绿化、香化、硬化”的标准，对村屯进行了大改造，巨大的资金投入和辛勤的汗水换来的丰硕果实该如何进行保护，成了村班子会上常议的话题。这件事终于在2007年春有了眉目，江西村村民自发成立了村民自愿保洁队，和第二老年人协会的成员共同承担村里义务卫生打扫。由于保洁队的人员队伍并不固定，因此在农忙时节，村里的卫生问题就会出现新的难题。针对这种情况，村委会准备投入专门资金，加强专业卫生环保队伍的建设，并建立保洁人员监督考核机制。对村民乱粘贴、乱涂写、乱设摊、乱搭建、乱堆物、乱倒垃圾等“六乱”行为进行整治，更换小垃圾桶，在三大广场、集市场所等地，增加大垃圾桶数量，逐步实现机动垃圾车辆取代手推车。

5. 民主管理

进一步围绕民主选举、民主监督、民主决策、民主管理，加强村民自治的制度化建设，尤其加大村民议事规则、村民代表会议、村务公开等制度的建设，使村民参与“一事一议”率达到80%以上，把村民们关心的村务公开作为村务中的重点，继续坚持九公开（即：财务公开、农民负担情况公开、宅基地审批情况公开、各业承包公开、水电费收缴公开、计划生育情况公开、土地使用所有权转移公开、扶贫资金和经济款物发放公开、干部目标责任制公开），每个季度这些事务都会在村务栏上公开。下一步除利用村务栏公开外，同时也要运用村民代表会议、发放明白卡、书面告示、有线广播等方式进行公开。

（二）近期村建设规划

延边大学工学院建筑系受宁安市渤海镇政府的委托，依据《村镇建设规划》和《新农村建设总体规划》，结合江西村委员会《关于江西村提出近期村建设规划的论述》的要求，本着结合现状改造村容村貌；建设立体绿化植被；利用自然水资源；发展民族文化旅游资源，打造民族村品牌的宗旨，充分发挥镜泊湖旅游带、渤海国遗址等文化旅游资源，建设生态型新农村的目标，承担了江西村整体规划及重点部位景观设计。

现将设计成果汇总如下：

1. 完成全村的规划设计，编制“江西村近期建设规划图”及其说明书，并编制江西村规划鸟瞰图。

2. 编制重点区域规划图及景观方案设计、树种配置图。提供这些区域的效果图若干张，并提供部分景观的详图。重点区域如下：一带：牡丹江滨江景带；二区：民俗风情旅游度假区，民俗风情展示区；二轴：村庄中部，东西、南北交通轴。

3. 提供部分民族文化景观小品设计，如村门、围墙、水沟、廊、凉亭、村史博物馆。

4. 提供新农村民族住宅，样板房设计两套，含平面、立体剖面及整体效果图。

5. 商业部分建筑方案设计，提供平面、立体、剖面及整体效果图。

6. 报价如下：

（1）第一、二项合计23万元；

（2）第三、四、五项合计7万元；

（3）总计：30万元。

延边大学工学院建筑系课题组

2009年8月2日

第三节　民主法制

加强民主法制建设，是加强党的绝对领导、实现村民自治、加快新农村建设的重要前提。据笔者走访调查得知，江西村两委班子在此方面确实脚踏实地做了大量工作。

一　村民议政

江西村实行“四民主”、“两公开”，依法建制，以制治村。坚持村民选举制度、村民议事制度和村务公开制度，充分发挥村民参与村务管理的积极性。每两月召开一次村民议政会，议政会必须有“两委”干部、相关村民代表及利益涉及人参加。在村委干部带领下，会上采取“七步议事法”，即组织学习、报告工作、公开政策、讨论议事、票决通过、现场公开和会后落实。如村里修排水沟、加宽路面、自来水改造、民俗旅游开发等事宜采取“一事一议”，由村民对村委会的意见进行表决，按照半数以上代表意见通过决议。

（一）民主议政大会

江西村民主议政大会记录

时间：2009年7月4日

地点：村会议室

参加人员：村委会成员、村民代表共52人

会议内容：

1. 吴哲洙汇报近期各项工作情况。

2. 由金太松提出本次民主议政大会的主要内容。

（1）杨文宅基地问题。杨不是本村人，但在江西村老村屯区内已买下两所草房，目的是在拆除草房后按我村的规定可在新村批宅基地的情况下建筑食品工厂。

（2）果树场毛泡子11亩地和所在地的一间房子承包期已到，下一步该如何进行继续承包问题。

（3）修建休闲广场时占用金龙根宅基地该如何给予补偿。

（4）村里的水田地有一部分被外地人所承包，但近几年来他们始终没有参与维修所承包水田地的水壕和附近农田道，怎么办？

3. 讨论结果

（1）杨文虽不是本村人，但考虑到杨文在我村建厂对我村的经济发展有拉动作用，还可解决本村一部分村民就业问题。在户口落入我村后，可以批给宅基地。

（2）果树场毛泡子的11亩水田地和所在地的一座房子承包问题应先通过广播形式，告知大家，进行集体招标。考虑到毛泡子的11亩水田地，如果江水上涨，根本就无收成等实际情况，把承包期定为5年，承包费以每年1万元，房子以每年1000元的租金租给承包水田者。

（3）关于修建休闲广场占用金龙根宅基地补偿问题，经民主代表小组讨论，决定把金龙根被占的120平方米宅基地归公所有，在新村批给金龙根同等大的宅基地。

（4）关于外地人员承包江西村水田地，每年没有对所承包水田地附近的水壕和农田道进行维修的问题。经民主代表小组讨论，决定从明年开始以每亩地20元的价格向外地承包水田地者收取修水壕、修农田道的费用。

图2-7 民主议政大会（作者摄）

（二）“五访五问”

五访，即访问党员户、群众代表、产业大户、贫困户、意见户。五问，即慰问空巢老人、留守儿童、残疾人员、低保户、贫困户。江西社区党支部在开展“五访五问”活动中共走访60户人家，征求村民对村两委班子在建设社会主义新农村过程中的意见和建议。

现将具体意见梳理如下：

1. 加快老村屯草屋的改造步伐。

2. 成立全天候专业保洁队，使我村的环境卫生常年保洁。

3. 村里的餐饮业现在搞得很好，有的饭店要提前预约，客人才可以就上餐。但现在村里的旅店环境达不到标准，留不住客人。应对旅店环境出台相应标准。

4. 四、五队村民的饮用水水质差，应该再打一口新井。

5. 要保护好具有民族特色的老房子，这些老房子具有很强的民族特色，对我村的民俗旅游有益。

6. 村里的米业公司多了，牌子也多了。虽然暂时看，抬高了我村的米价，但从长远看，不利于我村的米业做大做强，应尽快使各米业品牌联合起来，共同提高市场竞争力，确保我村米业持久、健康发展。

7. 加大对农田基础设施建设的投入，扩大绿色农产品面积。

8. 冬季集体性的文化活动过少。

9. 对生女孩的家庭，给予相应的优惠政策，加大对考上大学学生的奖励，并对其家庭给予一些扶持。

二　依法行政

江西村党支部以邓小平理论和“三个代表”重要思想为指导，结合本村实际，全面落实科学发展观，坚持依法治村与以德治村相结合。

近几年来，村两委班子经过村民大会与村民代表会议，按照《村民委员会组织法》的规定，本着合法、民主、平等、实用的原则，结合本村实际情况，有针对性地制定了《江西社区村规民约》、《民主监督制度》、《民主生活制度》、《民情恳谈制度》、《江西社区党支部“四权”管理制度》、《民主管理小组制度》等各项规章制度，使得村里各项工作都有法可依、有章可循。结合“民主法治示范村”创建活动，整体推进民主法制建设，有力地促进了经济发展和社会稳定，推动了江西村各项事业的协调发展。江西村在2007年荣获了中共黑龙江省委颁发的“全省民主法治村”光荣称号。

在涉及征地、工程、村集体资产租赁等比较敏感、容易产生纠纷的重大问题处理上，都采用合同管理的方式，使各项具体工作都能够在法律的框架下运行，如江西村新农村改造的工程施工合同。

江西村工程施工合同

甲方（发包人）：江西村

乙方（承包人）：黑龙江省新世纪建筑工程有限责任公司

依据《中华人民共和国合同法》、《中华人民共和国建筑法》及其他有关法律、行政规定，遵循平等、自愿、公开、诚信的原则，双方就本建筑工程事宜，协商一致，特订立本合同。

一、工程概况

（一）工程名称：宁安市渤海镇江西村新农村改造建筑工程。

（二）工程内容：广场水泥路面、石头边沟、老年活动室，公厕。

（三）工程地址：宁安市渤海镇江西村。

二、工程承包形式：包工包料

三、工程质量：合格

四、合同工期：（略）

五、工程造价：广场36万元、主路2公里36万元、村内公路4公里72万元、边沟10万元、活动室418平方米58500元、公厕18000元。

六、付款方式：乙方垫款施工，工程竣工后，甲方验收合格后付款。

七、未尽事宜：（略）

发包方（甲方）：江西村

承包方（乙方）：黑龙江省新世纪建筑工程有限责任公司

2009年6月18日

三　村民调解

江西村是多民族聚居的村庄。多年来在几届村领导班子的带领和各族村民的团结苦干下，江西村在经济建设和精神文明建设上都取得了长足进步，被牡丹江市政府评为市级新农村建设示范村、民族团结先进集体等称号。

调查了解到，近些年村内虽无大的刑事和治安案件发生，但在一些家庭、邻居之间也常会发生一些小的纠纷。如：黄某家打除草剂，因除草剂飘散，致使邻地金某家田地中的稻子黄了；李某家的狗咬伤了正在修道路的工人等。针对这些情况，村委会成立了村民调解委员会，由村干部金大松担任调解委员会主任，各小组组长为成员，制定了调解工作遵循的原则。并且每年邀请江西村新农村建设的帮扶单位——渤海镇司法所人员向村民进行法律宣传，村民调解委员会通过司法所赠送的《人民调解委员组织条例》、《人民调解服务指南》等有关书籍，以及实地的指导和业务培训，增强了村调解员的工作能力。

表 2－5　家庭纠纷调解表

<table>
<tr><td>时间</td><td>2009 年
10 月 5 日</td><td>被调解人姓名</td><td>金某、崔某</td></tr>
<tr><td>调解人姓名</td><td>金太松
张月顺</td><td>事由</td><td>金某和崔某是十多年的老邻居，在 20 多年前，村民居住没有现在这样集中，金某在自家居住的房屋前种了一棵榆树，后来崔某重新建院墙，把榆树围在自家的院内，近些年榆树越长越大，影响了崔某院墙的安全和房屋的采光，想要把榆树伐了，但金某就是不同意。</td></tr>
<tr><td colspan="4">调解情况：调解主任金太松得知后，先后走访金某和崔某家了解一些情况，金某说：“树是我先种的，他后盖的院墙，盖院墙时也没和我打招呼，就把树围进去了，我这棵树长了几十年，夏天还能遮阴，想砍我的树，门都没有！”
崔某说：“这棵树小的时候，没觉得怎样，树长大了，竟然使我家的院墙都裂开了，想把这棵树伐了，老金就是不同意。”
调解员了解情况后，做了分析，找出主要矛盾点，随后调解员进行了调节。先到老金家说：“不如这样，你这棵树也种了几十年了，值点钱，把他卖给老崔，就算是他对你这棵树做了补偿，行吗？”老金同意了。随后调解员又到了崔某家，调解员对老崔说，一花一草都有感情，何况还是人家种了几十年的一棵大树，还是你的院墙占了人家树的位置，现在你出钱买这棵树，也合情合理，崔某同意。最终，达成了协议，老崔交给老金 300 元钱，作为补偿。</td></tr>
</table>

总之，在村民调解委员会的调解下，江西村的村民纠纷基本上能得到化解，很少出现不得不通过法律手段来解决矛盾的严重情况。

第三章　经济发展

在经济发展过程中，江西村逐步摸索出了一条由单一种植向多元化产业发展的道路，目前该村已经形成了以优质水稻种植、民俗旅游、劳务输出为三大支柱的产业，实现了强村、富民的新面貌，农民收入不断上升，生活条件不断改善，物质文明和精神文明都得到了提升，正向龙江朝鲜民俗旅游第一村迈进。截止到 2009 年年底，江西村社会生产总值达到 7800 万元，村民人均收入近 50000 万元。

第一节　经济发展条件

一　农田水利

江西村村屯占地面积 0.53 平方公里，现有耕地面积 5400 亩，人均耕地面积 3.42 亩，皆为水田，以水稻种植为主。新中国成立初期，江西村耕地仅有 2214 亩，人均耕地面积不足 2 亩。80 年代末，实行家庭联产承包责任制后，鼓励开荒，村民从事农业生产的积极性空前高涨，全村开垦荒地达 2000 多亩。到了 90 年代，村民将闲置的水洼、草甸全部开垦利用起来，形成了如今的耕地规模。同时，江西村在农业用地调整方面也下足了工夫。“旱改水”符合江西村的自然条件，该村应用先进的稻苗培植技术和科学管理方式，培育出了高科技、高品质的大米，成为响水大米的主要生产基地。但近年来随着外出务工人员的增多，该村出现了土地闲置无人耕种的情况，于是村民自发地对土地进行使用权转包，加快了土地向非外出务工人员手中的转移。2009 年，江西村一农户承包耕地多达 50 亩。通过转包土地使用权，江西村的闲置土地被利用起来，大大提高了土地的利用率，实现了农业的快速稳定发展。

虽然江西村临近镜泊湖和牡丹江，拥有充裕的水资源，但是如果缺乏合理灌溉，即便有好的自然条件也是达不到好效果的，因此江西村在灌溉方面也做了很多努力。江西村灌区隶属于宁安市渤海分灌区。新中国成立后，当地政府整修了渤海江西坝，维修了 22 公里干渠、28.7 公里支渠、田间闸门永久性工程 6 处、临时工程木造闸门 6 处，修永久性排水闸门 5 处、木造渡槽 20 座、跃水 3 处以及全灌区桥、涵 18 个。1956 年农业合作化后，在牡丹江上筑起 2 座拦河坝，坝长 260 米、高 2 米、顶宽 5 米、底宽 15 米。1973 年江西坝改为半永久性拦河坝，[①] 这就使得江西村附近丰富的水资源得到了充分合理的运用。虽然渤海灌区兴建较早，经过几十年的建设，主干灌排渠系也已具备一定规模，但是由于特殊的火山岩地质构造，以及缺乏统一的调度和管理，致使工程设施日益老化，渠道渗水严重，险工险段逐年增加。加之还存在工程标准低、

① 宁安县民族事务委员会编《宁安县民族志—宁古塔朝鲜族》（内部资料）。

渠系不健全、田间设备不配套、缺乏必要的节水改造措施等问题，这些是江西村发展现代化集约型农业的不利因素。为了最大限度地发挥灌区对经济发展的促进作用，扩大灌区灌溉面积，发展粮食生产，保证粮食安全，黑龙江省发展和改革委员会决定对宁安市响水灌区进行二期续建配套与节水改造。其主要预期建设是在前一期工程的基础上，对响水灌区的3个分区中的渤海灌区进行改造。3个改造分区分别为：拦河坝工程，拆除重建渤海渠首江西坝；渠道整形工程，渤海干渠桩号0+600~0+900段和渤海二干渠桩号3+000~3+500段护坡采用双侧浆砌石基础防渗；建筑物工程，拆除重建渤海一干渠泄水闸。总体二期续建与改造工程估算总投资3088万元。这一工程的建设将彻底解决江西的水利问题，会促进当地农业生产持续健康发展。

二　道路交通

从2007年开始，江西村开始进行江西中心路修建和街道重建工作，修建了全程12公里的通村通街公路。2008年，在原有道路的基础上扩宽路面1米。2009年又修建马路牙子等道路辅助设施。江西村距离宁安市45公里，距离渤海镇仅5公里，这条村级公路是江西村与外界联系的主干道，全程皆是柏油路面，与国道相通，交通十分便利，这为响水大米的外运、生产资料的输入，以及旅游业的发展提供了便利条件。

第二节 主要产业

一 农业

（一）物种与技术

1. 作物品种

新中国成立前，江西村农民主要种植水稻，仅有部分村民种植大豆、玉米等旱作，当时水田与旱田的种植比例为9:1。如今，江西村的耕地均为水田，因此笔者在这里着重对江西村的水稻品种加以阐述。

从新中国成立前到现在，江西水稻的种植品种发生了巨大变化，大致可分为以下几个阶段：

（1）1945～1963年（国主时代）

这一时期主要品种是国主和青森五号，前期国主、弥荣、兴国占主要地位。

（2）1963～1970年（长丰时代）

这个时期中熟品种主要是长丰和牡丹江二号。

（3）1970～1975年（京引时代）

这一时期主要是种植京引59、公交11、公交36等品种，而且各品种都有一定的种植面积。

（4）1975～1979年（牡交29时代）

这一时期主要种植品种是牡交29，及早熟品种1026（日本品种）、长丰、延粳六号，晚熟品种延粳60。

（5）1979～1984年（合江时代）

这一时期主要种植的是合江19、合江20、合江21和合江 7504 等品种。

（6）1985～1995 年

这一时期主要品种是日本富士光、合江 19 号、合江 20 号。

（7）1995～2000 年

这一时期主要种植品种是日本富士光。

（8）2000～2009 年

这一时期主要种植品种是五优稻一号、松粳 6 号、松粳 12 号、稻花香 2 号。

表 3-1　江西村 1960～2009 年水田面积、品种、产量、人均农业收入对照表

年　份	水田面积（亩）	水稻品种	总产量（斤）	人均收入（元）
1960	3321	永植稻、青森五号	1270236	78
1970	4620	公交 36、公交 13、京引 59、公交 11、长丰	2786283	125
1980	5220	合江 19、合江 20、合江 21、合江 7504	2178658	153
1990	5400	日本富士光、合江 19 号	2510363	570
2000	5400	五优稻一号、松粳 6 号	6120000	1760
2009	5400	松粳 12 号、稻花香 2 号	6660000	15400

2. 育苗技术

江西村从事水稻种植以来，产量逐年增加，这除了得天独厚的自然条件外，不断使用改良新品种和推广新的育苗技术也是增产增收的重要原因。

江西村的水稻育苗技术大致经历了以下几个阶段：

1958 年以前：耕作粗放，广种薄收，产量很低；

1959～1975 年：水床育苗，改良水床苗；

1976～1981 年：带土育秧，结合重点试验温室无土育苗；

1982～1985 年：全面进行旱育苗稀植栽培；

1986～2002 年：钵体旱育苗；

2003～2009 年：二段式育苗、超早播育苗。

（二）农业内部结构调整与发展

江西村十分重视产业结构调整，根据市场需求变化，按照“人无我有、人有我优、人优我精、人精我转”的思路，不断地调整内部结构。江西村的现代化发展之路，我们可以在江西村这些年的发展过程中一窥究竟。

20 世纪 70 年代江西村种植的水稻平均亩产 350 公斤，人均年纯收入不足 200 元，全村能戴上手表、骑上自行车的人寥寥无几。一个生产队 72 户，只有一块手表、一辆自行车，村民生活水平比较低，吃粮按人头分配，劳动力分配的多，非劳动力分配的少，人口多的家庭分配的粮食不够吃，不少家庭为了解决填饱肚子的问题，只能用大米到附近汉族村兑换小米，平时基本吃不到肉类，只有逢年过节，每人能分到 2～3 两肉，蔬菜也不多。大多家庭都是每人春、夏、秋三季穿一套单衣，冬天穿一套棉衣，没有其他换洗衣物。有些家庭养几只小鸡，产蛋后舍不得吃，以每个 5 分钱的价格卖掉，给孩子买学习用品、供孩子上学。当时生产力低下，田间劳作只靠人力和畜力，地荒、产量低，一年到头 80% 的家庭有欠款，只有 20% 劳力多的家庭，能结余百余元钱。

正所谓穷则思变。1979 年，江西村党支部迎着改革的春风诞生了，村党支部连续召开几天会议，研究如何脱贫致富，如何借改革开放的大好时机改变江西村贫穷落后的面貌。最后决定：脱贫的第一步棋是在土地上做文章，引导农民科学种田，提高粮食产量。党支部一班人带领群众冒着风寒平田整地、兴修水利、改良土壤，把小片地连成大片，实现土地方田化；农闲时节，请水稻专家到村里为村民解决生产过程中遇到的技术难题，筹办科技讲座。如粮种的选择、科学的田间管理方法、化肥农药的使用、病虫害的防御、育苗技术、插秧技术等。这一举措果然奏效，水稻产量猛增，由原来的亩产300多公斤增加到500公斤，集体资金有了大幅度增加。

迈出了胜利的第一步，极大地坚定了江西村村民脱贫致富的信心，在此基础上村党支部成员再接再厉，加快实施脱贫的第二步棋，即发展村办企业，办起了制药厂、砖厂、沙场等集体产业。制药厂主要生产日常用药，借助农村合作医疗，村民看病每人只需交付5分钱，剩余部分由村里承担；建砖厂，后来由于当地土质不达标，砖厂开了几年就关闭了；建沙场，沙场的效益一直很好，后由于种种原因承包给了个人。

通过以上措施，江西村的集体经济迅速壮大，农民的温饱问题得以解决，同时大部分村民开始有了存款，尤其是实行家庭联产承包责任制以后，土地分田到户，极大地调动了村民种田的积极性。加之由水稻专家、种田能手自发成立了水稻协会，更是使水稻产量连年增加，村民收入不断增长。80年代，农业人均纯收入153元，90年代农业人均纯收入570元，2000年农业人均纯收入1760元。2009年农业人均纯收入15400元。

江西村盛产的响水大米以其粒大、油润、味香而闻名全国。1992~1997年，响水大米在全国评出的28种优质大米中名列榜首，三次获得中国农业博览会金牌奖，并以无公害物质残留、无污染的优越品质成为人民大会堂选定用米和国宴用米。1999年荣获中国食品节“最受消费者喜爱的产品”的称号，并获得中国绿色食品协会认证，成为名副其实的绿色食品。

1. 水稻协会

2001年8月8日，宁安市渤海镇水稻协会经牡丹江市农业委员会经管局批准和民政部门注册登记，正式挂牌成立。协会下设15个水稻分会，1个水稻科技物质服务中心，一个镜泊湖大米专业合作社。江西村水稻合作社应运而生。协会和合作社的成立，为粮食增产、农民增收起到了极大的促进作用。

图3-1　水稻专业合作社（作者摄）

协会和合作社真正成了百姓的娘家，农闲时节协会科技人员对农户进行技术指导，并按照水稻生产季节的变化，把种田示范户请到协会进行授课。水稻协会对村民的主要服务有：

（1）产前服务：良种的选择是增产的关键环节。种子改良由原来圆粒改为现在长粒，由早熟品种改为晚熟品种。近十年主要推广使用的是晚熟优质品种，如吉特639、稻花香2号、五优稻一号等。

（2）产中服务：通过专家讲座，辅导推广使用新的育苗技术。在育苗环节，主要采用一段式超早育苗和两段式育苗技术，在3月15日～30日育苗，5月10日左右开始插秧。采用大垄种植栽培争取积温，早插技术的运用比传统种植方法提前了20～30天，采用此法，既节约了种子用量（现在8～10斤/垧），又使产量增加30%左右。化肥与农药的使用，严格按科学的方法进行配比，对不同地块进行测土配方，根据不同地块所需的氮、磷、钾及微量元素，采用“套餐式”专用肥，分为底肥、返青肥、穗肥。使用的农药均是国家推荐使用的高效低毒无残留农药，用于病虫害的防治。在水稻生长期间，种植户如果遇到了疑难问题，可以用电话咨询合作社的技术人员，也可以把专家请到田间地头，随时解决农民咨询的问题，不收取任何费用。

（3）产后服务：待水稻成熟收割后，分品种单打单收。由于水稻种植采用了科学培育、科学管理的方法，使得水稻的品质和产量大幅提高，创出了品牌，所以出售时单价高于其他地区同品种的价格，达到每斤2.5～3元。种植户经济效益增加，农业收入由原来90年代的1万元/垧达到现在的2万～3万元/垧（1垧=15亩）。

2. 米业公司

20个世纪90年代，江西村响水大米在中国农业博览会上连续荣获金奖，名声享誉中外，吸引了大批的外商，有几家大商贩为了谋取更大的利益，开始垄断江西村米业市场，故意压低价格收购水稻，一度出现稻米的产量上去了，农民收入却减少的现象，农民为此怨声载道，这一现象在20世纪末21世纪初尤为严重。针对这一现象，新上任的党支部书记吴哲洙同志组织村党委、村委一班人连续开会商量对策，下定决心坚决改变粮食生产与销售脱钩的现象，提高农民的生产积极性，给大家一颗定心丸。经过多番商讨，村里决定借助被列为国家优质水稻生产基地建设项目核心区和良种繁育区的契机，成立江西村自己的米业加工销售企业——江西村米业公司，并注册了“镜江石”牌商标。全村在村党支部的带领下，实行统一选种、统一育苗、统一操作流程、统一品牌、统一销售的“五统一”产业化模式，提高了江西村大米的质量和知名度，稳定了市场价格，增加了农民的收入。在米业公司成立的第一年即2000年秋，当时市场的大米价格为每斤1.3元，但米业公司为了保护村民利益，让利于民，以每斤高于市场0.5元的价格，即每斤1.8元收购了全村的大米，统一销售。尽管米业公司没有赚到一分利润，但百姓从中得到了实惠。以保护百姓利益，增加农民收入为宗旨，实行“五统一”的产业化管理模式，使米业公司完成了它这一时期的历史使命。2006年，在全镇招商引资的大背景下，该村通过招商把江西村米业公司转包给了“邢瑞雪米业有限公司”。

由于村党支部的科学决策，在村米业公司和协会的大力帮助下，江西村优质稻米产业年产值稳定在2000万元左右，并呈逐年上升态势，2009年大米价格已升至每斤2.5元至3元，江西村农业总产值达到2430万元。粮价的增长，使得农民的收入不断增加，以优质大米为主的江西村米业发展更是朝气蓬勃，这为江西村早日建成社会主义新农村奠定了坚实的物质基础。同时也使优质稻米产业成为江西村三大支柱产业之一。

图 3－2　邢瑞雪米业公司（作者摄）

（三）政策扶持

江西村经济的高速发展离不开国家惠民政策的扶植。为了进一步减轻农民负担，规范农村收费行为，国家提出了对现行农村税费制度进行改革的方案，并从 2001 年开始，逐步在部分省份进行试点推广，推广的主要内容可以概括为："三取消，两调整，一改革"。"三取消"是指取消乡统筹和农村教育集资等专门向农民征收的行政事业性收费和政府性基金、集资；取消屠宰税；取消统一规定的劳动积累工和义务工。"两调整"是指调整现行农业税政策和调整农业特产税政策。“一改革”是指改革现行村提留的征收和使用方法。2002年黑龙江省成为扩大农村税费改革试点省，宁安市从2002年开展农村税费改革以来，大幅度减轻了农民负担。2002年全市推行税费全面改革，与改革前相比，农民负担平均减幅为24.24%，人均负担减少了54.5元，亩均负担减少了9.6元。

2004年，黑龙江省全面免征农业税及附加费，工作重心以“一免两补”为重点，即免征农业税，并对粮食生产进行直补和良种补贴。2004年，黑龙江省粮食补贴总额15.2亿元，良种补贴总额2.9亿元。2006年，农资价格不断攀升，粮食价格又不断下降，在这种情况下，财政部及时出台了《关于对种粮农民柴油化肥等农业生产资料增支实行综合直补的通知》。农业生产资料增支直补，简称“农资综合补贴”，按大类划分主要包括化肥、柴油、种子、农机、农药、农膜方面的补贴等。

农村税费改革实施以来，自2004年到2007年，黑龙江省的各种补贴直接增加了农民的人均收入，分别为98.4元、104.2元、185.44元和251.93元。2008年全省粮食补贴总额71.6亿元。2009年全省粮补总额92.83亿元。

在宁安市委、渤海镇党委、村党支部正确领导下，江西村的农村税费改革和免征农业税及各项补贴政策，每一项都得到了百分之百的落实。2008年粮食直补13.33元/亩，农资综合直补29.55元/亩；2009年粮食直补18.6元/亩。为了保证资金的切实到位，江西村严格遵照“两个到村，五个到户，七个不准”的原则。“两个到村”，即公告张贴到村，补贴数额到村。“五个到户”即政策宣传到户，公开信印发到户，实施方案讲解到户，粮食补贴通知书发放到户，资金兑付到户。“七个不准”，即不准擅自修改粮食补贴通知书确定的补贴数额，不准以补贴抵扣任何款项，不准截留、挤占和挪用补贴资金，不准由乡（镇）其他部门或村屯集中代领和转付补贴资金，不准无故拖延兑现时间，不准以任何理由借机增加农民负担，不准擅自收缴农民粮食补贴存折（卡）。每年补贴发放前，粮食补贴通知书都发放到农户手中，并将补贴面积、标准、数额等内容张榜公布，接受村民监督。江西村还采取“一卡通”的形式向农民发放，保障在一周内全部发放完毕，必须由农民亲自领取，农民可根据本人意愿，随时到本地信用社或邮局取款，不取款的还可以按存款时间的长短领取利息，做到了以农民意愿为重，以农民所求为先，时时处处把农民的利益放在第一位。

粮食综合直补、良种补贴这些惠农政策真正让农民从中得到了实惠，极大地提高了农民的生产积极性。江西村的村民生动地形容道：卸下了肩上的重担子，增加了腰里的钱袋子。

（四）农业资源利用

1. 土地重组

20 世纪 70 年代前，江西村的耕种土地受当地自然条件的制约，分散不连片，水沟、草甸、水洼穿插于耕地之间，生产方式以生产队为单位。改革开放后，村党支部开会研究决定，为了造福下一代，大搞农田基本建设，实现土地方田化，小片连大片，生产小队由原来的 12 个合成 9 个。实行家庭联产承包责任制以后，村里为了便于管理，又把 9 个生产小队重新合并成 7 个村民小组，其中 6 个朝鲜族小组、1个满汉民族小组，并且按小组重新分配土地。到了1999年，对村民拥有的土地又进行二次调整，将死亡人口的土地回收，对新生人口重新分配土地，土地使用权30年不变。

2. 土壤改良

江西村在家庭联产承包之前，是以生产小队为单位，对土地进行耕种。当时的土地都是在火山熔岩的石板上面，个别地块土层不厚、肥力不强，生产队组织劳动力利用农闲时节，对土地进行改良，向地里运送大量农家肥和优质土壤。分田单干以后，闲置的水洼草地也被村民开垦起来。当时的政策是谁开垦的土地就归谁使用，但没有土地承包证明，属于开荒地。1990年以后江西村附近的空地全部被开垦成耕地。经过多年农田水利基本建设，江西村耕地得到了极大改善。笔者针对这一问题走访调查，村民都认为江西村的土地没有条件不好的下等田地，自家分的都是上等的好地。

3. 作物新品种使用

江西村主要以种植水稻为主，从20世纪60年代到现在，所选用的水稻品种有几十个，但总体来说前期使用的多数是早熟品种，水稻产量不高，品质不佳，抗病虫能力不强。随着科学技术的发展，人们采用科学种田的方式进行管理，现在所选择的品种都是晚熟、高产、品质高、抗病害能力强的新品种，如吉特639、稻花香2号、五优稻一号等，垧产可达18000斤（亩产1200斤），每年向主市场提供2600吨优质大米，对农业增产、农民增收起到了巨大的促进作用。

4. 化肥农药使用情况

根据水稻生长时间和种植技术的不同，农家有机肥和化肥都有使用，但江西村采用的是超早育苗、大垄稀植栽培技术，所以农家肥用量减少，化肥用量增加。化肥的使用首先是对土壤进行测土配方，根据土壤中所需氮、磷、钾及微量元素实行套餐式专用化肥。底肥以氮磷钾有机肥为主，施肥量在每垧1000斤，肥效可持续3～4个月；返青肥以氮肥为主，如尿素施肥量每垧150斤，肥效在30～40天；穗肥以磷肥、钾肥、微量元素为主，施肥量每垧150斤。

农药因除草、杀虫的功效不同，使用方式也各不相同，江西村所使用的农药，全部是国家禁用之外的高效、低毒、无残留农药，以保证所产大米成为无公害绿色食品。

（五）养殖业

江西村的养殖业生产方式主要是一家一户的小型养殖，养殖种类主要有猪、牛、狗、鸡、鸭、鹅等，基本都是自养自用，一般不会产生大的经济价值。但村民中也有尝试大规模发展养殖业来创造利润的人，村民王彦岭和崔秀权就是如此。

1. 养猪大户——王彦岭

王彦岭，男，汉族，1957年出生，1992年加入中国共产党，是江西村有名的养猪大户。王彦岭最初开始养猪是在1980年，他采用传统技术在自家庭院里养了10头猪，养的猪主要是卖给一些小商小贩，年收入两三千元。为了扩大养殖规模，增加收入，1986年王彦岭先后到吉林长春、辽宁鞍山，以及黑龙江哈尔滨、牡丹江、七台河等地的大型养殖场考察，学习养猪技术，回来后他把家里的积蓄全部用来扩大规模，应用全新技术进行养殖，当年初见成效，收入随之增加，确实尝到了甜头。1989～1992年，养猪平均年纯收入都在1万元左右。时任中央政治局常委的李瑞环同志在走访宁安时，特意到江西村看望了这位养猪大户，并在家中与王彦岭亲切交谈了近一个小时。李瑞环问王彦岭国家有几个政治局常委，王彦岭不但准确地回答出7位（当时7位，现在9位），还一一道出了他们的名字，使得书记及在场的陪同官员都很惊讶。原来王彦岭每天晚上7点都准时收看《新闻联播》。就像他自己说的："咱虽然是老百姓，但也要关心国家大事啊！"

图3－3　王彦岭的猪场（作者摄）

2003年，王彦岭的养殖业在当地政府的大力支持下，扩大了养殖规模。村里免费为他提供养殖场所，镇里相关部门对养殖场内的用电给予优惠，对其贷款给予贴息补助。王彦岭用贷款和自己积蓄的几十万元扩建了1000多平方米的厂房，并增添了330个猪舍。截至2009年，王彦岭的养猪场占地面积达2000多平方米，拥有7个厂房，最多可养猪700多头，固定资产达150多万元，年出栏猪约为1000头。出栏的生猪直接销往宁安市猪肉市场。从2004年开始，年收入都在三四十万元左右。王彦岭有钱了，但是他却没有贪图享乐，而是把更多精力投入了社会主义新农村的建设中。养猪场生产的猪粪，还是一如既往地免费送给村民用于改良土地，仅此一项就相当于每年赠与村民1万多元，并且他还主动为村文化广场和老年人活动中心的建设捐赠资金和运动器材。2008年由于受国际养猪业大行情不景气的影响，王彦岭当年亏损近30多万元，但他没有气馁，而是调整思路，缩小养殖规模、减小了风险，最终在2009年秋季实现了扭亏为盈。2010年，王彦岭计划再给村里捐助更多的资金用于村里的基础设施建设，如果条件允许，他还会再扩大养殖规模，带动村民共同致富。

2. 崔秀权

崔秀权，朝鲜族，54岁，1990年到韩国务工，1994年回国，所赚到的钱除去平时的开销和还清出国前的欠债，还剩余了30多万元。回到江西村后，由于自己的土地已经承包给了别的村民，整日无事可干，他心里盘算着总不能这样坐吃山空，只花不挣，就算有几十万的存款早晚也会花空的，倒不如拿着这些钱干点事业，用钱生钱，活得还充实。当时政府正在鼓励村民搞养殖业，经过一番考察，他选定了养牛这一行业。1994年崔秀权向村里提出申请，得到村委会的大力支持，并为他发展养牛提供2亩荒地，用于建设厂房，租金每年仅400元，租期为20年。厂房建好后，崔秀权到黑龙江省伊春市牛市场一次性购买了30头黄牛，加上厂房建造，总投资达30余万元。由于选择的黄牛品种不适宜育肥养殖，崔秀权本人又缺乏科学的养殖经验，粗放饲养，出售时正值牛市行情低，几方面因素加在一起，导致崔秀权亏损15万多元，第二年牛场倒闭，厂房、牛舍闲置。从1995年到现在，村里再无人饲养黄牛。但崔秀权本人不甘心，牛场倒闭后，他又种了8年水稻，积累了一些资金，于是又去韩国务工，一去就是6年。6年里，他一边打工，一边到韩国的养牛基地学习科学饲养技术，仅学习就花了2万多元。2009年，他回国时已经积累了几十万元的资金，并且掌握了一套完整的黄牛育肥饲养技术。他做了充分的准备，决定东山再起。

二　劳务输出

（一）劳务输出原因及历程

江西村的劳务输出始于改革开放初期，当时村民生活水平低，家庭收入不高，为了增加收入，提高生活质量，少数村民开始尝试着到外面寻找致富门路。其中有两位在韩国有亲属的村民，以探亲的名义去了韩国，并在韩国务工一年，收入可观，比家里的农业收入高出十几倍，回到家乡后，其他村民得知此事羡慕不已。这件事极大地触动了当地村民，并激发了他们到韩国打工的热情。因为江西村有88.4%的村民是朝鲜族，并且都会讲韩语，而其中又有12%的村民和韩国有着亲缘关系，所以到韩国打工有很大的优势。不过当时办理去韩国探亲或打工的手续是一笔很大的开销，在韩国有亲属需1万~2万元，无亲属的则需7万~8万元。受当时经济条件所限，能够去韩国打工的也只有几十人，这些人所需的出国费用，有的是向亲属借的，有的是高利息贷款。但回国后，除偿还所借费用和利息之外，余额还是很可观。随着江西村农业的发展，很多村民有了积蓄，加之中韩友好关系逐渐深化，对韩劳务输出手续逐渐简化，相关政策也逐渐放宽。比如60岁以上的去韩国不用签证，去韩国打工连续三年的，以后也不用签证，可随时到韩国探亲打工，所以去韩国务工的人逐年增多。由于村民受文化水平较低的影响，多数务工人员只能从事建筑、种植、养殖、餐饮等行业，一般日工作时间在12～14小时。1990～2000年，人均年收入可在20万～30万元。近几年，虽受国际金融危机影响，他们在韩国的人均年收入仍在10万～15万元。由于收入可观，江西村到韩国务工的人员也由原来的几十人发展到现在的580人。务工的地点分散在韩国的首尔、釜山、春川等地。

除对韩劳务输出外，江西村还有200人左右在国内的上海、大连、青岛、广州、威海、牡丹江等地的韩资、日资企业务工，年收入3万～5万元不等。

表3－2　江西村村民在韩国和国内务工人数与收入对照表

单位：人，万元

年　份	在韩国务工人数	在韩国务工年平均收入	在国内务工人数	在国内务工年平均收入	劳务输出总收入
1990	2	22			44
1995	30	21	103	2	836
2000	102	18	265	3	2631
2005	363	13	284	3.5	5713
2009	580	7.5	200	3	4950

（二）劳务输出对当地经济、社会发展的影响

劳务输出对于江西村人而言有着深刻的影响，它不仅直接提高了江西村村民的物质生活水平，也对江西村人思想观念的转变产生了重要影响，成为江西村经济发展的推动力和新的经济增长点。劳务输出对江西村的影

响有以下几个方面：

首先，劳务输出改变了江西村村民的思想观念，改变了过去那种“面朝黄土，背朝天”的单一生产生活方式。劳务输出人员大多是江西村的青壮年，他们离开家乡，在其他国家或国内各大城市中工作生活，无疑开阔了他们的眼界，增长了他们的见识。有些人回村之后，由于接受新事物的能力强，努力尝试开辟新的经营项目，成为村里的致富能手。当地人对这些返乡的务工人员的评价是脑子活、有闯劲、敢干事。这些返乡的务工人员成为江西村经济发展的助推剂，他们带回来的信息和经营理念正逐渐地改变着江西村的生产生活面貌，从他们身上可以看到江西村发展的未来和希望。

其次，劳务输出改变了江西村的产业结构。虽然江西村以农业为基础的产业格局自从新中国成立后就已形成，并且经过短短几年的发展就发生了根本性的改变，不过随着一些务工人员的回归，江西村的第三产业也开始呈现向上发展的态势。如结合本村的民俗特点，发展乡村民俗旅游，使江西村在短短几年时间里，就建起了几十家民俗餐饮接待点，形成了该村第三大支柱产业。

最后，劳务输出对于江西村人择偶的标准也有一定影响。它扩大了江西村村民的联姻范围，外出的青年人选择配偶不再仅限于当地和外地亲属介绍。和外地姑娘恋爱、结婚，嫁到韩国或国内其他城市的人也越来越多，并且外出的青年人主动推迟结婚年龄，自觉执行计划生育政策，实现优生优育，使其后代能接受良好的教育。

（三）劳务输出的隐忧

劳务输出在推动江西村经济发展的同时，也逐渐暴露出一些潜在的问题。

首先，最明显的就是直接导致了当地劳动力的锐减。外出务工人员逐年增多，在家务农的青壮年很少，并且大部分外出务工人员经过多年的外地生活，已经开始接受并适应了城市生活，一些人已经留在韩国定居或在国内大中城市买房居住，有的甚至把家人也接走，虽然户籍仍保留在江西村，但是基本没有再回过村，这就导致村里出现了“空巷”和“空巢”现象。

其次，男人外出打工，女人在家留守，或女人外出打工，男人在家留守，这是劳务输出给江西村带来的一种新的社会现实，而前者居多。大量男性到外面打拼，寻求发展，如果家中有老人、孩子的，则妇女选择留守家中，在生产、生活中她们往往身兼数职，负担过重。管理家中老小的衣食住行，负责家里的农业生产与对外事务。结果，家务活、农活、照顾老人、教育子女都成为她们的重要负担，使得她们压力很大。

再次，导致部分务工人员的婚姻出现问题。外出打工的人只有过春节时才回到家里，长期的两地分居使得夫妻间陌生感逐渐加强，而夫妻二人长期生活在不同的社会环境中，受到不同文化观念、生活方式的影响，交往的人群不同，久而久之共同语言减少，导致部分家庭婚姻解体，还有部分家庭，迫于孩子或家庭的压力，虽然未离婚，但实际由于长期两地分居，婚姻早已名存实亡。

最后，江西村的留守儿童问题也日趋严重，父母双双外出打工挣钱，通常会把孩子留在家中，交由爷爷奶奶照顾，待到上学年龄时，才会考虑把孩子送到外地。这种情况使得留守儿童缺乏同龄人应得到的关爱，在心理和行为上往往出现问题，严重的可能会出现“富了口袋，穷了脑袋”的现象。好在这些情况已引起了当地政府的高度重视，渤海镇政府开展了“关心下一代”活动，江西村也开展了“留守妇女儿童平安家园”活动，并成立了“留守妇女儿童平安家园组织机构”，正着力改善这种现象。

江西村留守妇女儿童平安家园组织机构：

组　长：吴哲洙（村支部书记）

副组长：李升华（村委会主任）

成　员：郑玉子（村妇女主任）

安相龙（村小学校长）

闵峰男（村会计）

朴京子（村小学教导主任）

孔维珍（村妇代会委员）

三　村办企业

20 世纪 80 年代到 90 年代，村里先后办过制药厂、沙场、红砖厂、机械修理厂等 4 个村办企业。截止到 2009 年，除了沙场承包给个人外，其他村办企业由于种种原因早已停产关闭了。2000 年江西村建立了以米业加工销售为主的江西米业公司。运转 6 年后，在 2006 年又转包给了邢瑞雪米业有限公司。

四　旅游业

江西村地处国家4A级旅游景区镜泊湖、火山口地下森林及唐代渤海国上京龙泉府遗址的旅游长廊金三角地带，开发旅游业有着很好的集群效应，加之江西村极具鲜明的民族特色，村党支部经过慎重考虑，提出了打造龙江朝鲜民俗旅游第一村的目标。近几年，江西村依靠民族民俗优势，先后推出了特色餐饮游、传统节日游、民俗观光度假游，使江西村民俗旅游业的发展从无到有、从小到大、从大到优，已成为江西村经济发展的又一支柱产业，2009年旅游业为江西村增加产值近400万元。

（一）特色餐饮游

江西村居民主要是朝鲜族居民，他们具有相同的民族饮食习惯，他们都好食、好酒、好客。尤其是他们极具民族特色的餐饮，如打糕、冷面、狗肉、大酱汤、牛头锅、紫菜包饭等，还有辣白菜、明太鱼等三十多种凉拌菜，更是吊起了周边地区其他民族的胃口。2000年江西村民俗餐饮旅游已经粗具规模，但那时只停留在以家庭带料加工、品尝民俗风味的模式上，游客大多是因品尝民族饮食风味而来，其经济发展模式有待开发。近年来，村两委班子看准了这独具潜力的产业，借助江西村优质大米的名牌和地处牡丹江市“旅游金三角”区域的优势，积极开发民俗餐饮业，现已有近20户专门从事民俗餐饮的饭店，年可接待游客2万多人次，这些饭店年收入一般都在5万元以上。

图 3－4 江西村朝鲜族特色饮食（作者摄）

（二）传统节日游

1. 流头节游

江西村在大力开展餐饮游的基础上，还深入挖掘了传统的民族文化节日——流头节。

流头节也叫流头日，是朝鲜族传统节日，每年农历六月十五举行。节日当天，人们携带酒食到东流的牡丹江畔，朝鲜族妇女洗发（流头）、沐浴，祭拜农神祖先，净身驱除杂鬼，求丰收，求健康。浴后会宴，称为流头宴，这是一个集体性强、参与性广的节目。以农为本，祭农神、祭祖先、求丰收、求健康、尊老爱幼的传统风俗习惯，这种健康的、积极的方式影响着村民的生活。

图 3-5　江西村流头节活动剪影（江西村提供）

2005 年，自江西村成功举办第一届传统文化内容丰富的“流头节”之后，截止到 2009 年，5 年内共举办了四届“流头节”。（2006 年全村修路，停办一届。）在第一届原有的流头荐新、东流水头淋浴、祭农神祖先等传统仪式基础上，增加了新的具有趣味性、娱乐性以及民族特点的节目内容，如流头舞、顶水罐、摔跤、荡秋千等个人比赛项目，以及拔河、骑马等集体项目的比赛。比赛结束后，村民们用自己制作的各式各样的、能充分展示民族餐饮特点的食品欢庆流头节。会餐后，举办篝火晚会，进行极具朝鲜族特色的歌舞表演，直至深夜。到了 2009 年第四届流头节，又增加了其节日内涵，将民族运动会也融入其中，其他民族及村屯也应邀参加，活动历时 3 天，村民其乐融融，溢于言表，既增强了民族凝聚力，又加强了各民族间的团结，气氛和谐，回味无穷。

江西村举办流头节，在中国朝鲜族民族历史上当属首次。2007 年，“流头节”被收入黑龙江省非物质文化遗产保护名录，现在正在准备向国家级非物质文化遗产名录申报。2009年，中央电视台第七套节目在“乡土”栏目中播放了江西村“流头节”活动，提高了江西村旅游业的知名度。江西村流头节的举办，不仅使中断了200多年的朝鲜族传统节日流头节重现于世，保留了原来的企求农神给予丰收等愿望，增加了传承历史文化的内涵，同时也吸引了众多外地旅客来此旅游度假，极大地促进了江西村旅游业的发展。

图3-6　流头节非物质文化遗产证书（作者摄）

2. 花甲宴游

朝鲜族老人到了60岁称为花甲，老人60岁生日当天由儿女为老人准备花甲宴，亲朋好友都来为老人祝福生日。关于花甲宴的由来，在民间广泛流传着一个故事。高丽时代曾经有一个国王颁布了一条残酷的法规：人过60岁，不死即埋，后称高丽葬。一位姓金的穷人，把年过60的父亲藏入一个山洞之中，每天偷偷地给他送饭，始终没被人发觉。有人听说了高丽葬这件事感到这条法规过于残酷，便给高丽王送去了三个难题，使他非常为难。山洞里的金老汉听到这个消息后，告诉儿子如何解答这三道难题。儿子来到京城，向高丽王诉说了解题之法。国王听后，欣喜异常，究其出谋者，方知是一位年过花甲的穷老汉。于是，高丽王醒悟到老年人阅历丰富，是国家的财富。从此，废除旧律，通令全国尊重、爱护老人。金老汉重返家园，与家人团聚，安度晚年，一直到寿终正寝。从此以后，花甲宴代替“高丽葬”，敬奉老年人成为朝鲜民族的传统美德。

为了保留民族传统节日，弘扬民俗文化，在宁安市委市政府、渤海镇政府的支持与指导下，江西村于 2008 年 8 月 15 日举行了百位老人花甲宴活动。当天宁安市范围内的 100 位朝鲜族 60 岁老人，在江西村的流头广场齐聚一堂，穿上朝鲜族特色服装，与子女们在广场上载歌载舞，花甲宴的餐桌上摆满了具有鲜明民族特色的各种食品，场面壮观，热闹非凡。令笔者惋惜的是没有能够亲身经历过花甲节，只能通过村民们的述说，以一个旁听者的身份如实介绍花甲节，这也是笔者此次调查走访的一个遗憾。

图 3－7　花甲宴实景拍照（江西村提供）

（三）民俗观光度假游

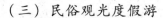

江西村两委为了把江西村旅游业做大做强，乘着宁安市建设“生态农业市”和“旅游强市”的东风，通过招商引资，在江西村的西边开发建设了现在的响江西郡旅游度假区。

响江西郡旅游度假区占地 7000 平方米，总投资 300 多万元，于 2005 年建设完工，投入使用，年接待游客 1 万人次，为江西村每年创收 100 万元左右。

响江西郡的南侧，是朝鲜族传统民居保护区，20 多栋原汁原味的茅草屋，不管是朴家铁匠炉，还是金家豆腐房，清一色的白墙、木板杖子，都可以让游客直观地了解朝鲜族民居文化。响江西郡的西南面是一垂钓区，西面与著名的火山岩石板水田为伴。郡内草屋、水车、小桥、溪流掩映生辉，田园风光如诗如画。

响江西郡以“游客至上，体验第一”为经营理念，以“展示和弘扬朝鲜族民族文化”为宗旨，郡内拥有高、中档餐厅及多处室外雅座，可同时供 200 人就餐。拥有民族特色公寓式标准客房 40 间。

目前的江西村，民俗旅游势头强劲，江西村人正在为打造龙江民俗旅游第一村的目标而努力。

图 3-8　响江西郡旅游度假区（村民摄）

第三节　经济建设

一　生产消费发展

（一）家庭收入及结构变化

近些年，随着改革开放，江西村农民的收入来源已由过去单一的农业收入，逐渐发展成为现在的多元化收入。归结起来，主要有以下几种类型：

第一种类型是以经营农业为主的家庭经济结构。江西村以种植优质水稻、出产优质大米为主，有5400亩水稻田，虽然从事农业生产的劳动力只有138人，仅占劳动力总数的14.3%，但创造的效益却很可观，近几年，仅水稻种植纯收入就有2万~3万元/垧，全村仅水稻一项，可创收近2000万元；另有个别家庭从事养殖业。

第二种类型是以劳务输出为主的家庭经济结构，打短工的没有，都是到韩国或国内部分大、中城市长期打工的，多数是朝鲜族并和韩国有亲缘关系的青壮年，约有800人，占全村劳动力的82.6%，务工范围比较广泛，有75%在韩国务工，25%在国内务工，在国外务工的多数从事建筑业（建筑业劳动强度大、工资高），也有从事加工制造业、种植业和养殖业的。1990~2000年，该村赴韩务工人员人均收入在20万元左右，从2000年至今，年人均收入5万~15万元；国内务工人员大多在韩资、日资企业工作，年收入在3万~5万元不等。

第三种类型是以经营商业为主的家庭经济结构，为了便于调查分析，这里的商业指的是以家庭为单位的商业经营，包括餐饮、运输、批发零售等个体经营。从事商业的农户有21户，占全村户数的5%，从业人口占全村劳动力的3%。从经营方式上看主要有以下几种类型：食杂店（7家）、豆腐店（2家）、农资供销社（1家）、餐饮饭店（约20家），此外，另有几家在渤海镇和宁安市从事餐饮业。

第四种类型是以财产性收入为主的家庭经济结构。主要是年龄偏大或者家庭条件较好的农民，这类家庭一般是儿子经济独立或女儿出嫁，家中只剩老人，其财产的主要来源是土地和房屋出租，年收入在几千元不等。

除以上4种主要类型外，还有个别丧失劳动能力以救济为生的家庭，如有11户低保户、6户五保户。

（二）家庭支出结构变化

江西村的家庭支出主要用于生产和生活消费，由于近些年从事农业人员减少及国家补贴和减免农业税等优惠政策，生产消费基本无变化，保持在每年3000元左右，主要用于购买种子、农药等。

生活消费支出总体保持增长趋势。江西村2009年人均生活消费支出为10000元，比上年增加2000元，增长20%。各项生活消费支出均有不同程度的增长，随着农民收入水平的提高，农民生活消费水平同步增长，生活质量得到进一步改善。在食品消费中，人均用于主食消费的增幅明显低于副食和其他食品消费支出的幅度。食品消费的另一大特点是农村居民在外饮食支出增加较快，人均生活消费从总体上看受城市影响较大，如电视家庭拥有率2007年达到100%，固定电话入户率2006年达到90%，移动电话拥有率达到80%，安装网络的家庭达到14%，全村摩托车保有量90%，衣着消费成衣化、时尚化，等等。

（三）财富层次

江西村农户总体生活水平在当地属于高水平，但由于收入不均衡，贫富之间仍有差异。

表3-3是江西村三种层次家庭生活消费对比表。

表3-3　江西村居民不同层次生活消费对照表

单位：元

类别 层次		一般家庭	中等家庭	富裕家庭	备　　注
家庭饮食	米面	500	600	600	除自产外花销
	油盐等调料	1000	1200	1600	
	烟酒	200	700	900	
	蔬菜	300	400	500	除自产外花销
	肉类	900	1300	1600	
	儿童食物	600	800	1100	
	在外就餐	1000	1500	2100	
	其他	100	400	600	
杂　　费	水电、煤气	900	1600	1600	
	日用品	800	1000	1300	
服　　饰		600	1000	1200	
交　　际	婚丧随礼	2200	3500	4500	
	信息通信	400	700	1400	
	招待	500	1200	1500	
医　　疗		600	600	600	仅计普通流行性疾病
教　　育		1000	1300	2000	只计小学、初中花费
交　　通		300	600	5000	富裕家庭包括汽车油费
文　　化		300	500	500	
其他支出		300	600	800	
总　　计		12500	19500	29400	

1. 富裕家庭

主要以劳务输出和经营为主，年收入在10万元以上，占全村家庭总数的50%。这类家庭生活水平高，接近或超过城市居民，这部分家庭有的搞劳务输出，有的承包土地从事水稻种植，有的边种水稻边搞旅游餐饮接待。这部分人的共同特征是：思想观念解放，紧跟时代步伐，以市场为导向，家中劳动力充足，生产经验和社会阅历丰富，消费观念转变快，以城市为参照选择适合自己的商品消费，居住环境好。

图3-9　富裕家庭室内实拍照（作者摄）

从图3-9可以看出这部分家庭室内陈设的特征是：PVC顶棚乳胶漆墙，内墙面一般贴有壁纸，地面使用瓷砖或地板，家具多数是用实木精心打造的，棚灯是组合的，窗帘是落地的，窗台下有自家安装的简易暖器。室内还有花卉装饰，彩电、电脑、冰箱、音响俱全，居室的装饰和摆设越来越时尚，从整体布局看，与城市居民家庭布置几乎一样。

2. 中等家庭

这部分家庭年收入在1万元和10万元之间，约占全村44%。其家庭生活条件在黑龙江省农村属于上等水平，但在江西村却属于中等水平。这部分家庭主要靠分得的那部分土地搞单一水稻种植，劳动力少；还有从事小商品经营的家庭。这部分家庭的共同特征是：思想观念比较保守，以村内富裕户为参照进行模仿性生产，保留较传统的生活方式，消费档次相对较低。

图3-10　中等家庭室内实拍照（作者摄）

从图3-10可以看出，这部分家庭陈设的一般特征是：地面是瓷砖或地板革，墙面是乳胶漆，家具有购买的也有自制的。相对低档、便宜，并且不配套；室内物品较简单、实用，农村风格比较突出；冬季取暖使用稻草或燃煤，室内陈设较简单。从整体布局来看较符合一般农村家庭陈设的格局。

3. 贫困家庭

这类家庭年收入在1万元以下，占全村6%的比例，家庭生活条件一般。这种家庭主要是五保户，包括残疾人家庭以及因疾病或意外事故造成贫困的家庭。他们的家庭收入主要以土地出租和各种社会救济为主。这部分家庭的共同特征是：家里缺少劳动力而导致生产自救能力低；消费档次较低，以满足基本生存需要为原则。

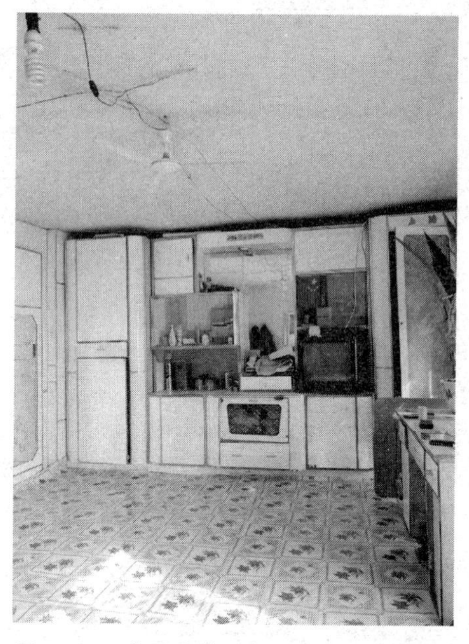

图3－11　贫困家庭室内实拍照（作者摄）

这类家庭屋内地面是水泥地，墙面已发黄，很可能多年来从未粉刷过。家具数量很少，六七十年代的家具还在使用，各种物品摆放不规整，生活用品和服装的款式比较落后陈旧。

二　社会主义新农村建设

（一）村容村貌

20世纪80年代前江西村村民的房屋是清一色的泥草房，这种房的墙是用土坯或高粱秆编织起来用泥土加固而成的，用稻草盖顶。当初为了省钱，很多家建房都是借着另一家已盖好的房屋的山墙接着建房，形成了连栋房，最多连栋12家，当时人们形象地把连栋房称之为火车头房。一旦遇到火灾，就会火烧连营，极不安全。

全村看似成行的道路有东西三条街，南北四条路，且道路弯曲狭窄，仅能够让牛车通过，晴天尘土飞扬，雨天泥泞不堪，给人们生活生产带来极大不便。

从90年代到2006年这十多年间，江西村两委班子从农民利益和实际出发，按照上级的指示精神，对村庄布点整体规划，加强村容村貌整治，围绕乡村道路、住房、饮水工程、休闲娱乐等基础设施进行建设，按江西村的康居规划稳步实施。1947年开始通电，经过几次国家农电网改造工程，现在江西村早已实现了一房一表、城乡同网同价。旧房翻建，新房建设，都是村里免费提供沙石水泥，村民义务帮工，户主只提供饮食。江西村以近40栋/年的速度，投资240多万元，形成了现在的住房格局，90%的农户住房为红砖“铁瓦”结构的平房，也有少数村民修建了两层或三层简单楼房，现在人均居住面积达到41平方米。

建设社会主义新农村是党中央在新的历史条件下提出的一项从根本上解决“三农”问题的战略决策，是一项惠民工程。从2006年开始，江西村两委紧紧围绕新农村建设

“二十字”目标（生产发展、生活宽裕、乡风文明、村容整洁、管理民主）积极征求群众意见，请相关专家充分论证。在市县各级领导的关注下，请延边大学建筑系专家重新描绘了江西村新农村发展蓝图，将整个村规划为一环、一带、二轴、二核、五区的新格局。

图 3-12　江西村新农村规划图（作者摄）

2000 年春，江西村村委会雇用三台推土机，利用 10 多天时间对所有村路进行整修，同时铺上了厚厚的一层沙料，使村内道路一次性达到标准，同时又在江边栽柳树 600 多株，在路边栽果树 2500 棵，种花上万株，并为老年人协会建了一个门球场，2001 年由村干部带领群众集资 13 万元，改造和新修硬质边沟 12000 延长米，修田间路 5 条共 4500 延长米。2006 年更是借着建设社会主义新农村的东风，加大对生产生活环境建设的力度，大力开展村容村貌的整治。村两委多方筹措资金，对村内剩余的近万米硬质边沟进行一次改造达标，而后又对全村的大街小巷铺设水泥硬质路面，用了近3年时间，使江西村大街小巷的路面实现了硬质化；并在村外修了一条长1200米的引水干渠，把水引到村内，使村内2/3的边沟实现了长流水。此外，投入3万元新安装了25盏路灯，悬挂了25幅广告宣传版，使村主路得到了亮化。为了加快老村区域的改造，村里又投入3万多元，拆迁了20多栋草房，新通了5条共2000延长米道路；对全村每一户的厕所和灰仓，按统一规格和标准进行改造。同时对老村区进行了重新规划改造，在老村原废弃水沟的基础上，改造建设成了江西村水上休闲乐园，两边是介绍展示朝鲜族民俗特点的文化长廊。又通过招商引资，在村西部建成了展示朝鲜族民俗特点的响水西郇，为开发民俗旅游奠定了物质基础。

江西村村民在村屯环境建设过程中不计报酬，出车出工，积极帮助村里拉沙、铺路、栽花、种树、养路、管护，在短短40多天里，村民累计义务出动运输车辆达2万多台次，出人工2万多人次，折合人民币85万元。为了解决好建设资金缺口问题，村支书吴哲洙带头捐资10000元，其他班子成员各捐资5000元，每个农户也都捐出1000元到10000元不等的资金。在韩务工人员得知家乡新农村建设后，自愿捐出一周工资，为建设美好家园尽一份力量，村民自发捐款累计达40多万元。江西村积极建设新农村的精神和行动，感动了宁安市各级党委和政府，宁安市市委为此专门召开会议，动员市各部门积极支持宁安的新农村建设。2007年上半年，包括渤海镇党委政府在内，全市20多个单位为江西村送去了资金和水泥，10多个单位对村里架线、打井、整修村办公室等方面给予了极大的支持。江西村村民的精神更赢得了社会的广泛关心和大力支持，沙场老板刘明顺为江西村建设一次性提供了价值12万元的江沙。

截止到2009年，全村道路标准化达100%，全村各户统一规格，围墙标准化达100%，全村各户统一规格样式的厕所和灰仓标准化达100%，自来水入户率达到100%。现在的江西村，街道整洁宽敞，房屋布局整齐划一，路边绿树成荫，花香四溢，边沟小溪流水潺潺，环抱村屯的稻田不时随风飘来阵阵稻香，好一幅不是江南胜似江南的美丽画卷。

（二）道路硬质化

江西村的道路在80年代以前，主要道路有7条：即东西三条街，南北四条路，道路弯曲狭窄，以泥土路面为主，村民出行极不方便，运柴运粮只能借助牛车或靠人力肩扛手提，村内唯一一条通往外界的主路也不足7米宽。

80年代至90年代，江西村在老村改造和新村建设中，一并把村内道路拓宽取直，把村内主路铺上了沙子，虽然其余街道仍然是泥土路面，不过这也极大地方便了江西村群众出行。

随着文明村和小康村建设的推进，国家加大了基础设施的投入力度，1999年，江西到渤海镇的5公里乡路被改造成了柏油硬质路面，这是江西村通往外界的主干道。2000年，江西村对村内所有道路进行一次性整修，大街小巷全部是沙石路，道路质量得到极大改善。2007年，本着国家拿一点、村里补一点、村民集一点的“三点”原则，该村开始对村内路面进行硬质水泥路面改造。2009 年，该村又拓宽水泥路面 1 米。截止到 2009 年，全村大街小巷全是清一色的水泥硬质路面，总里程达 12 公里。

（三）公共设施建设

按照“村民拿一点、村里投一点、政府帮一点、友好单位赞助一点”的原则，江西村按照新农村规划，同时修建了三个不同功能的广场，整修了村办公室和村史馆；2009 年又修建了占地 418 平方米的老年人综合活动室等公共设施。

三　生态环境与可持续发展

（一）环境保护

江西村围绕“村容整洁”的要求，按照“家庭净化、路面硬化、周边绿化、巷道亮化、村庄美化”的要求，采取多种措施保护环境。为了提高群众的文明意识、环境意识，加强环境的管护力度，村党支部成员积极发挥党员的先锋模范作用，借助村“老年人协会”的老同志工作认真、态度积极、威望较高的优势，在村委会的倡议下，依靠老年人协会成员在全村开展“良心工”，参与新农村建设和管护活动，大搞树新风、改陋习、塑形象活动。实行党员划分责任区，无偿地为维护村容村貌及群众生活服务。村党支部为其明确目标、制定标准，责任落实到人、到户，使全村管理与维护不出现死角儿，并充分发挥水稻协会和合作社的作用，指导农民合理使用化肥、农药、农膜等农用化学品，积极发展生态，农业搞好农作物秸秆及牲畜养殖废弃物的资源化利用，妥善处理生活垃圾和污水，综合防治水污染，使得江西村的公共环境、村容村貌始终保持在高水平上。

（二）可持续发展

由于江西村的燃料主要以稻草为主，稻草燃烧后产生的灰烬，尽管被收集到每户的灰仓中，但遇到大风天气，还是尘土飞扬，对环境造成污染。为了解决这一问题，村党支部早已着手策划新的整改方案，由牡丹江市卫生局为江西村无偿制作标准的封闭式车载垃圾箱和一辆垃圾运输车。在村里，垃圾箱的位置平均分放，用以存放草灰，并由运输车每天及时运到村外的垃圾存放点，这一措施自2010年春实施以来，很好地解决了生活垃圾污染环境的问题。

现在的江西村以“优质水稻种植、劳务输出、民俗旅游”等三大产业为支柱，实现了强村、富民的目标。但村两委班子并未停止继续向前发展的步伐。目前，该村正在筹划从德国引进一个大型环保项目——利用生活垃圾制造柴油，剩余废料变成肥料，既解决了生活垃圾污染环境的大问题，又使废物资源重新转变为财富，为宁安经济的发展注入了新的活力。目前该项目由江西人牵头，中、德双方已达成合作意向，并准备落户宁安，项目的开发和运作正在协商中。

第四章 社会发展

第一节 人口状况

一 人口分布

截至2009年年底，江西村共有7个村民小组429户1580人。其中一组56户，二组63户，三组67户，四组62户，五组59户，六组63户，七组59户。近些年，江西村许多朝鲜族村民依靠会说韩语的优势，选择到韩国或国内的一些中韩企业务工，导致村内常住人口大量减少。据笔者入村调查统计，2009年江西村实际在村人口仅800人左右。

二 人口年龄与性别结构

全村在籍人口1580人，其中男性769人，占全村总人口的48.7%，女性811人，占全村总人口的51.3%。全村18周岁以下有276人，占总人口的17.5%。18~40周岁592人，占总人口的37.4%。40~60周岁418人，占总人口的26.5%。60周岁以上294人，占总人口的18.6%。全村最高年龄为92岁，是两名汉族女性。

三　民族结构

江西村有朝鲜族居民 370 户、1397 人，占全村总人口的 88.4%。满族 52 户、158 人，占全村总人口的 10%。汉族 7 户、25 人，占全村总人口的 1.6%。

四　残疾人员

全村共有残疾人员 9 人，其中 3 人是先天性听力障碍，其余 6 人是由于事故造成的肢体残疾，9 人全部持有残疾人证书。

第二节　社会结构变化

江西村自清代开始开垦土地、发展农业生产时起，到 1978 年十一届三中全会召开，200 多年来，江西村一直没有摆脱以粮为主的格局和单产不高、总产不稳、经营单一、增长缓慢的落后状况，社会结构几乎没有发生任何变化，但是十一届三中全会以后社会结构开始有了转变，并存在多元化发展的趋势。

1952 年春，江西村在全国开始组建农业合作社之际，落实国家政策，顺势组建了初级农业合作社。1956 年春，在初级农业合作社的基础之上建立起高级农业合作社，实行土地、耕畜入社归集体所有，社员全部按劳计酬。高级合作社的实现，标志着农业生产关系的彻底变革，由生产资料的个人所有制，变更为集体所有制。但是，相对于初级农业生产合作社而言，高级农业生产合作社也有生产过程中生产资料的过分集中和分配过程中的平均主义的弊端。并且，此时江西村的村民基本从事农业生产，生产生活方式单一，这就制约了江西村社会结构的转变。

1958年宁安县渤海乡试办了第一个人民公社——东风人民公社，不久江西村被纳入其中。由于人民公社是在高级农业生产合作社尚未站稳脚跟的情况下实现的，因此在开始阶段，全盘实行公有化和受“浮夸风”、“共产风”与“平调风”等的影响，农业生产遭到大破坏，农民生产积极性低下，农村劳动力外流。尽管这制约着农业生产，但也在一定程度上促进了江西村社会结构的调整。特别是在十一届三中全会召开以后，由于党中央和国务院连续发布了一系列富民政策，全村社会结构开始大幅度转变，农业生产也开始从传统农业向现代农业、由半自给经济向商品经济转变。1982年年初，依据党中央颁发的《全国农村工作会议纪要》精神，在总结过去农业发展经验教训的基础上，全村推行了以种植水稻为主要形式的农业生产责任制。①

1983年，结合党中央发表的《关于当前农村经济政策的若干问题》（摘要）的文件精神，江西村又普遍实行了家庭联产承包责任制，农民有了种地的自主权。村民在落实与完善农业生产责任制和决不放松粮食生产的前提下，开始尝试走其他的致富之路。

1993年国家将农村中的家庭联产承包为主做责任制写进《宪法》，确立了家族联产承包责任制的法律地位。从此以后，江西村一些村民开始探索致富新出路，把家里的土地承包给别的村民，利用在韩国有亲戚的便利和会讲韩语

---

① 宁安县志编纂委员会编《宁安县志》，黑龙江人民出版社，1989。

的优势去韩国经商或务工；也有一些村民开始去本省的其他城市和国内的一些大城市如北京、上海、大连、青岛等地务工。

还有部分村民开始通过学习新技术寻找致富之路。自改革开放以来，尤其是1992年以后随着江西村人民生活水平和经济发展水平的不断提高，村内建造砖瓦房需求量增大，村里开始出现一批瓦工、木工、焊工等专业技术人员。村民职业结构发生了变化。

进入21世纪，在本村务农的人数大量减少，外出务工的人员却大量增加。随着江西村旅游资源的开发，2005年响江西郝旅游度假区建成，村里开始出现旅游服务人员和餐饮服务人员，村民职业结构进入多元化阶段。这一点从人口的文化程度与职业结构也可窥知一二。

表4-1　2001~2009年江西村务农、务工人数变化表

单位：人

年份	务农人数	本省务工人数	外省务工人数	出国务工人数	从事其他行业人数	村劳动力总人数
2001	578	225	148	122	31	1104
2002	510	215	164	183	33	1105
2003	423	191	152	272	30	1068
2004	351	186	159	301	34	1031
2005	309	152	132	363	42	998
2006	221	148	127	445	44	985
2007	238	132	122	450	34	976
2008	169	106	111	540	46	972
2009	138	92	108	580	50	968

表 4-2　1985～2009 年江西村村民职业结构变化表

单位：人

年份＼职业	务农	务工	从事餐饮行业	经营商店	水稻技术人员	木工	焊工	瓦工	从事旅游行业	运输
1985	842	6	无	1	无	无	无	无	无	无
1992	611	35	无	3	4	1	无	2	无	无
2009	138	780	18	7	8	6	2	8	18	2

从总体上来看，自改革开放以后江西村社会结构开始发生了变化，并且呈现多元化的趋势。村民从单一务农转变为外出务工和从事服务业等。1973 年，江西村为了解决能源不足问题，开始动工修建渤海水电站。大部分村民都投入到建设之中，但由于技术力量的缺乏，不久便停工。1974 年渤海水电站由渤海镇接收，1975 年 11 月动工续建，渤海水电站的建成使得一部分村民获得了在水电站工作的机会（但是这一部分人后来因为国家政策及其他原因逐渐失去了工作，而完全转向农业生产）。

伴随着改革开放的浪潮，江西村不仅在社会结构上发生了变化，还有个别村民办起了米业公司、沙场、养殖场。其中，2000 年办起的江西米业公司，刚建立之初属村集体产业，但是因为连年效益不好，后由村委会承包给了个人。沙场自 1979 年建立到现在，经济效益起伏不定，从 2006 年起承包给了个人，改制后重新经营。总体来看，沙场对江西村贡献很大，不仅使村民多了条致富渠道，还使村民得到了很多实惠。尤其是承包给个人后还积极投入公益事业，对村里建设广场和修建公路都给予了很大帮助。村里的养猪场效益一直较好，而养牛场在成立之初就效益欠佳。养牛场老板在 2003 年再次去韩国一边打工一边学习养牛技术，

2009 年学成归来，现正在尝试把韩国先进养殖技术运用到江西村，至今仍在探索。

江西村村民职业结构从单一务农向多样化发展，务农的人数逐渐减少，从事其他行业的人员逐渐增多。同时村民的知识水平与素质也在不断提高。出去务工的人员，见到了大世面，学习了新知识，思想也发生了很大的变化。他们在接受新思想、尝试新突破的同时，没有被都市的奢侈、浮夸风气传染，依然淳朴、热情、憨厚、节俭、勤奋、任劳任怨。

第三节　婚姻与家庭

一　婚姻状况

江西村虽然主要是以朝鲜族为主，满族和汉族只占少数，但近些年在婚姻的缔结方式、通婚范围、择偶条件、结婚方式、结婚费用等方面已经基本与汉族相同。

（一）缔结方式与通婚范围

新中国成立初期，村里年轻人的婚姻仍是以父母包办式为主，婚姻双方无恋爱基础。择偶范围主要以本村和邻村的村民为主，相对比较狭隘。

自从国家颁布《婚姻法》以后，尤其是 20 世纪七八十年代，妇女社会地位大幅提高，婚姻开始走向相亲和爱情为基础的自由恋爱路线，但仍以相亲为主，不同的是这一时期的择偶范围已经扩展到乡镇，甚至市区。

到了 90 年代，伴随外出务工人员的增多，也出现了在外地打工过程中结识异性、走入婚姻殿堂的婚姻方式，择偶范围也扩展到了全国各地，甚至还有与韩国人缔结婚姻的现象。这一时期婚姻的缔结方式改变为以自由恋爱为主，经人介绍、相亲为辅。江西村跨国婚姻的产生，多是因为韩国贫穷单身男人来到江西村相亲，而江西村女人嫁给韩国人的手续也不复杂，只需要通过领事馆认证办理签证即可。但据笔者采访了解，跨国婚姻大部分生活都不幸福，只是勉强维持不离婚的状态。因为韩国法律规定，外国女子嫁入韩国后，结婚三年没有离婚就具有韩国国籍。

（二）择偶条件

江西村村民择偶并不要求“门当户对”、“郎才女貌”，用当地的话说，“只要看对眼了就成”，家长一般也不予反对。大体上男方的基本择偶条件是：女性中上等身材、会持家、性情好、孝敬长辈、作风正派、最好知书达理、年龄不可大于自己、家庭经济条件一般即可。女方的择偶条件是：男性人品好、诚实温和、能体贴人、个头比自己高，年龄、文化过得去，最好经济收入较好、有能力、有本事。

除此之外，江西村村民特别忌讳有血缘关系的双方结婚。如江西村厉氏人员皆是亲属，坚决不可以结婚（这也是江西村村民没有遗传性疾病的主要原因）。更值得一提的是，江西村朝鲜族女性大多要求嫁给朝鲜族男性，朝鲜族男性也优先选择朝鲜族女性，这主要是朝鲜族人生活方式及习俗所致，但也不排除个别家庭民族观念浓厚的因素。江西村青年男性人数多于女性人数，又因为近年来女性外出务工的人数也逐渐增多，又有很多的青年女性选择嫁出江西村，这就加剧了男性结婚的困难，村里的光棍数量一度很多，不过很多外村的姑娘也愿意嫁入富裕的江西村，这也成为江西村比较奇特的婚姻现象。

（三）结婚方式及费用

1. 结婚方式

1949 年以后，人民政府大力提倡移风易俗，婚姻礼仪的改革日益深化，江西村许多传统婚姻习俗虽继续存在，但其中的大部分或被剔除，或被简化，或已名存实亡；婚姻自主、男女平等的观念已为大多数人所承认和接受，尤其在 80 年代以前，结婚方式、嫁娶礼仪普遍比较简朴。

80 年代后，结婚方式中繁琐排场的风气又重新抬头，现江西村朝鲜族结婚方式主要是保留了朝鲜族传统习俗。现如今，江西村各族人民结婚方式虽不繁琐但仍很讲究排场，举行婚礼时必须宴请亲朋，前来道贺的亲朋好友要拿一定的礼钱，村民称之为“随礼”，礼钱的多少根据与结婚者的亲疏远近和自己的经济状况而定，一般在 50～1000 元不等。

2. 结婚费用

随着时代的发展和江西村经济的快速发展，结婚费用比以往增加了好几倍。结婚所需的四大件也从八九十年代的自行车、黑白电视机、石英手表、缝纫机转变为现在的四大件：彩电、冰箱、洗衣机、电脑，还有首饰四大件：戒指、耳环、项链、手镯。七八十年代时结婚花费不到 500 元，有的都不到 200 元。90 年代结婚费用已经成千上万，女孩子的身价暴涨。在黑龙江省男女双方缔结婚姻习惯上主要是男方出钱，江西村也不例外。也难怪家有男孩的父母叹息地说：这哪是养儿防老，结婚就添烦恼，娶媳妇如抄家，养小子没有养姑娘好啊！新世纪初，江西村一般家庭结婚费用都在 3 万 ~5 万元，2009 年普通家庭子女结婚费用已经到了 10 万元左右，富裕家庭费用更多。

2009 年江西村一村民结婚费用清单（村民要求不公开姓名），如表 4 -4 所示。

表 4 -4　2009 年江西村一村民结婚费用清单

单位：元

用　途	金　额	备　注
2008 年新盖的大砖房	65000	两室一厅一厨一仓库
装修	14000	
洗衣机	1200	品牌：海尔
电脑	3100	品牌：联想家悦 E
电脑桌	300	
电磁炉	195	品牌：美的
婚纱照	1680	
首饰	11000	包括金戒指、金项链、金耳环、手镯
电视	2800	品牌：创维液晶 32 英寸
炕席	360	
沙发	1300	
新被褥	500	
窗帘	300	
服装	2000	
司仪	500	
摄像、录像	1200	
酒席	11280	188 元一桌，共摆 60 桌
其他	500	
共　计	117215	

注：在此基础上，电视、电冰箱、洗衣机、电脑均享受到家电下乡补贴，其中电视补贴 364 元、电冰箱补贴 234 元、洗衣机补贴 156 元、电脑补贴 403 元，总计补贴 1157 元。此外酒席收礼钱 31250 元，实际结婚费用共计：84808 元。

（四）离婚问题

在20世纪七八十年代，江西村村民几乎没有离婚的现象出现，即使夫妻有矛盾，也会相互迁就生活在一起。但是，随着时代的发展和思想观念的一些变化，夫妻双方会更多考虑自己的需求，面对性格不合、不堪贫困等问题时，便会考虑离婚，村民也把这些事情看得很淡。但是，在有朝鲜族老人的家庭中，思想观念仍是比较传统，不到万不得已夫妻双方不会选择离婚。也有一些夫妻考虑到照顾子女等问题仍选择一起生活。还有一些家庭离婚不离家，离婚后仍在一起生活，这种现象虽不普遍，但在江西村却真实存在，据笔者调查，目前江西村有两户家庭如此。

二 家庭状况

（一）姓氏家庭

江西村有七大姓氏家族，金、李、全、厉、韩、郭、关，这些姓氏所占全村住户比例的37%。其中金姓61户、李姓37户、全姓19户、厉姓17户、郭姓8户、韩姓8户、关姓7户。除此七大姓氏家庭之外，还有姜、闵、郑、吴、林、朴、安、尹、王、孙、崔、陈、徐、文、千、万、朱、权、车、卞、黄、严、丁、赵、沈、南、张、申、韦、宋、禹、蔡、董等姓氏家庭。

（二）家庭结构与家庭规模

江西村家庭结构主要是核心家庭和主干家庭。

核心家庭指一个家庭由一对夫妇和他们的未婚子女组

成，或仅有一对夫妇（无子女或子女已另立门户）。根据对江西村的入户调查，核心家庭是村里现在最主要的家庭构成形式，以往男子成家后大多与父母同住一院，也不另立户籍。但近年来，成家的男子都会在村子新区重新盖房，另立户籍，很少会出现与父母同住一个院子的情况。当儿女都已成家或出嫁时，老两口通常都会选择单独居住，只有当年老体衰或者丧偶时，他们才会选择与子女同住。

江西村也有一些家庭中两代人都已结婚（每一代只有一对夫妻，含一方去世或离婚），这样的家庭结构，被称为主干家庭。他们生活在一个院子里，青年一代大多出去务工，常年在外，留下子女交由年长一代在家照顾。

根据江西村的家庭结构基本可知其规模，并且据笔者入户走访调查发现，江西村每户家庭规模基本都在2～6人，没有超过6人的，但一人一户有一例。

（三）家庭关系

关于江西村的家庭关系，多以权利决策为衡量标准，其中夫权和父权是最常见的。尽管江西村的思想观念较为开明，村民的觉悟很高，女性的地位也较高，一般都是“男主外女主内”。但受传统观念的影响，尤其是朝鲜族的家庭关系都带有不同程度的父权色彩，在实际生活中，父亲和丈夫仍然是最主要的决策者。在讨论家庭事务时，如“每年家里应该种多少地”、“家庭的主要开支”、“孩子教育问题”、“子女婚姻”、“子女外出务工”等重大事务，绝大多数家庭中妻子也会参与商量，但最后的决策权仍然是掌握在父亲和丈夫的手里，鲜有女性拥有决策权的家庭。在父权和夫权之间，当父亲年事渐高，儿子逐渐成为家庭事务的新决策者。

在部分家庭中，由于子女经常在外打工，对新生事物、法律法规较为熟悉，儿子或者女儿的意见也会得到父母的尊重。

三　厉氏家族

在介绍家庭这一部分时，笔者想特别介绍一下江西村厉氏家族，因为厉氏家族在本村的历史较为悠久，并且至今依然保留着部分满族传统的生活习俗，故使得笔者不吝惜笔墨，单独列出一个子目记叙。

（一）家族来源

厉氏家族在江西村已有近 300 年的历史，是自江西村有记载以来最早的居民。厉氏子女最早全部在江西村一带生活，在近 300 年的时间中，厉氏源远流长、代代相传、枝繁叶茂，到 1994 年，厉氏子孙繁衍 180 余户，由于迁出或外嫁等因素，厉氏子孙已在全国各地落户，现在在江西村仅剩厉氏族人 17 户、51 人。

据厉氏宗谱记载，厉姓氏族是吉林小绥芬十字哈拉陈满洲宁古塔正白旗人士。

（“十字哈拉”为满语，译成现代汉语是姓氏。）

“宁古塔”据近代满语专家考证为“六个居地”，即 6 个部落，含沙兰、牡丹、交罗、沙尔虎、旧街、泥浆。

“陈满洲”也称旧满洲或佛满洲，是指努尔哈赤时期被编入的八旗满洲或清入关前所编的八旗满洲。1608 年努尔哈赤起兵，为适应军事需要，在原有牛录制的基础上，创建了八旗制度。八旗制度具有政治、军事、生产的职能，分为正黄、白、蓝、红，镶黄、白、蓝、红八旗。

“宁古塔正白旗”，始于1625年努尔哈赤控制宁古塔以后，调他的旧八旗军中的正黄、镶黄、正白三旗以充实宁古塔的兵力的延续。

厉氏先祖倭隆武之子翁武春、倭通武随皇太极进京。1705年（康熙四十四年）正月初六奉旨差派来到宁古塔，后由宁古塔回京交差。因翁武春颇知进力，无不勤奋，立下战功，为正白旗佛勒浑泰佐麾下，留京充差。倭通武奉公后回宁古塔。1711年（康熙五十年）4月25日（旧历二月十五）经倭通武之子索通武迁移至宁古塔西三灵屯落户，即现在的江西村附近，祖坟初在三灵屯西河沿，1962年族人集体将祖坟迁至三灵屯东山，竖祖碑以铭志。

（二）厉氏家族重要人员

厉氏家族在宁古塔八旗中先后有9位担任过官职，据厉氏宗谱和《宁安志》记载，为官之人如表4－5所示。

表4－5　厉氏家族清朝为官人员名单

姓　　名	最后职位功名	备　　注
依克唐阿	珲春副都统	满语为梅勒章京，都统副手，正二品
富尔虎	副都统	
德　　林	披甲三品	披甲也称马甲，是作战时的基本兵力
双　　喜	披甲六品	
春　　泰	披甲六品	在反抗外族入侵中作战英勇，获军功牌
永　　财	披甲五品	
永　　山	披甲六品	
永　　贵	披甲六品	
六十一	披甲六品	为领催，兼管队伍的文书和会计

解放前夕，宁安市渤海镇江西村厉德武曾追随李邢璞抗日，时任连长，在一次战斗中牺牲。江西村厉德儒 1946 年在马桥河剿匪战役中牺牲，时年 19 岁。

（三）户长与帮户

为了便于管理，满族家族都有户长与帮户，厉氏家族也不例外，并有一些自己的特点。

1. 户长

厉氏家族户长须是由族内德高望重、作风民主、熟悉祭祀礼仪、具有组织续谱祭祖能力的人担任，由上届户长和帮户提名，经族内长者酝酿确定候选人，再由全族 18 周岁以上的男性共同选举产生户长和副户长，最后向全族人公布。每届任期 10 年。户长的职责为：

（1）组织族人祭祖。

（2）组织续谱，一般每十年一次。

（3）组织为祖坟扫墓、填土及迁移事宜。

（4）发现、培养数量多、素质高的察玛、鼓手等祭祀人员。

（5）征集、管理族人的活动经费。

（6）宣传祖先功德，收集族人功绩，表扬族人先进事迹。

（7）做好族人活动记事，建档保存。

（8）组织族人救济、扶贫。

（9）建立族人通信、联络网络，汇集族人大学生名录。

（10）使用、维修、保管好族人活动室和先祖祠堂。

2. 帮户

根据族人的活动需要，可设 4 至 5 人为帮户，协助户长工作，由新户长提名，经族内长者讨论通过。厉氏历届帮户种类可分为：

组织帮户，其职责是组织族人祭祀；组织扫墓、填土、迁坟事宜；发现并培养察玛、鼓手等祭祀人员。

宣传帮户，其职责是组织续谱；宣传祖先功德，收集族人功绩，表彰族人先进事迹等。

财务帮户，其职责是征集、创收、管理及使用族人的活动经费，定期公布账目；组织族人救济、扶贫。

文秘帮户，其职责是做好族人活动记事，建档管理工作；建立族人通信、联络网络；汇集族人大学生名录。

总务帮户，其职责是使用、维修、保管族人活动室和先祖祠堂，并记载备查。

3. 历届户长与帮户

从道光十五年（1835 年）厉氏家族首届户长开始，至今户长与帮户无数，厉氏备有档案，但“文革”期间档案与资料被焚毁，无从可考。据现存厉氏宗谱记载和厉氏老人回忆，户长与帮户如表 4－6（截至 2004 年）。

表 4－6　厉氏宗谱记载和厉氏老人回忆的户长与帮户表

户　长	帮　户
苏林阿	
厉永财	
厉恩林	
厉成有	厉成亮　厉成忠　厉成禄
厉永辉	厉喜亮　厉德功
厉德才	厉喜玉　厉喜林　厉德武
厉德才	厉喜玉　厉喜林　厉德武　厉德明
厉喜军	厉德俭　厉德新　厉喜宽　厉喜镇　厉喜禄

（四）察玛

察玛是满族人祭祀时与神沟通的人，可由长辈向祖先许愿、由户长或族人长者推选、本人自愿产生。察玛须品貌端正，能歌善舞。察玛需做到：

（1）熟背“特勒”祭词（满语）。

（2）掌握腰铃、晃铃、手鼓、台鼓等祭祀器乐的演奏方法。

（3）学会祭祀舞蹈动作。

（4）遵守祭祀规约：做到“一要五不准”：祭祖前要净身。祭祀前三天内已婚男子不准合房；不准吃狗肉；不准戴狗皮帽子；不准进产房；不准抬死人和为旁系亲属戴孝。

（五）族训族规

厉氏家族族训为：勤奋好学、通书达理，文明正直、讲究礼仪，科学锻炼、强心健体，知难而进、勇往直前，家庭和睦、相互信任，邻里团结、融洽相处。

厉氏族人须做到“八自”、“五人”、“五要五不要”。“八自”即自尊、自重、自信、自爱、自决、自律、自强、自立。“五人”即热情待人、诚实为人、乐于助人、孝敬老人、善待残人。“五要五不要”即要勤俭持家，不要奢侈浪费；要勤劳致富，不要坐享其成；要奉公守法，不要酗酒嫖赌；要爱惜环境，不要破坏生态；要崇尚科学，不要迷信鬼神。

在祭祖时，户长要求族内户户遵守以下规定：

（1）帮户根据族人每次活动需要，提出预算，由户长确定每户应分担钱款数量，族人应积极配合。

（2）生活富裕者，提倡多捐。

（3）生活特别困难者，由户长批准少捐或不捐。

（4）农业歉收年景缓缴。

（5）如有特殊情况，需要征集数额较大资金，由族人集体讨论决定。

（六）厉氏族谱

据厉氏家谱得知，宁古塔满人各户满文族谱都立于1599年（明万历二十七年）以后，清末以后将满文族谱译成汉文族谱。

厉氏立谱、修谱由族中户长、族中辈分最高的年长者和有威望的族人共同议定完成。一般每五年一小抄，多为分支抄谱。每十年一大抄，即合族修谱。立谱的目的是“明在系、别支派、定尊卑、正人伦”，固“支派繁衍及居住变迁，必修谱书，以辨亲疏长幼之序”。厉氏族谱辈分排字顺序为：春永成德喜、忠宪庆兆常、景志敏文广、镇廷繁跃祥。

四　计划生育

江西村计划生育工作多次受到省、市、镇的表彰，其中2003、2004、2009年度获“省级妇女工作先进集体”；2004年度获市级“计划生育工作先进村”、“计划生育星级服务村”、“计划生育工作先进集体标兵”；2006、2007、2008年度获镇级“人口和计划生育工作先进集体称号”等。

（一）计划生育组织

江西村自开展计划生育工作以来，积极倡导晚婚晚育，少生优生，降低人口出生缺陷；努力做到计划生育工作“组织建设网络化、学习阵地固定化、规章制度规范化、群众活动经常化、服务水平个性化”；完善“自我教育、自我管理、自我服务、自我监督”四大体系，全面提升计划生育管理水平和服务质量。

在具体工作中，认真贯彻落实《牡丹江市基层人口和计划生育工作手册》，每季度集中为育龄妇女开展生殖健康普查普治，2009 年共普查普治 400 人次；积极开展优生监测工作；积极开展协会活动，加强流动人口计划生育管理。截止到 2009 年年底，全村共有已婚育龄妇女 413 人，其中 65 户家庭获得《独生子女光荣证》。无早婚早育、无超计划外生育，采取各种节育措施者有 362 人，综合节育率 88%，出生率 0.03%，自然增长率 0.024%，计划生育率 100%，全村无一起超生现象。

在稳定和严格执行现行生育政策的基础上，江西村建立健全了计划生育委员会和计划生育服务协会，设计划生育委员一人，由每届妇女主任兼任。

计划生育管理委员会（办公室设在村委会）机构成员包括：会长郑玉子；成员孔维珍、朴京子。计划生育服务协会（即计划生育委员会办公室）机构成员包括：会长吴哲洙，副会长郑玉子，秘书长金太钟，成员李升华、金太松、张月顺、朴京子、孔维珍、权贺文、李吉变等。

（二）计划生育管理

江西村计划生育管理工作主要依据每年渤海镇计划生育目标管理责任状中有关事项进行。

2009 年渤海镇计划生育目标管理责任状

为了贯彻落实《中共中央国务院关于全面加强人口和计划生育工作统筹解决人口问题的决定》，确保人口和计划生育各项工作顺利完成，镇党委、政府决定，2009 年继续实行人口和计划生育目标管理责任制。

1. 责任周期

2009 年 1 月 1 日至 2009 年 12 月 31 日

2. 考核内容

（1）生育符合政策率达到 100%。

（2）开展生殖保健工作，育龄群众生殖保健基础知识接受率达 85% 以上，综合避孕率达 85%，三查率达 90% 以上，药具发放及时率 100%，群众满意率达 90% 以上。

（3）无计划外婴儿出生。

（4）坚持支部书记、村委会主任亲自抓、负总责，实行计划生育一票否决制度，出现计划外生育问题，取消各种先优评比资格。

（5）村党支部、村委会认真贯彻落实中央决定，召开会议研究解决计划生育工作中的重点难点问题。

（6）规范计划生育村（居）民自治，继续实施“新桥计划”，建立服务室、人口学校，计生服务设施达标，提升基层基础建设水平。

(7) 深化婚育新风进万家活动，全面开展新农村新农家项目活动。

(8) 加强宣传教育工作，各村每年至少组织举办三次以上计划生育培训班，学习生育政策，已婚夫妇避孕节育、优生优育、生殖保健三方面知识，开展男性生殖保健培训。

(9) 掌握符合二孩生育政策的家庭，做到宣传到位、及时办证。农村部分计划生育家庭奖励扶助对象确认准确率100%。

(10) 确保村级计生委员工资及时足额兑现。

(11) 村委、居委出生统计漏报率、瞒报率为“0”。

3. 考核办法

由镇政府进行半年、年终两次阶段性考核评估，结果计入年末综合考评指标中。

4. 责任状兑现

2008年创星级服务村，江西村按“新桥计划”奖励标准执行，单项指标未达标，年终考核扣罚三职干部及计生委员各100元。出现计划外一孩扣30分；计划外二孩扣60分；计划外多孩扣100分，罚款500元；出现多例计划外按三倍进行罚款。

立状单位：渤海镇人民政府

签状单位：渤海镇江西村计划生育委员会

责 任 人：郑玉子

根据《宪法》和国家有关法律法规、《黑龙江省计划生育条例》，以及每年渤海镇计划生育目标管理责任状，结合本村实际，村两委制定了江西村人口与计划生育工作管理制度。

1. 婚育管理制度

（1）村计生员管理服务室，每年要对进入法定婚龄的男、女青年进行一次有关人口与计划生育方面的法律法规的学习宣传，并有针对性地开展计划生育政策法规、晚婚晚育和婚前保健知识的教育。

（2）男、女青年要求登记结婚的，凭双方身份证、户口簿办理，并将办理情况告知村计划生育服务室。

（3）对依法登记结婚的育龄妇女，签订好计划生育管理服务协议书，并到村计划生育办公室申领《计划生育服务证》。

（4）对符合《黑龙江省计划生育条例》规定，要求照顾生育二孩的育龄夫妇，做到本人申请、村务栏公布、接受监督，村审核批准后，由村委会公布，村计划生育管理委员会发给准生二胎的《服务证》。

2. 宣传教育制度

（1）充分利用计划生育服务室、村委会以及老年人协会活动室等宣传阵地，广泛开展计划生育政策法规、生殖健康的宣传教育，做到年度有计划、季度有安排、每月有活动。

（2）充分利用各种宣传工具，营造计划生育宣传氛围，做到宣传有条理、有标语，确保黑板报、宣传栏定期有宣传内容。

（3）充分利用各种宣传形式、根据不同对象，发放计划生育政策法规宣传资料。

（4）充分利用各种会议宣传教育，做到安排工作有位置，布置任务有内容，总结表彰有名额。

（5）利用重大节日，深入开展婚育新风进万家活动，每年至少举办两次活动。

3. 优质服务制度

（1）开展避孕方法知情选择，精心指导育龄人员选择适合自己的避孕措施，并能使参与知情选择的育龄妇女了解掌握5种以上的避孕知识。

（2）对育龄妇女做到一送知识、二随访、三上门、四服务。一送知识，即对新婚夫妇，村计划生育服务室送人口与计生政策、优生优育知识等；二随访，即对育龄妇女孕后、产后、术后做到及时随访，对使用避孕药具的育龄妇女，做到每月一次随访；三上门，即把计划生育政策、科普知识送上门，对育龄妇女遇到困难的帮助上门，对育龄妇女提供一年三次的查孕查环服务；四服务，即对怀孕妇女进行优生知识传授服务，为育龄妇女提供传授避孕节育知识服务，为育龄妇女办理《计划生育服务证》、《独生子女父母光荣证》等证件和提供信息、技术服务。

4. 统计档案制度

（1）建立村级服务管理制度，包括：档案管理制度、四种人群服务制度、服务室管理制度、随访服务制度等以及制定流动人口计划生育管理制度、药具需求计划、人口和计划生育家庭户卡、药具服务承诺制度等。将育龄妇女及避孕方法记录于档案。

（2）每月初及时上报上月信息，准确填写村级月报告单（包括流动人口计划生育报表），做到账表一致。

（3）每年1月份，将上年账册、报表、协议、随访记录、其他文件资料装订归档。

5. 健全组织制度

（1）建立村计划生育管理委员会、计划生育协会和民主监督小组，做到人员落实、职责明确、活动经常、经费保证。

（2）建立例会制。每月规定固定日期，以组为单位召开情况分析会，规范组长活动日；每季度召开一次村计划生育服务协会理事会。

（3）健全监督机制。村民主监督小组每季度听取情况汇报，发现问题及时反映，并按照工作职责，进行有效监督。

江西村结合本村实际制定的江西村人口与计划生育工作管理制度，从实际出发，为村民服务、对村民关怀，这对于村民都是大有益处的，并且很好地体现了上级组织的要求，也保障了江西村的计划生育工作平稳有序进行。

（三）计划生育服务

1. 常规服务

计划生育常规服务主要包括：向群众宣传国家计划生育政策，如不超生、不早婚早育、不非法结婚和计划生育优惠及奖励政策等；大力宣传“昨天实行计划生育少生优生，如今享受奖励扶助幸福一生”，“和谐社会和为贵、人口计生人为本”等。督促育龄妇女按时“三查”，为自愿选择实施输卵管结扎手术的农村妇女联系医院，并提供往返车费。

2. 村级服务管理

为更好地做好计划生育工作，江西村制定了村级服务管理制度，包括：档案管理制度、四种人群服务制度、服务室管理制度、随访服务制度等，对育龄妇女及避孕方法记录在案，制订了药具需求计划、人口和计划生育家庭户卡、药具服务承诺制度等。

例如：对在服务站接受计划生育手术的对象，要做好跟踪随访服务。

江西村计生随访服务制度

(1) 对施行结扎手术的对象（女），术后三个月内每月随访一次。随访的主要内容包括：手术效果、一般症状、月经情况（经期、经量、痛经）、手术切口、盆腔检查及有关其它器官的检查。发现情况，及时处理。

(2) 对放置宫内节育器的对象，应在放置后一个月、三个月、半年、一年分别随访一次，以后每一至两年随访一次，特殊情况可随时复查。随访的主要内容包括：放置后效果、自觉症状、妇科检查及B超检查。如发现IUD脱落、带器妊娠、阴道不规则流血及腹痛等较重副作用的，应及时给予对症处理，已孕应及时采取补救措施，必要时建议使用其它节育措施。

(3) 对取出宫内节育器的对象，应在取出后一个月内随访一次，嘱其及时落实其它节育措施。

(4) 对进行皮下埋植的对象，应在埋植后1~3个月随访一次，随访的主要内容包括：月经情况，体重是否增加，血压是否增高，切口是否红肿、疼痛，皮埋剂是否脱出，乳房是否有包块、疼痛等。

(5) 对人工流产、钳刮术及中引术后的对象随访时间：一个月后。随访的主要内容包括：强调注意休息、避免劳累、禁房事一个月。发现异常情况如腹痛、发烧、阴道出血多或淋漓出血大于14天、早孕反应仍存在者，应及时返诊，给予避孕指导建议。

(6) 对使用药具的对象，由计生主任每月跟踪随访一次。主要内容包括：使用药具后发生的副反应，如胃肠道反应、月经改变情况等。有较重副反应的要给予处理，必要时建议采取其它节育措施。对因使用不当造成的避孕失败，要即时采取补救措施。

(7) 认真、及时填写随访记录。

(8) 妥善保管随访记录，不能撕页和丢页。

上述一系列村级服务管理制度的制定，使计划生育工作中为村民提供的服务在规范的制度下进行，不偏不倚，避免了个人偏见。并且对于育龄人员、新生婴儿、药具发放等记录在案，也使得计划生育工作形成了一整套体系，便于开展工作和为村民服务。

据江西村计划生育工作委员会的档案数据：全村现有育龄妇女413人，有专（兼）职投药员5人。江西村避孕方法主要是使用避孕套、节育环和服用避孕药。使用避孕套321人，口服长短效避孕药25人，使用节育环26人。

3. 妇幼保健服务

江西村在村委会设有计划生育服务室，内设有妇检室和B超室，方便开展妇幼保健工作和妇女检查妇科疾病。江西村计划生育管理委员会加强了对出生缺陷的干预，积极宣传如何做到优生，与刚刚怀孕的妇女签署《自愿接受服用叶酸增补剂预防神经管畸形知情同意书》；积极开展孕妇检查和幼儿疫苗接种工作，建立孕产妇管理手册并负责前12周早期检查；在婴儿出生42天内，建立幼儿保健手册，做好疫苗接种登记。

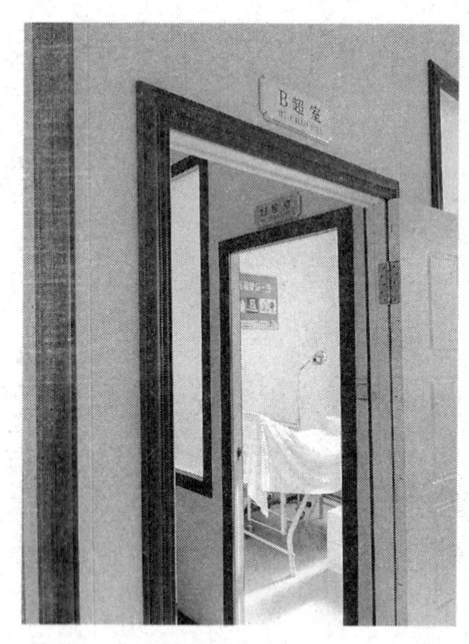

图4-1 计划生育服务室的B超室（作者摄）

4. 其他服务

江西村计划生育委员会及妇联在完成计划生育工作的同时，还组织村民参加渤海镇和牡丹江市组织的各项有意义的活动，如“洁美家园”、“留守妇女儿童平安家园”和“雪城爱心妈妈”等活动。

五 存在的问题

（一）结婚年龄较早

根据笔者的采访调查，江西村中的青年男女结婚人员中，有近四成的已婚人员是不符合法定结婚年龄的。其中有男女一方达不到法定结婚年龄的，还有个别婚姻是男女双方都未达到法定结婚年龄，很多青年都是先结婚后登记。当笔者问其为什么不等到法定结婚年龄再结婚时，受访者大多说不出个所以然来，只是认为这种现象没有什么不正常的地方，且认为这种现象在其他村庄也普遍存在。

（二）结婚花费较高，男方压力大

正如笔者之前提到过的，在黑龙江省，男女双方缔结婚姻，主要是男方花钱迎娶女方。结婚的房子、家具、婚宴等一切费用基本都是由男方家庭承担，并且男方还要给女方彩礼钱。结婚费用一般都在 10 万元左右，有的家庭甚至达到 20 万元，这就给男方家庭带来了很大压力。有一部分家庭本来还比较富裕，但由于结婚花费巨大使得家庭由此转向贫困，有的甚至还欠下了债务，而这些债务多数是由父母承担。

（三）新生人口较少

根据江西村计划生育办公室的新生人口档案：2005 年新生人口 7 人，2006 年新生人口 5 人，2007 年新生人口 7 人，2008 年新生人口 4 人，2009 年新生人口 2 人（双胞胎）。可见，从 2005 年开始每年的新生人口都不到 10 人。这种现象的产生，一方面是因为新婚人数减少，据笔者调查，江西村 2009 年仅有 3 户家庭结婚，另一方面则是因为新婚青年不想那么早生孩子，家庭观念比较淡薄。

上述三方面的问题，虽然已经引起了江西村两委班子的注意，但是并没有提出具体有效的解决措施。笔者也注意到，对于这些问题，尤其是对待结婚费用过高和新生人口较少现象，解决问题的关键还在于村民的思想观念的转变，村两委班子所能起到的作用极其有限。无论如何，这些问题的存在都不利于江西村长远的发展，甚至会制约经济的发展。

第四节 精神文明建设

一 争当省级文明村标兵

2004 年，江西村为了争当省级文明村标兵，村党支部依据《全国文明村镇评选标准》（中央文明委［2003］9 号），结合本村实际情况制定了九项工作目标。

（一）领导班子坚强有力

党支部、村委会认真学习贯彻邓小平理论和“三个代表”重要思想，坚持科学发展观，坚定执行党在农村的各项方针、政策，健全各项组织制度、工作制度、学习制度。充分发挥党组织的领导核心和战斗堡垒作用。自觉坚持“两手抓、两手都要硬”的方针，把高度重视精神文明建设摆在重要位置，坚持常抓不懈。领导干部以身作则、廉洁奉公、团结协作、开拓创新、民主管理、科学决策，执政为民，在群众中威信高，无违纪违法现象，干群关系融洽和谐。

（二）思想道德风尚良好

切实加强思想道德建设，深入开展邓小平理论、“三个代表”重要思想、科学发展观、和谐社会、社会主义荣辱观、理想信念、形势政策、普法宣传、国防安全、民族团结系列主题教育活动，大力弘扬和培育民族精神，积极开展深入细致的思想政治工作，引导广大干部群众树立正确的理想信念和世界观、人生观、价值观。认真贯彻落实《公民道德建设实施纲要》，广泛宣传“二十字”公民基本道德规范，使之家喻户晓、深入人心。依据《纲要》修订完善村规民约，发挥道德评议会、红白理事会、禁毒协会等群众自治组织的作用，倡导良好的道德风尚。突出抓好诚信建设，坚决防止不守信用的行为，杜绝坑农、害农现象。加强社会公德、职业道德、家庭美德教育，青少年的思想道德建设扎实有效，形成男女平等、尊老爱幼、勤俭持家、礼让宽容、文明礼貌、团结友爱、助人为乐、扶贫济困的村风民风。

（三）创建工作扎实有效

制定切实可行的创建文明村镇工作规划和年度计划，明确奋斗目标、具体措施、职责任务和考核办法；建立健全运转有序的工作机制，确保组织领导、人员机构、资金投入、管理协调、监督激励“五到位”；引导群众在参与活动中获得实惠，受到教育，得到提高。

（四）社会服务优质规范

两委班子、党员干部转变服务作风，强化服务意识，广泛发扬民主，真心实意为群众解难题、办实事、谋利益。健全规章制度，加强监督管理，规范行业行为，增加便民措施，改善服务质量和服务环境，自觉抵制各行业不正之风。建立完善的农村社会公共服务体系和农村社会救助体系，促进村民生活质量的进一步改善。

（五）科教文卫体稳步发展

坚持开展科普活动，大力推广致富实用科技，运用现代信息技术等手段，拓展致富信息渠道。尊师重教，积极发展教育事业，九年制义务教育入学率达到100%，无青壮年文盲。健全卫生保健网络，建立新型合作医疗体系，落实卫生防疫措施，提高群众健康素质。深入扎实地做好人口与计划生育工作，计划生育率达100%。倡导健康、文明、科学的生活方式，扫除陈规陋习，反对迷信愚昧。坚持开展群众性文体活动，群众精神文化生活丰富多彩、健康向上。不断完善文化、体育设施，以先进文化占领和巩固思想文化阵地。

（六）社会安定

干部法纪观念强，自觉遵纪守法，普法教育形成制度，村民法纪观念强，能依法照章办事。民事调解和治保组织健全，民事纠纷调解及时，无群体上访事件。社会治安综合治理措施落实，治安形势平稳，群众有安全感。领导干部无严重违法违纪案件，确保村内无恶性刑事案件、严重经济案件、重大治安案件，无重大责任事故，无拐卖妇女儿童现象，无黑恶势力和“黄赌毒”丑恶现象，无非法宗教和邪教活动。妇女、儿童、老年人、残疾人合法权益得到切实保障。

（七）环境面貌整洁优美

围绕实现“乡风文明、村容整洁”的要求，坚持科学规划，治理整顿脏乱差现象，净化、绿化、美化程度高。为人民群众创造良好的工作、生活、学习环境。村容村貌干净整洁，无柴草乱垛、粪土乱堆、垃圾乱倒、污水乱泼、禽畜乱跑、房屋乱盖现象。认真开展爱国卫生运动，传染病的发病率低于全省平均水平。环境保护知识普及，环境质量达到国家标准。珍惜自然资源，维护生态平衡，无滥垦、滥伐、滥采、滥挖现象，无捕杀、销售和食用珍稀野生动物现象，无破坏生态事件。

（八）基层民主健全有效

扩大基层民主，保障群众依法直接行使民主权利。认真执行民主管理、民主监督、民主选举制度。村委会成员依法选举产生，村党支部与村委会能认真采纳群众意见，积极为群众办实事、谋福利，关系融洽。村民会议制度完善，重大事项实行民主决策。村务管理制度健全、规范有序。村务公开、财务公开实现制度化、规范化，群众满意率较高。

（九）农村经济发展壮大

稳定和完善以家庭承包经营为基础、统分结合的双层经营体制，统筹推进农村各项改革，农业、旅游业、商业协调发展，不断壮大村集体经济，确保农业和农村经济健康发展、稳定增长，农民收入逐年增加，主要经济指标居本省领先水平。切实减轻农民负担，尊重和保护农民的合法权益。采取切实有效措施，解决病、残、孤寡农民生产生活中的困难。

近几年来，江西村紧紧围绕这九项措施，全村上下有条不紊地开展文明村的建设，2006 年被评为省级文明村标兵，2009 年被评为全国创建文明村镇工作先进村。文明村的建设使得江西村有了重大变化：

1. 村民的思想观念和精神面貌发生巨大变化。广泛开展的创建文明村、文明户活动使得江西村村民民主和法律意识、诚信和维权意识、经营和创新意识明显增强，走出农门投身“打工经济”，打造民俗旅游，不仅富了口袋，更富了农民的脑袋，涌现出大批知法、懂法、守法、有文化、懂技术、会经营的新型农民。他们转变“好面子、放不下架子”的旧观念，敢于尝试新科技，承担新风险，建立新组织，发展新渠道，培育新产业，在更高的起点上勤劳致富。

2. 村民的科学文化素质明显提高。普及义务教育和以“三下乡”、“一加二”助学活动为代表的以城带乡、城乡共建活动促进了城乡文化交流和村民文化教育的落实，学习掌握科学技术，舍得在农业生产、家庭生活和子女教育中投入，这在江西村渐成风尚。年轻人结婚的彩礼变为摩托车、电脑、手机，以新型生产资料、现代交通信息工具帮助年轻人致富奔小康。

3. 村民的精神文化生活更加丰富。以黑龙江省“百县千乡宣传文化工程”和“金色田野”工程为代表的宣传文化事业深入农村、服务农民，推动了农民生活方式的转变。每年“三八妇女节”和“流头节”，江西村都要开展文化、体育、娱乐活动。村里有门球队和足球队，每年都组织村民开体育运动大会。走进农家，特别是青年人的住宅，彩电、音响、现代家具、时髦装修等令城里人都自愧不如。

4. 村民的居住条件和环境面貌有所改观。随着文明村镇创建活动推进力度的不断加大，江西村道路建设明显加速，村屯绿化、美化水平逐步提高，环境卫生的管理制度和机制得到落实。大部分农民的居住条件和生活水平得到提高，砖瓦化建筑增多，摩托车、自来水、有线电视入户率均达到90%以上。修建了三处文化体育广场，供村民休闲娱乐运动。

5. 全村的社会风气正在发生深刻变化。江西村广泛开展“文明村”建设，持续开展的乡规民约教育，促进了村民素质的提高和乡村风气的转变。一是讲学习、重责任，关心党的方针政策，关心自身利益的村民明显增加，主人翁责任感和依法维权意识明显增强。二是讲文明、重健康，科学进步的生活方式和行为习惯成为相当多村民追求的目标。三是讲诚信、重和睦，孝敬父母、关爱子女的风气已经形成，邻里纠纷明显减少。四是讲法纪、重协商，遵纪守法。

二　十星级文明户建设

自宁安市开展十星级文明户建设以来，江西村村委会就热切地投入到十星级文明户建设上来。通过村内广播、黑板报、走访等形式大力宣传好人好事、新风俗、新时尚；通过评选十星级文明户增强村民的道德意识并增进村民间和谐共处；通过开展丰富多彩的业余文化活动，提高村民的素养。目前，全村十星级文明户占70%

左右。

宁安市渤海镇十星级文明户（文明示范户）条件及标准：

一、讲究卫生星。室内整洁、庭院内外物品摆放整齐，消灭粪堆、垃圾堆，实现硬化、绿化、美化的要求。

二、思想进步星。拥护党的领导，坚定社会主义，热爱集体，热心公益事业，积极履行纳税义务。没有损害党的形象、民族尊严、集体利益的行为和事情。

三、重视文教星。遵守义务教育法，重视对子女的教育和培养，坚持读书，达到“一二三”工程要求（“一二三”工程，即一条主线、两项制度、三个重点），积极参加集体组织的各种文化、体育活动，做到科教兴家和文化进家。

四、勤劳致富星。坚持守法经营、艰苦创业、勤俭节约，家庭收入和生活水平较高，做到信息发家。

五、遵纪守法星。认真学习和遵守国家法纪、法规，遵守市民文明公约、村（居）规民约，家庭成员无违纪违法现象和不良行为，做到依法治家。

六、移风易俗星。做到婚事新办、丧事简办，不铺张浪费，勤俭持家。不制作、买卖封建迷信用品。不参加非法宗教、宗族等封建迷信活动。

七、计划生育星。自觉执行计划生育政策，无计划外生育，无早婚、买卖婚姻、包办婚姻等行为。

八、邻里团结星。邻里关系融洽，互帮互助。不挑事、闹事，不搬弄是非，无吵嘴、骂架、打架、恃强凌弱等不文明行为。

九、家庭和睦星。孝敬父母、赡养老人、关心子女，婆媳、妯娌、兄弟、姐妹间和睦相处，做到美德传家。

十、助人为乐星。主动照顾五保户、困难户，扶正压邪，见义勇为，造福乡里，做到文明建家。

十星级文明户评选活动在各级党委的领导下，由精神文明建设指导委员会办公室统一负责，镇村党委（党支部）具体组织实施。每年评选一次，由宁安市文明委命名、表彰。十星级文明户评选由农户按照“自报公议，民主评定”的原则分步进行。第一步，由农户按照评选标准自我认星申报；第二步，召开村民代表大会，由群众民主评议，对入选农户进行公示；第三步，由上级部门和乡镇党组织联合对民主评议结果进行审核，并按程序逐级推荐上报。十星级文明户分省、市、县（市、区）、乡镇四个级别，省、市、县（市、区）级分别由同级文明委通过会议审核、评定、命名、表彰，乡镇级由乡镇党委、政府审核、评定、命名和表彰。十星级文明户实行分层评定，逐级选拔的办法。县（市、区）级十星级文明户从乡镇级中产生，市级十星级文明户从县（市、区）级中产生，省级十星级文明户从市级中产生。在特殊情况下，宁安市文明委可直接命名宁安市级十星级文明户。但是凡有下列情况之一的，撤销荣誉称号。

1. 家庭成员发生刑事案件的；

2. 家庭存在封建迷信、黄赌毒等丑恶现象的；

3. 违反人口和计划生育政策法规行为的；

4. 家庭有不赡养老人、家庭暴力现象的；

5. 违犯土地法规定的；

6. 环境卫生综合整治及绿化美化工作达不到相关要求的。

凡被撤销荣誉称号的农户，经过整改，达到标准，可以重新参加评选。

表 4－7 宁安市渤海镇“十星级文明户”审批表（样表）

（乡镇） 村 户主姓名：

项 目	自 评	互 评	审 核	审 批
一、讲究卫生星				
二、思想进步星				
三、重视文教星				
四、勤劳致富星				
五、遵纪守法星				
六、移风易俗星				
七、计划生育星				
八、邻里团结星				
九、家庭和睦星				
十、助人为乐星				

审批时间：

填表说明：

1．“自评栏”由户主填写，符合标准的打“√”，不符合标准的打“×”。

2．“互评栏”由村民小组组长征求本组所有农户意见后填写，符合标准的打“√”，不符合标准的打“×”。

3．“审核栏”由村民代表审议后，村两委根据村民代表及公布后群众反馈的意见，在调查的基础上，填写审核意见，符合标准的打“√”，不符合标准的打“×”。

4．“审批栏”由乡镇填写。

三 五好文明家庭创建活动

宁安市在制定“五好文明家庭”标准的同时还注重增加家庭文明活动，于是推出了家庭文明系列活动“5223”

图 4-2　计划生育牌（作者摄）

工程，即“五进家”、“两征集”、“两牵手”、“三条家庭快乐游”，并以此活动为载体，扎实深入开展创建活动。江西村在实施“5223”工程的同时，结合本村的实际情况规定了一些具体内容，村民也积极参与，取得了显著成效。自开展创建五好文明家庭以来，村民热情高涨，虽然没有国家级“五好家庭”，但是也涌现出了很多典型的“致富户”、“和谐幸福新农家”、“十大道德模范”、“孝敬父母儿女户”、“模范夫妻户”、“文明信用户”以及“农村模范户”。

例如，十大道德模范刘明顺，致富不忘乡邻。刘明顺，男，1961 年生人，汉族，渤海镇江西村人。2004 年 4 月，刘明顺从村民安光胜手中转包了江西村沙场，经过几年的精心经营，现在已累计资金 150 多万元（包括固定资产）。2007 年，在江西村社会主义新农村建设中，刘明顺主动一次性无偿捐助价值 12 万多元的沙石，保障了江西村新农村建设的顺利进行。几年来，刘明顺在新农村建设、群众文化活动、抗震救灾、救助五保户和低保户等公益活动上共出资20多万元。他是村民们公认的道德模范，也是江西村“十大道德模范”的杰出代表。

图4－3　农民致富明星牌（作者摄）

第五章　民族与宗教

江西村在民族、宗教方面的工作一直处于安稳和谐的状态。1997 年，江西村被宁安市政府评为“宁安市民族团结先进集体”。2006 年，黑龙江省民族事务委员会到江西村进行调查并给予了高度评价。

第一节　民族

虽然江西村是以朝鲜族为主的村庄，但满族却是这里最早有记载的居民，而从未来人口的增长趋势来看，汉族人口逐渐增多，朝鲜族人口逐渐减少。

一　民族基本情况

（一）民族结构与聚居状况

江西村是由朝、满、汉三族杂居而形成的村庄，是黑龙江省最大的朝鲜族聚集地之一。全村共有 429 户，总人口 1580 人。其中朝鲜族 370 户，人口 1397 人，占全村人口总数的 88.4%；满族 52 户，占全村人口 10%；汉族 7 户，占全村人口 1.6%。1983 年以前，江西村朝、满、汉三民族以杂居的形式居住。1983 年，江西村实行了家庭联产承包责任制，按生产小队重新把耕地分割划片，满、汉两族为江西村第九生产小队，九队耕地被分到江西村的村西面，当时正赶上村屯规划，很多村民的房屋都要重新改建。考虑到将来便于管理耕地，九队村民向村委会提出将居住地迁移至村西的建议，当时的村委会成员经过多次开会协商，考虑到如果进行迁移，一方面便于江西村的村屯规划，另一方面便于九队村民更好地对耕地进行管理，是件利村利民的好事，于是同意了九队村民提出的建议。在迁移、建房过程中，村委会成员带领全村村民集体出义务工，沙、石由村里无偿提供，砖由江西村自办的砖场以每块4分钱的成本价提供给九队村民建房使用，经过重建，形成了现在满、汉两族为主的村民居住在村西南，朝鲜族为主的村民居住在村东北的格局。

（二）民族由来

1. 满族

满族是本地区最早的居民，世世代代在此繁衍生息。江西村现有满族居民52户，158人，主要姓氏有：厉、关、郭、徐、陈等。据厉姓家谱记载，康熙四十四年（1705年）正月初六，厉氏家族由吉林小绥芬奉旨差派至宁古塔，后成为江西村早期居民之一。

2. 朝鲜族

19世纪中叶开始，陆续有较多的朝鲜人从朝鲜半岛越过鸭绿江和图们江迁入我国东北地区，也有个别朝鲜人由中东铁路（俄罗斯远东地区）迁入我国东北。当时清政府筑造长栅，实行封禁政策，严防朝鲜人入境私垦。清同治八年（1869年）九月间，朝鲜北部遭受大灾难，于是大批朝鲜饥民扶老携幼，冒险破禁迁入我国东北地区。光绪九年（1883 年）清政府撤销封禁令，许可朝鲜人进入东北开垦，但要求朝鲜族农民“剃发易服”加入大清国籍，授田为民。1910 年日本帝国主义吞并朝鲜以后，许多朝鲜人民由于不堪忍受日本帝国主义的残酷统治和压迫，纷纷迁入我国东北地区。据不完全统计，到 1918 年已有 36 万多朝鲜人迁入我国东北各地。

据入户调查及根据江西村朝鲜族各姓氏家谱得知，江西村朝鲜族大多数是二战时期迁移而来。由于其祖辈不堪忍受日本帝国主义的压榨，背井离乡来到我国东北地区，后又几经辗转迁移至宁安地区。当时宁安地区主要以种植大豆、小麦、玉米、谷子、高粱等旱作物为生，还没有种植水稻的先例。1916 年，在今渤海镇西莲花的朝鲜族农民种植水稻成功，又吸引了大批朝鲜农户迁至宁安一带。1926 年朝鲜族村民姜秀石、姜龙八、姜龙镇、姜顺女、金俊达、金副官、安顺意、黄永春等 8 户来到江西村，而当时的江西村只有 20 多户满族村民和 2 户汉族村民。因为江西村周边多为荒草丛生的石板地，种植旱作物难度较大，迁来的朝鲜族村民想对石板地加以改造，探索种植水稻。他们采取用肩背土的方式在石板地上铺土改田，虽然解决了土壤问题，但是灌溉的水源成为一大难题。牡丹江虽流经江西村，但不流经石板地，于是为引牡丹江水灌溉，全体朝鲜族村民开始了拦截牡丹江水蓄水灌溉工程。为了堵坝提水，他们从早上一直工作到太阳下山，一干就是几年，其他村民也逐渐开始加入，一起筑坝，最终用石头在牡丹江江中修筑了一座大坝。其中的艰辛可想而知，在雨季雨水丰沛的年头，江水上涨，就会把人们辛苦多年修筑的石头坝全部冲走，大家又重新筑坝。为了把江水引到田里，村民经过几年的时间挖石填沙，挖掘水渠300多米，终于把荒石板地改造成了种植水稻的良田。朝鲜族人民的到来，改变了这里的农业种植格局。现在江西村水稻种植面积已达5400亩，是响水大米的主要产区，水稻产业已成为江西村的主打产业。

3. 汉族

宁安县古称宁古塔，是满族的发祥地。在清代被清政府认为是满族的龙兴之地，清政府对该地区一直实行封禁政策，不允许汉族以及其他民族进入。从清顺治元年（1644年）至雍正十年（1732年）的80余年间，清政府把关内所谓反清罪人及其家属约千余户迁移或流放至宁古塔，他们当中多数是明清两朝的达官、名士，是最早来到宁安县地区的汉族人。清光绪初年，由于受沙俄入侵影响，清政府被迫解除了禁令，关内各省汉人大批流入宁安地区垦荒落户，江西村现在的汉族村民多数都是在那一时期来到江西村的。汉族人民的到来，带来了关内先进的农业技术，大大促进了当地农业的发展。

（三）民族关系

党的十六大以来，渤海镇政府坚持以“共同团结奋斗，共同繁荣发展”为主题，创造性地贯彻落实党的各项民族政策。江西村多年来已形成了朝、满、汉相互尊重、互补共存的文化环境。建村以来，江西村没有发生过一起民族矛盾纠纷事件，三个民族的村民在长期和谐共处、相互交往中更加团结友爱，语言、饮食、居住、婚姻等方面也逐渐走向融合。

1. 语言

江西村八九十岁的朝鲜族老人汉语说得不是很流利，也有个别老人不会说汉语，这些老人中 90% 为女性。这一现象是由于早期江西村交通闭塞，与外界交往较少造成的。1937 年，江西村成立朝鲜族小学，从小学一年级就开设汉语班，使得朝鲜族儿童从小就能说一口流利的汉语。据笔者走访调查，发现现在江西村村民 95% 的人都会说朝、汉两种语言，这是因为他们长期生活在一起，且交往频繁导致的。而现在居住在江西村的满族人已经没有会说满语的了，只有在祭祀时说一些祭祀用语，在日常生活中，他们也用汉语及一些简单的朝鲜语进行交流。

2. 饮食

朝鲜族擅长种植水稻，所以在饮食上把米饭作为主食。重大节日时都要做打糕、冷面等食品。

汤是朝鲜族日常饮食中的必备品，其种类繁多。夏天饮用狗肉汤，冬季则以饮用大酱汤为主。以前，朝鲜族人多数不会烧菜，主要以各种腌、拌制小菜为主，大约有 30 种。满、汉两族在饮食上主要以面食和烧菜为主，其中满族的杀猪菜最具特点。

随着各族丧葬嫁娶活动及重大节日往来的日益频繁，使得江西村各族村民在饮食上也逐渐走向了融合。如：过春节时朝鲜族除做打糕之外也学会了包饺子、烧各种菜肴。满、汉两族村民也从朝鲜族村民那里学会了腌拌各种小菜。几乎每家都有五六种朝鲜族小菜。大酱汤、狗肉汤、打糕、米肠、辣白菜也成为满、汉两族村民餐桌上常见的佳肴。

3. 居住

在居住设施上各族村民也相互取长补短。如北方冬季非常寒冷，而朝鲜族的大炕、铁锅、拉门都有较好的取暖和保温作用，满、汉两族村民也都这样设计自家房屋。同时，朝鲜族村民也学习汉族村民，在房门外设门厅。以前，朝鲜族的室内只设一个大卧室，如果家里来客人了，居住起来就很不方便，他们通过“隔断”把大卧室分成两个小卧室。如今，在居住方式上朝、满、汉三族村民彼此借鉴，形成了江西村自己的特色。

4. 通婚

很久以前，江西村就有满汉通婚现象，如今已经十分普遍。据调查，在1995年以前，江西村朝鲜族与异族通婚现象仅有9例。因为以前江西村的朝鲜族老人比较反对子女与外族通婚，表面上看是因为民族血统的不同，其实更多的是因为生活习惯的差异。但近些年，随着各民族之间工作生活往来的增多，交流也更加频繁，尤其是朝鲜族青年在外务工人员不断增多，与外族人员的交流也更加紧密，这使得他们改变了以往的陈旧思想，朝鲜族与满族、汉族通婚已不是什么稀奇事。据调查统计，近几年来江西村朝鲜族与外族通婚率已达到28%（该数据不局限于江西本村，还包括与外村通婚数据）。

二　朝鲜族习俗

由于江西村是一处较大的朝鲜族聚居地，所以在本民族的传统习俗上与散居在其他地方的朝鲜族相比，民族习俗保存得较好。下面我们对江西村朝鲜族村民的生活习俗作一些介绍。

（一）服装

朝鲜族一般喜欢白色，以示清洁、干净、朴素、大方，故朝鲜族自古有“白衣民族”之称。江西村朝鲜族更是如此。除此之外，朝鲜族服装的特点是斜襟，无纽扣，以长布带打结。男子的裤裆肥大，宜于盘腿而坐，裤脚系上丝带，女子喜欢在上衣外加穿带纽扣的有色坎肩，出访时再加着长袍（式样与上衣同）。男女所穿的上衣，在斜襟上镶着白色布边，这样方便经常拆洗，使衣服保持干净。年轻妇女和少女上衣（“则羔利”）袖口和衣襟上镶色彩鲜艳的绸缎边。飘带也使用绸缎制成，红、紫、蓝色都有。

老年妇女更喜欢素白衣服，并习惯用白绒布包头。冬天，加穿以毛皮为里、绸缎为面的坎肩。中老年妇女多穿缠裙，不穿筒裙。缠裙带宽腰带，有许多细褶，长及腿跟，是分叉裙子。筒裙是缝合的筒式裙子，但与其他民族的筒裙不一样，它的腰间有许多细褶，达到合腰身为止，上端还连上一个白布小背心，前胸开口扣纽扣，穿时从头部往下套。这种裙长过膝盖，利于劳动、步行，因此妇女劳动时多穿筒裙。

朝鲜族少妇少女的衣裙，可以说是五彩缤纷、鲜艳夺目，具有浓厚的民族特色。幼儿上衣的袖口多用“七色缎”（七种颜色相配的绸缎）做料，穿起来好像彩虹在身。朝鲜族一向认为彩虹是光明和美丽的象征，用“七色缎”给幼儿做衣服，意在让幼儿们的明天更加美丽和幸福。

朝鲜族的鞋，有其发展演变过程：早期多穿木屐，后改穿草鞋、麻鞋，穿胶鞋是近代生产方式发展以后的事。

男子多穿平面的胶鞋，妇女多穿白色或天蓝色船形胶鞋。近些年，在江西村居住的朝鲜族村民为了生产、生活和工作上的便利，除节日和民族性的集会外，基本上不穿民族服装，大都改穿工作服和制服。

（二）饮食

朝鲜族的传统风味食品很多，无论是特色饮食还是日常饮食都很有讲究。在牡丹江地区，朝鲜族的饮食很受大众欢迎，因为受朝鲜族男主外女主内的传统文化习俗影响，朝鲜族的饮食制作工艺大多都掌握在朝鲜族妇女手中，只有个别需要重体力劳动才由男性来做，如打糕、杀狗等。而江西村朝鲜族妇女制作的朝鲜族美味饮食也是江西村旅游餐饮业迅速发展的一个主要原因。

1. 朝鲜族特色饮食

打糕：朝鲜族最爱吃的传统食品之一。打糕的历史比较悠久，早在18世纪朝鲜族的有关文献中已有记载，当时称打糕为“引绝饼”，并称引绝饼为传统食品之一。如今，凡逢佳节或红白喜事，每家都用打糕来招待亲朋好友。顾名思义，打糕是打出来的。打糕的原料主要是糯米，不产糯米的地方，则用小黄米；所撒的豆面原料，除用红小豆外，还可以用黄豆、绿豆、松子、栗子、红枣、芝麻等。制作时，先将糯米淘净蒸熟，放在打糕槽内或石板上，用打糕槌子把米粒打碎黏合在一起而成。吃的时候，用刀蘸水切成小块，蘸着豆面吃。

冷面：朝鲜族传统食品之一。朝鲜族不仅在炎热的夏天爱吃冷面，即使在寒冬腊月里也喜欢坐在炕头吃冷面。特别是每年到农历正月初四的中午，朝鲜族有全家一起吃冷面的习俗。据民间传说，正月初四这一天吃面条可以“长命百岁”，故冷面也称作“长寿面”。冷面的主要原料是荞麦面、小麦面和淀粉，也可用玉米面、高粱面、榆树皮面和土豆淀粉制成。做法是在荞麦面中加淀粉、水，和匀成面条，煮熟后用凉水冷却，加香油、辣椒、泡菜、酱牛肉和牛肉汤制成。吃起来清凉爽口、味道鲜美。

耳明酒：喝“耳明酒”是朝鲜族的风俗。每年正月十五早晨，空腹喝耳明酒，以祝耳聪，此酒并非特制，凡是在正月十五早晨喝的酒，都叫“耳明酒”。

三伏与狗肉汤：三伏是一年中最炎热的季节，可是朝鲜族在三伏天却有宰狗、吃狗肉汤的习俗。这种汤别有风味，据当地人说，在三伏天吃狗肉汤可大补。朝鲜族大多数人爱吃狗肉，然而在节日或办红白喜事时是绝对不准吃狗肉的，这是一种风俗，也是一种礼节。

五谷饭：朝鲜族吃五谷饭由来已久。每逢正月十五，农民用糯米、大黄米、小米、高粱米、小豆做成五谷饭吃，还拿一些放到牛槽中，看牛先吃哪一种，便表示哪种粮食在这一年能获丰收。这种风俗，至今还在江西村流传。

米酒：朝鲜族爱喝的一种饮料。米酒是他们招待客人的佳品，如有客人来访，主人总要端上一碗自家酿制的米酒。这种酒比黄酒的颜色稍白一点，而且还略带甜味，喝起来口感甘甜、肚腹温热，但是千万不可多饮，因为这种米酒后劲十足。

辣白菜：朝鲜族最爱吃的传统食品之一。每年冬天，大白菜收获下来后，朝鲜族妇女就开始制作辣白菜了。此时无论是农村还是城镇，家家都要做，少则几百斤，多则上千斤，因为要持续吃到第二年的春天。江西村朝鲜族也是如此，而村内朝鲜族饭店做的量会更大。辣白菜，清香爽口，有解腻解酒、助消化、增进食欲之功效，既是家常菜，又可以上宴席。朝鲜族人的一日三餐都离不开辣白菜，尤其是妇女，经常是一顿饭就吃一碗米饭和一碟辣白菜即可，足见辣白菜在朝鲜族人民饮食中的重要性，因此辣白菜是朝鲜族日常饮食中不可缺少的一道菜。

2. 朝鲜族日常主食

如果说朝鲜族特色饮食是朝鲜族所特有的，那么下面要介绍的朝鲜族日常饮食则并不是其特有的了。

朝鲜族喜欢吃米饭，擅做米饭，用水、用火都十分讲究，做米饭用的铁锅，底深、收口、盖严，受热均匀，能闷住气儿，做出的米饭颗粒松软，香味醇正。一锅一次可以做出质地不同的双层米饭，或多层米饭。各种用大米面做成的片糕、散状糕、打糕、冷面等也是朝鲜族的日常主食。

朝鲜族日常菜肴常见的有“八珍菜”和“酱木耳”（大酱菜汤）等。“八珍菜”是用绿豆芽、黄豆芽、水豆腐、干豆腐、粉条、桔梗、蕨菜、蘑菇等八种原料，经炖、拌、炒、煎制成的菜肴。大酱菜汤的主要原料是小白菜、秋白菜、大兴菜、海菜（带）等，以酱代盐，加水焯熟即可食用。

泡菜是日常不可缺少的菜肴。朝鲜族泡菜做工精细，享有盛誉，是入冬后至第二年春天的常备菜肴。泡菜味道的好坏，也是主妇烹调手艺高低的标志。

朝鲜族菜肴食用后大都有一定的滋补和医疗作用。如春天食用的“参芪补身汤”、伏天食用的“三伏狗肉汤”、冬天食用的野味肉和野味汤等。

（三）居住

以前，江西村朝鲜族的住宅一般不建院墙，住房主要以木框架承重，地基用土垫起30厘米高的台基，周边再砌上石块。外墙也是先立起木框架，两面编织草绳或柳条、高粱条等，外面抹泥浆，中间充填沙土，也有不填沙土做成空心墙的。室内外四壁再用白灰粉刷一新，显得分外整洁、朴实。屋顶由4个斜面构成，全部用稻草覆盖。为了防止被风刮走，还用稻草绳网成许多菱形网目。由于稻草质地松软，房顶呈现缓慢的弧线形线条，与周围其他民族房屋的人字形两个斜面屋顶直线线条形成鲜明的对照。一进屋设有1.3～1.5平方米的地方为换鞋区，一般室内设有客厅、卧室、厨房、仓库等房间，室内2/3为大炕，散热面积大，取暖效果极好。朝鲜族妇女特别勤劳爱清洁，室内窗明几净，简洁美观。这种传统的朝鲜族土房在江西村响江西郇旅游区的对面，保存了二十多座，辟为民俗居住区，作为游客的观光点，它已成为朝鲜族传统住房实物的标志。

随着江西村村民生活水平的提高。砖瓦结构的住宅逐渐代替了土木结构的传统住房。但朝鲜族的砖瓦房的房顶依然保留着4个斜面，大体上保持了传统的稻草屋顶的线条美，室内除设有大炕，多数家庭还安装有暖气用以冬季取暖，传统的木门、木窗被现在铝制门窗所代替，既美观又增加了采光。许多的家庭还安装上了太阳能热水器，室内设有专门的沐浴间。

（四）礼节

江西村是一个多民族杂居村。时至今日，江西村的朝鲜族依然保留着本民族传统的礼节，尤其是三世同堂的家庭，很讲究礼貌、礼节。比如，晚辈对长辈必须用敬语。平辈之间初次相见也用敬语，以示文雅，有礼貌。一日三餐，盛饭、盛汤和菜，都要先给老人盛，并给老人摆单人桌，由儿媳妇恭顺地端到老人面前，老人举匙，全家才能就餐。在吃饭时，匙要放在汤碗里，若把匙子放在桌上，就表示吃完。陪客人吃饭时，如果主人先把匙子撂下，便是失礼。节日的饮食，不管多少，多与邻居分尝。饮酒、吸烟时，父子不同席，即晚辈不能在长辈面前喝酒、抽烟。年轻人与老人同席而无法回避时，年轻人举杯背席而饮，以示对老人的尊敬。酒席上，按年岁依次倒酒，长者举杯后，其他人依次举杯。抽烟时年轻人不能向老人借火，更不能接火，否则是一种大不敬的行为。与长辈同路时，年轻人必须走在长者的后面，如有急事非赶路不可时，要向长者恭顺地说明原委，然后超行。在路上遇到认识的长者，必须恭顺地问安并让路。朝鲜族过去无敲门的习惯，客人进院子是干咳一声，等主人闻声出来问询才可以对话。现在，则在门外先喊一声“在忙吗?”，然后问询。这时互相使用的话都是敬语。朝鲜族家庭礼节比较严格。孝敬父母和长辈，遵循社会公德，谁违背它，谁就会遭到社会舆论的严厉谴责。

（五）禁忌

朝鲜族喜食狗肉，江西村几乎每家都养狗，少则养一条，多则养五六条。朝鲜族养狗，主要是用于食用，这些狗都是三伏天食用的，他们认为三伏天吃狗肉、喝狗肉汤是大补。但是他们禁忌婚丧与佳节时吃狗肉。

还有，朝鲜族人忌讳被外族人称“高丽人”和“鲜族人”。

（六）出生

朝鲜族族人十分注重出生礼仪，将其视为人生的开端礼，非常讲究。出生礼仪大体包括“忌绳”、“百日”、“抓周”等，江西村朝鲜族族人现在仍然保持着这些传统。

“忌绳”是出生礼仪中的第一项，带有浓郁的民族特色。一旦婴儿降生坠地后，这户人家就会在自家的屋檐下挂上一条草绳，即“忌绳”，以此告知众人婴儿的出世，外人禁止出入。如果生的是男孩，就把辣椒或木炭插入绳内；如果生的是女孩，则插上松叶和松枝条。如果家中出生的不是第一胎，那么“忌绳”上的标志就不那么严格了。也有的家庭生了女孩也插上红辣椒，用以表达想生男孩的心愿。“忌绳”一般要悬挂21天，用以表示让产妇及婴儿度过20天宁静祥和的日子，免遭来自外界的意外刺激，产妇恢复元气的同时为幼小的生命创造一种舒适安逸的生活条件。

婴儿出生后一百天要举办一次小宴礼，即给孩子过“百日”。这一天，全家人欢聚一堂，共同祝愿孩子健康成长，同时给孩子拍照留念。

“抓周”是朝鲜族格外讲究的一周岁生日仪式。这一天，母亲会给小宝宝穿一身精心制作的民族服装，将其打扮得漂亮可爱。若是男孩儿，要穿用红、黄、绿、蓝、灰、粉红、白等7种颜色的缎子缝制的七彩缎上衣，头戴福巾，腰系荷包。若是女孩，要穿上色彩艳丽的彩色裙子。周岁孩子穿七彩缎服之习俗的由来，现在有多种解释：一是说过去的朝鲜族妇女善于保存各种颜色的布头，留给孩子做衣服穿；二是说出于信仰阴阳五行说，认为孩子穿上七色彩衣，可以避邪无忧；三是从美学角度上看，七彩衣色彩清新、明快、温和协调，使小孩显得更加聪慧可爱，倍增喜庆的气氛。

生日席上为“抓周”摆的各种物品，因孩子性别的差异而略有不同。男孩席上摆米、打糕、面条、水果、钱、书、弓、箭、墨、笔、纸等；女孩席上除食品相同以外，将弓、箭等物品换上针、线、尺、剪子、熨斗等物品。孩子要在大人们期待的目光下任意抓取其中的某件物品，接受人生第一回考试。如果先抓了线或面条之类，人们就会说孩子长寿；如果先抓了弓箭之类，就说他将来会成为武将；如果先抓了米、钱之类，就说他会成为富翁；如果先抓了笔、墨一类，就说他会成为文人；如果先抓取了打糕、水果，就说他将来会是个老实本分的人。这种预祝孩子未来的风俗在江西村的朝鲜族中一直沿用至今。

（七）婚俗

江西村朝鲜族随着社会的发展和时代的变迁，婚嫁习俗与传统相比已简化了很多，许多过程与汉族相似，但迄今还有很多地方依然保留传统的民族色彩。如同宗表亲不得通婚，这是不分贫富贵贱都要恪守的，现在仍恪守这一规矩。

选定婚日后，男方准备礼妆，女方准备嫁妆。礼妆也叫“纳采”，是男方为女方准备的礼物。过去一般有为新娘准备衣装和象征“幸福”、“多男”、“长寿”的米粒、棉籽、假发、玩具和妆刀等。现在一般是为新娘准备衣料、衣服、化妆品和装饰品。嫁妆是女方家为新娘准备的生活用品和为男方准备的礼物，一般是一套或两套新被褥，出嫁后本人及新郎要穿的衣服或衣料，还有要赠送公婆和男方近亲的见面礼物。

朝鲜族传统的婚礼仪式，有新郎婚礼和新娘婚礼。

过去新郎骑马去迎亲，在新娘家举行的婚礼叫新郎婚礼，一般按奠雁礼、交拜礼、房合礼、席宴礼等顺序进行。奠雁礼：新郎迎亲时带去一只木质的彩色模雁，放到新娘家客门外一张小桌上，把奠雁往前轻轻推三次，之后行跪拜礼。雁是双双高飞，至死不离的鸟类，奠雁象征新郎新娘如雁一样永相爱、守贞节、不分离。交拜礼：施过奠雁礼后，新郎、新娘一内一外相互跪拜，然后交换酒杯，相互敬酒。房合礼：交拜礼后，新郎进到新娘房间，同新娘见面，互问家安。席宴礼：就是新郎接受婚席。席上摆满糕饼、糖果和鸡、鱼、肉、蛋等，由傧相和邻里青年相陪。席宴将结束时，给新郎上饭上汤，在大米饭底下要放三个去皮的鸡蛋。新郎用饭时要吃鸡蛋，但不全吃，留一两个在饭碗里，等退席后，由新娘吃新郎留下的鸡蛋。新娘离开娘家上车时，要向父母与长辈叩首告别。随着人们生活水平的提高，风俗习惯也发生了变化。如近些年朝鲜族办婚事时常见到新的规矩。新娘向父母告别、乘车离家时，村里的青年们会在路口处堵道让新郎缴“路税”（路税是群众自编的名词），意思是乡路是乡亲们修起来的，不上缴“路税”

不许随意通过，其金额不限多少。他们收上来的“路税”分文不动，待新娘回家那天，买些酒、饼干、罐头类食品，拿到新娘家去玩乐一番。

新娘到新郎家后，举行新娘婚礼。新娘婚礼备有婚席，还举行舅姑礼。新娘婚席，过去都在院里举行，以便全屯人都来观看庆贺。现在一般在屋内举行，由女傧相陪同，新娘在婚席前正襟危坐。新娘婚席比新郎婚席要丰盛，在桌上一定要摆上一只煮熟的昂首挺胸的整公鸡，鸡嘴里还叼着一个大红辣椒，以示吉祥。宴席摆好后，先请陪新娘前来的女方近亲过目，以示男方不亏待新娘。婚礼当晚，亲朋好友和村子里的青年男女为新郎、新娘开娱乐晚会，唱歌跳舞直到深夜。

婚后的第二天早晨，新娘备好礼品叩见公婆及近亲，叫“舅姑礼”。第三日归宁（回娘家），现在一般在第二天举行舅姑礼后就可以归宁，归宁后姑爷向岳父母赠送礼物的同时还要跪拜。群众习惯将这种礼物叫做“奶费”，以感谢二老对其妻喂奶水、抚养成人与自己结成终身伴侣。这种规矩，最近几年在江西村流行较普遍。此外还有“初行”、“亲宴”、“姻亲相面”等婚后的一些礼仪。现在新事新办，新郎不骑马，新娘不坐轿，婚礼从简，已成为风气，从而出现了许多朴素、大方、热闹的新的婚礼仪式。

朝鲜族还有一种叫“归婚礼”的独特仪式，是在结婚60周年这天举行。不过只有老夫妻都健在，所生子女都在世，而且有孙子和孙女的情况下才能举行，因此能举行“归婚礼”的老人很少。归婚礼比婚礼还要盛大，老夫妻穿着结婚时穿过的礼服，摆上婚礼一样的婚席，子孙亲戚、村里男女老幼都来祝酒、祝寿，热闹非常。

（八）丧葬

朝鲜族自古以来将孝道视为万行之首，因而在丧礼与祭礼中，比其他礼仪更彻底地体现了崇拜祖先的观念，逐渐形成了丧礼、祭礼程序。

江西村朝鲜族多实行土葬。朝鲜族老人亡故，亲人三天内不准洗脸、理发，也不准吃干饭，而且必须穿孝。亲友来吊唁，首先在遗体前三叩首，再同死者亲属相互二叩首。入殓时要给死者穿新衣，原来的衣服则烧掉，三天后埋葬。埋葬前要请风水先生选墓地，墓地多选在山坡的阳面，头朝山顶脚朝下。埋葬后，坟前置供品，叩首。此后要连续祭拜三天，饭前上供。第一天上供祭祀叫“初云”，第二天叫“拜云”，第三天带供品到坟地叫“三云”。以后每逢死者的生日、死日和清明、端午、中秋节等都要祭祀。近些年宁安市附近的部分朝鲜族兴起一种新的葬俗，就是将死者送到火葬场火葬，之后把死者的骨灰撒入江中。每年到死者的生日、死日和清明、端午、中秋节等传统祭祀日时，也都不进行祭祀，但在江西村这种情况很少见。

（九）节日

朝鲜族节日较多，除与汉族节日相同的以外，还有许多本民族的传统节日和一些家庭节日。如传统节日“流头节”，家庭节日“婴儿生日节”、“回甲节”、“回婚节”等。

1. 流头节

农历六月十五日是朝鲜族的流头节。这一天被称为黄道吉日。清晨，男女老少都到河边洗头，传说用向东流的溪水洗头是件很吉利的事。晚上，人们还要在家里举行流头宴、唱流头歌，然后全家老少坐在一起，吃一顿丰盛的晚餐。

2. 婴儿生日节

婴儿生日节即婴儿周岁生日节。在朝鲜族的人生中，婴儿一周岁纪念日最受重视。婴儿生日那天，婴儿的妈妈就把自己打扮得漂漂亮亮，给孩子穿上一套精心制作的民族服装，然后把孩子抱到已准备好的生日桌前，让婴儿“过目”专门为它摆设的“涉猎物”。桌子上会摆放一些打糕、糖果、笔、书、小枪等有象征意义的东西。客人到齐后，婴儿的妈妈就叫孩子从桌子上五花八门的东西中随意拿自己的中意之物。当孩子伸手从桌子上拿一样东西时，客人们就欢腾起来，说一些助兴的话。有些家庭老人有给孩子在脖子上套上一团白色线的习俗，以示希望孩子像雪白的线团那样做一个清白的人，能像长长的线那样命长延寿。

3. 花甲节

“花甲节”是体现朝鲜族尊老爱老的一种传统节日。按天干地支推算法，60 年为一个循环单元，因此，将 60 周岁看成周甲或花甲，朝鲜族把 60 岁看做是人生道路上的分水岭，因此对花甲节特别讲究。老人 60 岁生日那天，儿女们为老人大摆寿席，广邀亲朋邻里欢聚一堂，感谢父母养育之恩。献寿是基本的仪式。儿女们为老人换一身特制的礼服，在大厅或在庭院内摆上寿席。花甲老人坐在寿席中，男左女右，同亲朋邻里中的同辈兄弟一起接受寿礼。寿桌上摆满糖果、鱼肉、糕点和酒类。寿礼开始，按儿女长幼之序、亲朋远近之别，依次敬酒献寿礼，之后载歌载舞为老人祝寿。

4. 回婚节

回婚节，也称归婚节，是结婚60周年纪念日，这天儿女、亲友、邻居都向老人表示祝福。回婚节比举行婚礼还要热闹。举行回婚节必须具备如下三个条件：一是老两口都健在；二是亲生子女都在世；三是孙子孙女无夭折。如果亲生子女或孙子孙女有死亡者，则不能举行回婚节。因此，谁家能举办回婚节，是种很大的荣耀，亲朋好友都来祝贺，一对老人穿上年轻时的结婚礼服，相互搀扶着入席，大家频频举杯祝福，比年轻人的婚礼更为热闹、隆重。

三 满族习俗

满族是中国十大民族之一，具有悠久的历史和丰富的民族文化，但由于长期与汉族以及其他民族的相互融合，本民族的民族特点保存至今的已经不多了。江西村居住的满族村民占全村总人口的10%，是江西村最早的居民。现代的江西村满族村民只有在丧葬、禁忌和本氏族祭祖活动时才能看到本民族的习俗特点，其他的习俗几乎与汉族相同。因此在这里主要介绍江西村满族丧葬、禁忌等习俗。

（一）丧葬

（1）人死后停放在西屋。在西屋的地上，顺着炕沿儿放三块木板，板子的高度以死者的年龄而定。老年人与炕沿平，中年人次之，小孩最低。人放在木板上，头朝西。这与汉人死后停放在正堂不同，因为满族人以西为上。

（2）尸体要从窗户抬出。究其原因，一种说法：门是走活人的，不能走死人；另一说法：努尔哈赤从李成梁家逃跑时是从窗户走的，是为了纪念。而汉人则从门抬出。

（3）棺材起脊。棺材上盖为起脊状，汉族棺材则为平顶。

（4）棺材里放谷草、栗树枝。这是火葬习俗的痕迹。

（5）挂红幡，即丹旗。红幡立于门前，设木座高杆悬挂，日出悬出，日落取下，放在棺材旁边，红布装饰，不用白色，因为满族贵白贱红，认为红色是送终时才可用的。满族人认为，幡儿是人的灵魂，发丧时要由丧主执幡儿前行，在单日出殡。如夫妻先死一人，死者埋葬后，红幡在墓地去掉黑头、黑穗收藏起来待后死者再用，再由丧主执而前行。后死者埋葬后，众人在坟前将幡儿抢回给小孩做兜肚，以求孩子平安长大。

（6）烧饭。所有祭祀之物尽烧掉，称为烧饭。

（7）百日内不除服，不剃头。满族人死后，其子孙服孝，男子腰系布带，妇女带包头，如果是一个老人去世，腰带及包头飘带一长一短，二老双亡则一样长短。孙子辈带子头上加一红布条，重孙辈加两根红布条，称花孝。现在满族人去世，家人一般还遵守戴孝一百天习俗，但一百天内不许理发的习俗已经消失了。

（二）满族禁忌

除丧葬外，满族还有一些其他民族所没有的禁忌。

（1）狗忌：满族最突出的禁忌为不准杀狗，禁吃狗肉，禁穿戴带有狗皮的衣帽。据说，此禁忌习俗源于“义犬救主”的传说。又说，狗在动物中智力发达，忠于主人，为猎人的好助手，忌杀之。

（2）祭祀禁忌：家堂中的祖先牌位禁忌乱摸乱动、甚至忌灰尘落于其上，否则，认为是对祖灵的侮辱。祭祖供品，忌用破鼻、破耳、破尾的雄羊。忌用杂毛猪，而要用全黑、无杂毛的公猪。必须在西炕搓杀猪绳、磨杀猪刀；杀猪人忌右手持刀。祭祖时要烧香，并在大门外挂谷草幡，以备祖先莅临喂战马之用。草幡附近严禁孕妇、寡妇和戴狗皮帽的人接近。满族对马极为崇敬，有专供祭祀用的马——“他合”马。此马不能用于农务，不准骑乘（尤禁妇女骑乘），不打鬃，不剪尾。满族奉貂为家神，捕貂前亦须祭祀貂神。捕貂时禁穿戴貂皮衣帽，获貂后禁当场剥皮，走出百步之后方可。

（3）产忌：怀孕5个月以上者，禁入马棚，亦不准牵马。产房内禁放玉器，产妇亦忌见玉器。故产前须把所有玉器拿出产房或用红布包好。

（4）婚忌：旧时满族有不与汉人通婚的禁忌习俗。俗语云：“旗民不交产，满汉不能婚。”此禁忌现已改变。

（5）丧葬禁忌：忌棺材从门而出。孝子治丧后百日内忌剪发，禁止参加宴会及娱乐活动。送葬后，亲人不许在家哭，否则会再死人。禁外人（包括亲友）穿孝，禁孕妇进入住宅。

（6）忌老少无别：晚辈不准触犯长辈，进长辈房间，须面对长辈垂手而立。长者赐座，只可半坐于北炕梢，双手扶膝。晚辈不得与长辈同桌共餐。路遇长辈或兄长，须问安，并站立路边，让其先过，自己方能动身。

第二节　宗教

一　宗教基本情况

江西村是以朝鲜族为主的村庄，朝鲜族本没有全民性的统一宗教。但20世纪50年代后，基督教在朝鲜半岛得到了迅速发展。现在韩国已有基督教教徒180万人，占总人口的39%，而且韩国教会还在海外进行大量传教活动，争取成为世界最大的传教国家之一。从20世纪80年代初开始，伴随江西村朝鲜族村民到韩国劳务输出人数的增多，一些受到了韩国文化影响的务工人员开始信仰基督教，将韩文版的《圣经》带回村里，并在村民中传播基督教。

除信仰基督教外，近些年村里又出现了信仰天主教、安息教两个宗教派别。由于所使用的《圣经》全部为韩文版，所以信仰者也全部为村中朝鲜族人，90%为老人，而且以女性居多。

村中的满族人多数信仰他们已经信仰了几千年的萨满教，以每个姓氏大家族为单位，根据情况的不同，每一年、三年或五年进行一次祭祀活动。村中汉族人多数没有宗教信仰，只有两户人家家中供奉有保家仙，每月的农历初一、十五进行上香供奉。

（一）基督教

基督教在江西村最早出现于1985年。1999年，村里的教徒集资建立了江西村基督教会，位于江西村东二条路与西安街之间，占地面积200多平方米。每年的5月至11月，教徒要在教会进行活动。12月至次年4月，由于天气寒冷，为了节省取暖费用，一般到较宽敞的教徒家里举行活动。每周周三、周五、周日的9:00至10:00是村里基督教教徒的活动时间。主要活动内容是：唱赞美诗歌，祈祷，学习圣经。教徒最多时达100多人（包括附近村屯村民），近几年村中教徒逐渐减少，现在基督教徒只有11人。教徒减少的主要原因有两点：一是到韩国务工的人员逐年增多，二是江西村朝鲜族小学的合并，导致到城里陪读的人员增加，而且这些陪读人员大多数是信仰基督教的老人。

图5-1　基督教教堂外景（作者摄）

（二）天主教

天主教是基督教的主要宗派之一，1992年，天主教被传播到江西村，现已发展教徒20人。2000年，牡丹江市天主教总会出资2000元在江西村购买了一座占地120平方米的民居，作为江西村天主教会的教堂。每周日8:30至9:30为活动时间，活动内容与基督教相同。

图5-2　天主教教堂内景（作者摄）

（三）安息教

1998年，安息教传入江西村，现有教徒15人。教堂设在会长李春虎家。每周六9:00至10:00为活动时间。活动内容与基督教相同。

（四）萨满教

满族自古以来就信仰萨满教，萨满教是一种原始的多神教。远古时代人们把各种自然物和变幻莫测的自然现象与人类生活本身联系起来，认为万物有灵，主要崇拜对象有自然崇拜、动物崇拜、祖神崇拜、偶像崇拜。江西村满族的萨满教活动一直流传至今，主要表现在家族祭祀中。由于江西村其他满族姓氏的祭祀活动场所都设在其他地

图 5－3　江西村安息教教堂（作者摄）

方，只有厉氏家族在江西村进行祭祀，并建有祭祀专用的祠堂，所以笔者只对江西村满族厉氏家族的祭祀活动进行描述。

图 5－4　厉氏家族文化活动室（作者摄）

厉氏祠堂是由厉氏家族成员捐建而成。祠堂坐落在村西头，占地600平方米，建筑面积300平方米。主要功能是作为江西村以及附近村屯厉氏家族的祭祀活动场所。

表5-1 宁古塔满洲厉氏家族建房集资明细

单位：元

地址	长辈名	姓名	捐资金额
江西村	厉德志	二女婿孙守岩	100
江西村	厉德志	厉喜玉	200
江西村	厉德祥	厉喜惠	200
江西村	厉德录	厉喜儒	100
江西村	厉德录	厉喜江	100
江西村	厉成福	厉德军	100
江西村	厉德文	厉喜宽	100
江西村	厉德文	厉德堃	100
江西村	厉喜文	厉喜银	100
江西村	厉喜和	厉忠莹	100
江西村	厉喜和	厉忠革	100
江西村	厉喜宽	厉忠胜	100
江西村	厉德志	厉喜贵	100
江西村	厉德福	厉喜海	100
江西村	厉喜玉	厉忠刚	100
江西村	厉喜玉	李忠强	100
江西村	厉德祥	厉喜岩	100
江西村	厉德祥	厉喜玲	100
江西村	厉德文二女	厉喜英	100
江西村	厉德文三女	厉喜菊	100
江西村	厉德福女儿	厉喜俊	100
江西村	厉喜玉女儿	厉 秋	100

注：因厉氏家族捐资人数过多，所占篇幅过于庞大，故此表仅记录江西村厉氏人员捐资情况。

历氏家族祭祀活动

历氏家族每年都要举行一次集体祭祀活动，这种祭祀活动含有非常浓厚的家族观念，是凝聚家族力量、团结宗亲的一种表现，同时也具有教育后人饮水思源、感恩图报的作用。每年历氏家族都在收秋之后进行祭祀活动，他们主要祭祀的是满族的"汗王"努尔哈赤和历氏的祖先。以下是历氏家族祭祀所需用具和祭祀过程的内容介绍。

1. 祭祀用具

（1）察玛（萨满教的祭司）服饰

女察玛通常穿旗袍和长衫，头戴一朵红花；男察玛身穿长袍或长衫，腰间扎缎面绣花裙。

（2）祭祀用的响器

手鼓：也称抓鼓。鼓框用椴木制作，厚约 4 厘米，鼓单面蒙狍子皮。鼓面直径 45 至 50 厘米，背面拴四股绳，中间用一钢环连起来，边缘用铁丝穿上二十几个铜钱，摆动时发出嚓嚓响声。还有长约 40 厘米的木质鼓棒。

台鼓：与汉民族的鼓略同，但鼓面蒙狍子皮，有两根木质鼓棒。它在所有响器中起指挥作用，手鼓鼓点必须跟着台鼓的鼓点走。

腰铃：状如小喇叭筒，腰铃的质地一般为铜或铁的。用皮绳把 50～60 个腰铃穿成一排。将三排腰铃缝在狍子皮模上，模两头缝有皮带卡子和皮带眼，表演时扎在腰间。

锣子：铜质，状如香水梨，中间空心，内有一铁豆起撞响作用。将 20 个簧片穿一起，拴在三个棍头上，用时双手握木棍，有节奏地在地上蹾响。

（3）达子香

农历七月七日到山上采集全棵达子香，回来放在阴凉处，不见阳光，不准人踩跨。阴干后，将叶揉成粉末状，过筛子，用净纸包好，放入棚内高处。

（4）香碟

木质，四寸见方，二寸高，边缘突出，上刻几条槽，用时，先放入净灰，防止烧坏。

（5）喜石

放在房两侧，不准人踩跨，保持干净，做打糕用。

（6）祭祀用猪

通常用两头，一公一母，毛色全黑，若用一头则需母猪。

祭祀前，户长、帮户和族中长者商定祭祀日期等事宜，然后通知全族人参加。准备好以上物品之后，就算是完成了家族祭祀的第一步，接下来就开始布置祭祀场所，准备祭祀。

图5－5　部分祭祀用具（作者摄）

2. 祭祀过程

（1）祭祀前的准备

在祭祀屋门口挂红布，把长约门楣宽的红布钉在木框上。禁止僧者、服孝者、穿戴狗皮衣帽者、持皮鞭者、守寡者、孕妇进入室内。中午前，在两墙根处摆好供桌，桌面铺上红布，把六尺素花布围在供桌周围，立好佛架，两旁挂上写有“蒸尝百世、俎豆千秋”的对联。

在祭祀屋前，立一木杆为索罗杆，在神杆上挂吊斗。

12 时，察玛净手后，和户长或个人祭祀的本家一块儿去取先祖神像匣子。主持祷告动迁原因，取出神像，放在佛架上，用红布盖好。察玛点燃放在供桌上装有达子香的三个香碟。

将台鼓放在供桌的北侧。选 5 名身体洁净的妇女，在供桌前单腿跪地。这时台鼓手打老三点或老五点。那 5 名妇女把约重 10 斤的黏大米淘干净，捞出、控干，然后蒸米。请喜石，在供桌前把喜石洗干净，放在洁净的铺垫上。选若干男青年净手后，二人一组，双腿并立，左一下，右一下，把蒸好的黏米做成打糕。第一次打 10 斤左右，为贡品，任何人不能动吃一口。由察玛净手后做成 130 条条状打糕，过油熟后分装 10 盘，每盘 13 条，备用。把其余的黏米都打成糕，放在厨房备用。然后制年息香，男人找来五谷绳，搓成逮猪绳子。在供桌前放两张木凳，由两人坐在凳上分正反撇搓绳，共搓三根，其中正撇两根反撇一根，每根长约 9 尺。备好白酒和黄酒。召集族人，户长讲话，讲话内容主要是赞颂祖先功德、表扬族人先进事迹，说明这次祭祀的目的。宣布祭祀纪律：在先祖像前，不准带帽子、不准打闹、嬉笑、不准大声喧哗，不带或关闭手机；长辈们也可向后人提出希望和要求。到此时厉氏家族的祭祀活动的准备工作就暂时告一段落，准备开始祭祀。

(2) 第一天上午

8时左右，由主持这次祭祀活动的人净手后，揭下盖在先祖像上的红布，放在一边，然后说："摆供品"。察玛就开始将贡品一一摆上供桌。这里特别提到的是，祭祀贡品的摆放也颇有讲究，首先察玛在供桌上摆两个香碟，为第一横排；斟米酒，5盅横放在供桌上为第二横排；再斟白酒5盅，横摆在供桌上为第三横排；再摆上炸打糕5盘，为第四横排。供桌上，从里到外，依次是香碟、米酒、白酒、炸打糕。察玛摆放好贡品以后，需要再次净手、漱口，以表示对祖先的敬意。接下来，由户长召集全族人进室内，在供桌前依次跪地。察玛在前，后面是户长或祭祀东家，再往后就要按家族辈分顺序依次跪地。主持指定察玛"佛密"("佛密"是一种敬语，主要是人们对生活的一种祈祷，求庄稼丰收、生活幸福的美好愿望)，双手合十，用满语报出户长、帮户的属相，如属虎、属龙等，若个人祭祀则按辈分报东家男人的属相，然后主持说："向先祖磕头。"族人三叩首后起立。

主持安排察玛两人为一组，共分成三组。户长安排两个族人给第一组察玛穿祭祀服装，在腰上系腰铃，察玛手持手鼓、鼓棒向先祖请安，唱上午佛名，台鼓手打老三点，察玛起身唱"长趟子"喜庆丰收，满语"阿拉农依金皆"，察玛边唱边打手鼓、边甩腰铃、边退，台鼓手打老一点。然后向左再向前舞。顺时针绕场一周。两个察玛成一列，面向先祖神像。唱完后，向先祖请安。由系腰铃的人解下腰铃，给另一组察玛系上。这样，等三组察玛先后分别唱了“三撇列”（撇列指祭词的段落）后，给察玛解下腰铃，脱去服装，放在供桌一侧。第一天上午的活动便结束了。

（3）第一天下午

等到中午12点后，主持说：“先祖神像请回”，察玛净手漱口后，把先祖神像放一侧，用红布盖好。取下全部供品，任何人不得动用。5盘油炸糕需给东家。主持说：“请5位女神偶像”，察玛一人把盖在上面的红布揭开，女神偶像现出。主持说：“摆贡品”。察玛取香碟一个，米酒3盅，白酒3盅，炸打糕3盘。从供桌由里向外依次分4排摆好。接着，主持说：“请猪！”由族内年轻人绑好猪的前后腿、嘴巴，抬到神像前靠南侧，使猪头对向神像。

大察玛带领族人按辈分前后跪地。大察玛“佛密”之后，主持说：“磕头”，族人三叩首后起立。

之后，两位察玛穿好祭祀用的服装，系好腰铃，手持手鼓和鼓鞭，站在门口。由户长或东家在房门前跪下，面向索罗杆。手举托盘，由察玛斟满一盅米酒、一盅白酒，放在托盘上。察玛站在一侧，开始祭天地。台鼓响起，俩察玛唱“一撇列”，边唱边舞边打手鼓。察玛转到女神偶像前再唱“一撇列”。把酒洒在地上，敬天地。先洒米酒，后洒白酒，用满语说感谢天地的敬辞。户长或东家跪地三叩首后，转身走开。台鼓继续打，另两组察玛先后再各唱“一撇列”。

之后在供桌前放一张桌子，把猪抬到桌面上。由专门杀猪的族人持刀（祭祖专用刀）刺进猪喉咙，由老察玛接血，用新的红色筷子蘸猪血分别给5位女神偶像蘸嘴。然后，把猪抬出去将猪毛煺干净后，抬回。掏出猪的内脏，把猪分成13个部分（头1个、腿4个、硬肋2个、软肋2

个、胸叉1个、腰脊梁3个)，后由户长安排3人，在偶像前，单腿跪地灌血肠，放入锅中煮七成熟。这个工作将会一直持续整个下午才会结束。

(4) 第一天晚上

等到太阳落山以后，族人在供桌前摆一张桌子，上放一个长盒盘。由户长安排“杀猪的”族人手持红筷子在长盒盘上摆猪腱子。从头至尾，猪头对向神像，3块脊梁、2只前腿、2只后退、心、肝、肺、肠等内脏，以及胸叉、硬肋、软肋，重新组合成一个整猪。

主持说：“熄灯”，熄灯后，由察玛点燃红蜡烛。察玛坐在长凳上，手持晃铃，在台鼓指挥下，由第一组察玛俩人唱“一撇列”，先唱星辰日月，再唱5位女神名，最后唱献猪词“长趟”(祭词)。然后换另一组察玛唱“一撇列”。全体察玛起立同唱“第三撇列”，“长趟”之后，大察玛一人“佛密”。全族人跪地三叩首，起立。

主持说：“请回神像和贡品。”选族内最晚辈最年幼的男孩，让其跪在神像前，手托方盘，由老察玛从每盘贡品中取出一点，放入盘中，再从猪腱子上各取一点肉，也放入盘中。男童三叩首后，起立。

察玛净手后，从各腱子上取一点肉。包括心、肝、肺、肠等，用刀切碎，放入外面索罗杆上的吊斗中。直到此时，今天的祭祀活动就算告一段落了。之后族人开始准备会餐，饭后剩余肉菜给当地族人各户送一些。

(5) 第二天午前

户长或东家，用托盘收集骨头，扔到灰堆里，跪地叩首，然后转身回来。察玛净手后，用黄、蓝、白布把神像分别包好，将匣子拉开，穿黄袍的神像放在里侧，穿茶色的神像放在外侧，5 位女神偶像平放入佛爷匣内。再把祭祀用的服装、晃铃、腰鼓、手鼓、香碟、酒具、供盘、杀猪刀、吊斗、台鼓，各包成一包，放在佛架上。最后由户主、帮户、东家以及察玛敬送神像回原处，跪地三叩首，祭祀到此全部结束。①

从厉氏家族的祭祀活动中我们可以看出，这个家族仍然保留着比较传统的祭祀习俗。但是随着时代的变迁，厉氏家族原有的那种对天地、祖先以及其他一些原始的崇拜已经逐渐淡化，现在的家族祭祀活动已经日益转变为一种家族内部人员的交流活动。比如，家族祭祀活动开始时，总会有一些居住在其他村的，或者是外地的本族人赶来参加，在祭祀活动期间以及宴会上大家都会互相留下联系地址或者电话，这本身也就体现了一种交流与沟通。

图 5－6　察玛（江西村厉氏家族提供）

① 根据《宁古塔陈满洲厉氏家族祭祀活动手册》整理。

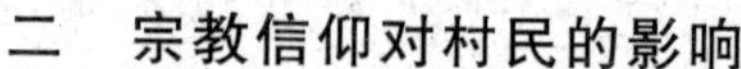

二 宗教信仰对村民的影响

在调查中笔者发现，江西村虽然信仰基督教的人数占全村总人口的比例并不高，但在江西村村民中还是有一定影响力的，这与农村的特殊人际关系有关。村民之间都非常熟悉，邻居、亲属之间也大都非常信任，信仰者常利用这种关系在与村民闲谈的过程中，把基督教的教义、宗旨传达给其他村民。

据笔者调查了解，多数村民都很认可基督教，村民说：他们提倡做好事，关爱人，不吵架，不骂人，对社会是有好处的。加之，当前农村出现了一些不道德不文明现象，如子女不孝、婆媳关系紧张、离婚率上升等问题，而基督教的一些教义对这些现象起到了一定的约束和规范作用。如基督教中的“十戒”极力倡导人们应该孝敬父母，不可杀人，不可偷盗，不可作假证陷害人等。而且基督教的许多教义有利于人们的身心健康，如禁赌博、禁烟、禁酒、讲卫生等。所以江西村大多数村民虽然不是基督教的信徒，但都很认可基督教。但也存在一些问题，由于江西村基督教教徒多数为老年人，一般文化程度较低，对基督教传授的一些教义不能很好地理解，加上个别传教者个人素质较低，为了急于发展新教徒，对基督教进行一些伪科学的宣传。一些人甚至认为，只要信仰基督教，家里就会事事顺利、安居乐业，甚至得了病也可以不吃药。

萨满教作为满族传统宗教信仰，原始的内涵逐渐淡化，如今更多地演变成了家族成员相互联系、相互交流的一种方式。通过走访调查，笔者了解到，江西村大多数村民认为，不管是朝鲜族还是满族、汉族，大家都希望生活富裕、生活美满，至于信不信教并不是很重要。

第六章　社会事业

近年来，通过村两委班子与广大村民的共同努力，江西村在教育事业、医疗卫生、社会保障、科学技术、文化建设等社会事业方面都有了长足的发展。

第一节　教育事业

“十年树木，百年树人”、“国家社稷、教育为本”、“科教兴国，从娃娃抓起”，这些有关教育的宣传语被书写在江西村村内街道两旁的屋墙和围墙上，可以看出村民对教育的重视程度。

一　学生教育

江西村的学生教育包括幼儿教育、小学教育以及中学教育。村中学龄儿童的幼儿教育、小学教育就读于村内的朝鲜族小学，升入初中后则转入宁安市朝鲜族中学。

（一）江西村朝鲜族小学

江西村朝鲜族小学（以下简称江西朝小）始建于1937年，当时是由江西村与邻近的三星村、响水村三个村子合办的村级学校，是宁安地区最早的朝鲜族小学之一，也成为江西村人注重教育的一个明证。建校初期，虽然校舍仅为茅草房，教学条件也比较艰苦，但是足以解决附近朝鲜族村民子女的上学问题。新中国成立后，村民实际生活条件还是比较艰苦，改造校舍的问题也就没有提上议程，直到80年代实行家庭联产承包责任制以后，村民生活水平才有所提高，村里人便立即着手解决校舍陈旧的问题。1986年由村委会组织村民集资，并由全体村民出工出力对学校进行了重建，建成后校舍面积达1760平方米。据江西朝小资料，学校办学规模最大时有学生367名、教师26名。学校开始主要以朝鲜语进行教学，除教授朝鲜语语文，还开设汉语和日语课程，而其他非朝鲜语科目则由教师译成朝鲜语后再讲授给学生。江西朝小不仅接纳本村学生，还接纳附近响水村、莲花村等村的朝鲜族学生，在渤海镇有一定的影响力。但近年来，由于计划生育的实行以及人口的大量外流，导致江西朝小学生逐年减少，教学班由双班变为单班。由于改造后的学校占地面积较大，导致很多教室闲置，几近荒废。针对这种情况，2007年经村里规划，对学校校舍进行了改造，把校舍的一半由村委会投入资金重新改造后变为村委会办公室。这既有效防止了房屋资源的闲置，又解决了江西村村委会设施陈旧、房屋简陋的问题。

2007年，由于人数过少，宁安市教育局在经村民同意之后，把江西朝小4~6年级并入渤海镇朝鲜族小学。2010年年初，1~3年级也并入渤海镇朝鲜族小学。现在江西朝小仅剩下幼儿小、中、大三个班级，学校现有学龄前儿童20名、教师6名，有3个教学班级，共有办公室及教室8间，其中办公室2间、教室6间。为节约冬季取暖费，2009年学校决定每年10月入冬至次年5月初，学生到朴京子、金光日两位教师家中上课，并为两位教师提供燃煤各两吨，从而达到学校节能与学生高效学习的目的。

图6－1　学生在教师家上课情景（作者摄）

表6－1　江西村朝鲜族小学历史发展状况表

单位：人

年　份	教师人数	学生人数	班级数
1937	1	15	1
1940	5	110	4
1945	7	180	6
1950	10	320	7
1955	10	309	8
1960	11	350	9
1965	13	360	11
1970	14	319	10
1975	17	367	11
1980	25	350	12
1985	24	300	10
1990	26	301	10

续表

年份	教师人数	学生人数	班级数
1995	20	260	10
2000	18	186	10
2005	16	120	8
2006	15	70	7
2007	13	30	6
2008	6	22	3
2009	5	18	3

表 6-2　2009 年教师情况简介

姓名	性别	文化程度	职称	参加工作时间
朴龙哲	男	大专	小学一级	1988.9
安相龙	男	高中	高级教师	1969.12
廉英云	女	中函	小学高级	1978.8
朴京子	女	中师	小学高级	1977.8
徐春子	女	中函	小学高级	1978.4
金光日	男	大专	小学一级	1986.3

（二）宁安市朝鲜族中学

宁安市朝鲜族中学始建于 1945 年 10 月，时称宁安高丽中学，是黑龙江省内历史最悠久、规模最大的朝鲜族中学之一。从江西朝小学毕业的学生，绝大多数都在此读初中和高中。宁安市朝鲜族中学现占地面积 25000 多平方米，教学班级 20 个，现有学生 1000 多名，教师 108 名，学校以“教研为根、学习为本”的思想来办学治校。现在的宁安市朝鲜族中学是江西村朝鲜族学生读初中和高中最理想的选择。

（三）学生教育优惠政策

改革开放前，江西村和全国其他农村一样，本着“人民教育人民办”的原则，村里的学校教育是由村委会和村民共同集资兴办的。改革开放后至1998年，国家加大了对农村教育的投入力度，村民在教育上的负担逐渐减轻，学生享受的优惠政策不断增加。2004年以后，学校不再向学生收取任何费用，全部费用由国家承担。2004年以来，开始实行“一费制”政策，由政府为每位学生提供305元的办学经费，对于贫困学生的补助也加大了力度。2008年，江西村小学四年级贫困生金梨红，由于父母离异，祖母年过八旬，很可能就此中断学业，因此受到了宁安市教育局和村集体的特殊照顾，使该生得以顺利完成学业。江西村村委会也实行了一系列的优惠政策，如对贫困学生给予一定的补助，支持学校开展的一切活动，同时还规定村里有考入大学者，一次性奖励现金500元。截止到调查前，江西村村委会共资助贫困学生31名，奖励入学大学生10名。

（四）教育存在的问题

从总体上看江西村很重视教育工作，但是江西村的教育现状不容乐观，主要表现在教师老龄化和满汉两族学生上学的问题上。

1. 教师老龄化

江西朝小教师的老龄化情况十分严重。现任的6位教师的平均年龄在52周岁以上。就教师队伍的招收、录用情况而言，宁安市每年根据不同科目的需要，招收年轻教师名额在10～30人，而被录用的教师，一般情况下都是留在市里或各个乡镇学校中。自1989年以来，江西村就没有再增加或更换过教师，这直接影响了江西村小学的教学质量，也在一定程度上加剧了学生的外流情况，使得村小学学生连年减少，教学质量也逐年下降。

2. 满、汉两族学生上学的问题

2000年以前，江西村满汉两族儿童也在江西朝小上学。当时共有满汉两族学生三四十名，由两名汉族教师进行授课。直到2000年，其中一名老教师退休，学校教学出现困难，满汉两族学生也由此被并入渤海镇中心小学，另一名汉族教师也同时调入渤海镇中心小学。这虽然有利于学校的教学工作和对学生的管理，但也带来了一些实际问题。比如说，学生并入渤海镇中心小学后，额外增加了学生很多费用，他们需要坐车上下学，还要在渤海镇吃中午饭。近年来，由最初的每月消费120元（坐车60元，伙食费60元），涨到现在的300多元。尤其冬季，天寒路滑，学生每天还要乘坐三轮汽车上下学，因此安全问题备受困扰。

二　村民教育

自江西村朝小创办以来，村委会就同学校联合开展对村民的教育，包括对村民进行朝鲜语、汉语和日语的同步教学。在50多年的时间里，汉语的普及，使得这里的朝鲜族村民在与汉族接触过程中方便许多。改革开放后，尤其近10年间，朝鲜语、日语的学习使得江西村村民在劳务输出方面占有极大优势。近几年来，村里借助“科技之冬”、“送科技下乡”等活动，组织村民进行种植、养殖等科学技术方面的培训，使村民们受益匪浅，在生产、生活中取得了良好效果，获得了较多的收益。

除定期对村民进行科技培训外，江西村村委会将具体措施落实到实处，积极开办“万村书库工程”活动，在村委会建立了江西村图书室，该室面积50平方米，藏书1000余册，包括文学、科技、农业、法律常识等类别，其中水稻种植类书籍较多。村委会直接负责管理并制定相关读书活动办法，制定了《农家书屋管理制度》、《农家书屋读者须知》、《农家书屋借阅制度》、《农家书屋管理员岗位责任》等相关制度，加强对图书的使用与管理，使村民能够更好更充分地利用已有的图书资源增长见识、拓展视野，提高了村民们的文化生活水平。

江西村农家书屋管理制度

（一）保持室内卫生、出版物（书报刊、音像制品、电子出版物等）整洁，做到“五防”，即防火、防盗、防潮、防晒、防蛀等安全工作。

（二）做好出版物的保管，及时登记、编目、上架、借阅，未经登记的不得外借。

（三）要及时向读者推荐和宣传出版物，加快出版物阅读的周转，提高其利用率。

（四）出版物陈列整齐，便于读者选取，按上账、分类、索引摆放，前后有序，账物相符。

（五）加强出版物以及书屋设施的管理，严禁在出版物上涂抹乱画，对丢失和破损的出版物查明原因，根据情况注销或赔偿，对损坏的设备及时修理。

（六）认真履行规章制度，每月盘点一次出版物，严格执行借阅制度和赔偿制度。

（七）保证书屋内光线明亮、通风良好，冬季保持室内温度，利于读者阅读。

（八）书屋关闭前，要检查火源，关水闭电，认真检查门窗是否关牢。值班人员要认真负责，保证安全。

图书室拓宽了村民的知识面，使得村民不出村就能学习先进的农业技术，而图书管理制度的制定，使得村民能够在规范有序的环境下借阅图书，也避免了书籍的丢失，做到了书尽其用。

图 6-2　江西村图书室（作者摄）

江西村对教育的重视程度，让笔者感触颇深，江西村能够在改革开放的春风里，充分吸收和利用国家的教育政策，并结合本村实际情况切实抓好教育，相信这在全国农村中也实属罕见。

第二节　医疗卫生

自新中成成立以来，尤其是改革开放 30 年来，江西村医疗卫生事业有了长足的发展。

一　合作医疗制度

早在新中国成立之初，江西村的村民就已经开始享受类似于合作医疗的待遇了。所不同的是，江西村的合作医疗只限于村内。这主要是因为江西村建有一个小型的制药厂，能够自主生产出葡萄糖、安痛定（阿尼利定）等药物，而且村里规定，村民只要花上5分钱就可以到村卫生所治疗。随着国家制药水平的提高和药监政策的不断出台，1975年江西村制药厂停止生产药品。2006年，国家“合作医疗制度”在江西村落实。如今，村民们从中已经得到不少实惠，每年参保的人数都在90%以上。

二　卫生设施

江西村现有卫生所两家，一家是江西村卫生所，位于江西村西一条路与香江街交会处，面积80平方米，已于2004年正式承包给个人经营。所内分为预防保健室、消毒室、药房、治疗室、诊察室，现有中药20多种、西药80余种，基本满足了村民基本用药需求。2009年，该卫生所共接待各类疾病患者达到2000多人次，是宁安市10所标准化卫生所之一。另一家是渤海电站卫生所，位于江西大街东部路北，面积90平方米，2001年开始承包给个人经营。所内设施与江西村卫生所相近，药品以西药为主，共有近百种。2009年有1600人次来此看病。这两家卫生所对村内的医疗卫生工作起到了积极的促进作用，村民可以针对自己的实际需要就近选择卫生所，并且村民足不出户就可以享受医生上门问诊服务。

这两家卫生所直接解决了江西村人看小病的问题，但是如果遇到一些重大的疾病就不是一般家庭所能承受得起的了，这也凸显了农村合作医疗制度的优势。但是据了解，现行的农村合作医疗制度还是存在一些问题，这从江西村人就诊的程序上就可以一见端倪。首先是直接入住渤海镇医院，如果院方认为无法救治，则需要开转院手续，然后入住宁安市人民医院，如果继续需要转院，仍要开具转院手续，然后转入牡丹江市第一人民医院。这种层层转院不能越级的体制，会直接影响到病人的治疗效果，这在全国范围内也是一个通病。

图 6-3　江西村卫生所（作者摄）

宁安市卫生局规定，每年要对村级卫生所进行两次不定期考核，如考核不达标，责令停业，限期整改。

考核标准如下：

表 6-3　宁安市村级免疫规划工作考核标准

考核项目	考核内容	分值	考核标准
计划免疫基础资料	1. 2009 年免疫规划档案填报完整、准确、及时。	6	1. 无档案不得分，内容填写不全扣 2 分，有错项扣 2 分。
	2. 每月及时参加乡镇计划免疫例会。	5	2. 查看会议内容，无记录扣 2 分，每少一次扣 0.5 分。
	3. 计免卡片装订有序，计免程序及时填写。0～7 岁儿童底数清，有统计表，满周岁儿童基础免疫和满 6 岁儿童加强免疫合格章签盖率达 100%。	4	3. 有 8 个年龄段的计免卡，抽查 3 个年龄段的卡片，填写不及时扣 2 分，无统计表或底数不清扣 1 分，审核不及时扣 1 分。
	4. 卡、证、簿接种记录相符，程序正确。	4	4. 卡、证、簿不符扣 2 分，程序填写错误扣 2 分。
	5. 门诊日志记录齐全，无疫情漏报。	4	5. 门诊日志不全扣 2 分，有疫情漏报扣 2 分。
	6. 流动儿童登记及记录齐全。	3	6. 无流动儿童登记簿扣 2 分，流动儿童卡片单独管理，每月有流动儿童表，每少一项扣 1 分。
	7. 一次性注射器领取、处理记录完整。	4	7. 每少一项扣 2 分，记录不完整扣 0.5 分。
	8. 开展预防接种安全注射管理的自查工作。	2	8. 每季度一次，少一次扣 0.5 分。
	9. 儿童入托、入学预防接种证查验工作。	3	9. 掌握辖区内学校、幼儿园的基本情况并有登记，学校、幼儿园有查验记录，有补证、补种通知，年末查验补种报表，每缺一项扣 1 分。

续表

考核项目	考核内容	分值	考核标准
生物制品管理	1. 有疫苗使用计划。	3	1. 没有疫苗使用计划扣3分。
	2. 生物制品管理制度健全，并建立生物制品专账，疫苗领取记录完整。	4	2. 疫苗领取制度健全，建立专账，登记簿项目完整，必须包括入库品名、时间、数量、有效期、生产单位、批号、经领人签字等。每少一项扣0.5分。
	3. 严格生物制品供应渠道。	5	3. 现场查看3种生物制品，记录疫苗批号、产地。经核对每发现一种生物制品购进手续不全扣2分。
	4. 新生儿乙肝疫苗核对，要求有接种记录。	5	4. 现场核对疫苗领取数量及接种记录，不符者扣5分。
冷链管理	1. 有冷藏包和温度计，冷藏包必须洁净，不得有毒点，每次领取疫苗均带冷藏包，且有疫苗领取途中的温度记录。	6	1. 冷藏包不洁净、有毒点扣0.5分，每一次不带冷藏包扣0.5分，少一次疫苗领取途中温度记录扣0.5分。
	2. 有足够的冰排数量，每个接种点备有4个冰排。	6	2. 缺少一个冰排扣0.5分。
宣传语培训	1. 计免4·25宣传活动有总结，各种查漏补种活动有总结，报表完整。	6	1. 每少一项总结扣1分。
	2. 对本辖区的学校、幼儿园进行预防接种查验工作的培训。	2	2. 有签到簿、有培训内容，每少一项扣1分。
	3. 参加市、乡镇召开的有关会议及培训，并有记录。	2	3. 每少一次参加上级培训或会议扣0.5分。

续表

考核项目	考核内容	分值	考核标准
有关报表	1. 每月3日前上报前一个月份接种通知单、计免基础、加强疫苗使用情况表，二类疫苗接种报表，流动儿童月报表。	5	1. 迟交一次扣1分，有统计逻辑错误扣1分。
	2. 各种年报表及时完整，报表包括二类疫苗使用情况报表、流动儿童月报表，免疫规划档案，入托、入学接种证查验报表。	5	2. 各种年报表装订有序，每少一项扣1分，内容不完整或有逻辑错误扣1分。
相关达标率情况	1. 建卡、建证率各100%，卡证符合率100%。五苗接种率98%，单苗接种率98%。	14	1. 每个村随机抽查7个孩子，进行卡证核对并计算接种率，每发现一个孩子不符合要求扣2分。
	2. 不得发生脊髓灰质炎病例，不得发生因未全程接种麻疹疫苗所发生的麻疹病例。控制免疫规划相应传染病的发病率在国家标准之内。	6	2. 发生脊髓灰质炎病例，村医吊销行医执照。发生一例因未全程接种麻疹疫苗而发生麻疹病例扣6分。

江西村卫生所以及渤海电站卫生所严格执行宁安市制定的考核标准，卫生所都符合标准，村民可以放心在卫生所看病、买药、打针。

三　医务人员

金日男，男，江西村人，朝鲜族，江西村卫生所医生，毕业于佳木斯医学院。1975年分配到桦南林业局从事医疗工作，临床经验丰富，2004年回到江西村开始个人承包村卫生所。

崔永禄，男，渤海镇人，朝鲜族，渤海电站卫生所医生，毕业于宁安市卫校，原在东京城镇第二医院工作，后在哈尔滨尚志市医院工作 10 年，2001 年来到江西村开始承包渤海电站卫生所。

根据宁安市卫生局规定，村级医疗人员每年要进行一次为期 5 天的医疗培训，考核合格者方可承办卫生所，考核不合格者不可开办卫生所，还需进行更长期的培训。金日男与崔永禄两位医生都以优异的成绩通过了考核。

四　疾病及地方病防治

根据国家和黑龙江省地方病防治的管理办法，江西村成立了以村支书吴哲洙为组长的疾病及地方病防治领导小组，制定了疾病与地方病预防控制措施，并积极加以贯彻落实。江西村共有 429 户居民，且为民族杂居，在具体实施的过程中，全村七组农户中又有组长帮助防治，而江西村的两个卫生所除了要给村民们看病外，还负责全村的疾病与地方病防治的具体工作事宜。2009 年甲型 H1N1 流感在全球大规模传播，江西村卫生所积极承担起了卫生防御工作和配合村委会进行消毒的工作，使村民们安全度过了流感高发期，无一人感染甲型 H1N1 病毒。

疾病及地方病预防控制措施

（一）加强病情监测

结合公共卫生信息网络建设，进一步完善地方病病情信息网络，加强地方病病情和相关危险因素监测，准确、及时、定量地分析和预测全省地方病病情和流行趋势，为调整防治策略、制定防治规划、开展防治工作及考核评估防治效果提供科学依据。

（二）加强健康教育

开展多种形式的健康教育活动，学校要认真上好健康教育课，使病区群众普遍掌握地方病防治知识，增强防病意识，提高自我防护能力，改变不利于健康的传统的生产生活方式，自觉采取有效措施，预防和减少地方病的危害。

（三）加大干预力度

江西村两委根据本地地方病病种和防治工作所处的不同阶段，因地制宜地实施切实有效的干预措施。

第三节　社会保障

一　农村最低生活保障制度

农村居民最低生活保障制度对于缓解社会矛盾、促进城乡协调发展、维护农村社会稳定有着重大意义。2005 年黑龙江省进行农村村民最低生活保障制度试点。2006 年江西村部分农民开始享受最低生活保障，村委会按照政策积极上报，许多生活贫困的农民得到帮助。现江西村共有“低保户”11 户。

表 6－4　2009 年江西村低保人员名单

单位：元

低保户姓名	级别	补贴金额
宋福顺	2	976
车应雪	2	976
李恩浩	2	976
沈云昊	3	1164

续表

低保户姓名	级别	补贴金额
李祥山	2	976
金明吉	1	588
赵光石	1	588
金明升	2	976
金明宽	1	588
赵三松	3	1164
韩成国	1	588

二　五保供养制度

我国农村五保供养制度的建立始于1956年，是新中国第一项农村社会保障制度，也是我国农村一项传统的社会救济工作。农村五保供养对象是老年人、残疾人和未满16周岁的村民，他们无劳动能力，无生活来源，无法定赡养人、抚养人、扶养义务人。农村五保的供养内容是：提供吃、穿、住、医、葬（教）等“五保”待遇，保障其正常生活。2006年3月1日，国务院实施了修订后的《农村五保供养工作条例》，将农村五保供养由以农村集体供养为主调整为以财政供养为主，把这部分农村最困难群众的生活纳入了公共财政保障范围，从制度上为切实解决五保对象的生活问题提供了根本保障，标志着与社会主义市场经济体制相适应的新型农村五保供养制度基本确立。

2004年黑龙江省全部免征农业税后，省农村税费改革领导小组办公室、省民政厅、省财政厅、省发展和改革委员会联合下发《关于进一步加强五保供养工作的意见（试行）》，对五保供养对象、申请审批程序、供养形式、供养标准和内容、资金管理等进行了规定。2007年，宁安市投资600万元新建了环境优雅的镜泊湖老年康复中心，为农村五保户、优抚对象及社会老年人提供了保健、康复服务。宁安市还积极发挥社会救助补充作用，按照“民办公助、公办民营”的发展方向，采取公私联办、私营业主和个体业主独办等方式，支持民办敬老事业，使该市敬老事业初步形成投资主体多元化、服务对象公众化、服务队伍专业化、管理形式规范化的格局。在全市范围内形成“老有所乐、幼有所养、残有所助、困有所帮”的良好社会氛围。

江西村财政五保供养达到100%，由于村里条件有限，实行分散在各自家庭供养，只有在2009年出现过一例入敬老院供养的情况。江西村五保供养人员的选择，是本着村民自主推选的原则，经村委会审核达到五保供养的条件，方可享受五保供养的待遇，现江西村共有五保户5户。江西村五保供养条件有二：一是年龄在60周岁以上的，二是无子女供养的。

表6－5　2009年江西村五保供养人员名单

姓　名	所在地	年龄	方　式	类　型
文顺福	江西村	89	分　散	
朱继海	江西村	80	分　散	
金成万	江西村	54	分　散	新　增
关常顺	江西村	62	分　散	新　增
徐国军	江西村	54	分　散	新　增

除国家的农村最低生活保障制度和五保供养制度对低保户、五保人员给予一定的保障和救济外，江西村两委在

每年的重大节日，诸如春节、端午节、中秋节、流头节，还会给享受低保的家庭和五保人员送去米面、蔬菜、肉类以及现金等物品。这已成了江西村两委班子一条不成文的规定，购买物品的费用一般都是从村经费中扣除。

第四节　科学技术

江西村因历史悠久，保留了一些传统工艺技术，较周围的村庄有很多优势。

一　传统工艺

1. 米酒与辣白菜的制作

（1）米酒是朝鲜族人爱喝的一种“饮料”。由于江西村地处牡丹江畔，又是稻米的主产地，因此村民能够“就地取材”自行酿制米酒。米酒制作过程是：先将大米或糯米淘洗干净，用冷水泡4～5小时，将米直接放在笼屉里干净的绒布上蒸熟。因米已经过浸泡，不需要像蒸饭那样在饭盆里加水，只需将蒸熟的米放置在干净的盆里，待温度降到30～40摄氏度时，拌进药酒，用勺把米稍压一下，中间挖出一洞，然后在米上面稍洒一些冷却了的白开水，盖上盖子，保持室内温度在20摄氏度左右，经30小时左右即可出酒味，自酿的米酒也就制作完成。这种米酒比黄酒的颜色稍白一点，而且还略带甜味，酿制的米酒储存的时间越长，酒味越浓烈。现在，江西村村民依然保持着这种酿酒方法，并以此招待客人。

（2）朝鲜族的辣白菜久负盛名。每年秋后大白菜成熟之际，就是朝鲜族村民制作辣白菜之时。制作过程如下：

首先挑选满心的大白菜，去掉老叶儿，洗干净后放入缸中，放一层白菜撒一层盐，装满后加入少量清水，上面用重石压住。腌渍 3 ~ 5 天后取出，用清水洗净，沥干水分待用。把大葱、生姜切丝，大蒜捣成泥，香菜切末，然后撒盐少许，稍腌后拌入辣椒粉、香菜末、味精、葱、蒜、姜等，使之成为馅状调料。将此调料均匀夹在白菜中间，装进缸内，盖上一层白菜帮，再压上石块，放在阴凉地方，三周左右即为成品，成品嫩脆可口。腌制辣白菜是每家农户必做的事，少则几百斤，多则上千斤。

2. 红砖与水泥瓦

从新中国成立初期到改革开放前，用自己村里的红砖厂与水泥瓦厂所生产的红砖和水泥瓦改善居住环境，一直是江西村人的骄傲。

江西村红砖的生产工艺大体包括脱坯做模子、筛土、加水搅拌、加塞、切块、压型、风干、烧制等 8 个步骤。水泥瓦的生产工艺与红砖有相近之处，只是在成型时与红砖不同，水泥瓦是黑灰色或褐色的，形状好似微拱起的桥，有的还画有图案。然而，伴随着现代砖瓦工艺水平的改进，以及村民对土地保护意识的增强，江西村传统的红砖和水泥瓦已经不再继续生产和使用了，砖厂和水泥瓦厂也已经关闭。但是，用这种砖瓦所建的房屋依然保存至今，成为江西村的一大建筑特色。

二　现代农业科技

江西村水稻种植历史悠久，在传统水稻种植技术的基础上，江西村村民不断尝试并应用现代化技术，以期从根本上增加水稻的产量。他们借助被列为国家优质水稻生产基地建设项目核心区和良种繁育区的契机，改造了农田水利设施。在种植水稻过程中实行统一选种、统一育苗、统一操作规程、统一销售、统一品牌的产业化模式。与此同时，聘请东北农业大学的水稻专家来到村里为村民们开展讲座和实地指导。高效的生产模式加上名师的指导和培训，村民的种植水稻技术得到了很大程度的提高。这一切都使得江西村的优质稻米产业走上了绿色无公害、精品米的道路。

三　农村信息化

随着农业技术的不断改革和网络信息的传播，渤海镇农村信息站中的远程教育也逐步走入了江西村村民的生产生活当中，并将这种远程教育以一种制度的形式固定下来，使广大党员干部和村民在业余时间可以利用这种教育形式，进行学习与自我提高。此外，村委会还会通过电视和广播等方式，向广大村民及时传递各种农业信息。

渤海镇江西村远程教育学习制度

为切实发挥远程教育在党员干部培训中的作用、提高党员干部和农民整体素质，特制订本学习计划。

1. 学习内容：党建知识、国家方针政策、农村政策法规、新农村建设、农村适用先进技术。

2. 学习时间：正常情况下、农闲时节每月学习3次，即每月的5日、15日、25日。农忙时节每月的15日学习1次，每次学习活动不少于2小时。

3. 培训对象：全体党员、“两委”班子成员、村民代表、村民、入党积极分子。

4. 培训组织指导人：闵峰男

5. 学习计划：

1 月份：党的知识、农村政策法规、农业种植技术。

2 月份：新农村建设、水稻种植技术。

3 月份：国家方针政策。

4 月份：新农村建设、家庭旅馆从业人员培训。

5 月份：党的知识、水稻苗床管理。

6 月份：农村政策法规、蔬菜种植技术。

7 月份：党的知识、水稻种植技术。

8 月份：新农村建设。

9 月份：农村政策法规、蔬菜种植技术。

10 月份：国家方针政策。

11 月份：党的知识、水稻种植技术。

12 月份：党的知识、农村政策法规。

江西村《远程教育学习制度》的制定，切实起到了使江西村广大党员干部和村民加强学习、通过学习提高农业科学技术水平等作用，江西村水稻产量每年都创新高就是最好的体现。

第五节　文化建设

江西村不仅各类文化设施齐全，村中的文化组织也很健全，村民的文化活动更是丰富多彩。

一　文化设施

2007 年，为加快社会主义新农村建设的脚步，大力促进当地自然、民族旅游资源的开发，江西村成立了以村委会为中心的领导小组，明确了创建新农村建设的奋斗目标，制定了具体措施，多方筹措资金，先后建设了三座广场——水上休闲广场、流头广场和文化广场。几年来江西村集体投入大量资金，活跃了农民文化生活，积极参加上级有关部门安排的文体活动，每年都举办民族运动会，极大地提高了全村群众参与活动的积极性。

1. 水上休闲广场

江西村水上休闲广场位于江西村南部偏东，占地面积18000平方米。该广场建有水上乐园，两侧是百米文化长廊，朝鲜族民族文化展示其间。水上乐园昔日是一条灌溉水渠的退水水壕，经过改造、修饰，变成形似月牙的人工湖，湖水碧波荡漾，两岸绿茵连片，灯饰和雕塑小品点缀其上，甬道蜿蜒曲折，成了村民休闲游玩的好去处，同时也成为吸引外地游客游玩的重要景点。冬季时水面结冰，冰层深厚结实，儿童经常在这儿拉爬犁、做各种冰上游戏。

图 6-4　水上休闲广场（作者摄）

2. 流头广场

流头广场位于江西村原朝鲜族小学院内，由学校操场及周围景物改修后建成，占地面积17000平方米，是江西村每年举行流头节的场所，流头广场也是因此得名。现在广场内设有门球场4个、篮球场1个、足球场1个、排球场1个、秋千1组，是江西村村民运动健身的好去处。

图6－5　流头广场（作者摄）

3. 文化广场

江西村的文化广场位于江西村中部偏西，处于广场街与西安街中间，西临渤海邢瑞雪米业，占地面积达4000多平方米。广场内设有体育健身器材6组、坐椅3组、彩灯6组、桥1座、升旗台1座。文化广场卓尔不凡，舞台设计新颖，散发着时代与传统民俗交融的气息。“江西村”雄浑古朴的三个大字被雕刻在矗立的巨石之上，点缀其中又昭示行人。这里的舞台，是村民们排演节目的最佳场地，夏天傍晚时分，更是村民们学习健美操的活动地点。

图 6-6　文化广场（作者摄）

二　文化组织

1. 江西村老年人协会文化组织

江西村在大力发展经济的同时，也不断加强自身的文化建设。江西村村委会充分发挥村老年人协会的作用，组织村里的各种文化活动。江西村老年人协会是村里主要的文化组织。每年在妇女节、清明节、端午节、流头节、重阳节等节日来临之时，老年人协会都会举办大型的集体表演活动，协会成员穿上具有民族特色的服装，载歌载舞。在集体活动结束之后还会做上一顿丰盛的晚宴，喝自制的米酒，享用完美酒佳肴后才乘兴而去。

江西村老年人协会每年还参加牡丹江市和宁安市组织的各类文化竞赛，曾多次荣获宁安市、渤海镇先进集体的荣誉称号。2001 年荣获全国朝鲜族中老年人舞蹈大赛优秀表演奖和全国朝鲜族中老年人舞蹈大赛优秀节目奖。

2. 江西村民族舞蹈队

江西村民族舞蹈队在新中国成立初期就已粗具规模，当时它还拥有自己的器乐队，合称“江西文艺俱乐部”，曾到北京进行演出，受到过毛泽东主席和周恩来总理的亲切接见。民族舞蹈形式主要以朝鲜族的民族舞蹈、汉族的秧歌为主。随着改革开放的推进，人民生活水平的不断提高，舞蹈的样式也不断在翻新。在重大节日中，全村的男女老少都能踏着轻盈的舞步，载歌载舞，庆祝佳节。在长期的发展变化中江西村民族舞蹈队已经拥有了相应的服装和道具，村委会还花费大量资金购买了成套的音响设备。具体情况如表 6－6、6－7、6－8 所示。

表 6－6　江西村民族舞蹈节目、人数及服装统计表

单位：人，套

节目名称	所需人数	服装套数
流头舞	36	36
长鼓舞	16	16
棒槌舞	16	16
顶水舞	16	16
鼓　舞	16	16（全男装）
泡菜舞	16	16
朝鲜族扇子舞 1	16	16
朝鲜族扇子舞 2	80	—

表 6-7　江西村民族舞蹈队道具统计表

单位：个，面，把

道具名称	所需个数
舞蹈用长鼓	18
啤酒桶鼓	18
小　　鼓	18
棒槌舞道具	18
铜　　镜	2
男用腰鼓	24
泡菜舞道具	18
顶水舞道具	18
扇　　子	98
笛　　子	2
长　　箫	8
项　　帽	6 长 10 短
假　面　具	18

表 6-8　音响设备所需资金明细表

序号	名　称	规格	单位	数量	单价（元）	金额（元）	品　牌
1~1	音响	HA125	只	4	3950	15800	LADON
1~2	反听音响	MA112	只	2	2350	4700	LADON
1~3	功放	BV2000	台	2	3200	6400	MBL
1~4	功放	MBL6000	台	1	2450	2450	MBL
1~5	调音台	MG16/6FX	台	1	3700	3700	凯　程
1~6	无线话筒	U810	台	4	1900	7600	迪华奥
1~7	DVD 机		台	1	350	350	
1~8	机柜	16U	台	1	240	240	
1~9	音响线		米	300	3.5	1050	
1~10	立式话筒架		只	2	85	170	
1~11	配件					100	
	其他					15000	
	合　计					57560	

三　文化活动

江西村作为一个多民族聚居村，在长期的历史发展进程中，形成了独特的文化样式，而与之相适应的就是独具特色的文化活动。近年来，随着物质文化生活水平的提高，村民们更多地将视野转向了自身的生活质量，每年夏季傍晚的健美操运动更是深受村民喜爱，全村不论男女老少，每天都有七八十人跟着教练练习，形成了一幅“现代夕阳锻炼图”。村里每年除重大节日要组织一系列的文化活动外，每年还要举行一次隆重的民俗运动会，江西村的民俗运动会与流头节往往同期举行。民俗运动会上的传统特色项目尤为精彩，其中荡秋千、摔跤、足球等深受广大村民和游客的喜爱。

图 6－7　流头节女子洗发（流头）景象

表 6-9 江西村第四届朝鲜族流头节活动和民俗运动会项目安排表
（2009 年 7 月 28 日至 29 日）

一、开幕式

时间：2009 年 7 月 28 日 8 时 58 分

地点：江西村流头广场（即体育广场）

1. 入场仪式：群众方队、乐队、百人表演队、江西各组代表队、友邻村屯代表队

2. 介绍来宾

3. 升国旗仪式

4. 致词

（1）江西村党总支书记：吴哲洙

（2）渤海镇党委书记：王涛

（3）宁安市领导

（4）牡丹江市领导

（5）省文化厅领导

5. 宣布开幕

（1）放礼宾花

（2）流头广场、文化广场、休闲广场同时鸣放鞭炮

二、流头节仪式

时间：2009 年 7 月 28 日 10 时

地点：江西村流头广场

1. 祭旗仪式：面向东方、肃立

2. 流头节沐浴仪式（主席台前表演：水盆、吉祥水）

3. 流头舞表演

三、民族项目

时间：2009 年 7 月 28 日 10 时 30 分

地点：江西村体育广场

1. 秋千　2. 摔跤　3. 跳板

4. 骑马（3 人一组、每组 6 人）

5. 单车（男 2 人一组，每组参加 6 人）

续表

6. 列车（9人一组，每组参加男、女各9人）

四、流头宴

时间：2009年7月28日11时30分

地点：江西村体育广场

1. 朝鲜族拌菜比赛 2. 制作打糕、米饼、米酒、流头面等表演

3. 来宾、群众品尝流头节食品

五、午餐

六、民族表演

时间：2009年7月28日13时30分

地点：江西村休闲广场

1. 专业表演（宁安市文体局）

2. 友邻村屯表演（渤海老年人协会总会）

3. 互动表演

七、篝火晚会

时间：2009年7月28日18时30分

地点：江西村休闲广场

八、运动会

时间：2009年7月29日

地点：体育广场

足球裁判员名单

裁判长：李吉燮

副裁判长：赵峰云

裁判员：姜吉万、千元春、林永浩、金海星、金海烈

田径裁判员：李淳浩、朴龙哲

排球裁判员：金哲浩、李东兴

篮球裁判员：郭成亮

秋千、跳板裁判员：金永哲、全万虎

续表

时间	足球队	裁判员
7时30分—8时30分	6组——2组	李吉燮、林永浩、金海烈
8时30分—9时30分	5组——1组	赵峰云、姜吉万、千元春
9时30分—10时30分	4组——3组	李吉燮、千元春、金海星
10时30分—11时30分	木棍打桶	李淳浩、朴龙哲
11时30分—13时30分	午间休息	
13时30分—14时30分	足球半决赛	待定
14时30分—15时30分	江西村——宁安队	待定
15时30分—16时30分	拔河男女各10名接力	李淳浩、朴龙哲
16时30分—17时30分	足球决赛	待定
17时30分—18时闭幕式		

图6－8　民族运动会场景（江西村提供）

江西村的调研活动行即将结束。通过这次的江西村之行，让笔者感触最深的是江西村人的热情与豪爽，他们渴望外人了解江西村、喜欢江西村。

参考资料与文献

[1]《牡丹江市2008年国民经济和社会发展统计公报》，牡丹江政府网。

[2]《黑龙江省志·地名录》。

[3] 宁安县志编纂委员会编《宁安县志》，黑龙江人民出版社，1989。

[4] 宁安县民族事务委员会编《宁安县民族志——宁古塔朝鲜族（资料）》（内部资料）。

[5] 厉氏家族人员手抄本《宁古塔陈满洲厉氏家族祭祀活动手册》。

[6] 宁安市人民政府网。

[7] 百度百科。

图书在版编目(CIP)数据

打造民俗特色综合发展的新农村：黑龙江宁安市渤海镇江西村调查报告／阚德刚，马树森著．—北京：社会科学文献出版社，2011.12

（当代中国边疆·民族地区典型百村调查：黑龙江卷．第1辑）

ISBN 978－7－5097－2731－7

Ⅰ.①打…　Ⅱ.①阚…②马…　Ⅲ.①农村调查—调查报告—宁安市　Ⅳ.①D668

中国版本图书馆CIP数据核字（2011）第189114号

当代中国边疆·民族地区典型百村调查：黑龙江卷（第一辑）

打造民俗特色综合发展的新农村

——黑龙江宁安市渤海镇江西村调查报告

著　　者／阚德刚　马树森

出 版 人／谢寿光

出 版 者／社会科学文献出版社

地　　址／北京市西城区北三环中路甲29号院3号楼华龙大厦

邮政编码／100029

责任部门／人文科学图书事业部（010）59367215　　责任编辑／孙以年

电子信箱／renwen@ssap.cn　　责任校对／王福仓

项目统筹／宋月华　范　迎　　责任印制／岳　阳

总 经 销／社会科学文献出版社发行部（010）59367081　59367089

读者服务／读者服务中心（010）59367028

印　　装／北京季蜂印刷有限公司

开　　本／889mm×1194mm　1/32　　印　　张／7.375

版　　次／2011年12月第1版　　插图印张／0.125

印　　次／2011年12月第1次印刷　　字　　数／165千字

书　　号／ISBN 978－7－5097－2731－7

定　　价／196.00元（共4册）

主　编　厉　声

副主编　李　方（常务）　李国强

中国社会科学院中国边疆史地研究中心　**厉声　主编**

当代中国边疆・民族地区典型百村调查：**黑龙江卷（第一辑）**

分卷主编：**吕文利　刁丽伟**

图1

图2

图3

图4

图5

图6

图7

图8

图9

中国社会科学院中国边疆史地研究中心 厉声 主编

当代中国边疆·民族地区典型百村调查·黑龙江卷（第一辑）

古驿站上鄂族村

——黑龙江塔河县十八站鄂伦春民族乡鄂族新村调查报告

王利文 董刚◎著

SSAP
社会科学文献出版社
SOCIAL SCIENCES ACADEMIC PRESS (CHINA)

“当代中国边疆·民族地区典型百村调查”

总序

深入实际、开展国情调研，是中国社会科学院肩负的重要科研任务，也是中国社会科学院履行好党中央、国务院赋予的“思想库”、“智囊团”职能的重要方式。中国边疆省区占国土面积的60%以上，边疆区情及当地的民族社会调研（边疆调研）是中国国情调研的重要组成部分。正如一位边疆工作者所说：不了解少数民族，就不了解中华民族；不了解边疆，就不了解中国。1983年中国社会科学院中国边疆史地研究中心建立后，特别是1990年以来，一直将边疆调研作为学科研究的重点之一。

2004年，中国边疆史地研究中心承担国家哲学与社会科学基金特别项目“新疆历史与现状综合研究”（简称“新疆项目”）。2006年，中国边疆史地研究中心牵头，立项开展“当代中国边疆·民族地区典型百村调查”（简称“百村调查”），作为此特别项目的子课题。“百村调查”以新疆为重点，在全国新疆、西藏、内蒙古、宁夏、广西五个民族自治区和云南、吉林、黑龙江三省基层地区同时开展，共调查100个边疆基层村落。调查工作在“新疆项目”领导小组和专家委员会指导下，由“百村调

查”专家委员会暨编委会组织实施。在中国边疆史地研究中心主持拟定的调查大纲框架下，发挥每个省区的优势，体现各自的特色。

本项目的实施得到了边疆地区各级地方党政部门的支持。首先，调查工作注意与地方党政部门的相关工作衔接、听取意见，在实施调查之前，主动向各级党政部门汇报情况，听取指示和意见。其次，调查组主动让各级党政部门了解调研的全过程，在调研过程中出现问题时及时向相关党政部门请示。再次，调研阶段成果和最终成果的副本同时提供地方党政部门参考。

“百村调查”的调研主题是：改革开放30年来中国边疆基层村落的民族社会和经济发展的历史与现状。具体内容包括：乡村概况、基层组织、经济发展、社会生活、民族、宗教、文教卫生、民俗风情等。项目调研的时间是：2007～2008年（资料下限至2007年底或适当延长）。

“百村调查”的调研对象为：100个具有典型意义与特色的中国边疆基层村落。课题以基层乡、村两级为调查基点，大致每个省区选择2个地州，每个地州选择1～2个县，每个县选择2个乡，每个乡选择2个村。新疆共调查22个村，其他地区均为13个村（辽宁、吉林、黑龙江以东北边疆为单元，共调查13个村）。调查点的选择要求：

（1）本地区社会稳定与经济发展中具有典型意义的基层乡和村。

（2）存在边疆现实政治、社会或经济发展的热点、难点问题。

（3）与20世纪50年代全国边疆民族调查能有一定的衔接。

“百村调查”采取学术调查与现实政治相结合的方法，以社会人类学入村入户调研方法为主，同时关注现实政治、社会与经济发展中的热点、难点问题：一般共性调查与专题专访调查相结合，在一般综合性调查的基础上，选择好专访或专题调研的“切入点”——总结经验与完善不足相结合，在总结各项工作经验的同时，善于发现问题和提出解决问题的对策与建议。调研注重入户访谈和小范围座谈的专访调查。在一般性问卷和统计资料收集的基础上，注重对基层干部、群众典型、教师、宗教人士等特定人员的专题访谈，倾听和收集他们对基层社会稳定与经济发展的看法、意见和建议，形成能说明问题的专访或专题调研报告。

“百村调查”的成果形式分为调查综合报告与专题报告两大类。

（1）调查综合报告：依据大纲规定，撰写有关乡村经济社会等发展状况的综合报告，课题结项后分期公开出版。专题报告及调查资料可以公开发表的，在篇幅允许的情况下，作为附录附在综合报告末尾。

（2）专题报告：内容较敏感、不适宜公开出版的专题报告，集成《专题报告集》，内部刊印。

“百村调查”主编　厉声　谨识

2009年8月25日

目 录
CONTENTS

图目录
FIGURE CONTENTS

表目录

TABLE CONTENTS

序 言
FOREWORD

一

黑龙江省位于中国东北边疆，是中国位置最北、纬度最高的省份，北部和东部隔黑龙江、乌苏里江与俄罗斯相望，西部与内蒙古自治区毗邻，南部与吉林省接壤，东西长 930 公里，南北相距约 1120 公里，总面积 45.4 万平方公里，居全国第六位。黑龙江省山地和台地占 72%、平原占 28%，松嫩平原和三江平原是黑龙江省两大著名商品粮产区，耕地面积 11.78 万平方公里，约占全国耕地面积的 9%，居全国第一位，号称“北大仓”。

黑龙江省气候属于寒温带大陆性季风气候，四季分明，夏季雨热同季，冬季漫长，属半干旱地区。省内自然资源十分丰富，动植物种类繁多，其中珍稀动植物品种也很多；矿产资源已发现 131 种，位居全国第二位。黑龙江省下辖 12 个地级市和 1 个地区，是个多民族聚居的省份。

黑龙江省历史悠久，早在距今两三万年前的旧石器时代晚期就有人类居住，位于哈尔滨市阎家岗的“哈尔滨人”遗址，发现了旧石器时代古人类头骨化石和动物化石；牡丹江地区的杨林南山遗址出土的楔形石核和砍砸器等，其地质年代距今约 2.2 万年。唐至宋辽时期是黑龙江地区历史

上发展的重要时期。698年，靺鞨粟末部首领大祚荣建立靺鞨国。713年，大祚荣接受唐朝册封，为渤海郡王。8世纪中期，渤海国迁至上京龙泉府（今牡丹江宁安县城西南东京城镇），从此铸就了享有“海东盛国”美誉的渤海国的辉煌。五代时称女真，1115年，女真族完颜部首领阿骨打率部众击败辽国，建立金国，定都会宁（今哈尔滨市阿城区市区南2公里白城）。1125年，金朝统一了中国北方，从而形成中国历史上金、宋对峙的局面。清初，大批流人被流放宁古塔地区（今牡丹江宁安），为黑龙江历史增添了不平凡的一笔。1931年“九一八”事变后，英勇的黑龙江人民进行了长达14年的抗日斗争，在黑龙江历史上留下了可歌可泣的反抗外来侵略的壮丽篇章。

改革开放以后，伴随着中国经济的迅速发展，黑龙江人民的生活水平和生活质量有了很大提高，尤其是农民的生活发生了巨大变化。但我国的地区发展很不平衡，尤其是边疆民族地区与内地相比，在经济发展等很多方面还有差距。为如实反映和记录边疆民族地区民众的生活变化和精神面貌，以对国家相关部门制定正确的政策提供决策依据，中国社会科学院中国边疆史地研究中心主持的国家社科基金特别项目“当代中国边疆·民族地区典型百村调查”（简称“百村调查”），在广西、云南、西藏、新疆、内蒙古、黑龙江、宁夏、吉林等省区选择了具有典型性的100个村落进行调研，以点带面，希冀对我国的边疆民族地区的经济、民族、宗教、文化等有一个大体的了解。黑龙江省是农业大省，农业人口1978万，占全省人口的52%，因此关于黑龙江农村的调查，将为此项目的研究提供非常具有参考价值的资料和数据。通过对黑龙江省选点村落的调查

和研究，旨在达到以下几个方面的目的：一是相对全面地了解黑龙江省各地尤其是边疆地区农村经济社会发展的现状；二是对现阶段黑龙江省农村经济社会发展现状做一次直观的描述和记录；三是通过对现状的调查，找出当前黑龙江省农村地区存在的普遍的、突出的问题；四是针对存在的问题，提出解决黑龙江省边疆地区问题的办法和建议；五是以小见大，力争通过本项目调查，对全国边疆地区经济社会发展进行思考并提出可行性建议。

二

本次调查所选择的调查点，是根据总体课题的设计，重点考虑少数民族聚居较多的地区、边境地区，以及村落的典型性等特点而选择的。调查内容涉及所调查村的历史与现状、基层组织、经济建设、社会发展、村民社会生活、教育、医疗等情况，尽可能全面地反映所调查村的全貌和存在的问题。

本次调研主要是以社会学调查方法为主，同时结合人类学和历史学的分析、归纳和演绎等方法的运用，在对调查得来的第一手资料，以及相关资料和数据的收集和整理的基础上，进行全面深入的分析和研究，最终形成本系列研究成果。

本课题在调研中注重与地方政府有关部门和乡镇、村级干部的联系，广泛听取不同层面的意见；注重深入百姓家中，倾听来自基层群众的心声；注重各调研小组的互相学习与交流，取长补短。经过为期一年的努力，全体课题组成员基本上完成了项目所预设的目标。

必须一提的是，本课题在调研与写作过程中，始终得到

了中国社科院中国边疆史地研究中心于逢春研究员的大力帮助与亲切指导，没有于逢春先生的指导，本课题不但不能立项，即使立项也很难完成。我们三位主持人都因偶然的机会，有幸接触了这个研究课题。2009 年 10 月 9 ~ 15 日，于逢春研究员率领吕文利等一行 7 人先后到牡丹江市、大兴安岭地区调研，分别与牡丹江师范学院刁丽伟教授和大兴安岭职业学院王利文院长谈及边疆史地中心主任厉声先生正在主持国家社会科学基金特别项目——《当代中国边疆·民族地区典型百村调查》，他作为《百村调查》“东北项目组”的负责人打算在牡丹江市与大兴安岭地区选择数个有代表性的村庄作为调查对象，我们欣然地接受了这个任务。嗣后，于先生由于主持其他项目，鉴于边疆史地研究中心副研究员吕文利博士对东北调研很感兴趣且跟随于先生亲临现场，故特委托其专门负责本调查的联络、审稿与修改等事宜。

因为于逢春先生负责整个百村调研的东北部分，所以在村落的选择、大纲的设计、初稿的审读等方面都给予我们以详细指导，尤其是在 2010 年年初，还特地到哈尔滨对牡丹江、大兴安岭地区课题组进行了现场培训，使这两个地方的调研得以顺利完成，在此表示诚挚的感谢！

本课题得以完成，应该感谢相关地市、县及其所属乡镇各级有关政府的大力支持和有效帮助。同时，还应该感谢中国社科院中国边疆史地研究中心主任、百村调查总主持人、主编厉声研究员及副主编李方研究员提出的宝贵意见和建议，感谢社会科学文献出版社的编辑付出的辛勤劳动。

主持人：刁丽伟、王利文、吕文利

2010 年 12 月 16 日

第一章　概况与村史

第一节　概况

一　所在县乡概况

鄂族新村，是黑龙江省大兴安岭地区塔河县十八站鄂伦春民族乡所辖的一个行政村。

1. 塔河县概况

塔河县位于黑龙江省西北部，大兴安岭地区中部，伊勒呼里山北麓，地处东经123°19′～125°48′，北纬52°09′～52°23′。西与漠河县相邻，南与新林区、呼中区接壤，东与呼玛县毗邻，北隔黑龙江与俄罗斯相望。县城距省会城市哈尔滨的铁路距离981公里。

塔河县地域早在原始社会旧石器时代晚期就有人类活动。商周以前为肃慎部，两汉三国为东胡属乌桓，晋属挹娄北境，后魏北齐为豆莫娄，隋唐五代辽金属室韦地，元为斡赤斤分地，后属开元路，明属奴儿干都司塔哈卫，清为“索伦”部游猎之地，为瑷珲副都统辖地，地置呼玛、漠河厅，隶属瑷珲兵备道。民国时期为漠河、鸥浦两县所辖，东北解放后属呼玛县。1955年，大兴安岭北坡开发建设，成立呼玛林管区和开库康林管区。1958年，建立呼玛林业局，隶属黑河森林经营局。1960年呼玛林业局迁至十八站改为呼南林业局，1961年呼南林业局改为富饶林业局。大兴安岭北部开发建设下马后，1964年，在富饶林业局的基础上，成立东北林业总局塔河办事处。1965年，大兴安岭大规模开发建设后，塔河区（林业公司）成立，隶属大兴安岭特区。1967年12月，塔河区革命委员会成立。1981年8月经国务院批准成立塔河县人民政府。

塔河县境内地势呈中高、两侧低，西高东低的地势。地形复杂，植被类型多，分布着不同的土壤，以森林和草甸土为主。境内群山起伏，重峦叠嶂。最高峰卡鲁山坐落在漠河、塔河、呼中交会之处，海拔1397米。西罗尔奇山岭横贯塔河县中部，蒙克山为其主峰，海拔937米。境内河流纵横，均属黑龙江水系，其支流呼玛河流经塔河县境内150公里，盘古河是境内最长的一条河流，全长220公里。

塔河县行政区划分为4镇3乡，即塔河镇、绣峰镇、瓦拉干镇、盘古镇，开库康乡、依西肯乡、十八站乡，17个行政村，72个居民委员会。2009年年底，全县总人口8.1万，其中，农业人口1.1万。2009年，地区生产总值9.8亿元，财政一般预算收入4163万元，农民人均纯收入4825元。全县土地总面积1.44万平方公里，其中，耕地0.32万公顷。

建县以来，塔河县的支柱产业一直是林业，过去以森工采运业为主，累计为国家提供商品木材1700多万立方米，上缴利税85亿元。近年来，随着施业区内可采资源的枯竭，木材深加工和与俄罗斯合作开发森林资源力度加大，2009年，林产工业实现产值1.56亿元，其中，精深加工比重占72.2%，境外采伐7万立方米木材。

塔河县现有耕地面积6.4万亩，土壤以沙壤土和草甸土为主，土质疏松，有机质含量高。地处北温带，年平均气温-2~4℃，有效积温1700~1900℃，无霜期85~100天。地处高纬度、光照充足，适合种植生育期短，所需积温低的早熟品种。种植的主要农作物有大豆、小麦、马铃薯。2009年，粮食总产量达到1.4万吨，牛、猪存栏分别达到6000头、1.8万头。

截止到2009年，塔河县现有22所中小学校，1所公办幼儿园，24所个体幼儿园，1所职业成人教育学校和1所教师进修学校。在职教师总计1023名（含职业教育中心），其中高级职称35名、中级职称376名、初级职称340名；全县学生总数10231名，小学生5941名、初中学生3043名、高中学生1247名。塔河县拥有医院及卫生院19所、广播电视台1座、广播站9座、图书馆1座。

塔河县是“黑龙江省新农村建设先进县”①

2. 十八站鄂伦春民族乡概况

十八站鄂伦春民族乡（以下简称十八站乡），地处塔河县城东50公里处，东面与呼玛县白银纳乡毗邻，西面与塔河县城接壤，南面与韩家园子镇相连，北面与依西肯乡紧挨。十八站乡是黑龙江省最大的鄂伦春族聚集地。

十八站乡的名称源自清代黄金古道上的第十八个驿站。

① 以上内容根据《塔河县志》及塔河县各政府部门提供的材料综合而成。

图 1-1　古黄金之路纪念碑（2010 年 10 月 3 日　董刚摄）

图 1-2　古黄金之路塑像（2010 年 10 月 3 日　董刚摄）

地势西高东低，北岗南洼，东西长 56 公里，南北宽 55 公里。地处北温带，属寒温带季风气候，夏季短暂而炎热，冬季漫长而寒冷，7 月最热，1 月最冷，历史上最高气温为

40℃左右，最低气温为零下48℃，年无霜期约85～96天，经常出现霜灾。平均年降水量480毫米，降雨集中在6、7、8三个月，经常发生旱涝灾害。

十八站乡辖十八站、创业、兴建、永丰和奋斗5个汉族村以及鄂族新村，共6个行政村，政府驻地在十八站村。总人口4697，其中，农业人口2140，鄂伦春族567人（占全乡人口的12%），满族等其他少数民族200余人。土地总面积2534平方公里，其中耕地3.86万亩，草原3万亩，可利用水面900亩，荒地2万亩。经济主要以农业为主，种植小麦、大豆、马铃薯及其他生育期短的作物。

近年来，十八站乡政府形成了坚持围绕一个中心（经济建设），把握两大机遇（新农村建设和西部大开发），依托三大优势（地缘优势、资源优势、民族优势），发展六项产业（种植业、养殖业、民族手工业、民族风情旅游、山产品采集业、劳务输出业），构建和谐鄂乡的总体思路，经济和社会事业取得了较大成绩，2009年全乡总收入1967万元，人均收入4188元。

十八站乡政府驻地除了塔河县鄂伦春民族医院、十八站鄂伦春民族乡学校外，还有十八站林业局、中国人民解放军65939部队、森林警察大队、空军某部七连和铁路车站等单位进驻。

2009年，十八站乡被黑龙江省确定为“新农村建设整体推进乡”，被大兴安岭地委、行署评为“新农村建设先进乡”、“全区劳动模范先进集体”和“五个好”乡党委称号，乡党委书记马占中同志被国务院授予“全国民族团结进步模范个人”称号。

图 1-3　鄂伦春民族医院（2011 年 3 月 2 日　郭红提供）

二　鄂族新村的基本概况——村庄四至与交通

鄂族新村属塔河县十八站乡管辖的一个行政村。东面是十八站林业检查站，西面是呼玛河的支流二道河，南面是呼玛河，北面是十八站乡政府。全村总面积约有 5 平方公里，紧靠黑漠公路，距塔河县城 60 公里。

三　市场和商业

1. 露天菜市场

1995 年，十八站乡在乡政府东面 30 米、距鄂族新村约 1 公里、农村信用社北面的一块空地上修建了大棚菜市场，每个摊位每月收 2 元的管理费。2000 年城镇重新规划，这个大棚被拆掉了，原来商贩迁移到附近的十字路口北侧路边继续卖菜，时间久了，形成了固定的露天菜市场。这个市场跨度50米左右，一般从早上5点到晚上7点营业，遇到阴雨天，个别卖菜的商贩自己临时搭个简易的棚子以躲避风雨。乡政府对市场没有正式的管理制度，对卖主也没有收过费，只是交通堵塞的时候，政府工作人员会出面疏导，由于环卫工人比较敬业，定时清扫垃圾，市场比较整洁。每年从4月下旬天气转暖开始到8月中旬，鄂族新村村民通常到这里买菜；5月上旬到6月下旬卖的是大棚蔬菜，品种有黄瓜、韭菜、茄子、西红柿、香菜、小白菜和生菜等；从7月初开始，村民自家菜园的各种蔬菜陆续成熟，到市场买菜的人数和数量减少；8月中旬到来年的5月，由于天气寒冷，市场自然解散，这段时间内村民主要依靠自家秋季储藏的蔬菜过冬，只是逢年过节或者有朋友来，才到十八站乡政府驻地的个体菜店买一些外运来的新鲜蔬菜。每年5月初，菜市场还卖茄子、辣椒、西红柿等各种秧苗，鄂族新村农户自家菜园种的蔬菜的秧苗都是从这里买的。

2. 杂货铺

在十八站乡政府东面露天菜市场两侧有5家杂货铺，常年经销蔬菜、水果、粮油、鸡蛋、猪肉、鸡鸭、鱼、冻货（冬季的冻海鱼）和食杂，鄂族新村村民经常来这里购买主食和副食品。杂货铺猪肉的销量很大，猪肉是从乡屠宰场进的，从2000年起，十八站乡实行了定点屠宰，能保证检疫的效果。鸡鸭鹅肉卖的较少，主要是鄂伦春族家庭自产自用能够满足。

3. 服装店

鄂族新村定居之初，村里少数人家保留着兽皮制衣的传统，线是狍子筋或者鹿筋，针是从十八站乡供销社买的，纽扣用皮绳折叠代替。大部分村民还是到十八站乡供销社

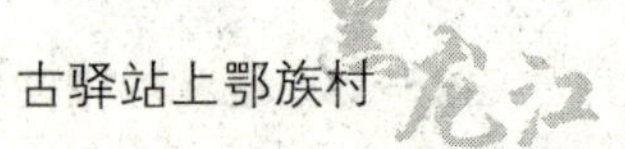

买布料找裁缝加工缝制。到了2000年左右，随着市场经济的发展，和外地一样，鄂族新村村民除了部分冬季服装外，自己买布料做衣服的逐渐减少，到商店购买成衣成为主流选择。

2002年，在距离十八站乡政府西侧300米左右，东西路的北侧，开了一家个体服装店，叫做“贤达服装店”，营业面积80平方米左右，经营鞋帽、内衣和各式服装。2006年，在“贤达服装店”的对面，又开了一家“国隆商贸城”，规模稍大于“贤达服装店”。不过，这两个服装店的生意一直不景气，来这里光顾的村民们并不多，主要原因是在距离这里仅4公里的十八站林业局有比较大的服装店，村民们觉得相比之下，那里出售的服装价格低、质量好、号码全。我们调查中发现，也有不少村民到塔河县城或者去外地顺便或特意购买服装。

十八站乡有三个服装加工店，早些年生意不错，自2000年以来，由于定做衣服减少，常年的业务是为村民做一些扦裤边或者换拉链的活儿，冬季要忙活一些，为附近居民定做羽绒服和棉裤。调查中，鄂族新村村民一致认为，定做的羽绒服合体暖和，制作过程能够亲眼所见，穿了放心，定做一件羽绒服的价格在120～150元，但是，村里的年轻人还是喜欢穿波司登等品牌羽绒服，他们关注的是时尚和名牌，通常到十八站林业局和外地购买。

4. 日常用品商店

村里原来有两家食杂店，主要卖一些副食品和家庭常用的小商品。现在只剩下“明青春食杂店”一家了，“春英食杂店”是2010年6月末，由于店主转行种植木耳忙不过来而关门的。

图 1-4　村小卖店（2010 年 2 月 24 日　李明摄）

1983 年鄂族新村组建之初，村民从与乡政府西侧一道之隔的十八站供销社购买衣服等日常生活用品。20 世纪 90 年代初，乡政府还经常向鄂族村民免费发放购物票，村民凭购物票到供销社购买日常用品。到现在，鄂族新村村民如果着急用的日常生活用品就在本村的“明青春食杂店”购买，如果不是急着用的物品或村里的食杂店没有的物品，一般村民主要还是在十八站供销社购买，因为村民一直认为这个供销社的商品质量好还便宜。当然，现在的十八站乡此类的商店还有几家。

5. 饭店和理发店

平时，鄂族新村村民招待客人、庆祝节假日或者是办红白喜事，一般在家里做饭；有时也到饭店去，常去的饭店集中在十八站乡政府大楼附近，共有十多家，规模较大的有两家，一家是“川香阁”饭店，另一家是“红升”饭

图 1-5 十八站供销社（2010 年 2 月 24 日 董刚摄）

店。“川香阁”饭店建筑面积约有 200 平方米，能同时容纳 100 多人就餐，村民们的红白喜事一般都选择这家饭店。“红升”饭店与“红升”旅店为同一排平房，为同一人经营，处在乡派出所的正对面，饭店建筑面积 80 多平方米，有单间两个，大厅一个，大厅能够容纳 20 人同时进餐，饭菜的口味好，尤其是“清蒸鸡蛋糕”非常有特色，得到当地人的一致认可。鄂族新村村民家里来了客人，一般到这家饭店，饭菜的价格也不贵，算得上物美价廉。其余的都是小吃部，价格便宜，口味还可以，村内的亲戚朋友经常在闲暇之余几个人一起到小吃部，点几个小菜，小酌几杯。

村内没有专门的理发店，部分村民自己购买理发用的推子，小孩和老人一般都在自家理发，没有理发工具的村民到有工具的家里找会理发的人给理，会理发的人往往很热情也不收费。年轻人一般不在村内理发，认为村里的人理发不专业、发型不时尚，选择去十八站乡理发店理发。十八站乡共有五六家理发店，男士理发的价格一般是每位5元，女士理发发型不同和使用的染色剂不同价格也不同，最便宜的一般也是5元。

6. 生产资料购买

鄂族新村附近没有统一的生产资料市场，村民根据所需分别选择购买方式。买鸡鸭鹅等种禽，到距离村庄北侧500米左右的十八站村的3家汉族农户家购买；搞食用菌种植，原材料靠十八站乡政府联系外地空车配货配发来的；农户自家用的锄头、铁锹等农具和斧头、伐木用的铁锯、油锯等林业生产相关工具，到十八站供销社购买；农机具和化肥种子，到十八站乡农机站和农技站的门市购买；如果需要维修摩托车和农机具等，十八站乡有专门的维修点。

7. 自产交易

（1）桦树皮工艺品

鄂族新村现有4家桦树皮工艺品加工店。由于鄂族新村是塔河县唯一的一个鄂伦春民族村，经常有人来村里考察或旅游，生产的桦树皮工艺品多数被那些对产品感兴趣的外来人员买走，剩余的工艺品以较便宜的价格卖给塔河县的桦树皮工艺品店的老板。

（2）渔猎产品

定居之初，鄂族新村中的鄂伦春族村民很多沿袭着打猎和捕鱼的生产方式，后来由于老一辈猎手和渔民相继过世，年轻的又有别的谋生之路，加上政府为了保护野生动物，在区域和数量上采取禁猎和禁渔的措施，鄂伦春族古

老的生产方式在发生着巨大的改变。现在村里只有5家靠打猎和捕鱼为生的鄂伦春族农户，他们在夏季捕鱼，在冬季打猎。前几年，捕的鱼在本村基本上就卖光了，现在，由于野生鱼比人工养殖的鱼价格高得离谱（人工养殖的鱼7~8元/斤，野生细鳞鱼、哲罗鱼等40~80元/斤），村民中买野生鱼的越来越少，多数是到十八站乡的“杂货铺”购买从外地运来的人工养殖的鱼，譬如“三道鳞”和鲤鱼等。猎户常能捕到的猎物有狍子、野猪、飞龙和犴等，这些猎物在鄂伦春族村民中还是有市场的，每逢猎户打猎归来，村民争相购买，近年来，猎物的价格一直在走高，2010年的行情是：狍子肉15元/斤、野猪肉20元/斤、犴肉30元/斤、飞龙120元/对。对那些在本村没有销完的鱼和猎物，渔民和猎户就打电话与乡里和县里的商贩联系，商贩很快就会开车到村里面全部收购，由于是大量采购，价格通常要比村民买的便宜二到三成。

第二节 村史

一 沿革

村名来历：从1948年开始，鄂伦春族结束游猎生活，陆续实行定居。1953年年底，在塔河县开库康乡新立屯村、下渔亮子村和十八站乡十八站村定居的鄂伦春族有106户、398人。1957~1963年，新立屯村和下渔亮子村的鄂伦春族分3次迁入十八站乡疙瘩干村。1983年，在鄂伦春族定居30周年之际，疙瘩干村的鄂伦春族村民全部搬到十八站乡的庆丰、创业两个鄂伦春族村。1996年，塔河县政府在十八站村南边 1 公里原鄂伦春族村民居住地，为鄂伦春族建设 44 栋 117 户砖瓦结构新房，将庆丰、创业两村的鄂伦春族居民搬到此处，与十八站村鄂伦春族村民聚居，称为鄂族新村。

图 1－6　鄂族新村合并前的居住点（2010 年 2 月 24 日　刘青云摄）

二　传说

在鄂族新村，负责村妇女工作的魏英给我们讲述了一个关于黑熊（当地人称黑瞎子）的传说。这个传说说起来还与魏英的家人有关。魏英的曾祖父在一次狩猎过程中，与同去狩猎的队伍走散了，自己带的食物已经吃完也没有打到什么猎物，由于饥饿晕倒在马背上，时间一长就从马背上摔了下来，当他苏醒过来的时候发现一只黑熊正在用头拱他，也正是这样才使他苏醒过来，否则寒冷的天气也能把他冻死。他醒了以后，黑熊并没有伤害他而是离开他，回到了不远的洞穴。这次率队出猎的头领（当时叫做佐领）发现队伍中少了一个人也就没有再继续追赶猎物，而是开始到处找人，后来找到了魏英的曾祖父，听他叙述了这个过程，佐领当即宣布黑熊是神，是崇拜的图腾，同时也留下了禁忌，也就是在捕猎过程中禁止捕黑熊，即使是无意打死了黑熊，也要把黑熊的头割下来放到树上予以供奉，熊肉也不可食用，只有熊掌和熊胆可以食用，也禁止女性接触熊皮。

三　家族姓氏

鄂族新村现有常住人口 489 人、156 户，共有 27 个姓氏。这些姓氏大致可分 3 类：第一类是鄂伦春族，有 5 个姓，61 户，占总户数的 52. 1%，其中孟姓最多，共 44 户，占鄂伦春族总户数的 28. 2%，其他按户数从高到低依次是戈姓 24 户、魏姓 17 户、吴姓 5 户、关姓 4 户；第二类是汉族，有 14 个姓、33 户，其中，刘姓和李姓最多，均为 6 户；第三类是其他少数民族，有 8 个姓，23 户，其中，达斡尔族居多，杜姓 7 户、郭姓 6 户，除此以外还有蒙古族的包姓、满族的索姓等。

据当地老人讲，鄂族新村村民的祖辈们有 5 个姓氏，这 5 个姓氏是：玛拉依尔（汉姓写为孟），葛瓦依尔（汉姓写为葛），吴恰堪（汉姓写为吴），古拉依尔（汉姓写为关），魏拉依尔（汉姓写为魏）。在这 5 个姓氏中，葛姓、孟姓的人数最多。据鄂族新村现任村委会委员、会计陈桂英讲，鄂伦春族的孟姓和戈姓来自合并前的创业、庆丰和十八站村，魏姓和关姓来自创业村。

早些年，在鄂伦春族氏族内部严禁通婚，实行氏族外婚制。在氏族外，鄂伦春族的魏、葛、关三姓氏之间，吴、孟两姓之间，绝对禁止通婚[①]。到了 20 世纪 80 年代中后期，限制逐渐打破，异族通婚的越来越多，其他外姓也因此陆续定居到该村。达斡尔族的郭姓，是 1950 年出生的郭宝林娶了十八站乡奋斗村的鄂伦春族姑娘戈晓华后定居到鄂族新村的，后来郭宝林的兄弟也都相继定居到了鄂族新村；达斡尔族的杜姓是 1985 年从 300 多公里外的大杨树镇投亲到鄂族新村，主要原因是亲属郭玉兰当时嫁给了鄂族新村的鄂伦春族人家；汉族的刘姓是 1988 年娶了鄂伦春族老婆之后定居该村的。

---

① 传说他们的祖先是同父所生

第二章　基层组织

第一节　鄂族新村基本情况

一　鄂族新村交通四至及历史沿革

鄂族新村东面是十八站林业检查站，西面是呼玛河的支流二道河，南面是呼玛河，北面紧靠乡政府。黑漠公路从村北400米处穿过。

从1948年开始，鄂伦春族结束游猎生活，陆续实现了定居。到1953年年底，在原呼玛县开库康乡新立屯村、下渔亮子村和十八站乡十八站村定居的鄂伦春族居民达到106户、398人。1957年至1963年，新立屯村和下渔亮子村的鄂伦春族居民分3次迁入十八站乡的疙瘩干村定居。1983年，在鄂伦春族定居30周年之际，疙瘩干村的鄂伦春族居民全部搬到十八站乡的庆丰、创业两个鄂伦春村定居。1996年，塔河县政府在十八站村南1公里原鄂伦春族村民居住地，为鄂伦春族建设了44栋117户砖瓦结构新房，将庆丰、创业两村的鄂伦春族村民搬到这里，与十八站村鄂伦春族村民合并组建了一个新的行政村，即鄂族新村。

二　鄂族新村村概况

鄂族新村位于塔河县城正东 60 公里、十八站乡政府东南 1 公里处。行政区划面积 230 平方公里，有耕地 3330 亩，可利用草原 6500 亩，可利用水面 280 亩。

截至 2010 年年末，全村在籍户数共有 212 户，其中全户死亡 6 户，寄挂户 38 户，有 12 户外出半年以上，常住户数 156 户、489 人。村内无房户及村外居住 31 户、115 人。村内居住 125 户、374 人。常住户中团结户（家庭中只有男方或者女方一人为鄂伦春族）92 户、377 人，纯汉族户 1 户、2 人，纯鄂伦春族户 63 户、110 人。

2009 年，鄂族新村总播种面积 5803 亩，种植大豆 2260 亩、小麦 3188 亩、马铃薯 262 亩、青贮饲料 60 亩、药材 33 亩。2008 年，全村有畜牧养殖户 16 户，养殖禽类 6600 只；2009 年，养殖户发展到 20 户，养殖禽类 7820 只。

2009 年，鄂族新村实现收入 194 万元，人均纯收入 3920 元，农民所得 198 万元，全村 156 户，收入 5000 元以上的家庭 2 户、4000 ~ 5000 元 6 户、3000 ~ 4000 元 12 户、2000 ~ 3000 元 25 户、1570 元以下 89 户、1196 元以下 22 户。

目前，鄂族新村已经形成了以农为主，多种经营，全面发展的产业格局。村内道路 2.2 公里均为白色路面，已通自来水、电、电话、邮政、有线电视，手机、轿车、摩托车、冰箱等现代生活设施已经进入大多数鄂伦春族家庭。

鄂族新村交通便利，塔韩铁路、黑漠公路从村旁经过，到塔河县城只有一个小时的车程。

第二节　鄂族新村组织

一　村民委员会

鄂族新村村民委员会，位于村中央略偏东位置，房舍东西走向属于厢房，院落东面是村文化休闲小广场，西面与原村福利院相接，南面挨着木耳菌厂的生产车间，北面与村主干道毗邻，与村里唯一的小卖店“明青春食杂店”相望。

1. 村部建设

1983 年，庆丰、创业和十八站村组建鄂族新村之初，由十八站乡政府任命鄂族新村村支部书记一名，村民调解委员会主任一名，村民调解委员会副主任两名。村民调解委员会主要负责调解三个村的矛盾纠纷，三名主任分别来自庆丰、创业和十八站村。当初，全村并没有固定的办公场所即村部，召集开会和办公都是在村民调解委员会主任的家中进行。直至 2001 年，三村进行了“政权”实质合并后，即不再由乡政府任命村民调解委员会的组成人员，而是通过全体村民选举的办法产生村民委员会，村委会在村中央建了一栋平房，作为办公的固定场所，共 5 间平房，面积约 100 平方米，当时，房里没有取暖设备，靠烧火墙加热房间，村委会没有在此办公，而是把对面福利院东头的两间平房作为办公场所。2007 年，塔河县政府投资 23 万元建设新的鄂族新村村委会。[①] 新建

① 投入的 23 万元包括自来水设备总控房（与现在的村委会为一栋平房，在村委会的北头）和鄂族福利院的维修费用。

的村委会为 3 间平房，砖瓦结构，使用面积近 90 平方米，内部设有会议室（含农家书屋）、党支部办公室（含大兴安岭农村党员干部现代远程教育终端接收点）、村委会办公室（含电教室）。

图 2－1　村部会议室（2010 年 2 月 24 日　李明摄）

图 2－2　村务公开栏（2011 年 3 月 2 日　魏英提供）

图 2-3 党建工作制度展示板（2010 年 2 月 24 日 刘青云摄）

2. 村委会沿革

1953 年，鄂伦春族定居后，各行政村设立“民族区域自治筹备委员会”，筹备委员会设主任、委员。1955 年 12 月，各村“民族区域自治筹备委员会”改为“民族乡筹备委员会”。1956 年，呼玛县鄂伦春协领分署根据《中华人民共和国宪法》关于民族区域自治和《国务院关于建立民族乡若干问题的指示》精神，建立了十八站鄂伦春族乡。1957 年，经黑龙江省人民政府批准，将白银纳、下渔亮子、新立屯、十八站 4 个鄂伦春族村筹备委员会合并建立十八站鄂伦春民族乡。同时，将下渔亮子、新立屯的鄂伦春族居民迁到十八站附近的疙瘩干村定居。同年 11 月 28 日，召开十八站鄂伦春民族乡首届人民代表大会。全乡 201 户、767 人（含布拉戈罕汉族居民 40 户、70 人），选出乡人民代表 22 名（其中汉族代表 5 名），民主选举产生正副乡长各 1 人、委员 9 人。鄂伦春族干部孟玉同志当选为第一任乡长。1958 年 9 月实行人民公社化，十八站鄂伦春民族乡改为跃进人民公社，1961 年 6 月改为十八站鄂伦春族人民公社。1984 年 5 月恢复民族乡建制。

1983 年，庆丰、创业和十八站三村的鄂伦春族居民组建的鄂族新村，只是从形式上完成了集中定居，并没有实现三村行政组织实质性的合并，三村仍属于独立行政村，原先三个队的队长[①]分别负责所在村的工作，只不过是在政府的领导下成立了村民调解委员会，对鄂族新村统一治理和管辖。村民调解委员会共 5 届，存在了 17 年。2001 年，村民代表大会选举产生了历史上第一届村民委员会。到目前，村民委员会经历 3 届，现届是 2008 年选举产生的。

表 2-1　鄂族新村村民协调委员会情况

届　数	时　间	当选人姓名	职　务
一	1983～1989 年	孟平古	主　任
		戈海滨	副主任
		魏双奎	副主任
二	1989～1992 年	吴秀华	主　任
		戈福杰	副主任
三	1992～1995 年	张　坤	主　任
		孟　红	副主任
		戈　民	委　员
		杜金保	委　员
四	1995～1998 年	李宝玉	主　任
		张　坤	副主任
		孟　红	委　员
		王子和	委　员
		包玉文	委　员

① 人民公社期间对村里行政负责人的称谓。

续表

届数	时间	当选人姓名	职务
五	1998～2001年	梦举荣	主任
		张坤	副主任
		孟伟星	委员
		史延江	委员
		王子和	委员

表 2－2　鄂族新村村民委员会情况

届数	时间	当选人姓名	职务
一	2001～2005年	李宝玉	主任
		张坤	副主任
		史延江	委员
		刘杰	委员
		戈民	委员
二	2005～2008年	史延江	主任
		孟建伟	副主任
		陈桂英	委员
		魏海	委员
		田卫	委员
三	2008年至今	葛洪光	主任
		陈桂英	委员
		包利尧	委员
		魏英	妇女工作

3. 村委会基本情况

（1）构成

鄂族新村村民委员会现有成员4人，其中，主任1人，委员2人①，妇女工作干事1人，男女各占50%；40岁以上

① 两个委员中一个是会计同时兼妇女主任。

2 人占 50%，30 岁以下 2 人占 50%；中专以上文化程度 2 人，占 50%，初中文化程度 1 人，占 25%，小学文化程度 1 人，占 25%；党员 2 人，占 50%；鄂伦春族 2 人，占 50%。由于村子非常集中，村委会直接管理，没有村民小组等二级机构。

表 2－3　鄂族新村第六届村民委员会人员构成情况

姓　名	职　务	性别	出生年月	文化程度	政治面貌
葛洪光	主任	男	1964. 06	小学	群　众
陈桂英	委员（兼会计、妇女主任）	女	1960. 11	中专	党　员
包利尧	委员	男	1982. 07	大专(函授)	群　众
魏　英	妇女工作干事	女	1980. 03	初中	党　员

（2）分工

鄂族新村村委会的工作主要由村主任、会计和委员负责。新一届领导班子是 2008 年 10 月由村民大会选举产生的。选举之初，成员进行了分工，至今分工无变动。

村里面的大事小情一般是由村主任召集，村委会成员 4 人到场研究决定。

表 2－4　鄂族新村村委会成员工作分工

姓　名	职　务	主要工作
葛洪光	村主任	负责村委会全面工作
陈桂英	委员（兼会计、妇女主任）	负责村内各种费用的收支入账、各种财务报表填报和妇女工作
包利尧	委员	负责维护村内的治安稳定、民事调解和会议记录
魏　英	妇女主任	负责联系计划生育、会议室卫生综治

2009 年，塔河县文体局为鄂族新村设立了“农家书屋”，“农家书屋”有 50 个种类近 200 本图书，由村委委员陈桂英负责管理。

（3）待遇

2001 年选举组建村委会以来，村委会成员的工资变化不大。2001 年至 2005 年，村主任和村委委员的工资是 4200 元/年；2005 年至 2008 年，增加到 4500 元/年；2008 年至今，村主任、村委委员的工资维持 4500 元/年不变，村委会委员包利尧 1500 元/年，村妇女工作干事 960 元/年。

村委会成员的工资发放比较及时，每年分 6 月末和 11 月末两次发放。工资一直是按既定标准发放，不存在由于工作绩效不同而变动工资的现象。村委会成员除了工资以外，没有其他收入。

（4）经费

2001 年以来，鄂族新村村委会经费有了稳定的来源，列入了塔河县政府财政预算，2001 年到 2008 年，村里每年得到的拨款是 4 万元，2008 年至今，拨款增加到 7 万元。县财政局每年分两次（6 月上旬拨付上半年经费，11 月下旬拨付下半年经费）将款项按时拨付到十八站乡经管站。

村委会经费除了保障村干部的工资外，主要的用向有下列几项：一是维持村部运转的费用，包括电费、取暖费和更夫工资；二是公用事业费用，包括自来水泵房电费、取暖费和清扫村内路面冰雪的雇工费；三是社会福利支出，譬如为困难户买米买面、为贫困村民提供现金补助等。

为了能够有效、合理地用好经费，村里规定每一项支出都要按严格的程序进行。首先，村委会成员就支出事宜进行集体讨论，无异议后，由全体委员签字；之后，会计根据委员的提议做账，报理财小组成员复查，然后到乡长那里审批，最终会计到乡经管站报销。由于各个环节的精打细算，每年都能保证经费的收支平衡，无欠款和结余。鄂族新村经费支出全部实行财务公开制度，每一项支出均在村部外墙的村务公开栏公示。

（5）组织机构

村委会下设4个组织机构，分别是村民理财小组、计划生育协会、老年人协会和残疾人协会。村民理财小组是经村委会提名、村民选举产生的，由魏英和孟福星、尤其石3个成员组成，职责是监督村委会的财务支出。计划生育协会的会长是村委会主任葛红光，副会长是包利尧、陈桂英，秘书长是魏英，理事有郭红霞、孟红、魏雪梅、吴淑霞、魏玲、赵美丽、孟祥等7人。计划生育协会负责联系村民，提供生育、生活、生产服务，开展创先争优活动。老年人协会的会长是葛福连，副会长魏双奎，组织机构成员有魏景山、关永妮、吴秀华，会员有于海，葛永杰、丘广发、孟玉玲、戈玉芬等。残疾人协会成立于2006年，葛永杰任会长，主要工作是负责联系村内残疾人，为残疾人“服务、维权”。

二　鄂族新村党团妇女组织

1. 鄂族新村党支部

（1）构成

截至2009年年底，鄂族新村党支部共有党员11名，其中女性党员7名，占党员总数的66%，男性党员4名，占总数的34%；高中文化程度5人，占总数的46%；初中文化程度6人，占总数的54%。11名党员中长期外出者1名。2009年新发展党员1名，2010年接受入党积极分子1名。

表2-5 鄂族新村支部委员会情况

届数	时　间	当选人姓名	职　务
一	1983～1989年	孟平古	书　记
二	1989～1992年	吴秀华	书　记
三	1992～1995年	魏云华	书　记
		吴秀华	代委员
		魏双奎	代委员
四	1995～1998年	魏双奎	书　记
		张　坤	委　员
		孟　红	委　员
五	1998～2001年	张　坤	代理书记
		孟　红	委　员
		戈福连	委　员
六	2001～2005年	张　坤	书　记
		魏双奎	委　员
		孟　红	委　员
七	2005～2008年	张　坤	书　记
		魏双奎	委　员
		孟　红	委　员
八	2008年至今	张　坤	书　记
		孟　红	委　员
		郭红霞	委　员

表 2－6　鄂族新村党员情况

姓　名	性别	出生时间	文化程度	入党时间	民　族
张　坤	男	1954.02	初　中	1997.07	汉　族
孟　红	女	1959.02	高　中	1997.07	鄂伦春族
郭红霞	女	1960.11	大　专	2006.12	鄂伦春族
魏双奎	男	1941.08	初　中	1966.06	鄂伦春族
常　喜	男	1954.06	初　中	1975.10	蒙古族
徐桂秀	女	1944.06	初　中	1980.07	汉　族
葛福连	男	1942.02	初　中	1966.05	鄂伦春族
吴秀华	女	1945.06	初　中	1965.10	鄂伦春族
关永妮	女	1933.01	小　学	1971.07	鄂伦春族
陈桂英	女	1960.11	中　专	2007.03	汉　族
魏　英	女	1980.03	初　中	2009.01	鄂伦春族

（2）组织机构

1983 年至 2000 年，鄂族新村党的组织没有设立完整的机构，只设支部书记一人，由十八站乡党委任命，当时主要负责村内的党务宣传和村民的思想政治工作。自 2001 年以来，党支部实行选举制，成员由村党员选举产生。目前，鄂族新村党支部的构成是支部书记一名、委员两名，负责党建、计划生育和精神文明创建工作。

表 2－7　现届鄂族新村党支部情况

姓　名	职务	性别	出生时间	文化程度	入党时间	民　族
张　坤	书记	男	1954.02	初中	1997.07	汉　族
孟　红	委员	女	1959.02	高中	1997.07	鄂伦春族
郭红霞	委员	女	1960.11	大专	2006.12	鄂伦春族

（3）活动

2009年，现任村支部书记张坤患脑血栓，留下了后遗症，言语不清，行动不便，不能工作。因此，村党支部工作一年多来由村委会代管。

表2-8 鄂族新村党支部成员工作分工

姓 名	职 务	主要工作
张 坤	村党支部书记	负责党建、计划生育、精神文明创建
孟 红	组织委员	负责党支部的组织建设工作。负责党员的管理，入党积极分子的培养，掌握党员和村民们的思想状况，三会一课组织的落实等
郭红霞	宣传委员	负责宣传教育工作。负责组织党员的政治、理论学习，协调开展村民文化体育活动等

（4）鄂族新村党支部书记——张坤

张坤，男，汉族，1954出生，河北省安平县人。

1973年9月，张坤考入河北省安平县中学，学习成绩优异，曾经先后两次获得县优秀班级干部称号。1976年，因为家里负债累累，父亲有病卧床不起，张坤不得不放弃学业辍学回家，照顾父亲并承担家庭的日常农活。

1987年5月，经亲戚介绍，张坤来到大兴安岭地区碧州栲胶场工作，两年后因工厂倒闭，他与同事一起来到了大兴安岭地区十八站乡利民木材加工场，由于工作中张坤扎实肯干、任劳任怨，人缘又好，同年9月就被提拔为生产车间主任。

1990年6月，在厂长吴秀华的介绍下，张坤结识了鄂伦春族姑娘孟晓英，于12月两人结为夫妇，定居在十八站乡鄂族新村，婚后育有两个儿子，大儿子张亮，现在大兴安岭漠河机场工作；二儿子张少振，现就读十八站乡鄂伦春民族学校，正读初一。

1993 年 5 月，时任福利院院长的葛海彬找张坤协助管理十八站乡福利院（因为当时政府民政部门给予的扶持不能满足 8 名老人、5 名儿童的基本生活需求），“百事孝为先”，看到老人的困境，张坤仿佛看到了自己的父母，他毅然同意了葛海彬的请求。1993 至 1996 年间，张坤与葛海彬为了能使福利院支撑下去，多次求助乡政府和村委会，通过各级捐款等形式，使福利院度过了三年的艰苦岁月，看到老人们的笑脸，他们也感到了欣慰。1996 年 4 月开始，政府加大了对福利院的扶持力度，福利院的生活条件也逐步改善。同年 6 月，张坤因为工作认真、兢兢业业和群众拥护，经十八站乡政府批准正式接管福利院院长职务。他工作中以院为家，每逢佳节都与孤寡老人、儿童在一起度过。为了节省开支，经政府批准，张坤带领员工耕地 2 亩，种植蔬菜供福利院食用，至 1996 年十八站乡福利院是黑龙江省乡镇福利院中仅存的一家。

在任鄂伦春民族乡福利院院长的同时，1998 年 7 月，经原十八站乡乡长魏云华推荐，张坤代理鄂族新村书记，同年，光荣加入中国共产党。2000 年 7 月，十八站民族乡党委正式任命张坤为鄂族新村党支部书记至今。

2003 年 4 月，黑龙江省呼玛县遭遇森林大火，张坤带领全村党员干部及部分村干部，赶赴火场救援，大火持续了整整 22 天，等他下了火场回来时，身上的衣服已经破烂不堪，孩子都认不出爸爸了。同年，鄂伦春民族乡定居 50 周年纪念庆典上，张坤被塔河县授予“促进民族团结先进个人”荣誉称号。

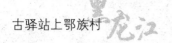

2005年，鄂族新村遇到了来势凶猛的洪水，张坤带领全村党员干部及村委会成员，在村委会连夜值班，确保村民们的生命和财产安全，使得全村没有一家一人因洪水而受到损失，他本人在群众中的威信大大提高。

2006年，张坤被十八站乡授予“优秀党务工作者”称号；2007年，他被塔河县授予“优秀党员”称号。

2008年，张坤带领群众发展种植、养殖业，成绩显著，在其本人、乡包村干部葛海彬和十八站乡党委书记马占中的积极努力和争取下，多方申请资金，全村主干道铺上水泥路，扩建了村委会办公场所，建设了木耳种植基地和木耳菌厂，配备了新农村远程教育设施、自来水供应设备、自来水净水器；重新装修了福利院，改善了孤寡老人和儿童的生活环境。

自从有了自来水供水设施以后，张坤学习了自来水管道维护技术，无论春夏秋冬，无论哪户村民的自来水管道断裂或损坏，他都义务帮助修理，为村民排忧解难。

图2-4　村支部书记张坤（2010年10月3日　董刚摄）

2009 年，张坤因为在农业、农村工作中成绩显著，被塔河县授予“先进个人”荣誉称号。

张坤自 2000 年至今一直连任十八站民族乡鄂族新村党支部书记，但不幸的是，他于 2009 年的 7 月 9 日患脑出血，至今仍半身瘫痪，无自理能力。

2. 团组织

鄂族新村设有团支部，其成员情况如下：王迪，女，团支部书记，初中文化，1986 年 11 月出生，负责全村团的工作；史月风，女，初中文化，1986 年 8 月出生，团支部组织委员；马梅子，女，1987 年 11 月出生，初中文化，团支部宣传委员。在实际中，鄂族新村团组织长期处于有名无实、有机构没活动的状态。村里设有学校，不具备发展新团员的基础。有些初中毕业生（团员）直接外出打工，也没有办理转团组织关系的手续，因此团员登记工作基本处于停滞状态，团支部建设工作也被搁浅。

3. 妇女组织

（1）妇女工作情况

现任村妇女组织是 2009 年由村妇女代表选举产生的。村第八届妇女代表大会共产生代表 56 人、妇代会小组长候选人 3 人、妇代会主任候选人 2 人，监票人是魏云和孟洋，唱票人庄喜贵，最后，选出委员 6 人，选举陈桂英为村妇女主任，选举魏英为妇代会小组长。截至 2009 年，鄂族新村共有妇女 91 人。

附件 1　鄂族新村第八届妇女会议日程表

时间：2009 年 4 月 20 日

地点：鄂族新村村委会

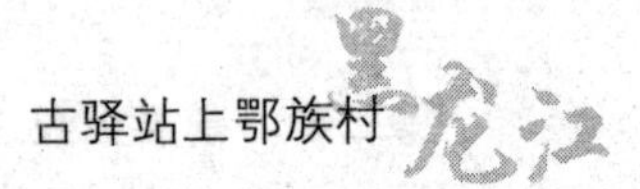

主持人：张坤

1. 宣布大会开幕（奏国歌）

2. 致开幕词（张坤）

3. 村委会工作报告（张坤）

4. 妇代会工作报告（孟建伟）

5. 宣布选举办法（张坤）

6. 选举与村委会同时进行

7. 宣布选举结果，会议结束

附件2：鄂族新村第八届妇女代表会选举办法

1. 村妇代会按选举程序，由全体妇女代表投票选举产生

2. 根据村党支部推荐和代表选举产生妇女代表会主任候选人2人，小组长候选人3人

3. 选举采用差额选举，选举主任1人，小组长2人

4. 选举采用无记名投票方式进行

5. 候选人得到赞成票超过列会代表半数以上者当选

6. 选举即投票过程由监选小组负责

7. 选票由村选举委员会制作

鄂族新村的妇女组织在村党支部的领导下开展工作，主要是向妇女宣传党和国家在农村的政策，教育、引导农村妇女自尊、自信、自立、自强，教育农村妇女遵纪守法，配合乡有关部门宣传计划生育政策和开展树立文明新风的活动。鄂族新村的妇女工作在具体工作中主要还是配合乡妇联的工作，完成妇联下达的工作任务。

（2）鄂族新村（妇女）主任简历

陈桂英，1960年出生于塔河县开库康乡，汉族，中专学历，1995取得会计证，2007年加入中国共产党，2008年获得塔河县“三八红旗手”荣誉称号，2009年获得大兴安岭地区妇联“巾帼英雄”荣誉称号。

第三节　规章制度

一　规章制度

（一）行政工作、纪律制度

1. 鄂族新村户口管理规定

（1）凡是外来户，与本村村民无血缘关系者，一律不给予办理落户手续。

（2）本村村民，一方是汉族户口，一方是鄂伦春族（以下简称鄂族）户口，到女方落户，可给予办理落户手续。

（3）现户口在本村，人在外地结婚者，户口可保留。出生孩子，不给予办理落户手续。

（4）现户口在本村者，一方是汉族，另一方是鄂族，超生、违纪的落户，不给予办理落户手续。

（5）双方同是鄂族，第二胎落户可给予办理，第三胎与第二胎时间之差为5年以上者，方可给予落户。

（6）外来人口，通过本村村民的关系介绍落户者，一律不给予办理落户手续。

（7）在本村户口者，转移他乡，可及时办理手续。

（8）现户口在本村，长期外出或改嫁的，户口可保留，增加其他户口，一律不给办理落户手续。

（9）凡是未通过村委会开证明落户手续者，通过其他

关系落入本村户口者，一律不享受村民待遇。

以上村委会村民代表通过讨论条款，违者扣发当事人制约金1000元，并追究责任。(2006年5月1日)

2. 农家书屋管理制度

(1) 书刊实行分类排架。

(2) 接收书刊后要及时上架，保证新书刊迅速投入借阅。

(3) 书刊每年清点一次，并做好注销登记工作。

(4) 印刷、发放借书证，对持证读者进行年度复核验证，并根据农民的需要经常发展新读者，不断提高藏书利用率。

(5) 保持室内整洁、清洁。

(6) 书架等公物要妥加保管，丢失或因过失损坏按原价双倍赔偿。

3. 农家书屋管理员岗位职责

(1) 具备良好的职业道德和服务态度。

(2) 新到书刊及时登记、验收、分类、上架、建立相关台账。

(3) 保证每周向农民开放的时间不少于3天（农忙除外)。

(4) 书刊丢失率全年不得超过1%。

(5) 开展多种形式的书刊宣传、推荐工作。

4. 图书借阅制度

(1) 凡辖区居民和外来人口均可在本馆办理借书证，只需交纳工本费10元，使用期一年。

(2) 图书借阅无期限。借阅册次根据图书的定价、贵重程度、押金来定借阅图书的册次。如丢失，按原价加倍赔偿。

（3）读者应自觉遵守图书馆有关借阅规则，爱护图书，不可撕页、划杠、污损、圈注，如发现，均按原书价的10%罚款。

（4）读者到馆借阅期间应注意个人整洁，严禁吸烟，文明借阅。

（5）借书证请读者自己保管好，退证时作为归还押金的凭证。

（二）党团妇女工作、纪律制度

1. 村党支部工作职责

（1）在乡党委领导下贯彻执行党的路线、方针、政策和上级决议，带领群众发展农村经济。增加农民收入，实现共同富裕。

（2）领导精神文明建设，做好村民的思想政治工作，用先进社会思想占领农村阵地。

（3）抓好党支部自身的思想、组织和作风建设，教育、管理好党员并做好入党积极分子的培养，考察和培训工作。

（4）负责村、组和村办集体企业干部的教育、培养、选拔、推荐、考核和监督。

（5）领导村委会、村合作经济组织、共青团、妇代会、民兵等组织，支持和帮助他们依照法律和各自的章程，独立负责地开展工作。

（6）做好后备干部的教育、培养、考核、管理。

2. 党员学习教育制度

（1）制订年度学习计划，做到学习内容明确，学习时间保证，每月集中学习时间不少于6小时。学习时要做好记

录。讨论发言要踊跃。

（2）党员要根据学习规划，写出个人的学习计划，坚持认证抓好学习，要结合实际学习理论，要在自身素质上下工夫。

（3）要系统地学习马列主义、毛泽东思想、邓小平理论和江泽民“三个代表”的重要思想，同时抓好党的方针、政策的学习。在学习方法上要灵活生动、多样，要经常结合工作展开学习、交流心得。

（4）党员要做到学习不迟到、不早退、不无故缺席。因事或因病不能参加者，要提前请假。

（5）加强党员教育阵地建设。支部要建立党员活动室，要充分利用党员教育阵地，分期、分批、分层次轮训党员。

（6）要充分发挥电教的作用，每年组织党员干部观看电教片，不少于八部，要有观看记录。

（7）要采取各种有效形式开展党员教育，如报告会、讨论会、党的知识竞赛、集体劳动等，努力开拓党员教育新途径。

3. 党支部“三会一课”制度

（1）支部党员大会一般至少每季召开一次，全年不少于四次，其主要内容是学习、传达上级会议、文件和指示精神；支委会报告工作，接受党员的批评监督；讨论决定应由支部党员大会讨论决定的重大问题。

（2）支部委员会一般每月召开一次，也可根据工作需要随时召开。支部组织生活会每年召开一次，其主要内容是学习马列主义基本理论，党的基本知识和上级文件、指示及科学文化知识，研究支部具体工作，开展批评与自我批评，分析党内外同志的思想，做好入党积极分子培养考查工作及群众工作等。

（3）党课一般每季度上一次，全年不少于四次。

（4）要坚持每月一次党员活动日制度，安排好“三会一课”和党内其他活动。

（5）要坚持每月一次党员活动日制度，全年不得少于12次。其中活动内容是：党员大会4次，组织生活会1次，上党课4次。

（6）连续6个月无正当理由不完成党组织交给的任务或不过组织生活的党员，就被认为是自行脱党。支部大会应当决定把这样的党员除名，并报上级党组织批准，对连续6个月无正当理由不过组织生活的负责人，要予以免职或给予必要的党纪处分。

4. 党员联系群众制度

（1）领导班子成员及党员领导干部，要带头密切联系群众，建立自己的联系点。

（2）每个党员都要联系两名以上的群众。

（3）要建立党员联系群众名册，每年调整一次。

（4）联系群众的任务是，向联系对象宣传党的路线、方针、政策；了解群众思想、工作、生活等情况，做好思想政治工作，力所能及地帮助他们解决实际问题；倾听群众对党组织的意见和要求，帮助群众提高思想觉悟；通过联系群众，更好地发挥党员作用，密切党群关系。

（5）要将党员联系群众制度的挂靠情况作为党员定期汇报的主要内容之一，每季度向党支部汇报一次。支委也应定期进行检查和指导。

（6）党员联系群众的情况，应及时记录。

5. 民主评议党员制度

（1）基层党组织每年在“七一”前，以支部为单位，开展一次民主评议党员工作，农村可利用生产淡季开展评议，评议时间一般要求十至十五天左右，但不得少于十天。

（2）做好评议前的准备工作，评议前要以召开座谈会、个别走访、问卷调查等形式搞好调查摸底，摸清党组织和党员中存在的问题，在此基础上制定本单位的民主评议党员方案，并上报上级党委，方案要明确具体，切实可行，解决的问题要准确，有针对性，时间安排要相对集中。

（3）要按照上级文件要求，严格履行民主评议党员工作程序，认真做好学习教育、自我批评、党内外民主评议、组织考察鉴定、组织表彰处理五个阶段的工作，防止草率从事、走过场现象的发生。

（4）要认真执行十项评比内容，对有问题的党员要区别情况给予必要的党纪处分，要妥善地处理基本不合格和不合格党员。

（5）要建立民主评议党员档案，档案由党员所在支部保管，档案中主要装入党员的自我总结、党内外群众评议的意见、党组织鉴定、优秀党员事迹材料、组织处理材料、限期改正材料等。组织处理材料还要装入本人人事档案。

（6）评议党员工作结束后，应将工作总评、统计表及组织处理结果及时上报。

6. 发展党员制度

（1）认真贯彻执行“坚持标准、保证质量、改善结构、慎重负责”的方针，成熟一个，发展一个。

（2）党支部必须把发展党员工作纳入主要议事日程，经常分析情况，搞好规划，原则上每年发展1~2名新党员，培养2~3名入党积极分子，不允许出现连续3年不发展党员，没有入党积极分子情况。

（3）党支部书记对递交了入党申请书的积极分子应定期或不定期找其谈心，并负责组织必要的政审。

（4）党支部要对入党积极分子进行马列主义、毛泽东思想、邓小平理论、党的基本路线和基本知识的教育，并落实专人进行培养教育。

（5）党支部要严格履行接收新党员手续，并做到手续齐全、材料完备，严禁弄虚作假或搞突击入党。

7. 党员服务区制度

（1）党支部根据每个党员的实际情况，划分服务区，制定服务内容明确责任。

（2）无论是村党员干部还普通党员，要本着全心全意为人民服务的宗旨，积极投身到所规定的党员服务区内，认真按照“十个一”的服务内容，向责任区宣传党的路线、方针、政策，做好思想政治工作，力所能及地帮助群众解决实际困难，倾听责任区群众对党组织的意见和要求，帮助群众提高思想觉悟。吃苦在前，无私奉献，用崇高的共产党员先锋形象，来影响群众、宣传群众、说服群众、帮助群众，诚心诚意为人民谋利益。

（3）要密切联系群众，及时了解农户家庭生产生活中出现的困难，主动帮助解决，及时向上级党组织反映。

（4）每名党员每半个月要到所规定的服务区内至少服务一次，每次服务后要登记《党员服务区服务情况表》。党

支部每季度对党员考核一次，将其服务好坏情况登记注册，并作为每年一次民主评议党员工作的一项重要内容。支部将责任区内情况，每季度向党委汇报一次。

（5）乡党委不定期对党支部、党员进行抽查，把这项活动开展的好坏作为每年“七一”表彰评先选优的主要条件。

二 2009年度鄂族新村工作大事记

（一）行政工作大事记

1月，新型农村合作医疗制度在鄂族新村正式开始实施。

3月，鄂族新村被选定为社会主义新农村建设点。

4月，塔河县农业局在鄂族新村开展木耳种植工作，以鄂族新村为试点，预计生产木耳60万袋；同月，鄂族新村完成农业结构调整。

7月，国家扶持鄂族新村发展畜牧养殖业，以国家补贴加个人投资的方式，向全村发放100头种羊。

8月，村干部带头组织各队队长及群众对损毁道路进行整修，新修村委会主干道，并对村道进行维修、上沙。

11月，新建鄂族新村木耳菌厂内部建设完工。

12月，鄂族新村自发组织演出队，春节期间为群众表演文艺节目，丰富当地精神文化生活。

（二）团、妇女工作大事记

2009年4月，妇联主任组织育龄妇女开展计划生育政策知识竞赛，并在全乡农民运动会中，获得女子篮球比赛第一名。

第四节　民主法制

一　全体村民大会

鄂族新村村民由于居住较为集中，人口相对不多，没有选举村民代表，如遇重大事项则召开全体村民大会。

表 2－9　鄂族新村全体村民大会情况

召开时间	主题内容	结　果
2010. 03. 20	研究讨论食用菌厂值班问题	决定由村妇女主任魏英和委员包利尧为主要负责人，安排村民值班，并给予一定酬劳
2010. 02. 14	研究讨论食用菌厂防火问题	决定由村干部每人分五天轮换值班。具体顺序：张坤、葛洪光、包利尧、陈桂英、魏英
2010. 01. 14	研究确定木耳生产种植的相关情况	按家庭情况，从最差的农户开始摸底排序，上报村委会木耳种植的具体数目
2010. 12. 20	研究确定 2010 年种植木耳的基本情况	会议确定，全村所有家庭都参与木耳种植。无劳力、生活困难的家庭，村和乡政府给予照顾，由村委会出资帮助种植木耳

二　依法行政

1. 社会治安综合治理及民事调解

社会治安综合治理和民事调解在鄂族新村属于村委会管辖范围。现任村委委员包利尧专门负责此项工作。

鄂族新村四周离山很近，防火工作尤为重要，村委会每年都与村内居民签订森林防火责任状。从 2008 年起，村委会开始对村内吸烟人员予以登记，与吸烟人员签订保证书，对吸烟人员制定了宣传教育标语，即野外吸烟“五个一律”（非公职人员一律依法予以经济处罚，公职人员一律开除公职，在场不加制止的领导一律撤职，吸烟引起山火的，无论成灾与否一律法办，未经批准野外用火者一律依法严惩）。

鄂族新村的民事调解主要涉及夫妻不和及经济纠纷两方面的问题。新一届村委会成立以来，只调解了一次经济纠纷。2010 年，村内有一户居民夫妻不和，村委会调解多次，未果，最后还是离了婚。离婚后，双方仍住在同一村内，因离婚时财产分配问题而产生纠纷，包利尧委员多次耐心细致地做双方工作，目前已经和解。

2. 信访与集体请愿

鄂族新村村委会没有专人负责信访工作，村民信访一般是直接到乡政府和更上一级政府。2005 年村中发生了一次集体上访事件，事情经过是这样的：1953 年定居后，原来定居的三个村的鄂伦春族村民承担护林任务，政府为护林员每月发放工资。到了 1983 年搬迁至新村后，由于调整了生产方针，即“以农为主，猎、牧、副、渔全面发展”。自此，就不再为鄂伦春族村民发放护林员工资。但鄂伦春族村民一直认为护林员工资是政府给他们的补助，后来没发是被乡政府截留了。于是，鄂伦春族村民联名到乡政府信访，经政府人员的详细解释和乡干部的深入细致的说服工作，村民们最终同意放弃了上访。

2002 年，鄂族村民 39 人联名就“关于发展鄂族高新科技产业”向塔河县进行了集体请愿。鄂族新村人均 4 亩地，加之有水灾、旱灾和冻灾，土地收入一直不高，农闲季节近8个月，村民没有活干，请求县委县政府投资为鄂族新村建设一个高新科技产业，当时的提议是建一个“生化颗粒饲料”厂，以增加村民收入和解决就业。但后来经塔河县有关人员进行论证在此处建立该厂不适合，此事也就终止了。

第五节　鄂族新村第三届村民委员会选举情况

一　成立村民选举委员会

鄂族新村第三届村民选举委员会由5人组成，主任是由十八站民族乡党委书记担任，委员4人，经村民中推荐产生（委员中不得有上届村委会成员），主任主持选举委员会工作。村民选举委员会由乡党委直接领导，负责组织实施村民委员会的选举工作。

村民选举委员会的主要职责是：确定选举日期、地点和程序；登记选民，审查选民资格并公布选民名单；主持选举大会、公布选举结果；解答和处理村民提出的有关选举方面的问题；总结选举工作，整理选举工作档案，报乡人民政府备案。

二　十八站乡第七届村级换届选举办法

根据《中华人民共和国村民委员会组织法》和《黑龙江省村民委员会选举办法》的有关规定，结合本地情况制定本选举办法：

本次选举采取无记名投票，本次选举需要产生主任1名、副主任1名、委员3名。

本次选举要有选举权的选民过半数投票才有效，有主任、副主任、委员三张选票，三张选票一次发放，一次画票，一次投入票箱。

主任、副主任和委员得票超过参选人数的半数便得当选。

选票由乡政府统一印制。选举人对候选人可以投赞成票，可以投反对票，也可以弃权。选举人对选票上的候选人，同意的在符号格内画“0”，不同意的在符号格内画“×”或不画任何符号，弃权的不画任何符号。还可以另选其他选民。另选其他选民的将另选其他选民姓名填入选票的空格内，并在符号格内画“0”，否则无效。画票等于或少于应选名额的选票无效，胡写乱画、无法辨认的无效，部分模糊不清的选票，可以辨认的部分有效，无法辨认的部分无效，按弃权处理。

如选举日外出，不能参加选举的选民，办理委托投票手续，委托投票应当符合下列条件：（1）选民本人自愿申请到村选举委员会办理登记手续。（2）被委托人必须是本村有选举权的选民。（3）委托必须以书面的方式。（4）被委托人不能是候选人。（5）被委托人必须由委托人自己决定。（6）解除委托必须是委托人本人到场。（7）被委托人是长期居住在一起的家庭人员如父母、夫妻、子女，可不用办理委托手续，可不计入委托人数内。（8）每个选民接受委托书不得超过1人，否则无效。

本选举办法通过后遵照执行。

三　鄂族新村选举大会的程序

1. 宣布开会，由村民选举委员会召集开主持大会
2. 介绍选民登记表（选民数）
3. 宣布正式候选人名单
4. 宣读选举办法（选民通过）
5. 推选选举工作人员：

（1）宣读选举工作人员名单

（2）选民通过

（3）工作人员上岗

6. 检查并密封票箱，当场加封
7. 清点选票
8. 讲解选票
9. 验证发票
10. 秘密写票、投票
11. 销毁剩余选票
12. 公开计票
13. 当场公布计票结果
14. 封存选票
15. 填写选举报告单
16. 宣布当选名单（在选举日或次日张榜公布）

四　选民登记

鄂族新村选民登记从 2008 年 8 月开始，到 9 月中旬结束，选举委员会成员核实选民户口，确定选民，并在村委会张榜公布选民名单。

选民资格：对户口在本村，截至 2008 年 7 月 15 日年满

18 周岁的村民进行登记；选举期间人不在本地的可以委托村民进行投票，委托他人投票要填写《委托书》。

五　换届选举大会

鄂族新村第三届选举大会 2008 年 10 月召开，会场设在村委会的会议室，设投票箱 1 个。大会由村选举委员会主任乡党委书记主持。选举委员会主任按照事先准备好的选举程序主持选举。鄂族新村本届村委会选举村委会主任一名，委员两名，共计三名。依据投票数量确定人选。投票结束后，当场唱票、计票，并公布投票结果，宣布当选名单。同一职位的候选人均超过半数的，以得票多的当选。在第一次投票过程中由于村委会主任人选票数没有过半，进行了第二轮投票，选出了村民委员会成员。鄂族新村共有选民 256 人参加了选举。

六　村委会主任候选人简介

戈红光，男，鄂伦春族，现任鄂族新村委会主任。

戈红光 1965 年出生在鄂族新村，有一个哥哥，生活在一个地道的鄂伦春族家庭，自幼跟随父母进山狩猎，习得一身好的狩猎本领，但不幸的是在戈红光 15 岁时父母因病双亡，跟随哥哥一起过着流浪生活，生活非常困难，经常食不果腹。

直到 1983 年十八站乡政府成立了林产公司，当时需要大批的人员，戈红光抓住了这个机会进厂，担任了现场员，负责检尺、押送木材工作。他深知工作的来之不易，工作中他兢兢业业，因工作表现出色，深受同事和领导的好评。

1985 年，在下海经商的大背景下，他放弃了林产公司的工作，开始自谋职业，先后在十八站乡开过游戏厅、摆过烟摊，还从事过西瓜运输，同年，还自己购买了一辆东风140货运车，从事木材运输，由于肯吃苦，加之脑子灵活，经过几年的努力，戈红光成了远近闻名的富裕户。

其间，戈红光与美丽善良的汉族姑娘张小新自由恋爱，并于1987年结婚，婚后生有一男一女。他非常珍惜来之不易的幸福生活，对妻子孩子非常疼爱，是典型的模范丈夫、五好家庭。长子戈松2010年从部队退役后在家待业，女儿戈辰在鄂伦春族乡中学从教，自1983年至2007年，他一直在十八站林业局居住。

到2007年他回到了阔别已久的鄂族村，开始养鸡，第一年他饲养了4000只，加之有政府的补贴，所以收入不错，同时还兼职从事运输行业。

为了能够帮助村民尽快致富，摆脱贫困的局面，他首先从村内较为贫困的戈彩花、关明红、孟红等几家开始，自出资金帮助购买鸡雏，建立鸡舍，联系客户，很快他帮扶的村民生活水平有了转机。为了能够使更多的村民增加收入，2008年，经他与十八站乡联系，为村内十多户村民提供了火烧地的清林工作，每户一年下来能有三四万元的收入，仅此一项就为鄂族村民带来40万元的经济收益，也正是如此，戈红光深受村民们的爱戴和好评。

2008年秋冬，在村委会换届选举时，戈红光以较高的赞成票，顺利当选了鄂族新村村主任。上任以后，戈红光考虑的还是村民如何能过上更好的生活，有更多收入，孩子们受到更好的教育。2009年春他以个人名义为村内31户村民担保贷款73万元，2010年为48户担保贷款96万元，解决了村民无资金创业的困局，此举深得地区、县、乡领

导的好评，同时也深得百姓的拥护。

工作中，他能正确处理好班子成员之间的关系，善于调动、发挥班子成员和群众的积极性，做事坚决果断，工作讲原则、讲程序，敢抓敢管。他善于化解民族矛盾，为民族地区和谐稳定作出了突出的贡献，深得上级领导的好评和认可。

戈红光乐于帮助百姓远近闻名。村民们谁家有事也都愿意找他帮忙，例如村民种植木耳时，缺少资金、技术等首先找到的就是村主任，不管什么情况只要村民找到他，他都会想办法帮助解决，经常是拿自己的钱帮村里办事。

2011 年年初，虽身患疾病，但始终惦记的还是村里的工作，如何让更多的村民尽快致富过上好日子，仍是他考虑的主要问题。戈红光同志积极要求进步，已写入党申请书，正在考查中。

图 2－5　村主任戈红光（中）（2011 年 3 月 2 日　魏英提供）

第三章　经济发展

2006年，鄂族新村人均纯收入仅为1280元。2007年以后，经济得到大幅度的增长。2008年，鄂族新村人均纯收入3234元，集体经济总收入198万元。2009年，人均纯收入3653元，集体经济总收入249万元，其中，农业90万元，林业25万元，渔业8万元，运输业15万元，商饮业5万元，服务业11万元，其他95万元。2010年，人均纯收入5868元，同比增长61%，集体经济总收入385万元。

第一节　自然资源

鄂族新村的土地、森林和野生动植物等自然资源，是经济赖以发展的重要基础。

一　土地资源

鄂族新村辖区面积317平方公里，其中耕地220公顷，集体所有的林地500公顷。土壤以黑土和草甸土为主。黑土土质疏松，有机质平均含量在3%～10%，特别利于水稻、小麦、大豆、玉米等农作物生长；黑土存在的问题是水分状况不协调，易发生春旱、秋涝等自然灾害，尤以内涝最为严重。草甸土则是发育于地势低平、受地下水或潜水的直接浸润并生长草甸植物的土壤，属半水成土，主要特征是有机质含量较高、腐殖质层较厚、土壤团粒结构较好、水分较充分。草甸土是以暗色草甸土为主，暗色草甸土所处地形平坦，潜在肥力高，是该村发展农牧业的主要后备土壤。由于暗色草甸土释放慢，供应强度小，水分偏多，地温偏低，低洼易涝，有效肥力不是很高。

表3－1　鄂族新村气候特征简表

季　节	月　份	气候特征
春　季	4～5月	干旱多风，日照充足
夏　季	6～8月	短暂温凉，多雨
秋　季	9～10月	气候骤变，霜冻早
冬　季	11～3月	漫长严寒

二　野生经济植物资源

鄂族新村境内林木茂密、树种丰富，森林覆盖率达81%，蓄积量5340万立方米，植被主要是白桦树、落叶松、樟子松、杨树、灌木、柳兰、苔草和其他杂草等，野生经济植物主要有黑木耳、灵芝、榛蘑、草蘑、油蘑、猴头、榛子、蓝莓（笃斯）、红豆（越桔）、刺玫果、稠李子、山丁子、山梨、山葡萄、山里红、山樱桃、野玫瑰、高粱果（东方草莓）、山芹菜、柳蒿芽、山韭菜、百合、杜鹃、蕨菜、徽菜、黄花菜、四叶菜、婆婆丁（蒲公英）、鸭鸭嘴（当地人的土语称呼、一种野菜）、黄芪、五味子、龙胆草、野豌豆、断肠草、龙胆、白芍、桔梗等，这些野生经济植物大致可以分为四大类：野生果类、山野菜类、食用真菌类和中草药类。近年来，随着人们对天然野生食品和药品的青睐，林产品供不应求，附加值也越来越高，村民除了经营木材生产传统产业外，还采集林下经济植物资源。

图 3-1　村周边的次生林（2011 年 3 月 2 日　郭红提供）

图 3-2　野生经济植物——红豆（2009 年 7 月 14 日　梁延海摄）

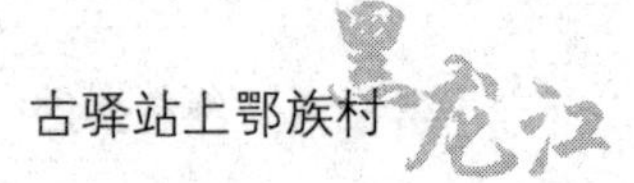

三　野生动物资源

鄂族新村地处密林纵横的大兴安岭地区，茂密的大森林为野生动物提供了良好的栖息、繁殖和生存条件。因此，鄂族新村辖地内野生动物资源十分丰富，种类和数量纷繁复杂。主要有：狍子、飞龙、野猪、野鸡、黑熊、狐狸、马鹿、花鼠、狼、貉、雪兔、黄鼬等。这些野生动物十分珍贵，均具有较高的经济价值。

图 3－3　野生动物——马鹿（1994 年　郭玉民摄）

第二节　经济发展历程

鄂伦春族经济发展，从大的方向来讲，可分为定居前和定居后两个阶段；从特征上看，最鲜明的特点是在政府和社会始终支持下的一种发展模式。鄂伦春族下山定居以来，鄂族新村经历了“以猎为主、以农为主、以林为主和以特色优势产业为主”四次大的生产方式的变革。

一　原始氏族公社公有制

在漫长的社会发展中，鄂伦春族尚处在原始社会父系氏族发展阶段，社会经济结构以血缘关系组成基本的氏族公社，生产资料为公有制，集体生产，平均分配。随着生产关系和生产力的逐步改变和发展，私有制的产生和狩猎工具的改进，原始氏族公社开始瓦解，社会发展为由同一父系若干代子孙组成的家庭公社称“乌力楞”，在家族长“塔坦达”的领导下从事集体狩猎、捕鱼和其他生产活动。乌力楞的生产和生活资料归家庭公社集体所有，共同劳动，共同分配。17 世纪中叶以后，部分鄂伦春人迁往黑龙江右岸，开始与其他民族进行物品交易，用狩猎产品换取枪支、马匹等生产和生活资料，枪支和马匹为家庭所有。随着生产工具的改进和提高，乌力楞内由各户猎手 3 ~ 5 人自愿组成“安嘎”（狩猎小组），每个安嘎推举出“塔坦达”（狩猎长），每个乌力楞可组成几个狩猎小组。获取的可交换的珍贵猎物在安嘎内平均分配，其他猎获品可分给乌力楞的非狩猎人员。

二　社会主义集体所有制

1953 年，十八站鄂伦春族实现定居后，除开展狩猎业生产外，开垦部分土地分给各家庭耕种。1955 年，鄂族新村开展互助合作，首先由 16 名村民自愿组成第一个农业互助组，集体种地、狩猎和开展其他副业生产，年末进行统一分配。1956 年农业合作化时期，鄂族新村成立了高级生产合作社，实行土地和生产资料集体所有，农具、马匹可作为股金和资产投资入社，作价后记入各户，由公积金逐年偿还。高级社下设管理委员会和监察委员会，管理委员会下设狩猎队、农业队、副业队，各队相互配合，共同发展生产，社员各尽所能，按劳分配。

1953～1957 年，鄂族新村主要是以狩猎为主的阶段。在这一时期，鄂族新村周边的原始森林中獐、狍、野鹿、犴、獾、獭，乌鸡、飞龙、鱼、蛤蚌等野生动物资源十分丰富，在“以猎为主”的生产方针指导下从事猎业生产，既解决了自己的生活问题，又为国家提供了大量的野生动物皮肉。同时，村民们也从事部分农业生产，但因管理、技术等方面存在的问题，效果并不是很明显。

随着大兴安岭林业开发建设和黄金采掘业的发展，鄂族新村赖以生活的外部条件发生了较大的变化。1958～1966 年在确立了“以猎为主，农牧为辅”的生产方针指引下，一方面，由于传统的狩猎业因兽源的减少已不能再成为经济发展的主业；另一方面，从 1957 年开始，国家开始注重保护稀有动物，禁止猎鹿和有计划猎犴等，猎取对象减少了，给猎民的狩猎生产带来了相当大的困难，所以从 1958 年起，党和政府适时地为鄂族新村原住民制定了“以猎为主，农牧为辅”的生产方针，这时的狩猎已不是单纯的狩猎，而是“护、养、猎”相结合的一种科学发展模式的狩猎形式。1958 年，十八站乡乡政府开始组织当地的鄂伦春族民众捕捉活鹿，在此基础上建立了养鹿场，养鹿只数最多时达到 20 只，年收入大约达到 4000 元，自此之后，养鹿收入已成为这一时期鄂族新村村民的主要收入来源。1967 年，因鹿场的鹿从场内跑出去一次，虽经群众努力都找了回来，但不知什么原因许多鹿先后染了疾病死亡，后养鹿场解散。

农业上，鄂族新村村民在政府的帮助下，学会了种田技术。随着粮食收成和收入逐渐稳定，村民的生产积极性不仅被广泛调动起来，且生活的安定性也有很大程度的提高。

1966～1978年，国家大力提倡“以粮为纲”，这一时期鄂族新村的经济发展以农业生产为主导，猎、牧、副、渔业生产基本处于停滞状态。

农业生产成为鄂族新村唯一的经济类型支撑全村经济发展。自1953年定居后，在政府的号召和扶持下鄂族新村村民就已开始进行农业生产了，在农业生产资料的获得上，农业用地大部分是汉人迁走后留下的，少部分是自己新开垦的；种子一部分由政府下拨，另一部分由村民自己解决。生产工具绝大多数是模仿汉人制作的锄头、镐头、犁杖、镰刀等工具。村民一般都学会了翻地、割地、扶犁，还有一部分人会使用机械播种。此时，鄂族新村人民实现了由吃供应粮，到向国家卖余粮的根本性改变。

三　家庭联产承包责任制

中国共产党十一届三中全会以后，随着农村经济体制的改革，鄂族新村也实行了土地联产承包，第一轮土地承包结束后，鄂伦春族村民大部分将土地转包给了汉族农民耕种。

四　以林为主阶段（1982～1995年）

由于鄂族新村地处高寒地带，无霜期仅有90天左右，农业生产条件很差。耕地均在呼玛河两岸，土质条件也不好，农业生产几乎连年歉收，收入仅够满足温饱。为了改

变这一局面，促进经济的快速发展，1982 年，大兴安岭地委、行署在调查研究的基础上，根据该地区呼玛河十年九涝，不适于农业及传统产业发展的实际情况，确定了鄂族新村“以林为主、林农结合、多种经营、全面发展”的生产方针，自此，鄂族新村人民由“以农为主”开始向“以林为主、林农结合、多种经营、全面发展”的方向转型。

五　以农为主阶段（1996～2006 年）

由于大兴安岭林区森林资源锐减、林业政策的调整、清林场地越来越远、劳动强度大等客观原因，造成了鄂伦春族群众收入减少，生活水平下降，1995 年，鄂族新村群众年均收入平均只有 700 元。1996 年大兴安岭行政公署、林业管理局第 11 次常务会议决定，调整鄂伦春族生产方针，从“以林为主”调整为“以农为主，多种经营，全面发展”的经济思路。

六　以特色优势产业为主阶段（2007 年至今）

2007 年以前，鄂族新村由于产业结构单一，农民收入低，只能靠农业生产的微薄收入维持生计，全村有 411 人靠政府救济。2007 年，乡党委和政府围绕经济建设这个中心，把握国家、省扶持人口较少民族发展和兴边富民行动的政策机遇，依托地缘、资源、民族三大优势，大力发展特色种养业、传统手工业、民族旅游业、劳务输出业，形成了鄂族新村新的产业结构和生产布局。

进入 21 世纪以来，鄂族新村人民依靠自己的双手，借助政府的扶持，使得当地特色的养殖业、黑木耳种植业、服务业、劳务输等新兴产业得到长足发展，同时也为鄂族新村的经济发展注入了新的活力，壮大了民族经济，极大地提高了村民的收入，改善了村民们的生活水平。

第三节　食用菌产业

鄂族新村地处高纬度的大兴安岭林区，木材等纤维资源丰富，加上具备适宜菌类生长的气候条件，发展食用菌产业的优势明显。

一　黑木耳种植业

1. 发展过程

早在鄂族新村村民定居的时候，就有采摘野生黑木耳的习惯，不过当时只是采来自家食用或送人，没有出售的。从 20 世纪 90 年代开始，有个别村民开始种植段生黑木耳[①]，后来又有几户村民加入，最多的时候达到 20 余户，木耳段数量超过 4.5 万段。由于段生木耳种植过程所需劳动力较多，加上分户经营的技术参差不齐，产量不高，也没有形成规模。随着大兴安岭实施“天保工程”，限制采伐树木，这种种植方式就逐渐萎缩了。但是，鄂族新村的村民这段种植黑木耳的历史，为后来推广种植袋装木耳打下了一定的基础。

2007 年，鄂族新村“村两委”抓住黑木耳种植业具有原料多、成本低、投资少、见效快、风险小的特点，向十八站乡政府申请了资金 45 万元，在村中建立了一个占地面

① 段生黑木耳是指将人工制作的木耳菌接种到截成段的木头上长成木耳，故此得名木耳段。

积2000平方米、年生产规模60万袋的黑木耳菌厂和一个标准化的8公顷的木耳种植小区。当年，有25户鄂族村民从事黑木耳种植，形成了鄂族新村黑木耳种植规模化、基地化和产业化的模式。

图3-4　木耳菌厂正门（2010年2月24日　刘浩摄）

图3-5　食用菌基地（2010年10月3日　董刚摄）

刚开始推广黑木耳种植时，很多村民认为先期需要投入1万多元，对收益心里没底，不愿意参与。针对这种情况，乡领导和村委会干部挨家挨户做村民的思想工作，机关干部和驻地官兵带头为他们建基地、围栅栏、装菌袋，乡政府还专门聘请技术人员手把手地教村民种植技术，3个月的生产周期下来，每户纯收入达2万多元，让种植户尝到了甜头。

小小的黑木耳让村民获得了大效益。随着第一批从事黑木耳种植的村民经济收入的日益提高，原来持观望态度的村民也加入到种植黑木耳的队伍中来。2008年，全村黑木耳种植户30户，种植黑木耳30万袋；2009年，增加到55户，每户种植2万袋，还有10户贫困户在乡村两级干部的帮扶下，各种植了1万袋黑木耳，共计种植黑木耳120万袋。

种植黑木耳不仅增加了村民的收入，还解决了村里剩余劳动力就业的问题。装袋和摘木耳用工最多，需要100多人，妇女成了主要的劳动力。在2009年的调研中，我们遇到了黑木耳种植户李某，2008年他试种了2万袋，尝到甜头后今年又增加了2万袋，原本靠外出打工挣钱，如今集中精力搞木耳种植，李某还对我们讲"现在俺们鄂族村村民喝酒的少了，打仗的少了，上木耳基地干活的多了。要是照这样发展下去，鄂族新村很快就能富起来。"现在，黑木耳种植业已成为鄂族新村的龙头富民产业。

2. 优惠政策

十八站乡政府除了提供启动资金外，2008年，还帮助鄂族新村争取到了国家扶持项目即民族发展资金60万元，扩建了原来的木耳菌厂和木耳种植基地，维修了种植基地道路6公里，打机井8眼，建管护房16个，种植基地全部

图 3－6 黑木耳示范基地公示牌（2010 年 10 月 3 日 刘青云摄）

图 3－7 栽培户郭红霞的出耳场地（2010 年 10 月 3 日 董刚摄）

采用了棚式遮阴网遮阴和微喷设施。扩建后的菌厂占地面积达到 1 万平方米，年产木耳菌的能力达到了 150 万袋，配齐了蒸锅室、接菌室、拌料室、培菌室等生产车间。黑木耳种植基地扩大至14公顷。2010年，鄂伦春民族乡再次投入16万元，购置了从黑木耳烘干、精选、压缩到包装的精深加工设备。

塔河县农委为了帮扶鄂族新村村民更好地发展黑木耳种植业，从2008年开始，每年都从省城聘请食用菌知名专家，为村民进行2～3次的免费科技培训，指导村民科学种植木耳，提高木耳产量，增加木耳种植的经济效益。同时，鄂族新村还聘请了两名专业技术人员指导黑木耳种植。在我们调研期间，技术人员热情地带领我们参观了木耳菌厂的蒸锅室、接菌室、拌料室、培菌室等生产车间。当走到蒸锅室时，技术人员兴高采烈地为我们讲起了他们的一项新发明，他们解决了在蒸菌过程中容易烧干锅而导致木耳菌蒸煳的问题，技术员在蒸锅内，距离锅底10厘米处固定一根铁管，铁管直通锅外，当锅内的水位低于10厘米时，沸腾的水产生的蒸汽就会顺着铁管向外冒，如果看见铁管有蒸汽向外冒，也就意味着此时应该加水了，这个方法简单实用，解决了在蒸菌过程中遇到的这一难题。

2007年，为了鼓励更多的鄂族新村村民从事黑木耳种植产业，乡政府对生产木耳菌者实行每袋补贴0.05元，对种植木耳菌户每袋补贴0.50元，且对具有一定种植技能的大户每带动一户奖励200元的政策；2008年每袋补贴0.30元，十八站乡政府共发放木耳补贴30多万元；2008年，十八站乡政府又下发了十八站乡脱贫致富补贴奖励实施细则（十政字［2008］第10号），该文件中除了详细规定了村民发展种植业的各种补贴政策，种植黑木耳，每户以种植5000袋为基数（5000袋以下不享受补贴），5000袋以上每

图 3－8　技术员的小发明（2010 年 2 月 24 日　董刚摄）

图 3－9　菌厂拌料室（2010 年 2 月 24 日　刘青云摄）

袋补贴 0.5 元（含 5000 袋）；2009 年，由于村民种植黑木耳的积极性已经形成，政府的补贴标准也降低了，种植木耳菌户每袋只补贴 0.10 元。

图 3-10　菌厂培菌室（2010 年 2 月 24 日　李明摄）

3. 经营方式

本着委托生产、政策补贴、分户种养、集中管理的原则，十八站乡政府出资为鄂族新村建设食用菌厂和食用菌基地，由十八站乡政府出资生产袋装木耳菌，成菌以 0.5 元/袋的价格出售给种植户，种植户负责管理，销售收入全部归种植户所有。

4. 销售市场

鄂族新村的黑木耳销售有三种方式，一是卖给来村里收购的商贩，二是由政府集中收购，三是通过网络销售。最近两年，种植户更喜欢联合起来通过网络销售，因为他们认为可以卖一个好的价钱。另外，还与哈尔滨中央红集团达成协议共同拓展黑木耳销售市场。

5. 收益

近年来，黑木耳平均价格在 27 元/斤左右。2008 年，全村共种植黑木耳 30 万袋，收入 30 万元；2009 年，种植了120万袋，收入140万元；2010年，种植了150万袋，预计总收入不会低于240万元。

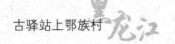

6. 质量

鄂族新村种植黑木耳有比较优势。一是鄂族新村地处地广人稀的山林之中，土壤、空气和水源没有任何污染，所产黑木耳符合绿色食品的标准；二是鄂族新村所处的地理位置属冷凉型长日照，春夏季节植物生长期日照长达16~19小时，降雨集中在6、7、8三个月，温差大，这些气候特征为黑木耳生长提供了良好的气候条件，因此鄂族新村的黑木耳生长期短，病菌少，朵大肉厚，质脆性滑，口感极佳；三是体现在木耳菌的原料上。鄂族新村种植木耳所使用的原料均为优质锯末不掺杂其他物质。

图3-11 村民晾晒的黑木耳（2011年3月2日 郭红提供）

7. 存在的问题

一是销售的产品层次低，譬如村民收获的黑木耳不进行筛选和分类，只是用大袋包装出售；二是黑木耳品种单一，没有按规范化的标准统一种植；三是随着黑木耳种植规模的增大，资金、菌种和原材料供应等问题也相继出现。2010年鄂族新村共生产木耳菌150万袋，村民购买木耳菌的热情非常高，最后村里不得不按照购买木耳菌的户数将100万袋木耳菌进行了平均分配。

二 蘑菇种植业

鄂族新村在发展木耳种植的同时也新增了蘑菇种植，2010年新建蘑菇种植大棚14个，有14户鄂族村民种植蘑菇，种植香菇数量15万袋。种植蘑菇政府同样给予政策性补贴，每袋0.5元。为了使种植的蘑菇能卖个好价钱，村主任戈红光多方联系销售渠道，2010年村民种植的蘑菇鲜蘑每斤能卖到4元，干蘑每斤30元。到了采摘季节，只要村里打个电话，加格达奇、哈尔滨等地客商都会开着车到村里等着村民采摘，村民们可以随采随卖。

图3-12 蘑菇种植基地（2010年10月3日 刘青云摄）

图 3-13　滑子蘑生产大棚（2010 年 10 月 3 日　刘青云摄）

三　2010～2015 年食用菌栽培发展规划

塔河县十八站鄂伦春民族乡是全省最大的鄂伦春族聚居地，全乡有鄂族人口 536，约占全国鄂族人口总数的 1/14，鄂族新村有 244 户，鄂族人口 502。1953 年鄂伦春族下山定居以来，由于产业政策的不断调整，鄂族村始终无法形成固定的主导产业，到 2006 年末鄂族群众人均收入不足 1600 元。2007 年，该村以增加鄂族群众收入，改善鄂族群众生活为主要目标，大力发展食用菌产业，2009 年产黑木耳菌袋 100 万袋，鄂族群众人均纯收入达 4000 元，食用菌产业已逐渐成为鄂族群众脱贫致富的重要载体。

2010 年鄂族村计划建设黑木耳菌厂 4000 平方米，黑木耳栽培示范基地面积达到 16 公顷、年产黑木耳 150 万袋，从业户数 75 户。建设蘑菇棚 50 栋，年产蘑菇 20 万袋，从业户数 15 户，建设 700 平方米食用菌加工厂，延长了食用菌产业链条。

2011～2012 年计划建蘑菇菌厂 2000 平方米，木耳基地面积达30公顷，栽培黑木耳200万袋，从业户数100户；计划种植蘑菇50万袋，从业户数达到30户；计划建设占地约4000平方米的机制炭厂，对废弃的食用菌锯末进行回收再利用，年生产2000吨机制炭；计划建300平方米的冷库一座，保证鲜蘑的储存、运输和销售。

2013～2014年计划修建4000平方米3层楼食用菌厂，黑木耳基地面积达40公顷，栽培黑木耳400万袋，从业户数150户；计划建蘑菇棚室150栋，栽培蘑菇150万袋，从业户数达100户，另带动汉族村民50户从事蘑菇生产。

2015年，黑木耳基地总面积将达60公顷，栽培黑木耳500万袋，栽培蘑菇300万袋，使有劳动能力的鄂族群众能全部从事食用菌生产，并且带动汉族村村民100户从事其生产，努力实现全乡食用菌栽培、研发、生产、加工和销售一体化。

第四节　农林畜牧业

一　农业

（一）农业发展的历程

历史上，鄂伦春族以狩猎捕鱼为生，没有耕作的传统，1953年定居后，鄂族新村的先民在汉人的帮助下，在呼玛河两岸开垦土地360亩，种植过燕麦和蔬菜。之后的50多年里，虽然在政府的推动下，经历了两次以农为主的阶段①，

① 一是1966年至1978年，国家大力提倡“以粮为纲”的大背景下确立的以农为主阶段，二是1996年至2006年的以农为主、林业向农业转产、多种经营全面发展阶段。

但农业发展水平和周边差异很大。

鄂族新村村民农耕工具有木犁杖、铁齿耙、锄头、镰刀、镐头、木磙、石滚、爬犁和大轱辘车等，其中，木犁仗、工具把柄、木磙、爬犁是自制的，早期使用的锄头、镰刀等有些是自己用废铁打制的，石磙、大轱辘车是从外地购买的。

农耕技术主要是向居住地附近的汉人学来的。刚开始定居的时候，鄂族新村村民不用牛耕地，而是习惯骑在马背上，驾驭马拉着犁杖耕地。汉人懂农业技术，有劳动力，但缺少畜力，鄂族新村人不懂农业技术，而有马匹，汉族用人力换畜力，在春耕时帮助鄂伦春人种地，秋季帮助收割。

1998 年二轮土地承包时，由于耕地离村远，多数村民缺少大型农机具和交通工具，依靠单个家庭不能独立完成从种到收的生产过程，所以一些村民不得不把土地转包给具有一定种植能力的汉人种植。也就是从这个时候，村民就开始不再自己经营土地，而是转包给村内的汉族种植户或外村的种植户。2010 年土地转包的平均价格每年每公顷 500 元，且土地补贴费归土地所有者。

图 3－14　村民在干农活（2011 年 3 月 2 日　郭红提供）

（二）农业发展的现状

2010 年，全村共有 156 户、489 人，人均土地面积 9.7 亩。2009 年，鄂族新村总播种面积 5803 亩，均为旱田，其中，大豆 2260 亩，小麦 3188 亩，马铃薯 262 亩，青贮饲料 60 亩，药材 33 亩。

鄂族新村自 2007 年以来，均使用机械作业，现有种田大户 6 户。农机具的购买有两种方式，一种是政府对采购予以补贴，另一种是自购。目前，鄂族新村种地的农户从种到收割均可自己完成。种地的种子、化肥和农药等农资从十八站乡政府的经管站购买。种地过程与以前相比也简化了很多，在播种同时就使用除草剂和底肥，所以不需要铲地和施追肥，一般只需犁两遍地即可。根据农作物不同，收获的时间有差异，现在鄂族新村种植的作物多数是大豆，一般到 9 月中旬，就要开始收割，收割使用收割机，收割后使用脱粒机进行脱粒。2010 年还算是风调雨顺，没有霜灾属于丰收年，亩产大豆约 100 公斤。每年从 10 月份开始，就有外地客商到村内收购，2009 年的收购价是 3.6 元/千克，每亩毛收入 300 元左右，人工费和燃油费约 50 元/亩，净收入 250 元/亩。

（三）农业投入和政策支持

1996 年，鄂族新村争取到 25 万元补助转产资金，专门用于农业开荒补助之用，以发展鄂伦春族农业，同时塔河县委、县政府根据大兴安岭行署、林管局第 11 次常务会议精神，制定了《塔河县十八站鄂伦春民族乡鄂伦春族向农业转产的实施方案》、《鄂乡经济与社会事业开发

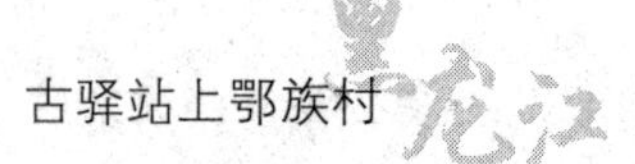

专题推进工作方案》等政策和措施，为搞好鄂族新村经济向农业、多种经营和其他产业方面转产工作提供了政策支持。

1998年十八站乡为鄂族新村农业投入52万元，新建了鄂伦春族创丰农场。1998年，利用省、地专项资金乡政府组织群众开荒1800亩，鄂伦春族人均分得土地4.5亩。当年，播种土地2840亩，粮食总产为90吨，农业收入为14万元。

1999年，黑龙江省民委拨付鄂族新村30万元、大兴安岭行署拨付50万元、塔河县政府投入30万元，用于鄂族新村的产业结构调整，当年完成播种面积3300亩，其中，小麦2790亩、大豆435亩、马铃薯60亩，粮豆薯总产量350吨，产值达41.2万元。秋整地90公顷，乡政府为农户购入小型农机具8台（套），购大犁1台，修建了八十四农场场院400平方米，晾晒棚350平方米，修桥涵2座；修建了创丰农场场院1080平方米，晾晒棚160平方米，还修了田间路。

2000年，实行土地分配到户，政府扶持，自主经营，播种面积达3340亩，总产量569吨，产值达49.3万元。

2005年，为认真贯彻落实《中共中央国务院关于进一步加强农村工作提高农业综合生产能力若干政策的意见》（中发［2005］1号）精神，进一步加强鄂伦春民族地区的经济发展工作，提高农业综合生产能力，塔河县政府对鄂伦春族地区实行了“两减免、三补贴”等政策，所谓“两减免”是指在免征除烟叶以外的农业特产税的基础上，还要继续免征或减征农业税；“三补贴”是指对种粮农民实施直接补贴，同时对粮食主产区安排良种补贴和农机具购置补贴。这些优惠政策的实施，不但促进了粮食生产的稳步提高，同时也激发了鄂族新村村民种粮的积极性。根据塔河县粮食直接补贴推进意见确定的补贴标准，鄂族新村村民们领取了粮食直接补贴，补贴金额每亩8.60元，补贴面积按照2003年《农业税纳税通知书》核定的计税面积计算。2006年，粮食直接补贴金额为每亩9.27元；2007年，村民们又领取了粮食综合直补，补贴标准为每亩9.95元；2008年补贴标准为每亩10.94元；2009年补贴标准为每亩11.25元。每年补贴金额幅度都会有所上涨，当地村民们说："农民种田，国家出钱，现在党的好政策真是一年比一年实惠！"另外，2006年，十八站乡政府还为鄂族新村购置和更新农业生产所需的农机具发放了补贴，以提高农业机械化水平和农业生产效率。

表3－2　鄂族新村2007～2009年得到的农机具补贴

单位：万元/年

年　份	补贴金额
2007	3
2008	4
2009	5

（四）农业存在的问题

1. 对农业的重视不够

尽管鄂伦春民族已经定居了50多年，但鄂族新村人自己经营农业的水平还很低，这其中既有以猎为主、以农为主、以林为主、林农结合等多次产业结构调整的原因，也与定居兴垦早期实行的农猎兼营，主要劳动力春耕和秋收

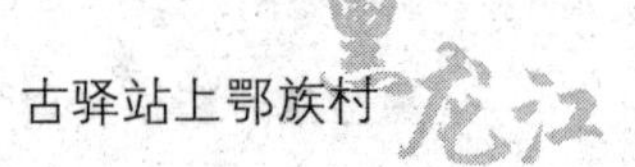

参加一部分劳动、其余时间狩猎的指导思想有关。

2. 高寒地带自然条件恶劣

鄂族新村无霜期短，正常年份平均在90天左右，可以种植的农作物的种类少，仅有小麦、大麦、燕麦、荞麦、糜子、谷子、黄豆等生长期较短的作物，以麦类为多，蔬菜也只限于土豆、萝卜、豆角、黄瓜和倭瓜等。此外，村民也反映耕地多位于呼玛河沿岸，经常遭受洪灾的危害。

3. 农业科技推广的程度不高

由于科技含量较低、新品种少、新技术覆盖面小，导致农业产品的产量小、品质差、效益低。

二 林业

1982年，大兴安岭地区为了支持鄂族新村的发展，改变经济落后的面貌，确定了鄂族新村“以林为主、林农结合、多种经营”的生产方针。1984年，十八站乡政府成立了鄂伦春族林产公司，组织鄂族新村村民从事抚育、采伐和清林等工作。

1985年3月6日，根据黑财税［1984］32号清林生产文件精神，塔河县政府作出了关于对鄂伦春族清林剩余物产品的销售免税的决定；对鄂伦春族人民的清林剩余产品的销售收入给予免征2年产品税的照顾；对清林劳务收入免征2年营业税的照顾，对工商所得税给予免征2年的照顾。之后，塔河县又下发了塔政发［1985］第13号文件《关于为十八站鄂伦春族林产公司免交三年养路费》的决定。

清林生产一度给鄂族新村带来了繁荣景象，林业生产收入一度占全村总收入的85%以上。由于收入的增加，村里出现了一些富裕户，家用电器逐步进入普通家庭，多数村民家里也有了存款，生活明显改善。

1990年以后，由于林业部门委托性生产计划开始逐年减少，再加上销售、运输等诸多因素的影响，林业生产开始面临着诸多困难。

1994年4月，大兴安岭行署下发了［1992］40号文件《关于贯彻地委一九九二年第十五次常委会议纪要精神对塔河县十八站乡和呼玛县白银纳乡两个鄂伦春族乡实行优惠政策等有关问题的调查报告的通知》，这个文件对鄂伦春族林业生产制定了一些更多的优惠政策，如："抚育下山的杨桦木和小杆，可留给十八站乡加工和销售，其他木材一律缴国库，利润实行三七分成。销售的小杆利润实行倒二八分成，并免缴育林费。由十八站乡缴库的木材，每立方米在现有基础上再增加10元管理费进入成本，以鄂伦春族人民为主体劳力进行抚育缴库的木材，每立方米增加20元管理费进入成本。十八站乡从中分别每立方米提取5元和15元作为鄂族生产发展和社会福利基金，十八站乡抚育伐缴库木材分得的三七分成利润，拿出10%作为鄂伦春族生产发展和社会福利基金。以鄂伦春族为主体劳力抚育销售的小杆利润倒二八分成利润，林业局该得的部分，为支持鄂伦春族发展生产，全部免收。此款由十八站乡提取，作为林业局支援十八站乡的实际行动，并纳入鄂伦春族生产发展和社会福利基金的组成部分。"这些政策，给鄂族新村村民发展生产提供了有利的条件。

尽管有了上述诸多政策的支持，到1995年，十八站乡

鄂伦春族林产公司还是解体了，鄂族新村村民结束了“以林为主、林农结合、多种经营”的生产阶段，林业支撑鄂伦春族经济发展的支柱产业的地位也不存在了。

三　畜牧业

1. 鄂族新村畜牧业状况

定居后，受当地汉族养殖习惯的影响，鄂族新村多数鄂伦春村民也学着饲养家畜家禽。但多年来，只是散养少数几只鸡鸭鹅，多的人家也就几十只，基本上用于自家食用。从 2007 年开始，乡政府鼓励村民大力发展养殖业，采取了相应的扶持措施，专业化和规模化养殖才逐步发展起来。2008 年，全村养殖户 16 户，养鸡 6000 只、鹅 900 只、羊 50 只；2009 年，养殖户没有增加，仍为 16 户，养鸡 7000 只、鹅 800 只。2010 年，养殖户发展到 21 户，养鸡 8120 只，按每只政府补贴 7 元，共计 56840 元；每只纯利润 5 元，共计 40600 元，合计 97440 元。

图 3－15　村干部指导村民养鸡（2011 年 3 月 2 日　魏英提供）

2. 政府对发展畜牧业的支持

十八站乡政府从畜牧养殖基础设施建设、畜牧养殖专项贷款和科技培训三方面进行扶持，鄂族新村的畜牧养殖业也受惠于这三个方面的政策。2007 年，十八站乡政府特制定了十八站乡脱贫致富补贴奖励实施细则（十政字［2007］第 41 号），该文件详细规定了村民发展养殖业的各种补贴政策，肉鸡饲养每只补贴 7 元，笨鸡饲养每只补贴 5.5 元；白鹅饲养每只补贴 12 元；商品猪每头补贴 200 元，母猪饲养每头补贴 500 元；雄性野猪入栏并饲养 6 个月以上每头补贴 300 元，雌性野猪入栏产子后每头补贴 100 元，野猪与家猪交配每窝产子后补贴 600 元；饲养成羊每只补贴 100 元，乳羊每只补贴 50 元；母牛每头补贴 400 元，马每匹补贴 300 元。2008 年，十八站乡政府又下发了十八站乡脱贫致富补贴奖励实施细则（十政字［2008］第 10 号）文件，该文件中除详细规定了村民发展养殖业的各种补贴政策之外，较之 2007 年下发的十政字［2007］第 41 号文件来看，更着重于奖励政策，如：养肉鸡每只补贴 7 元，笨鸡每只补贴 7 元，对于每户一次性养鸡 3000 只以上的养鸡大户，给予一次性奖励 1000 元（奖励资金不含补贴资金）；养鹅 30 只以上每只补贴 12 元（含 30 只），超出 50 只一次性奖励 100 元，超出 100 只一次性奖励 300 元，超出 200 只一次性奖励 500 元，超出 500 只一次性奖励 1000 元，超出 1000 只一次性奖励 2000 元，超出 2000 只一次性奖励 5000 元（奖励资金不含补贴资金）。

第五节　旅游业

“十一五”以来，鄂族新村深入挖掘当地旅游资源，大力加强旅游基础设施建设，进一步开发旅游产品，以此拉动经济增长，变资源优势为产业优势和经济优势，鄂伦春族风情旅游的特色初步形成。

一　旅游资源

鄂族新村坐落在古黄金驿道十八站，驿站古遗址和鄂伦春族文化是鄂族新村独特性旅游资源。

十八站古驿站历史悠久，距今已有400余年的历史。康熙二十四年（1685）春，雅克萨战争爆发，为清剿盘踞在雅克萨的沙俄入侵者，康熙帝派明爱率领蒙古兵500人及索伦兵一部，沿大兴安岭北坡，砍树为路，架木为屋设驿站，从墨尔跟开始，依次每50～70公里设一站，直至雅克萨斜对岸额木尔河口为25站，全长1400公里。这条路为镇守边关、传递军情捷报起到了重要作用。雅克萨战争后，清军撤退，驿路和驿站逐渐被荒废。1883年，漠河发现黄金后，大量的俄国人越过黑龙江，在漠河一带盗采沙金，仅1883～1884年两年时间就盗采沙金219000多两。光绪十一年（1885），清政府为了清剿沙俄金匪，协办漠河金矿，派李金镛为漠河矿务局第一任督办，对这条荒废了近200年的山路进行了重新开通。随着矿区的发展，从雅克萨向西又增设了7个驿站，直至洛古河共32站。这条驿路为运送黄金、保护国家黄金资源发挥了重要作用。后来被人们称为“黄金之路”。到目前为止，该驿路在大兴安岭范围内是一条最原始也是保持最完好的古驿道。

另外一个重要的旅游景点就是古人类遗址园区。据考证，早在17000多年前，就已有人类在这片土地上生存、繁衍。黑龙江省考古队1981年在这里发现了3处遗址，出土了石针、石核、石片、刮削器、雕刻器、砍砸器等共1070件石器。

十八站古遗址坐落在黑龙江支流呼玛河左岸二级阶地上，地处大兴安岭北坡山地。其所在地现隶属黑龙江省塔河县十八站乡管辖。遗址海拔高约300米。1975～1976年，中国科学院古脊椎动物与古人类研究所首次发掘了这处遗址。共发现4个地点，由最西部的75072号地点至最东部的红旗大桥地点分布范围约10公里。2005年，中国科学院古脊椎动物与古人类研究所和黑龙江省文物考古研究所又组成了联合考古队，再次对十八站遗址进行发掘，获得了一批砍砸器、刮削器及石核和石片，石器类型与第一次发掘的基本相同。此次发掘成果表明，遗址内的石器原料为当地的凝灰岩、燧石和流纹岩等砾石。从分布情况看，十八站遗址不单单存在于原来发现的地点，而是连续分布在呼玛河二级阶地上，科学家推测其实际范围可能更广。这足以证明，早在远古，十八站的土地上就有人类生存居住，而且活动相当频繁。

十八站遗址的发现，在国内外都引起了巨大的反响，许多报刊都在第一时间登载了这一消息。这一重大发现，还被写入《中国旧石器时代考古》一书。1981年1月27日，十八站遗址被黑龙江省政府列为省级文物保护单位，1982年6月，在已发现的3个遗址处分别立碑，上书“十八站遗址”。

图 3－16　十八站古人类遗址（2006 年 6 月　张善辉摄）

二　旅游业现状

2005 年，鄂族新村村民葛晓华出资修建了“鄂伦春民族风情园”。该园位于呼玛河畔，距离鄂族新村仅 4 公里，总占地面积为 6 公顷，是集旅游、观光、休闲、度假、考古等一体的综合性园区。“鄂伦春民族风情园”再现了鄂伦春族那种独特的居住、饮食、服饰、礼仪、信仰、禁忌等生动多样的民族风俗。

近年来，县乡政府共投资 600 多万元修建了“鄂族人家”景点及旅游基础设施。在距离鄂族新村 1 公里的范围内，建有生态民俗部落、古驿站微缩景观、旧石器古遗址还原景观 3 处和狩猎场 1 处。旅游旺季开展桦树皮船漂流、鄂伦春族歌舞、非物质文化传承人家、“最后的山神”、萨满展演等活动，冬季举办马拉爬犁比赛，春季开办映山红

图 3－17　鄂伦春民族风情园（2011 年 3 月 2 日　郭红提供）

观赏节，秋季召开五花山歌会，夏季举行篝火节。

由于鄂族新村地处偏远交通不便加之旅游相应设施不健全，来这里旅游的人并不是很多，旅游在村民收入中所占的比重还很小，2010 年全村旅游总收入仅 6 万元，村民只能借助旅游旺季出售一些旅游工艺品和山特产品来增加收入。

在我们即将结束调研的前夕，十八站乡政府已完成了鄂族新村的《鄂伦春风情生态旅游区总体规划》，通过了黑龙江省发改委批复，列入了《黑龙江省沿江开放带规划》。

第六节　其他产业

一　桦树皮手工业

定居之前，在游猎生活中，鄂族新村的鄂伦春族先民一般选用坚韧而柔软的桦树皮制作生活器皿和生产用具。

定居之后很长时间里，鄂族新村仍有部分鄂伦春族村民使用桦树皮制作日常生活用品的习惯，属于自用，一般不出售。1998 年，鄂族新村村民开始了作坊式零散生产桦树皮手工艺品，主要有笔筒、桦树皮盒等小件产品，当时规模较小，品种单一，效益不佳，但使用桦树皮制作小件产品在全国尚属首家。

2005 年至 2007 年，鄂族新村有桦树皮手工艺品作坊式加工点 12 处，熟练技术从业人员 44 人，另有 51 人也可进行简单手工艺品生产。由于各家散户生产、规模小、品种单一、样式简单、工艺落后等方面的原因，特别是在产品研发方面，村里还没有能力设计开发出符合市场需求的新型产品；在销售环节上，又表现为大的订单接不了，各家各户独闯市场销售成本又太高，因此，只能是简单生产，坐家待客，经济效益并不理想。

鉴于此，2007 年，鄂族新村“村两委”根据村民现有的生产技能，本着企业与农户相结合的基本原则，积极筹建了具有产品研发、规模生产、市场对接的鄂伦春族桦树皮厂，并以此带动散户生产，增加当地村民的收入。该工艺厂占地 700 平方米，引进了激光雕刻机、木线机、冲床等机械设备 13 台套，重点生产桦树皮画、手工艺品。年可生产桦树皮画 2000 幅，桦树皮盒 3 万个，产值 80 万元，已初步形成了集中生产和规模生产。在提高鄂族新村村民整体经济收入水平的同时，也打造出了属于鄂族新村特有的民族品牌。2008 年正式投产使用，当年全村共有 10 户 20 多人从事桦树皮手工艺品产业。有 9 户 9 人从事兽皮手工艺品产业，产品类型有首饰盒、笔筒、壁画等四大系列。

2010 年，塔河县投资 50 万元组建了鄂伦春族手工艺品研发中心，投资 110 万元扩建了桦树皮手工艺品制作厂。2010 年，从业人员达 20 户 30 余人，收入 6 万余元。

图 3－18　加工桦树皮手工艺品（2010 年 10 月 3 日　刘青云摄）

图 3－19　即将销售的桦树皮小件（2010 年 10 月 3 日　刘青云摄）

二 狩猎业

在漫长的社会发展过程中，鄂伦春族的社会经济生活。以狩猎为主，据史料记载，北魏时期，其地多产貂皮，室韦地冬季气候酷寒，地多积雪，室韦人乃“骑木而行”逐走兽。元、明时期，居住在外兴安岭的鄂伦春人从事游猎，迁徙不定，以驯鹿驮物乘人。19 世纪中叶以后，鄂伦春人的游猎场所迁到大、小兴安岭地区。

新中国成立后，党和政府鼓励猎民发展狩猎业生产，更换枪支，供应弹药和生活必需品。1951 年，组建鄂伦春族护林队，将狩猎生产同护林防火结合起来，十八站地区设立 5 个鄂伦春族猎民小队，其中大多是鄂族新村的鄂伦春族先民。猎民们有组织地进山狩猎，防火期结合狩猎执行防火搜山任务。在狩猎收入之外，发给护林员一定的补贴和马匹草料费。正副指导员、队长每人每月 140 个工薪分（每分约合人民币 2 角 5 分），正副分队长每人每月 130 分，班长每人每月 100 分，队员每人每月 70 分，一般队员（妇女、无劳动能力的男人）全年以 4 个月计算，每人给粗粮 240 斤，油、盐、烟叶各 4 斤，白布 15 尺。1952 年，1 户上等猎民全年收入 2400 多元，人均 600 元，一般猎户人均收入 200～300 元。1954 年，十八站鄂伦春族村成立了由 30 人组成的 7 个季节性猎业生产互助组，在民族区域自治筹委会和鄂伦春族协领分署干部的带领下，有组织地进行猎业生产。

1958 年，十八站鄂伦春族抽出 100 多名猎民组成 11 个猎业小组，在国家禁猎鹿的情况下，猎业收入达到 7.64 万元。1959 年，由 87 名猎手成立专业狩猎队，全年共猎取犴

495 只、狍子 2391 只、灰鼠皮 5261 张、黄鼬元皮 61 张，收入达 10.8 万元。1966 年，猎业收入为 15.6 万元。“文化大革命”期间，部分鄂伦春猎民被打成“苏修特务”和“日本特务”。1968 年开始，猎民的猎枪上缴，狩猎生产被迫停止。

1981 年，党和政府为十八站鄂伦春族猎民平反冤假错案，补发枪支，将旧式猎枪全部换成半自动步枪，猎业生产得以恢复。不过，国家为了保护野生动物资源，从这一年开始，对鄂伦春族采取限量狩猎马鹿、驼鹿等珍贵动物，每年交给一定数量的猎捕计划。1982 ~ 1986 年猎业的年收入为 4 万 ~ 5 万元，1987 ~ 1992 年收入减少到 3 万 ~ 4 万元。[①]

从 2003 年开始，政府对鄂族新村的猎民实行了禁猎，并收缴了全部枪支，但时至今日鄂族新村鄂伦春族中的大部分村民仍有狩猎要求，一方面提高收入，另一方面也是民族的传统，截至目前，鄂族新村还有猎民 6 户，年总收入 5 万元左右。

三　山特产品采集业

在游猎时代，鄂伦春族先民的饮食生活表现为“肉不足，则以粟菜辅之”，指的是猎物食用不足，则采集野菜、野果以及各种菌类来补充。采集的工具有木质尖状的挖掘工具“乌勒文”、锯齿形舌边的桦树皮桶“古约文”，以及斧子（苏和）、皮口袋（乌塔汉）和桦树皮桶（木灵开）。采集生产主要由妇女完成。

近年来，鄂族新村的村民在大力发展新兴产业的同时，

① 《塔河县志》。

也发挥他们对山里情况熟悉的优势，积极从事传统的山特产品采集，开发丰富的山野资源。采集的野菜有老山芹、柳蒿芽、野韭菜、山葱、江葱、黄花菜、百合根等，野果有稠李子、蓝莓、红豆、山葡萄、山丁子、马林果和榛子等，食用菌有木耳、蘑菇、猴头蘑等。

2007 年，全村有 28 人从事山特产品采集，年人均收入 1700 元。2008 年，有 33 人从事山特产品采集，年人均收入 2400 元。2009 年，从事山特产品采集的鄂族村民 30 多人，年人均收入 2600 元。2010 年，从事采集业 36 人，收入 20 多万元。

图 3－20 采摘红豆（2011 年 3 月 2 日 郭红提供）

四 捕鱼业

鄂伦春人食用鱼的历史较早。《隋书·室韦传》记载："饶獐鹿，射猎为务，食肉衣皮。凿没水中，而网射鱼鳖"。定居前，对鄂族新村的先民来讲，渔业是狩猎生产的补充，所捕之鱼除当时食用外，大部分晒干储存，以备狩猎歉收期或越冬时食用。

如今，捕鱼是鄂族新村的兼职收入，也是部分村民的爱好。2007 年至今，每年都会有 10 户左右的村民进行捕鱼，捕鱼多选择距离村子约有 2 公里，村子东南方向的呼玛河，一年四季均可捕鱼，捕鱼方法采用的是传统的“挡亮子”、囤鱼、叉鱼、推钩等方式。捕到的鱼种有鲫鱼、鲤鱼，鳇鱼、鲶鱼、狗鱼、哲罗、细鳞、花翅子、重唇、大马哈等，由于最近几年野生鱼的数量不断减少，导致野生鱼的价格节节攀升，根据种类和大小不同，价格也有很大差异，1 斤以下的细鳞鱼一般每斤 40 元，而 1 斤以上的每斤则要达到 100 元左右，由于价格较高，现在的村民也很少吃野生鱼，自己吃鱼也是到集市上购买养殖鱼，村民捕到的鱼不出家门就有鱼贩子上门购买，只需打个电话即可，鱼多数销往塔河、加格达奇等地的饭店。2010 年，鄂族新村兼职从事渔业的有 10 户，总收入 1.4 万元。

五　交通运输业和劳务输出业

1. 交通运输业

20 世纪 50 年代初，十八站乡的交通运输业主要是马爬犁运输货物，1952 年总收入达 1 万元。1955 年后，由于林业的开发建设，鄂伦春族运输业有了进一步发展，1957 年，运输业收入 12900 元；1958 年达 14 万元。

1984 年，十八站鄂伦春族开始从事营林生产，机械化运输工具有所增加。1992 年末，鄂伦春族运输专业户达到 6 家，从业人员 9 人，有解放和东风牌 140 汽车 4 辆，吊车 1 辆，中客 2 辆，小车 2 辆。全乡交通运输业收入达 70.3 万元。

2005 年左右，村里面才有人买了面包车（松花江微型）车，开始从事运营业务，面包车也被称为“招手车”（在指

定区域内乘车者招手即停），主要是从十八站林业局到鄂族新村之间，途经十八站鄂伦春民族乡。前几年，每辆车平均收入6000~8000元。到2010年，鄂族新村有从事出租车运输的3户，年总收入可达4.5万元。

2. 劳务输出

从2000年开始，在十八站乡政府的号召下，村民戈某到塔河县技校学习电焊技术，技术学成之后到省城哈尔滨的建筑工地打工，随后便有村民跟随戈某进城务工，自此拉开了鄂族新村劳务输出的序幕。从2000年的1人外出务工到2009年的22人，近年间劳务输出人数不断增加。目前，鄂族新村外出务工人员主要分布在塔河、加格达奇和哈尔滨，从事建筑工地小工、瓦工和电焊工等工作，人均月收入1200元左右。

六　商贸业

鄂伦春人从事商贸业是有历史的，早在清光绪年间，鄂族新村的先民谭宝善在十八站经营一家商号，从事皮货买卖，由于当时开采漠河金矿，过路人多，谭宝善的生意很好，在那一带很有影响，甚至当时的佐领台吉善在地图上将十八站注为“谭宝善站”。

东北解放后，人民政府组织商业组到十八站等地开展商业工作，先后在十八站等地鄂伦春族聚居点，建立供销合作社分店3处，公平交易、等价交换，既满足了鄂伦春族群众的日常生活必需品和生产资料的供应，同时，也大量收购鄂伦春族的猎产品和土特产品。1953年，供销合作社供给十八站地区鄂伦春族的日常生活用品达8万元，收购猎产品和土特产品的价值为平均每人30元。1955年，供给鄂伦春族日常生活用品和生产资料价值10万元，收购猎产品和土特产品的价值为平均每人 40 元。

1979～1992 年，十八站鄂伦春民族乡仍以供销合作社为主体，重点发展国营商业，扩大经营范围，满足鄂伦春族及其他各族群众生活和生产的需要，经营项目由基本生活用品扩展到百货、布匹、针织及农用生产资料等。1982 年，商品销售总额超过 100 万元；1987 年达到 221 万元，1989 年达到 335 万元。这期间的商品销售额，年增长率为8%～10%。

随着社会主义市场经济的发展，十八站地区的个体工商业户和农贸市场发展较快，对改善人民群众的物质生活起到了重要的保障作用。1992 年，鄂族新村的村民有 2 家开了食品日杂店，经销烟、酒、糖、茶等，但由于离乡里近，销售额不高，收益有限。到后来，想经商的村民也就索性到乡里开店。2009 年，全村个体工商业户发展到 12 户，从事商贸业务的达 20 多人。2010 年，商贸业年收入实现 6.3 万元。

七　2010 年村经济情况汇总

1. 种植收入

（1）八四农场 125 垧土地全部出租，每垧 300 元，租金合计 3.75 万元。

（2）创丰农场 145 垧土地，每垧 500 元，合计租金 7.25 万元。

（3）种植户 6 户，种植面积 47.5 垧、每垧纯收入 2600 元，12.35 万元。

种植业收入共计 23.35 万元。

2. 食用菌产业收入

黑木耳和其他菌类共计 150 万袋，75 户受益，其中参加黑木耳生产的有 57 户，其他菌类 18 户。产出干木耳、其

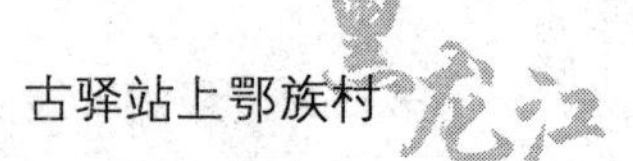

他菌类11万斤，收入共计90万元（不含政府每个菌袋补贴的0.50元）。

3. 养殖业收入

有养鸡户21户，出栏验收的有8120只，每只政府补贴7元，共计5.684万元。每只纯利润5元，共计4.06万元。合计9.744万元。

4. 其他行业

（1）猎民6户，收入5万元。

（2）从事渔业10户，收入14万元。

（3）采集业36人，收入3.6万元。

（4）桦树皮工艺户，收入6万元。

（5）外出务工人员12人，收入12万元左右。

（6）本地干零工人员40人，收入16万元。

（7）火烧迹地清理人员26人，收入16万元。

（8）个体商户2户，收入1.8万元。

（9）出租车3户，收入4.5万元。

共计78.9万元。

以上为全村2010年农村经济收入201.994万元（不含政策性补贴），全村人均纯收入5400元。

第七节　经济发展经验总结

2007年以前，受适应市场经济能力低、文化素质和身体素质不高、等靠要依赖思想偏重等多种因素影响，鄂族新村长期以来没有主导产业，群众收入低，贫困面较大。2007年以后，鄂族新村重点抓好带动作用大、示范能力强、规模效益高的项目，经济面貌发生了巨大的变化。下面，是鄂族新村 3 年来经济快速发展的经验总结。

一　党委和政府的重视，是促进鄂伦春民族经济又好又快发展的前提

从大的环境看，最近几年，国家连续实施了支持少数民族地区发展的兴边富民行动、新农村建设和扶持 22 个人口较少民族发展的三大政策。

地、县领导经常深入鄂族新村指导工作。地区成立了扶持鄂伦春加快发展工作领导小组。塔河县也成立了相应的组织机构，建立了一级抓一级，一级对一级负责的扶持鄂族新村加快发展的工作责任机制。

大兴安岭地区明确了行署发改委、财政局、水务局等 11 个地直单位和县乡政府支持鄂伦春民族加快发展的职责，并实行责任追究制。2007 年至今，行署每年至少安排 50 万元扶持鄂伦春民族发展专项资金，并纳入财政预算，几年来共为鄂族新村拨付 250 多万元。

针对村里的贫困现状，塔河县全面贯彻党的各项民族政策，牢牢把握“共同团结奋斗，共同团结发展”这一主题，以改善人口较少民族聚居村的基本生产生活条件为基本点，紧紧抓住实施人口较少民族扶持建设的有利契机，以壮大鄂族经济、增加鄂族收入为目标，突出重点，整体推进。在产业选择上，着力发展以黑木耳种植为龙头的种植业、现代农业和民族风情旅游业及山特产品采集业；在项目支持上，加大政策下乡、资金下乡、科技下乡的力度，创新班子成员、党员干部和各事业站结对帮扶的机制；在资金的使用上，采取专项资金带动，捆绑其他项目资金等办法，千方百计扩大投资规模，集中起来搞建设。

二　有关部门积极争取政策和资金，是促进鄂伦春民族经济又好又快发展的保证

2007 年以来，大兴安岭地区有关单位为鄂族新村经济社会发展，向上级部门争取资金共计 2000 万元左右。其中，行署发改委为鄂族新村基础设施建设和社会事业发展争取到中央和省补助资金 600 万元，行署农委为十八站鄂伦春民族乡的面粉加工厂、结核病病房、村委会房舍、自来水井房、手工艺品厂、村内道路、食用菌厂等争取项目资金 1065.5 万元；行署水务局为鄂伦春族乡修建堤防护岸和自来水项目争取资金 403 万元；行署民政局为鄂族新村投入救灾资金 32.7 万元，投入农村社区建设资金 5 万元，将低保标准由 1000 元/人提高到 1300 元/人；行署民族宗教局争取到省民委对鄂族新村加快发展的政策支持，2009 年，省民委决定将塔河县纳入国家民委“兴边富民行动”的重点县，享受国家民委 300 万元扶持资金的优惠政策。

塔河县发改委、教育、卫生等部门积极向上争取资金，建立项目库，完善资金管理办法，对项目建设资金实施专款专用、跟踪审计、监督检查、规法运作程序，提高了资金使用效率。

三　乡党委政府扎实有效的工作和鄂伦春族同胞自身努力是促进鄂伦春民族经济又好又快发展的根本

2007 年以前，鄂族新村居民收入低，主要依靠农业生产维持生计，当时全村有 411 人靠政府救济。2007 年，十八站鄂伦春民族乡牢牢把握国家、省扶持人口较少民族发展和兴边富民行动的政策机遇，依托地缘、资源、民族三

大优势，大力发展特色种养业、传统手工业、民族旅游业和劳务输出业，促进了鄂族新村的经济发展。

第八节　发展规划

2010年年初，塔河县政府为促进鄂族新村的经济发展，特制定了鄂族新村三年发展规划。

一　基本情况

鄂伦春族新村内分居住小区、休闲旅游小区、产业园区、种养殖小区四大功能区

项目资金：3889.2万元。

项目建设时间：2010～2013年。

二　具体项目

1. 民俗村居民小区

计划建房200户，每户80平方米，每平方米造价1100元，建房总计需资金1760万元。计划在2010年启动一期工程建房20户，2011年启动二期工程建房80户，2012年启动三期工程建房100户。2013年启动四期工程建设民俗村配套设施，即绿化、美化、亮化等工程，约需资金200万元。工程于2013年8月底前完成，以鄂伦春族乔迁新居迎接鄂伦春族下山定居60周年大庆。鄂伦春族新居房屋外形凸显民族特色，内设凸显民族服饰、民族装饰等民族文化图案，全力打造鄂伦春族人家。

2. 民俗村配套设施

十八站鄂伦春民族乡鄂族新村，新修村内水泥路面4公

里，路面宽4米，每公里50万元，共计200万元；村内毛石排水边沟及水泥盖板8公里，每公里10万元，计80万元；安装自来水管线3.5万延长米，需资金708万元；安装8公里长的铁艺栅栏，每延长米150元，需资金120万元。（共需1108万）

3. 修建文化休闲广场

新建文化娱乐广场3000平方米，每平方米造价150元，需45万元；购买健身器材及制作雕塑、图腾等16万元；建民族文化长廊及广场照明10.2万元。共需71.2万元。

图3-21　文化休闲广场的健身器材（2010年10月3日　刘青云摄）

4. 民族休闲旅游小区

在十八站鄂伦春民族乡鄂族新村前二道河建设2万平方米的垂钓场、2公里长的漂流区、10万平方米的赛马场、竞技场、狩猎场等，共需资金750万元。

截止到2010年年末，鄂族新村文化休闲广场已粗具规模，相应的配套设施也相继完成。

第四章　社会发展

第一节　人口

1953年全国第一次人口普查，塔河境内有鄂伦春族398人，其中定居在十八站乡的鄂伦春族161人；1982年第三次人口普查时，塔河境内470人，其中居住在十八站乡的437人；1990年第四次人口普查时，塔河县境内601人，其中居住在十八站乡的485人。[①] 2000年，全国第五次人口普查，十八站鄂伦春族乡有鄂伦春族470人。

一　人口结构

1. 男女比例

根据塔河县十八站乡统计部门提供的数据，截至2010年12月底，鄂族新村在籍户数共有212户，其中全户死亡6户，寄挂户38户，有12户外出半年以上，常住户数156户，常住人口489人，其中团结户（家庭中只有男方或者女方一人为鄂伦春族）92户、377人，纯汉族户1户、2人，纯鄂伦春族63户、110人。村内无房户及村外居住31

---

① 塔河县志。

户、115人；村内居住125户、374人，男性201人，占总人口的53.7%，女性173人，占总人口的46.3%，人口性别比为116（以女性人口为100），性别比偏高（正常值为103~107）。

2. 年龄结构

鄂族新村人口的平均年龄为40岁，最大年龄为84岁。在常住人口489人中，0~14岁的儿童124人，占人口总数的25.4%；15~64岁的成年人332人，占人口总数的67.9%；65岁以上的老年人33人，占人口总数的6.7%。

参照国际通用划分人口年龄构成标准（见表4-1），鄂族新村14岁以下人口比例低于40%，人口年龄构成类型属于成年型的前期；65岁以上老年人人口比例低于7%，人口年龄构成类型属于成年型的后期；老年人和少年儿童之比为26.6%，低于30%，人口年龄构成类型属于成年型的后期。从前面的分析可以看出，鄂族新村今后将逐渐显现人口老龄化的问题。

表4-1 国际通用人口年龄构成划分标准

单位:%

各项指标	计算方法	年轻型	成年型	年老型
老年人口比例	65岁以上人口/总人口	5以下	5~7	7以上
少年儿童比例	14岁以下人口/总人口	40以上	30~40	30以下
老年人和少年儿童之比	65岁以上人口/15岁以下人口	15以下	15~30	30以上

二 人口素质

1. 身体素质

鄂族新村村民身材普遍不高，这与东北大汉普遍偏高的状况差异很大，据我们估计，成年人中，男性平均身高在1.70米左右，女性平均身高在1.55米左右。村里的鄂伦春人长相有一个共同特征，就是脸面阔、鼻梁塌，男性一般皮肤黝黑，主要是与他们平时在野外从事狩猎和护林等作业，那里的阳光中紫外线强度大有关，妇女定居后在家打理家务的居多，皮肤相对白，并且身材一般都偏胖。

定居前，鄂族新村的先民生活在茫茫的森林中，长期受严寒暑热、凶险艰辛的自然环境的影响，加上几乎没有什么医疗条件，身体素质很差，平均寿命只有40岁左右。定居后，党和政府加大对鄂伦春民族医疗卫生的投入，村民的健康状况得到了极大的改善。但相对其他纯汉族村，鄂族新村的鄂伦春族村民的身体素质和预期寿命仍然较低。此外，村民中结核病、心脑血管疾病的发病率明显高于其他地区，并且非正常死亡的事情时有发生。仅以2009年为例，村民中因各种原因死亡的人数共19人，其中，结核病2人、脑出血2人、心脏病4人、意外事故1人，其余的都是急病（不明原因死亡），年龄最大的才50岁，最小的只有19岁。虽然只是2009年一年的数据，带有一定的偶然性，但在一定程度上反映了村民的身体素质状况。

针对鄂伦春族村民身体状况不理想的现状，我们进行了专门的咨询，其中的原因主要有下面的几点：

首先，过量的饮酒习惯。鄂伦春族人有喜欢喝酒的传统，当地“酒是粮食精，越喝越年轻”的说法广为流传。

村民向我们讲述了喝酒的4个好处：一是他们的先民在一年有7个月冰雪期的深山老林中过着不断迁徙的游猎生活，喝酒能抵御严寒、强壮身体；二是饮酒是人生成熟的重要标志，当一个人从少年走向青年，他的酒量也逐步增大；三是酒是社会交往的一种媒介，喝酒能调节人际关系，增进感情，而且在重要节日或仪式上村民往往以酒助兴。

定居以后，尽管再也不用靠酒来御寒，但鄂伦春族村民仍继承和保留了喝酒这个习惯。很多村民是早上少饮，晚上大饮，客人来了畅饮。由于经常过度饮酒，患酒精肝、脂肪肝以及心、脑血管、酒精中毒等疾病的人非常多，酒后殴斗致残、酒后出猎受伤也时有发生，这是导致鄂族新村村民身体素质偏低的重要原因。

其次，不卫生的饮食习惯。按社会学的普遍理解，一个民族的饮食习惯是在长期的历史发展过程中逐渐形成的，同样，鄂族新村的鄂伦春族村民也保留一些祖辈们的饮食偏好。譬如喜欢生吃动物内脏的习惯。由于动物内脏没有经过高温消毒，所带的细菌和病毒等容易通过消化系统传染给人，患上不同的疾病，这也是鄂族新村村民在大兴安岭地区结核病发病率最高的原因。

第三，保健意识差。鄂族新村的村民多数人对身体不太关注，平时很少锻炼，身体没病的时候，也不讲生活规律，任其过度消耗；另外，也没有体检的习惯，导致一旦致病往往错过最佳治疗期。我们在和他们交流时，他们一再强调身体的好坏与先天有关，看来，保健意识差可能从其民族宗教信仰中能找到某种关联。

2. 文化素质

截至2010年12月底，鄂族新村村内居住的125户中，

16岁以上非在校人口共223人，其中文盲2人，占0.9%；小学文化程度33人，占14.8%；初中文化程度122人，占54.7%；高中学历26人，占11.7%；职业技术学校23人，大专17人。村里共有小学适龄儿童（8～12岁）40人，初中适龄青少年（13～16岁）26人。小学、初中九年义务教育入学率均为100%，初中辍学率为0%。幼儿园适龄儿童（4～7岁）25人，入园率100%。

表4－2　2010年鄂族新村在校青少年受教育情况

单位：人

教育程度	男	女	总　计
小　　学	17	23	40
初　　中	10	16	26
高　　中	21	15	36
大专及以上	6	5	11
	—	—	113

表4－3　2010年鄂族新村7岁以下儿童受教育情况

单位：人

年　龄	教育程度	男	女	总　计
0～3岁	—	5	8	13
4～7岁	幼儿园	14	11	25

表4－4　2010年鄂族新村16岁以上非在校人口受教育情况

单位：人

年龄＼教育程度	大专	高中	职业技校	初中	小学	文盲	总计
16～19岁	—	5	3	11	—	—	19
20～29岁	9	13	18	35	—	—	75
30～39岁	3	6	2	32	—	—	43

续表

年龄＼教育程度	大专	高中	职业技校	初中	小学	文盲	总计
40～49岁	5	—	—	30	—	—	35
50～59岁	—	2	—	5	8	—	15
60～69岁	—	—	—	9	20	—	29
70岁以上	—	—	—	—	5	2	7
总　计	17	26	23	122	33	2	223

资料来源：表中数字由十八站乡政府工作人员李加齐提供

以上数据显示，和东北传统农村比较，鄂族新村村民受教育程度并不低，文盲只有2人，还是70岁以上的老人，另外，村里受过高等教育和具有高中以上学历的人口比例相对也较高，这与党和政府高度重视鄂伦春民族教育的发展有关。

三　残疾人情况

截至2009年年末，鄂族新村共有残疾人23人，其中持有残疾证的22人，另外1人年龄太小没有办理残疾证。从构成看，先天残疾5人，后天残疾18人；男性14人，女性9人。

黄海峰，男，13岁，先天性脑瘫，有残疾证。眼睛歪斜，手总是端着，放不下，可以走路，但智力发育明显不及同龄人，至今未上学，属于三级残疾。他父母早已去世，和姥姥、姨母、舅父等亲属生活在一起，家里常住人口6人，靠姨母、舅父等外出打零工维持生活，大舅在外地当保安，二舅在家清林打短工，三舅在加格达奇区学电焊，小舅在家闲着，家里生活并不宽裕，享受低保待遇。

关明珍，女，44 岁，先天性聋哑，有残疾证，属于三级残疾。有一儿一女，家中共有 4 口人。丈夫是汉族人，在木耳菌厂打工，每月收入 1000 元左右，但是木耳菌厂的活一年只能干几个月，其余时间干些清林等临时的活来赚钱补贴家用。关明珍本人只能在家做家务和照看孩子。

关秀丽，女，46 岁，先天性聋哑，有残疾证，属三级残疾。家里共有 4 口人，2 个儿子，丈夫孟明远也是残疾，47 岁，类风湿，现已不能走路，有残疾证，属一级残疾。家中主要经济来源是依靠大儿子外出打工赚钱，平时两口子在家做些桦树皮盒贴补一部分家用。

葛雅雯，女，4 岁，母亲是鄂伦春族，父亲是赫哲族，先天性脑瘫，因为太小还没有办理残疾证，由母亲在家照看，父亲外出打零工维持生活。

孟晓成，男，40 岁，先天性小儿麻痹，聋哑，一级残疾，有残疾证。与母亲一起生活，母亲已 74 岁。有一妹妹，已嫁人。靠低保维持生活，家里遇到困难的时候，村委会经常帮助解决，村主任戈洪光有时也以个人名义予以资助，没柴烧的时候给他买烧柴，没粮吃的时候给他送粮食，天冷了用自己的工资给他买棉衣，基本生活算是有保障。

葛丽红，女，48 岁，类风湿，年轻时没有引起足够的重视，随着年龄的增长，越来越严重，腿和胳膊关节肿大，走路一瘸一拐，胳臂和腿严重无力，前年开始不能劳动，勉强能料理家务，有残疾证，属三级残疾。2008 年，丈夫患脑出血，走路不利落，家里还有一女儿，24 岁，在塔河饭店当服务员。以前，夫妻俩还能靠做点小桦树皮盒维持生活，现在由于身体原因，只能放弃，家里生活很困难，享受低保。

葛永杰，女，62 岁，先天的罗圈腿，属三级残疾，和一个女儿、两个儿子一起生活，丈夫已去世，两个儿子在外打工，其本人也享受低保。

孟宝，男，25 岁，小时候一次吃东西不小心噎着了，因处理不当，留下了后遗症，语言不清，反应迟钝，属三级残疾。上过学，和爸妈妹妹一起生活，家里的收入主要靠打零工、养鹅来获得，经济状况一般。

表 4-5 其他残疾人的情况

姓　名	性别	年龄	伤残部位	伤残等级	有无劳动能力
魏　春	男	58	胳臂	3	有
葛成刚	男	32	胳臂	3	有
葛成民	男	28	胳臂	3	有
陈彩杰	女	42	腿	3	有
张小英	男	42	腿	3	有
孟明远	男	48	腿	3	无
丁乃亮	男	70	腿	3	有
张晓华	女	48	腿	3	有
张晓云	女	45	腿	3	有
杜　平	男	49	腿	3	有
杨振学	男	68	腿	3	有
李宝玉	男	67	胳臂	3	有
刘宝俊	男	49	手	2	有
魏金彪	男	59	脚	2	有
许桂芬	女	68	腿	2	无

四 计划生育工作

计划生育工作是鄂族新村村委会的一项日常工作，也是村委会妇女工作的一项重要内容，自新一届村委会成立以来，此项工作是由村委委员、会计陈桂英牵头，魏英具体负责。如今，在村内居住的125户家庭中，独生子女家庭38户，双子女家庭34户，三子女家庭8户，四子女家庭6户，其余39户为老人、残疾人和单身家庭。

1. 生育观念

1953年定居之前，鄂族新村的先民居住在深山之中，生活环境极差，更谈不上医疗条件和避孕手段了。那时候，只要女子到了生育年龄，受孕就要顺其自然生下孩子，所以生育呈现高出生率和高死亡率并存的状态。当时，人们也普遍存在“多子多福”的观念，这缘于人们的生产生活方式，定居之前，鄂伦春族先民生活的野外，环境复杂，经常遭受野兽的攻击，若只生育一个孩子，外出狩猎的人手就少，并且外出打猎一旦出现事故，老人们的养老就没法保障。

1953年到1983年，政府给配了猎枪，鄂族新村的原村民外出打猎的安全系数有很大提高，村民的生育观念开始有所改变，这从这一阶段鄂族新村原村民的生育率下降可以得到验证。

1983年之后，尤其是近年来，随着鄂族新村村民文化水平的提高以及政府大力宣传不超生、不早婚早育的政策，育龄妇女按时检查，积极配合乡里完成各项计划生育工作指标，男女平等、优生优育的观念在村民中深入人心。

如今，虽然鄂族新村的经济还欠发达，但村民的认识很现代，多数新婚夫妇认为“只生一个好”，在调研中，鄂族新村负责计划生育工作的魏英不止一次对我们讲，现在为了遏制鄂伦春族村民数量下滑的趋势，需要经常劝导育龄的夫妇多生一胎。

2. 生育形式及费用

1953 年定居以前，鄂伦春族妇女生育，除了医疗卫生条件差以外，受传统意识的影响，还承受着巨大的精神压力。鄂族新村的一位年纪很大的妇女描述了整个过程：鄂伦春族男人认为女人在家里生孩子会触犯神佛，给狩猎人带来不吉利，打不到猎物；所以，在妇女分娩前，要在外面盖一个新的“小斜仁柱”，让孕妇分娩使用；产前一个月的时候，妇女要住进自己专有的“斜仁柱”，与所有男子隔离，由孕妇的母亲或姐妹送食物，若没有母亲或姐妹，就由其他女子代替，临产前夕由产婆担当；为了帮助妇女生孩子时压不到胎儿，助产的人要准备好几根木头，钉成横向的扶手，让产妇双手扶着横木，另外两三个人扶着产妇，帮其分娩；孕妇分娩后产婆要把新生婴儿放在桦木槽里用热水洗净，包在新鞣好的兽皮里；如果有母亲或其他近亲女人照料，分娩当天产妇就可以返回主屋，要是没有近亲伺候，孕妇就要继续住在“产房”里，一直住到不需要别人照料时为止，在此期间由其他非亲属妇女轮流照看。由于那时的卫生条件差，妇女产后发生感染或者死亡的比例很高，甚至发生婴儿残疾、畸形、感染或者直接死亡。

定居后，国家对鄂族新村的医疗卫生事业给予了多方面的支持，医疗水平和设施逐步提高，孕妇分娩条件极大改善，生产已经完全由专业医生帮助完成，不仅保障了产妇的安全和身心健康，也减少了婴儿患病和死亡的比例。现在村里的鄂伦春族妇女到塔河县鄂伦春民族医院生孩子都是免费的，汉族妇女到民族医院生孩子则收取一定费用。

3. 妇女的卫生用品

定居前，鄂伦春族生活在茂密的森林里，妇女卫生用品不是买来的，而是从森林里找来的，在过火林中找到烧过的柳条子，剥开柳条儿皮，取出里边的一层薄膜，揉过以后即可做卫生巾使用。制作卫生巾的季节通常是夏天，除了备好当季使用的之外，还备好够全年用的数量，其他季节一旦不够用，就把使用过的反复冲洗，晾干后再用。柳条薄膜做的卫生巾具有吸水性强、干净、柔软以及可以重复使用的优点。定居后，鄂伦春族妇女的卫生用品和汉族妇女的就一样了。

五　村民人寿及老年人情况

鄂族新村男性的平均寿命在 65 岁左右，女性 69 岁左右。村里 65 岁以上的老人共有 33 人，其中男性 15 人，女性 18 人。老人们大都和儿孙们生活在一起，有三世同堂，也有四世同堂的。有两位老人魏双奎和孟玉珍，由于子女工作忙，住进塔河县城免费的敬老院，周末或节假日，被子女们接到家中。老人们的身体状况大都不是很好，由于早年生活环境不好和辛苦劳作，晚年身体上的疾病就多起来，老人中有的心脏不好，有的血压高、患脑血栓，但生活都能自理。年龄最长的老人关永妮现年 84 岁，不仅自己独立生活，而且还给孙女做饭，目前，她除了有点风湿外，没有其他大的毛病。

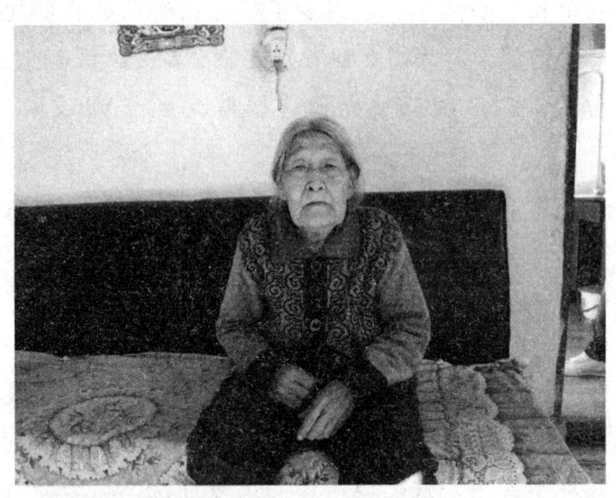

图 4-1 鄂伦春老人关永妮（2010 年 10 月 3 日 董刚摄）

老人们大都喜欢吃面食，疙瘩汤、面片、大饼是他们经常吃的主食，吃的蔬菜基本上是自己种的，冬天的时候偶尔买一些，但是他们最喜欢吃的还是老山芹、山葱、山韭菜花、苦菜、蘑菇等山野菜。老人们把采来的野菜晒干，或用水焯好之后放在冰箱里冻着，留到冬天吃。老人们大部分都有抽烟的习惯，年轻时抽烟是为了驱赶蚊虫，慢慢地就离不开了，成了习惯，一直延续至今。原来，他们抽烟都用烟斗，现在也有一位老人依然用烟斗抽烟，但大部分都买成盒的卷烟，也有少数几个嫌买的烟没劲，喜欢抽旱烟。喜欢喝茶的老人不多。老人们有的喜欢做皮活，熟皮子做得很细致很娴熟，作品简直和工艺品没什么两样。

老人们的着装注重朴素、休闲、舒适。他们喜欢穿深颜色的衣服，如灰、黑、蓝等，上衣大多是买现成的，裤子基本上都去服装店定做，喜欢穿软底保暖性好的休闲鞋。

老人们大都能帮助家里干一些力所能及的活，没事的时候看看电视，或是几个老人聚在一起唠唠家常。每逢打鱼或采集山野菜的季节，尽管他们年事已高，仍会克服身体上的不适，像年轻人一样，去野地或山上采野菜、摘稠李子等野果，找一找年轻时的感觉，也给全家饱饱口福。到了打鱼的季节，他们偶尔也下下网，打点鱼，过把瘾。家里聚会或节日的时候，兴致所致也会唱唱歌、跳跳舞、助助兴。

第二节　社会分层

社会分层指按照一定的标准将人们区分为高低不同的等级序列。在1953年之前，鄂族新村的先民和其他鄂伦春族人一样以部落为单位，以打猎为生，在部落内所有的生产、生活用品都是集体所有。部落内的最高首领称为佐领，佐领既负责部落内部的大事小情，也负责部落与部落之间的沟通协调。佐领通常由萨满担任，在部落内部具有统治地位。部落成员应称其为狩猎者阶层，具有同等的地位，所得猎物集体所有，平均分配，阶层关系比较清晰。应当说，在部落内部不存在社会的分层问题。

1953年鄂伦春族下山定居后，村民不再完全依靠打猎维持生活，而要选择学习其他的生产方式来获得食物和生活必需品，正是在这个基础上鄂族新村的社会结构发生了悄然变化。特别是近些年，随着当地社会经济的不断发展，产业结构调整力度的不断加大，鄂族新村的社会结构发生了根本性的改变。我们根据鄂族新村村民的职业构成和生产资料的占有情况，将村民分为以下几

个阶层。

一　管理者阶层

在鄂族新村，“村两委”负责村内的公共事务，村委会成员属于管理者阶层。我们调研中了解到，由于村支书目前卧病不起，村里的大事小情由村主任处理和决定，村民们都认为村主任是管理层的核心。村主任除了处理村内事务外，还负责对外的联系和沟通，也承担对村委会成员的领导。

村主任在鄂族新村村民的眼里地位非常重要，其在村民中威望的树立来自多个方面：一是切实为村民着想，给村民办实事办好事；二是村民们认为村主任能力强，无论是政策的争取还是带领百姓致富的本事在村内都是最好的；三是为人公道正派。鄂族新村现任村主任戈红光就是全身心投入工作，切实为村民着想，并且为村内做了大量卓有成效的工作才赢得了村民们的信任。在村委会中，多数村委委员经常走家串户，与村民紧密接触，他们最了解村民家里的大事小情，大到邻里纠纷，小到家庭矛盾都帮助调节。

在鄂族新村，村委会成员与村民之间除了管理者与被管理者的关系之外，还表现出服务与被服务的关系。村主任戈红光经常自掏腰包资助贫困户；村支书张坤也经常自掏腰包购买水暖配件，义务为村民维修自来水管线等。与村里有些群体相比，管理者并不是高收入阶层，他们的收入除了每月400元左右的工资收入外，也和其他村民一样靠种植木耳和土地出租生活。

二　知识分子阶层

鄂族新村的17名教师（学历均为大专以上）和2名鄂伦春族文化传承人，构成了村内的知识分子阶层。

这个群体在村里属于高收入群体，教师平均月工资1800元左右，除了工资外，由于是单职工，多数家庭还有土地，土地租金也是一项重要收入。

村民们大多认为这个群体是村里的能人，他们在村民中说话也有影响力，也受村民敬重。孩子升学、电脑及电视有毛病一般都会向他们咨询，寻求帮助。以前，过年写春联，一些家庭要写信、读信，都去找他们；近年来，孩子升学要报考哪个学校、学什么专业也向他们咨询，他们也很热心，认为是对自己学识的肯定，来咨询的村民一般都会听他们的建议。

三　直系亲属从政者阶层

直系亲属从政者阶层是指子女或兄弟姐妹有在政府部门工作（包括普通公务员和国家干部的家庭）的家庭。这类家庭在鄂族新村有20户左右。

这个阶层中又可细分为两类，一类是子女从政，另一类是兄弟姐妹从政。子女从政的，子女为了能提高老人的生活质量，大多数想把老人接到城里生活，但由于老人不适应城里生活抑或是割舍不下与乡亲们的情感，选择了在村内居住，从政儿女就寄钱给他们，加上土地出租、粮食补贴的收入，生活着实不错。至于兄弟姐妹从政，据说给村里的直系亲属经济支持的并不多。

这个阶层的家庭成员在大多数村民眼里，他们算是

"皇亲国戚"。村民们对他们很是尊重，理由很简单就是将来自家有事，尤其是子女就业等大事需要政府帮助时能有门路。在我们和这个阶层的成员交谈时，我们也了解了他们的心态，当村里人求他们找亲属办事时，他们常处于两难的境地，一方面不愿意给亲属添麻烦，另一方面也想帮助乡亲。

四　劳动者阶层

在鄂族新村，该阶层的比例最大，占全村人口的绝大多数。这一阶层范围又可细化为两种类型。

1. 以农业为主阶层

大多数村民是将自家耕地转包给本村和外村农民种植。村内有 6 家种地大户，每户种地平均 90 公顷左右，均使用机械耕作，到了忙季，如果自家农具坏了一时来不及维修，他们之间也都互相帮忙，串换使用农机具。

在村内这个群体算是中上等收入家庭，虽然亩产并不高，但遇到风调雨顺的年头由于种植面积较大，收入还不错。例如种田大户孟某，是团结户，爱人是汉族，现在每年种植约有 80 公顷，家里有一个孩子，孟某凭借着自己的吃苦耐劳，现在除了供养孩子上学，赡养老人外，每年还有结余，家里也是在村内较早有电脑的人家。

这一阶层是由汉族户和团结户构成，平时虽与鄂伦春族人接触相对较少，不过他们之间倒也很和谐，乡亲们如有零星农活需要农机具他们也都会帮忙，红白喜事也都会帮着忙里忙外。

2. 多业并举阶层

多业，在鄂族新村是指同时从事种植业、养殖业、狩猎业和渔业等。该类人群占全村人口总数的绝大多数，收入水平在村内属于中等。

这个阶层的成员，从春耕到秋收这段时间，一般不去狩猎，主要是忙农活和种植木耳、蘑菇，到了冬季狩猎的黄金季节，他们才三五成群入山打猎，通过打猎一来能够挣点零花钱贴补家用，二来狩猎依然还是他们的生活习俗，抑或是他们认为这是区别于其他民族的本质特征，所以冬季一般都或多或少地捕些猎物。在这个群体中，成员年龄一般偏大，文化程度也相对较低。

五 个体私营主阶层

在鄂族新村，个体私营主阶层包括从事桦树皮手工艺品制作、销售并形成一定规模的作坊主，从事日常生活用品零售的零售商和从事饲养家禽的养殖户。这部分村民占鄂族新村人口总数的8%左右。

这一阶层以中青年为主，都有一定的文化基础和商业头脑，接触外界较多，思维敏捷，已成为村里的经济带头人，属于高收入人群，他们大部分精力都放在自己的经营上，偶有空闲时间也会外出打工，或者就近找些能够接受的工作获得更多的收入。

六 外出务工人员阶层

就鄂族新村而言，外出务工人员阶层是2000年以来随着经济发展而出现的并不断壮大的群体。2007年以后，由于村内大规模发展木耳种植业，需要的劳动力不断增加，外出务工人员数量有所减少，由最多时的二十几人减少到2010年的12人，年净收入12万元，本地干零活的反倒多

了起来有40人，年净收入16万元。

根据外出务工人员在外地打工特点的不同，这个阶层的成员可以分为两类：一类是农闲时在外打工，农忙时回村来务农，春节回家团圆。在鄂族新村这类人群以男性为主，文化程度较低，他们在外一般从事建筑业等重体力劳动，在务工者中，这种类型人员数量居多。另一类是常年在外打工，爱人和孩子也都带到了城里，留下了老人和兄弟姐妹在家，无论农忙还是新年都不回来，除非家里有什么重大的事情才回家，这类人群他们大都在城里从事电焊、木工等技术性工作，年收入在2万元左右。

七　社会救助阶层

社会救助阶层是指生活没有依靠、靠政府救济的人群。随着鄂族新村经济的发展，人们生活水平的提高，该阶层人员数量正在逐年减少，从20世纪90年代的17户，到目前仅有5户需要政府救济生活，被救助的对象是孤寡老人和残疾人等无劳动能力者。如今，每户每年可获得政府救济款1200元，包括乡政府补助的600元和村委会补助的600元。实际上，每年除了救助资金外，县乡民政部门、乡政府和村委会，还会有不定数量的米面粮油和衣物等生活用品的资助，他们的基本生活能够得到保障。这个阶层成员经常讲的话是，现在赶上好时候了，党和政府是我们的衣食父母，我们发自内心地感谢党感谢政府。在村中，他们除了得到政府的救济外，村民们也会通过各种形式为其提供帮助。

1983年之后，随着社会的不断发展进步，国家政策的支持、教育的普及和外来文化的不断冲击，使得鄂族新村村民的文化素质、思想道德水平都在不断地提高和进步。近年来，鄂族新村各阶层之间的关系融洽，无阶层歧视，不管是谁家有事，村民都会伸手援助。

第三节　家庭

鄂伦春族由于长期游猎于森林，与外界联系少，在家庭方面逐渐形成了他们特有的世俗制度和风俗习惯。

一　氏族组织

（一）木昆

“木昆组织”是17世纪中叶以前鄂伦春族的社会形态，是以血缘关系结成的原始社会的基本经济单位。“木昆”意为“兄弟内部”或“同姓人”；氏族内部实行禁婚；生产资料公有，集体生产，平均分配；共同祭祀祖神；有氏族公共墓地；定期召开氏族大会，推选、更换氏族长“木昆达”。“木昆达”是氏族的最高首领，负责处理氏族内部事务，保管祭祀宗谱，保障氏族成员安全，教育氏族成员遵守族规和传统习俗，监督氏族成员完成义务，协调、处理氏族内部或部落之间的关系和纠纷，执行氏族的制裁，执行地方政府下达的命令和交给的任务，与氏族成员共同参加生产劳动，领导狩猎生产和分配劳动果实。

氏族大会是氏族的最高权力体现。选举和撤换“木昆达”；登记宗谱，排列辈分，批准氏族成员向其他部落迁移；处理氏族内部婚丧、财产继承、纠纷以及违犯氏族习俗行为等。氏族大会的议程由长辈先行商议，然后在氏族大会上通过。①

（二）乌力楞

17 世纪中叶，鄂伦春族猎民开始使用火枪进行狩猎，由于狩猎工具的改进和私有制的产生，原始氏族公社公有制社会开始瓦解，产生新家庭公社“乌力楞”。“乌力楞”由同一父系若干代子孙的四五个或十几个小家庭组成，每个家庭都有枪支、马匹、猎犬等生产工具。乌力楞的家族长称“塔坦达”，由族员选举产生，有较高的狩猎技术和威望。“乌力楞”的生产资料实行公有制，共同劳动，共同分配。“乌力楞”家庭成员由于受生产关系不断发展的影响，逐渐脱离血缘、亲缘关系，形成以河流或地域关系组成的社会单位。分布在呼玛河、宽河、那温河、盘古河流域的鄂伦春人，分为“玛涅依尔”（含“吴恰尔汗”）和“葛瓦依尔”（含“韦拉依尔”、“古拉依尔”）两个氏族；有孟（玛涅依尔）、吴（吴恰尔汗）、葛（葛瓦依尔）、魏（韦拉依尔）、关（古拉依尔）5 个姓氏。这些鄂伦春人中的一部分就是现在鄂族新村很多村民的先祖。

二 家庭

（一）家庭结构

家庭结构可以反映一个社会家庭的整体形态。截止到 2010 年年末，在鄂族新村村内常住户数有 125 户，我们按

① 塔河县志。

照常用的家庭分类方法，也就是以家庭代际层次和亲属关系为标准，把鄂族新村的家庭分为核心家庭、主干家庭、联合家庭和其他家庭等4种类型。

1. 核心家庭

核心家庭是指父母和未婚子女组成的家庭和仅由夫妻组成的家庭。鄂族新村的核心家庭共有68户，占总户数的54%。核心家庭一般是由新婚夫妇另立门户组成新的家庭以及无子女家庭组成。

2. 主干家庭

主干家庭是指父母双方或父母一方和一对已婚子女组成的家庭。鄂族新村的主干家庭共有35户，占总户数的28%。

3. 联合家庭

联合家庭是指父母和多对已婚子女或父母与一对已婚子女加上至少一个未婚子女组成的家庭，也包括已婚子女在父母去世后仍不分家的家庭。鄂族新村仅有父母和一对已婚子女加上一个未婚子女的家庭类型，共4户，占总户数的3%。

4. 其他家庭

其他家庭是指单亲家庭和残缺家庭等。单亲家庭即离婚者与未婚子女组成的家庭。残缺家庭是指未婚子女与残缺父母或父母一方残缺组成的家庭。在鄂族新村，该类家庭有18户，占总户数的14%。

（二）家庭规模与居住模式

家庭规模也就是家庭中人口的数量多少，人口数量越多，家庭的规模越大，反之越小。截至2010年12月末，鄂族新村村内常住户125户共374人，户均人口3人，家庭规模现状见表4-6。

表4-6 鄂族新村村内常住人口家庭规模现状

规模（人）	1	2	3	4	5	6
户数	8	32	46	31	7	1
比例（%）	6	26	37	25	6	1

由于村民居住的房屋是由政府出资按统一样式和格局建成的，房屋南北朝向，每户都是两间，外间是厨房，里间又被隔成南北两个卧室。对于核心家庭，如果是两口之家或者孩子较小，夏季一般都住在主卧室，到了冬季大部分住在与主卧室一墙之隔的阴面的小卧室，孩子大了以后是孩子住在小卧室，夫妻俩住大卧室；对于主干家庭则是父母住在小卧室，已婚子女在主卧室；联合家庭在鄂族新村仅有4户，实际上是父母与未婚子女居住，已婚子女另外购置了房屋，只是户口在一起，没有分家。单亲家庭和残缺家庭的居住模式较为简单，由于只有一个人的居多，居住就较为自由，在自家房屋大多是住在小的卧室。

（三）家庭关系

这里的家庭关系是指家庭成员之间的权利地位关系。在调查过程中，我们围绕家庭中的权利决策、资源分配以及活动承担三方面来考察家庭关系。

1. 核心家庭

通过与鄂族新村村民的交谈，绝大多数人认为，夫妻的权利和地位平等，议事商量，民主决定。但通过我们走访，发现在家庭中的大事，诸如购买大件商品、子女升学报考志愿、子女择偶、子女外出务工等虽是夫妻商量，但还是由男主人最终拿主意。

由于鄂族新村的房屋属于集体所有，村民只有居住权，也就不存在房产证的姓名是男主人还是女主人的问题。在家庭资源分配上，夫妻具有同等的地位。

各家的户主都是男主人。丈夫负责打理家庭以外的事情，例如村民开会、清林、上山狩猎、木耳蘑菇出售等都是由丈夫承担。妻子除了掌管理财，还承担照顾孩子、辅导孩子学习、洗衣和收拾家务，但近几年随着村里食用菌基地的扩大，食用菌厂和食用菌基地招收的也都是女工，妇女有成为挣钱主力的趋势。妇女和丈夫在家基本是共同做饭，对于手工艺制作、家禽养殖等农活也都是夫妻共同承担。

2. 主干家庭和联合家庭

在这两类家庭中，家庭关系相对复杂，由于大多数是新婚夫妇和父母居住，家庭中的大事还都是父母决定，譬如是否外出务工、是否承包土地、种植木耳数量、饲养家禽数量等，虽是孩子们提出想法，但最后还是长辈决定。长辈和未婚子女的收入统一由长辈管理，已婚子女的财务支出由他们自己掌握，但一般还是要征询长辈意见，因为毕竟还没有分家另立门户。在这两类家庭中一般是长辈负责家务，新婚夫妇和未婚子女负责家庭以外的劳动。

对于单亲家庭和残缺家庭，这两类家庭在鄂族新村虽然有 18 户，但绝大多数是单身家庭，不存在家庭关系的问题，而在其他单亲家庭中，长辈是家庭的核心，对于家庭大事小情的决策、资金支配还是由长辈决定。

第四节　婚姻与亲属关系

一　婚姻

（一）旧时婚姻（1953 年定居前）

鄂伦春族有着严格的婚姻制度，实行一夫一妻制和同一氏族禁止通婚的制度，即使是异族同姓也不能通婚，通婚双方必须是异姓的，没有血缘关系或血缘关系较远的，另外不同辈分禁止通婚。在氏族内部，男女如果发生了性行为，氏族长有权审问拷打，甚至将其在氏族墓地绞死。由于氏族外婚姻的严格性，也给鄂伦春族婚配造成了矛盾，鄂伦春人为了解决大姓（人数较多的姓氏）婚配问题，他们在人口数量较多的姓氏中通过赐姓来分离氏族的办法加以解决。

鄂伦春族的婚姻形式由传统的氏族外通婚向与多民族通婚，经历了一个长期的过程。最初，鄂伦春族首先同达斡尔族通婚，然后和满族人通婚，这是因为鄂伦春民族与这两个民族接触时间较早，在长期的交往过程中无论是语言还是习俗都有了深入的了解。鄂伦春人与汉族人产生婚姻关系是在清朝末年。19 世纪中后期，清政府在黑龙江流域设立驿站，进行黄金开采、土地开发，推进了鄂伦春人与汉族人的交往，开始了与汉族的通婚。①

在鄂伦春族，他们对待男女基本是平等的，唯财产继承权一般属于男子，在鄂伦春族中没有重男轻女的思想，

---

① 《白银纳鄂伦春族乡志》。

女子和男子一样可以打猎、骑马。鄂伦春人的婚姻大多由父母包办，结亲的主要方式有招亲、换亲、童养媳、续亲和指腹为亲，在缔结婚姻上，要经过求婚、认亲、过彩礼和举行婚礼等一系列过程。

1. 求婚

求婚是媒人带领小伙子到另一个氏族的女方家去说亲的过程。男孩儿到了15~16岁，女孩儿到了14~15岁，若是有了中意的人，家里便要为他们张罗筹备婚事。求婚一般由男子提出，男子或者其父母看中了某家的姑娘，就托媒人去求婚。

在鄂族新村先民的古老婚俗里，媒人的选择是非常重要的，媒人通常都是部落内德高望重的人，媒人越有威信，那么就意味着女孩家同意这门亲事的概率越大。在部落内部，威信最高的便是佐领和萨满，因此他们就成了媒人的首选。但是在多数情况下，人们更信任萨满，因为在他们的意识里萨满是神的使者，会给家庭带来幸福。也就是说，如果男方家里请来的媒人是个萨满，那么这个萨满声望的高低就会直接关系着这门婚事的成功与否；如果这个萨满的声望越高，女方父母同意将自己的女儿嫁给男方的概率就越高。

整个求婚的过程也非常有趣，媒人带领小伙子一进女方家，媒人就要说明来意，拿出事先准备好的酒，此时姑娘的父母若找借口推脱，且态度坚决，此门婚事就只能作罢了。若与媒人一起喝酒，此婚事便成了六分。姑娘的父母不会轻易答应婚事的，常常说自己的孩子年岁尚小，不到谈婚论嫁的年龄，要不就说自己的姑娘愚笨无知，配不上聪明能干的小伙子。媒人要使出能说会道的本领，如说敬重女方的家庭已久，小伙子已经深深爱上了姑娘；说姑

娘心灵手巧，与小伙子是天生的一对。媒人只要听出姑娘父母有一点同意的表示，便立即示意小伙子给女方双亲磕头，磕头是行大礼，表示媒人此行求婚成功了。

2. 认亲

认亲是小伙子跟着母亲和媒人，带上酒、肉到女方家拜访的过程。

认亲这一天，小伙子要穿新衣服，跟着母亲和媒人带着美酒、狍子肉、犴肉、野猪肉等到女方家。姑娘则要修饰鬓角和眉毛，把两条辫子盘在头上，小伙子到了女方家后，要给姑娘的长辈磕头，表示从此是姻亲了，但唯不给姑娘的父母磕头，要在过完彩礼后才给岳父、岳母磕头。酒席之后，若小伙子与姑娘都已成年，小伙子则会留下来与姑娘同房，同房20天到一个月不等。

3. 过彩礼

过彩礼就是结婚前男方家送与女方家的聘礼。当时鄂族新村先民还居住在森林里，没有流通的货币，送礼一般是用生活中最常见的物品替代，比如马、酒等。女方要彩礼，一般是要两三匹马、一两口野猪、30或60斤白酒，女方家境贫困者，也有要七八匹马的。过彩礼这天小伙子要和自己的一个近亲与媒人前去姑娘家，带上马、酒、肉、干菜等礼品。其中马是彩礼最重要的物品，要由女方父母和亲属瞧看，认为满意就留下，否则就要求男方更换。过完彩礼，女方家大摆筵席，这时小伙子给岳父、岳母磕头，男女双方商定好结婚的日子。在这一天，小伙子与姑娘可再次同房。此后直到办婚礼，不许再同房。

4. 举行婚礼

举行婚礼时，男女双方各邀自家亲戚朋友，在结婚日到男方家。结婚当天，新郎穿上狍皮新衣，戴上有狍角的帽子“灭塔哈”；新娘的发辫卷至头顶，腰带的节打至腰后，打扮得非常漂亮。作为新房的“斜仁柱”也要布置一新。用拼出花纹的狍腿皮褥铺床，绣着云纹的狍皮被摆在床铺的一头。床铺的里侧摆放着用桦树皮做的精制的箱子和野兽皮做的针线盒。新娘由舅舅、伯伯、叔叔和兄嫂等送到新郎家，送亲人与新娘到男方家前，新郎和本家兄弟要到很远的地方迎接。两队人马相遇时，迎亲的要接走新娘，送亲的则加以阻拦，最后新郎和两队人马赛马进入“乌力楞”（村子），新娘和女方亲友不参加赛马。送亲队伍带来陪嫁的马匹、皮被褥、衣物、桦树皮箱等。下马后，新郎的父母向送亲的长辈人敬酒。宾客就座后，一对新人拜天地，两人一起向南磕头，然后由新娘拜公婆及男方家长辈亲友，礼毕，各亲友把带的衣物或金钱等礼物交给新人。一对新人在认亲和过彩礼时曾两次同房，这期间如已生了小孩儿，这时可将小孩放在摇篮里，夹在新郎和新娘中间。新娘由伴娘送入洞房。“斜仁柱”前堆好了柴薪，点燃篝火，新结成亲家的亲戚们围坐在篝火旁，端上由各种野兽肉煮制的上好的“手把肉”，敬上大碗浓香的美酒，大家开始畅饮，祝福一对新人幸福美满。酒过数巡，大家唱歌、跳舞，欢乐的婚宴一直到深夜才散。入夜，新郎新娘用一个桦树皮碗、一双筷子吃“老考太”（黏粥），表示心被贴在一起，一对新人如胶似漆。用一把刀吃“手把肉”，用一个酒盅饮酒，寓意是执子之手，与子偕老，永不分离。最后，由已婚的嫂子或者婶婶铺床，并看着新郎新娘躺下盖好同一张狍皮被后才离去。

（二）新时代婚姻

在1953年下山定居之后，鄂族新村村民除了仍然实行氏族外通婚外，其他婚俗在悄然发生着变化。随着《婚姻法》的颁布和贯彻普及，包办和迷信的活动形式逐渐减少，代之的是新事新办、移风易俗的文明自主婚姻程序。20世纪60年代的鄂族新村男女青年适合婚龄，双方自愿，经乡政府给予结婚登记。登记之前，双方都要做些新衣服被褥和婚后的生活用具，登记之后，买些糖果烟茶招待亲友，举行一个简单的仪式，就成为合法夫妻了。20世纪70年代后，随着生活水平的提高和外来因素的影响，村里的婚礼形式较60年代变得复杂，订婚之后，男女双方要宴请二老，称为认亲，实际上算是正式订婚，订婚后一般还要制作大衣柜、茶几、沙发等家具和衣服被褥，结婚之日，由男方操办，宴请随礼的亲朋好友。到了80年代后期，婚事在村中较为盛行大操大办，其表现是，订婚后男方需要给女方几百元至千元的钱、衣物、自行车、手表、金戒指等作为彩礼，男方一般还要维修房屋，制作或者购买组合衣柜、写字台、录音机等生活和娱乐用品，结婚一般要有软缎子被褥，男女要各两套衣服，甚至条件好一点的要做毛料衣服等。

90年代之后，鄂族新村的婚嫁仪式和汉族很相似，民族婚俗已不多见。鄂族新村相比先前，婚嫁规模较大，新式新颖的组合家具、沙发、床和彩电、洗衣机、电冰箱等家庭用品一应俱全，有的家庭还购买摩托车，娶亲也多用轿车，婚礼改口钱父母一般要给一千零一元或者一万零一元，意为千里挑一或万里挑一。婚期一般选在周末或者“五一”、“十一”的农历双日，一来亲朋好友能够有时间参加婚礼，二来村民认为农历的双日子有成双之意。

如今，鄂族新村婚礼多数是自家操办，极个别有旅行结婚的。自家操办婚礼的多在饭店举行，结婚当天清晨五六点，新郎同男女为奇数的接亲人，携带肉、酒等四样礼品，乘坐小汽车前往女方家接亲，到女方家后，一般女方不让男方直接进门，男方一般要完成敲门、喊“媳妇开门”、递红包等程序，女方方能开门。女方家备有烟、糖、瓜子、花生等招待客人。接亲人员进屋后，新郎需给岳父岳母行礼，改口称作爸妈，这时岳父岳母需给改口费，并将所带猪肉分开，留下一半，再带走一半，有“离娘肉”之说。之后，新郎需给新娘找鞋、穿鞋，一般新娘要把鞋子藏起来，以示不愿意离开娘家，穿好鞋后新郎抱着或者是背着新娘下炕至接亲的车中。女方送亲男女也必须是奇数，这样两家接送者之和成双，意图成双成对。在接亲和送亲过程中，车辆要始终向里拐弯，从接亲出发到接亲回来要形成一个圆周，表示圆满。车辆回到男方家时，燃放鞭炮，众人迎接，新郎新娘手拉手进入新房，女方陪送物品由送亲人带到新房，这时新娘要给婆婆带花，给公公点烟，新娘改口称作爸妈，公公婆婆也要给儿媳妇改口钱。稍事整理，然后到饭店用餐答谢亲友。在饭店举行新婚典礼，典礼之前，还在典礼现场专设礼账席，记录亲朋好友为新人的随礼数额，随礼现在都是现金，一般是100元，多则几百元不等。典礼由司仪主持，首先司仪进行开场白，主要是表达主婚者对客人到来的答谢，开场白之后即请证婚人宣读结婚证书，证婚人多是请村内较有威望的人担当，也有村主任或村支书做证婚人的，新婚夫妇互相敬礼，然后向父母行礼，男女两家向来宾致辞，司仪带领新婚夫妇

向来宾敬酒，席散后送走来宾。

现在的鄂族新村鄂伦春族的男女青年在选择人生伴侣时，不再有民族方面的考虑。此外父母对待子女的婚姻问题也有所改变，包办婚姻逐渐被自主婚姻所取代，但是对于父母亲而言，婚姻仍是家里的大事，同时娶妻嫁女也是家族的首要大事，找到一个满意的姑爷，娶到一个可心的媳妇，不仅意味着家庭和美，更暗示着自己的晚年可以更加幸福。

现在鄂族新村无论哪家孩子结婚，都要买新房、装修，购置家具、家用电器等，经济条件好的家庭还会买一些高科技产品，如家庭影院、全自动洗衣机、智能冰箱、电脑等。调查中了解到，村里办一场婚礼花费不小。对于一般家庭，购置新房平均 4 万元左右，家用电器 2 万 ~3 万元，婚纱照、喜宴费用 2 万元，其他琐碎花费（改口钱、购置新衣服等）2 万元。这样，加起来要花费 10 万元左右，据村民讲，就是村里的贫困户结婚最少也要两三万元，并且从行情看，结婚费用还在日益增高。

图 4－2　举办婚礼的饭店外热闹场景（2010 年 10 月 3 日　董刚摄）

（三）离婚与再婚

定居以前，鄂伦春族普遍存在“嫁鸡随鸡，嫁狗随狗”的思想，已婚后不管生活幸福与否一般不离婚。定居以后，随着外来因素的影响，到20世纪90年代初，鄂族新村的离婚和再婚现象增多。我们调查发现，在村内定居的125户居民中离婚后再婚家庭有18户，离异家庭2户，再婚与离异家庭数量占全村家庭总量的11%。离异村民的年龄偏大，平均在46岁左右，年轻人离异的少。据村民反映，中年人群体离异的比例高，是由于过去受封建礼教和父母包办婚姻的影响，婚后家庭不和睦，夫妻之间常发生矛盾，甚至使用暴力解决问题，伤害了夫妻感情。对年轻人来讲，由于国家对鄂族新村的村民教育力度的加大，使得新生村民的文化水平和自身素质都有了一个较大的提高，年轻人在择偶以及婚姻关系问题上有了新的认识，择偶多根据双方的意愿进行选择，婚后双方关系牢靠，离异也就相对减少了。

二　亲属

1. 亲属称谓

如今，在鄂族新村，人们对亲属的称谓除了一部分人还使用鄂伦春语外，普遍看来，与当地汉族人相同。

（1）直系长辈

对曾祖父称“太爷爷”，曾祖母称“太奶奶”。对祖父称“爷爷”，祖母称“奶奶”。对祖父的兄弟，按排行大小称几“爷”，如“大爷、二爷……”最小的则称为“老爷爷”；对祖父的姐妹按排行称几“姑奶奶”，最小的仍称为

“老姑奶奶”。

对父亲称“爸爸”，对母亲称“妈妈”。对父亲的兄弟按照排行大小一般称几“大爷”或几“叔”，最大的称“大大爷”，最小的如果是父亲的弟弟则称“老叔”，如果是父亲的哥哥则排行是几就称几“大爷”。对父亲哥哥的妻子称为几“娘”，对父亲弟弟的妻子称为几“婶”；对父亲的姐妹按排行称为几“姑”，最小的称为“老姑”，父亲姐妹的丈夫称为几“姑父”，最小的妹夫称“老姑父”。对和父亲同辈的其他男性称“大爷”或“叔叔”，对和父亲同辈的其他女性称“姑”。儿媳对公婆当面称“爸”、“妈”，对外人则称“公公”、“婆婆”。对和祖父同辈的其他男性称“爷”，对和祖父同辈的其他女性称“奶”。

（2）旁系长辈

鄂族新村对祖母的兄弟，通常称“舅爷”；祖母的姐妹则直接称“姨奶”。对曾外祖父称“太老爷”，曾外祖母称“太姥”。对外祖父一般称“老爷”，外祖母称“姥姥”。外祖父的兄弟按排行顺序称为几“老爷”，外祖父的姐妹称为“姑老”；对外祖母的兄弟也称为“舅老爷”，姐妹也称为“姨姥”。和外祖父同辈的其他男性则统称“老爷”，和外祖母同辈的其他女性则统称“姥姥”。

对母亲的兄弟按排行称为几“舅舅”，最小的称为“老舅”，对母亲兄弟的妻子称为“舅妈”；对母亲的姐妹按排行先后顺序称为几“姨”，母亲姐妹的丈夫称“姨父”。女婿对岳父称“爸”，对岳母称“妈”。

（3）同辈

妻子称丈夫一般直接称呼名字，在年轻人中也有称作“老公”的；丈夫称妻子为“媳妇”，年纪大的一般称作

“老伴”；妻子对丈夫的哥哥，当面称“哥”，对外人则称“大伯子”；对丈夫的弟弟，当面称“弟”或直呼其名，对外人则称“小叔子”；对丈夫的姐姐，当面称“姐姐”，对外人则称“大姑子”；对丈夫的妹妹，当面称“妹”或直呼其名，对外人则称“小姑子”。

丈夫对妻子的哥，当面称“哥”，对外人则称“大舅子”；对妻子的弟弟，当面称“弟”或直呼其名，对外人则称“小舅子”；对妻子的姐姐，当面称“姐姐”，对外人则称“大姨子”；对妻子的妹妹，当面称“妹”或直呼其名，对外人则称“小姨子”。

（4）晚辈

在鄂族新村，家长对自己孩子一般直呼其小名或称呼儿子、姑娘；对女婿直呼其名，有外人在时一般称作“姑爷”；称丈夫兄弟的孩子为“侄子”、“侄女”，称丈夫姐妹的孩子为“外甥”、“外甥女”。称妻子兄弟的孩子也为“侄子”、“侄女”，称妻子姐妹的孩子也为“外甥”、“外甥女”。

2. 亲属关系

（1）直系亲属关系

直系亲属，指父母，配偶、子女和与自己有直接血缘关系或婚姻关系的人。在鄂族新村，子女从出生起到具备独立生存能力之前，生活上都要完全依赖于父母。父亲一般是一家之主，大小事情一般与其他家庭成员特别是妻子商量，但最终的决定权绝对掌握在父亲手中。

结婚之前的成年子女，都要与父母生活在一起，他们所得的经济收入，都要交由父亲或母亲在整个家庭内统筹支配。现在的鄂族新村多是独生子女，儿子结婚后有的随同父母一起生活，但所得收入归小两口自己，家庭的生活支出还一般由父母承担；有的结婚后另购置新房，单独另立门户，脱离父母，只是过年过节的时候才同父母一起过。

如今，村里仍然存在“养儿防老”的现象。如果没有儿子，父母一般是不与结婚后的女儿一起生活的，年纪大了生活不能自理就去养老院安度晚年，女儿女婿经常会去那里看他们。

在鄂族新村，财产继承一般较为简单。父母去世后的主要遗产就是田地与房屋，一般由子女继承，如果是独生子女那就直接给了儿子或女儿，如果有多个孩子，一般是谁照顾了老人，谁就继承遗产。

（2）其他亲属关系

在鄂族新村，近亲在村民的意识中一般指自己的舅家、姑父家、叔叔家和姨夫家等。平日，各家各户如果碰上什么红白喜事、逢年过节、孩子上学和过生日，近亲不但要随礼，而且要亲自登门帮助张罗。远亲，按村里人的理解是指直系亲属或近亲以外的亲戚。由于村里很多人的先民都有亲属关系，所以按辈分讲，村里的多数人之间都能找到一点亲戚关系。有很多人，见面都知道是亲戚，对长辈也会礼貌地称呼叔、舅、大爷、大娘等，但究竟是什么关系很多村民尤其是年轻人自己也说不大清楚，有时候要回去问父母和其他长辈。在鄂族新村，亲兄妹之间关系维持得特别亲近，一般经常互相走动，一家有了困难，另一家会竭尽所能帮忙，他们还共同合作从事生产活动，譬如狩猎、捕鱼一起进山、下河，战利品谦让分配。但也有个别现象，姊妹和弟兄之间为赡养父母等事情发生争端，闹得很僵，甚至发生武力冲突或者诉诸法律。不过，多数情况下，他们的孩子们经常在一起玩，如果和其他孩子发生争执，堂兄妹或表兄妹会共同团结在一起，一致对外。

第五节　社会礼仪

在社会发展过程中，鄂伦春族在游猎生产和生活中，逐步形成了具有民族特点的狩猎、捕鱼、服饰、饮食、居住、婚丧、节庆和禁忌等民族风俗。鄂族新村的先民下山定居后，随着生产和生活方式的改变，原有的一些民族习俗习惯逐渐消失，新的民族习俗习惯在不断形成。

一　生产礼仪

（一）狩猎

有一首鄂伦春民歌："高高的兴安岭一片大森林，森林里住着勇敢的鄂伦春，一呀一匹猎马，一呀一杆枪，獐狍野鹿打也打不尽"，这首歌生动地反映了鄂族新村先民的狩猎生活。

定居前，对于鄂伦春人来说，猎场、森林、河流等生产资料是公有的，每个部落都有习惯的游猎区域，如果越区狩猎，也不受干涉和指责，至于马匹、猎枪、猎犬和"斜仁柱"等则属于家庭私有。马匹的使用是有规矩的，男子使用的马和妇女使用的马不能混用，禁止妇女使用驮神像的马，不用怀胎的骡马驮运熊和獐子。

狩猎根据猎取的目标分季节进行。每年的 2～3 月，在

“鹿胎期”内，捕猎母鹿，以取鹿胎为主；5～6月“鹿茸期”，捕鹿割取鹿茸，9月到落雪前为“鹿围期”，猎获鹿鞭；落雪后为冬季“打皮子期”，主要猎获狐狸、猞猁、黄鼠狼（黄鼬）、水獭、山狗、貂、貉、灰鼠、獾子等动物的皮张。狩猎时，按各种动物的习性和生活规律，分别采用追踪、引诱、围堵、蹲坑、烟熏、挖洞、地箭、拍压等手段猎取。

定居前，部落内是分组狩猎的。一般要组成几个组远出狩猎，每个组临时组成，人员不固定，可以自由组合。两个部落或同一部落的不同组在猎场偶然相遇，一般是后来的一方到别的地方去狩猎，但也可以在一起狩猎，不过猎取的猎物平均分配。打猎途中，遇到“奥伦”（鄂伦春人搭建的仓库，储藏暂时不用的衣物、肉干、粮食和野菜野果等），可以随便吃里边的东西，但不能拿走。

鄂伦春猎民在长期的狩猎生产中，主要靠狩猎为生，为了使狩猎能顺利进行，创造一些神话般的清规戒律和忌讳、习俗。猎人出猎时，忌讳说大话、空话，遇到石头砬子（山上耸立的大岩石），要磕头祷告，保佑出猎平安。打猎途中，猎人忌讳乌鸦叫声，不能说“麻达山”，不能横跨倒木，遇到出殡队伍不能横穿走过的道路，路遇坟头要下马敬烟和酒。狩猎休息时，不能坐在树墩子（伐过树木的树根）上，不能骑在横倒木上。生火做饭时，不能烧长木柴，不能往篝火上洒水。打猎时，禁止猎人之间吵闹、喧哗和打架，不打正在交配中的野兽，不打杀鸿雁、天鹅、飞禽等；忌讳打熊，如打死了，只能说熊在“阿玛哈”（大爷睡着了）；猎人猎获到鹿、犴和野猪等大兽，开膛时，舌头、食道和心脏等必须连在一起，直到煮熟后食用时才能割断；用鹿哨、狍哨引诱所获得的鹿和狍子，不能割断喉咙。此外，猎人禁止用有刃的刀子、剪子、锥子等铁器在别人面前晃动；猎人吃肉时，给别人递刀禁止递刀尖，而要递刀把；猎人禁止别人带着枪或拿鞭子进“撮罗子”。

（二）捕鱼

不同的季节，村民采用不同的捕鱼方式。春天，用的工具是绑有马鬃绳的铁钩子，当河流中间冰已经融化、两边的冰还没有开化的时候，几个人合作就开始捕鱼了，首先要用柳树的嫩枝条把干枝绑起来做成火把，捕鱼的时候，一人将火把举到头顶，火把前后的两个人叉鱼，妇女和儿童跟在后面捡鱼并把鱼串到柳条上，从冰上拉到岸边。夏天，除了叉捕外，还直接在河里摸鱼，有时还用枪打鱼。秋天，用“鱼亮子”捕鱼，鱼亮子是用柳条编成的四方形、中间有个圆洞的容器，鱼只能顺着水流漂进而游不出来。冬天，村民在河的冰面上凿很多窟窿，把网撒到冰面以下过一段时间收网捕鱼。

（三）采集野菜野果

鄂族新村的妇女喜欢根据时节的不同采摘稠李子、灯笼果、草菇、四叶菜等野菜野果。由于住地附近的山形相似，很容易迷路，所以妇女采集野菜野果的时候，一般是集体行动。如果到较远的地方采集，可请一个男子带领并予以保护。谁采集的野菜野果，归谁所有。如果一时吃不完，就晾干后储存，以备冬季食用。

二　生活礼仪

（一）饮食

在游猎时期，鄂族新村先民的主食是兽肉，副食为采集来的野菜和野果以及捕捞的鱼。

在肉食中，他们最爱吃的也是吃得最多的是狍子肉，其次是犴肉、鹿肉、野猪肉和熊肉。食肉的方法很多，一是熟吃，把生肉直接扔在火上烧着吃，把生肉用棍子穿起来放在篝火上面烤着吃，以及把肉剁成一大块一大块的放在篝火堆上的吊盆里煮着吃；二是生食，这是一种最原始的吃法，主要是生吃狍子、鹿等一些动物的内脏。现今，鄂族新村村民在款待贵宾的时候，是将狍子肉、狍子肺和狍子头煮熟，捞出蘸着加了野葱花和食盐的狍肉汤吃，如果是自己吃，多采用定居前的做法，据他们讲那些做法味道比较醇正。

他们吃鱼的方法也很多。烤鱼，把刮掉鱼鳞去掉内脏的鱼插在木棍上放在火上烤熟后食用；水煮，去鳞、开膛，切成小块后放在水里煮，熟后蘸盐水吃；炖鱼，把鱼去鳞、开膛，切成小块同野菜一起炖；晒鱼干有两种，一种是煮熟晒，一种是生晒。鄂伦春族非常好客，不管是不是本民族的，不管是不是认识的，只要你说我想吃肉，他们都会请你到自己家中好好招待。定居以后，鄂族新村村民的饮食结构发生了很大变化，现在与汉族人的饮食习惯基本相同。

（二）服饰

早期依靠狩猎生活的鄂伦春族，四季皆以各种皮张制做各式服装，根据季节不同获取不同的毛皮制作服装。秋冬两季，野兽的皮厚、毛长且密度大、绒毛多，制作皮袍、皮裤、皮褥和皮被，夏季野兽皮薄毛短，制作短皮衣、皮坎肩、皮短裤等。春秋两季做皮衣和套裤，毛面朝外，颜色同春秋季的树叶相似，能起到伪装作用。

他们比较喜爱常用来做衣服的兽皮主要有狍子、犴、鹿、兔子等等，在这些兽皮里他们尤其喜欢狍子的皮，因为狍子皮结实、耐用，穿很久都不会坏。狍子本身就是生活在大山深处，所以冬季它的皮就会更厚，毛更长、更密，用这样的皮做出的衣服可以防风、防寒、保暖，可以说是防寒最好的衣服。到了夏天，狍子身上的毛开始脱落，新生出的毛短而薄，这样的狍子皮用来做夏天的衣服就再合适不过了，不但透气效果好，而且还可以防止蚊虫的叮咬，为了做出来的衣服好看，他们还在皮袍的下摆、领口、袖口、前襟用浅色的薄皮镶边。鄂族新村的先民不仅聪明而且手巧，就拿女式皮袍来说吧，上面的绣花和脖子上的项圈做工就很讲究，而且还在裤子膝盖的地方装饰上绣花图案。男人的皮袍叫“皮罗苏恩”，有两种样式：一种是长到膝盖以下的垂到脚面的；一种是及膝的。两种款式的大襟边和袖口都裹有薄的皮边，目的是为了展示服饰的美观和耐用。鄂伦春族是马背上的民族，马对他们而言是生活必需品。所以为了在骑马的时候不受阻碍，皮袍的前后左右都是开衩的。不仅在样式上有区别，皮袍的颜色在不同年龄段人的身上也是有差异的，年龄小的人的皮袍颜色都要被染成黄色，而上了年纪的人的皮袍的颜色都是兽皮的本色。女人的皮袍叫“阿西苏恩”，样式与男人的差别不大，但都是长到脚面的长袍，没有及膝短袍，并且只有左右开叉。为了漂亮还会在领口、开叉处、袖口、下摆处绣上不同样式图案。按照鄂伦春族的习惯，在穿着兽皮皮袍时，无论老少、无论性别，都必须系上腰带，而腰带结的位置也体现着他们的身份。比如未婚的人，腰带要系在身后，表示自己还是单身。已婚的人呢，腰带结则要打在腰身的侧面。与兽皮袍一样，兽皮裤也是有性别区分的，男式的是典型的宽腰长裤，这样在天气寒冷的时候可以与靴子相接御寒保暖。女式的则是长至脚面并且是带有兜肚的，这样在她们带孩子的时候可以把孩子裹在兜肚里，方便她们照看。鞋、手套也是用兽皮制作的。鄂族人的皮帽最具特色，它是按照狍子头的模样制作的，也可以说就是保留着狍子头上的一切，如耳朵、嘴巴、角等，但是唯独眼睛部位，他们会用黑色的薄皮包裹起来。

从清末开始，布匹传入鄂伦春族，他们开始穿布做的衣服，样式基本上和狍皮衣服相同。这个时候可以从服饰上区分已婚的成人和未婚的孩子，主要表现在，已婚成人的衣服一般颜色较暗，腰带的结打在腰身的侧面，并且在包边位置上的花纹以单色为主，一般是黑色；未婚孩子的衣服颜色非常艳丽，腰带结打在腰间正后方，包边位置的花纹也是以彩色为主，一般采用三种颜色，红色、蓝色和黄色，按照其所属的家族选择居中的颜色，另外两色在外圈。在那时候，富裕的家族也有穿绸缎做的衣服的。

解放以后，鄂伦春族人民下山定居，在与各民族朋友的频繁往来中，各种新式服装都传入鄂伦春人当中。如今，鄂伦春族的服装同汉族服装早已没有区别。只是在特定的节日，穿上具有民族特色、精美的狍皮做的服装。

图 4－3　民族服饰（2011 年 3 月 2 日　郭红提供）

（三）居住建筑

1953 年定居以前，鄂伦春族主要是住“斜仁柱”，它是用多根木杆搭建而成的圆锥形的架子，然后用狍皮一块块地将这个架子包裹起来，但是会留出最靠上的一部分，用来做烟雾的扩散，类似于今天汉族人的烟囱。“斜仁柱”里面席地铺床，床下铺干草，床上铺着用狍皮做的褥子。“斜仁柱”的正中是篝火堆，用来取暖、做饭和保存火种。

那时，也有部分鄂伦春族家庭住“木刻楞”，即把桦树从中间劈开，扒掉其中一层薄薄的皮，然后一层压一层迭出房顶和墙壁。这样的建筑，由里面可以透过间隙看到外面，透气性较好，由于木头摆放方向的缘由，而由外向里看则看不到缝隙，有很好的保暖和防雨效果。

1953年定居以后，鄂族新村的村民先后住上了板加泥和砖木结构的房屋。

图4－4　板加泥房（2010年2月24日　董刚摄）

三　岁时节日

鄂族新村的村民从先辈那里学会了预测和预报天气的经验。一是根据月亮的形状大致确定日期和判断最近一段时间的天气。据当地人讲，当月亮呈下垂的形状时，就可以判断最近一个月的时间雨量很大；如果在冬季，表明冬天会有大雪。当月亮呈上翘形状的时候，就判断这个月份的降水量极少。二是根据云彩的变化来预测第二天的天气，比如阴天看不见太阳的时候，在傍晚云彩会变换颜色，颜色如果是发粉红色的，那么第二天肯定会是特别晴朗的一天。三是从星象中预测未来一年的收成。在腊月的大年三十那天呈梯形排列的星象如果特别耀眼，那么这就预示着第二年会有大丰收。相反，如果这一天星星是若隐若现的，就预示着第二年是不好的一年。

鄂族新村在下山定居前节日并不多，主要有部落与部落之间的集会、春天萨满的祭神仪式和春节。

鄂伦春族对春节很重视并且有其特别的礼节。通常，过年用的肉食从秋季就开始准备了，因为秋天的猎物都很肥壮，打到猎物后，妇女便把肉晒成一条一条的肉干储存起来。11 月的野猪肉既肥又好吃。他们便把烤好的野猪或者其他动物的肉，装在犴、狍子的膀胱里保存，这种保存方法既不改变食物的原味，又不会风干，而且装进去之后马上就能凝固住。有时也放进皮口袋或者桦树皮桶里。各种野果也是在秋季晒干后，准备春节的时候享用。每个人还都要做新的皮衣，迎接春节的到来。

大年三十那天，青年猎手都早早醒来去打猎。这一天，不管是好猎手还是不太熟练的猎人，都不会空手而回。据说，这是天神给每个人的礼物。这天是吉日，鄂伦春人叫它“爱意和嫩”，就是黄道吉日的意思。大年三十的下午，年轻人已经开始给长辈拜年，并且赠送礼品，礼品主要是肉和烟等。然后开始吃“黏饭”、“手把肉”。黏饭是用小米做的，据说吃了小米做的“黏饭”能使人长寿。吃“手把肉”的时候要喝马奶酒。

大年三十晚上，要把“撮罗子”外的篝火和“撮罗子”内的火塘燃烧得旺旺的。家中的老人领着孩子们在篝火旁边点上“松香”，祈求儿女健康，午夜要敬火神，祈求火神保佑全家幸福。老人取篝火中已经烧成细末的灰，在长条的桦树皮上共放 12 堆，然后用小的桦树皮碗扣上它。到次日清晨，老人把扣着的桦树皮碗拿开时，这12堆木灰有干的、有湿的，老人会由此来预测这一年中哪个月份是旱季，哪个月份是雨季。还有，当篝火都烧成灰之后，人们和动物会在上面行走，并印有各种脚印，如印有小孩子的脚印，就说明家中要添人进口，要是印有猎物的脚印，就说明猎人天天打猎都不会空手而归。家里面晚辈的还要给老人磕头，给老人敬酒，老人接过酒后，用手指蘸点酒，向空中弹一弹，以示敬神，老人们一般说，你们要好好过日子，多打野兽，使家庭幸福。给父亲敬酒时，父亲也同样说些吉利话。喝完酒后，便开始在“撮罗子”前进行娱乐活动，有的自家单独活动，有的几家合起来活动，主要是唱歌跳舞，也进行捉迷藏游戏。若岳父家在同一部落，还要去给岳父家拜年。他们有守岁的习惯，目前也是如此，他们认为这一夜不睡，一年都会精神饱满，这一夜吃饱，一年都会丰衣足食。

鄂伦春族的春节，从初一至初五最为热闹。初一清晨，晚辈要给老人磕头，平辈之间要相互请安问好。其中，男人有男人的请安方式和规矩。男人请安时，右腿弯曲，两手交叉放在右膝上，稍稍跪下，这是重礼。女人请安时，双手分别放在两膝上，蜻蜓点水似的点一下就可以了。在接受晚辈礼拜时，老人用双手迎一下并要祝福“一帆风顺，生活幸福”。老人在给各路神仙供奉时，要双手把杯子举起来，然后用右手向左右各点一点酒，意思是神仙也爱酒，同时把肉和好吃的一并供上。行完这些礼节后，便开始祷告，念诵吉利。所有仪式结束后才可以吃饭，初一早晨通常吃肉丸，初二开始互相串门，互相问候。

正月里，音乐、舞蹈、摔跤、射箭、赛马和滑雪等各项活动紧密结合，交错进行。仪式性舞蹈“依和纳仁”是歌舞相结合的一种形式，男女一起参加，通宵达旦地进行。摔跤、射箭和赛马主要是男子参加的竞技活动，是体力和技巧相结合的项目。人们在一年单调的劳动之后，能使身体得到很好的调节。在节日里，亲友交往频繁，是互相传播文化、交流生产和生活经验的极好机会。对青年来说，也是择偶的良机，通过歌舞活动，沟通感情，为和谐美满的婚姻创造了条件。滑雪时，从山顶上往山下滑，滑雪橇一般由鹿皮或者野兽皮做成。也有用滑雪板和爬犁的。那时候的滑雪板和现在不同，看着粗糙，但是很耐用。滑雪时，一般把枪架子立在雪地上，然后踏上滑雪板，从枪架子中间穿过去，一般枪架子不会被人碰倒。在飞驰的滑雪板上或蹲或站非常随意，显得勇敢又威风。比赛时，按照线路滑，一般不会有人掉队。滑雪比的是速度，最早到达终点者为胜，滑雪比赛时一般由老人或部落长做裁判。

解放以后，鄂伦春族实现了定居，那种篝火晚会式的活动已不多见，摔跤、射箭、赛马活动也逐渐减少。代之而来的是在定居点的会议室或礼堂里举行文艺晚会，演唱传统节目，也演唱些流行歌曲，有的还跳交谊舞。近些年，除夕之夜都是在电视里收看中央台或地方台的春节文艺晚会。唯一保留的传统活动是，从初一到初五互相拜年，给长辈拜年，有的还要磕头。

四　婚俗

鄂伦春族婚姻制度较严格，同一代氏族内部有直接血缘关系的严禁通婚，异族同姓的也不准通婚，否则受到老年人及族群人的谴责。

因鄂伦春族常年游猎，没有固定居住的村屯，青年婚姻多由父母包办，指令成婚。鄂伦春族的婚姻，除了“男婚女嫁”的传统形式外，还有招亲、换亲、续亲、童养媳和“指腹定亲”等方式。求婚时，由男方主动提出，请媒人携带烟、酒、野猪肉等礼品去女方家，若女方家有诚意，即留下客人，邀请整个“乌力楞”（部落）各家吃“手把肉”，同宴共饮。媒人唱“会亲歌”，夸奖女孩贤德、聪明伶俐、美丽漂亮，直至媒人说服女方家长，然后择吉日、定婚期。结婚吉日，各“乌力楞”的亲友们驮着皮张、野物等贺礼提前来到婚礼场地，搭起“斜仁柱”向主人贺喜，结婚当天，新郎家组成迎亲马队，聘请一位德高望重的长辈为领队去女方家迎亲；女方家，送亲的娘舅和姑娘们列队相迎，即兴唱喜歌，女方父母紧紧拉住迎亲老人的马头，奉酒相迎，新郎下马跪拜岳父岳母，女方家用山珍野味宴请迎亲队伍。第二天清晨，新娘、新郎一起拜别父母，带着嫁妆，骑上披红挂绿的猎马，随迎亲队伍而去，在路上还要对歌、赛马。迎亲队伍回到婚礼场地后迎亲老人引导新婚夫妇叩拜父母、长辈、亲友，再拜天拜地、拜祖神和火神。婚礼仪式结束后，燃起篝火挂起吊锅，煮熟山珍野味，人们席地而坐饮酒，即兴歌舞，尽情享受渔猎成果和婚礼的欢悦，直到月落星稀，众人散去，新人入洞房。[①]

① 《塔河县志》。

五　丧葬习俗

鄂伦春族人死后，穿好事先准备的装老衣，尸体头朝北、脚朝南停放在原来居住的“斜仁柱”中，尸体安放好后，要通知亲友，无论多远的亲属都要设法通知到，而且一定要等到亲属全部到齐之后才可以下葬。前来参加葬礼的亲属，一般要带来酒、狍子肉、犴肉等野味，用来给死者上供。入殓用的棺材，有购买的，有柳条编制的，有木板钉成的，有粗大树干掏空为棺的，还有用圆木垛起来当棺的等多种。

安葬的方式，分风葬、火葬、土葬、水葬四种。风葬通常是选择离家较远、人们很少去的地方，采用将尸体挂于树上的葬法，鄂伦春人过去主要是实行风葬，他们认为风葬是可以让人的灵魂升天，干干净净地去阴间，继续阴间的游猎生活。火葬只限于对死亡产妇使用，认为不烧掉，死者会来抚育她的婴儿而变成“妖精”，危害活人。土葬是将死者尸体装入棺内埋葬。入殓时要把死者生前常用的衣物随同入棺，男性死者还把马具、烟袋、木刀入棺随葬，女的也将生前使用的熟皮工具和针线盒放进棺材。在墓地选择4株大树把棺椁吊起，避免猛兽扒棺毁尸，一周年、三周年或尸骨自然脱落后再行土葬。清朝中期，五代以内的家族，都有共同的墓地，后来大家族逐渐被小家庭代替，并拓宽了活动区域，共同墓地的习俗也就消失了。此后，各氏族均自选墓地，但死者必须头朝西北而葬。葬后第三天，配偶与子女到墓前烧纸，周年时供祭一次，以后在每年除夕烧纸一次。最隆重的是已故老人的三周年祭，女子与五代内的近亲都要给死者戴孝致哀，亲朋故友也都参加祭祀。留有子女的妇女，其夫为之戴孝三个月，无子女者，只戴孝七八天；如果是男的，其妻与子女要戴孝三年。男女服丧期内均不许穿戴新衣、不许参与娱乐、不许同人争吵、不许剪理发式、不许再娶改嫁，服丧期满，请外氏族的男女各一人给除孝衣。水葬是人死后，人们给死者穿好衣服，带上猎刀等物，把尸体放在原木做的木排上，身上盖上无毛的兽皮，头顶摆上酒、肉和一些骨祭供品流放江河中，送葬者沿岸跪拜祈祷，直到望不见为止①。

丧礼一般是由老人主持，小孩子不许参加葬礼仪式。不准狗靠近停放死者的“斜仁柱”，猎人要把狗拴到离部落很远的地方，不让狗随便乱走动。他们认为如果狗接近了死者，会使死去的人像触电一样坐起来。如果是老年人过世后，整个部落里的老人都要静坐七天七夜。请萨满诵经，吟诵故去老人一生中从出生、成长到老去的酸甜苦辣；并祈求死者安宁，做一个“好神”。然后吟诵老人说：不要回头观望，要为活着的后代蹬出福分，不让他们生病。

鄂伦春人给死者穿的丧服也很有讲究。一般要制作三件、五件或者七件丧服，都是单数。纽扣部位要剪掉一个小口，或者把衣服剪掉一角。在死者棺木里要装进木头制作的猎枪、斧子、锅、碗等。这些东西也都要弄坏一小块，装在棺木里，据说只有这样到了阴间才能得到这些东西。除此以外，还要在棺木里放进三样以上的粮食。然后将死者生前用过的东西都烧掉，或者把东西包好放在死者腿的下面。另外在棺木的褥子底下放一至两片烟叶，据老人说这样做的原因有二，一是放烟叶棺木就不长虫子；二是，

---

① 《呼玛县志》(1978～1987)。

死者去阴间的路上如果遇到野鬼抢烟叶时，可以分给野鬼一些，好让死者一路顺风。棺材的打造也很讲究，是把一棵大树放倒后从中间纵向劈开两半，然后再把这两半的中间掏空变成两个半槽形，并且将两个半槽形的表面分别凿成三菱形，这样将两半合在一起便形成了一个整体的六棱形的棺木。下葬时选择两棵1.5米左右间距的树，树上放两根很粗的断木，用马鬃绳绑紧，然后把棺木放在顶上，用三角形的架子支住，这样无论有多大的风也吹不掉。另外，鄂伦春族人认为，人死后在另外的世界里也是要生产生活的，因此要陪葬死者曾经骑过的马，如果家庭不富裕的话，死者的长子就要牵着马并把拴马绳搭在自己的左肩上，直走到棺材边儿，然后将拴马绳放在棺材上片刻，最后，再牵着马绕棺材走三圈，还要边走边说："我给你送猎马来了，请您收下"等话语。这样就可以免杀这匹马了，同时也履行了孝礼。

在葬礼中，死者的女婿会向天空放三支箭，两支向着太阳，一支背着太阳，向着太阳的两支箭寓意为指路箭，死者会跟着箭的方向找到光明，找到神灵的所在，暗示着死者去了一个幸福的地方；背着太阳的那支箭则表示死者已经不在人世了，寓意为逝去。这时死者的家属中的男人们就回去抢箭，意味着死者为后人留下的福音，但是女子则不可接近。死者在临终前会把自己生前所使用的物品一一进行安置，比如死者生前所骑的马要交给谁，等等。如果死者是男人，那么他的妻子在他死后不仅不会受到歧视还可以选择再嫁他人。死者的妻子只需要将死者生前的衣服交给自己想嫁的那个男人，如果那个男人接受了就代表他接受了这个女人。在出殡这个仪式上肯定少不了的就是

萨满了，所有出殡的过程完全要按照萨满的指示进行。在这个仪式上萨满依旧是绝对的权威。

另外，如果猎人在外出打猎的时候死亡，不管死在任何地方，都是不允许带回部落里安葬的，而是要就地安葬。原因有二：一是，鄂伦春人认为：那是死者选的地方，要尊重死者的意愿，所以就地安葬；二是，把死者带回部落，会把灾难也一并带回部落，会让部落不吉利。在这种情况出现的时候，去处理的都是部落里的男人，并且会带着萨满和见过世面的人。至于原因，我们无从调查，只是老人口述。仪式结束后，亲属和朋友围着篝火而坐，架上吊锅，大家边吃肉边喝酒，边以崇敬的心情，谈论着死者生前的事情。醉了就躺下睡，醒了继续吃肉喝酒，好像看护着死者，有点类似于汉族人的守灵，所不同的就是汉族人是在出殡之前守灵而鄂伦春族是在出殡之后。在人死后的第七天，整个部落的人要一晚上不睡觉，给死者供奉。据说人死后的第七天会回来向亲人和亲戚告别。供奉仪式结束后，所有人都要吃掉供过的食物，因为他们都认为只有这样才能得到死者留给后人的福分。死者过世后的祭奠只维持五年，每年逢死者过世的日子，死者的亲属和朋友带着狍子肉和美酒到死者棺木所在的地方祭奠死者。祭奠完之后，死者的亲属朋友便将带来的酒肉吃掉。五年之后无论是死者的什么人都不会再去祭奠。

鄂伦春族定居前，其在森林游猎者，缺医少药，高寿老人较少，偶有高寿者亡故其殡葬礼仪比较隆重。先由邻近亲友们为亡者穿戴好后安放在木板上，右手握生前用过的猎刀，若是男性左边放一张弓箭，女性放针线包。头上盖一块白布，头顶供奉祭品，外人可以吃祭品，自家人不能吃，吃了不吉利。死后不能穿带毛的衣服，否则不能轮回转世。第三天入殓后由8至10人抬起，送到预先选好的4株活树上高吊浮厝起来，全“乌力楞”的人一齐到墓地，摆上供品祷告。子女往西方射两支箭意为给死者开路；向东方射一支箭，意为把福寿留给后代，随即，篝火点起。大奠完毕，人们破涕为笑。死者子女手持桦树皮碗敬酒，宾客吃“手把肉”，互祝福寿，唱起哀婉的“无字歌”，跳起篝火舞，尽兴而归。

定居后，鄂伦春人死后以棺椁盛之土葬，旧的风俗逐步改变，以新的形式向死者进行追悼哀思。[①] 如今在鄂族新村，人死后，一般都是换上新衣服，然后送往火葬场进行火葬。不过，烧纸钱、上坟等习俗仍被保留下来。

六　家庭礼仪

鄂伦春族崇尚和睦的大家庭。几代人同居一室为多，长幼、夫妻、父母子女、兄弟姐妹、邻里友好相处，尊老爱幼。无论什么场合，老人都要坐首位，饮酒、食肉、吃饭时老人先吃。

鄂伦春人严禁打骂父母及长辈，打骂长辈是最不道德的，如有此行为，将受到族群的严厉处罚，对有此行为的年轻人，当舅舅的可以让他的外甥远走高飞或流放在某个地方，这是受当时母系社会母权制的影响，舅舅有这种特权。

父母在世或与父母一同生活时，儿子不能留胡须；父母去世时，三个月内儿子不许刮脸和理发，兄弟几人不能

① 《塔河县志》。

全部戴孝，只许一人戴重孝，认为戴孝的人运气不好，打不到野兽；戴孝的人在此期间不许参加娱乐活动，不能同别人打架拌嘴，过年过节不给别人叩头，同时也不接受别人的叩头。

据说游猎时期，鄂伦春族有严格的族规、家规。对违犯者轻者说服教育，重者处以棍打、鞭抽。氏族内部互相殴斗致死、误杀他人，要抚养其子女，直到能独立生活为止，或用一定数量的马匹来抵偿。故意杀人要偿命，或经氏族大会议定交官府处理。

七　尊重老人的礼仪

老人和长辈在鄂族新村是有权威的，也是非常受人敬仰和爱戴的。小辈人对待村中的长者都是格外尊敬，说话语气平顺，不许指手画脚，不能用手指着老人说话，对待老者和长辈一定要用尊称，不可以直呼姓名，也不能用“喂”、“嘿”之类的口气，否则认为是不礼貌的。

如果外出狩猎的路上与长辈偶遇，那么无论与长者是否认识，小辈都要下马，并且要给长辈行礼。在每次远行狩猎前，晚辈人先要给长辈见面禀报，寓意是希望老人可以祝福自己满载而归，狩猎回来之后第一件事是给老人与长者行礼请安，告诉长辈已平安回归。逢年过节，要行两次礼，一次是见面礼，一次是年节礼。

60岁以上老人去世，禁止说老人“死了”，而是说“成佛了”。

八　待客礼仪

鄂伦春族对外人以诚相待。他们认为，人不分贵贱、人人平等。譬如，猎人驮肉归来不管是否相识，见面都能分得一份，或开口想要时，立即将猎刀递过去，任其割取，毫不吝惜。

鄂伦春族待客热情。不管是不是本族人，凡是来到他们所居住的地方，都会受到热情的款待。他们会把客人请进“斜仁柱”中做客，如果客人抽烟的话，他们会把客人的烟袋接过来为客人装满烟叶、点燃，为客人倒茶。如果家里有已经做好的肉，他们会马上为客人端上来，如果客人拒绝的话，他们会认为是对他们的不尊重，甚至会认为是对他们的侮辱。吃肉就少不了喝酒，如果晚辈拒绝喝酒就会被认为是最没有礼貌的年轻人，在饭桌上如果能让长辈喝酒喝到醉，那么便会被老人认为客人是对他的一种尊重。在调研期间，我们不止一次被村民邀请到家中做客。

外来的客人不能骑马或坐车进入鄂伦春族人的院内，认为这没有礼貌。

九　妇女禁忌

在过去的鄂伦春族社会生活中，对妇女的禁忌繁多，如：妇女不能坐熊皮垫子，否则一生不能生儿育女；妇女不准到“撮罗子”后边去走动，因为“撮罗子”后面是神佛的处所，认为妇女不洁，会触犯神灵；妇女不准在“撮罗子”门对面的铺位正席上坐卧，因该位置上方挂有神像盒；妇女在月经期间不许吃狍、鹿、犴的内脏和头肉，否则男人外出打猎子弹会穿不透野兽；妇女不准到河里洗澡，否则要降大雨；妇女不能跨过泉水，否则泉水会干涸；女子出嫁时不准从娘家带刀剪之类的刃器，否则将使娘家遭噩运；孕妇不许吃獐子肉和铺垫獐子皮，绝对禁止接触獐子，猎到獐子后，要放在“斜仁柱”背后女子不准去的地方，否则孕妇要流产；妇女不准触摸及乱动“萨满”的法具等；寡妇三年内禁止出嫁，忌讳出席任何婚礼；男人用的马鞍子及枪支弹药等猎具，禁止妇女踩过去或跨过去，认为此举不吉利。

十　其他日常生活规范

除此之外，鄂族新村村民至今还遵守一些社会规范和禁忌：病人在患病期间不能洗手洗脸，否则会使病情加重；禁止破坏或挖掘死者坑墓，此行为被认为将给下一代带来噩运，影响子女的身体康健；忌恨偷盗，尤其是偷马[①]；有义务照顾鳏寡孤独、老弱病残者等。

---

① 塔河县志

第五章　村民生活

第一节　基本生活状况

一　居住

（一）住房

1. 游猎时的居住状况

游猎时期的鄂伦春民族，多数居无定处，寒冷季节选避风向阳的山沟栖居，春秋夏日择水草丰盛的河边而眠，少数有固定居室的家户，狩围期全家出猎，淡季时又回原地。

住室按季节不同有多种形式。夏季住室的名称较多，一种是用三幅白布接成长方形以横杆撑起成帐篷形叫“麦汉”；一种是搭起状似房子的屋架，桦树皮盖顶，四周立小木杆为壁，壁间之隙用以透光通风，此居室谓之“林盘”；另一种是用柳树或桦树枝条以方或圆形插在地上，将梢头拢聚结扎成一体，上面盖一层白桦树皮以防漏雨，此室名为“库米”；还有一种是用4根木柱搭上4根横杆，上面再按一定距离搭上一些小杆，最上层盖草，即成秋季住室，

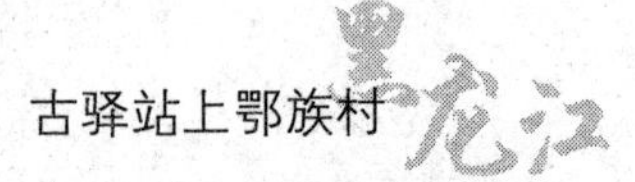

称“开依搭柱”。

冬季住室有三种，一是把5米来长的圆木劈为两半，并排斜竖起成倒圆锥形状，上面压盖泥土，里面可生火住人，此住室称为“莫纳”；二是就地挖成长方形的坑，以木与土封盖上顶，向阳面设门窗，内有火炕、冷铺和炉灶，此类似土窑的半地下住室称作“乌顿住”。但以居住“斜仁柱”（也叫撮罗子，形似马架子的一种住房）的最为普遍。“斜仁”鄂伦春语意为木杆，“柱”是屋子，“斜仁柱”即木杆屋子之意。鄂伦春族人每到一处狩猎场地，首先搭盖“斜仁柱”，选用2～3根较粗、带叉的木杆斜立支成人字形作为主杆，再选20根左右长5～6米，直径6～7厘米的木杆斜搭在人字形周围，搭起“斜仁柱”骨架，不用钉子和绳索，只要支得牢固即可。“斜仁柱”占地直径4～5米，斜度85°左右，呈圆锥状。“斜仁柱”外部覆盖物品有春、夏、冬之分，冬季用兽皮做围子，用50～60张狍皮缝制而成，绣有精美图案，皮朝里、毛朝外围在“斜仁柱”上，围子的顶端用一块活动围子盖住，白天掀开以便阳光进入屋内，和排除烧火的烟雾，晚间扣上以保暖，冬季起保暖、防风、防雪作用。春季到夏初，使用“铁沙”（桦树皮加工而成）作围子，防风、防雨性能较好。夏季用草和苇帘作围子，或与桦树皮兼用，有通风透气好、室内凉爽、光线充分的好处。总之，要根据不同季节、地理条件和实际需要各种方法互相兼用。“斜仁柱”一般建在背风、朝阳、有水、干柴多和打猎方便的地方，不能搭在森林较密集和道路不便利的地方，更不能搭靠在孤树上，鄂伦春人认为孤树是罪恶物的化身，容易遭受雷击。

“斜仁柱”的门朝向东南，门内悬挂狍皮门帘，挡风遮雨。“斜仁柱”内设备比较简单，主要是睡觉的铺位（奥路）。要根据家庭人口的多少决定搭铺位的数量，人口少，搭正对门处和左侧两个铺位，当孩子长大结婚，人口增多之后再在右侧搭铺。儿子和儿媳住在左侧铺位，老人住在右侧铺位。正对门的铺位叫“玛路”，是供神的地方，只许男性客人和男主人坐卧。老人丧偶，老头可住在“玛路”的铺位，若是老太太则仍住在右侧铺位。如果还有儿子要结婚，就得另搭“斜仁柱”分居了。“斜仁柱”内铺位有两种：一种是席地铺，即在地面钉上木沿，然后在里面铺上干草、桦树皮、狍皮等；另一种是木架铺，即在地面上立 4 根一尺左右高的小木柱，上面搭两根横木，在横木上摆木杆铺上干草、狍皮褥子。鄂伦春人长期居住时一般多用木架铺，因为这种铺不仅防潮，而且起卧也方便。其铺位的内侧都要搭一个小木架子，上面放些随时用的衣物、被子、粮食、枪支等。“斜仁柱”一进门的左侧也搭一个放置锅碗等炊具的小木架子，右侧放置干柴和马具。地中央生火，用以取暖做饭。做饭的锅有的吊起来，有的在火堆的外侧立上三块石头，或钉上三根铁棍，把锅支起来，也有的把一个木钩用绳子吊起来，再把吊锅挂在钩上，还有的用带丫杈的三根木杆支起一个三脚架，把锅吊在上面。夏季因天气热，鄂伦春人一般不在“斜仁柱”内生火，而在外面另搭一个小木架将锅吊起来做饭。

2. 定居后的居住状况

1953 年，鄂伦春族定居时，已经开始不住“斜仁柱”了，改住板夹泥和“木刻楞”房屋。多数住的是“木刻楞”

房屋，人口较多的家庭为两居室一厨房，分老、少间，人口较少或孩子较小的家庭为一居室一厨房，家具有炕桌（饭桌）、木凳、木箱等。

1983年，在鄂伦春族定居30周年时，黑龙江省人民政府投资兴建鄂族新村，房屋为砖木结构新式住宅，两室一厅一厨，室内家具有衣柜、沙发、茶几、餐桌、写字台、木凳等，大部分由国家投资分给每户，各家都基本购置了电视机、洗衣机，少数人家安装了壁灯、吊灯和吸顶灯等。

1997年，黑龙江省民族宗教局为加强鄂伦春族住房的管理，下发了专门的管理办法（黑族联字［1997］第10号），要求有关乡镇政府切实加强鄂伦春族住房的管理，实行房权国有、免费住用、自行维修的办法，允许子女继承住用。暂时无人居住的房屋，有关乡镇要专门管理，防止被他人占用或损坏，也可有偿出租，出租房屋要签订租用合同，先交租金、后进户，租金由有关乡镇政府管理使用，主要用于鄂伦春族公益事业。

2009年，十八站乡争取到农村建设资金200万元，为鄂族新村更换了彩钢瓦屋顶、塑钢窗，并对外墙进行了抹泥、粉刷涂料等处理，新夹板杖子（栅栏）7000延长米，硬化了路边沟4.5公里，绿化植树1000多株，安装太阳能路灯9盏，改善了村民的居住环境。同时，黑龙江省民族事务委员会和黑龙江省财政厅下达了鄂族新村住房改造少数民族发展资金项目，总投资120万元，拟新建砖房10栋20户，每户60平方米，每平方米造价1000元。

截至2009年年底，鄂族新村125户村民都住上了砖瓦结构房屋。

图 5－1　彩钢瓦砖房（2010 年 10 月 3 日　董刚摄）

图 5－2　太阳能路灯（2010 年 10 月 3 日　刘青云摄）

（二）饮水

定居之前，鄂伦春族的人畜饮水方式分季节而不同，夏季直接取用河水，冬季则是将积雪或从河上取来的冰融化成水后使用。定居以后的30年里，村民在居住点一直使用压水井取水。1982年，政府为鄂族新村盖新房时，也为每户打了一口压水井，由于取用的是地表水，卫生和安全难以保障。塔河县水质量监督局后来为鄂族新村的饮用水进行了检测，发现重金属超标，据此也找到了村民患“大骨节”病的根源了。

2003年，政府出资在村里打了第一眼深水机井，机井位于现在的村委会隔壁，用电费用由乡政府承担，村民免费取水，从此，村民告别了饮用水不达标的历史。

2007年，十八站乡政府投资20万元，为村内125户常住户进行了自来水分户改造并投入资金新建了自来水设备总控房，村民可以足不出户用上清洁的自来水。

图5－3　自来水总控房（2010年10月3日　刘青云摄）

（三）用电和取暖

1. 用电

从1982年政府为村民统一建房开始，村里就通了电，但前10年使用的是十八站乡自己发的电，到1992年，村里才正式通上了国电。由于输变线路电压低，用户载量不断增加，经常出现停电的现象。2007年，十八站乡政府投资6万元，为鄂族新村新增了一台变压器，彻底解决了鄂族新村电压低的问题。平常，村民用电主要是照明和使用家电。2006年以前，村民用电是不需要交纳任何费用的，全部由乡政府结算，2007年以后，各户安上了电表，开始计量收费，但是，村内的17户贫困户的用电，仍由乡政府承担。

2. 取暖

鄂族新村地处较高纬度，冬季气温零下30多摄氏度，自每年的9月中旬至来年的5月上旬，取暖就成为村民的一件大事。定居以前，鄂伦春族的先民住的是“斜仁柱”，取暖就地取材，从山上砍来木站杆（竖立的枯木），劈成木段，在“斜仁柱”的地中央用引柴点燃木段，火堆一直保持燃烧，直至搬到下一居住点才熄灭。

1983年后，鄂族新村村民统一住进政府提供的新房，由于房屋格局基本相同，家家户户取暖的方式也基本一致。每户两间房屋，面积约有40平方米，厨房一小间，另一间一般是间隔成南北的两个卧室，年轻人住南边向阳的房间，老年人住北边的房间，主要是老年人喜欢住火炕，火炕是在北边的房间里。

多数家庭用火墙和火炕以及暖气取暖，也有的家庭没有暖气，只用火墙和火炕取暖。使用火墙和火炕取暖的家庭，两个卧室的火墙和北边卧室的火炕，与外间厨房的灶台和炉子相连。两个灶台通常相连，一面放锅灶，另一面放炉盘，火炉下面是用砖砌的，里面有炉箅子。到了夏天，防止火墙散热，用砖头堵住通往火墙的通道就可以了。使用暖气取暖用的是小锅炉，小锅炉与炉灶相连，暖气的加热可以单独烧锅炉，也可使用炉灶做饭时的热量，当烧锅炉或做饭时，暖气、火墙和炕一起受热，热效率较高，屋里也很暖和。我们第一次到村里调研的时候，正值隆冬时节，屋里的温度达到20℃以上。

以前各家各户烧木头取暖，2008 年年末，大兴安岭地区实施“以煤代木”工程，村民取暖和做饭改为用煤，木头只做引柴。由于取暖期长、气温低，一个取暖期下来每家要用大约 3 ~4 吨煤，不过多数花销由政府专项补贴埋单。

二　出行

1. 定居前的出行

1953 年定居前，鄂族新村先民使用的交通工具是驯鹿。驯鹿头似马、脚似鹿、身似驴、蹄似牛，俗名“四不像”。据当地人讲，使用驯鹿做交通工具是因为鄂伦春人生活的地域山高林密，一年有长达 6 个月以上的冰雪期，出行非常不便，而驯鹿是寒带体形颇大的动物，背腰平直、蹄子阔大，适于驮载重物在雪地和崎岖不平的山间林路中行走。由于长期役使驯鹿出入山林，“使用驯鹿的人”便成为鄂伦春人的代名词。17 世纪中叶，鄂伦春人由外兴安岭迁至大、小兴安岭后，因疫病流行，驯鹿死亡殆尽，加之由于驯鹿行动迟缓，载货有限，后来慢慢地便被马匹所取代。鄂伦春马躯体矮小，善于爬山穿林，过沼泽，跨倒木，走塔头

（高出水面的草墩）稳而不倒，鄂伦春人常骑之狩猎。

为适应狩猎生活，鄂伦春人创造了一种称为“依如达仁”的交通工具，汉语名为“拖着走”，这是鄂伦春人专门为运送伤病员而发明的。做法是，砍两棵3~4米长的黑桦树或白桦树，把两棵树的树头部分用皮绳连接起来。树头上的树枝拖在地上，有很大的弹性，树干部分作为辕木，套上驯鹿或马匹拖拉，伤病人躺在上面比较舒适。使用整棵树来载人，这是一种因地制宜的发明创造，这种工具极具民族特色，体现了鄂伦春人的聪明才智。

鄂伦春人生产生活中还使用爬犁（雪橇）作为交通工具。爬犁（雪橇）外形简单，制作方便，利用两根弯曲的木杆，一端平触地面，一端翘起，再用几根横梁固定，在触地一端设置车厢载人或载物。爬犁（雪橇）主要使用各种畜力牵引，早期鄂伦春人用狗拉爬犁（雪橇），后来使用驯鹿。等到马匹广泛使用后，便都使用马拉爬犁（雪橇）了。自从有了这一交通工具，鄂伦春人在大雪封山的季节穿山越岭，迁徙、载人运货都非常迅捷。

在密林厚雪中，鄂伦春人还使用行走如飞的滑雪板进行狩猎。滑雪板又称“滑子”、“快马子”，鄂伦春人称为“亭那”。多以松木为原料，经水煮后，削成长5~6尺、宽5~7寸、厚半寸的薄板。前端窄，向上翘，呈尖圆形。后端稍翘成坡形，中间钉上用以缚脚的皮绳。底部钉上野猪皮，以增加滑雪板的滑度。有一只或两只撑杆，滑行时用两根撑杆用力向后撑即可快速前行。鄂伦春人的滑雪板有长短两种，长的2米左右，短的1米左右。长的速度快，适宜在平坦或浅软的雪地上行走。短的灵活，适宜在山上林中和深厚较硬的雪地上使用。鄂伦春人常用它拉载必要的生活用品到较远的地方去狩猎。滑雪板在鄂伦春族地区使用的历史很长。过去几乎每个青年猎手都有一副。每年大雪封山以后，就可以穿上它行走如飞，或追逐野兽，或探亲访友、传送音信。

桦树皮船是鄂伦春人夏季重要的水上交通工具，用天然的桦树皮制作而成。鄂伦春人普遍用它代步、捕鱼、狩猎和运输。桦树皮船船体修长，长 3 米多，宽 1 米左右，船首像鳄鱼的长嘴又尖又翘，船身宽窄适宜，能坐两三个人。船体很轻便，可以很轻易地拿起扛走，平时放在岸上，用时放于水面，顺流用桨，逆水撑竿，顺水时速可达 10 ~ 25 公里，可载物百余公斤。除了桦树皮船，鄂伦春人的水上交通工具还有木排、独木舟和兽皮筏等。

图 5 - 4　早期的水上交通工具——桦皮船(2011 年 3 月 2 日　郭红提供)

2. 定居后的交通工具

1953 年定居以后，“马拉爬犁”依然是鄂族新村先民的主要交通工具。1965 年国家投资开通了韩家园子到齐齐哈尔的火车，途经十八站乡，对鄂伦春族来说，不仅打开了村民与外面世界联系的通道，开阔了他们的视野，同时也深深影响了他们的思维方式和生活方式。20 世纪 70 年代末 80 年代初，村里有个别家庭买来自行车，自行车很快在全村得到了普及，方便了村民近距离的出行。1983 年，村里出现第一辆出租港田车（一种带篷的三轮摩托车，能坐 2～3 人），包车从鄂族新村到十八站林业局区域内 2 元，要是两三个人拼车则每位只需 1 元，根据乘客需要上、下车，很是方便。有了港田车之后，村民的出行基本不骑马了。同年，去往县城的大客车和中客车也开通了。1995 年，村里有了小型面包出租车，由于招手即停，村民们又把它叫招手车，刚开始的时候是每人 1 元，2009 年涨到每人 2 元、两人 3 元，残疾人和儿童免费。现在，村里有 50 户家庭有摩托车，4 户买了小汽车。交通工具的不断改善，既方便了村民的出行，也加快了鄂族新村经济发展的步伐。

图 5－5　港田摩托车（2010 年 10 月 3 日　董刚摄）

如今，鄂族新村人使用的交通工具的种类非常丰富，传统的交通工具成了古老鄂伦春人交通习俗的一部分。在鄂伦春人的一些娱乐项目中，我们依然可以追寻到它们的影子。划桦树皮船、滑雪等体育运动体现了鄂伦春族传统交通习俗的传承。

3. 定居后道路的改善

下山定居之初，十八站地区的鄂伦春居住点先后通了土路，这对于祖祖辈辈生活在深山老林中的鄂族新村的先民来讲，足以让他们感到平坦。每逢雨季泥泞时，土路到处是泥泞，非常难走。1983 年，鄂族新村成立的时候，国家投资为村子修建了沙石路，村里的道路状况明显改善。2007 年，塔河县多方争取资金 70 万元，为鄂族新村新建了水泥路 2. 2 公里，整个村庄显得干净有序。

交通工具和道路的改善，极大地方便了村民的生活，也提高了村民的生活质量。现在村民们坐 6 个小时的火车，就可以到达大兴安岭地区首府——加格达奇。每天有两趟通往加格达奇的客车，分别是早上 7 点和上午 11：30 从十八站乡政府所在地发车，车费 45 元，6 个小时即可到达目的地。去县城塔河更是方便，每小时一趟中巴客车，只要花上 11 元钱，坐 1 小时就到了。

三　饮食

1. 定居前的饮食

定居之前，鄂伦春族以兽肉和鱼为主食，辅以米、面、野菜、野果等，肉类以狍子肉为最佳，蔬菜主要是柳蒿芽、老山芹、黄花菜、江葱和山韭菜等野生菜类。

兽肉分生食、熟食、肉干 3 种吃法。

生食。将刚猎获的狍、犴、鹿即刻开膛，取之肝、肾切块蘸盐面生食，生吃的食品主要是狍子、犴、鹿的肝与腰子，据说生吃对眼睛有益。

熟食。有煮、炖、炒、烤、熬汤等几种做法，煮肉是简单常见的吃法，连肉带骨放在锅内煮，煮至五分熟，肉还带着血丝，拿出来用刀割下肉，蘸盐面或盐水食之，称为“手把肉”。

肉干。鄂伦春猎人夏季为了保存兽肉，将里脊、腿、胸脯等部位质量好的生肉割成条放在木架上晒，下面升火熏烤，以防蚊蝇，也有煮熟后切小块晒干。

食鱼以手扒鱼、烤鱼片、熬鱼汤、炖鱼为主，还将多余的鱼晒成鱼干以备食用。

野菜、野果食用方法主要有稠李子粥、百合粥、炒野菜、凉拌野菜等，野果晒干以备冬季食用，刺玫果、五味子等可代茶冲饮。

最早，鄂伦春人吃粮食较少，只是吃完肉后喝些稀粥，粮食多了，才吃干饭。面食有几种吃法：年节吃饺子，称“谢好乌父”，馅为肉和野菜，无面板面杖，用手捏皮；“图胡列”（油面片），和面时加些油；“阿拉”（油炒面），用油炒面吃；“偏拉坦”（面片），将面团擀薄，切成片，煮熟后拌油吃，有的放在肉汤里原汤吃；“卡拉斯克”（烧饼），将面和好压扁放在热火灰里烧熟。

此外，还有其他几种食品的吃法：“西乐”（熬菜），把肉切成小块与野菜放在一起炖；“阿苏”（杂花菜），把熟狍肉、狍肺切成小块，再同狍脑子合拌，有时也加些野猪油拌匀后吃；“沙阿诗”（血肠），即狍子血灌入肠子煮成的血肠。

喝酒是鄂伦春人的突出特点，其普遍性和饮用量之多与其他民族相比较都是突出的，喝酒后被冻伤和非正常死亡的事情时有发生。①

2. 定居后的饮食

1953年定居后，村民们除季节性野外狩猎捕鱼，以猎物和打的鱼为食外，平时的饮食发生了较大改变，基本上是一日三餐，各种面食、米饭、粥、汤和蔬菜搭配。20世纪80年代后，作为调剂的大米和其他粮食，越来越多，除定量供应外，村民还可从国家统一管理的议价粮中或农贸市场上购买调剂生活的食粮。90年代以后，人们生活水平普遍提高，早餐有馒头、粥，咸菜，中、晚餐有米饭、面食、炒（炖）菜、肉、鱼等，男子通常每顿都要喝酒，妇女饮酒的相对较少，儿童几乎不沾酒。

如今，村民自家菜园都种菜，夏季蔬菜的品种有旱黄瓜、角瓜、倭瓜、韭菜、芹菜、香菜、生菜、大葱、胡萝卜、豆角等。秋季蔬菜有大头菜、白菜、土豆、萝卜、卜留克（甘蓝）等。冬季主要吃冬储菜，亲戚朋友来了也到菜市场买些外运的蔬菜。80年代后期，十八站乡开始出现大棚栽培技术后，黄瓜、西红柿、青椒、尖椒、茄子均有种植和栽培，到了春季村民们除了挖点野菜，也经常会到乡菜市场买些大棚蔬菜。

第二节　经济生活

一　收入

2007年以来，经济得到大幅度的增长，农民人均纯收

① 根据《呼玛县志（1978～1987）》整理。

入从 2006 年的 1280 元增加到 2010 年的 5868 元，增长了 358.4%。

（一）收入来源

定居后，鄂族新村村民的主业是林业，兼事狩猎，以此作为主要的经济来源。从国家开始禁猎和实施天然林保护工程以来，村民们逐渐改变了旧有的生产方式，开始发展多种产业经营。

1. 农业

一部分村民靠种地为生，以出售小麦、黄豆、土豆等农产品作为主要经济来源；还有一部分村民依靠出租土地获得租金作为经济来源，2007 年至 2008 年耕地租金为 400 元/公顷，2009 年至 2010 年租金上涨为 500 元/公顷。

2. 畜牧养殖业

各级政府出台了相关的补贴奖励政策，极大地鼓励了村民们发展养殖业的积极性，村民逐步发展养鸡、养鹅等规模养殖业，其相应收入在整个村民收入中占相当的比重。

3. 黑木耳种植业

在鄂族新村，由于黑木耳生产具有原料多、成本低、投资少、见效快、风险小等特点，近些年，在政府的帮助下，村里开展了黑木耳种植业。正常年份，平均每袋木耳净赚利润 1 元左右。

4. 桦树皮手工艺品制作

鄂伦春族特有的民族文化瑰宝——桦树皮手工艺品制作，已列为国家级非物质文化遗产，鄂族新村村民抓住这一契机，将桦树皮手工艺品制作发展成为推动经济发展的朝阳产业。几年来，鄂族新村制作的桦树皮手工艺品种类已由原来的几十种增加到了现在的近500种，主要销往哈尔滨、吉林、长春、秦皇岛等地。

5. 劳务输出业

随着市场经济意识的增强，鄂族新村村民也逐渐加入到打工行列，用当地人的话说“打工是铁杆庄稼，旱涝保收”，这也是村民们愿意打工的重要原因。因此，劳务输出产业已成为鄂族新村经济产业结构的重要组成部分。以2007年为例，鄂族新村外出打工人数25人，其中保安服务业12人，每月工资大概600～700元；酒店服务业13人，每月工资总额大概500元；建筑工程队一般按工作量计算工资，不同工程队在具体标准上多少有些差别，月工资大致在1500～3000元；如果是在本地修路等工程打零工，日工资多为30～50元。

6. 个体经营性收入

部分村民还有一些个体经营性收入及其他收入，村民从事个体经营的种类主要是指经营日用百货和跑出租车，日用百货年纯收入一般在2万元左右，跑出租车的年收入一般在1.5万元左右。

7. 政府补贴型收入

从2005年起，村民开始享受国家粮食直补和粮食综合补贴以及大型农机具补贴。补贴标准每年不等，都有小幅度递增，且直接以现金形式发放到村民的手中。同时，还有针对特殊人群的政策性补贴收入，如低保户等。自2002年开展农村居民最低生活保障工程起，十八站乡政府就将符合农村低保条件的鄂族新村村民全部纳入了保障范围，2007年，全村享受农村低保待遇的人数是170户、400人，当年不同年龄段的补助标准见表5－1。

表 5－1　鄂族新村村民的低保标准

单位：岁，元/年

年　龄	金　额
0～20	300
20～40	100～200
40 以上	800

此外，村民还有接受来自在外工作的亲属或者是亲友走动得到的馈赠收入等。

（二）家庭收入状况

目前，根据家庭的收入水平不同，可将鄂族新村常住的 125 户，粗略划分为高收入（年人均收入为 10000 元以上）、中等收入（年人均收入为 5000～10000 元）和低收入家庭（年人均收入为 5000 元以下）三个层次。

（1）高收入家庭

这类家庭包括的范围广，除了个体户，还包括教师等有工资收入的家庭，多数家庭靠土地租金、食用菌产业收入、畜牧业收入和个体经营性收入等。这类家庭大概有 42 户，占总户数的 34%。

（2）中等收入家庭

中等收入家庭共 55 户，占总户数的 44%。这部分家庭大多是将农田出租，从事木耳种植等产业。

（3）低收入家庭

低收入家庭共 28 户，占总户数的 22%。这些家庭大多是家中长年有病人或残疾人，没有家庭劳动力，靠政府救济。

二 支出

鄂族新村家庭的货币支出主要可以有以下几方面。

1. 教育支出

随着社会的发展，村民们十分重视子女的教育，普遍认为只有受到教育将来才能过上更好的生活。如今鄂族新村就读小学和初中的，都在十八站鄂伦春民族乡学校就读，学生不用交任何费用，只需购买学习用具。一旦完成九年义务教育后升入高中或职业中专，则教育支出就要占家庭收入的很大比例。据调查，目前村民就读高中，每个学生一年的各项费用一般都在5000元左右。

2. 医疗支出

2006年起，鄂族新村正式实施新型农村合作医疗制度，每人每年只需缴纳30元即可享受农村医疗保险政策，医疗参保费成为每个家庭每年的固定开支。

3. 现代性消费支出

随着生活水平的提高，越来越多的村民购买电脑、手机、轿车等现代设备。

4. 礼仪性交换支出

改革开放以来，随着村民生活水平的不断提高，在鄂族新村人情消费也不断增加。以婚丧嫁娶、升学为主的随礼钱逐渐成为村民的一大经济负担。

三 具体经济状况

（一）大宗物品

据调查资料统计，鄂族新村常住的125户村民家庭中，拥有的大宗物品情况如下：

1. 电器类

每家每户都有彩色电视机；有VCD的84户，占总户数的67%；有电脑的85户，占总户数的67%；有组合音响的39户，占总户数的30%；有洗衣机的14户，占总户数的11%；有冰柜的25户，占总户数的20%；有电冰箱的7户，占总户数的6%。

2. 交通工具类

村里拥有摩托车的共65户，占总户数的52%；有自行车的62户，占总户数的50%；有小型农用车的4户，占总户数的3%。

3. 通信工具类

从1993年开始，家庭固定电话从无到有，且逐渐多起来。截止到2009年，村里有固定电话的达63户，占总户数的50%。1990年，村里的李宝玉有了第一部手机。随着通信的不断进步及村经济的不断发展，2009年，村里共有手机250部，几乎达到人手一部。目前，家里既有电话又有手机的共63户，没装电话直接买了手机的有62户。对于大部分村民来说，手机的用途仅限于接打电话，只有年轻人才偶尔发送短信和使用手机上网。

（二）个案

从高收入、中等收入以及低收入三类家庭中随机各抽取2户，通过家庭目前的基本现状以及2009年总的收支情况，详细描述每个家庭的经济状况。

1. 高收入家庭

（1）村民1：户主包某30岁，家中共3口人，是典型的三口之家，1幢砖瓦房，分为1间客厅，4间卧室，1间储藏室，共60平方米。家里有32寸液晶电视一台（2008年购置），组合音响1套，洗衣机1台（2005年购置），冰箱1台（2007年购置），衣柜1个，沙发1套，摩托车1辆，自行车1辆，固定电话1部，手机3部。

①收入：家里共有耕地21亩，基本上都租给外村人种植，以每年500元/亩的价格出租，每亩地还能获得11.25元的粮食补贴。种植木耳收入8000元，桦树工艺品收入2000元，全家人一年低保收入为1200元，一年家庭现金收入为：

$$(500\times21)+(11.25\times21)+8000+2000+1200=10500+236.25+8000+2000+1200=21936.25\text{ 元}$$

②支出：购买蔬菜、油盐酱醋等共500元，在外就餐400元，个人烟酒消费1100元，全家人购买衣服600元，出行开支500元，交际礼仪性开支800元，通信费600元，孩子的教育支出及生活费4000元，电费310元，饮用水100元，烧柴费560元。全年家庭现金支出：

$$500+400+1100+600+500+800+600+4000+310+100+560=9470\text{ 元}$$

（2）村民2：户主魏某45岁，家中共5口人，1幢砖瓦房，分为1间客厅，4间卧室，1间储藏室，共60平方米。家里有28寸彩色电视1台（1997年购置），组合音响1套，洗衣机1台（2003年购置），冰箱1台（2008年购置），收录机1台，VCD 1台，衣柜1个，沙发1套，摩托车1辆，自行车2辆，固定电话1部，手机5部。

①收入：家里共有耕地16亩，以每年500元/亩的价格

租给外村人种植，每亩地还能获得 11.25 元的粮食补贴。种植木耳收入 9800 元，桦树手工艺品 500 元，山产品销售收入 400 元，全家人一年低保收入为 2100 元，一年家庭现金收入为：

（500 × 16）+（11.25 × 16）+ 9800 + + 500 + 400 + 2100 = 8000 + 180 + 9800 + + 500 + 400 + 2100 = 20980 元

②支出：购买蔬菜、油盐酱醋等共 450 元，在外就餐 300 元，个人烟酒消费 1400 元，全家人买衣服 700 元，出行 480 元，交际礼仪性开支 600 元，通信费 510 元，孩子的教育支出及生活费 5000 元，电费 280 元，烧柴费 500 元。全年家庭现金支出为：

450 + 300 + 1400 + 700 + 480 + 600 + 510 + 5000 + 280 + 500 = 10220 元

2. 中等收入家庭

（1）村民 1：户主葛某 48 岁，家中共 4 口人，1 幢砖瓦房，分为 1 间客厅，3 间卧室，1 间储藏室。家里有 22 寸彩色电视 1 台（1996 年购置），录音机 1 台，洗衣机 1 台（2007 年购置），衣柜 1 个，沙发 1 套，自行车 1 辆，手机 3 部。

①收入：家里共有耕地 5 亩，以每年 500 元/亩的价格租给外村人种植，每亩地还能获得 11.25 元的粮食补贴。畜牧养殖收入 300 元，种植木耳收入 2000 元。全家人一年低保收入为 1600 元，一年家庭现金收入为：

（500 × 5）+（11.25 × 5）+ 300 + 2000 + 1600 = 2500 + 56.25 + 300 + 2000 + 1600 = 6456.25 元

②支出：购买蔬菜、油盐酱醋等共300元，在外就餐200元，个人烟酒消费600元，全家人买衣服300元，出行240元，交际礼仪性开支200元，通信费320元，电费150元，烧柴费350元。全年家庭现金支出为：

300＋200＋600＋300＋240＋200＋320＋150＋350＝2660元

（2）村民2：户主孟某34岁，家中共3口人，5间砖瓦房，1间客厅，3间卧室，1间储藏室。家里有24寸彩色电视1台（1997年购置），洗衣机1台（2007年购置），衣柜1个，沙发1套，自行车1辆，固定电话1部，手机2部。

①收入：家里共有耕地8亩，以每年500元/亩的价格租给外村人种植，每亩地能获得11.25元的粮食补贴。畜牧养殖收入350元，桦树手工艺品收入450元，山产品采集收入500元，种植木耳收入3000元，全家人一年低保收入为1100元，一年家庭现金收入为：

（500×8）＋（11.25×8）＋350＋450＋500＋3000＋1100＝4000＋90＋350＋450＋500＋3000＋1100＝9400元

②支出：购买蔬菜、油盐酱醋等共500元，在外就餐320元，个人烟酒消费800元，全家人买衣服500元，出行300元，交际礼仪性开支400元，通信费480元，电费160元，烧柴费410元。全年家庭现金支出为：

500＋320＋800＋500＋300＋400＋480＋160＋410＝3870元

3. 低收入家庭

（1）村民1：户主孟某38岁。3间砖瓦房，2间卧室，1间厨房。家中大宗物品有：大衣柜1个，沙发1套，手机1部。

①收入：因孟某身体有残疾，故家里基本上没有什么大

的收入，基本上是靠低保收入和租地收入来维持生活，家中耕地 2 亩，以每年 500 元/亩的价钱出租给外村人耕种，享受耕地每亩 11.25 元的粮食补贴，低保收入一年为 1300 元。

一年家庭现金收入：

$$(500 \times 2) + (11.25 \times 2) + 1300 = 1000 + 22.5 + 1300 = 2322.5 \text{ 元}$$

②支出：家庭日常生活中，购买粮食 480 元，购买蔬菜、油盐酱醋等 190 元，个人烟酒消费 300 元，电费 90 元，烧柴费 320 元。

一年家庭总支出：

$$480 + 190 + 300 + 90 + 320 = 1380 \text{ 元}$$

（2）村民 2：户主魏某 59 岁。3 间砖瓦房，2 间卧室，1 间厨房。家中大宗物品有：大衣柜 1 个，沙发 1 套，18 寸彩色电视 1 台（1994 年购置），自行车 1 辆，固定电话 1 部，手机 1 部。

①收入：家中耕地 4 亩，以每年 500 元/亩的价钱出租给外村人耕种，享受耕地每亩 11.25 元的粮食补贴，低保收入一年为 1500 元，山产品销售收入为 470 元。

一年家庭现金收入：

$$(500 \times 4) + (11.25 \times 4) + 1500 + 470 = 2000 + 45 + 1500 + 470 = 4015 \text{ 元}$$

②支出：家庭日常生活中，购买粮食 520 元，购买蔬菜、油盐酱醋等 210 元，个人烟酒消费 410 元，电费 130 元，烧柴费 360 元，出行费用 200 元。

一年家庭总支出：

$$520 + 210 + 410 + 130 + 360 + 200 = 1830 \text{ 元}$$

第三节 家居生活

一 日常休闲娱乐

1. 喝酒

鄂族新村部分村民一年四季都喝酒，多数情况在家里自饮自酌。但是，到了农闲季节或者是有客人来，亲戚朋友常聚在一起喝酒娱乐。酒兴正浓时，还唱起民族歌曲，边喝边唱，唱词随心所欲。喝酒的时间持续较长，一般要喝尽兴，长的时候能从中午喝到晚间。

鄂伦春族村民多数偏爱高度白酒，喝完白酒通常还要喝啤酒，当地人俗称用啤酒“盖帽”，他们认为啤酒和饮料差不多，没有什么酒精含量，也称作“液体面包”。喝酒的时候一般不劝酒，只是第一杯一般都倒满白酒，同时喝净，第二杯起则随意喝，但通常情况下，在酒桌上大多也都跟得上，喝的数量不相上下。

图 5-6 早期鄂伦春族喝酒使用的酒具（2010 年 2 月 24 日 董刚摄）

2. 棋牌麻将

村里的大小老少都喜欢玩扑克和打麻将。老年人玩麻将的多，年轻人喜欢凑到一起打扑克玩麻将是讲钱的，但数额不大，一般玩一天也就是20～30元钱的输赢，村民们是通过输赢来增强打麻将的娱乐性，而不是专门以输赢为目的。打麻将没有固定的场所，一般是几个人约一下到其中的一家玩，玩的时间有长有短，一般都在上、下午进行，如果家里人玩，有时也有通宵的。扑克的玩法和当地的汉族人一样，"三打一"、"五十K"、"斗地主"都玩，为了增强娱乐性，打扑克也讲赢钱的，但数额不多。

鄂族新村的村民有时还玩鄂伦春族古老的两种棋牌游戏：

一种叫"克燕处吉鄂玉仁"的棋牌，类似汉族的象棋，两人对下。牌子由将、士、洋、克耶、车、马、炮等组成。牌子都是长方形的，牌盘是用光滑的桦树皮制作的。玩将牌的多为男子，无论是老年人还是中年人都会玩将牌。

另一种叫"班吉吉鄂玉仁"，类似汉族的围棋。30个棋子一组，两组共60个棋子。棋子是用木块削成的，其形为三角，顶端留有椭圆形的帽，以便手指把住移位。棋盘是用一块长方形光滑的桦树皮贴在长方形木板上。四面带有围子，再用黑炭画出界线，在棋盘的两端画出菱形、四边形的大本营。玩法是：两人对弈，按格线摆棋子，设法摆成防线与进攻适宜的阵势，直到与对方的棋子相遇，并设法阻止对方向前移动，使对方无棋可走。如果对方的30个棋子全被挤进了大本营，就只好认输了。玩班吉需要高明的技巧和灵活的手法，是锻炼智力的好办法。

3. 室内游戏

“莫喔吉塔曼地仁”，就是拉木棒游戏。在漫长的冬季和多雨的季节，除了猎手们以外，村里的大多数人都很少出屋。男女老少都闷在屋里没事做，便想出了这种适合在室内玩的游戏。具体方法是，取一根双方都能握紧的木棒。两个人相对握紧，坐时两腿伸直，双足对双足，膝部不能弯曲。比赛开始，双方使用臂力，将对方拉起或是使其双膝弯曲为胜者。这种游戏，不仅男人参加，妇女也非常喜欢。

二　节日娱乐

（一）定居庆祝

1953 年的定居是鄂伦春族划时代的里程碑，自定居以来，鄂族新村每 10 年要举行大庆，每 5 年举行小庆，用各种不同的方式进行庆祝，纪念鄂伦春族实现定居生活这历史性的跨越，以此回顾鄂伦春族的发展历程，展示鄂伦春族定居以来的美好生活。活动形式为民族特色文化、传承文化展示，民族传统体育项目友谊比赛，传统生活方式回顾和篝火节。

1. 筹备阶段

乡政府组织成立庆祝领导小组，成员由乡领导、机关干部和村两委成员组成，分工负责各项事宜。根据活动安排，分别成立体育活动组、文化展示组、篝火晚会组、筹备组。

村容村貌，要提前一个月整修。街道、边沟、边缘、死角都要全面清理。对各家破损的板杖子、大门，要进行集体修补，达到整齐、规范。动员各户将自家的庭院内也整理干净、物品摆放整齐；对各户室内进行修整、粉刷。有条件的动员自家做，无条件的（特别是贫困困户、五保户）由乡政府派人集体修整、粉刷。总之，要达到全村整洁干净。

此外，筹备阶段要做的事情还有：一是收集整理有代表性的民族文化用品、生产生活用具、现代民族特色工艺品及大兴安岭的珍稀动植物、野生药材等实物标本和图片，布置一个综合展厅；二是准备传统体育项目的道具和比赛要求的相关内容；三是准备开鄂族篝火节的相关文字材料和实物道具。

2. 庆祝活动

庆祝活动为一天，上午召开民族庆祝大会、举行体育竞赛，下午展览、参观，傍晚开篝火晚会。晚会由县乡领导讲话，村里的鄂伦春族代表讲话，燃篝火，吃传统“手把肉”，中间穿插演出文艺节目，文艺节目主要是鄂伦春族群众演唱的民族歌曲和舞蹈。

图5－7　鄂伦春族下山定居50周年庆祝大会（2011年3月2日　郭红提供）

3. 活动场地

一般是利用村委会做临时展厅。篝火及体育比赛的场地利用村委会前面的空地。

（二）节庆

据鄂族新村的老人讲，他们下山定居前，没有固定的节日，部落内只有简单的庆祝和祭拜活动，譬如“古伦木沓”（鄂伦春语，意为祭祀火神，也有人称作篝火节）就是鄂伦春族有代表性的传统庆祝方式。当狩猎归来，获得较多的猎物时，猎民在自家门前燃起篝火，焚香跪拜祷告，以求火神保佑平安，饭前还要向火塘洒酒抛肉，以示供奉。长此以往，这种民间习俗就演化为一种世代传承的庆祝方式，至今鄂族新村的“大小庆”（自 1953 年下山定居算起，鄂伦春人每五年举行一次庆祝称作“小庆”，每十年举行一次庆祝称作“大庆”）活动和春节等重要节日期间仍有“古伦木沓”影子。

自 1953 年下山定居以来，鄂伦春族的节日开始受居住地民族，尤其是汉族的影响，春节、端午节和中秋节等节日逐步走进鄂伦春人的生活。现在，鄂族新村村民最为重视的有春节、灯节、抹黑节和端午节等。

春节。和当地的汉族人一样，鄂伦春人把春节看做是辞旧迎新和团聚的节日。每逢这个时候，村子里在外的人一般都要赶回来，每家每户都打扫或粉刷房屋，张贴春联更换新衣来迎接新一年的到来。除夕夜，一家人坐在一起吃团圆饭。鄂伦春人也有守夜的习俗，他们认为守岁到来年可以精神饱满。与当地其他民族的家庭不同的是，除夕夜，鄂伦春人家门前都要燃起一堆篝火，既表示日子越过越红火，也有去邪之意。另外，除夕夜，鄂伦春人有到村里主要马路的十字路口为死去的亲人“烧纸送钱”的习俗。初一早晨，家家户户都吃饺子，祭拜山神和太阳神；晚辈向长辈请安，乡亲邻里互相拜年。初二，老人互相拜年，青年人在一起打牌、玩麻将。初五被称作“鬼日”，鄂伦春人忌讳出门。

灯节。正月十五这一天，每家都要吃团圆饭，进行一些诸如赛马、摔跤、唱歌、跳舞等文体娱乐活动，年轻人一般都狂欢到深夜。

抹黑节。鄂伦春人认为，用锅底灰抹在脸上，可以驱妖避邪、保平安。每年正月十六这一天，村里不论男女老少，两手都抹上锅底灰，走家串户相互抹脸。抹脸时，除了子女不能给父亲抹、大伯子与弟媳之间不能相互抹之外，其他人之间都可以，但在给长辈抹脸之前要先叩头。这种习俗至今仍旧保留，但迷信的色彩少了娱乐的成分增多了。

端午节。端午节的清晨，鄂伦春村民三三两两到村外的野地采摘带着露水的艾蒿、野花和桦树枝等，回来后，挂在或放在自家的门窗上。鄂伦春人认为花草上的露水可以治病、驱邪。

第六章　宗教信仰

第一节　宗教信仰现状

一　萨满教

萨满教是历史上北方少数民族普遍信仰的一种原始宗教，万物有灵是信仰体系的核心。鄂族新村村民信仰最普遍的是萨满教，信仰者多为鄂伦春族和达斡尔族，但也有其他民族的部分村民相信萨满神灵。

在鄂族新村，村民对于萨满神灵的信仰有三种类型：一类是完全不相信萨满神灵的存在，这部分人以年轻人居多；另一类是对于萨满神灵持半信半疑态度，这部分人在鄂族新村占大多数，如果有萨满祭祀仪式，手头没有着急的事情一般都会参加，也没有什么目的，主要是凑个热闹；最后一类是一小部分人对神灵存在坚信不疑，这部分多数是老人，在村内，这部分是萨满活动的主要参与者。现在，即使是相信萨满教的村民，如果家人生病，首先选择的还是去医院，但碰上怪病或疑难杂症久治不愈的，便会找萨满来看。在鄂族新村，也有一些村民由于偶然事件的发生而改变对萨满教的信仰，例如葛某，原来对萨满神深信不疑，每逢萨满祭祀仪式必去义务帮忙，但自从儿子出车祸后，他再也不信神了，也没有找过萨满。

信仰萨满教的老人们除了参加固定祭祀仪式外，还经常自己充当“神职人员”，为小孩做法事。他们认为，“嘴角生疮是被仇家的鬼咬的，耳朵发热是仇家念咒语害的”，需要驱鬼；“经常哭闹不想睡觉，是冲撞了某某神灵”，需要做一顿祭品以求原谅。

二　佛教

鄂族新村有一些汉族村民信仰佛教，信仰者以“团结户”居多，约有 20 户。信仰佛教的村民并不是那种“虔诚”的佛教徒，还没有出家为僧的，对佛教教义甚至没有任何了解，只能算作是一种盲目的佛教崇拜。村里一直没有佛教场所，村民想去寺院烧香或参加宗教仪式要赶到 100 公里外的呼玛县城，非常不易，多数情况只在家中供奉佛龛以求神灵保佑，供奉的对象有观音、弥勒佛和释迦牟尼等。

三　基督教

鄂族新村本来是没有基督教信徒的。大概是 2003 年，一对居住在十八站乡政府东侧的张姓夫妇，首先将基督教传入村里。由于夫妻俩都是基督教信徒，且距离新村较近，于是在村子里便充当了传教士。起初是向鄂族新村的部分村民宣传基督教的基本思想和信仰基督教的好处，逐渐村内有三五个人开始信仰基督教，并从事一些祷告等活动。加入的人员主要是孤寡老人、单身汉和丧失配偶者，这些人的身体一般患有这样那样的疾病，认为加入基督教可以

治病，或是独身生活太孤单，加入其中一起做礼拜，可以缓解寂寞。鄂族新村当地的村民称基督教为耶稣教，起初做礼拜是在家中，但最近两年都是在十八站乡的张姓夫妇家中进行，因为在鄂族新村没有教堂等专门的地方和机构。

四　鄂伦春族占卜

占卜在鄂伦春民族中有着悠久的历史，常见的有枪卜、斧卜和骨卜三种。定居前的狩猎时期，这些占卜方式曾经很流行。到了现代，占卜信众越来越少，只是仍在打猎的猎民还保留着这种古老的方式。

枪卜。猎民在三种情况下用枪占卜，一是长时间碰不到猎物，二是枪打不准，三是猎马生病。占卜时，在家中或狩猎途中选择一块清净之地，占卜者面朝西、双腿伸直席地而坐，嘴对着枪栓，闭目祈祷，之后，右手持枪托上举，如举得动，认为驱逐了邪魔，如举不起来，请萨满祈祷卜测。

斧卜和枪卜的情况类似。

骨卜是用野兽和野禽的骨头对特定的事情进行预测。譬如用狍子的肩胛骨预测狩猎的成果。当猎民吃到狍子的肩胛骨时，把肉剔干净后对着光亮看是否有阴影，或放在火堆上烧烤，看烧烤后骨头呈现出来的各种形状进行预测，如有狍头或犴头的模样，代表近日内能打到狍子和犴；如有野猪头、鹿头或飞禽等形状，认为将会有更大的收获；如果什么也没有，就没有任何收获。预测后将骨头抛向空中，根据落地时骨头所指方向，预知狩猎的方位。

有时，鄂伦春民族也用野兽股骨的形状预测狩猎的丰歉。猎民用斧或刀背轻轻敲打野兽股骨的骨髓，骨头裂纹顺直，狩猎就丰收，裂纹破碎混乱，猎获歉收。

骨卜还被用来预测气候。水鸭子胸骨煮熟剔净，如透明，则全月晴，不透明则阴雨，发黑可能发大水，上半部透明则上半月晴，反之下半月晴。[①]

五　周易算卦

道教是中国的传统宗教，但鄂族新村没有正儿八经的道教信徒，不过对与道教有关的周易算卦的笃信却普遍，但当地没有人专门靠算卦维持生计的，只是会算卦的村民闲暇之余给村民算一算，一般也不利用什么工具，只是通过询问生日时辰和要问的事情来算，村民们多是就婚姻、子女升学、就业和个人在某个特定的时间段的凶吉算一算，前来求卦的对算卦的结果一般都相信和满意。

第二节　萨满教信仰的历史变迁

根据鄂族新村村民对萨满教信仰的变化，大致可分为以下 5 个阶段。

一　第一阶段：1953 年以前

1953 年定居以前，鄂族新村村民的先祖生活在大小兴安岭的山林中。当时的生存条件很恶劣，冬季漫长寒冷，自然灾害频发，食物得不到保障，缺医少药现象经常发生，这些方面造成了鄂伦春族先民认为有一种神奇的力量主宰着自然和社会，需要萨满教这种精神的寄托来祈福保安，

① 《塔河县志》。

可以说他们几乎所有的人都是虔诚的萨满教信徒。

二　第二阶段：1953～1966 年

这一时期，鄂族新村村民的祖辈经历了两方面的跨越，一是由原始社会到社会主义社会的跨越，二是从游猎到定居的跨越。由于生产和生活方式的彻底改变，加上不断受外来事物的影响，村民的思想和行为也发生着潜移默化的改变。客观地讲，当时多数鄂族新村村民仍继续保留萨满教的信仰，只不过是有些人信仰的程度开始降低，而信仰其他对象的人在增加。尽管新中国成立之初，发生了几次政治运动，从 20 世纪 50 年代初的“镇反”运动到 60 年代的破除封建迷信和鬼神活动，但并没有动摇村民信仰萨满教的根基。

三　第三阶段：1966～1978 年

当时，全国的大背景是党和国家大规模的社会改造和社会动员，各种公开的乡村宗教迷信活动相继中止，信奉萨满教的人数也随即下降，宗教信仰在鄂族新村的社会影响力进一步削弱。此外，“文革”破除“四旧”等一系列的扫除“牛鬼神蛇”活动，使得民族民间宗教信仰失去了生存的空间。

这一阶段村调解委员会对村里的宗教信仰起着主导和推动作用，一方面对村民进行政治思想教育，使村民摆脱对萨满迷信的信奉；另一方面禁止了萨满教的一些活动。与此同时，还通过扫盲培训等方式提高村民的科学文化素质，村民们认识的字多了，接触外界的事物也丰富了，对宗教本身也开始有了一定的鉴别和思考。

调研中，一些上了年纪的村民向我们讲，他们由相信神转变为相信党、相信毛主席，背诵毛主席语录、批斗村子里比较富裕的人家，认为人的力量是无穷的、人定胜天，一些萨满跳神用的古老法器、祖先神像被大量毁坏。

这一时期，还有一个明显的特征，就是人们在遇到不能解决的问题时不再像以往一样只能去找萨满，而是寻求政府的帮助，萨满跳神仪式举办的少了，信仰萨满教的普遍性和虔诚度明显弱化了。

四　第四阶段：1978～2000 年

这一时期的主要特征是虔诚度逐步弱化，只保留一些主要的宗教活动：农历腊月二十三祭火神，正月初一接火神，正月十五拜月亮神。各家拜年的特点也是有程序的，一般来说先拜火神、再拜主人；吃饭时候也有很多规矩，譬如向火里要扔一些兽肉，不能向火里泼水，不能用刀叉着肉在火上烤，否则表示对火神的不敬。

有一位孟姓的中年人向我们描述了他小时候参加宗教仪式的一些要求：进入举行萨满仪式的房子不能走正门，只能从偏门入；在屋内不得高声喧哗，不能念神灵的圣号，以免被地府相中；祭品在未祭祀之前不能偷吃。

五　第五阶段：2000 年以后

进入新世纪以来，随着生产和生活方式的巨变，除了村里的鄂伦春族老人之外，新成长起来的村民把萨满教看成是非常久远的东西。2000 年，随着村里最后一位萨满孟金福老人的离世，宗教专职人员和礼仪环境影响的消失，萨满教对村民尤其是年轻人的影响已经很小了。

在这次调研中，我们逐步认识到萨满信仰是鄂伦春民族文化中的重要组成部分，为此特意设计了专门的调查问卷，与一些村民进行了深度的交谈，我们了解到：村民对萨满教信仰的程度与年龄段有关，主体是50岁以上的中老年人，在我们与鄂伦春族老人交谈中，依然能够感受到萨满教曾经对他们的深刻影响，很多老年人还能绘声绘色地讲述当年出猎时祭拜山神的情景。相比之下，年轻人中信仰萨满教的很难找到。此外，不同性别的村民对萨满教的信仰程度不同，女性信仰萨满教人数比男性多；身体状况对萨满教的信仰也有影响，身体有疾病的比没有疾病的信教村民明显多；受教育程度也影响着信仰程度，学历低的村民深信度高。

针对当前不同年龄段对萨满教信仰程度的差异，我们选择老年人和年轻人这两个有代表性的群体，对他们的信仰倾向进行了更深入的剖析。

老年人信仰萨满教的原因，归纳起来，主要有以下几方面：一是他们年轻的时候，生活在浓厚的萨满氛围当中，潜移默化的影响深刻；二是尽管后来经历了一些打破信仰的社会运动，但思想是有持久影响力的，一旦条件允许，信仰还会重新燃起；三是随着年龄的增大，闲暇时间的增多，精神生活得不到满足的前提下，容易产生孤独感和精神空虚，这个时候，宗教信仰对于他们来说就变得尤其有意义了。

至于年轻人信仰的少，其主要原因可归结为以下四方面：

第一，教育的影响。随着现代经济社会尤其是教育事业的不断发展，村里的年轻人受教育程度普遍提高。据我们了解，20世纪70年代后出生的人受教育程度基本上达到初中以上，他们受到的教育是正规的学校教育，除了掌握科学技术，多数还通过学习，形成了无神论、历史唯物主义和辩证唯物主义的世界观。他们认识水平和思想觉悟进步的越快，对萨满教教义的关注和相信越弱化。

第二，其他文化的影响。定居后，鄂族新村的先民与其他民族的交往越来越频繁，很多鄂伦春族青年开始和其他民族的青年结婚，尤其是村合并后，各级政府对该村的发展都给予了大力支持，族外移民和团结户比例不断增加，到90年代，村民的生产和生活方式与许多汉族村没有太大的差别。汉族和其他民族的文化不仅影响了鄂族人的日常生活，而且还影响到了他们的宗教信仰，鄂伦春族人尤其是年轻人开始接受佛教、周易算卦和道教等思想，这也是导致他们不再信仰萨满教的重要原因之一。

第三，现实生活的影响。在市场经济大潮的推动下，鄂族新村的多数年轻人也和外界一样，他们崇尚的是现实主义，对他们最现实和最迫切的问题是学习谋生的技能、追求事业成功和建立幸福家庭，而宗教信仰与这些现实问题距离相对遥远一些，使得年轻人很少信仰宗教，即使信仰其信奉程度也会大打折扣。

第四，萨满教本身的影响。萨满的遴选是有一套机制的，主要倾向信仰者本身，也就是说如果一个人虔诚地信仰萨满，就有成为萨满的可能。在当地的老百姓的意识里，做萨满是必须付出一定代价的，因为萨满是神灵的使者，萨满是代表神来为众生服务的，必须毫无保留地耗尽所有。从村里的年轻人那里了解，他们也都听说过，成为萨满以后，要么没有子女，要么女方怀孕三四个月之后就流产死

去，要么即使生下子女也会痴痴傻傻或者在未成年就死去。调研中有位青年还举村里最后一位萨满孟金福的悲惨经历来验证上述说法。由此，我们从另一个角度认为，萨满教的一些教义是不为今天年轻人的价值观所能接受的，因为在奉献和享乐面前，多数“80后”和“90后”还是选择后者，鄂族新村的青年也不例外。

第三节　萨满教的信仰表现

萨满教的信仰繁复庞杂，没有形成超越特定生存环境的共同神灵，也没有完整的宗教思想体系，所信仰的神灵都是从原始崇拜衍化而来，大凡山川河流、飞禽走兽、鱼草虫木，都被赋予某种神性，具有某种灵力。总之，万物有灵是萨满教核心的信仰体系。萨满教表现为自然崇拜、图腾崇拜和祖先崇拜。

一　自然崇拜

在漫长的游猎生活中，鄂伦春先民认为“宇宙万物、人世间祸福皆由神鬼主宰，神灵赐福，鬼魔布祸”。

火神。鄂伦春人视火神为看家的神，保护火种旺盛，永不熄灭，用于取暖和烧水熟食。传说火神是位老人，妇女每天接触火，由妇女供奉。族内对火的崇敬有明确规定，不准从火上跨过，不准用刀乱捣火堆，不准往火上倒水或不洁之物。年节进餐时，先敬火神，向火堆中投入少许酒、肉和蔬菜，并进行祈祷。

太阳神（底拉恰）。鄂伦春人认为太阳给人以光明和温暖，是万物生存之源，将其视为神灵。在游猎时期，人们认为发生日食是天狗在吃太阳，就采用敲盆的方式来解救。生活中，因事争论或做事表决心，都要面对太阳发誓或述说，遇到困难也要对太阳祷告，以求保佑。

月亮神（别雅）。鄂伦春人认为月亮是打更的值班神，能给人光明，正月十五晚上，每家门前摆放一盆清水和供品，全家人面向月亮叩头，祈求吉祥。农历五月十五、十六日有拜月、赏月的习俗，人们对月亮诉说心愿和要求。猎人数日打不到野兽，把干净的桦树皮盆放在外边祈祷叩头，如果第二天发现盆内有兽毛，说明月亮神已答应赐给猎人猎物，猎人便进山狩猎。

山神（白那恰）。在自然崇拜中，鄂伦春人最敬的是山神“白那恰”（山神爷），他们普遍认为山神掌管着山野里所有的飞禽走兽，猎民能捕获的猎物都是山神赐予的。定居之后，当地还保留着这样的传统，平时在家里吃饭或饮宴之前，将饭碗和酒杯举起来在空中绕几圈，嘴里念着“白那恰”，老人则用手指蘸酒对空弹三次，以示虔诚的崇敬，然后开始吃饭饮酒。在鄂伦春先民的意识里，凡是高山峻岭、奇峰怪石、悬崖洞窟和古老的树木，都是山神所在之处。他们路过这些地方时，不但不敢喧哗吵闹，还要下马磕头礼拜。每次进山狩猎，猎人首先选择一棵位置好、树干粗大的老树，在树的背阴面距地面 5～10 厘米的地方削掉树皮，用黑炭画上老人的脸形，作为“白那恰”神位，在树的前面摆上柳树条，点燃“阿叉”（爬山松）熏一熏，然后摆肉敬酒，跪拜祈祷，猎手们猎获的第一只野兽要首先供祭“白那恰”。在传说中，“白那恰”神是一个白胡子老头，当地人认为，如果没有“白那恰”的保佑，就是百发百中的猎手，也不可能猎获任何野兽。其他猎人路过此处，也都要下马点烟、敬酒、叩头，用第一个猎物的血和肉涂抹到白那恰的嘴部，以示感谢山神的赏赐。

在自然界中，鄂伦春人崇拜的神灵（偶）还有北斗星神（奥伦博如坎）、星星神（圈儿盼）、雷神（昂弟博阿）、风神（库列贴）、河神（穆都里罕）、天地神（恩都力）、雨神（替得布堪）、水神（牧木布堪）、草神（初哈布堪）、鹰神（得义）、女神（三仙女额胡）、马神、狐仙神和母亲神等。他们认为，这些神灵各有各的管辖范围，互不干扰，完全平等。

我们在调研中感觉到，鄂族新村先民的自然崇拜有很大的随意性，譬如，村里的老年人讲，猎手外出打猎，偶然感到某种不祥，就要立即下马，把身边的草绾个节，并向它祈祷，感觉到心理上的不祥之感已消失后，再上马前行。

二 图腾崇拜

在母系社会时，鄂伦春人认为自己的祖先与一些动物有着血缘关系，将虎和熊等动物作为图腾和崇拜物。鄂伦春民族传说中，对图腾非常敬重。譬如，认为虎是守护山林的官员，称其为“乌塔其”（太爷、老爷），雄熊被称为“阿玛哈”（大爷），雌熊被称为“恩聂嘿”（大娘）；熊肉被吃完后，要将熊骨用草包好，举行葬熊仪式（古落衣仁）；熊皮褥子放在“斜仁柱”正中位置，妇女不准乱踩、乱坐，以保持熊的“圣洁”。随着社会的发展和鄂伦春人思想观念日益更新，图腾崇拜已逐渐淡化，多数猎人已不再举行葬熊仪式。

三　祖先崇拜

祖先，鄂伦春人认为人死后，肉体虽死，灵魂仍存于人间。祖先神（阿娇如博如坎）可以保佑家人消灾免祸。母系社会时，娘舅家的祖辈称为“阿娇如”；父系社会时，凡是家族中的祖辈都称为“阿娇如”。鄂伦春族召开氏族大会，首先要进行祭祖仪式。在鄂族新村，很多家庭供奉氏族的祖先神，逢农历除夕、四月猎忙季节和八月中秋节，要举行祭祖仪式，祭祀时先将祖先神像请出悬挂于露天的木架子上，由年长者带领全家献牲、跪拜、祈祷，祭祀完毕后用兽肉在神像嘴上抹一下，表示祖神已享用了祭品。平时，如果有人生病，认为是神对人的某些行为不满给予的惩罚，捕杀一头黑毛野猪或犴、狍作为祭品，在祖先神前祈祷，请求祖先神宽恕病人，保佑其早日痊愈。祈祷一般选在夜间，不允许点灯。

鄂族新村村主任戈红光家中供奉着一副祖神像。神像是用毛笔绘于黄色平纹布上，长 35 厘米、宽 37 厘米。墨迹虽已褪色，但上面的内容还能清晰可见。画布的中心是 9 个手牵手的男人像，身穿长袍，头戴清式帽子，代表男祖神。人像的上方两侧绘有树木、鸟鹊、日月星辰，人像的中心则绘有二龙戏珠的图案。这幅神像体现了鄂伦春人将自然崇拜（日神、月神、树神等）、图腾崇拜（鸟、鹊、龙等）与祖先崇拜融会到了自己的信仰之中，其中的服饰和龙的形象体现了鄂族新村原住民受满、汉文化影响的痕迹。

偶像，鄂伦春人还根据神话和传说，塑造各种类型的偶像进行崇拜。偶像形态多样，慈祥的、威严的、丑恶的都有，做偶像的基本材料是亚欧松木、野草、兽皮、纸张、棉布、马尾和狍（鹿）筋等，通过刻、画、绣和包扎、缝制等工艺而成形。偶像经过供奉，神灵即能显示威力，被尊为神圣。不同偶像神职不同，供品也不一样。鄂伦春族民间传说中，供品不能是带爪的猎物，因为他们以为神灵会利用爪子抓破供奉者的面容。偶像供奉的位置多在门对面“玛路”[①] 的右方，除了画在兽皮、棉布或桦树皮、纸上的神像以外，其他神偶平时都装在桦树皮盒内，只有逢节日和需要时，才将偶像请出来供奉。

第四节　萨满跳神仪式

一　跳神

萨满跳神是鄂伦春萨满教最隆重的宗教仪式，通常选在农历五月进行春祭的时候，场地一般选在比较宽敞的地方，在场地中央搭一个大“斜仁柱”，前面摆上诸神偶像和香案、供品。前来春祭的男、妇、长、幼按传统习俗入座，共同祈祷诸神，祷告神灵保佑全家平安，祝愿新的一年获得更大的丰收，牲畜兴旺。萨满跳神从夜晚开始，据说是为了营造一种神秘而庄重的气氛。萨满跳完神后，人们杀牲、煮肉、饮酒、唱歌、跳舞，到翌日黎明方休。

鄂族新村村民魏英向我们详细讲述了她亲身经历的一次萨满跳神。当夜幕降临后，萨满穿着神衣，戴着神帽，左手拿着手鼓，右手拿着鼓槌，来到事先安排好的场地，盘腿坐到“塔了兰”（萨满坐的凳子或坐垫）上，闭上眼睛

① 玛路是指鄂伦春“斜仁柱”里正对门的铺位。

坐着，一会儿，连打几个哈欠后就开始慢慢击鼓请神了。不久鼓声渐急，萨满浑身晃动起来，嘴唇开始哆嗦起来，牙齿开始咯咯作响。此时，有人拿来一块烧红的火炭，放在萨满面前，为其引路（据说神来时有火才能附体），萨满神情恍惚迷离，似乎失去了知觉，意味着神灵已经附体。突然，鼓声大作，神衣上的各种金属饰物相互撞击、叮当作响，萨满随之全身抖动，[①] 边抖边唱，每唱一句，坐在旁边的人欢呼一次，鼓声也有节奏地响着，其声时大时小，唱过之后，萨满开口询问因何事询问神灵（据说这是祖先神借助萨满之口在讲话），如果有人是为了病人祈祷，则需说明因患什么病才请神灵保佑，萨满于是站起来表达神意，告诉病人因触犯了哪位神灵而致病，应用什么供品才能消灾除病。在请神的过程中，萨满边击鼓边唱，有时急速旋转，有时双脚用力踏地，口中发出哧哧的声音，气氛相当紧张，萨满的歌声也极其低沉。

二　服饰及法器

据当地唯一的萨满二神丁秀琴讲，萨满神具包括神衣、神帽、神鞋、神鼓、鼓槌、偶像、神画等。萨满的神衣、神鞋多是由妇女缝制，而神鼓、鼓槌、神帽则由男人们制作。

萨满神衣是非常有讲究的，每件都是由去毛的鹿皮或犴皮，熟好染成黄色，再制成无领对襟长袍；重量一般在50公斤以上，最重的达90公斤；装饰不仅有自然崇拜物与

---

① 按照鄂伦春宗教研究者的普遍说法，这其实是一种舞蹈，舞蹈的形式多种多样，具体要看萨满请来的是什么神：如果请来的是雷神，则急促而暴烈；是蛇神则翻来滚去，扭曲而动作迅捷；是狐仙则颤抖频率又快又稳。

动物图腾崇拜物的造型，而且有各种花草图纹；袖口和袍裙的下摆处，都有各种各样的刺绣贴画纹样；前胸有36个铜铃，两肩有6个铜铃，马甲背部有3个小铜铃（当地人认为铜铃是神藏身之处）；前胸饰有6个圆铜镜，后背饰有5个圆铜镜，个子高的男萨满神衣前胸饰有12个圆铜镜，后背饰有5个圆铜镜，铜镜具有护身作用；神裙飘带有12条，飘带上绣有各种花纹，包括野花、叶子和野鸡尾图案等，有的也直接贴上各种花样或用花布代替绣花；男萨满飘带上挂有一种叫“查火胡查恩”、毛皮为白色的小动物，传说各路神仙都喜欢这种石头里生长的小动物；两肩有布或木制的布谷鸟[①]，据说萨满夜晚在路上行走时，鬼怪会认为是火光，能退避三舍。

萨满的神帽叫“阿纹”。神帽的构架是用铁做的，外面用彩布条包紧。帽口上面是十字形半圆顶，在十字上安有一对铁质的鹿角，寓意是神的落脚地并从这里附体，鹿角中间有一个用布或木质的造型逼真的布谷鸟。帽子正面坠有黑布条帘，遮到鼻子以上部位。神帽上还有3个或6条飘带，飘带喻做天桥。神帽上还有2个小铜铃。神帽上鹿角的叉数是区分大萨满与普通萨满的外部特征，大萨满的鹿角是六叉，普通的萨满三叉、四叉不等。据说大萨满的本事大于普通萨满，通灵更多的神，所以鹿角的叉也多。

神鼓是萨满的法器，是圆形扁平单面鼓，直径50厘米。鼓的框架是用稠李子树制作的，鼓面则是用狍皮制作的。狍皮的处理方法是将刚扒下的狍皮用猎刀刮下毛，直接用

---

① 布谷鸟的鸣叫声清脆响亮，能够传播到很远，因此，鄂伦春人把布谷鸟视为神鸟，并在族内严禁伤害布谷鸟。

稠李子木撑起来阴干。鼓的背面正中央有一个5厘米直径的铁圈，有4根犴皮条将其固定在鼓框上，用于抓握方便。犴皮条上坠挂一些古代铜钱。

萨满用过的神衣和法器是绝对禁止妇女碰的，尤其是有月经的妇女，据说触摸后萨满就无法请神附体。

第五节　萨满教的传说

一　萨满传说

“萨满”一词，鄂伦春语译为“先知”、“智者”。据鄂族新村的村民讲，他们的先民认为萨满是勾通人和神之间的使者，可以代表人向神祈求幸福，消除灾难和疾病。因此，定居以前，萨满在鄂伦春族人的心目中备受尊敬和爱戴，每个氏族都有自己的萨满，氏族长一般由萨满担任，氏族社会中出现的一切矛盾或生老病死等事宜均由萨满出面解释或解决。

萨满男女皆可充当，男萨满为“尼然”萨满，女萨满为“阿戏”萨满，男女萨满的地位平等。我们在调研中了解到，要成为萨满有下面的几种途径：一是那些出生时未脱胞衣者，割破胎胞取出的孩子长大后就是萨满；二是得病后的人许愿当萨满，经萨满跳神病愈，即还愿成为萨满；三是老萨满死后，他的神会找另一个人附体，如果某个人能说出老萨满的情况，就说明神附体了，就能成为萨满。四是老萨满死去后，神灵会在新一辈中重新挑选萨满，也就是东北民间所说的“抓萨满”。除了以上4个途径外，还有通过学习取得资格的。拜老萨满为师，学习祭神的祷词、跳神、唱萨满神歌等，跳得神志不清的人，被认为是萨满的神灵附体。民间还有“香根”的说法，也就是说如果一个人是萨满，他家的祖辈一定有人是萨满。

在萨满教中，还有一个重要的角色就是萨满的得力助手——二神，通古斯语称之为“栽立”。

二神的作用很重要，在当地一直有“三分萨满，七分栽立”的说法。据说萨满一旦神灵附体，便进入昏迷状态，行动不能自主，此刻的所有应变、对答和协力配合，职责便完全落在了二神身上。所以，作为一个称职的二神，不仅要对所服侍的萨满的各种表现了如指掌，还要有丰富的伺神经验和知识，以及与神对答如流的口才和灵活变通的能力。否则，处在昏迷状态下的萨满，长时间得不到应答，便会苏醒不过来，导致神经错乱，甚至死亡。因此，对二神的挑选十分重视，条件要求高，程序也很复杂。如果萨满故去了，无后继萨满产生或是不能找到合适的二神给予全力服侍配合，萨满跳神的祭仪便不能进行，俗称“扣香”。

二　图腾崇拜传说

鄂伦春族人都有图腾崇拜的传统，鄂族新村的先民也不例外，对虎、狼、熊等动物的崇拜尤为强烈。我们向当地的老人问起把熊当成崇拜对象的原因时，她笑着给我们解释：熊能够用后肢直立行走，吃东西时也能用前肢把食物送入口中，并且当熊发现周围出现响声或异样时，也不像其他动物那样立即逃窜，而是用前肢像人一样遮光看清后才离开。可能真是熊的这些行为特征，给鄂伦春族的祖先造成一个错觉，认为熊与他们有血缘关系，应该把熊当做自己的祖先。

关于熊与鄂伦春族之间的特殊关系，还有另外一个传说。在很久以前，有一个猎人在山上打猎时，被一只母熊叼走，关在山洞里不让出来，在一起过了几年的同居生活，后来生了一只幼熊，有一天母熊带着幼熊出去觅食，没有将洞口堵好，猎人趁机钻了出来。他跑到河边，恰好有一个木排顺流而下，便跳了上去。黄昏时，母熊带着幼熊背着食物回来，发现人不在，母熊非常气愤，领着幼熊沿着猎人的踪迹追到河边，又沿河而下追了好久，才发现了人坐在木排上。母熊用前肢打招呼，劝猎人回来，可是猎人怎么也不理睬。母熊又气又急，恨不得一下子跳上木排，可是河面太宽，跳不过去，急得没有办法，就把幼熊抓起来用力一撕，撕成两半，一半抛给猎人，一半留给自己，母熊抱着半个幼熊伤心地哭了好久。这样，随母的一半就是用前肢拿食物吃的熊，随父的一半就是鄂伦春人了。

上面这个传说是说鄂伦春人与熊有特殊的血缘关系。在历史上，当地的鄂伦春人是不猎熊的，后来由于可猎获食用的动物越来越少，这一禁忌逐渐被废除了，但同时，当地人又随之形成了一套猎获熊后的一套约定俗成的仪式：猎获熊后，猎人们不能近前观看，要由狩猎小组的带头人上前鉴别雌雄；如果是雄性，则要割下睾丸挂到树上，如果是雌性，则要用桦树皮掩盖它的下体，然后才能剥皮，以示对女性长辈的尊重；熊头首先被割下保存起来，还要在熊嘴里塞上一根木棍，以提防熊向猎人报复，猎人们要跪下向熊头祷告，乞求熊的原谅以及保佑猎人们获得更多的猎物；剥皮割肉时，力求避免割断动脉血管，血液要挤回心脏；在分熊肉时，要把熊当腰切开，前半部给男的吃，后半部给女的吃；吃熊肉时，要不断发出“嘎嘎——咕咕”、“咕咕——嘎嘎”的声音，暗示是乌鸦吃了熊肉；熊的骨头要被完整保存下来，吃完熊后用准备好的柳树条的叶子包好熊的脑骨，交给德高望重的老人进行风葬仪式；老人一手拿着熊的脑袋骨，另一手拿着杈子，叉上桦树皮，点燃后熏熊脑骨；这时候，人们一起唱祭词，领头的唱一句，大伙唱一句，不许女人伴唱。在这一过程中，鄂伦春人还有一些关于熊的禁忌：如驮运熊尸的时候一定要用骟马（阉割了的马）；剥下的熊皮绝不允许孕妇坐，否则会导致流产；熊骨不能丢弃，如果乱扔被狗所啃，狗就会变得像熊一样凶猛咬人；熊骨如不能被完整保存，整个仪式也将失去功效。

第六节　最后的一位萨满

孟金福是鄂族新村最后一位萨满，也是最后一代成长于山林中的鄂伦春人。他 1927 年出生，属于鄂伦春族玛拉依尔氏族人。孟金福从小跟随父母在呼玛河流域狩猎，天资聪颖，枪法很准，在当地小有名气。1943 年，在孟金福家发生了一连串悲伤的事情，他的姐姐、弟弟和妹妹相继染病去世，孟金福受到沉重打击，精神开始变得恍惚起来。当时，没有什么医疗条件，孟金福的父母只能向那一带著名的大萨满关乌力彦求助，几次驱邪招魂后，关乌力彦告诉孟金福的父母，要治愈病情孟金福必须学萨满，家里人没有别的选择，也就顺应了大萨满的建议。

在鄂族新村至今还流传着这样的说法，据说孟金福学萨满过了几年后，有一天，他正在呼玛河上游漫步，忽然一声巨响，他立刻不省人事。三天后，在一个“斜仁柱”（撮罗子）中，他慢慢醒来，喝完一些水后，眼睛变得非常明亮，孟姓大萨满孟明其罕携领的主神“涉刻”传给了孟金福，他的神术大为提高，后来不仅为许多人治好了病，还经常主持各种萨满教的仪式。

孟金福所携领的山神叫“白那恰”[①]。村里上了年纪的魏双奎给我们详细讲述了他主持萨满教仪式的过程：祭拜方式通常是从孟金福选择一棵树开始的，树的选择外人看不出与周围的树有什么显著区别，但其本人说他选择的树和周围的树比起来有点奇怪，他用斧子从树距地十几厘米处的背阴面削去一片树皮，用木炭在削皮部分勾勒出眼睛、鼻子、嘴巴和胡子等，最终画出山神“白那恰”的面相，刻完神像后，准备拜祭。孟金福用柳枝在神像前堆起一个小祭台，放上一些狍子肉做供品，在供品前虔诚地燃起“阿叉”香，给山神“白那恰”的嘴部抹上所供动物的鲜血，然后率领众猎民一起在神像前叩头致礼。这时，孟金福与参加祭拜的人用鄂伦春语演唱神曲，并依次向山神“白那恰”祷告，最后向山神叩拜，仪式就此结束。

1953年，鄂伦春族人在政府的帮助下开始定居，由于孟金福难以割舍山林里的游猎生活，多数时间仍游猎在山林中。这种状况持续了40年，直到1994年的一天，孟金福独自到距家八九十公里处的呼玛河上游森林里打猎，那天他打了一只野鸭子，正在拔毛时突然感到一只手失去了知觉，接着便是半边身子不能动。颇有生存经验的孟金福强忍着疼痛，把烤熟的鸭子吃掉后，靠翻滚爬进了桦树皮船里，然后顺流而下，一直漂了50公里才被鄂伦春族同胞救起，打电话告诉了他的家人，送进医院后一个月才痊愈。

① 据说孟金福能通“白那恰”山神，加上他是当地最后的一位萨满，因此也被鄂伦春猎民奉为“最后的山神”。

从那以后，孟金福只是下河打过鱼，却再也没能进山打猎。再后来，孟金福的病反复发作。有人劝他穿起萨满神服为自己治病，可这位给不少人治过病的大萨满却伤心地说：“神都飞了，我已经不灵验了。”2000 年，孟金福离开了人世。

孟金福一生有两个妻子。第一个妻子婚后一年生病去世了。第二个妻子叫丁秀琴，18 岁那年嫁给了孟金福，小他 17 岁。成婚后，夫妻相随游猎，膝下有三儿一女。孟金福去世后，丁秀琴一直跟随二儿子在鄂族新村居住，如今已 70 岁，但身体还很硬朗，丁秀琴是村中为数不多的萨满教的忠实信徒，也是村民们认为的唯一的一位萨满教传承人。

孟金福很孝顺，父亲早逝，母亲郭金波与他们一家一直共同生活，直到 1996 年去世，活了 92 岁。这样的高寿，在以游猎为主、意外事故频发的鄂伦春族人中是十分罕见的。

在我们调研过程中，我们特地拜访了孟金福的表弟郭宝林[①]，他在鄂族新村算得上有本事的人，很有商业意识，目前，在村子附近的山林里经营旅游开发项目。

1992 中央电视台以孟金福为主人公拍摄了一部纪录片《最后的山神》，记录了孟金福这个鄂族新村最后一位萨满的游猎生活、宗教信仰和他的传奇经历。

---

① 2007 年 6 月，中国文学艺术界联合会、中国民间文艺家协会授予郭宝林同志中国民间文化杰出传承人荣誉称号。

第七章　各项事业

第一节　村民教育

一　村民定居前的教育状况

（一）清朝时期的鄂伦春教育

鄂伦春语，属于阿尔泰语系，有语言、无文字。1695年（康熙三十四年），黑龙江将军萨布素奏请“墨尔根地方两翼，应各立学，设立教官一员，新满洲诸佐领之下，每岁各选幼童一名，教习书义”，获得核准，开始选送包括鄂伦春族在内的“打牲部”各族儿童就学。

1744年（乾隆九年），清政府在齐齐哈尔、墨尔根、黑龙江城各设官学1所。“八旗子弟愿入学者，由各旗协领保送习清文骑射”，凡编入八旗路佐的各少数民族，均各选送1名儿童入学。

1909年（宣统元年）毕拉尔路协领创办了车陆蒙养学堂，学生20名，满汉教员各1名，分别教满文和汉文，是鄂伦春族最早的专门学校，因缺少经费，于1913年停办。

（二）民国时期的鄂伦春教育

1913年年末，黑龙江省第四区省视学员邹召棠拟定《私立鄂伦春初等小学校简章》，呈请于“呼玛、爱辉、嫩江三县各设学校一所，专教鄂伦春子弟”经省署核准，责成各县知事，各路协领“妥为预备”。1914年春，省立第一鄂伦春小学校设在库玛尔路宏户图屯，省立第二鄂伦春小学校设在毕拉尔路车陆屯，省立第三鄂伦春小学校设在嫩江县城内，3所学校共收学生91名。1917年秋，在库玛尔路喀尔通屯增设省立第四所鄂伦春小学校，额定学童40名。1920年夏，监察鄂伦春学务委员邹召棠在库玛尔路喀尔通屯设公立第一鄂伦春国民学校，学生25名；库玛尔路迈海屯设公立第二鄂伦春国民学校，学生15名；同时，考问省立第一鄂伦春小学校学生国文课，能解“字义者居多半”；查阅省立第三鄂伦春小学校学生平时国文课成绩“多半清顺，手工、图画尤多优美”；检视省立第二小学校校舍更是“内清外洁”，院中“栽有花木”、“种蔬菜十余种”。1931年，黑龙江省教育厅制定《优待鄂伦春学生规则》，鄂伦春族学生一律免收学费，按月每人发给津贴膳费大洋6元，每学期发给书费大洋2元。“由于官府大力提倡兴办鄂伦春学校，使鄂伦春民族风气初开，培养了一批通达时务、谙熟技术的鄂伦春人才”。据黑龙江省档案史料记载：“以省立第三鄂校论，先后由高、初毕业者共150名，充当库玛尔路、阿里路协领、骁骑校（官名）暨在金厂或陆军充差者20余名，此皆教育之效也。”

（三）伪满时期的鄂伦春教育

这一时期，反动统治阶级对鄂伦春族实行的是愚民政策，不主张发展其文化教育事业，加之鄂伦春民族受狩猎经济的影响，自身求学的动力不足，因此多数人失去上学受教育的机会。

1937 年，在今呼玛县白银纳乡以南 15 公里处的新民屯附近，建起一所鄂伦春民族学校，该校由汉族教师任教，学习汉语；1940 年，日本侵略者实行鄂、汉隔离政策，勒令学校解散。①

1942 年，日伪政府在呼玛倭勒根河日本山林队驻地建立一所小学，有日本、满族教员各 1 名，学日语和满文，强迫鄂伦春族儿童入学 82 名，办学条件差，许多学生患“克山病”死去和退学，1943 年仅剩 30 名，不到两年学堂关闭。

（四）新中国成立前后的鄂伦春教育

1947 ~ 1949 年，东北解放后，党和政府特别重视鄂伦春族教育事业的发展，黑河、呼玛、逊河等地的学校设立鄂伦春族学生班，学习汉语，学生班设鄂伦春族辅导员。鄂族新村上了年纪的老人当时就有在呼玛县上学的，据村里的葛福连老人回忆，当年鄂伦春族学生全部都是免费上学，而且每年发放生活用品和学习用具，最初他们听不懂老师用汉语讲课的内容，老师多半会采用语言和手势并用的方式进行讲解，在老师的耐心指导下，他们逐渐熟悉了学校的学习生活。那时没有现代化交通工具，每年的冬季回家，他们就会坐着马拉雪橇；夏季则会骑着马穿行于茫茫林海中。

---

① 《白银纳鄂伦春族乡志》，第五编文教、卫生。

1948年呼玛学校有鄂伦春族学生16名，1949年25名，1950年33名，1951年62名，1952年94名。鄂伦春族学生免费上学，实行工薪分制以后，每人每月伙食标准35分，书杂费每人每月6分，生活费（洗澡、理发、洗漱用品等）5分。每个学生每年发棉鞋1双、单鞋3双、棉衣1套、袜子1双，2年1顶皮帽，1年1顶单帽，3年发给棉被褥1套。学生假期的旅费实报实销。[①]

二　村民定居后的教育状况

定居以后，鄂族新村早期的村民受教育有两种途径，一是青少年通过上学接受学校教育，另一类是那些没有上过学的成人接受扫盲教育以及有一定文化的人接受后续再教育。后者起源于1952年，当时中共黑河地委派专职干部深入各区、县、乡，开展扫除文盲运动；1953年，十八站民族乡扫盲活动开始了，鄂伦春族青壮年白天劳动，晚间进夜校集中学习文化，年末有近一半的鄂伦春族青壮年摘掉了文盲帽子，到1959年脱盲人数达180人。为培养鄂伦春族干部和技术人才，组织委派十八站鄂伦春族青年赵立本、孟玉、魏爱林先后参加黑河、呼玛举办的干部学校和培训班学习。另外，20世纪50～60年代初，十八站结核病防治院首批鄂伦春族医务人员孟秀春、孟芳杰、孟淑芬、关云霞、谭玉华等先后在黑河卫校专业学习2～3年。十一届三中全会以后，十八站乡有14名鄂伦春族在职干部和职工参加电大、业大、函授、大专院校学习和深造，有8人大

① 《塔河县志》。

专毕业，6 人获得中专文凭。①

三　十八站鄂伦春民族乡学校

鄂族新村一直没有设置过学校，1983 年村合并后，本村适龄儿童到鄂伦春民族乡中心学校就读，校址坐落在民族乡东南部、鄂族新村的北侧，离村子大约 1000 米，步行只需要十多分钟的时间。

1. 概况

十八站鄂伦春民族乡学校由于坐落在鄂伦春族居住最集中、人口最密集、学生人数最多的地区，所以也被称为黑龙江省鄂伦春族第一校。

学校占地面积 25000 平方米，其中建筑面积为 6764 平方米，教学楼面积为 2964 平方米，厨房、餐厅建筑面积为 1300 平方米，宿舍楼面积 2500 平方米；校园绿化面积为 4000 余平方米；操场占地 14000 平方米，操场设有水泥篮球场一处、排球场一处、足球场一处，操场内还设有 250 米环行跑道。

截至 2009 年年末，学校设有小学 9 个班级、中学 6 个班级，在校学生总数为 460 人，来自鄂族新村的学生有 57 人。学校共有 106 名学生住宿，其中鄂族新村学生 48 人。

学校设有多功能教室 1 个，舞蹈室 1 个，配有电子琴 30 架，数字语音室 1 个，先进的理、化、生实验室各 1 个，微机室 1 个，配备微机 40 台，图书阅览室 1 个，藏书 10646 册，每个办公室配有 2 台微机，以供查询资料及教学之用。三年来计算机多媒体技术得到了推广，教

① 《塔河县志》。

师的教学手段日趋现代化，课堂的教学质量有了大幅度提高。

图 7－1　学校语音室（2010 年 2 月　李向海提供）

图 7－2　学生民乐队在演出（2010 年 2 月　李向海提供）

2. 学校的发展历程

十八站鄂伦春民族乡学校始建于 1953 年 9 月，当时十八站乡鄂伦春族下山定居时成立了鄂伦春族小学班，有简易校舍 1 栋，只有教师 1 名，在校鄂伦春族学生 36 名，小学班采取一至四年级的复式班教学方式，俗称初小，校址设在创业村。

1958 年，十八站鄂伦春小学成立完全小学（学校里有一至六 6 个年级），有校舍两栋，6 个年级，设 3 个复式班，教师 4 人，校长 1 人。1965 年，十八站小学设立戴帽农中班，称“东方红”农业中学。农中班学生 12 名，“以学为主，兼学别样”，半农半读，养奶牛和猪，种地 13 亩，开设拖拉机驾驶与修理、会计等专业课。由于实行勤工俭学，解决了学生部分书杂费和伙食费，为农业生产培养了一批技术和管理人员。

1970 年，在十八站乡所在地正式成立了中学，称呼玛县第二中学，鄂族新村的孩子从此不用到很远的呼玛县等外地上中学了。

1981 年，十八站乡归塔河县管辖后，原呼玛县第二中学改为十八站鄂伦春民族乡中学，取消高中班。

1983 年搬到现在的校址（十八站鄂伦春民族乡学校的前身），鄂族新村的孩子不仅全部免费上学，而且开始享受助学金，小学生每人每年 50 元，中学生每人每年 100 元。

1986 年 9 月，塔河县根据实际教学工作的需要，把原来的中学和小学合并，从此十八站鄂伦春民族乡学校正式挂牌成立。合并后的学校，有砖木校舍 771 平方米，教学班 14 个，教师 29 人，其中大专以上学历 2 人、中专学历 13 人、高中 11 人、初中 3 人。

20 世纪 70 年代至 90 年代期间学校对鄂伦春族成绩较好的学生允许其跳级，即一年级的学生可以跳到三年级，三年级的学生可以直接跳到五年级，同时执行国家保送政

策，大兴安岭师范学校、齐齐哈尔民族师范学校每年都会从十八站乡中学参加中考的学生中招收一名成绩最好的学生，毕业后从事鄂伦春族的教育及其他工作。塔河县原宗教局关小云局长和现任的十八站乡孟彩荣乡长就是在鄂族新村长大、在鄂伦春族乡学校上学并保送到高一级学府进行深造，毕业后为鄂族新村的发展作出很大贡献的鄂族新村人。

1989 年 11 月，十八站鄂伦春民族乡学校鄂伦春族学生寄宿班正式成立。国家投资 43 万元，扩建教室、宿舍、文化活动室、食堂等 660 平方米，购置了床、被褥、床头柜以及电冰箱、洗衣机、电饭煲、电烤箱、和面机等设备。县政府每年为学校拨款 10 万 ~ 13 万元，补助鄂伦春族住宿生的生活费用，鄂伦春族中小学寄宿生全部免费。第一批寄宿的鄂族村学生有 18 人，其中男生 8 人、女生 10 人。

据鄂族新村负责妇女工作的魏英讲，她就是第一批寄宿生中的一员，住宿的鄂伦春族学生在学校免费食宿，政府每年还会给他们发放生活用品，包括成套被褥、冬衣（包括棉衣、棉裤、帽子、棉鞋、手套）和夏衣各两套、内衣裤各两套；发放的学习用品包括：书包、课本、笔记本、钢笔、铅笔等。每天除了正常上课，放学以后会有辅导老师辅导学生写作业、检查作业和上晚自习。住宿的学生在生活上也得到了细致入微的照顾，学校在周边还没有浴池的条件下修建了学校的浴池，还有两个生活老师负责为住宿生打扫卫生、洗被褥、洗衣服、擦地、烧水等日常生活。魏英高兴地对我们讲："住宿上学的日子是她一生当中最美好的时光。"

到1990年，学校占地达35000平方米，校舍面积3496平方米。其中小学部854平方米，教学班18个；中学部1140平方米，教学班4个；中学理化实验室和小学综合实验室426平方米；图书室84平方米，藏书3500余册；医务室21平方米，保健医1名；还购置了电视机、录像机、收录机、幻灯机、投影机等电化教育设备。

2000年，鄂伦春族学生的助学金有了提高，小学生每人每年增加到210元，中学生每人每年增加到290元。

2002年春，大兴安岭地委、行署拨款200万元，塔河县政府拨款130万元开始兴建新教学楼。同年9月27日，十八站鄂伦春民族乡学校全体师生搬进了新的宽敞明亮的教学楼。

2006年，大兴安岭行署办公室下发了《对鄂伦春族学生升入普通高中及收费有关事宜的通知》。文件指出从2006年秋季新学年开始，塔河县普通高中招生时，鄂伦春族考生全部录取，免交学费。对2006年毕业的鄂伦春族高三学生，给予适当经济照顾。为鄂伦春民族学校新建教学楼2964平方米，每年投入13万元用于民族教育教学，鄂伦春族中小学寄宿生试行全部免费。投入6万元用于民族学校民族语言课教学。对鄂伦春族小学生每人每年210元、中学生每人每年290元的助学补助，对鄂伦春族孤儿上高中和大学给予升学补助每人每年5000元，对鄂伦春族学生考上大中专、地区重点高中的一次性奖励3000元、考上本县普通高中的每人每年补助1500元、考上大学本科一表的给予一次性奖励5000元、二表的奖励3000元、三表的奖励1000元。

2009年，塔河县投资360万元为鄂伦春民族学校新建了2500平方米宿舍综合楼，切实改善了学生的食宿条件。对考上大中专院校地区重点高中和塔河县普通高中的鄂伦春族学生尤其是鄂伦春族孤儿上高中或上大学的每年都给予补助和奖励，补贴奖励的标准居全省首位。

2009年，学校顺利通过省级“双高普九”初检，被省验收组领导赞誉为全省“农村学校的样板，岭北教育的明珠”。

3. 师资队伍和教学质量的变化

十八站鄂伦春民族乡学校建校初期只有王庆顺一名教师，他既是教师又充当校长角色，当时办学条件很差。20世纪五六十年代学校多数以民办教师为主，教师根本没有什么学历；而70年代至80年代高中毕业生就可以当教师了，民办教师依然是主流；80年代至90年代教师的学历则以中专为主；90年代以后教师全部进行培训与继续教育，学历得到了大幅度提升。

目前，在大兴安岭地区的同级学校中十八站鄂伦春民族乡学校的教学条件是最好的学校。附近其他县区的孩子也都慕名来到十八站鄂伦春民族乡学校上学，说明学校的教育质量在不断提高，也体现了党和政府对鄂伦春族教育的重视与关心。

学校有教职工66名（不包括2008年8月，三乡并校从依西肯、开库康两乡借调来的12名教师和1名工人），其中，初中专任教师22人，本科13人，占专任教师的59%，中高级职称17人；小学专任教师32人，专科以上学历的教师27人，占专任教师的84%，中高级职称24人。按当地教育行政部门的要求，中小学教师学历达标100%（中学教师达标学历为大专以上，小学教师达标学历为中专以上）。

2004 年之前，村子里没有一个考入地区重点高中的，而这几年不仅有学生考上的，还有个别考入大学的学生。在调研过程中，我们发现村民对现在的学校教育基本上是比较满意的。2005 年、2006 年中考，鄂伦春族学生连续两年获得大兴安岭地区中考状元，民族学校连续三年在全区取得实验重点高中升学率最高的好成绩，并连续四年获得县级先进教育集体，被地区授予“兴安名校”荣誉称号。

本村的葛月婷毕业于牡丹江师范学院大专班学习电脑专业，现在在十八站鄂伦春民族乡学校当老师；郭芳也是大专毕业的，现在在乡医院当护士；而在地区实验中学读书的包立辉也是村里的一名学习成绩非常优秀的孩子。

四　享受的黑龙江省支持政策

1997 年，黑龙江省民族宗教局专门下发了关于加快鄂伦春族乡村经济和社会事业发展的若干政策措施（黑族联字［1997］第 10 号），文件指出：

各地应遵照“三级投入，就近办学，乡校县管”的原则，切实办好鄂伦春族乡、村学校。各有关市（地）、县（区）政府及财政、教育等部门应对鄂伦春族乡（村）学校在经费安排、校长和教师选配、教研业务指导等方面实行特殊倾斜政策，真正把“乡校县管”落到实处。各级政府要在师资、实验场地、设备等方面提供必要条件。为推动鄂伦春族教育加快发展，从 1996 年起用两年的时间，省、市两级政府集中一些财力，会同有关县（区）政府帮助鄂伦春族乡（村）学校解决缺少教室、理化生实验室、图书室、音体美教学器材等迫切问题。适当调整鄂伦春民族学

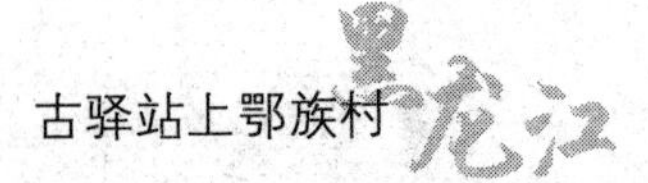

生助学金现行标准，提高幅度由所在县政府根据财力情况确定，纳入县（区）财政预算安排解决。为抓好鄂伦春族高中生的培养，各有关县区重点中学普通高中对鄂伦春乡的鄂伦春族初中毕业生应降分照顾录取，降分仍无进段的考生时，每学年应保证择优录取1～2名考生。各有关县（区）财政、教育部门要加大对鄂伦春族学校的资金投入力度，并给予长期支持，对鄂伦春族家长为子女选择汉族学校的应当允许，经费跟着学生走，转移到相应学校。鄂伦春民族学校利用活动课课时开设鄂伦春族语会话所需本民族语言的会话教材，由省教育学院负责统一组织编写，经省教委中小学教材审查委员会审定通过后在全省有关县（区）鄂伦春族学校试用。

五　村民教育观的变化

（一）20世纪90年代

鄂族新村村民下山定居前，能够到外地上学的人寥寥无几。下山定居的最初一段时间，虽然乡里成立了小学，但高小（四年级以上）和中学的学生仍要到100多公里以外的呼玛县就读，当时村里适龄儿童入学率不足50%。直到学校成立寄宿班的时候，鄂族新村适龄儿童小学入学率还没有达到90%。据村里的一位老人讲，定居以后，党和国家虽然在政策上给予了很多的照顾，学校也挨家挨户地做了许多动员工作，但鄂族新村学生的入学情况还是很不理想。

造成这种状况有两方面的原因。

一方面是客观的：首先，定居后，多数鄂族新村居民的生活和工作已经汉化，特别是80年代以后推行农转林的经济政策，不少鄂族新村村民加入林区的清林及营林生产的工作队伍中，由于工作的地点离家较远，他们只能在山上建立起临时帐篷居住，为了照顾正在上学的孩子，有的家长把孩子带在身边，有的家长为了方便起见，则把孩子寄宿到别人家里，因此这部分孩子的入学率得不到保障；其次，有些鄂族新村村民还是常年奔波于山林中从事狩猎活动，他们的孩子有的今天上课，明天就被带到了山上打猎，因此学习时间得不到保障；再次，由于疾病等原因，自1982年以来每年在鄂族新村家庭中，都会出现不少非正常死亡现象，导致当地的许多孩子成为孤儿和单亲少年儿童，这些孩子不仅生活上得不到家庭温暖，就连吃、穿、住都成了问题，更谈不上学习了。

另一方面是认识上的问题：早些年，鄂族新村多数村民没有意识到知识的重要性，认为实际的生产生活方式和捕猎技术才是最重要的，没有文化并不影响生活，因此当时的入学率并不高。那些能让孩子上学的家长通常是思想意识较为进步，认为知识能改变孩子的命运；还有一些家长认为家里的孩子多，送孩子上学能免费得到政府生活和学习上的一些资助，在一定程度上能减轻家里的负担。

（二）20世纪90年代后

十八站鄂伦春民族乡学校寄宿班正式成立后，鄂族新村学生的入学状况得到了很大程度的改善。学校和村委会也非常重视鄂伦春族儿童教育，工作人员经常到村里调查学生的上学情况，发现哪家孩子有辍学意向都要问清原因，

针对不同情况采取相应措施，保证每一个孩子都能完成九年义务教育。很多孤儿、单亲家庭青少年和家庭贫困的孩子入学难问题都得到了妥善解决，如今鄂族新村适龄儿童的入学率已经达到100%。

随着生活水平和受教育程度的不断提高，鄂族新村村民的教育观念也发生了很大的变化，现在大部分家长会主动送孩子上学，有些家长为了提高孩子的学习成绩会送孩子去各种补习班，还让孩子学习一些特长等。50岁的韩某是三个孩子的父亲，他曾到外地打过工，家里有两个儿子和一个女儿，女儿正在大兴安岭职业学院高职护理专业就读，在谈到孩子的教育问题时他说："我们这一代就是吃了没文化的亏，有文化多好，在外打工时有文化的挣钱多还不出大力，而没文化的只能找些力气活干，挣的钱又很少，我们这一代人没学到文化，一定让我的孩子多念书，只要她想念，无论念到什么程度，就是砸锅卖铁我也要供她。"他朴实的话语，让人感觉到教育观念在村民心中发生了实实在在的变化。

六　学前教育与家庭教育

（一）学前教育

1985年之前，鄂族新村没有幼儿园，儿童的学前教育主要是由父母和周围的人承担。当时村民的文化知识水平较低，加上对幼儿教育的重要性认识不足，使多数孩子没有得到良好的启蒙教育。

1985年，乡政府投资为鄂族新村开办了第一家村办幼儿园，园址设在现鄂族新村村委会旁边的明青春商店的位置，基本设施相对完善，室内有黑板、桌椅、玩具、教科书等必要的教学设备；室外有转盘、木马、滑梯、小汽车等游艺设施。这些设备设施既保证了正常教学工作的开展，又能够满足孩子们爱玩的天性，幼儿园可以说是孩子们的第二个家。幼儿园共有教师及保育员 5 名，其中，葛海云、张小云、孟红 3 位是教师，葛海云是从幼儿师范毕业的专业教师。教师的工资是由乡政府统一发放的。幼儿园对鄂族新村幼儿免费教育，主要招收从几个月到 7 周岁入学前的孩子，由于当时每户家里都有几个孩子，入园的孩子较多，在园孩子大约有 80 名，稍大一点的孩子能够在幼儿园学到一些简单的字词和算术等知识。孩子的入园也减轻了父母的负担，使他们能够安下心来干好其他生产生活方面的工作。

1991 年，十八站鄂伦春民族乡学校成立了学前班，满 6 周岁的大孩子可以到学校进行学习，小一点的孩子继续留在村里的幼儿园，这样，村里幼儿园的人数相对就减少了。由于那个阶段，物价上涨，投入没有增加，为了支付幼儿园各项支出，开始对本村幼儿收取一定的费用。1993 年鄂族新村定居 40 年大庆的时候，由于幼儿园专业教师葛海云被分配到沿江林场工作，另外两名教师年龄过大主动要求回家，幼儿园的师资得不到保障，加上入园孩子人数的减少，鄂族新村幼儿园被迫关门。直到如今将近 20 年过去了，村里再也没有开办过幼儿园。

随着村民文化程度的不断提高，对幼儿教育的重视程度也逐步提高。在调研过程中，我们走访了一些幼儿家长，他们告诉我们现在村里大部分学龄前儿童会入托到乡里的一所由个人开办的幼儿园。还有一部分儿童没有入托的原因，一是由于幼儿园离家的路途较远，家长接送起来比较麻烦；二是有的家长为了省钱，认为孩子还小，在幼儿园学不到什么知识，晚一点入托不会有影响；三是幼儿园有不收4周岁以下幼儿的规定，这样，个别家长想让自己年龄小的孩子入托也没地方可送。在走访中我们看到没有入托孩子的家里，墙上基本都贴有挂图类的学习资料，家长在闲暇时常会教孩子识识字、唱唱歌等。

为了改善村里幼儿入托难问题，村委会最近打算重新开办一所幼儿园，据说已经将此事形成报告提交了上级部门。

（二）家庭教育

由于鄂伦春族是马背上的民族，在多年的游猎生活中形成了自己独特的生活、行为习惯，因此在家庭教育中也有许多与汉族不同的地方。据当地人讲鄂伦春族的一些生活习惯是在小时候由大人们灌输养成的。例如，不能坐在长辈、小孩或男子的衣物上；家里来客人时小孩子是不允许上桌吃饭的。另外，在孩子很小的时候家长会教育他们要尊敬老人，看见长辈要行礼问好，这种礼仪一直延续到今天。

但是受鄂族人世代习惯的影响，孩子也养成了一些不好的行为习惯，例如，鄂族新村村民特别喜欢喝酒，很小的孩子在家长的“指导下”就能喝酒，有的村民甚至还会让孩子陪着自己喝酒。由于长期饮酒，他们的身体不仅染上了各种疾病，喝完酒以后还可能发生打架斗殴事件，影响村民间的感情。20世纪80年代之前，家长重视孩子的培养，孩子在几岁的时候就会被家长带到山上狩猎，男孩子会在父亲的带领下学习打猎、辨别方向、打枪、骑马、驯马等技能，而女孩子则是跟随母亲学习熟皮子、缝制皮衣、绣花、学做桦树皮类生活器皿等。随着生活方式的逐渐改变以及受汉族人的影响，现在家长对孩子的教育观念也有了全新的变化，他们会更注重教育子女懂礼貌、遵纪守法、好好学习，长大做一个有知识、有文化的人。

七　教育发展存在的主要问题

首先，教师质量亟待提高。十八站鄂伦春民族乡学校现有鄂伦春民族专任教师 14 人，占教师总数的 21%，占专任教师总数的 28%，这些教师都是本校定向培训的师范生，原来的底子薄，适应不了日新月异的知识结构、教学改革和教育理念的更新。因此，要提高教学质量，急需一批素质高、业务精的教师补充到教师队伍中。

其次，助学机制没有形成。虽然从小学到初中的九年义务教育，鄂族新村学生是免费就读，国家每年还为鄂伦春族学生补贴生活、学习等方面的费用，但是对考取了高中或大中专的学生资助的渠道和数量就很少，很多家庭难以承受高额的学杂费及生活费，造成部分学生辍学的现象。因此，当务之急是完善包括学校、政府和社会参与的助学机制，以保证家庭经济困难的学生能顺利完成学业。

再次，学前教育仍处于空白状态。由于师资、儿童数量和经费等原因，鄂族新村缺少幼儿园已经将近 20 年了，这与当前国家大力倡导重视学前教育的形势是不符合的，鄂族新村要尽快恢复幼儿园，让孩子在家门口就能受到良好的学前教育。

第二节　科技和行业协会

一　传统工艺

（一）狩猎技术

鄂伦春族是典型的森林民族，世世代代游猎于大、小兴安岭一带。鄂伦春人居住的地区野生动植物资源十分丰富，过去几乎所有的鄂伦春人都从事狩猎、采集和捕鱼等生产活动，鄂伦春人吃的、住的、用的都离不开大自然的恩赐。

1953 年定居前，鄂族新村原住民一般是骑马上山打猎，打猎的工具基本以猎枪、猎刀、猎狗为主。定居之后，随着现代化交通工具的逐渐使用，村民们打猎则多是骑着摩托车或是自己开车上山。以往的猎民上山打猎，他们会带上锅碗瓢盆等生活用品，首先找到一个视野开阔的地方搭建一个“斜仁柱”，冬天为了保暖用犴皮搭建，夏天为了凉爽则用桦树皮搭建。现在的鄂族新村村民上山打猎时间比较短，多则半月，少则几天，村民为了简便就用塑料布临时搭建“斜仁柱”。

几十年前，山上的野生动物种类比较多，猎民可以根据自己的喜好有选择地猎取，那时有犴、狍子、灰鼠、水獭、飞龙、鹿、猞猁、熊、野兔等野生动物，随着树木的不断采伐，山上的野生动物种类也逐渐减少，现在村民上山打猎多以撵狍子、蹲犴为主。猎民一般选择太阳快落山的时候或者是晚上有月亮的时候蹲犴，特别是 9 月、10

月中旬正是水草特别茂盛的时候，因为犴喜欢去水草茂盛的地方吃草，猎民提前选择一个高冈处，事先准备好猎枪，等到犴吃草的时候就是捕猎的最好时机。撵狍子一般需要两个人的配合，其中一个人在原地等候，另一人骑着马顺着狍子的脚印走，看见狍子以后会把狍子圈到前面那个人的地方由他开枪捕猎。随着捕猎技术的逐渐成熟，现在村民有时也会采用下套的方法套住狍子。

（二）手工制作技术

1. 皮衣物制作

鄂族新村的鄂伦春族村民掌握成熟的用动物皮张制作服装鞋帽的技术。定居前，一年大半时间他们基本上是穿戴毛皮制品，诸如狍皮衣、狍皮裤、狍皮袜子、猞猁皮帽子、狗皮靴等。动物皮张经过鄂伦春族人的熟制加工，就会变得柔软耐用、防寒保暖。制作工艺多样，有织绣、编织、镶嵌等。毛皮制品上涂染的颜色主要来源于自然界中的花草及动物肝脏。经过多年的汉化生活，现在鄂伦春族村民虽然还保留毛皮手工制作的技术，但是会做的人已经越来越少了，主要原因：一是他们告别游猎的生活已经很多年了，离开山林厚厚的毛皮衣物不实用；二是近年来，动物保护不断加强，对鄂伦春族狩猎也要求有计划地猎取，如今狍子、犴等已经成为国家重点保护的动物，限制捕猎。全村除了几家有枪证的猎民可以在规定的时间上山打猎，并且猎物有种类和数量的要求，其他人已经告别了捕猎生活，因此皮子来源也越来越少。现在，鄂族新村村民中会做皮衣物的仅有十多人，多为岁数大的人，技术基本是从父母那里学来的，40岁以下会做皮衣物的仅有4人，魏雪

24 岁，魏英 32 岁，魏雪梅 34 岁和郭红霞 36 岁。现在手工做一套夏天衣物（衣、裤、鞋）如果是三人合作需要四五个月的时间，卖价 1 万元左右；做一套冬天衣物，即使三个人做也会需要半年的时间，卖价 2 万元左右。

2. 桦树皮工艺

桦树皮工艺是鄂族新村祖辈沿袭的手工艺，现在村里的年轻人还记得小时候家里使用过用桦树皮做的皮桶、皮盒、皮碗、针线盒以及箱、篓、烟盒、盖桶和桦树皮船等生活用品和生产工具。目前，桦树皮手工艺已被国家列入首批非物质文化遗产。

每年 5、6 月间，桦树发芽，水分充足时节，选择树干笔直、光滑、疤节少的桦树，从 1 米高处用猎刀随树围将皮划开，再纵向划到所需长度，用刀尖轻轻启开刀口，桦树皮即可整块地自然脱落。剥下的桦树皮，将硬皮及里面凹凸不平的部分剥去，铺在平坦的地方用木头或其他东西压几天，使其平整挺直。

用桦树皮制作桦树皮桶和桦树皮碗等器皿，传统的制作方法是人们将稠李子树的树枝削成小片当做碗或水桶的边沿，用水浸泡两天两夜，然后用桦树皮围成碗或桶的形状，加上底座，最后用线把它们逢上就可以用了。

在所有桦树皮手工艺品当中，最为典型的要算桦树皮船的制作了。桦树皮船主要是用桦树皮材料做的船只，是历史上鄂伦春人渔猎生产的交通工具，它轻便、结实、耐用，用途广泛，例如去河里捕鱼、去呼玛河对岸山林采集山药、野果和山野菜等，和铁制的船只相比它的特点是搬运方便，容易携带、在水上划起来比较轻便、不易损坏、不易翻船、载重量大（大船能载四五个人，小船能载两三人)。桦树皮制作桦树皮船，船形似柳叶，两头尖，中间呈椭圆形。长500～700厘米，宽60～80厘米，高25～40厘米。制作桦树皮船一般应用整张桦树皮，先用长短不同的樟松木条搭起船的龙骨，然后把处理好的桦树皮用马鬃绳缝接起来，包裹在骨架上，再用木钉钉牢，这样船形基本就出来了。而船体接缝和有孔洞的地方均用松脂堵塞，再用铁烙铁将松脂熔化后密封，使之密不透水。船桨用樟子松制作，长约3米，两头削成鸭嘴形，中间削成圆杆，非常利于划水。

如今，村里只有郭宝林和郭红强叔侄两人会做桦树皮船，做一只桦树皮船大概需要半个多月时间，有些自己想做船的村民会请他们二人做指导，他们也都愿意将这项技术毫无保留地告诉别人，鄂族新村现保留桦树皮船十几只，据村民讲桦树皮船越旧越能卖上好价钱，卖给博物馆价格为7000～8000元。2010年上海世界博览会，黑龙江展团曾邀请郭宝林和葛小华夫妇参加，他们带了一只精致的桦树皮船和其他工艺品参加了展出。

1999年10月，在北京举办的全国农村妇女“双学双比”竞赛中，鄂族新村妇女戈彩萍现场制作的桦树皮手工艺制品令国家领导人驻足观赏，朱镕基总理看完制作过程后，亲切地与戈彩萍握手，并与她合影留念。

3. 其他传统工艺

鄂族新村的鄂伦春人还用鹿、犴毛和马尾、马鬃纺线，编织成各种规格的毛绳、毛带、毛垫、毛褥子、挂网等生活用品；用动物骨头制作骨筷子、骨指环、骨坠等。骨指环与骨坠用兽骨切割、磨制而成，骨筷子用犴或鹿小腿骨制成。

二　科技培训

（一）培训内容

进入新世纪，塔河县、十八站乡政府贯彻和落实党的富民政策，除了加大对鄂族新村村民的政策扶持，还根据实际情况，在农业、养殖业、特色产业方面对村民进行培训和指导，以推动鄂族新村经济的发展。

塔河县农委每年都会派技术人员到村里讲解农业生产方面的知识，主要有气候、土壤、选种、播种、施肥、喷施农药、病害虫防治等实用技术，所有在家的村民都会参加培训。从2006年开始，县政府每年举办“科技大集”，地点设在县委党校，鄂族新村派代表去学习，回来传达给村民。

养殖业是鄂族新村近年来发展起来的新兴产业，政府出台了养殖业的诸多优惠政策。县农委和乡防疫部门为落实优惠政策每年都会派专人下村，举办一些关于鸡、鸭、鹅等家禽养殖方法的讲座。例如：家禽幼小期屋里的潮湿度，每次喂多少水、多少饲料，夜晚灯光的亮度，疾病的预防与治疗等。

2007年以来，随着黑木耳种植业成为鄂族新村一项重要的支柱产业。2008年至2010年，十八站乡每年派人到鄂族新村进行木耳菌及木耳生产培训，培训的内容主要包括：困菌、浇水、催芽、遮阴、调湿度、消毒、灭菌、拌药的方法，以及什么时候收木耳、长多大时采摘、采完后怎样晾晒等。

（二）培训存在的问题

2006年以后，尽管鄂族新村村民参加的各种培训逐渐增多，但好多培训并没有达到预期的效果。譬如，县政府每年举办的“科技大集”，培训内容很丰富，但村里只派1~2名代表参加，时间短、人数少，领会不深。木耳种植、养殖和农业三方面的培训，虽然每次都到村里进行，村民没有花销，培训的效果较好，参加培训的养殖户学后大大降低了家禽的死亡率和染病率等，参加培训的木耳栽培户对各个环节的注意事项也都非常熟悉，但是每年的培训次数有限、时间集中，好多想学习的村民错过了培训。此外，准备到外地打工的村民想学习一些外地广泛需要的实用技术，最近的培训地点是塔河县城里的技校，他们普遍反映，政府政策支持不收培训费，但来回路费和食宿花费很大，技校也曾到村里宣传过，不少村民还是打了退堂鼓，他们更希望把培训班办到乡里和村里。

三　行业协会

近年来，随着鄂族新村养殖、木耳栽培和桦树皮工艺品等产业的发展，在乡政府的帮助下，一批行业协会也相应地建立起来。

（一）桦树皮手工艺品协会

桦树皮手工艺品协会职能包括：联系客户和宣传产品等。

（二）黑木耳种植协会

1. 机构

构成：会长葛洪光，副会长陈桂英、包利尧，秘书长魏英。

职能：技术服务，监管木耳菌厂生产、投产，组织村民秋收，联系客户等。

2. 木耳菌厂技术员简历

牟志慧：2008年村委会从黑河地区外聘来的，以前在黑河也种木耳。

惠贵友：2008年从十八站林业局外聘来的，以前种过木耳，比较有经验。

3. 技术服务的内容

菌厂的技术包括配料、装袋、出锅、转锅（放到锅里蒸）、灭菌室消毒、接菌、上架、翻袋、25～30天的养菌、成品下地等。村民种植期间的技术服务包括消毒、温度调节、浇水、采摘、晾晒等。

第三节　医疗卫生和福利院

一　建村前的村民就医状况

在长期的历史进程中，鄂族新村的鄂伦春族先民过着游猎生活，居无定所，卫生和医疗条件差，肺结核病在猎民中互相传染，关节炎、气管炎、妇科病等疾病非常普遍，人们主要借助的是“萨满”跳神驱鬼的迷信方法，乞求神灵保佑以除病害，有时也利用部分药用植物和民间“土方”

治疗一些小病。

东北解放后，呼玛县派出巡回医疗队，深入鄂伦春族游猎地区，送医送药，传授卫生知识，培训首批鄂伦春族医护人员和助产士。

1953 年，政府分别在鄂族新村的鄂伦春族先民定居的地方设立医疗卫生机构，为当地居民看病治疗。

在十八站鄂伦春族定居点（村）建立卫生所，配备了鄂伦春族 2 名医护人员和一些医疗器械用品，医疗费用全部由地方政府列支。1958 年，在原卫生所的基础上成立十八站鄂伦春族乡卫生院，设内科、外科、妇科，医护人员增加到 8 人。同时，乡卫生院在疙瘩干村设立结核病防治卫生所，有病房 1 间、病床 4 张。

在老创业村建立了卫生所（当地人称老二院）。从 1953 年至 1971 年间，卫生所有鄂伦春族医护人员 2 人，她们是孟淑芳和孟小芳；从 1972 年到 1986 年，医护人员为葛彩云、孟玉霞、孟红、孟利华。卫生所配备了一些医疗器械用品，医疗费用全部由地方政府支付。当时，卫生所条件简陋、设备落后、技术薄弱，仅能诊治一些简单的常见病，大病不能得到有效救治。

1983 年，合并成立鄂族新村后，原来的村卫生所陆续撤销，平时村民吃药看病一般都到乡里的塔河县鄂伦春民族医院就诊。

二　塔河县鄂伦春民族医院

（一）发展历程

1961 年，由国家投资 10 万元，在龙头山兴建十八站鄂伦春族乡结核病防治医院，建筑面积500平方米，1963年竣工交付使用，有病床13张，医护人员9人，其中鄂伦春族医护人员3人，配备各种医疗设备。1968年，十八站鄂伦春族乡结核病防治医院迁址与乡卫生院合并，组成十八站鄂伦春族乡卫生院，内设结核病防治所。乡卫生院占地3500平方米，建筑面积1585平方米，病床30张。医务人员及后勤人员30人。有国产30毫安X光机1台及各种化验检测设备。1972年，十八站鄂伦春族乡卫生院改名为呼玛县第二人民医院。1976年7月，重新组建十八站鄂伦春族结核病防治医院，占地20000平方米，建筑面积500平方米，设病床30张。

1982年，十八站乡归属塔河县，十八站鄂伦春族结核病防治医院改名为塔河县第二人民医院。同时，国家拨款扩建，配备救护车、生活车、大型医疗器械等。

1992年，塔河县第二人民医院共有医务人员56人，其中副主任医师1人、主治医师5人、医师5人、主管药剂师1人、药剂师1人、护师2人，医院设内科、外科、妇科、儿科、检验科、放射科和中西药局。主要医疗设备有救护车、万能手术台、手术包、X光机、分析天平、光电比色计、恒温箱、电冰箱、干燥管、麻醉机、超声波诊断仪、电动呼吸机、心电图机、电动脑心机、洗胃机、心脏起波器等40多台件。①

2006年，塔河县第二人民医院更名为塔河县鄂伦春民族医院，定为副科级单位，为一级甲等医院，承担全乡8000人口的疾病诊治和567名鄂族群众的结核病防治任务，

---

① 《塔河县志》。

是一所集医疗、预防、结核病防治、计划生育为一体的综合性医院。

2007 年，大兴安岭地区和塔河县共同投资 117 万元，为鄂伦春民族医院建设了 360 平方米的结核病房；2008 年，黑龙江省和大兴安岭地区又共同投资 28 万元为结核病房购置了 X 光机等医疗器械及办公设备。

2009 年，塔河县投入 5 万元，为鄂伦春民族医院购置先进的半自动生化分析仪，医院也争取到 10 万美元的日本小额无偿援助的医疗器械，更换了陈旧老化的医疗设备。

（二）医院医疗现状

1. 设施设备状况

目前，在大兴安岭地区的同级医院中鄂伦春民族医院的硬件条件是最好的医院。

医院总建筑面积近 2400 平方米，综合楼建筑面积 1580 平方米，辅助设施 450 平方米，结核病房 360 平方米。医院有床位 80 张，固定资产 495 万元。

医院现设门诊部、住院部、结核病房三个部门。临床科室包括：内科、外科、妇产科、儿科、五官科、传染科。辅助科室包括：检验科、放射科、心电室、B 超室、脑电室、针灸理疗科、手术室、病案科、预防保健等 15 个科室。现有彩超机、离子电解质分析仪、CR 照相设备、移动 X 光机、脑电机、重症监护仪、半自动生化分析仪、母婴监护仪、血凝仪、麻醉机、除颤器、立普刀等医疗设备。

图 7-3 手术室（2010 年 2 月 24 日 董刚摄）

图 7-4 B 超室（2010 年 2 月 24 日 董刚摄）

2. 医务人员

鄂伦春民族医院现有职工 80 名，专业技术人员 57 名，工勤人员 19 名，其他 4 名，其中：正高级职称 1 人，副高级职称6名，中级职称27名，初级职称23名；本科学历8名，大专学历32名，高中及中专学历40名，基本能满足当地百姓的就医需要。

3. 鄂伦春民族医院为鄂族新村村民所开展的服务项目

（1）对本辖区村民的多发病、常规病实行诊治等；

（2）定期去村里普查疾病，包括心电、血压、采血等预防保健；

（3）每年两次为已婚妇女进行妇科体检、开展计划生育工作；

（4）协助县防疫站检查村民乙肝五项和结核病防治；

（5）对学龄前儿童进行计划免疫，为村民建立健康档案。

三　结核病的防治状况

定居前，由于长期生活在恶劣的自然条件下，鄂族新村的鄂伦春族居民结核病发病率较高，1954年，结核病普查十八站鄂伦春族猎民患病率达32%。政府一方面在鄂伦春族定居点（村）设立了卫生医疗机构，为全体鄂伦春族群众开展结核病防治工作；另一方面，生活上高度重视改善卫生条件和饮食习惯。1961年，十八站乡鄂伦春族结核病防治医院成立，实行以预防为主、治疗为辅、防治结合的措施，对结核病危重病人采取住院治疗、专人监护，较轻的病人送医到户、送药到人，结核病在鄂伦春族聚居地传播和蔓延得到有效控制，鄂伦春族群众结核病发病率下降到11.67%。20世纪70年代后，国家每年拨专款加强结核病防治工作，定期普查，建立档案，对儿童实行预防接种。1976年，肺结核病患者医疗费用由国家全额核销，住院病人每天补助伙食费1元。1979年，十八站鄂伦春民族乡肺结核发病率下降到6.13%。1985年以后，对病发区实行重点普查、全面监督、重点预防，适龄儿童和学龄儿童全面实行卡介苗接种预防。1991年，十八站鄂伦春民族乡肺结核发病率下降到2.95%。到1992年，十八站鄂伦春民族乡儿童预防接种率达100%，专项普查15次，建立重点病人档案34份，结核病预防治疗拨款88.3万元，其他医疗费用支出365万元。①

到2007年，建设了建筑面积360平方米的鄂族结核病房，符合“传染病防治条例”要求的标准，承担塔河县十八站乡和呼玛县白银纳乡鄂伦春族结核病患者及周边林业局结核病防治任务，有效降低了鄂族村民的结核病发病率；争取资金80万元为民族医院引进了新型彩超，进一步满足了村民就医需求。

图7-5　结核病房（2011年3月2日　郭红提供）

① 《塔河县志》。

四　鄂伦春民族医院医疗制度

（一）医疗制度的变化

党和国家对鄂伦春族的身体健康状况一直非常关注，从1953年到90年代初，对鄂族新村村民实行免费拿药制度，即村民如果生病需要吃药就到鄂伦春民族医院免费拿取，如生大病需入院治疗时则是全部免费，鄂伦春民族医院诊治不了则要转院到上级医院治疗。

20世纪90年代以后，随着医疗制度的改革，鄂族新村的免费拿药制度也发生了改变，1990年至2005年实行“药费条”报销制度，也就是生病买药需要村民自己拿钱垫付，药费条收据保管好，年末统一到乡医院报销，报销率达到100%。

2005年之后，实行了用医疗证看病的方式，为鄂伦春族群众免费办理了医疗证，这也是医院建立鄂族居民电子健康档案的第一步，鄂族新村全体村民每人都有一本医疗证，按照规定不同年龄段享受到的医疗费用也各不相同。

（二）鄂族医药费的使用

鄂伦春族医药费是国家对少数民族的政策照顾，只有鄂伦春族的群众才能享受到此照顾，医药费主要来源和途径是县财政拨款和省一般性转移支付资金通过县财政拨付处理的，1993年之前鄂伦春族医药费主要由十八站乡政府管理，塔河县每年拨付34万元医药费。1993年之后鄂伦春族医药费归塔河县鄂伦春民族医院管理，2007年塔河县第九次县（局）长常务会议研究并决定，为了认真贯彻落实省委黑发［2006］26 号文件精神，把鄂伦春族医药费按每人 1000 元的标准全额纳入财政预算。塔河县每年在原拨付的 34 万元基础上，增加拨付鄂伦春族医药费 20 万元。

2004 年塔河县成立了鄂伦春族医药费管理领导小组并出台了鄂伦春族药费管理办法，对鄂伦春族患者的医药费使用作了明确的规定：

（1）鄂伦春族农村户口住院费全部核销；

（2）核销药费时患者需要出具相应的核销手续，如：住院证明（转院的同时需要出具转院证明）、诊断书、病例复印件、药费收据及住院清单等；

（3）门诊药费按年龄段定额核销：

0 ~ 15 岁每人每年核销 150 元；16 ~ 30 岁每人每年核销 180 元；31 ~ 50 岁每人每年核销 280 元；51 岁以上每人每年核销 350 元；

（4）核销药费时由一名乡政府民族办的工作人员（鄂伦春族）和一名医院的主管副院长（鄂伦春族），还有一名医院的财务人员和院长审核处理等。

2008 年 3 月塔河县又成立了新的“鄂伦春族医药费管理领导小组”，修改并出台了新的“鄂伦春族医药费管理使用办法及细则”，为鄂伦春族群众办理医疗证。

1. 核销人员的条件及范围

凡属本县户口，在本县居住（聚居、散居）的鄂伦春族人口（在职职工及退休人员除外），均享受鄂伦春族医药费核销的待遇。

2. 门诊药费核销的标准

农业人口核销标准为：

（1）0～30岁的鄂伦春族人口每人每年核销门诊药费200元。

（2）31～40岁的鄂伦春族人口每人每年核销门诊药费300元。

（3）41～60岁的鄂伦春族人口每人每年核销门诊药费400元。

（4）61岁以上的鄂伦春族人口每人每年核销门诊药费500元。

3. 住院药费核销的标准

（1）农业户人口住院药费享受核销100%的待遇。

（2）非农业户享受城镇低保待遇的人口住院药费享受核销70%的待遇。

（3）其他人员住院药费享受核销50%的待遇。

4. 核销药费的程序及办法

（1）鄂伦春族医药费管理“领导小组”为所有享受鄂伦春族医药费待遇的人员统一办理“鄂伦春族医疗证”。

（2）鄂族新村享受鄂伦春族医药费待遇的患者指定医院为“塔河县鄂伦春族医院”。门诊药费在“塔河县鄂伦春族医院”核销。

（3）鄂伦春族群众在外务工、上学和外出期间患病人员原则上需回本县指定医院治疗，因特殊情况不能返回治疗的患者，需与“领导小组”联系，由“领导小组同意并指定专门医院进行治疗”。但医药费用先由自己垫付，治疗终止后可按条件享受鄂伦春族核销医药费的待遇。

（4）凡在塔河县鄂伦春民族医院外就诊治疗的患者核销门诊药费时，需要出具就诊医院的诊断书、药费收据、药方清单（处方），要有医生签章、患者本人签字等相关核销医药费的手续，并在患病时及时与“领导小组”取得联系，并备案。核销药费时凭“鄂伦春族医疗证”到指定部门按门诊核销标准核销。

（5）凡在塔河县鄂伦春民族医院外住院的患者核销住院药费时，在住院时必须和“领导小组”取得联系，并有备案。患者核销住院药费时，需要出具住院医院的诊断书、药费收据、药方清单（处方）、住院病历复印件。要有医生签章、患者本人签字等相关核销医药费用的手续，核销药费时凭“鄂伦春族医疗证”，由县民族宗教局审核后，再到指定部门核销。否则，手续不全的不予核销。

（6）鄂伦春族群众患大病经指定医院会诊需要转院诊治的凭“转院介绍信”到“领导小组”办公室审批，办理相关手续后再到指定上级医院诊治，一律不付现金。确诊并治愈后手续齐全（如住院证明、病历复印件、药费清单、处方、诊断书、相关病理诊断报告单、化验单等）的、医药费在 1 万元以内的可到指定部门核销，医药费超 1 万元的由“领导小组”领导审批后予以核销。转院期间往返路费、食宿费及其他费用一律自行负担。

5. 不能纳入鄂族药费报销的项目

（1）因工伤、交通事故、打架斗殴、自杀、犯罪行为、酒后闹事所致疾病的医药费用。

（2）未经批准转诊、转院或到非指定医院住院所发生的医疗费用。

（3）器官移植、特殊辅助检查、营养药品、保健药品等费用。

（4）私自在个体药店购药及在个体诊所所诊治的费用。

（5）按摩、美容、假肢、义齿、配镜等殊医疗费用。

（6）就医交通费、住院床位费、陪护费和伙食（结核病除外）等费用。

（7）城镇职工医疗保险规定的自费药品。

（8）参照农村合作医疗规定的自费药品。

（三）合作医疗

1. 农村合作新型定点医疗机构

塔河县鄂伦春民族医院（一级甲等），塔河县人民医院，塔河县中医院，塔河县妇幼保健院，县疾病预防控制中心，结核病防治所，省内、外县级以上公立医疗机构。

2. 村民参保情况

鄂族新村从2005年开始实行合作医疗，当时全村的参合率就为100%，2005年至2009年个人缴纳20元（其中10元家庭账户、10元大病统筹），2010年开始个人缴纳30元，五保户、低保户免费，村里基本上都是低保户，因此每年个人应缴纳的20元都是从低保里扣除，不需要村民拿现金。

3. 优惠政策

政府对鄂族村民实行非常优惠的医疗政策，当地人称为“绿色通道”，即村民看病可以在乡医院凭医疗证根据自己的定额开药。大病需要住院时如果在鄂族乡医院住院、转院，医院会用支票转账的形式全额予以报销。但是优惠

政策对外伤是不起作用的，因此，新农村合作医疗的使用实际上仅仅是为了外伤的治疗需要。

五　鄂族新村村民就医存在的问题

在我们调研中，切实感受到鄂族新村村民就医仍存在的问题。一是鄂伦春民族医院的医疗水平亟须提高。现在，鄂伦春民族医院只能对一些普通的患者进行救治，对一些疑难、危重的患者不能进行及时有效的救治，导致一些危重患者丧失了有效治疗时机。所以，硬件建设还需进一步加强，一些医护人员技术水平还需要进一步提高。二是因病返贫的现象比较严重。患病村民转院到外地就医自己要承担部分药品和其他费用，由于近年来药品价格上涨，对于患重病和常年患病的村民，家庭要承担的医药费就很多，一些已经脱贫的家庭因支付高额医药费而重新返贫。

六　福利院

20 世纪 90 年代初，由于肺结核病高发，加之以前在狩猎过程中意外死亡的年轻人较多，鄂族新村孤寡老人的数量达到 30 多人。十八站乡政府为了使这些老人老有所养，在各级政府的支持下于 1993 年在鄂族新村建立了福利院。

福利院位于鄂族新村中心位置，总占地面积 2000 平方米，房屋面积 320 平方米，共有 15 个房间，福利院中人多的时候有老人 31 人，工作人员 6 人。费用支出由十八站乡和上级政府承担。

到 2009 年，随着一些年龄大的老人相继离世，福利院老人数量减少到了5人，为了节约开支也为了老人能有更好的生活环境，十八站乡政府经与塔河县政府请示，将这5位老人安排到了塔河县的敬老院。敬老院位于塔河县城南部的塔南二中附近。

图7-6　福利院（2010年2月　杨晓丽提供）

第四节　文化体育

在漫长的游猎生活中，鄂族新村的鄂伦春民族先民创作了许多神话、传说、故事、诗歌、口头文学、音乐、美术、体育等民族文化，全面展示出鄂伦春族的生活面貌和社会风貌，表现了鄂伦春族人民热爱生活热爱祖国的真实情感。[①]

近年来，鄂族新村在传承和创新民族文化体育方面取得了突出的成绩。2009年，十八站民族乡学校民乐班荣获

① 《塔河县志》。

“全省首届少数民族少儿声乐、舞蹈、器乐比赛”三等奖。《中国北方捕猎民族纹饰图案与造型艺术——鄂伦春卷》一书被列为黑龙江省民族研究所“十一五”规划重点科研项目；鄂伦春族艺人郭宝林被列入首批国家级民间文化非物质文化传承人，葛淑贤和关小云被列为省级民间文化非物质文化传承人。

图 7-7 非物质文化传承人郭宝林家（2010 年 2 月 24 日 刘浩摄）

荣誉证书

编号：114

兹授予郭宝林同志

中国民间文化杰出传承人荣誉称号

特颁此证

2007年6月

图 7-8 荣誉证书（2010 年 2 月 24 日 刘浩摄）

一　语言

鄂伦春语属阿尔泰语系满—通古斯语族通故斯语支，只有语言没有文字。过去，鄂伦春民族无论男女老幼，在本民族间均使用鄂伦春语[①]。由于没有文字，鄂伦春语主要是依靠一代又一代人的口传心授得以传承和不断发展。

在鄂族新村，50 岁以下的鄂伦春族人多数和汉族和其他民族通婚，“团结户”占主流，纯鄂伦春家庭数量少。在“团结户”家庭，日常交流使用的都是汉语，子女基本上不会说鄂伦春语。据当地的老人讲，等现在 50 岁以上的老人过世之后，鄂伦春语将会逐渐失传，他们对此非常担忧。

2003 年 4 月，经过乡政府、村委会和十八站鄂伦春民族乡学校的共同努力，鄂伦春民族语言作为一门小学生必修课列上了课程表，要求十八站鄂伦春民族乡学校一至四年级小学生都必须学习自己的民族语言，并用国际音标当做一种拼音，把鄂伦春语拼注下来与汉语互译。

图 7－9　民族语言课开班典礼（2011 年 3 月 2 日　郭红提供）

① 呼玛县志（1978～1987）。

为传承将要失传的民族语言，加强学生应用鄂伦春语的能力，鄂族新村村委会在村里创造各种机会为学生提供语言交流的环境，例如采用广播宣传、口头宣传等方式引导村子里的年轻人、孩子们多和老人用民族语言交流，让更多的人去接触去学习。

二　文艺

定居前，鄂族新村的鄂伦春族先民是能歌善舞的。

鄂伦春族的歌曲和舞蹈通常结合在一起进行，一般是边唱边跳，歌曲多是叙事、抒情、对家乡的赞美、劳动和生活的歌颂，也有对男女爱情的表达和婚姻不满的诉说，歌词通常是真实的情感表达，唱歌不需伴奏，即兴填词，随编随唱。定居前，由于统治阶级对其残酷的剥削和压迫，也使得他们用义愤的词调来唱出心声，如《苦歌》，歌词：

日本鬼子烧了我们的房屋，
把我们赶到密林深处，
瘟疫害死了年老的父母。
“斜仁柱”挡住大雪风土，
“吊锅子”早就空无一物，
真叫我们没有一点活路。①

舞蹈有集体舞（阿苏亚）和单人、双人、四人舞及多人舞。以模仿动物和飞禽动作，舞蹈形式有“黑熊搏斗舞”，“树鸡舞”；表现生产劳动的“红果舞”；表现狩猎生活的有“依哈嫩”舞以及萨满舞。据说，他们喜欢随歌伴

① 白银纳鄂伦春族乡志

舞，出猎归来或庆典、节日，众人围着篝火歌舞狂欢，亦歌亦舞，气氛活跃。[①]

如今，鄂族新村村民最上规模的文艺活动要数鄂伦春族定居庆祝大会那天的文艺节目演出。定居庆祝大会通常在乡学校的校园举行，时间大致在8月份，每次庆祝活动村民都非常高兴，他们表演传统的节目来庆祝自己的节日。项目筛选过程是首先由村民自己选择节目，到村委会登记，然后上报到乡里，乡里最后平衡确定。节目形式有民族歌曲、舞蹈、相声、小品、乐器等。文艺节目表演通常持续一上午，每逢这个日子，学校、乡政府、县政府和地区的文艺工作者也来表演一些节目。

现在，村民们大都过上了好日子，村民在大小活动和庆典上所唱歌曲也多为赞美家乡和歌唱祖国的歌曲，如：《鱼儿多自由》、《什么最美丽》、《歌颂兴安岭》、《永远跟着共产党》、《赛马歌》等鄂伦春歌曲。另外，在家里或者是在饭店办红白喜事或朋友聚会也都要唱歌，但跳舞的较少，唱歌还是沿袭了原有的习惯即兴唱歌，想要表达什么情感，就编成歌词唱出来。

三 民族体育

鄂伦春族传统的体育竞赛项目有划桦树皮船、赛马、射箭、拽棍、对弈（章跟班第）、摔跤、扛人等。定居以前，鄂族新村的先民主要是在氏族或部落群体内部进行一些比较简单的体育竞赛，比赛项目选择传统的狩猎生产和日常生活的活动形式，项目不多，没有严格的比赛规则和

① 《塔河县志》。

评判，只以体力和技巧取胜，也没有固定日期，常与节日和庆典活动同时进行。

定居后，生产和生活有了稳步的发展，文化、体育事业发展较快。20 世纪 50 年代，十八站鄂伦春族中心学校成立以后，每年“六一”儿童节期间举行中小学体育运动会，以田径项目为主，同时设社会组，吸收社会各方面人员参加，鄂族新村的青壮年参加其中的赛马、射击、摔跤等项目。

1988～1992 年，十八站鄂伦春民族乡举办了 3 次全乡体育运动会，除了设田径项目外，还根据鄂伦春族的民族传统，增设赛马、射击、划船、拽棍等。另外，为了纪念鄂伦春族下山定居，每隔 5 年为“小庆”，每隔 10 年为“大庆”，其间也搞一些体育竞技活动，多数村民都参加，按照人数事先抓阄，每个人按顺序参加各种竞赛，选拔表现优秀的运动员参加大兴安岭地区和塔河县举办的各项体育比赛。①

随着人们生活水平的提高，有些村民自发开展一些体育锻炼项目。除了寒冷的冬季以外，上了年纪的人大多早晚都要出来走走，年轻人由于工作较忙锻炼的人较少。2010 年春季，十八站乡政府专门为鄂族新村在村委会的空场地上安装了健身器材，天气暖和的时候使用健身器材进行锻炼的村民很多，小孩子也经常因争抢使用健身器材而打架。

四　图书角

从 2006 年开始，鄂族新村“村两委”在村委会开设图

---

① 《塔河县志》。

书报刊角，简称“图书角”，作为村民日常文化活动的重要场所。“图书角”的书籍主要是乡里统一发放的，“村两委”也出资订阅报刊和购买书籍，近年来，图书报刊的品种和数量逐渐增多，每年要新增200多本。

平时，来“图书角”看书读报的村民不是很多。据我们了解：一是村里的成年人从事生产劳动或生产技术相对简单，靠实践和向技术员学习就能学会，主观上对书本知识的需求并不高，正在上学的孩子认为那些书离自己太遥远，没有兴趣；二是村民们多年来养成的文化习惯是更喜欢在家里看看电视，或是玩玩扑克、打打麻将等；三是随着经济的快速发展，个别村民家庭已经购买了电脑等现代电子设备，所需知识通过网络和电子图书就可以获得，因此，村委会的“图书角”的实际利用率不是很高。不过，村委会组织到村部开会的时候，多数村民还是利用会前会后的时间顺便到“图书角”翻看翻看相关的书刊。

图7-10　图书角（2010年2月24日　刘浩摄）

五　书店

鄂族新村成立以来，村里一直没有销售图书的地方。1970年以前，十八站鄂伦春民族乡也没有专门的书店，1970年以后，十八站鄂伦春民族乡供销合作社开始设图书专柜，经营图书业务。1984年，个人自筹资金在乡里办起第一家"青年书店"，经营图书350余种，1990年在全省第4次农村图书发行工作会议上，该书店曾被评为"个体先进书店"。①

六　文化站

十八站鄂伦春民族乡文化站，又称十八站鄂伦春（民）族乡文化中心，是1963年9月成立，为"社办公助"，当时隶属于呼玛县，站内编制2人，有56平方米站舍一处，站内设有办公室、广播室、阅览室和画廊，1965年增设电影放映机1套，每月放映电影2~3场，同时组建了业余演出队伍。"文化大革命"开始后，文化站搁浅，工作停滞。1973年文化站恢复正常工作。1975年夏，又新建了240平方米砖瓦结构的站舍，设图书室、文化活动室、广播站，有藏书800余册，购置了民族服装和手风琴、扬琴等。1988年，十八站文化站自筹资金15000元，购置了架子鼓、电子琴、萨克斯、电吉他、电贝司、二胡、扬琴、竹笛、放像机、民族服装和美术用品。②

1983年，在鄂伦春族定居30周年庆祝大会上，文化站自己组建的业余演出队伍，组织了鄂伦春族有史以来规模

---

① 《塔河县志》。

② 《塔河县志》。

最大的文艺演出，演员大部分都是鄂伦春族青年。同年年底，以十八站鄂伦春族业余演出队为主的大兴安岭地区代表队赴黑龙江省参加全省少数民族文艺汇演，鄂伦春族演员魏云华演出的舞蹈《采集》获舞蹈创作奖，两名鄂伦春族演员获优秀表演奖。自1985年起，每逢“八一”建军节和春节，文化站都组织排练节目，到驻地的边防部队进行慰问演出，和部队指战员共同联欢，并于1985、1986年连续两次代表鄂伦春族参加塔河县举办的春节联欢会。

文化站于2006年进行了二次维修改造，面积为400平方米，总投资70万元。现在文化站屋顶使用的是红色彩钢瓦，统一安装了塑钢窗，墙面砖所使用的都是防止冻融脱落、墙面鼓胀危裂的墙面砖，建筑物上方镶嵌有十八站鄂伦春民族乡文化站字样。外部造型独特，美观并且适用，具有典型的鄂伦春族的特点和特征。

2007年以来，十八站乡政府争取民族专项资金8万元，为民族乡文化站购置设备，还投入了19万元为民族学校购买了民族乐器、民族舞蹈服装，有力地促进了民族文化教学及民族文化的传承。

文化站的不同房间承担不同的功能：室内大厅，装有先进的舞台、灯光音响设备，在此搞一些小型文艺演出活动，20世纪90年代常举办舞会，现在也举行会议、举办科普讲座和开展各种培训等；展厅，主要是展览收藏的33件鄂伦春族特色的民俗民风实物；图书室，藏书8000余册，包括文化站自己整理的鄂伦春族民间故事集，阅览室全天开放，可供群众学习查阅各种资料。室外有800平方米的活动广场，全部铺设了步道砖，安装了体育活动健身器材。

文化站现配有两名工作人员，办公条件好，最近统一购买了崭新的桌椅。

鄂族新村距乡文化站步行约有20分钟的路程，由于村里有“图书角”，村民平时较少去那里活动，只是在上级领导来访或节日期间例如“香港回归”、“澳门回归”、“十一”国庆、“鄂伦春民族大庆”等，才到乡文化站排练或者表演。

在调研过程中，我们感受到鄂伦春族人的心灵手巧和能歌善舞，同时，也看到了随着社会的发展，民族文化逐渐地被边缘化和流失的状况。使我们感到欣慰的是，当地政府和“村两委”已经认识到这个问题，着手开展非物质文化遗产的保护工作；村民对这些祖先留下的“手艺”也有着朴素的传承意识，在自己做手工皮毛制品或是桦树皮手工艺品时让子女在旁边跟着学习（但作为80后和90后的下一代对此并没有多大的兴趣，他们关注的是外面世界具有现代性的信息和事物）。如何让鄂伦春民族文化中的优秀元素得以传承，是一个充满挑战性的课题。

图7-11　图片墙（2010年2月24日　刘青云摄）

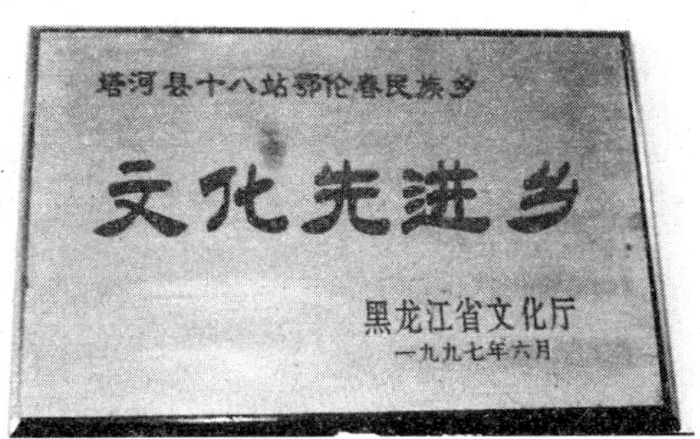

图 7－12　文化先进乡奖牌（2010 年 2 月 24 日　刘青云摄）

附　录

附录一　关于加快鄂伦春族乡村经济和社会事业发展的若干政策措施的联合通知

各有关市（地）、县（区）民委、计委、财政局、教委、民政局、卫生局、林业局：

鄂伦春族是我省人口较少的少数民族。我省鄂伦春族自1953年下山定居以来，特别是改革开放以来，在各级党委、政府的关怀和领导下，在党的民族政策指引下，经济和社会事业有了较大的发展。但是由于历史、地理、社会等诸多因素的影响，鄂伦春族经济文化发展相对滞后的问题依然存在，且不可能在短时间内得到根本改变。因此，在今后一个相当长的时期内，各级政府、各部门对鄂伦春族不仅要继续贯彻执行既定的各项优惠政策，同时，还要根据建立社会主义市场经济体制的要求和实行新的财税体制的新情况，对各项优惠政策、措施进行修改、补充和完善。经省政府领导同意，现对有关问题通知如下：

一　扶持鄂伦春族发展生产，改善生活

1. 要积极扶持鄂伦春族农户从事种植业生产，当地政府在鄂伦春族乡境内拍卖开垦荒原、发包“速生丰产林整地”等土地开发中，要照顾鄂伦春族乡、村的利益，帮助鄂伦春族扩大耕地经营规模。

2. 大兴安岭地区、伊春市及其所辖呼玛、塔河、嘉荫三县，要在帮助鄂伦春族搞好林业生产、人工培育黑木耳生产的基础上，尽快为鄂伦春族解决耕地问题，以解决口粮自给并对国家有所贡献。要采取实际步骤帮助大多数鄂伦春族农户学会种田、种好田，搞好产前、产中、产后服务工作。

3. 对全省 6 个鄂伦春族村的鄂伦春族农户继续实行减免农业税的照顾政策。

4. 为鼓励鄂伦春族群众从事种植业，对当年因灾减产的农户，所在县（区）政府应减免其征购粮任务，减免指标在全县（区）范围内调剂解决。新增耕地起征征购粮的年限要比普通乡顺延 2～3 年。

5. 各级民政部门对鄂伦春族病、残、老、弱者和孤儿在社会救济方面给予照顾，将大兴安岭地区的 2 处鄂伦春族社会福利院纳入社会救济重点对象予以照顾。

6. 全省鄂伦春族地区共有 200 名鄂伦春族义务护林员。护林员补助费标准应由现行每人每年 750 元提高到 1000 元。各部门应于每年 6 月底以前将补助费拨给有关鄂伦春族乡。鄂伦春族乡要充分发挥护林员作用，认真做好护林防火工作。

7. 各有关县（区）政府财政局、国有资产管理局、民

委要加强对国家投放到鄂伦春族乡（村）的大型农机具的管理。实行产权国有（乡政府代表国家履行所有权、管理权）、交村使用、承包经营的办法，优先保证鄂伦春族农户发展生产。大型农机具折旧费、承包费要专户存储、专款专用，确保国有资产保值和机械设备完好状态。

8. 各有关乡镇政府要切实加强鄂伦春族住房的管理，实行房权国有、免费住用、自行维修的办法，允许子女继承住用。暂时无人居住的房屋，有关乡镇要专门管理，防止被他人占用或破坏，也可有偿出租，出租房屋要签订租用合同，先交租金、后进户，租金由有关乡镇政府管理使用，主要用于鄂伦春族公益事业。

二　全面完成鄂伦春族“普九”教育，开展职业技术教育

9. 鄂伦春族乡（村）要“就近办学”，使小学入学率、初中阶段入学率、中小学毕业生合格率达到国家规定要求。采取有效措施，严格控制中小学生流失。办好学前一年教育，把学前班纳入小学阶段统一管理。鄂伦春族乡所在地中小学应积极创造条件，实行九年一贯制，加强学校管理，不断提高办学水平。

10. 各地应遵照“三级投入，就近办学，乡校县管”的原则，切实办好鄂伦春族乡、村学校。各有关市（地）、县（区）政府及财政、教育等部门应对鄂伦春族乡（村）学校在经费安排、校长和教师选配、教研业务指导等方面实行特殊倾斜政策，真正把“乡校县管”落到实处。

11. 鄂伦春族乡学校要增加职业技术教育的内容，加强劳动、劳技课教学，开满学时，保证质量。各级政府要在

师资、实验场（厂）地、设备等方面提供必要条件。

12. 改善鄂伦春族乡（村）学校办学条件，完成“普九”任务，是各有关县（区）政府的责任。为推动鄂伦春族教育加快发展，从1996年起用两年时间，省、市两级政府集中一些财力，会同有关县（区）政府帮助鄂伦春族乡（村）学校解决缺少教室、理化生实验室、图书室、音体美教学器材等紧迫问题。据调查测算，共需一次性投入240万元，按5:3:2比例，由省、市（地）、县（区）分两年筹措。省投资金，分别由省财政厅（70万元）、省计委（30万元）、省民委（20万元）承担，有关三市地、五县区政府（行署）承担120万元。上述投资完成后，鄂伦春族乡（村）学校应达到省规定的规范化学校建设“合格中小学标准”。

13. 适当调整鄂伦春族学生助学金现行标准，提高幅度由所在县政府根据财力情况确定，纳入县（区）财政预算安排解决。

14. 为抓好鄂伦春族高中生的培养，各有关县区重点中学普通高中对鄂伦春族乡鄂伦春族初中毕业生应降分照顾录取；降分仍无进段考生时，每学年应择优录取1～2名考生。

15. 要在鄂伦春族乡（村）广泛深入地开展尊师重教活动，切实实行学校教育、家庭教育和社会教育相结合。改善学生生活、学习氛围。学校要通过建立家长委员会、家长学校以及县城中小学开展对口支援等途径，争取全社会对鄂伦春族学校工作的关心和支持。乡政府和村委会在教师和其他重要节日应组织鄂伦春族群众开展尊师重教、奖学助教活动。

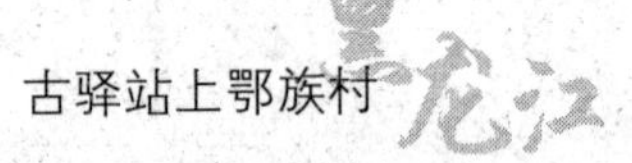

16. 各有关县（区）财政、教育部门要加大对鄂伦春族学校资金投入力度，并给予长期支持，对鄂伦春族家长为子女选择汉族学校的应当允许，经费跟着学生走，转移到相应学校。

17. 各有关县（区）教育行政管理部门要在摸清鄂伦春族乡（村）学校师资状况的基础上，尽早制定培训、提高和充实调整的规划，要尽快为其补充一批政治、业务素质高的骨干教师，调入有困难的可采取招聘、轮换的办法。从1997年开始，逊克、爱辉、塔河、呼玛和嘉荫等县（区）教委要会同人事部门，每年应对所属鄂伦春乡（村）学校有计划地调整充实1～2名骨干教师，以满足提高鄂伦春族中小学教育教学质量的需要。调整充实骨干教师也可采取大中专毕业生定期轮换或招聘的办法解决。各地有关部门和学校要为轮换或招聘教师提供必要的生活、工作条件，在待遇方面要从优安排。对在职教师要加强岗位培训，尽快帮助他们提高文化水平和教育教学能力，使其胜任本职工作。对素质低、能力差的教师，应及时调整，调离学校教育岗位，另行安排。为加强全省各民族中小学校长队伍建设，在齐齐哈尔民族师范学校建立少数民族中小学校长见习培训基地。

18. 鄂伦春族学校利用活动课课时开设鄂伦春语会话所需本民族语言的会话教材，由省教育学院负责统一组织编写，经省教委中小学教材审查委员会审定通过后在全省有关县（区）鄂伦春族学校试用。

三　改善医疗卫生条件，提高鄂伦春族身体素质

19. 各有关县（区）、乡镇政府、卫生部门要切实加强

鄂伦春族乡卫生院（地区医院）的建设，配备好卫生院领导班子。要根据实际需要，有计划地搞好医务人员的培训提高工作，上级医院要免费为鄂伦春族乡培训医务人员，切实保证培训质量。省、县卫生部门要进一步帮助鄂伦春族乡卫生院改善装备条件。

20. 改进鄂伦春族医药费管理使用和核销办法，各有关县（区）政府要结合本地实际和前期存在问题，研究制定具体管理办法，公布实施。严格控制享受范围。堵塞漏洞，杜绝虚假冒领药费现象，确保鄂伦春族群众有病得到及时治疗，药费得到及时报销。干部、职工及家属系鄂伦春族者，可按当地公费医疗改革的办法执行。

21. 大兴安岭地区要继续加强鄂伦春族结核病防治工作，集中医护力量，把结核病患率降下来。

22. 对鄂伦春族群众住院治疗期间继续实行伙食补贴。应根据物价增幅逐步提高，具体标准由当地政府确定。

四　进一步加强对鄂伦春族工作的领导

23. 各级党委和政府要高度重视鄂伦春族工作，纳入议事日程，每年讨论一两次，研究解决一些实际问题。要确定一位领导主抓鄂伦春族工作。各有关市（地）、县（区）政府，要组织有关部门深入到鄂伦春聚居地区调查研究，检查各项政策措施到位情况，各业务主管部门要按分工主动抓好相关工作。

24. 各有关部门对现有鄂伦春族干部特别在鄂伦春族乡机关工作的干部（如乡长、副乡长）要加强培养提高工作，可通过到上级机关挂职锻炼、到强乡任职提高和到大专院校学习等途径，全面提高其政治、业务、文化知识水平和解决处理实际问题的能力，使之不断增长组织领导全乡人民进行建设、驾驭市场经济的真才实学。

25. 民族工作部门要为当地党委、政府当好参谋，及时反映鄂伦春族各项政策措施贯彻落实情况，为领导决策提供依据。要主动与有关部门协调解决问题，努力为鄂伦春族发展生产、提高生活水平办实事、办好事。

26. 要深入开展民族团结进步表彰活动，对在鄂伦春族工作中做出优异成绩，模范地贯彻执行党的民族政策的单位和个人，每两年评比、表彰一次。具体组织、审批工作由各级民族工作部门负责办理。

黑龙江省民族事务委员会　　黑龙江省计划委员会
黑龙江省财政厅　　黑龙江省教育委员会
黑龙江省民政厅　　黑龙江省卫生厅
黑龙江省森工总局

一九九七年一月十八日

附录二　中共大兴安岭地委大兴安岭地区行署关于进一步加强民族工作和扶持鄂伦春族加快发展的意见

（2007 年 10 月 26 日）

根据《中共黑龙江省委黑龙江人民政府关于贯彻落实〈中共中央国务院关于进一步加强民族工作加快少数民族和民族地区经济社会发展的决定〉的实施意见》（黑发［2005］21 号）和《中共黑龙江省委黑龙江人民政府关于

进一步扶持全省人口较少民族加快发展的意见》（黑发［2006］26号）精神，为进一步做好全区民族工作和扶持鄂伦春族加快发展工作，推动我区少数民族和鄂伦春族乡村各项事业加快发展，提出如下意见。

一　各级党委、政府要高度重视新世纪新阶段民族工作和扶持鄂伦春族加快发展工作

（一）进一步提高加强民族工作和扶持鄂伦春族加快发展的认识。我国是统一的多民族国家，民族问题始终是关系党和国家工作大局和重大问题，黑发［2005］21号和黑发［2006］26号文是进入新世纪新阶段全面指导全省民族工作的纲领性文件。贯彻落实好省委文件精神，进一步加强民族工作，加快我区少数民族和鄂伦春族乡村经济社会发展，对于促进全区经济、政治、文化建设，构建林区和谐社会，巩固和发展各族人民大团结具有重大的现实意义和深远的历史意义。

我区是一个多民族散杂居的边疆地区，有27个民族，少数民族人口2.1万人，辖有2个鄂伦春族乡。多年来，全区各级党委、政府高度重视民族工作，认真贯彻执行民族政策，大力扶持鄂伦春族乡村经济和社会事业的发展，培养和壮大少数民族干部、人才队伍，民族乡村经济和社会面貌发生了显著变化，全区民族团结进步事业呈现出勃勃生机与活力。在充分肯定我区民族工作取得成绩的同时，还要清醒地看到，我区鄂伦春族和鄂伦春族乡村由于受自然条件和历史等综合因素影响，鄂伦春族主导产业脆弱，经济社会发展相对滞后，与发达地区相比还有较大差距，实现民族乡村同区内其他乡村的协调发展，特别是缩小同

发达地区发展差距的任务繁重而艰巨。全区各级党委、政府必须从全局和战略的高度，重视民族工作和扶持鄂伦春族乡村加快发展工作，牢牢把握各民族“共同团结奋斗、共同繁荣发展”的主题，加快少数民族和民族乡村经济社会发展，为推进全区社会主义新林区作出贡献。

（二）今后一个时期全区民族工作的主要任务。坚持以邓小平理论和“三个代表”重要思想及科学发展观为指导，全面贯彻落实党和国家和民族政策和民族法律法规，特别要贯彻落实好国家民委等五部委下发的《扶持人口较少民族发展规划（2005～2010年）》（民委发［2005］150号）精神和国家发改委、国家民委批复的《黑龙江省扶持人口较少民族发展专项建设规划（2006～2010年）》（发改投资［2006］1742号）精神，深入贯彻全省民族工作会议和黑发［2005］21号、黑发［2006］26号文件精神，围绕“努力快发展，全面建小康”的宏伟目标，突出各民族“共同团结奋斗，共同繁荣发展”的主题，加快鄂伦春族乡村经济社会事业发展，重点加快民族乡村的社会主义新农村建设，大力培养、选拔、使用少数民族干部和各类人才，广泛深入地宣传党的民族理论、民族政策和民族知识，巩固和发展平等、团结、互助、和谐的社会主义民族关系，为“实现生态战略，发展特色经济，构建和谐兴安，建设社会主义新林区”而努力奋斗。

二　采取有效措施，促进全区民族团结进步事业的发展

（三）加强党对民族工作的领导，全区各级党委、政府及企事业单位要把民族工作摆到重要位置，全面贯彻落实

好国家、省有关民族政策和法规，切实维护好少数民族群众的合法权益。民族工作要形成党委统一领导，有关部门各司其职、密切配合的民族工作格局。各级党委、政府要定期听取民族工作汇报，研究解决民族工作中的重大问题。统战部门和民族工作部门要认真履行职能，加强调查研究，搞好综合协调，当好党委、政府的参谋助手。

（四）大力培养、选拔、使用少数民族干部。各级党委要采取积极措施，大力培养、选拔和使用少数民族干部，注重提高少数民族干部素质，加大少数民族干部交流力度，改善少数民族干部队伍的结构。各级党委组织部门要履行好牵头抓总的职责，会同统战部门、民族工作部门认真贯彻落实黑发［2005］21号和黑组通字［2002］13号、黑组发［2006］3号等文件精神，为少数民族干部成长创造良好的环境。

（五）行署和县区政府适当安排少数民族事业补助费。要按当地少数民族人口人均3元的标准安排少数民族事业补助费，纳入财政预算，由民族工作部门掌握，并随财力增长逐步增加。

（六）尊重少数民族风俗习惯。地、县区工商行政管理部门、民族工作部门要贯彻落实好《黑龙江省清真食品生产经营管理条例》，依法加强对清真食品行业和市场的管理。民政部门要做好信仰伊斯兰教民族的殡葬管理工作，解决好存在的问题，使尊重少数民族风俗习惯的政策落到实处。

（七）及时妥善处理民族、宗教问题。各级党委、政府要正确对待和处理各民族之间因经济利益、风俗习惯、宗教信仰等方面差异而产生的矛盾，做好深入细致的思想政

治工作，用团结、教育、疏导的方法及时妥善处理各类民族、宗教问题。对涉及民族关系的群体性突发事件，要提前掌握情况，注意抓早、抓细，果断处置，及时化解矛盾，防止事态扩大，确保社会稳定。

（八）对少数民族中考生给予降分录取照顾。在全区普通高中招生工作中，鄂伦春族考生全部在计划内予以录取并免交学杂费，鄂温克族、赫哲族、柯尔克孜族、达斡尔族考生降 50 分录取；蒙古族和锡伯族考生降 20 分录取；其他少数民族考生降 5 分录取。地区实验中学招生，鄂伦春族考生降 50 分录取；鄂温克族、赫哲族、柯尔克孜族、达斡尔族、蒙古族和锡伯族考生降 20 分录取。鄂伦春族实验中学自费生学费减免 20%；鄂温克族、赫哲族、柯尔克孜族、达斡尔族、蒙古族和锡伯族高中（含实验中学）自费生学费减免 20%。鄂伦春族、鄂温克族、达斡尔族、赫哲族、柯尔克孜族、锡伯族高中（含实验中学）计划内招生免交学杂费。

（九）全区中小学校（含高中）对鄂伦春族、鄂温克族、柯尔克孜族、赫哲族 4 个人口较少民族中小学生（含高中）发放助学金。发放标准：中学（含高中），鄂伦春族 160 元/人年，鄂温克族、柯尔克孜族、赫哲族 90 元/人年；小学，鄂伦春族 120 元/人年，鄂温克族、柯尔克孜族、赫哲族 30 元/人年。助学金纳入县区财政预算安排解决；企业办学的，也要按上述标准执行。

（十）加强少数民族文化的宣传与交流。开展丰富多彩的少数民族群众文化活动，积极组织参加全省少数民族文化艺术活动。加强少数民族传统体育项目的挖掘、普及、推广、提高工作。积极开展少数民族群众喜闻乐见的传统体育活动，弘扬民族体育文化。在全区及各县、区、林业局举办的体育运动会中，要安排一定数量的少数民族传统比赛项目。积极组织参加全省少数民族传统体育项目比赛。

（十一）加强民族工作部门建设。各级党委和政府要重视、关心民族工作部门和民族工作队伍建设。注重选拔优秀干部特别是年轻干部充实到民族工作部门。切实帮助民族工作部门解决实际困难，提供必要的工作条件和经费保障。加强民族工作干部的培养和交流力度，努力建设一支具有较强的政治和大局意识、较高的理论和政策水平、丰富的民族专业知识、务实的工作作风的民族工作干部队伍。各级民族工作部门和民族工作者要以高度的责任感，开拓进取，扎实工作，为我区民族团结进步事业做出更大贡献。

三　进一步扶持鄂伦春乡村经济及社会事业发展

（十二）认真组织实施人口较少民族发展规划。按照国家民委等五部委下发的《扶持人口较少民族发展规划（2005～2010年）》（民委发［2005］150号）和国家发改委、国家民委批复的《黑龙江省扶持人口较少民族发展专项建设规划（2006～2010年）》（发改投资［2006］1742号）要求，精心组织、周密安排、按时完成规划的目标和任务。

（十三）加大对鄂伦春族乡村的扶持力度。按照国家扶持人口较少民族发展规划的要求，根据全省的统一部署，行署在制定实施好我区扶持鄂伦春民族发展专项规划的基础上，加大资金投入和政策扶持力度，经过5年左右的努力，使鄂伦春族乡村基础设施建设得到明显改善，群众生产生活水平明显提高，经济社会发展基本达到我区中等或

以上水平。

（十四）促进鄂伦春族乡村经济结构调整。行署和县政府要帮助鄂伦春族乡村加快经济结构调整，全面提高农业、加工业、服务业的水平和效益，优先发展特色农业、畜牧业和特色养殖业、民族风情旅游业、服务业、北药种植业、农副产品加工业等；民族乡村发展无公害、绿色、有机农产品给予优先支持。在安排农村畜禽防疫和畜牧兽医综合服务体系建设补助资金时，对民族乡村给予重点支持。大力发展鄂伦春非公有制经济，加快培育民族乡村农村合作经济组织，推进农业产业化。

（十五）加大对鄂伦春族乡村的财政支持力度。自 2007 年开始，行署将 1996 年第 11 次常务会议决定的“每年给两个鄂伦春族乡各 50 万元鄂伦春族生产生活资金”，确定为“扶持鄂伦春民族发展资金”。针对两个鄂伦春族乡的实际情况，行署决定每年拨付给两个鄂伦春族乡扶持鄂伦春民族发展资金各不低于 50 万元。行署财政局每年 6 月底前将扶持鄂伦春民族资金足额拨付到位。呼玛县、塔河县政府在对鄂伦春族乡的标准收支缺口给予足额补助的基础上，要对省财政部门每年下拨人口较少民族乡村所在的县的 50 万元一般性转移支付资金全部拨付给鄂伦春族乡，重点帮助其建设公益设施；加大新技术推广和科技培训投入力度。已纳入各类规划的扶持人口较少民族的项目资金，必须足额到位，为促进鄂伦春族乡村经济社会发展提供资金保障。行署财政局和民族宗教局每年要对省、地下拨给两个鄂伦春族乡的民族资金进行专项检查。

（十六）做好鄂伦春族村的脱贫工作。“十一五”期间，行署和县、乡政府加大对两个鄂伦春族村的扶持力度，帮助其改善基础设施条件、发展公益事业和增加农民收入，加快脱贫步伐。按照省扶贫规划的要求，要在2009年前实现脱贫。

（十七）进一步推进“兴边富民行动”。行署和县政府要制定“兴边富民行动‘十一五’规划”，在积极向上争取“兴边富民行动”资金的同时，行署和县政府应加大投资力度，加快鄂伦春族乡村的建设。

（十八）加大对民族教育事业发展的支持力度。从2007年起，地、县财政和教育部门要加大民族教育资金投入，扶持民族教育发展，在改善民族乡学校办学条件特别是改善呼玛县白银纳鄂伦春族乡学校学生住宿条件和培训民族乡学校师资队伍等方面所需资金给予保证。地区教育主管部门在制定全区教育发展规划时，要重点发展民族乡学校。到2010年前，要全面完成我区民族乡中小学现代远程教育工程，使民族乡学校现代化教学水平有较大幅度提高。呼玛县、塔河县政府要组织实施对民族乡学校的对口支援，每年要适当安排民族乡学校教师免费学习培训，同时做好民族乡学校校长的培训提高工作。建立长期稳定的助学机制，使鄂伦春族学生不因家庭贫困而辍学，对特殊情况可通过“一事一议”的办法解决。

（十九）推进民族文化事业建设和发展。重点扶持民族乡文化设施建设、民族文艺人才培养、对外文化交流等。对即将消失或濒临灭绝的民族优秀传统文化要进行有效的保护和抢救，重点发掘、收集、整理我区世居民鄂伦春族优秀文化，并结合时代精神加以发展。鼓励民族乡村合理开发利用其独特的自然和人文资源，将弘扬和发展与开发利用民族文化资源有效结合起来，通过各种形式和途径宣

传鄂伦春族民间文化艺术。继续加大对民族文化事业的投入，改善民族乡文化设施条件，到2010年底，2个鄂伦春乡要建成集文化、广电、科技培训于一体的多功能文化中心，为民族乡村各族群众文化科普活动提供必要的场所。

（二十）大力发展鄂伦春族乡医疗卫生事业。地、县有关主管部门在全区乡、镇卫生院房屋修建、设备装备更新、人才培养规划制定和项目资金安排时要向民族乡卫生院倾斜。

（二十一）加强对鄂伦春族的防病治病工作。地、县卫生行政部门要组织医务人员定期到鄂伦春族乡村进行巡回医疗，开展防病治病工作，重点做好结核病的防治工作。对居住在鄂伦春族乡村的鄂伦春族农民继续实行免费医疗。从2007年起，呼玛县和塔河县财政部门要对2个鄂伦春族乡的鄂伦春族农民医疗费全额纳入预算管理，不得留有缺口。根据黑发〔2005〕21号文件精神，财力有困难的县，要通过工作，争取由省财政部门通过一般性转移支付给予适当补助。

（二十二）大力培养、选拔和使用鄂伦春族干部。地、县、乡党委要积极采取措施，大力培养、选拔和使用鄂伦春族干部，注重提高鄂伦春族干部的素质，加大鄂伦春族干部交流力度，改善鄂伦春族干部的队伍结构。塔河县十八站、呼玛县白银纳鄂伦春民族乡政府在考录公务员和所属事业单位招聘工作人员时，按国家和省有关考录政策，可划出适当比例职位招录鄂伦春工作人员。全区各级国家机关在招考国家公务员时，对少数民族报考者，在同等条件下优先录用。

（二十三）切实把扶持鄂伦春族加快发展工作摆上重要

位置。加快扶持鄂伦春族发展工作，是各级党委、政府的重要职责，地、县要把扶持鄂伦春族加快发展工作作为重要内容纳入当地经济和社会发展中长期规划和年度计划，制定明确的工作目标、任务和措施，并认真落实。各级领导特别是呼玛县、塔河县的领导要高度重视和解决扶持鄂伦春族加快发展工作中存在的困难和问题，切实承担起扶持鄂伦春族加快发展的政治责任。

（二十四）完善扶持鄂伦春族加快发展工作的协调机制，行署和呼玛县、塔河县要成立扶持鄂伦春族加快发展工作领导小组，领导开展扶持鄂伦春族加快发展的各项工作，有关部门要各司其职，形成合力，抓好扶持鄂伦春族加快发展各项政策的落实。地、县民族工作部门要发挥综合协调、督促检查的作用，认真履行职责，积极主动抓好扶持鄂伦春族加快发展的常规工作。

（二十五）在全社会形成关心扶持鄂伦春族加快发展的良好氛围。全社会各方面都要树立关心、支持、帮助鄂伦春族加快发展的意识，开展多种形式的扶持鄂伦春族发展的活动。新闻单位要大力宣传党和国家扶持人口较少民族加快发展的方针、政策，宣传扶持鄂伦春族加快发展工作中的先进典型，地、县要及时总结经验，表彰先进，为促进鄂伦春族发展创造良好的社会环境。

附录三　鄂伦春族医药费管理办法及计划使用细则（塔二医［2004］3号）

为了适应当前医疗体制改革深入发展的需要，为了使鄂伦春族（以下简称鄂族）医药费计划使用，进一步加强管理力度，杜绝医药费流失，减轻县财政负担，更好地为鄂族患者服务，提高鄂族人民健康水平及身体素质，同时改善既往鄂族药费乱使用混乱状况，特制定了每人年定额使用及大病医药费统筹管理方案。

鄂族医药费管理小组组织机构：

组长：郭泽林

副组长：周莹　孙丽艳

成员：孙艳玲　朱桂芬

细则如下：

1. 为加强鄂族医药费管理力度，我院已专门成立鄂族医药费管理领导小组，重大事务由管理小组集体研究决定才能生效。

2. 鄂族患者大病经院内会诊需要转院诊治的必须由专人（主管院长、财务人员）陪同到制定上级医院检查确诊。半年到一年需要复查的也由专人陪同复查，一律不付现金，办理转账手续。确诊后手续齐全的医药费由医药管理小组讨论决定支付金额。转院期间往返路费、食宿费及其他杂费一律自行负担。

3. 转院产生的药费收据（包括门诊及住院收据）一律派专人核实，如收据属实并且合格，要根据鄂族医药费的财力情况逐年解决，住院收据要出具相关的证明（住院证明、病例复印件、处方底联、诊断书、相关病理诊断报告单、化验单），与本次患病无关的药物及营养药不予核销，对历年大病产生的药费根据鄂族药费的财力情况逐年解决。

4. 在本院就诊的鄂族患者，门诊开药药量不准超过一周，杜绝开营养药和与本次患病无关的药物，鄂族患者根据病情确实需要办理住院的一律住院治疗，不准离院，当班医护人员巡视病房，发现患者擅自离院，按自动出院处理，住院患者杜绝开与本病无关的药物，每次按开药日开药，超出部分及与本病无关的药物由处方医生负责赔偿。住院患者每次开药必须由患者本人签字才能记账投药，无本人签字拒绝投药。

5. 主要患者除急危重抢救用药外，非开药日不允许开处方，药局不允许投方，内、外、结核科按开药日开处方，非开药日处方必须由主管院长签字方可记账投方。

6. 杜绝乘车带药（乘车带药指医务人员借为患者开药的机会为自己开药）。如发现这种情况，按所开药费用1倍罚款。

7. 每周鄂族患者药费定额

0～15岁，127人，平均每人年门诊药费150.00元，计人民币19050.00元。

16～30岁，115人，平均每人年门诊药费180.00元，计人民币20700.00元。

30～50岁，76人，平均每人年门诊药费280.00元，计人民币21280.00元。

50岁以上28人，平均每人年门诊药费350.00元，计人民币9800.00元。

门诊总合计人民币：70830.00元。

8. 鄂族结核，住院患者药费定额

0～15岁，127人，平均每人年门住院药费450.00元，计人民币57150.00元。

16～30岁，115人，平均每人年住院药费300.00元，计人民币34500.00元。

30～50岁，76人，平均每人年住院药费450.00元，计人民币 34500.00 元。

50 岁以上 28 人，平均每人年住院药费 1900.00 元，计人民币 53200.00 元。

住院费总合计人民币：179050.00 元。

9. 鄂族大病及其他（城镇户 50%），核销药费定额计人民币：90120.00 元，门诊药费、结核、住院费、鄂族大病及其他（城镇户 50%）药费累计人民币 34 万元。

报请上级主管领导及主管部门审批后开始执行

注：以上细则及管理办法拒不执行者，不准许核销医药费。

塔河县第二人民医院

二〇〇四年五月八日

附录四　塔河县十八站乡鄂伦春族医药费监督管理办法

为了更好地维护鄂伦春族（以下简称鄂族）人民的利益，实施好党对少数民族的优惠政策，发挥政府对鄂族健康投入资金的最大效能，保障鄂族的整体利益，提高鄂族医疗质量，促进鄂族居民健康和稳定，管理和使用好鄂族医药费，为鄂族的健康服好务，特制定本办法。

一　建立机构

成立鄂族医药费监督管理委员会，负责鄂族医药费使用的监督管理，包括制订计划、请款、药费报销、医疗过程中的诊察、开单、开方、转诊、转院、治疗、复查是否合理等的监督管理。成员由乡政府人员和鄂族代表组成，名单如下：

主任：孟彩荣　（乡党委副书记、乡长）

副主任：王小春（副乡长）

李宝玉（鄂族新村村民委员会主任）

成员：尤凤杰　（文教卫生干事）

李春荣（民族干事）

魏春（村民）

戈秀妍（村民）

郭红霞（村民）

二　具体管理措施

（一）鄂族人群看病的管理

1. 实行鄂族人群疾病档案化管理，为户籍在册鄂族人群建立健康疾病档案和病历卡片。鄂族居民看病持有效证件到档案室领取疾病档案和病历卡看病开药。

2. 成立鄂族疾病门诊，鄂族群众看病首先到门诊，经初步诊断后，根据实际病情进行分科治疗，需要住院的办理住院治疗。

3. 鄂族看病用药必须使用医疗保险药品目录规定药品，不准开贵重药、营养药及与疾病无关的药品。门诊开药不准超过一周药量。住院患者开药不准超过三天量，除危、重症抢救外，非开药日不开药。

4. 鄂族患者在住院期间应遵守医院规定，不得擅自离院，如有离院按自动出院处理。医护人员应加强对住院鄂族患者的看护和管理。

5. 鄂族患者经二院会诊需要转院诊治和确需复查的，必须由专人陪同到指定的上级医院检查确诊、治疗和复查。

6. 除自然疾病外，交通事故、打架斗殴、美容、自杀、自残、假肢、牙镶等不予报销。

（二）医药费核销管理

1. 二院门诊、住院鄂族患者的处方需经患者本人签字后方可投药记账，危、重、急患者不能签字的，应由直系亲属签字，无家属者由二院主管人员签字批准方可投药记账，并将每位患者实际发生的医药费定期公开。

2. 经二院转院的鄂族患者医药费，凭患者住院相关的证明（住院证明、病历复印件、处方、诊断书、相关病理诊断报告单、化验单和相关报告单）和真实的住院收据核销。

3. 转诊到县级以上医院就诊的鄂族患者的住院收据必须是微机打印，手写收据无效。

4. 鄂族患者到指定上级医院检查确诊、复查时，由专人陪同，可根据实际发生费用转账支付。转诊往返路费、食宿费及其他与检查确诊和复查无关的费用一律不予核销。

5. 鄂族患者所开的贵重、营养与本人疾病无关及超出医疗保险目录的药品，一律不予核销。

6. 鄂族大病医药费和转诊、转院治疗、复查的医药费由鄂族医药费监督管理委员会研究决定。

7. 鄂族医药费应每月审核一次，由鄂族医药费监督管理委员会成员及二院院长、副院长参加。

（三）医药费用使用核销的监督。

1. 每个鄂族的门诊、住院药费在其一次治疗终结都要记入本人病例档案和账户，由二院定期予以公示、公布。

2. 鄂族医药费监督管理委员会要加强对鄂族临床门诊用药的管理和药局投药人员的监督，要加强对医生处方的审查监督，定期开展对乘车开药、开贵重药、营养药和与疾病治疗无关的药品的监督检查。

3. 鄂族医药费监督管理委员会从鄂族患者看病的检查、诊断、治疗、开药及转诊、转院、复查等各个环节进行监督，查阅鄂族患者疾病档案和病历卡片，定期召开信息反馈会，对在鄂族医药费使用中出现的问题进行反馈或提出意见和建议，保证鄂族医药费在使用上的公开、公平、公正、合理。

（四）责任追究

1. 对鄂族医药费使用中，管理不善、玩忽职守、造成药费流失、浪费或徇私舞弊、贪污、挪用鄂族医药费的责任人员要严肃处理，构成犯罪的要依法追究其刑事责任。

2. 对鄂族患者诊治过程中，弄虚作假、乘车开药、开贵重药、营养药和与疾病治疗无关药品的医生和不履行监督职责随意投药人员要给予经济重罚，罚款为药费金额的2～5倍，并视情节给予警告、降级、降职、情节严重的要给予除名。

3. 鄂族患者弄虚作假开假票据报销药费者，一经核实不但不予报销，还要依法追究其责任。

本办法自2005年1月1日起执行。

塔河县十八站乡政府

二〇〇四年十二月二十三日

附录五　十八站鄂伦春民族乡人口和计划生育2009年工作要点

2009年我乡人口和计划生育工作的总体思路是：以党的十七大精神为指导，深入贯彻落实科学发展观，全面贯彻中央《决定》精神，以稳定低生育水平为主线，以提高出生人口素质为重点，以统筹解决人口问题为手段，以服务经济为发展目标，牢固确立以人为本、关注民生的理念，再下大力度，再出新举措，完善三大机制、实施五大工程，努力实践科学发展观，构建和谐新林区，创造良好的人口环境。

一　深入学习实践科学发展观，创新统筹解决人口问题的体制机制

（一）深入学习实践科学发展观活动，着力解决影响和制约人口计划生育工作科学发展的突出问题，以及关系群众切身利益、群众反映强烈的突出问题，着力构建有利于科学发展和统筹解决人口问题的体制机制，不断丰富和发展中国特色统筹解决人口问题道路的思想、内涵和途径。

（二）全面深化综合改革。推进人口和计划生育目标管理责任改革，分档兑现责任状。继续推进长效工作机制建设，推进综合改革示范村创建活动。

（三）广泛开展统筹解决人口问题的宣传倡导。继续加强党政干部人口理论教育工作。充分发挥各级各类新闻媒体的作用，广泛开展形式多样的社会宣传活动。结合人口

和计划生育工作实际，组织开展庆祝新中国成立60周年专题宣传活动。

（四）充分发挥人口计生工作领导小组的作用，积极协调相关部门落实解决人口问题的职责。

二　加快人口计生管理信息系统建设步伐，构建人口与发展综合决策支持系统

（五）认真实施“十一五”人口发展和事业发展规划，研究制定“十二五”人口发展和事业发展规划编制工作方案，开展基层人口计划专题调研。

（六）加快实施全员人口信息管理，继续推进部门人口信息共享机制，加强人口基础数据综合研究。

（七）改革基层统计工作，创新人口信息采集手段和方法。研究和运用人口数量调查的科学方法，开展总人口、出生、死亡等人口信息化比对工作，提高人口基础数据的准确性、科学性。

三　加大政策落实力度，逐步完善人口和计划生育利益导向政策体系

（八）全面实施农村部分计划生育家庭奖励扶助制度和计划生育家庭特别扶助制度。完善“两项制度”科学管理、规范运作工作机制。

（九）全面落实法律规范和政策规定的各项计划生育奖励保障政策，进一步提高群众实行计划生育的积极性和主动性。

四 大力提高出生人口素质，全面推进优质服务提质提速

（十）全面开展出生缺陷一级预防。实施农村妇女孕育前和孕早期免费补服叶酸等出生缺陷早期干预措施。继续实施计划生育、生殖健康促进计划。完善计划生育技术服务长效工作机制。

（十一）继续开展计划生育优质服务先进单位创建活动。组织实施国家“三千人才工程”和全省“九百人才工程”，深入开展“科技大练兵”活动。

（十二）开展计划生育技术服务机构专项整治工作。加强对计划生育药械的规范管理，会同有关部门在全县集中开展计划生育药械市场专项整治行动。深化计划生育药具工作改革。

（十三）全面推开人口早期教育工作。按三种模式要求，在全村全面推开。要结合本地实际，选择自身开展的工作模式，在场地、设备、师资上加大落实力度。

五 深入开展婚育新风进万家活动和关爱女孩行动，综合治理出生人口性别比偏高问题

（十四）总结推广婚育新风进万家活动典型经验和人口计生宣传教育工作新成果，做好第三阶段评估准备工作。组织开展各项经常性公益宣传活动。大力推进社区人口文化、生育文化建设，倡导生育文化。建设新家庭文化屋。大力实施新农村新家庭计划。

（十五）全面推进关爱女孩行动，推动宣传教育、利益向导、全程服务、规范管理、查处“两非”等措施的落实，

加快构建党政主导、部门配合、群众参与、标本兼治的工作格局。积极协调相关部门履行综合治理出生人口性别比偏高问题的职责和任务。依据有关法律法规，加大打击“两非”行为力度。

六　切实加强流动人口计划生育服务管理，促进人口有序流动、合理分布

（十六）完善流动人口计划生育综合治理工作机制，切实加强服务和管理，维护流动人口合法权益。

（十七）推动建立流动人口计划生育统一管理、优质服务新体制。加强部门信息共享。组织开展返村农民工关怀行动和摸底调查统计工作。

七　全面推进依法行政，维护社会和谐稳定

（十八）深入落实行政执法责任制，提高文明执法、正确执法的效率和水平。加强对各地依法行政情况的监督检查。认真落实执法、检查执法案件评查等制度，继续做好行政复议工作。全面推进便民维权活动。

（十九）认真做好信访工作，加强人口计生信访工作长效机制建设，全面推进信访规范化管理。探索建立社情民意汇集分析、矛盾排查预警、信访终结、社会稳定风险评估等制度。加大信访事项督查办力度，重点治理重信重访问题。加快信访工作信息化建设进程，公开信访事项办理结果。加强人口和计划生育应急管理。

八 大力推进人口和计划生育服务体系建设，加快建立稳定增长的投入保障机制

（二十）抓紧落实“十一五”农村基层计划生育服务体系建设规划，按时完成2008年年底新增中央投资的中心乡（镇）计划生育服务站建设任务。推动贯彻落实《关于进一步加强基层人口和计划生育服务体系建设的意见（试行）》。加强对县乡服务站标准化规范化建设的指导。

九 进一步夯实基层基础工作，建立健全基层民主管理机制

（二十一）稳定基层人口计划生育机构和队伍，以乡、镇、街道，村（居）、组三级为重点，着力规范基层人口计生机构队伍的管理，提升基层人口计生工作人员的素质。

（二十二）加快政府职能转变，增强群众参与和群众自治的能力。大力推进人口计生政务公开、村务公开。推动各村认真落实《计划生育村民自治规范》。

（二十三）充分发挥计生协等群众团体和志愿者的作用。深入开展“生育关怀行动”。加快推进流动人口基层计生协组织建设。组织和引导广大志愿者关怀关爱计划生育特殊困难家庭。

（二十四）对《乡、村规范化管理文本》进行修改和完善。加强日常工作的管理和考核。

十 继续加强干部队伍建设，做好反腐倡廉和作风建设各项工作

（二十五）大力推进人口计生队伍职业化建设，认真组

织人员参加全乡新一轮人口计生干部专干培训和中、高级育婴师培训。

（二十六）落实党风廉政建设责任制，抓好反腐倡廉教育，严格执行廉洁自律各项规定，增强拒腐防变能力。扎实推进政风行风建设，深入开展“阳光计生”行动。广泛开展“农民兄弟姐妹评计生”等民主评议活动，增强监督便民维权实效。

十八站鄂伦春民族乡计划生育办

二〇〇九年四月六日

后　记

一个偶然的机会，我有幸接触了这个研究课题。2009年秋季，中国社会科学院边疆史地研究中心于逢春研究员一行来大兴安岭调研，我陪同去了内蒙古地界的嘎仙洞。吃中午饭的时候，我们有机会进行了深入的交流，于老师谈及他正在主持国家社会科学基金《当代中国边疆民族地区典型百村调查》（简称“百村调查”）东北项目，打算在大兴安岭地区选择一个有代表性的村庄作为调查对象，我主动请缨，于老师询问了我的一些学术背景后初步允可。

为了能够高质量地完成这项使命，回来后我立即安排大兴安岭职业学院主管科研工作的副院长刘云兴同志，牵头组成了一个课题调研组，着手开展有代表性村庄的筛选工作。经过一段时间的酝酿，我把调查对象选择的范围圈定在大兴安岭及周边地区的鄂伦春村庄，我的观点是，鄂伦春民族是大兴安岭的土著民族，在当地生活了三千多年，创造了具有浓厚地域特色的文化，绕开它选择别的方面是没有理由的。

起初，刘云兴同志带队先后到了大兴安岭地区首府——加格达奇附近的猎民村和阿里河村，对这两个鄂伦春民族村进行了实地踏查，回来后向我说明了那里的情况。这两个村子一个是城镇化改造时间不长，另一个是鄂伦春族住户不到10户，我认为前者缺乏连续性，后者规模不够，选择这两个村子是不妥当的。

后来，我咨询了大兴安岭地区统计局局长刘清文同志。清文同志是大兴安岭地道的本地人，学校毕业后一直在统计部门工作，对全地区每个村庄的情况都如数家珍，他建议我在岭北的鄂伦春聚居区选调查对象。在他的启发下，最终敲定为塔河县十八站鄂伦春民族乡的鄂族新村。选择这个村，我们总结有几方面的优势：一是作为黑龙江省最大的鄂伦春村庄，具有广泛的代表性；二是建村的时间长，历史资料相对完整；三是近年来，家庭致富项目搞得好，值得推广；最后一点是2005年，塔河县当时是我的森林防火责任分担区，曾经多次去十八站乡督导检查工作，对村子有初步的了解，和那里的一些干部和群众也较为熟悉。

为了不偏离国家社会科学基金特别项目的方向，2010年年初，我委派该课题调研组成员董刚、刘青云和刘浩三位同志到哈尔滨聆听了于逢春研究员对课题调研内容的解读，并与黑龙江大学做过同类调研工作的老师进行了交流。回来后，我听取了三位同志的学习汇报，针对调研村庄的具体情况我们制定了详实的课题执行方案。

随后的时间里，在刘云兴同志的带领下，调研组成员董刚、刘青云、黄淑杰、刘浩和李明，先后两次赴鄂族新村驻村调研，采用多种方式收集基础资料。在整理材料的过程中，由于被访谈村民在同一问题上说法多样，为了弄清真伪，我们还特地邀请鄂族新村负责妇女工作的魏英同志两次来学院，现场解答调研组成员提出的各种疑问。课题进行的后期，刚来学院工作不久、有民俗学硕士学位的宋巍老师也加入了调研组，她不辞劳苦、饱含激情写了大量的基于鄂族新村的民族文化体会，这些独到的见解对我们从更深层次认识村庄的变迁有重要的参考价值。

在材料准备较充分的基础上，我和本书的第二作者董刚同志开始执笔撰写调研报告。从2010年12月开始，前后历时三个月，终于在寒假即将结束的时候完成了书稿。在这里，我要着重提及董刚同志的贡献，他第一次参加社会科学课题研究，孩子小、家里亲属又有病，但他克服了这些困难，参与了课题执行过程的各个环节，尤其是在协调课题推进方面功不可没，他表现出来的不怕碰壁、想方设法弄清问题的精神对现代年轻人来讲是难能可贵的。

在调研报告即将成书之际，我要感谢调研组所有成员为获得一手材料所付出的艰辛；感谢大兴安岭地区统计局刘清文局长和高鹏科长、大兴安岭民族宗教局白成军局长和郭红科员、大兴安岭林业集团公司野生动植物保护处毛兰文科长、大兴安岭地区绿色产业发展处马俊莹科长、塔河县孙可思常务副县长、十八站林业局刘少义书记和武子军科长、大兴安岭地区教师进修学院黄桂林院长、大兴安岭农林科学院梁延海研究员为课题研究提供的大量资料；感谢十八站鄂伦春民族乡孟彩荣乡长、戈海军副乡长和十八站乡政府负责统计工作的李加齐同志给予的热情支持；感谢塔河县鄂伦春民族医院杨晓丽院长的真诚帮助；感谢鄂族新村“村两委”成员的积极配合，尤其要感谢鄂族新村负责妇女工作的魏英、村会计陈桂英两位女同志对课题提供帮助时的无私和热忱；感谢鄂族新村可爱可敬的村民们的鼎力相助。

此外，我要郑重地感谢我原来工作单位中国社会科学院的领导和同仁们。

第一，感谢中国社会科学院边疆史地研究中心主任、“当代中国边疆民族地区典型百村调查”项目总主持人厉声研究员，主任助理、东北项目组负责人于逢春研究员提供我们参与该项目的机会，以及在调研方法和写作方面所给予的指导。

第二，感谢边疆史地研究中心吕文利博士在百忙之中对调研报告进行的多次审阅，以及提出的诸多有价值的修改意见，正是有了吕博士的严格要求与指导，才使得本调研报告得以完稿。

第三，感谢“百村调研”丛书的副主编李方研究员对本书的详细审阅，以及提出的宝贵修改意见和对我们的鼓励，不仅使我们较好地完成了对本书的最后修改，使本调研报告更加完善，更使我们增强了继续做好科研工作的信心。

第四，感谢社会科学文献出版社的领导和相关工作人员对本书所付出的辛勤劳动，他们的关心、帮助、支持和工作，才使本调研报告能够面世。

最后，我要表达的是，尽管我曾经做过农业研究工作，在农村调研方面也自以为经历颇多、经验丰富，但毕竟远离专职的科研环境，走“君子之仕，行其义也”之路已经八个年头，对基层的感知和对学术的把握难免生疏，更何况公务繁忙、时间仓促，本书可能存在一些不确切的地方和遗漏的内容，恳请读者批评指正。

大兴安岭职业学院院长
大兴安岭林业管理局局长助理　王利文

2010 年 3 月

图书在版编目(CIP)数据

古驿站上鄂族村：黑龙江塔河县十八站鄂伦春民族乡鄂族新村调查报告／王利文，董刚著．—北京：社会科学文献出版社，2011.12

（当代中国边疆·民族地区典型百村调查．黑龙江卷．第1辑）

ISBN 978-7-5097-2731-7

Ⅰ.①古… Ⅱ.①王…②董… Ⅲ.①农村调查—调查报告—塔河县 Ⅳ.①D668

中国版本图书馆CIP数据核字（2011）第189111号

当代中国边疆·民族地区典型百村调查：黑龙江卷（第一辑）

古驿站上鄂族村

——黑龙江塔河县十八站鄂伦春民族乡鄂族新村调查报告

著　　者／王利文　董　刚

出 版 人／谢寿光

出 版 者／社会科学文献出版社

地　　址／北京市西城区北三环中路甲29号院3号楼华龙大厦

邮政编码／100029

责任部门／人文科学图书事业部（010）59367215　责任编辑／孙以年

电子信箱／renwen@ ssap. cn　责任校对／胡新芳

项目统筹／宋月华　范　迎　责任印制／岳　阳

总 经 销／社会科学文献出版社发行部（010）59367081　59367089

读者服务／读者服务中心（010）59367028

印　　装／北京季蜂印刷有限公司

开　　本／889mm×1194mm　1/32　印　　张／9.25

版　　次／2011年12月第1版　插图印张／0.125

印　　次／2011年12月第1次印刷　字　　数／205千字

书　　号／ISBN 978-7-5097-2731-7

定　　价／196.00元（共4册）